新政策法规下企业财会操作实务专家解读丛书

我国著名税务、财税、审计专家贺志东亲自执笔，中华第一财税网协助编写

《小企业会计准则》深入解读与核算实务全书

贺志东◎主编

中国纺织出版社

内容提要

根据《会计法》及其他有关法律和法规，我国财政部制定了《小企业会计准则》，自2013年1月1日起施行，《小企业会计准则》适用于在中华人民共和国境内依法设立的、符合《中小企业划型标准规定》所规定的小型企业标准的企业。因此全国广大的小企业会计工作人员及相关人员需要知识更新，需要接受会计知识后续教育；在小企业实际会计工作中，遇到问题也需要随时查阅资料。本书紧密依托新《会计法》《企业财务会计报告条例》《小企业会计准则》等现行有效会计法律、法规和规章及其他规范性文件，用通俗易懂的语言，"手把手"地逐一介绍小企业会计人员工作过程中所有业务问题，具有政策新、内容全面深入、举例丰富、实用性强等特色。本书适合小企业负责人、小企业财会人员、银行贷款业务人员和风险管控人员、大中专院校（包括成人职业教育院校）学生以及其他财经管理人员阅读使用。

图书在版编目（CIP）数据

《小企业会计准则》深入解读与核算实务全书／贺志东主编．—北京：中国纺织出版社，2016.10

ISBN 978-7-5180-2821-4

Ⅰ．①小…　Ⅱ．①贺…　Ⅲ．①中小企业—会计准则—中国　Ⅳ．①F279.243

中国版本图书馆CIP数据核字（2016）第181669号

策划编辑：曹炳镝　　责任印制：储志伟

中国纺织出版社出版发行

地址：北京市朝阳区百子湾东里A407号楼　邮政编码：100124

销售电话：010—67004422　传真：010—87155801

http://www.c-textilep.com

E-mail：faxing@c-textilep.com

中国纺织出版社天猫旗舰店

官方微博 http://weibo.com/2119887771

三河市宏盛印务有限公司印刷　各地新华书店经销

2016年10月第1版第1次印刷

开本：787×1092　1/16　印张：35

字数：609千字　定价：65.00元

前言

PREFACE

考虑到我国小企业规模小、业务简单、会计基础工作较为薄弱、会计信息使用者的信息需求相对单一等实际，以及为了规范小企业会计确认、计量和报告行为，促进小企业可持续发展，发挥小企业在国民经济和社会发展中的重要作用，根据《会计法》及其他有关法律和法规，我国财政部制定了《小企业会计准则》，自2013年1月1日起施行，财政部2004年发布的《小企业会计制度》（财会〔2004〕2号）同时废止。《小企业会计准则》适用于在中华人民共和国境内依法设立的，符合《中小企业划型标准规定》所规定的小型企业标准的企业。下列三类小企业除外：股票或债券在市场上公开交易的小企业；金融机构或其他具有金融性质的小企业；企业集团内的母公司和子公司。符合《中小企业划型标准规定》所规定的微型企业标准的企业参照执行《小企业会计准则》。

全国广大的小企业会计工作人员及相关人员需要知识更新，需要接受会计知识后续教育；在小企业实际会计工作中，遇到问题也需要随时查阅资料。

为了帮助全国广大的小企业会计实务工作者等系统、深入地掌握好国家有关会计法律、法规、规章，真正掌握《小企业会计准则》，记好账、算好账、报好账，做好会计账务调整工作，及时更新会计知识，提高会计专业技能，由我国著名会计、审计、税务专家贺志东同志担任主编，中华第一财税网编写了本书。

本书紧密依托新《会计法》《企业财务会计报告条例》《小企业会计准则》等现行有效会计法律、法规和规章及其他规范性文件，用通俗易懂的语言，逐一介绍小企业会计人员工作过程中所有业务问题。全书共十三章。内容包括：小企业会计准则综述，小企业会计凭证与账簿，小企业收入方面会计，小企业成本、费用、税金方面会计，小企业利润及其分配方面会计，小企业流动资产和负债方面会计，小企业非流动资产和负债方面会计，小企业所有者权益方面会计，小企业财务报表综合知识，小企业资产负债表的编制和列报，小企业利润表的编制和列报，小企业现金流量表的编制和列报，小企业财务报表附注的编制和列报，等等。

本书主要特色体现在：具有新颖性，操作性，实用性，专业性，案例丰富、具体，讲解全面、透彻、通俗，资料详尽、条理清晰、查阅方便。

本书适用对象包括小企业负责人、小企业财会人员、银行贷款业务人员和风险管控人员，财政、小企业管理、税务、银行业监管部门相关人员，以及代理记账机构、会计师事务所等专业化的小企业服务机构从业人士、会计理论和教育工作者、院校师生等。本书亦可作为大中专院校（包括成人职业教育院校）学生以及其他财经管理人员学习小企业会计实务的教材或参考书。

有兴趣的读者，可以加入中华第一财税网（又名“智董网”，www.tax.org.cn）官方微信（微信号：zhdycsw）获取每日财税资讯汇总快递等。

在编写过程中，我们参考了众多文献，谨此致谢！由于作者水平有限，书中尚有不足之处，敬请读者批评指正，以便再版时修订（E-mail：jianyi@tax.org.cn）。

编者

2016 年 8 月

目录

CONTENTS

第1章 《小企业会计准则》综述

第一节 准则概述

《小企业会计准则》（财会〔2011〕17号），自2013年1月1日起在全国小企业范围内实施。这是继我国企业会计准则建成并有效实施之后企业会计标准建设的又一项重大系统工程。

一、《小企业会计准则》体系的组成部分

小企业会计准则体系由《小企业会计准则》和应用指南两部分组成。《小企业会计准则》主要规范小企业通常发生的交易或事项的会计处理，为小企业处理会计实务问题提供具体而统一的标准。采用章节体例，分为总则、资产、负债、所有者权益、收入、费用、利润、外币业务、财务报表、附则共十章，具体规定了小企业会计确认、计量和报告的全部内容。应用指南主要规定会计科目的设置、主要账务处理、财务报表的种类、格式及编制说明，为小企业执行《小企业会计准则》提供操作性规范。两者相辅相成，相得益彰，共同构成较为完整的小企业会计准则体系。

《小企业会计准则》在规范范围上涵盖了农林牧渔业、工业制造业、建筑业、批发和零售业等各种行业。与此同时，为便于小企业会计人员能够快速掌握和应用《小企业会计准则》，主要对小企业常见业务的会计处理原则予以了规范，而不涉及投资性房地产、衍生金融工具、股份支付等小企业非经常性发生或者基本不可能发生的交易或事项。小企业一旦发生上述交易或事项，可以参照《企业会计准则》的相关规定进行处理。总体来说，既确保行业上全覆盖，又抓住小企业的常见业务。

二、《小企业会计准则》的施行时间

《小企业会计准则》自2013年1月1日起施行。财政部2004年发布的《小企业会计制度》（财会〔2004〕2号）同时废止。

三、《小企业会计准则》的适用范围

（一）《小企业会计准则》适用于在中华人民共和国境内依法设立的小企业

《小企业会计准则》主要是从企业规模方面来界定小企业，不论小企业的所有制性质、经营范围、组织形式如何，只要在规模上属于小型企业，就属于《小企业会计准则》所适用的范围。即国有小企业、集体小企业、民营小企业、外商投资小企业，从事第一产业的小企业、从事第二产业的小企业、从事第三产业的小企业，公司制的小企业、非公司制的小企业（如合伙制的小企业），具有企业形式的小企业、不具有企业形式但形成会计主体的小型其他组织（如不具有金融性质的基金）等等，都属于《小企业会计准则》所适用的小企业。

（二）《小企业会计准则》适用的小企业是符合《中小企业划型标准规定》所规定的小型企业标准的企业

工业和信息化部、国家统计局、国家发展和改革委员会、财政部经国务院同意于 2011 年 6 月 18 日发布的《中小企业划型标准规定》（工信部联企业〔2011〕300 号，以下统称“中小企业划型标准规定”）根据企业从业人员、营业收入、资产总额等指标，结合行业特点规定了农、林、牧、渔业，工业，建筑业，批发业，零售业，交通运输业，仓储业，邮政业，住宿业，餐饮业，信息传输业，软件和信息技术服务业，房地产开发经营，物业管理，租赁和商务服务业及其他未列明行业等十六个行业中型企业、小型和微型企业的划型标准。其中，工业包括采矿业，制造业，电力、热力、燃气及水的生产和供应业；交通运输业不包括铁路运输业；信息传输业包括电信、互联网和相关服务；其他未列明行业包括科学研究和技术服务业，水利、环境和公共设施管理业，居民服务、修理和其他服务业，社会工作，文化、体育和娱乐业等五个行业。各个行业小型企业划分标准如表 1–1 所示：

表 1–1　中小微型企业划型标准

序号	行业	类型	从业人员（单位：人）/资产总额（单位：万元）	营业收入（单位：万元）	划型关系
1	农、林、牧、渔业	中型		500 ~ 20000	
		小型		50 ~ 500	
		微型		50 以下	
2	工业	中型	300 ~ 1000	2000 ~ 40000	两者同时满足
		小型	20 ~ 300	300 ~ 2000	两者同时满足
		微型	20 以下	300 以下	两者满足其一

续表

序号	行业	类型	从业人员（单位：人）/资产总额（单位：万元）	营业收入（单位：万元）	划型关系
3	建筑业	中型	资产总额：5000万～80000万元	6000～80000	两者同时满足
		小型	资产总额：300万～5000万元	300～6000	两者同时满足
		微型	资产总额300万元以下	300以下	两者满足其一
4	批发业	中型	20～200	5000～40000	两者同时满足
		小型	5～20	1000～5000	两者同时满足
		微型	5以下	1000以下	两者满足其一
5	零售业	中型	50～300	500～20000	两者同时满足
		小型	10～50	100～500	两者同时满足
		微型	10以下	100以下	两者满足其一
6	交通运输业	中型	300～1000	3000～30000	两者同时满足
		小型	20～300	200～3000	两者同时满足
		微型	20以下	200以下	两者满足其一
7	仓储业	中型	100～200	1000～30000	两者同时满足
		小型	20～100	100～1000	两者同时满足
		微型	20以下	100以下	两者满足其一
8	邮政业	中型	300～1000	2000～30000	两者同时满足
		小型	20～300	100～2000	两者同时满足
		微型	20以下	100以下	两者满足其一
9	住宿业	中型	100～300	2000～10000	两者同时满足
		小型	10～100	100～2000	两者同时满足
		微型	10以下	100以下	两者满足其一
10	餐饮业	中型	100～300	2000～10000	两者同时满足
		小型	10～100	100～2000	两者同时满足
		微型	10以下	100以下	两者满足其一
11	信息传输业	中型	100～2000	1000～100000	两者同时满足
		小型	10～100	100～1000	两者同时满足
		微型	10以下	100以下	两者满足其一
12	软件和信息技术服务业	中型	100～300	1000～10000	两者同时满足
		小型	10～100	50～1000	两者同时满足
		微型	10以下	50以下	两者满足其一

续表

序号	行业	类型	从业人员（单位：人）/资产总额（单位：万元）	营业收入（单位：万元）	划型关系
13	房地产开发经营	中型	资产总额：5000万～10000万元以下	1000～200000	两者同时满足
		小型	资产总额：2000万～5000万元以下	100～1000	两者同时满足
		微型	资产总额2000万元以下	100以下	两者满足其一
14	物业管理	中型	300～1000	1000～5000	两者同时满足
		小型	100～300	500～1000	两者同时满足
		微型	100以下	500以下	两者满足其一
15	租赁和商务服务业	中型	100～300	资产总额：8000万～12000万元	两者同时满足
		小型	100以下	资产总额：100万～8000万元	两者同时满足
		微型	10以下	资产总额100万元以下	两者满足其一
16	其他未列明行业	中型	100～300		
		小型	10～100		
		微型	10以下		

（三）小企业中的三类例外情形，这三类小企业应当执行《企业会计准则》，不得执行《小企业会计准则》

1. 股票或债券在市场上公开交易的小企业

这类小企业实际上已经成为公众公司，承担着社会公众受托责任，受到法律和政府的监管，其财务报表的外部使用者主要是投资者、债权人和社会公众等，这些外部使用者不参与企业的经营管理。所谓社会公众受托责任，是指对企业现有或潜在的资源提供者（如投资者、债权人）以及其他相关方（如无权要求企业按照其特定信息需求单独编制财务报表的企业或个人）。根据我国有关股票或债券公开发行和交易的规定，这类企业应当报送依据《企业会计准则》（以下统称“企业会计准则”）编制的财务报告，并且定期向社会公开按照企业会计准则编制的财务报告。

例如，《首次公开发行股票并上市管理办法》（中国证券监督管理委员会令第32号）第三十条规定：“发行人会计基础工作规范，财务报表的编制符合企业会计准则和相关会计制度的规定，在所有重大方面公允地反映了发行人的财务状况、经营成果和现金流量，并由注册会计师出具了无保留意见的审计报告。”这就意味着，凡是在中华人民共和国境内首次公开发行股票并上市的企业都必须按照《企业会计准则》进行会计处理，编制财务报表。《企业债券管理条例》（中华人民共和国国务院令第 121 号）第十二条规定：

“企业发行企业债券必须符合下列条件：

（1）企业规模达到国家规定的要求；

（2）企业财务会计制度符合国家规定；

（3）具有偿债能力；

（4）企业经济效益良好，发行企业债券前连续三年盈利；

（5）所筹资金用途符合国家产业政策。”

这一规定也是国际上通行的惯例。国际会计准则理事会（IASB）规定，凡是证券在公开市场上交易的企业，不管规模大小，都应遵循国际财务报告准则。

这类小企业，具体包括以下五种类型：

（1）已经在深圳证券交易所中小板和创业板上市的小企业；

（2）已经在上海证券交易所和深圳证券交易所发行公司债券的小企业；

（3）已经发行企业债券的小企业；

（4）已经在境外股票上市的小企业；

（5）预期在上海证券交易所或深圳证券交易所或境外上市的小企业和预期发行企业债券或公司债券的小企业。

主要包括以下五种情况：

①作出准备在上海证券交易所、深圳证券交易所或境外上市意图或计划的小企业。

例如，某小企业设立于 2013 年 7 月 1 日，但是其投资者设立该企业的目的很明确，就是在将来适当的时候实现该企业上市，无论是深圳证券交易所还是在境外证券交易所，根据《小企业会计准则》第二条的规定，该企业在设立之日就应当执行《企业会计准则》，而不是《小企业会计准则》。

②作出准备发行企业债券或公司债券意图或计划的小企业。

例如，某小企业设立于 2010 年 1 月 1 日，从 2013 年 1 月 1 日起，按照财政部的要求，开始执行《小企业会计准则》。如果该企业 2013 年 12 月 31 日决定积极准备申请发行企业债券。根据《小企业会计准则》第二条的规定，该企业应当从 2014 年 1 月 1 日起开始执行企业会计准则，而不是《小企业会计准则》。

③正在向中国证监会报送拟在上海证券交易所或深圳证券交易所上市申请材料的小企业。

④正在向境外证券监管机构报送拟在境外证券交易所上市申请材料的小企业。

⑤正在向国家发展和改革委员会（或中国证监会）报送拟发行企业债券（或公司债券）申请材料的小企业等。

2. 金融机构或其他具有金融性质的小企业

这类小企业实质上具有金融业务性质，其共同特点是：以不同方式受托持有和管理他人的资金，并且对委托人都负有保证资金安全和收益的责任和义务，受到法律和政府的监管，其财务报表的外部使用者主要是投资者、债权人和社会公众，这些外部使用者不参与企业的经营管理。包括：非上市小型金融机构，具有金融性质的小型基金，如小型投资基金等。

3. 企业集团内的母公司和子公司

企业集团、母公司和子公司的概念与企业会计准则的规定相同。《企业会计准则第 33 号——合并财务报表》第二条规定："母公司是指有一个或一个以上子公司的企业（或主体，下同）。子公司是指被母公司控制的企业。"这类小企业实际上是需要对外提供合并财务报表或者需要将其财务报表并入合并财务报表的企业。《企业会计准则第 33 号——合并财务报表》第四条规定："母公司应当编制合并财务报表。"这就意味着，只要存在子公司的企业，不论规模大小，都应编制合并财务报表，以综合反映由母公司和其全部子公司形成的企业集团的整体财务状况、经营成果和现金流量的信息。而母公司要编制合并财务报表，必须执行企业会计准则，依据《企业会计准则第 33 号——合并财务报表》的规定进行。同时，《企业会计准则第 33 号——合并财务报表》第十二条规定："母公司应当统一子公司所采用的会计政策，使子公司采用的会计政策与母公司保持一致。子公司所采用的会计政策与母公司不一致的，应当按照母公司的会计政策对子公司财务报表进行必要的调整；或者要求子公司按照母公司的会计政策另行编报财务报表。"这就是说，子公司的会计政策应当与母公司的会计政策一致，而母公司必须执行《企业会计准则》，基于此考虑，为了提高母公司所编制的合并财务报表的质量，同时减轻子公司在母公司编制合并财务报表时的成本，避免编制两套报表，《小企业会计准则》要求企业集团内的母公司和子公司均应执行《企业会计准则》，而不是《小企业会计准则》。

需要说明的是，《小企业会计准则》所称企业集团内的母公司和子公司均指在中华人民共和国境内依法设立的企业，不涉及在中华人民共和国境外依照国外法律设立的企业。即企业集团内的母公司是外国企业，其在中华人民共和国境内的子公司，如果在企业规模上根据中小企业划型标准规定属于小企业，在企业会计标准的执行上不受此项规定的限制，该小企业可以执行《企业会计准则》，也可以执行《小企业会计准则》。

四、微型企业执行《小企业会计准则》的要求

根据《中小企业划型标准规定》中有关微型企业的规定来看，微型企业的人数通常都在20人以下，营业收入通常都在300万元以下，资产总额通常都在300万元以下，相对于小型企业，微型企业的规模非常小。另据有关部门提供的最新数据显示，小型企业约占全国460万户企业数的30.37%，微型企业约占66.93%。根据目前我国小型企业和微型企业的实际情况，为了促进和规范微型企业发展，同时不增加微型企业的负担，《小企业会计准则》不对微型企业执行提出强制性要求，而是要求微型企业参照执行《小企业会计准则》。

小知识

微型企业执行《小企业会计准则》要求

符合《中小企业划型标准规定》所规定的微型企业参照执行《小企业会计准则》。

根据《中小企业划型标准规定》中有关微型企业的规定来看，微型企业的人数通常都在20人以下，营业收入通常都在300万元以下，资产总额通常都在300万元以下，相对于小型企业，微型企业的规模非常小。另据有关部门提供的最新数据显示，小型企业约占全国460万户企业数的30.37%，微型企业约占66.93%。根据目前我国小型企业和微型企业的实际情况，为了促进和规范微型企业发展，同时不增加微型企业的负担，《小企业会计准则》不对微型企业执行提出强制性要求，而是要求微型企业参照执行《小企业会计准则》。

五、小企业在执行《小企业会计准则》和《企业会计准则》关系方面的规定

考虑到相对于《小企业会计准则》，《企业会计准则》的规定更全面、要求更高、生成的会计信息质量更高，《小企业会计准则》提出了“自由选择、单项标准、一以贯之”的执行原则。

所谓“自由选择”原则，是指允许小企业在符合《小企业会计准则》第二条规定的前提下，自行确定执行《小企业会计准则》还是《企业会计准则》。所谓“单项标准”原则，是指小企业只能在《小企业会计准则》和《企业会计准则》两者中选择其

一并且是完整的规定，不能在两套标准中选择性执行其中的部分规定。所谓“一以贯之”原则，是指小企业无论选择执行《小企业会计准则》还是《企业会计准则》，都必须各期保持一致，一直执行下去，不得随意变换。

可以从以下几个方面来理解：

（一）执行《小企业会计准则》的小企业发生的交易或者事项《小企业会计准则》未作规范的，可以参照《企业会计准则》中的相关规定处理

《小企业会计准则》根据我国小企业的实际情况，规定了小企业在日常经营管理中可能涉及的各类和各项业务，包括存货，应收款项和应付款项，长期股权投资，固定资产，生物资产，无形资产，非货币性资产交换，职工薪酬，债务重组，或有事项，收入，建造合同，政府补助，借款费用，所得税，外币折算，租赁，会计政策、会计估计变更和前期差错，资产负债表日后事项，财务报表列报，现金流量表，中期财务报告，金融工具列报等，小企业可能不会遇到的业务未作规定，如资产减值、企业年金基金、股份支付、企业合并、金融资产转移、套期保值、原保险合同、再保险合同、石油天然气开采、合并财务报表、每股收益、分部报告等。

为了保证《小企业会计准则》的稳定性，同时解决小企业的实际问题，《小企业会计准则》规定，小企业一旦发生了《小企业会计准则》未规范的交易或者事项，允许小企业参照执行《企业会计准则》中的相关规定。例如，我们通过在全国各地广泛调研和征求意见发现，小企业基本上不存在套期保值业务，因此《小企业会计准则》未予规范。小企业一旦发生了套期保值业务，可以参照执行《企业会计准则第 24 号——套期保值》的规定进行相关会计处理。

（二）执行《企业会计准则》的小企业不得在执行《企业会计准则》的同时，选择执行《小企业会计准则》的相关规定

这项规定实质上体现了“单项标准”执行原则的要求。在应用本原则时，需要注意以下两个问题：

1.《小企业会计准则》和《企业会计准则》对同一项交易规定了不同的会计政策，小企业不得在其中进行选择

例如，长期股权投资在《小企业会计准则》和《企业会计准则》中都有规定，但是，执行《小企业会计准则》的小企业不得因为企业会计准则中规定了权益法，就突破《小企业会计准则》的规定，对长期股权投资采用权益法核算；执行《企业会计准则》的小企业也不得因为《小企业会计准则》只规定了成本法，就突破《企业会计准则第 2 号——长期股权投资》的规定，对所有长期股权投资都采用成本法。

2.《小企业会计准则》和《企业会计准则》都对同一项交易作出了规定，小企业也不得在其中进行选择

例如，《小企业会计准则》和《企业会计准则第1号——存货》都对存货的会计处理作出了规定，但是，执行《小企业会计准则》的小企业不得因为企业会计准则也规定了存货的会计处理，就直接执行《企业会计准则第1号——存货》的规定；执行《企业会计准则》的小企业也不得因为《小企业会计准则》规定了存货的会计处理，而直接执行《小企业会计准则》第十一条至第十五条的规定。

（三）执行《小企业会计准则》的小企业公开发行股票或债券的，应当转为执行《企业会计准则》

这项规定实际上是与《小企业会计准则》第二条的规定相呼应，同时明确了两个问题：

1.明确了应执行的会计标准

根据《小企业会计准则》第二条的规定，股票或债券在市场上公开交易的小企业应当执行《企业会计准则》，而不是《小企业会计准则》。

2.明确了转换时点

执行《小企业会计准则》的小企业公开发行股票或债券应当转为执行《企业会计准则》。其转换的时点应当符合《小企业会计准则》第二条的相关规定。

（四）因经营规模或企业性质变化导致不符合《小企业会计准则》第二条规定而成为大中型企业或金融企业的，应当从次年1月1日起转为执行《企业会计准则》

这项规定是有关小企业因经营规模或企业性质变化所带来的会计标准转换的规定，同时明确了两个问题：

1.明确了转换的前提条件

“中小企业是大企业的摇篮”。《小企业会计准则》的目的是促进小企业规范、可持续发展。小企业通过努力经营，经营规模达到了《中小企业划型标准规定》所规定的中型企业的标准，或者小企业的性质变为金融企业，无论规模大小，在这两种情况下，该企业都应当停止执行《小企业会计准则》，转为执行《企业会计准则》。

2.明确了转换的时点

为了便于做好转换工作和保证会计信息质量不因会计标准转换出现下降，《小企业会计准则》统一要求从出现这两种情况的次年1月1日起转为执行《企业会计准则》。

（五）已执行《企业会计准则》的上市公司、大中型企业和小企业，不得转为执行《小企业会计准则》

这项规定实际上体现了《小企业会计准则》所遵循的“从高不就低”原则。《企业会计准则》相对于《小企业会计准则》，要求更高、会计信息质量更高。基于这一考虑，《小企业会计准则》规定，已执行《企业会计准则》的上市公司、大中型企业和小企业，不得转为执行《小企业会计准则》。这其中包含两种情况：

（1）根据财政部的规定，我国所有大中型企业和上市公司都应当执行《企业会计准则》，小企业可以选择执行《企业会计准则》。但是，这些企业一旦执行了《企业会计准则》，就不得再转为执行《小企业会计准则》。

（2）即使大中型企业和上市公司由于生产经营变化，从经营规模上变为小企业，或从上市公司变为非上市的小企业，都不得从《企业会计准则》转为执行《小企业会计准则》。

六、小企业执行会计准则的选择

小企业拥有一定的会计政策选择的权利，符合条件的小企业可以执行《小企业会计准则》，也可以选择执行《企业会计准则》。

符合《小企业会计准则》第二条规定的小企业（除股票或债券在市场上公开交易、金融机构或其他具有金融性质、属于企业集团内的母公司和子公司的小企业外，在中华人民共和国境内依法设立的、符合《中小企业划型标准规定》所规定的小型企业标准的企业），可以执行《小企业会计准则》，也可以执行《企业会计准则》。

（1）执行《小企业会计准则》的小企业，发生的交易或者事项若《小企业会计准则》未作规范的，可以参照《企业会计准则》中的相关规定进行处理。

（2）执行《企业会计准则》的小企业，不得在执行《企业会计准则》的同时，选择执行《小企业会计准则》的相关规定。

（3）执行《小企业会计准则》的小企业公开发行股票或债券的，应当转为执行《企业会计准则》；因经营规模或企业性质变化导致不符合《小企业会计准则》第二条规定而成为大中型企业或金融企业的，应当从次年 1 月 1 日起转为执行《企业会计准则》。

（4）已执行《企业会计准则》的上市公司、大中型企业和小企业，不得转为执行《小企业会计准则》。

七、《小企业会计准则》与《企业会计准则》的协调、对比

（一）《小企业会计准则》与《企业会计准则》关系的协调、衔接

关于《小企业会计准则》与《企业会计准则》的关系问题，存在两种观点。一种是独立观，认为《小企业会计准则》应当作为一套较为完整的、可独立实施的准则，涵盖各类小企业各项经济业务的会计处理。另一种是发展观，认为《小企业会计准则》只需规定小企业主要业务或常规业务，非日常业务的会计处理可以参照《企业会计准则》的规定。

为便于小企业会计人员能够快速掌握和应用《小企业会计准则》，本次采纳了第二种观点，主要对小企业常见业务的会计处理原则予以规范，不涉及投资性房地产、资产减值、企业年金基金、股份支付、企业合并、中期财务报告、合并财务报表、每股收益、关联方披露等内容。

《小企业会计准则》与《企业会计准则》之间是合理分工与有序衔接相结合的关系。

（二）与《企业会计准则》的对比

1. 准则框架体系

（1）《企业会计准则》。《企业会计准则》由一项基本准则、38 项具体准则和准则指南构成。其中准则指南包括会计准则解释、会计科目和主要账务处理。

（2）《小企业会计准则》。《小企业会计准则》由总则、资产、负债、所有者权益、收入、费用、利润及利润分配、外币业务、财务报表、附则和一个附录组成。其中，附录为小企业会计准则——会计科目、主要账务处理和财务报表。

2. 会计科目设置

（1）《企业会计准则》。企业应当按照《企业会计准则》及其应用指南的规定，设置会计科目进行账务处理，在不违反统一规定的前提下，可以根据本企业的实际情况自行增设、分拆、合并会计科目。不存在的交易或者事项，可以不设置相关的会计科目。企业也可以根据规定，结合本企业的实际情况自行确定会计科目编号。

会计科目和主要账务处理，主要根据具体准则中涉及确认和计量的要求，规定了 162 个会计科目及其主要账务处理，基本涵盖了所有企业的各类交易或事项。

会计科目分为 6 类。

资产类：73 个，其中一般企业（非金融企业）44 个。

负债类：36 个，其中一般企业 20 个。

共同类：5 个，其中一般企业 3 个。

所有者权益类：7个，其中一般企业6个。

成本类：7个，其中一般企业4个。

损益类：34个，其中一般企业16个。

其中，一般企业（非金融企业）共计93个。

（2）《小企业会计准则》。会计科目和主要账务处理，主要根据具体准则中涉及确认和计量的要求，规定了66个会计科目及其主要账务处理，主要涵盖小企业的常见交易或事项。

会计科目分为6类。

资产类：32个。

负债类：12个。

所有者权益类：5个。

成本类：5个。

损益类：12个。

（三）财务报表的组成

1.《企业会计准则》

财务报表是对企业财务状况、经营成果和现金流量的结构性表述，至少应当包括资产负债表、利润表、现金流量表、所有者权益（股东权益）变动表、附注。

2.《小企业会计准则》

财务报表，是指对小企业财务状况、经营成果和现金流量的结构性表述。小企业的财务报表至少应当包括资产负债表、利润表、现金流量表、附注。

（四）主要会计处理对比

1. 存货

（1）存货跌价准备的处理不同。《企业会计准则》下，资产负债表日，企业根据存货准则确定存货发生减值的，按存货可变现净值低于成本的差额，借记“资产减值损失”科目，贷记“存货跌价准备”。《小企业会计准则》下，不计提存货跌价准备。

（2）投资者投入存货成本的初始计量不同。《企业会计准则》下，投资者投入存货的成本，应当按照投资合同或协议约定的价值确定，但合同或协议约定价值不公允的除外。《小企业会计准则》下，投资者投入存货的成本，应当按照评估价值确定。

（3）盘盈存货的处理不同。《企业会计准则》下，盘盈存货实现的收益应当冲减管理费用。《小企业会计准则》下，计入营业外收入。

2. 金融资产投资

（1）分类不同。《企业会计准则》下，将金融资产划分为交易性金融资产、可供出售金融资产、持有至到期投资、贷款和应收款项、长期股权投资。《小企业会计准则》下，将金融资产划分为短期投资、长期债券投资和长期股权投资。

（2）计量属性选择不同。《企业会计准则》下，交易性金融资产、可供出售金融资产采用公允价值进行后续计量；持有至到期投资、贷款和应收款项采用历史成本（摊余成本）与未来现金流量现值孰低计量；长期股权投资需要区分权益法和成本法，采用账面价值与可收回金额孰低计量。《小企业会计准则下》，均采用历史成本计量。

（3）减值处理不同。《企业会计准则》下，均需要计提减值准备，减值除长期股权投资外均可转回。《小企业会计准则》下，发生损失时直接冲减资产，不计提减值准备。

（4）利息收入及投资收益确认不同。《企业会计准则》下，利息收入等于摊余成本乘以实际利率；持有期间投资收益则需要根据具体准则确定。《小企业会计准则》下，利息收入等于面值乘以票面利率；持有期间投资收益等于应收股利、应收利息等。

3. 固定资产

（1）投资者投入固定资产成本的初始计量不同。《企业会计准则》下，投资者投入固定资产的成本，应当按照投资合同或协议约定的价值确定，但合同或协议约定价值不公允的除外。《小企业会计准则》下，应当按照评估价值和相关税费确定。

（2）减值处理不同。《企业会计准则》下，均需要计提减值准备，减值不得转回。《小企业会计准则》下，发生损失时直接冲减资产，不计提减值准备。

（3）折旧期间不同。《企业会计准则》下，根据资产可使用寿命确定。《小企业会计准则》下，要求考虑税法的规定。

4. 生物资产

（1）分类不同。《企业会计准则》下，分为消耗性生物资产、生产性生物资产和公益性生物资产。《小企业会计准则》下，分为消耗性生物资产、生产性生物资产。

（2）减值的处理不同。《企业会计准则》下，消耗性生物资产计提减值准备，可变现净值的确定遵循《企业会计准则第 1 号——存货》。《小企业会计准则》下，消耗性生物资产不计提减值准备。《企业会计准则》下，生产性生物资产计提减值准备，可收回金额的确定遵循《企业会计准则第 8 号——资产减值》。《小企业会计准则》下，生产性生物资产不计提减值准备。

5. 无形资产

（1）减值处理不同。《企业会计准则》下，均需要计提减值准备，减值不得转回。《小企业会计准则》下，发生损失时直接冲减资产，不计提减值准备。

（2）摊销方法、摊销期间不同。《企业会计准则》下，摊销方法应根据资产经济利益的预期实现方式确定，使用寿命不确定的无形资产不进行摊销。《小企业会计准则》下，全部采用直线法摊销。《企业会计准则》下，摊销期间应根据资产可使用寿命确定。《小企业会计准则》下，有最低限额规定。

6. 借款

利息计算不同。《企业会计准则》下，利息费用根据实际利率和摊余成本确定。《小企业会计准则》下，长期借款应当按照借款本金和借款合同利率按期计提利息费用。

7. 收入

收入的确认条件不同。《企业会计准则》下，更关注风险报酬是否转移。《小企业会计准则》下，更加关注收到货款或取得收款权利。

8. 所得税费用

《企业会计准则》下，采用资产负债表债务法，需要确认递延所得税费用。《小企业会计准则》下，采用应付税款法，不需要确认递延所得税费用。

小知识

《小企业会计准则》与《企业会计准则》相比的简化特点

（一）统一采用历史成本计量

在会计计量方面，《企业会计准则》规定，企业可以根据实际需要选用历史成本、重置成本、可变现净值、现值或公允价值等会计计量属性对会计要素进行计量。而《小企业会计准则》仅要求小企业采用历史成本对会计要素进行计量。

1. 对小企业的资产要求按照成本计量，不再要求计提资产减值准备，资产实际损失的确定参照了《企业所得税法》中的有关认定标准。

2. 对小企业的长期债券投资要求按照成本（购买价款和相关税费减去实际支付价款中包含的已到付息期但尚未领取的债券利息）入账；对长期债券投资的利息收入不

再要求在债务人应付利息日按照其摊余成本和实际利率计算，而是要求在债务人应付利息日按照债券本金和票面利率计算。

3. 对小企业融资租入固定资产的入账价值不再要求按照租赁开始日租赁资产公允价值与最低租赁付款额现值两者中较低者作为会计计量基础，而是要求按照租赁合同约定的付款总额和在签订租赁合同过程中发生的相关税费等确定。

4. 对小企业的负债要求按照实际发生额入账；对小企业借款利息不再要求按照借款摊余成本和借款实际利率计算，而是要求按照借款本金和借款合同利率计算。

5. 在收入确认方面，不再要求遵循实质重于形式的原则，而是要求小企业采用发出商品或者提供劳务交易完成和收到货款或取得收款权利作为标准，减少关于风险与报酬转移的职业判断，同时就几种常见的销售方式明确规定了收入确认的时点。在收入计量方面，不再要求小企业按照从购买方已收或应收的合同或协议价款或者应收的合同或协议价款的公允价值确定收入的金额，而是要求按照从购买方已收或应收的合同或协议价款确定收入的金额。

（二）统一采用直线法摊销债券的折价或者溢价

在长期债券投资（或持有至到期投资）中的债券折价或者溢价的摊销方面，《企业会计准则》规定，债券的折价或者溢价在债券存续期间内于确认相关债券利息收入时采用实际利率法进行摊销。而《小企业会计准则》规定，债券的折价或者溢价在债券存续期间内于确认相关债券利息收入时采用直线法进行摊销。

（三）统一采用成本法核算长期股权投资

在长期股权投资的后续计量方面，《企业会计准则》规定，长期股权投资在持有期间，根据投资企业对被投资单位的影响程度及是否存在活跃市场、公允价值能否可靠取得等情况，分别采用成本法和权益法进行会计处理。而《小企业会计准则》则要求小企业统一采用成本法对长期股权投资进行会计处理。

（四）固定资产折旧年限和无形资产摊销期限的确定应当考虑税法的规定

《企业会计准则》规定，企业应当根据固定资产的性质和使用情况，合理确定固定资产的使用寿命和预计净残值，而不必考虑税法的规定。而《小企业会计准则》规定，小企业应当根据固定资产的性质和使用情况，并考虑税法的规定，合理确定固定资产的使用寿命和预计净残值。

《企业会计准则》规定，企业应当于取得无形资产时分析判断其使用寿命；使用寿命有限的无形资产，其应摊销金额应当在使用寿命内系统合理摊销；企业摊销无形资产，应当自无形资产可供使用时起，至不再作为无形资产确认时止。而《小企业会计准则》规定，无形资产的摊销期自其可供使用时开始至停止使用或出售时止；有关法律规定或合同约定了使用年限的，可以按照规定或约定的使用年限分期摊销；小企业不能可靠估计无形资产使用寿命的，摊销期不得低于10年。

（五）长期待摊费用的核算内容和摊销期限与税法保持一致

《企业会计准则》规定，“长期待摊费用”科目核算企业已经发生但应由本期和以后各期负担的分摊期限在一年以上的各项费用，如以经营租赁方式租入的固定资产发生的改良支出等，其核算内容、摊销期限与企业所得税法及其实施条例存在较大的差异。而《小企业会计准则》对长期待摊费用的核算内容、摊销期限均与企业所得税法及其实施条例的规定完全一致。《小企业会计准则》规定，小企业的长期待摊费用包括已提足折旧的固定资产的改建支出、经营租入固定资产的改建支出、固定资产的大修理支出和其他长期待摊费用等；长期待摊费用应当在其摊销期限内采用年限平均法进行摊销。

（六）资本公积仅核算资本溢价（或股本溢价）

《企业会计准则》规定，资本公积包括资本溢价（或股本溢价）和其他资本公积。而《小企业会计准则》规定，资本公积仅包括资本溢价（或股本溢价），是指小企业收到的投资者出资额超过其在注册资本或股本中所占份额的部分。

（七）采用应付税款法核算所得税

《企业会计准则》要求企业采用资产负债表债务法核算所得税，在计算应交所得税和递延所得税的基础上，确认所得税费用。而《小企业会计准则》要求企业采用应付税款法核算所得税，将计算的应交所得税确认为所得税费用，这大大简化了所得税的会计处理。

（八）取消了外币财务报表折算差额

《企业会计准则》规定，企业对境外经营的财务报表进行折算时，应当遵循下列规定。

1. 资产负债表中的资产和负债项目，采用资产负债表日的即期汇率折算，所有者权益项目除“未分配利润”项目外，其他项目采用发生时的即期汇率折算。

2. 利润表中的收入和费用项目，采用交易发生日的即期汇率折算，也可以采用按照系统合理的方法确定的、与交易发生日即期汇率近似的汇率折算。

按照上述折算产生的外币财务报表折算差额，在资产负债表中所有者权益项目下单独列示。而《小企业会计准则》要求小企业对外币财务报表进行折算时，应当采用资产负债表日的即期汇率对外币资产负债表、利润表和现金流量表的所有项目进行折算。这样，小企业既不会产生外币财务报表折算差额，也减少了外币财务报表折算的工作量。

（九）简化了财务报表的列报和披露

小企业的财务报表至少应当包括资产负债表、利润表、现金流量表和附注四个组成部分，小企业不必编制所有者权益（或股东权益）变动表。考虑到小企业会计信息使用者的需求，《小企业会计准则》对现金流量表也进行了适当简化，无须披露将净利润调节为经营活动现金流量、当期取得或处置子公司及其他营业单位等信息。此外，小企业财务报表附注的披露内容大为减少、披露要求也有所降低。

（十）统一采用未来适用法对会计政策变更和会计差错更正进行会计处理

《企业会计准则》要求企业根据具体情况对会计政策变更采用追溯调整法或未来适用法进行会计处理，对前期差错更正采用追溯重述法或未来适用法进行会计处理；对会计估计变更采用未来适用法进行会计处理。而《小企业会计准则》要求小企业对会计政策变更、会计估计变更和会计差错更正均应当采用未来适用法进行会计处理，这大大简化了会计政策变更和会计差错更正的会计处理方法。

小知识

关于执行《小企业会计准则》转换为执行《企业会计准则》的衔接规定

《小企业会计准则》的宗旨在于促进小企业可持续发展，因此，必须要为小企业将来发展壮大或经营性质发生变化转为执行《企业会计准则》作出相关制度安排，以实现《小企业会计准则》与《企业会计准则》有序衔接和平稳过渡，从而促进企业可持续发展。

同时，《企业会计准则第 38 号——首次执行企业会计准则》和《企业会计准则解释第 1 号》（财会〔2007〕14 号）对企业首次执行企业会计准则有关会计政策和会计科目余额结转作出了规定。所有上市公司和大中型企业都应当按照《企业会计准则》这两项的规定做好向执行《企业会计准则》转换的工作。

根据《小企业会计准则》第二条和第三条的规定，小企业在首次执行《企业会计准则》或由《小企业会计准则》转为执行《企业会计准则》时，应当按照《企业会计准则第 38 号——首次执行企业会计准则》（财会〔2006〕3 号）和《企业会计准则解释第 1 号》（财会〔2007〕14 号）的规定做好新旧衔接转换工作。

八、《小企业会计准则》与《企业所得税法》关系的协调

（一）两种观点

关于如何处理《小企业会计准则》与《企业所得税法》的关系问题，主要存在两种观点。

1. 坚持以税法为导向的原则，制定《小企业会计准则》应当与《企业所得税法》尽可能协调一致

主要理由：以税法规定为基础制定《小企业会计准则》，可以最大限度地消除会计与税收之间的差异，减少小企业在计税过程中涉及的纳税调整事项，同时减少税务部门对企业的计征成本、提高征管效率，有利于促进小企业实行查账征收。

2. 坚持会计与税法适当分离的原则，制定《小企业会计准则》应遵循原有的会计原则，而不应过多地考虑税法规定

主要理由如下：

（1）税收与会计的目标不同，适当分离是必要的，虽然小企业主要的会计信息使用者是税务部门，但会计以提供真实、完整的会计信息为前提，税法以确保税金的强制征收为前提，两者目的、意义、原则均不相同。

（2）新的所得税法实施以后，税法与会计的差异已大为减少，会计上的很多理念已被税法所采纳，加之小企业本身业务单一，需要纳税调整的事项不多。

（3）与税法一致，可能导致一些会计处理偏离基本准则的原则要求。

（二）实际采纳

综合考虑各方面因素后，本次采纳了第一种观点，以满足小企业会计信息使用者（主要为税务部门）的需求为根本出发点，最大限度地消除小企业会计与税法的差异。这样，既有利于提高会计信息的有用性，也有利于在保证会计信息真实可比的前提下降低会计核算和纳税申报的工作量，符合成本效益原则。

与此同时，《小企业会计准则》减少了职业判断的内容，强化了有关资产项目、未决诉讼、未决仲裁、对外提供担保事项、纳税调整过程等信息披露的要求。

（三）会计与税法的差异及纳税调整

在实施《小企业会计准则》后，小企业除会计与税法之间不可能消除的永久性差异以外，只有在少数情况下才可能产生暂时性差异。例如，小企业在收到与资产相关的政府补助、收到用于补偿小企业以后期间相关费用或亏损的其他政府补助时，《小企业会计准则》要求确认为递延收益，而税法要求在收到政府补助时一次性计入当期收入或者在符合条件的情况下作为不征税收入，导致小企业会计与税法存在差异。

由于《小企业会计准则》基本消除了小企业会计与税法的差异，需要小企业进行纳税调整的交易或事项较少，因此《小企业会计准则》要求小企业在财务报表附注中增加纳税调整的说明，披露“对已在资产负债表和利润表中列示项目与企业所得税法规定存在差异的纳税调整过程”。

九、《小企业会计准则》与《小企业会计制度》的比较

（一）准则框架体系

《小企业会计制度》包括总说明、会计科目名称和编号、会计科目使用说明、会计报表格式、会计报表编制说明五部分。

（二）主要会计处理对比

与《小企业会计制度》相比，《小企业会计准则》在会计要素确认计量及财务报表列报方面主要作了以下调整。

1. 资产方面

不要求计提资产减值准备，资产实际损失的确定参照了《企业所得税法》中有关认定标准，取消发出存货后进先出法，长期股权投资统一采用成本法核算，规定了与所得税法相一致的固定资产计提折旧最低年限及后续支出的会计处理方法。

2. 负债方面

要求以实际发生额入账，利息计算统一采用票面利率或合同利率。

3. 所有者权益方面

资本公积的核算内容基本仅为资本溢价部分。

4. 收入方面

采用发出货物和收取款项作为标准，减少关于风险报酬转移的职业判断，同时就几种常见的销售方式明确规定了收入确认的时点。

5. 财务报表方面

考虑到小企业会计信息使用者的需求，对现金流量表进行了适当简化，在附注中增加了纳税调整的说明。

6. 体例方面

《小企业会计准则》在体例上也作了相应调整，由正文和附录两部分组成，正文部分具体规定小企业会计确认、计量和报告的基本要求，附录部分包括“会计科目、主要账务处理和财务报表”“主要会计事项分录举例”等内容。

《小企业会计准则》与《小企业会计制度》账务处理的主要区别如表1–2所示。

表 1-2 账务处理主要区别——《小企业会计准则》与《小企业会计制度》对比

会计科目	《小企业会计准则》	《小企业会计制度》
银行存款	未明确规范结算方式及汇兑损益的处理	明确规范结算方式及汇兑损益的处理
短期投资	在短期投资持有期间，被投资单位宣告分派的现金股利，借记“应收股利”科目，贷记“投资收益”科目；在债务人应付利息日，按照分期付息、一次还本债券投资的票面利率计算的利息收入，借记“应收利息”科目，贷记“投资收益”科目	持有期间所收到的股利、利息等，不确认投资收益，作为冲减投资成本处理
	不计提短期投资减值准备	计提短期投资减值准备
应收票据	未规范票据利息等的处理	规范票据利息和贴现等的处理
	应收票据不得计提坏账准备，实际发生损失时直接冲减应收票据即可	应收票据不得计提坏账准备，待到期不能收回转入应收账款后，再按规定计提坏账准备
应收账款	未规范应收债权融资或出售应收债权的会计处理	规范应收债权融资或出售应收债权的会计处理
	不计提坏账准备，发生损失时直接转销即可	计提坏账准备
原材料	未规范商品流通的小企业购入商品抵达仓库前发生的包装费、运杂费、保险费、装卸费、运输途中的合理损耗和入库前的挑选整理费用等采购费用。在“销售费用”中规定：“小企业（批发业、零售业）在购买商品过程中发生的费用（包括运输费、装卸费、包装费、保险费、运输途中的合理损耗和入库前的挑选整理费等），也在‘销售费用’科目核算”	商品流通的小企业购入商品抵达仓库前发生的包装费、运杂费、保险费、装卸费、运输途中的合理损耗和入库前的挑选整理费用等采购费用直接计入当期营业费用
盘盈的各种材料	计入营业外收入	冲减管理费用
低值易耗品	生产、施工领用周转材料，通常采用一次转销法，按照其成本，借记“生产成本”“管理费用”“工程施工”等科目，贷记“周转材料”科目；金额较大的周转材料，也可以采用分次摊销法，领用时应按照其成本，借记“周转材料”科目（在用），贷记“周转材料”科目（在库）；按照使用次数摊销时，应按照其摊销额，借记“生产成本”“管理费用”“工程施工”等科目，贷记“周转材料”科目（摊销）	采用一次或分次摊销的方法
长期股权投资	采用成本法核算	分别采用成本法或权益法核算
固定资产	入账价值：竣工决算前发生支出	入账价值：达到预定可使用状态前所发生的必要支出

续表

会计科目	《小企业会计准则》	《小企业会计制度》
无形资产	摊销期自其可供使用时开始至停止使用或出售时止。有关法律规定或合同约定了使用年限的，可以按照规定或约定的使用年限分期摊销。企业不能可靠估计无形资产使用寿命的，摊销期不短于10年	摊销年限应按合同受益年限、法律规定年限孰低确定，如果合同没有规定受益年限，法律也没有规定有效年限的，摊销年限不应超过10年
长期待摊费用	不含开办费	含开办费
应付职工薪酬	进行详细规范	通过应付工资、应付福利费等核算，未规范非货币性薪酬及其他职工薪酬的核算
长期借款	小企业为购建固定资产在竣工决算前发生的借款费用，应当计入固定资产的成本	为购建固定资产而发生的专门借款，在满足借款费用开始资本化的条件时至购建的固定资产达到预定可使用状态前发生的借款费用，应计入固定资产成本
资本公积	基本上仅资本（股本）溢价核算	包括四个明细科目：资本溢价、接受捐赠非现金资产准备、外币资本折算差额、其他资本公积
盈余公积	法定公积金和任意公积金	法定盈余公积、任意盈余公积、法定公益金
以前年度损益调整	未规范	规范
财务费用	包括利息支出（减利息收入）及相关的手续费等	包括利息支出（减利息收入）、汇兑损失（减汇兑收益）及相关的手续费等

注：《小企业会计准则》未规范债务重组等特殊业务的核算，而《小企业会计制度》进行了规范。

小知识

新旧转换的规定

（一）会计科目余额的结转和比较财务报表的编制按照下列规定执行：

1. 所有执行《小企业会计准则》的小企业从2013年1月1日，按照《小企业会计准则》的规定，对照《小企业会计准则》所附《小企业会计制度与小企业会计准则会计科目转换对照表》，将企业各个资产、负债和所有权益类会计科目的余额直接结转至《小企业会计准则》所规定会计科目的会计账户之中即可，从2013年1月1日起开始根据《小企业会计准则》的规定进行会计处理。但是，以下几个会计科目余额的结转应进行特别处理：

（1）考虑到《小企业会计准则》规定资产按照成本计量，不计提资产减值准备，“短期投资跌价准备”“坏账准备”和“存货跌价准备”三个会计科目的余额应结转至“利润分配－未分配利润”科目，结转后应无余额。小企业执行《小企业会计准则》后不再设置这几个会计科目。

（2）“待摊费用”和“预提费用”这两个会计科目的余额继续保留，按照原先规定的期限分摊或使用完毕后，不应再有发生额。小企业执行《小企业会计准则》后，如果小企业认为还需要使用这两个会计科目，也可以使用，但是在编制年度资产负债表时不得有余额，如有余额应结转至相关资产成本或费用会计科目。

（3）“待转资产价值”会计科目如有余额，应与税务机关进行积极沟通协调，如果应当在2013年缴纳企业所得税，则将应交纳的企业所得税，借记“所得税费用”科目，贷记本科目，将其余额结转至“资本公积——其他资本公积”科目，结转后应无余额；如果应当在2013年及以后年度交纳企业所得税，则将其全部余额结转至“资本公积——其他资本公积”科目，以后年度通过纳税调整交纳企业所得税，不再保留本科目。

（4）考虑到《小企业会计准则》对相关交易或事项的会计处理作了改变，应将“资本公积”会计科目的明细科目“接受捐赠非现金资产准备”和“外币资本折算差额”的余额结转至“资本公积——其他资本公积”科目。该明细科目仅在新旧转换时使用，科目余额视同资本溢价使用。

2. 在编制2013年资产负债表、利润表和现金流量表时，对其中的“年初余额”或“上年金额”栏，直接根据2012年12月31日各项目余额或2012年度各项目的发生额，在《小企业会计准则》所附报表格式的相对应的项目中填列反映即可，不需进行调整。

（二）如果小企业在执行《小企业会计准则》之前未执行《小企业会计制度》（财会〔2004〕2号），而是执行《工业企业会计制度》等其他会计制度，也应当按照上述原则，做好新旧转换工作。

（三）2013年1月1日之前，提前执行《小企业会计准则》的小企业也应当按照上述原则做好新旧转换工作。

十、《小企业会计准则》与《中小主体国际财务报告准则》关系的协调

在制定《小企业会计准则》过程中我国充分借鉴了《中小主体国际财务报告准

则》的简化理念。这一理念贯穿于《小企业会计准则》有关确认、计量和列报的规定，符合我国小企业量大、面广、质量参差不齐、会计基础较为薄弱的现状。

但是，《小企业会计准则》与《中小主体国际财务报告准则》适用范围不同。具体来讲，我国主要从企业规模角度进行划分，《企业会计准则》和《小企业会计准则》分别适用于大中型企业和小企业；国际会计准则理事会则主要从公众受托责任角度划分，《国际财务报告准则》和《中小主体国际财务报告准则》分别适用于上市公司和非上市公司。换句话说，与国际财务报告准则相趋同的《企业会计准则》在所有大中型企业范围内实施，包括上市公司和非上市的大中型企业，其实施范围远大于其他国家或地区将国际财务报告准则应用于上市公司的范围。

据了解，目前采纳或计划采纳《中小主体国际财务报告准则》的部分国家或地区，也并非将其应用于真正意义上的小企业。例如，英国会计准则委员会（ASC）在2010年10月研究报告中提出本国企业会计改革的基本构架，大致分为三个层次：一是负有公众受托责任的企业（如上市公司），执行国际财务报告准则（EUIFRS）；二是不负有公众受托责任的规模较大的企业，执行依据本国公司法等法律、法规进行调整后的《中小主体国际财务报告准则》（FRSME）；三是不负有公众受托责任的小规模企业（职工人数低于50人、营业收入低于650万英镑且资产总额低于326万英镑的小企业），执行本国制定的《小型报告主体财务报告准则》（FRSSE）。各国也是根据本国国情来决定实施国际准则的范围的。

第二节 相关知识

一、小企业会计的对象

小企业会计的对象是指小企业会计所核算和监督的内容，即小企业能够以货币表现的经济活动。以货币表现的经济活动通常又称为价值运动或资金运动。小企业资金运动包括小企业的资金投入、资金运用（即资金的循环与周转）和资金退出等过程。

下面以小工业企业为例，说明小企业会计的具体对象。

小工业企业是从事工业产品生产和销售的营利性经济组织。为了从事产品的生产与销售活动，小企业必须拥有一定数量的资金，用于建造厂房、购买机器设备、购买材料、支付职工薪酬、支付经营管理中必要的开支等，生产出的产品经过销售后，收回的货款还要补偿生产中的垫付资金、偿还有关债务、上交有关税费等。由此可见，小工业企业的资金运动包括资金的投入、资金的循环与周转（包括供应过程、生产过程、销售过程三个阶段）以及资金的退出三部分，既有一定时期内的显著运动状态（表现为收入、费用、利润等），又有一定日期的相对静止状态（表现为资产与负债及所有者权益的恒等关系）。

小企业资金的投入包括小企业所有者投入的资金和债权人投入的资金两部分，前者属于小企业所有者权益，后者属于小企业债权人权益－小企业负债。投入小企业的资金一部分构成流动资产，另一部分构成非流动资产。

小企业资金的循环和周转分为供应、生产、销售三个阶段。在供应过程中，小企业要购买材料等劳动对象，发生材料买价、运输费、装卸费等材料采购成本，与供应单位发生货款结算关系。在生产过程中，劳动者借助于劳动手段将劳动对象加工成特定的产品，发生材料消耗的材料费、固定资产磨损的折旧费、生产工人劳动耗费的人工费等，构成产品使用价值与价值的统一体，同时，还将发生企业与工人之间的职工薪酬结算关系、与有关单位之间的劳务结算关系等。在销售过程中，将生产的产品销售出去，发生有关销售费用、收回货款、交纳税费等业务活动，并同购货单位发生货款结算关系、同税务机关发生税务结算关系等。小企业获得的销售收入，扣除各项费用后的利润，还要提取盈余公积并向所有者分配利润。

小企业资金的退出包括偿还各项债务、上交各项税费、向所有者分配利润等，这部分资金便离开本企业，退出本企业的资金循环与周转。

上述资金运动的三个阶段，构成了开放式的运动形式，是相互支撑、相互制约的统一体。没有资金的投入，就不会有资金的循环与周转；没有资金的循环与周转，就不会有债务的偿还、税费的上交和利润的分配等；没有这类资金的退出，就不会有新一轮的资金投入，就不会有小企业进一步的发展。

上述资金运动呈现出显著的运动状态，同时也具有某一时点上的相对静止状态。仍以小工业企业为例：为了维持生产经营活动，小企业必须拥有一定量的经济资源（即资产），它们分布在小企业生产经营过程的不同阶段（供应、生产、销售等阶段）和不同方面（表现为厂房、机器设备、原材料、在产品、库存商品及货币资金等），我们称之为资金占用。另外，这些经济资源取得需要通过一定的途径，包括来自投资者投入的资金或是债权人提供的借款等，我们称之为资金的来源。从任一时点上看，资金运动总处于相对静止的状态，即小企业的资金在任一时点上均表现为资金占用和资金来源两方面，这两个方面既相互联系，又相互制约。

二、小企业会计要素

小企业会计要素（也称为财务报表要素），是小企业会计核算对象的基本分类，是设定小企业财务报表结构和内容的依据，也是小企业进行确认和计量的依据。会计要素主要解决会计向会计信息使用者提供哪些会计信息以及如何提供这些信息的问题。只有对会计要素作出科学严格的概念，才能为会计的确认、计量、记录和报告奠定坚实的基础。

具体来说，小企业应当按照交易或者事项的经济特征确定会计要素。小企业会计要素包括资产、负债、所有者权益、收入、费用和利润。

（一）资产

小企业从事生产经营活动必须具备一定的物质资源，或者说物质条件。在市场经济条件下，这些必要的物质条件表现为货币资金、厂房场地、机器设备、原材料等。这些货币资金、厂房场地、机器设备、原料材料等，称为资产，它们是小企业从事生产经营活动的物质基础。除上述货币资金、厂房场地、机器设备、原材料等外，资产还包括不具有物质形态、但有助于生产经营活动进行的专利权、商标权等无形资产，此外，还包括对其他单位的投资。

1. 小企业资产的概念

小企业资产，是指小企业过去的交易或者事项形成的、由小企业拥有或者控制的、预期会给小企业带来经济利益的资源。

2. 小企业资产的特征

它具有以下特征：

（1）资产应为小企业拥有或者控制的资源。

资产作为一项资源，应当由小企业拥有或者控制，具体是指小企业享有某项资源的所有权，或者虽然不享有所有权，但该资源能被小企业所控制。

小企业享有资产的所有权，通常表明小企业能够排他性地从资产中获取经济利益。一般而言，在判断资产是否存在时，所有权是考虑的首要因素。有些情况下，资产虽然不为小企业所拥有，即小企业并不享有其所有权，但小企业控制了这些资产，同样表明小企业能够从资产中获取经济利益，符合会计上对资产的概念。例如，某小企业以融资租赁方式租入一项固定资产，尽管小企业并不拥有其所有权，但是如果租赁合同规定的租赁期相当长，接近于该资产的使用寿命，表明小企业控制了该资产的使用及其所能带来的经济利益，应当将其作为小企业资产予以确认、计量和报告。

（2）资产预期会给小企业带来经济利益。

资产预期会给小企业带来经济利益，是指资产直接或者间接导致现金流入小企业的潜力。这种潜力可以来自小企业日常的生产经营活动，也可以是非日常活动；带来经济利益的形式可以是现金形式，也可以是能转化为现金形式，或者是可以减少现金流出的形式。

资产预期会为小企业带来经济利益是资产的本质特征。例如，小企业采购的原材料、购置的固定资产等可以用于生产经营过程，制造商品或者提供劳务，对外出售后收回货款，货款即为小企业所获得的经济利益。如果某一项目预期不能给小企业带来经济利益，那么就不能将其确认为小企业的资产。前期已经确认为资产的项目，如果不能再为小企业带来经济利益，也不能再确认为小企业的资产。例如，待处理财产损失以及某些待摊费用等，由于不符合资产定义，均不应当确认为资产。

（3）资产是由小企业过去的交易或者事项形成的。

资产应当由小企业过去的交易或者事项所形成。过去的交易或者事项包括购买、生产、建造行为或者其他交易或事项。换句话说，只有过去的交易或者事项才能产生资产，小企业预期在未来发生的交易或者事项不形成资产。例如，小企业有购买原材料的意愿或者计划，但是购买行为尚未发生，就不符合资产的概念，不能因此而确认存货资产。

将一项资源确认为资产，需要符合资产的概念，还应同时满足以下两个条件：

①与该资源有关的经济利益很可能流入小企业。从资产的概念来看，能够带来经济利益是资产的一个本质特征，但在现实生活中，由于经济环境瞬息万变，与资源有关的经济利益能否流入小企业或者能够流入多少实际上带有不确定性。因此，资产的确认还应与经济利益流入的不确定性程度的判断结合起来。如果根据编制财务报表时所取得的证据，与资源有关的经济利益很可能流入小企业，那么就应当将其作为资产予以确认；反之，不能确认为资产。

②该资源的成本或者价值能够可靠地计量。只有当有关资源的成本或者价值能够可靠地计量时，资产才能予以确认。在实务中，小企业取得的许多资产都是发生了实际成本的，例如，小企业购买或者生产的存货，小企业购置的厂房或者设备等，对于这些资产，只要实际发生的购买成本或者生产成本能够可靠计量，就视为符合了资产确认的可计量条件。

3. 小企业资产的分类

小企业资产按流动性不同可分为流动资产和非流动资产。所谓流动性，通常按照资产的变现或耗用时间长短或者负债的偿还时间长短来确定。

（1）按照流动性对资产进行分类，可以分为流动资产和非流动资产。

①流动资产。小企业的流动资产，是指预计在1年内（含1年，下同）或超过1年的一个正常营业周期内变现、出售或耗用的资产。小企业的流动资产包括：货币资金、短期投资、应收及预付款项、存货等。

②非流动资产。流动资产以外的资产应当归类为非流动资产。非流动资产主要包括长期债券投资、长期股权投资、固定资产、在建工程、工程物资、生产性生物资产、无形资产、开发支出、长期待摊费用等。

（2）按照有无实物形态对资产进行分类，可以分为有形资产和无形资产。

如存货、固定资产等属于有形资产，因为它们具有物质实体；货币资金、应收款项、短期投资、长期股权投资、长期债权投资、专利权、商标权等属于无形资产，因为它们没有物质实体，而是表现为某种法定权利或技术。

一般来说，通常将无形资产作狭义的理解，仅将专利权、商标权等不具有物质形态，能够为小企业带来超额利润的资产称为无形资产。

4. 小企业资产的确认条件

符合资产定义的资源，同时满足以下条件才能确认为资产：

（1）与该资源有关的经济利益很可能流入小企业。这里讲的“很可能”，是指发生的可能性超过50%的概率。对于资产而言，其预期会给小企业带来经济利益，所以，在确认资产时，只有当其包含的经济利益流入小企业的可能性超过50%，同时满足其他确认条件，小企业才能加以确认；否则，不能将其确认为资产。例如，对于小企业因销售业务而形成的应收款项而言，如果小企业所销售的商品完全满足合同要求，同时没有其他例外情况发生，小企业能够在未来某一时日完全收回款项。也就是说，小企业因销售业务而形成的应收款项所包含的经济利益很可能流入小企业，满足会计要素确认的第一个条件。

（2）该资源的成本或者价值能够可靠地计量。会计工作就是要以货币计量的形式，在财务报表中反映小企业的财务状况和经营成果，因此，能否可靠地计量是会计要素确认的一个基本前提。如果与资源有关的经济利益能够可靠地计量，同时满足会计要素确认的其他条件，就可以在会计报表中加以确认；否则，小企业不应加以确认。也就是说，如果与资产有关的经济利益不能够可靠地计量，就无法在资产负债表中作为资产列示。在考虑资源确认条件时要求与该资源有关的经济利益能够可靠地计量，并不意味着不需要进行估计。

5. 小企业资产的列示

符合资产定义和资产确认条件的项目，应当列入资产负债表；符合资产定义、但不符合资产确认条件的项目，不应当列入资产负债表。

小知识

小企业资产的计量属性

小企业的资产应当按照成本计量，不计提资产减值准备。

在小企业的生产经营活动过程中，资产实际上始终处于变动状态之中，从会计核算角度需要明确其金额的确定基础，也就是计量属性。基本准则第四十二条规定："会计计量属性主要包括历史成本、重置成本、可变现净值、现值和公允价值。"第四十三条规定："企业在对会计要素进行计量时，一般应当采用历史成本，采用重置成本、可变现净值、现值、公允价值计量的，应当保证所确定的会计要素金额能够取得并可靠计量。"

《企业所得税法》第十条第七款规定："在计算应纳税所得额时，未经核定的准备金支出不得扣除。"《企业所得税法实施条例》第五十五条规定："《企业所得税法》第十条第七项所称未经核定的准备金支出，是指不符合国务院财政、税务主管部门规定的各项资产减值准备、风险准备等准备金支出。"第五十六条规定："企业的各项资产，包括固定资产、生物资产、无形资产、长期待摊费用、投资资产、存货等，以历史成本为计税基础。历史成本，是指企业取得该项资产时实际发生的支出。企业持有各项资产期间资产增值或者减值，除国务院财政、税务主管部门规定可以确认损益外，不得调整该资产的计税基础。"

为了简化核算，便于小企业实务操作，减轻纳税调整的负担，满足汇算清缴的需要，《小企业会计准则》规定小企业的资产应当按照成本进行计量，不计提资产减值准备。这既与小企业所得税法相一致，尽可能避免由于资产计价不同带来的纳税调整，同时也符合基本准则以历史成本为主要计量属性的规定。但是，在这一点上与企业会计准则的规定不同。企业会计准则要求对相关资产计提减值准备。

专家点拨

（1）取得资产时，按照实际发生的支出作为历史成本。支出可能表现为现金形式，也可能是非现金形式，如通过资产交换取得的某项资产，其历史成本应按照所换出资产的市场价格或评估价值确定。支出既包括货款，也包括按照税法规定不可抵扣的相关税费。

（2）在持有资产期间，资产的增值或减值在会计上不进行调整，仍维持取得时的历史成本金额。

（3）对固定资产、无形资产和长期待摊费用等资产计提折旧或进行摊销，与按照历史成本计量并不矛盾，事实上是这类非流动资产区别于流动资产的一个重要体现，都是以取得时的历史成本为基础在持有资产的期间内进行合理的分摊。

（4）资产实际发生损失时，根据《小企业会计准则》第十条、第十五条、第二十一条、第二十六条、第三十四条和第四十二条的规定确认资产损失，并进行相关会计处理。

注意事项

在实际执行中，《小企业会计准则》规定应与《小企业会计准则》第八十六条有关对短期投资、应收账款、存货、固定资产项目说明的规定结合起来应用。在日常账务处理上执行《小企业会计准则》规定，但在对外提供年度财务报表时，对短期投资的市场价格、存货的市场价格、应收账款的账龄情况和固定资产的折旧情况还应当在附注中进行单独披露，从而弥补由于历史成本计量可能不能真实反映资产质量的不足。这就要求小企业对于在这四类资产的相关账户中无法直接提供的会计信息，应当建立备查簿，按照《小企业会计准则》第八十六条的规定连续、完整地记录市场价格的信息。

（二）负债

小企业为维持其正常的生产经营活动，需要拥有或控制一系列必要的资源，这些资源从来源来看，无外乎来自两个方面：

①投资者提供或小企业经营所得；

②债权人提供。对于债权人提供的资源，就形成了小企业的负债。

1. 小企业负债的概念

小企业负债，是指小企业过去的交易或者事项形成的、预期会导致经济利益流出小企业的现时义务。

2. 小企业负债的特征

它具有以下特征：

（1）负债会导致经济利益流出小企业。

负债通常需要在未来某个时点用经济利益偿付，从而引起小企业经济利益的流出。预期会导致经济利益流出小企业也是小企业负债的一个本质特征，只有小企业在履行义务时会导致经济利益流出小企业的，才符合小企业负债的概念。小企业在履行现时义务清偿负债时，导致经济利益流出的形式多种多样。例如，用现金偿还或以实物资产形式偿还；以提供劳务形式偿还；以部分转移资产、部分提供劳务形式偿还；将负债转为资本等。

（2）负债是小企业的现时义务。

负债所引起的经济利益流出小企业的义务是现时已经存在的。其中，现时义务是指小企业在现行条件下已承担的义务。未来发生的交易或者事项形成的义务，不属于现时义务，不应当确认为负债。这里所指的义务可以是法定义务，也可以是推定义务。其中，法定义务，是指具有约束力的合同或者法律法规规定的义务，通常必须依法执行。例如，小企业购买原材料形成应付账款，向银行借入款项形成借款，按照税法规定应当交纳的税款等，均属于小企业承担的法定义务，需要依法予以偿还。推定义务，是指根据小企业多年来的习惯做法、公开的承诺或者公开宣布的政策而导致小企业将承担的责任，这些责任也使有关各方形成了小企业将履行义务解脱责任的合理预期。

（3）负债是因过去的交易或者事项的发生所引起的。

小企业预期未来发生的交易或事项将产生的债务，不能确认为小企业的负债。负债应当由小企业过去的交易或者事项所形成。或者说，只有过去的交易或者事项才形成负债，小企业将在未来发生的承诺、签订的合同等交易或者事项，不形成负债。

3. 小企业负债的分类

小企业的负债按照其流动性，可分为流动负债和非流动负债。

小企业的流动负债，是指预计在 1 年内或者超过 1 年的一个正常营业周期内清偿的债务。

小企业的流动负债包括：短期借款、应付及预收款项、应付职工薪酬、应交税费、应付利息等。

小企业在编制资产负债表时，负债反映在某一特定日期小企业所承担的、预期会导致经济利益流出小企业的现时义务，应当按照流动负债和非流动负债进行列示，在流动负债和非流动负债类别下再进一步按性质分项列示。

流动负债的判断标准与流动资产的判断标准相类似。负债的流动性，一般可以理解为负债偿还速度或偿还时间的长短。

4. 小企业负债的确认条件

将一项现时义务确认为负债，需要符合负债的概念，还应当同时满足以下两个条件：

（1）与该义务有关的经济利益很可能流出小企业。

从小企业负债的概念来看，负债预期会导致经济利益流出小企业，但是履行义务所需流出的经济利益带有不确定性，尤其是与推定义务相关的经济利益通常需要依赖于大量的估计。因此，小企业负债的确认应当与经济利益流出的不确定性程度的判断结合起来。如果有确凿证据表明，与现时义务有关的经济利益很可能流出小企业，就应当将其作为负债予以确认；反之，如果小企业承担了现时义务，但是导致经济利益流出小企业的可能性若已不复存在，就不符合负债的确认条件，不应将其作为负债予以确认。

（2）未来流出的经济利益的金额能够可靠地计量。

小企业负债的确认在考虑经济利益流出小企业的同时，对于未来流出的经济利益的金额应当能够可靠计量。对于与法定义务有关的经济利益流出金额，通常可以根据合同或者法律规定的金额予以确定，考虑到经济利益流出的金额通常在未来期间，有时未来期间较长，有关金额的计量需要考虑货币时间价值等因素的影响。对于与推定义务有关的经济利益流出金额，小企业应当根据履行相关义务所需支出的最佳估计数进行估计，并综合考虑有关货币时间价值、风险等因素的影响。

5. 小企业负债的列示

符合负债定义和负债确认条件的项目，应当列入资产负债表；符合负债定义、但不符合负债确认条件的项目，不应当列入资产负债表。

小知识

相关比较

1. 企业会计准则

《企业会计准则——基本准则》第二十三条规定：“负债是指企业过去的交易或者事项形成的、预期会导致经济利益流出企业的现时义务。现时义务是指企业在现行条件下已承担的义务。未来发生的交易或者事项形成的义务，不属于现时义务，不应当确认为负债。”第二十四条规定：“符合本准则第二十三条规定的负债定义的义务，同时满足以下条件确认为负债：

（1）该义务有关的经济利益很可能流出企业。

（2）未来流出的经济利益的金额能够可靠地计量。”第二十五条规定：“符合负债定义和负债确认条件的项目，应当列入资产负债表；符合负债定义，但不符合负债确认条件的项目，不应当列入资产负债表。”

2. 小企业所得税法

《企业所得税法》和《企业所得税法实施条例》为了保证国家税收收入，主要是从收入、扣除和资产的税务处理几个方面对应纳税所得额进行了规定，但是有关负债的规定实质上主要体现在费用上。

3. 小企业会计准则

《小企业会计准则》根据基本准则关于负债要素的概念以及分类要求的基本原则，并考虑了小企业的实际情况，对小企业的负债定义及分类要求进行了规定。

（三）所有者权益

1. 小企业所有者权益的概念

小企业所有者权益，是指小企业资产扣除负债后由所有者享有的剩余权益。小企业的所有者权益又称为股东权益。

2. 小企业所有者权益的特征

它具有以下特征：

（1）除非发生减资、清算，小企业不需要偿还所有者权益。

（2）小企业清算时，只有在清偿所有的负债后，所有者权益才返还给所有者。

（3）所有者凭借所有者权益能够参与利润的分配。

所有者权益在性质上体现为所有者对小企业资产的剩余权益，在数量上也就体现为资产和负债的计量。

3. 小企业所有者权益的来源

小企业所有者权益的来源包括所有者投入的资本、直接计入所有者权益的利得和损失、留存收益。

直接计入所有者权益的利得和损失，是指不应计入当期损益、会导致所有者权益发生增减变动的、与所有者投入资本或者向所有者分配利润无关的利得或者损失。利得，是指由小企业非日常活动所形成的、会导致所有者权益增加的、与所有者投入资本无关的经济利益的流入；损失，是指由小企业非日常活动所发生的、会导致所有者权益减少的、与向所有者分配利润无关的经济利益的流出。

（四）收入

1. 小企业收入的概念

小企业收入，是指小企业在日常活动中形成的、会导致所有者权益增加的、与所有者投入资本无关的经济利益的总流入。

2. 小企业收入的特征

它具有以下特征：

（1）收入是从小企业的日常活动中产生，而不是从偶发的交易或事项中产生。

日常活动，是指小企业为完成其经营目标而从事的所有活动，以及与之相关的其他活动，例如，小商业企业从事商品销售活动、小工业企业制造和销售产品等。小企业所进行的有些活动并不是经常发生的，例如，小工业企业出售作为原材料的存货，此时，虽然不是经常发生的，但因与日常活动有关，也属于收入。但是，有些交易或事项虽然也能为小企业带来经济利益，但由于不属于小企业的日常经营活动，所以，其流入的经济利益不属于收入，如小工业企业出售固定资产净收益。

（2）收入可能表现为小企业资产的增加，或负债的减少，或二者兼而有之。

收入为小企业带来经济利益的形式多种多样，既可能表现为资产的增加，如增加银行存款、形成应收款项；也可能表现为负债的减少，如减少预收账款；还可能表现为二者的组合，如销售实现时，部分冲减预收的货款，部分增加银行存款。

（3）收入会导致小企业所有者权益的增加。

小企业取得收入能导致所有者权益的增加。但是，收入与相关的成本费用相配比后，则可能增加所有者权益，也可能减少所有者权益。由于收入是经济利益的总流入，所以，收入会导致所有者权益的增加。

（4）收入只包括本企业经济利益的总流入。

小企业所有者向小企业投入资本导致的经济利益的总流入，一方面增加小企业的资产，另一方面增加小企业的所有者权益，因此，不增加小企业的所有者权益，不能作为本企业的收入。同样的道理，小企业为第三方或者客户代收的款项，如增值税、代收利息等，一方面增加小企业的资产，另一方面增加小企业的负债，因此，不增加小企业的所有者权益，也不属于本企业的经济利益，不能作为本企业的收入。

3. 小企业收入的分类

按照小企业所从事日常活动的性质，收入有三种来源：一是销售商品，取得现金或者形成应收款项；二是提供劳务；三是让渡资产使用权，主要表现为对外投资或者对外出租等。

按照日常活动在小企业所处的地位，收入可分为主营业务收入和其他业务收入。

其中，主营业务收入是小企业为完成其经营目标而从事的日常活动中的主要项目，如工商企业的销售商品等。其他业务收入是主营业务以外的其他日常活动，如小工业企业销售材料、提供非工业性劳务等。

4. 小企业收入的确认条件

收入只有在经济利益很可能流入从而导致小企业资产增加或者负债减少且经济利益的流入额能够可靠计量时才能予以确认。

（1）经济利益很可能流入小企业。

经济利益是否很可能流入是判断收入能否确认的一个基本条件。如果经济利益不可能流入小企业，或者流入小企业的可能性小于不能流入小企业的可能性，则收入不能加以确认。经济利益能够流入小企业，必将导致小企业资产增加或者负债减少，即导致小企业资产增加或者负债减少的情形，基本上可以认定为经济利益能够流入。

例如，在销售商品的交易中，与交易相关的经济利益主要表现为销售商品的价款。销售商品的价款能否有把握收回，是收入确认的一个重要条件，小企业在销售商品时，如估计价款收回的可能性不大，即使收入确认的其他条件均已满足，也不应当确认收入。销售商品的价款能否收回，主要根据小企业以前和买方交往的直接经验，或从其他方面取得的信息，或政府的有关政策等进行判断。例如，小企业根据以前与买方交往的直接经验判断买方信誉较差；或销售时得知买方在另一项交易中发生了巨额亏损，资金周转十分困难；或在出口商品时，不能肯定进口企业所在国是否允许将款项汇出，等等。在这些情况下，小企业应推迟确认收入，直至这些不确定因素消除。

小企业在判断价款收回的可能性时，应进行定性分析，当确定价款收回的可能性大于不能收回的可能性时，即认为价款能够收回。在实务中，小企业售出的商品符合合同或协议规定的要求，并已将发票账单交付买方，买方也承诺付款，即表明销售商品的价款能够收回。

（2）经济利益流入额能够可靠计量。

收入能否可靠地计量，是确认收入的基本前提。例如，小企业在销售商品时，售价通常已经确定。但销售过程中由于某种不确定因素，也有可能出现售价变动的情况，则新的售价未确定前不应确认收入。

5. 小企业收入列示

符合收入定义和收入确认条件的项目，应当列入利润表。

（五）费用

1. 小企业费用的概念

小企业费用，是指小企业在日常活动中发生的、会导致所有者权益减少的、与向所有者分配利润无关的经济利益的总流出。

2. 小企业费用的特征

它具有以下特征：

（1）费用是小企业在日常活动中发生的经济利益的流出，而不是从偶发的交易或事项中发生的经济利益的流出。

小商业企业从事商品采购活动、小工业企业采购原材料等所发生的经济利益的流出，属于费用。但是，有些交易或事项虽然也能使小企业发生经济利益的流出，但由于不属于小企业的日常经营活动，所以，其经济利益的流出不属于费用而是损失，如小工业企业出售固定资产。

（2）费用可能表现为资产的减少，或负债的增加，或兼而有之。

费用的发生形式多种多样，既可能表现为资产的减少，如购买原材料支付现金、制造产品耗用存货；也可能表现为负债的增加，如负担长期借款利息；还可能是二者的组合，如购买原材料支付部分现金，同时承担债务。

（3）费用会导致所有者权益的减少。

小企业发生费用会导致所有者权益的减少，但是，会导致所有者权益减少的经济利益的总流出却不一定属于费用。例如，小企业向所有者分配利润，一方面减少小企业的所有者权益，另一方面减少小企业的资产或增加小企业的负债，因此，不属于费用。

3. 小企业费用的分类

按照费用与收入的关系，小企业费用可以分为营业成本和期间费用。

（1）营业成本。

营业成本是指销售商品或提供劳务的成本。营业成本按照其销售商品或提供劳务在小企业日常活动中所处地位可以分为主营业务成本和其他业务成本。

（2）期间费用。

期间费用包括管理费用、销售费用和财务费用。管理费用是小企业行政管理部门为组织和管理生产经营活动而发生的各种费用；销售费用是小企业在销售商品、提供劳务等日常活动中发生的除营业成本以外的各项费用以及专设销售机构的各项经费；财务费用是小企业筹集生产经营所需资金而发生的费用。

4. 小企业费用的确认条件

费用只有在经济利益很可能流出从而导致小企业资产减少或者负债增加且经济利益的流出额能够可靠计量时才能予以确认。

（1）经济利益很可能流出小企业。

经济利益是否很可能流出小企业，是费用确认的基本条件。如果经济利益很可能流出小企业，则在满足其他条件时才能确认费用；如果经济利益不是很可能流出小企业，或者费用流出小企业的可能性小于不能流出小企业的可能性，则即使满足其他确认条件，也不能确认费用。

（2）经济利益流出额能够可靠计量。

流出小企业的经济利益只有在能够可靠计量时，才有可能确认并在利润表中加以列示；如果流出小企业的经济利益不能够可靠计量，则无法在利润表中加以列示。

小企业为生产产品、提供劳务等发生的可归属于产品成本、劳务成本等的费用，应当在确认产品销售收入、劳务收入等时，将已销售产品、已提供劳务的成本等计入当期损益。小企业发生的支出不产生经济利益的，或者即使能够产生经济利益但不符合或者不再符合资产确认条件的，应当在发生时确认为费用，计入当期损益。小企业发生的交易或者事项导致其承担了一项负债而又不确认为一项资产的，应当在发生时确认为费用，计入当期损益。

5. 小企业费用的列示

符合费用定义和费用确认条件的项目，应当列入利润表。

（六）利润

小企业利润，是指小企业在一定会计期间的经营成果。

利润包括收入减去费用后的净额、直接计入当期利润的利得和损失等。直接计入当期利润的利得和损失，是指应当计入当期损益、会导致所有者权益发生增减变动的、与所有者投入资本或者向所有者分配利润无关的利得或者损失。

利润金额的计量取决于收入和费用、直接计入当期利润的利得和损失金额的计量。

利润项目应当列入利润表。

三、小企业会计方程式

小企业会计方程式（也称会计平衡式、会计等式），是表明小企业各会计要素之间关系的恒等式。它是小企业会计核算中进行复式记账、试算平衡及编制会计报表的理论依据。

（一）资产 = 负债 + 所有者权益

小企业要开始生产经营活动，必须从投资者和债权人那里取得一定的经营资金或一定的实物，即首先得占用一定的资财才能开始生产经营活动。这些资财就形成小企业的资产，在会计核算上以货币形式表现并确认。另外，这些资产要么来源于债权人提供的资金，形成小企业的负债；要么来源于所有者的资本投资，形成小企业的所有者权益。资产、负债与所有者权益，实质上是同一价值运动的两个方面的表现。在所有者权益数额一定的情况下，从债权人手中取得多少数额的资金，必然是使资产按同一数额增加；在负债数额一定的情况下，所有者向小企业投入多少数额的资金，也必然使资产按同一数额增加。所以，资产的价值量必然等于负债与所有者权益之和。

小企业的生产经营活动就是不断地取得、使用、生产和销售不同资财的过程。从静态来看，小企业开始生产经营活动后，在某一时点上总是表现为占用一定的资财，即占用一定的资产。这些资财同样也只能是来源于债权人的债务、所有者的投资或归所有者所有。小企业的资产价值总量也仍然等于小企业的负债和所有者对小企业初始投资额及其增值额的总和。小企业经济活动的发生，只是表现在数量上影响小企业资产总额与负债或所有者权益总额的同时增减变化，并不能也不会破坏这一基本的恒等关系。

这一基本平衡关系用公式表示出来，就是会计等式，即

资产 = 负债 + 所有者权益

这一会计等式，表明某一会计主体在某一特定时点所拥有的各种资产，以及债权人和投资者（即所有者）对小企业资产要求权的基本状况，表明资产和负债与所有者权益之间的基本关系。这一会计等式，还是会计复式记账、会计核算和会计报表的基础。

（二）利润 = 收入 − 费用 + 直接计入当期利润的利得和损失等

小企业的目标就是从生产经营活动中获取收入，实现盈利。小企业在取得收入的同时，也必然要发生相应的费用。小企业通过收入与费用的比较，才能计算确定一定期间的盈利水平，确定当期实现的利润总额。利润与收入和费用关系用公式表示出来，即

利润 = 收入 − 费用 + 直接计入当期利润的利得和损失等

其中，直接计入当期利润的利得和损失，是指应当计入当期损益、会导致所有者权益发生增减变动的、与所有者投入资本或者向所有者分配利润无关的利得或者损失。

这一等式表明经营成果与相应期间的收入和费用的关系。

（三）会计事项对会计方程式的影响

小企业会计事项（又称经济业务），是指小企业那些能用货币计量，并足以引起会计要素增减变动的经济业务或经济事项。

1. 小企业会计事项的类型

一个小企业在经营活动中所发生的会计事项是多种多样的，但从它们对资产、负债和所有者权益所引起的变化来说，则可概括为以下类型：

（1）资产增加，负债增加。

（2）资产增加，所有者权益增加。

（3）资产增加，另一项资产减少。

（4）负债减少，资产减少。

（5）负债减少，另一项负债增加。

（6）负债减少，所有者权益增加。

（7）所有者权益减少，资产减少。

（8）所有者权益减少，负债增加。

（9）所有者权益减少，另一项所有者权益增加。

2. 会计事项对基本会计方程的影响

一个小企业的所有资产和权益（负债和资本）经常随着它在经营中所进行的各种经济活动而不断发生变化。但不论它们怎样变化，总不会破坏上述会计方程式的平衡关系。也就是说，不论小企业的经济活动会使它的资产与权益（负债和资本）发生怎样的变化，它在一定时日所有的资产总额必定等于它的权益（负债和资本）总额。

四、小企业会计科目与账户

小企业会计工作的基本任务就是反映小企业资产、负债等会计要素的信息。为了全面了解小企业的财务状况和经营成果，还需要对这些资产、负债等加以细化，以具体了解其内部的组成情况。例如，对于货币资金而言，其中，库存现金、银行存款、其他货币资金各有多少；对于存货而言，其中，原材料、在产品、半成品、产成品、商品、周转材料、委托加工物资、消耗性生物资产等各有多少。因此，在具体的会计核算工作中，需要对会计要素的内容进行分类核算，这些分类核算的项目就是会计科目。

小企业会计科目是指在小企业会计核算中，为了分析、反映和监督各种经济业务，而对会计核算对象的具体内容进行分类核算的项目。设置会计科目是会计核算的一种专门方法。

小企业的资金运动总是体现在资金的增减变化之中，通过设置会计科目，可以把资金的增减变化分门别类地予以反映，保证小企业能取得经济管理所需的会计核算资料，并可以为编制会计报表、进行会计分析和会计检查提供客观、真实、可靠的资料。为了保证会计核算资料在全国范围内口径统一，便于国家经济宏观调控部门对会计资料的综合汇总和分析利用，会计科目的名称、编号、核算内容和科目对应关系都由国家统一规定，各企业必须按照国家统一规定的会计科目来设置账户，对其各项经济业务进行日常核算，以正确、全面、系统反映各企业的生产经营活动。

（一）小企业会计科目的设置原则

小企业会计科目的设置原则有如下几点：

（1）会计科目的设置要保持会计指标体系的完整和统一，要在会计要素的基础上对会计对象的具体内容作进一步分类，达到既能全面而概括地反映小企业资金运动情况，满足国家宏观经济管理的要求和有关各方了解小企业财务状况和经营成果的需要，又要适合小企业经营活动的特点，满足小企业内部经营管理的需要。

（2）会计科目的设置要讲究实用，以便清晰地提供经营管理上所需要的资料。

（3）会计科目的含义要简单明了，能确切地表达其所要反映的经济业务。同时，会计科目应保持相对稳定。

（二）小企业会计科目的结构

国家统一制定的会计科目由三部分组成，即会计科目名称和编号，会计科目使用说明和主要会计事项分类举例。

（三）小企业会计科目分类

会计科目的分类是按照不同的标准对会计科目的归类。在实际工作中，对会计科目的分类一般有以下两种方法：

1. 按列入的会计报表分类

会计科目表中的科目，根据期末时列入会计报表的种类，分为资产负债表科目和损益表科目。资产负债科目包括资产类、负债类和所有者权益三种，它们分别与资产负债表中这三类项目对应。此外，成本类科目的“生产成本”和“制造费用”，如果有期末余额，也将作为“存货”项目的一部分列入资产负债表。因此，它们也属于资产负债表科目。损益表科目包括会计科目中的所有损益类科目。

2. 按其经济内容分类

每个会计科目核算的经济内容是不同的，据此，会计科目可以分为5类，即资产类、负债类、所有者权益类、损益类和成本类。这种分类，对于正确使用会计科目、运用复式记账法有着重要意义。

《小企业会计准则》规定的会计科目如下（表1–3）：

表 1-3 《小企业会计准则》与《企业会计准则》会计科目对照表

《小企业会计准则》会计科目			《企业会计准则》会计科目		
顺序号	编号	会计科目名称	顺序号	编号	会计科目名称
		一、资产类			一、资产类
1	1001	库存现金	1	1001	库存现金
2	1002	银行存款	2	1002	银行存款
			3	1003	存放中央银行款项
			4	1011	存放同业
3	1012	其他货币资金	5	1012	其他货币资金
			6	1021	结算备付金
			7	1031	存出保证金
4	1101	短期投资	8	1101	交易性金融资产
			9	1111	买入返售金融资产
5	1121	应收票据	10	1121	应收票据
6	1122	应收账款	11	1122	应收账款
7	1123	预付账款	12	1123	预付账款
8	1131	应收股利	13	1131	应收股利
9	1132	应收利息	14	1132	应收利息
			15	1201	应收代位追偿款
			16	1211	应收分保账款
			17	1212	应收分保合同准备金
10	1221	其他应收款	18	1221	其他应收款
			19	1231	坏账准备
			20	1301	贴现资产
			21	1302	拆出资金
			22	1303	贷款
			23	1304	贷款损失准备
			24	1311	代理兑付证券
			25	1321	代理业务资产
11	1401	材料采购	26	1401	材料采购
12	1402	在途物资	27	1402	在途物资
13	1403	原材料	28	1403	原材料
14	1404	材料成本差异	29	1404	材料成本差异
15	1405	库存商品	30	1405	库存商品
			31	1406	发出商品

续表

《小企业会计准则》会计科目			《企业会计准则》会计科目		
顺序号	编号	会计科目名称	顺序号	编号	会计科目名称
16	1407	商品进销差价	32	1407	商品进销差价
17	1408	委托加工物资	33	1408	委托加工物资
18	1411	周转材料	34	1411	周转材料
19	1421	消耗性生物资产	35	1421	消耗性生物资产
			36	1431	贵金属
			37	1441	抵债资产
			38	1451	损余物资
			39	1461	融资租赁资产
			40	1471	存货跌价准备
20	1501	长期债权投资	41	1501	持有至到期投资
			42	1502	持有至到期投资减值准备
			43	1503	可供出售金融资产
21	1511	长期股权投资	44	1511	长期股权投资
			45	1512	长期股权投资减值准备
			46	1521	投资性房地产
			47	1531	长期应收款
			48	1532	未实现融资收益
			49	1541	存出资本保证金
22	1601	固定资产	50	1601	固定资产
23	1602	累计折旧	51	1602	累计折旧
			52	1603	固定资产减值准备
24	1604	在建工程	53	1604	在建工程
25	1605	工程物资	54	1605	工程物资
26	1606	固定资产清理	55	1606	固定资产清理
			56	1611	未担保余值
27	1621	生产性生物资产	57	1621	生产性生物资产
28	1622	生产性生物资产累计折旧	58	1622	生产性生物资产累计折旧
			59	1623	公益性生物资产
			60	1631	油气资产
			61	1632	累计折耗
29	1701	无形资产	62	1701	无形资产
30	1702	累计摊销	63	1702	累计摊销

续表

《小企业会计准则》会计科目			《企业会计准则》会计科目		
顺序号	编号	会计科目名称	顺序号	编号	会计科目名称
			64	1703	无形资产减值准备
			65	1711	商誉
31	1801	长期待摊费用	66	1801	长期待摊费用
			67	1811	递延所得税资产
			68	1821	独立账户资产
32	1901	待处理财产损溢	69	1901	待处理财产损溢
		二、负债类			二、负债类
33	2001	短期借款	70	2001	短期借款
			71	2002	存入保证金
			72	2003	拆入资金
			73	2004	向中央银行借款
			74	2011	吸收存款
			75	2012	同业存放
			76	2021	贴现负债
			77	2101	交易性金融负债
			78	2111	卖出回购金融资产款
34	2201	应付票据	79	2201	应付票据
35	2202	应付账款	80	2202	应付账款
36	2203	预收账款	81	2203	预收账款
37	2211	应付职工薪酬	82	2211	应付职工薪酬
38	2221	应交税费	83	2221	应交税费
39	2231	应付利息	84	2231	应付利息
40	2232	应付利润	85	2232	应付股利
41	2241	其他应付款	86	2241	其他应付款
			87	2251	应付保单红利
			88	2261	应付分保账款
			89	2311	代理买卖证券款
			90	2312	代理承销证券款
			91	2313	代理兑付证券款
			92	2314	代理业务负债
42	2401	递延收益	93	2401	递延收益
43	2501	长期借款	94	2501	长期借款

续表

《小企业会计准则》会计科目			《企业会计准则》会计科目		
顺序号	编号	会计科目名称	顺序号	编号	会计科目名称
			95	2502	应付债券
			96	2601	未到期责任准备金
			97	2602	保险责任准备金
			98	2611	保户储金
			99	2621	独立账户负债
44	2701	长期应付款	100	2701	长期应付款
			101	2702	未确认融资费用
			102	2711	专项应付款
			103	2801	预计负债
			104	2901	递延所得税负债
					三、共同类
			105	3001	清算资金往来
			106	3002	货币兑换
			107	3101	衍生工具
			108	3201	套期工具
			109	3202	被套期项目
		三、所有者权益类			四、所有者权益类
45	3001	实收资本	110	4001	实收资本
46	3002	资本公积	111	4002	资本公积
47	3101	热余公积	112	4101	盈余公积
			113	4102	一般风险准备
48	3103	本年利润	114	4103	本年利润
49	3104	利润分配	115	4104	利润分配
			116	4201	库存股
		四、成本类			五、成本类
50	4001	生产成本	117	5001	生产成本
51	4101	制造费用	118	5101	制造费用
			119	5201	劳务成本
52	4301	研发支出	120	5301	研发支出
53	4401	工程施工	121	5401	工程施工
			122	5402	工程结算
54	4403	机械作业	123	5403	机械作业

续表

《小企业会计准则》会计科目			《企业会计准则》会计科目		
顺序号	编号	会计科目名称	顺序号	编号	会计科目名称
		五、损益类			六、损益类
55	5001	主营业务收入	124	6001	主营业务收入
			125	6011	利息收入
			126	6021	手续费及佣金收入
			127	6031	保费收入
			128	6041	租赁收入
56	5051	其他业务收入	129	6051	其他业务收入
			130	6061	汇兑损益
			131	6101	公允价值变动损益
57	5111	投资收益	132	6111	投资收益
			133	6201	摊回保险责任准备金
			134	6202	摊回赔付支出
			135	6203	摊回分保费用
58	5301	营业外收入	136	6301	营业外收入
59	5401	主营业务成本	137	6401	主营业务成本
60	5402	其他业务成本	138	6402	其他业务成本
61	5403	营业税金及附加	139	6403	营业税金及附加
			140	6411	利息支出
			141	6421	手续费及佣金支出
			142	6501	提取未到期责任准备金
			143	6502	提取保险责任准备金
			144	6511	赔付支出
			145	6521	保单红利支出
			146	6531	退保金
			147	6541	分出保费
			148	6542	分保费用
62	5601	销售费用	149	6601	销售费用
63	5602	管理费用	150	6602	管理费用
64	5603	财务费用	151	6603	财务费用
			152	6604	勘探费用
			153	6701	资产减值损失
65	5711	营业外支出	154	6711	营业外支出

续表

《小企业会计准则》会计科目			《企业会计准则》会计科目		
顺序号	编号	会计科目名称	顺序号	编号	会计科目名称
66	5801	所得税费用	155	6801	所得税费用
			156	6901	以前年度损益调整

注：小企业在不违反会计准则中确认、计量和报告规定的前提下，可以根据本企业的实际情况自行增设、分拆、合并会计科目。小企业不存在的交易或者事项，可不设置相关会计科目。对于明细科目，小企业可以比照本附录中的规定自行设置。会计科目编号供小企业填制会计凭证、登记会计账簿、查阅会计账目、采用会计软件系统参考，小企业可结合本企业的实际情况自行确定其他会计科目的编号。

（四）小企业会计账户

小企业会计账户则是根据会计科目设置的，具有一定格式和结构，用于分类反映小企业会计要素各项目增减变动情况及其结果的载体。根据一级会计科目设置的账户，称为总分类账户；根据明细会计科目设置的账户，称为明细分类账户。

在实际工作中，对账户和会计科目一般不作严格区分，往往相互通用。

1. 小企业会计账户的结构

为反映经济业务的具体内容，账户除了要有明确的核算内容外，还要有一定的结构。账户在结构上一般分为两个基本部分，用以分别记录资产、负债和所有者权益的增减数。在实际工作中，通常把账户分为左、右两方，一方登记增加，一方登记减少。账户的这种结构可用“丁”字形账户表示。

在账户登记中，账户的左、右两方，具体到哪一方登记增加，哪一方登记减少，则要视所记录经济业务和账户的性质。登记本期增加的金额，称为本期增加额；登记本期减少的金额，称为本期减少额；增减相抵后的差额，称为余额。其余额按照时间的不同，分为期初余额和期末余额。基本关系可表示为：

期末余额＝期初余额＋本期增加额－本期减少额

在借贷记账法下，把账户的左方称为借方，右方称为贷方，但到底是“借方”登记增加，还是“贷方”登记增加，则要根据在借贷记账法下账户所反映的经济内容来确定。其一般规则为：

（1）资产的增加数计入左方（借方），减少数计入右方（贷方）；

（2）负债的增加数计入右方（贷方），减少数计入左方（借方）；

（3）所有者权益增加数计入右方（贷方），减少数计入左方（借方）。

2. 小企业会计账户与会计科目的关系

会计科目与会计账户是两个不同的概念，两者之间既有区别又有联系。

（1）会计科目与会计账户的区别。

会计科目是对会计核算对象的具体内容进行分类核算的项目，只有分类的名称，没有一定的格式，不能把发生的经济业务连续、系统地记录下来；而会计账户不仅有名称，而且有一定的结构（格式），能把发生的经济业务系统地记录下来，具有反映和监督资金增减变化的独特作用。

（2）会计科目与会计账户的联系。

会计科目和会计账户是分门别类地反映小企业资金变化的经济内容，会计账户是根据会计科目来设置的，会计科目的名称就是会计账户名称，会计科目规定的核算内容就是会计账户应记录反映的内容。在实际工作中，会计科目和会计账户往往是相互通用的。

3. 小企业会计账户的分类

小企业会计账户可以按照不同的标准分类。

（1）按照账户所反映的会计要素的具体内容分类。

按照账户所反映的会计要素的具体内容进行分类，可以分为资产类、负债类、所有者权益类、成本类和损益类。

（2）按照账户所提供信息的详细程度及其统驭关系分类。

按照账户所提供信息的详细程度及其统驭关系，可以分为总分类账户和明细分类账户。总分类账户用来对会计要素具体内容进行总括分类，提供总括信息；明细分类账户用来对总分类账户作进一步分类，提供更详细更具体的会计信息。

①总分类账户。总分类账户，又称一级账户，是指按照各项资产、负债以及所有者权益分别设置的，仅以货币计量单位进行登记，用来提供总括核算资料的账户。利用总分类账户提供各种总括核算资料，可概括地了解一个单位的各项资产与负债及所有者权益的增减情况及其结果。但是，总分类账户并不能提供关于各项资产、负债及所有者权益的增减变动情况及其结果的详细资料，从而也就难以满足经济管理上的具体需要。因此，小企业在设置总分类账户的同时，还应当根据实际需要，在某些总分类账户的统驭之下，分别设置若干明细分类账户。

②明细分类账户。明细分类账户，是指根据总分类账户核算内容的具体分类，分别设置的用来提供详细核算资料的账户。例如，为了具体了解各种商品收、发、结存情况，就有必要在“库存商品”总分类账户下，按照商品的品种设置明细分类账户。又如，为了具体掌握小企业与各供应单位之间的货款结算情况，就应在“应付账款”

总分类账户下，按各供应单位名称分别设置明细分类账户。在明细分类账户中，除了以货币计量单位进行金额核算外，还要用实物计量单位进行数量核算，以便通过提供数量方面的资料，对总分类账户进行必要的补充。

③总分类账户与明细分类账户的关系。总分类账户是所属明细分类账户的统驭账户，对所属明细分类账户起着控制作用；而明细分类账户则是某一总分类账户的从属账户，对其所隶属的总分类账户起着辅助作用。某一总分类账户及其所属明细分类账户的核算内容是相同的，它们所提供的核算资料的详细程度是不同的。因此，总分类账户与明细分类账户应当平行登记。

平行登记的要点有如下几点：

A. 对于每一项经济业务，一方面要记入有关总分类账户，另一方面要记入它所属的一个或几个明细分类账户。

B. 在某一总分类账户及其所属的明细分类账户中登记经济业务时，方向必须相同，即在总分类账户中记入借方，在其所属的明细分类账户中也应记入借方；在总分类账户中记入贷方，在其所属的明细分类账户中也应记入贷方。

C. 记入某一总分类账户的金额必须与记入其所属的一个或几个明细分类账户的金额合计数相等。

五、小企业会计确认和计量的一般原则

小企业财务会计是由确认、计量、记录和报告构成的一个有机整体。

确认是指决定将交易或事项中的某一项目作为一项会计要素加以记录和列入财务报表的过程，是财务会计的一项重要程序。确认主要解决某一个项目应否确认、如何确认和何时确认三个问题，它包括在会计记录中的初始确认和在会计报表中的最终确认。凡确认必须具备一定的条件。在美国，凡符合四个确认标准的项目，均在效益大于成本和重要性原则的约束下予以确认。这四项标准是：

（1）符合定义；

（2）可计量性；

（3）相关性；

（4）可靠性。

在国际会计准则中，如果一个项目满足要素定义，并且满足以下标准，就应当加以确认：

（1）与该项目有关的任何未来经济利益可能会流入或流出小企业；

（2）该项目具有能够可靠计量的成本和价值。我国采用了国际会计准则的确认

标准。

计量是指为了在账户记录和财务报表中确认、计列有关财务报表要素，而以货币或其他度量单位确定其货币金额或其他数量的过程，它主要解决记录多少的问题。计量主要由计量单位和计量属性两个要素构成。这两个要素的不同组合形成了不同的计量模式。在财务会计中，主要采用历史成本 / 名义货币单位这种计量模式。

（一）权责发生制

小企业应当以权责发生制为基础进行会计确认、计量和报告。

1. 权责发生制基础的要求

在小企业会计核算以权责发生制为基础的情况下，凡是当期已经实现的收入和已经发生或应当负担的费用，不论款项是否收付，都应当作为当期的收入和费用；凡是不属于当期的收入和费用，即使款项已在当期收付，也不应当作为当期的收入和费用。有时，小企业发生的货币收支业务与交易或事项本身并不完全一致。例如，款项已经收到，但销售并未实现；或者款项已经支付，但并不是为本期生产经营活动而发生的。为了明确会计核算的确认基础，更真实地反映特定会计期间的财务状况和经营成果，就要求小企业在会计核算过程中以权责发生制为基础。

2. 权责发生制与收付实现制的区别

收付实现制是与权责发生制相对应的一种确认基础，它是以收到或支付现金作为确认收入和费用的依据。

（二）配比

1. 配比的要求

小企业为生产产品、提供劳务等发生的可归属于产品成本、劳务成本等的费用，应当在确认产品销售收入、劳务收入等时，将已销售产品、已提供劳务的成本等计入当期损益；小企业发生的支出不产生经济利益的，或者即使能够产生经济利益但不符合或者不再符合资产确认条件的，应当在发生时确认为费用，计入当期损益；小企业发生的交易或者事项导致其承担了一项负债而又不确认为一项资产的，应当在发生时确认为费用，计入当期损益。

换句话说，配比原则要求小企业在进行会计核算时，收入与其成本、费用应当相互配比，同一会计期间内的各项收入和与其相关的成本、费用，应当在该会计期间内确认。

2. 配比的两层含义

配比原则是根据收入与费用的内在联系，要求将一定时期内的收入与为取得收入所发生的费用在同一期间进行确认和计量。在会计核算工作中坚持配比原则有两层含义：

（1）因果配比。将收入与其对应的成本相配比，例如，将主营业务收入与主营业务成本相配比，将其他业务收入与其他业务成本相配比。

（2）期间配比。将一定时期的收入与同时期的费用相配比，例如，将当期的收入与管理费用、财务费用等期间费用相配比等。

（三）划分资本性支出和收益性支出的原则

划分资本性支出和收益性支出，是指小企业的会计处理应当合理划分收益性支出与资本性支出的界限。凡支出的效益仅及于本会计期间的，应当作为收益性支出；凡支出的效益及于几个会计期间的，应当作为资本性支出，以便正确计算各会计期间的损益。

六、小企业会计计量

小企业会计计量，是指小企业根据一定的计量标准和计量方法，在资产负债表和利润表中确认和列示会计要素而确定其金额的过程。会计计量基础，又称会计计量属性，是指用货币对会计要素进行计量时的标准。根据基本准则的规定，会计计量属性主要有历史成本、重置成本、可变现净值、现值和公允价值。

特别注意：《小企业会计准则》第六条规定，“小企业的资产应当按照成本计量”。

小企业在将符合确认条件的会计要素登记入账并列报于会计报表及其附注（又称财务报表，下同）时，应当按照规定的会计计量属性计量，确定其金额。

（一）历史成本

历史成本，又称原始成本，是指以取得资产时实际发生的成本作为资产的入账价值。一般情况下，资产的历史成本越高，资产的原始价值就越大；反之，资产的原始价值就越小，二者在质和量的内涵上是一致的。

在历史成本计量下，资产按照购置时支付的现金或者现金等价物的金额，或者按照购置资产时所付出的对价的公允价值计量。负债按照因承担现时义务而实际收到的款项或者资产的金额，或者承担现时义务的合同金额，或者按照日常活动中为偿还负债预期需要支付的现金或者现金等价物的金额计量。

（二）重置成本

重置成本，是指企业重新取得与其所拥有的某项资产相同或与其功能相当的资产需要支付的现金或现金等价物。重置成本适用的前提是资产处于在用状态，一方面反映资产已经投入使用，另一方面反映资产能够继续使用，对所有者具有使用价值。

一般情况下，重置成本可分为复原重置成本和更新重置成本。复原重置成本是指运用原来相同的材料、建筑或制造标准、设计、格式及技术等，以现行市价复原购建原来某项全新资产所发生的支出。更新重置成本是指利用新型材料，并根据现代标准、设计及格式，以现行市价生产或建造具有相等功能的全新资产所发生的支出。

在重置成本计量下，资产按照现在购买相同或者相似资产所需支付的现金或者现金等价物的金额计量。负债按照现在偿付该项债务所需支付的现金或者现金等价物的金额计量。

（三）可变现净值

可变现净值是指在日常活动中，存货的估计售价减去至完工时估计将要发生的成本、估计的销售费用以及相关税费后的金额。

在可变现净值计量下，资产按照其正常对外销售所能收到现金或者现金等价物的金额扣减该资产至完工时估计将要发生的成本、估计的销售费用以及相关税费后的金额计量。

（四）现值

现值是指资产或负债形成的未来现金流量的折现价值。

在现值计量下，资产按照预计从其持续使用和最终处置中所产生的未来净现金流入量的折现金额计量。负债按照预计期限内需要偿还的未来净现金流出量的折现金额计量。

（五）公允价值

公允价值是指在公平交易中，熟悉情况的交易双方自愿进行资产交换或债务清偿的金额。在公允价值计量下，资产和负债按照在公平交易中熟悉情况的交易双方自愿进行资产交换或者债务清偿的金额计量。

七、小企业会计信息质量要求

小企业会计工作的基本任务就是向财务会计报告使用者提供与小企业财务状况、经营成果和现金流量等有关的会计信息。会计信息质量的高低是评价小企业会计工作成败的标准。小企业会计信息质量要求主要包括客观性、相关性、明晰性、可比性、实质重于形式、重要性、谨慎性、及时性等。

（一）客观性

小企业应当以实际发生的交易或者事项为依据进行会计确认、计量和报告，如实反映符合确认和计量要求的各项会计要素及其他相关信息，保证会计信息真实可靠、内容完整。

客观性要求小企业应当以实际发生的交易或者事项为依据进行会计确认、计量和报告，如实反映符合确认和计量要求的各项会计要素及其他相关会计信息，保证会计信息真实可靠、内容完整。

客观性是对会计工作的基本要求。会计工作提供信息的目的是满足会计信息使用者的决策需要，因此，就应做到内容真实、数字准确、资料可靠。在会计核算工作中坚持客观性原则，就应当在会计核算时客观地反映小企业的财务状况、经营成果和现金流量，保证会计信息的真实性；会计工作应当正确运用会计原则和方法，准确反映小企业的实际情况；会计信息应当能够经受验证，以核实其是否真实。如果小企业的会计核算不是以实际发生的交易或事项为依据，没有如实地反映小企业的财务状况、经营成果和现金流量，会计工作就失去了存在的意义，甚至会误导会计信息使用者，导致决策的失误。

（二）相关性

小企业提供的会计信息应当与财务会计报告使用者的经济决策需要相关，有助于财务会计报告使用者对小企业过去、现在或者未来的情况作出评价或者预测。

相关性要求小企业提供的会计信息应当与财务会计报告使用者的经济需要相关，有助于财务会计报告使用者对小企业过去、现在或者未来的情况作出评价或者预测。信息的价值在于其与决策相关，有助于决策。相关的会计信息能够有助于财务会计报告使用者评价过去的决策，证实或修正某些预测，从而具有反馈价值；有助于财务会计报告使用者作出预测，作出决策，从而具有预测价值。在会计核算工作中坚持相关性原则，就要求在收集、加工、处理和提供会计信息过程中，充分考虑财务会计报告使用者的信息需求。对于特定用途的会计信息，不一定都能通过财务会计报告来提供，而可以采用其他形式加以提供。如果会计信息提供以后，没有满足财务会计报告使用者的需要，对财务会计报告使用者的决策没有什么作用，就不具有相关性。

（三）明晰性

小企业提供的会计信息应当清晰明了，便于财务会计报告使用者理解和使用。

明晰性要求小企业提供的会计信息应当清晰明了，便于财务会计报告使用者理解和使用。

提供会计信息的目的在于使用，要使用会计信息首先必须了解会计信息的内涵，弄懂会计信息的内容，这就要求会计核算和财务会计报告必须清晰明了。在会计核算工作中坚持明晰性原则，会计记录应当准确、清晰，填制会计凭证、登记会计账簿必须做到依据合法、账户对应关系清楚、文字摘要完整；在编制会计报表时，项目勾稽关系清楚、项目完整、数字准确。

如果小企业的会计核算和编制的财务会计报告不能做到清晰明了、便于理解和使用，就不符合明晰性原则的要求，不能满足财务会计报告使用者的决策需求。

（四）可比性（含一致性）

小企业提供的会计信息应当具有可比性。

同一企业不同时期发生的相同或者相似的交易或者事项，应当采用一致的会计政策，不得随意变更。确需变更的，应当在附注中说明。不同企业发生的相同或者相似的交易或者事项，应当采用规定的会计政策，确保会计信息口径一致、相互可比。

可比性要求企业提供的会计信息应当具有可比性。企业发生的交易或事项具有复杂性和多样化，对于某些交易或事项可以有多种会计核算方法。例如，存货的领用和发出，可以采用先进先出法、加权平均法或者个别计价法确定其实际成本；固定资产折旧方法可以采用年限平均法、工作量法、年数总和法、双倍余额递减法等。保证会计信息可比性的前提是企业在各个会计期间应尽可能地采用相同的会计核算方法，即同一企业不同时期发生的相同或者相似的交易或者事项，应当采用一致的会计政策，不能随意变更。确需变更的，应当在附注中说明。

不同的企业可能处于不同行业、不同地区，经济业务发生于不同时点，为了保证会计信息能够满足决策的需要，便于比较不同企业的财务状况、经营成果和现金流量，企业应当遵循可比性要求，即不同企业发生的相同或者相似的交易或者事项，应当采用规定的会计政策，确保会计信息口径一致、相互可比。如果对于相同或者相似的交易或者事项，不同的企业或者同一企业在不同的会计期间采用不同的会计政策，将不利于财务会计报告使用者对会计信息的理解，不利于会计信息作用的发挥。

（五）实质重于形式

小企业应当按照交易或者事项的经济实质进行会计确认、计量和报告，不应仅以交易或者事项的法律形式为依据。

实质重于形式要求小企业应当按照交易或者事项的经济实质进行会计确认、计量和报告，不应仅仅以交易或者事项的法律形式为依据。

在实际工作中，交易或事项的外在法律形式或人为形式并不总能完全反映其实质内容。所以，会计信息要想反映其所拟反映的交易或事项，就必须根据交易或事项的实质和经济现实，而不能仅仅根据它们的法律形式进行核算和反映。

如果小企业的会计核算仅仅按照交易或事项的法律形式或人为形式进行，而其法律形式或人为形式又没有反映其经济实质和经济现实，那么，其最终结果将不仅不会有利于财务会计报告使用者的决策，反而会误导财务会计报告使用者的决策。

（六）重要性

小企业提供的会计信息应当反映与小企业财务状况、经营成果和现金流量等有关的所有重要交易或者事项。

重要性要求小企业提供的会计信息应当反映与小企业财务状况、经营成果和现金流量等有关的所有重要交易或者事项。

重要性，是指财务报表某项目的省略或错报会影响使用者据此作出经济决策的，该项目就具有重要性。重要性原则与会计信息成本效益直接相关。坚持重要性原则，就能够使提供会计信息的收益大于成本。对于那些不重要的项目，如果也采用严格的会计程序，分别核算，分项反映，就会导致会计信息的成本大于收益。

在评价某些项目的重要性时，很大程度上取决于会计人员的职业判断。一般来说，应当根据小企业所处环境，从项目的性质和金额大小两方面加以判断。从性质来说，当某一事项有可能对决策产生一定影响时，就属于重要项目；从金额方面来说，当某一项目的数量达到一定规模时，就可能对决策产生影响。

（七）谨慎性

企业对交易或者事项进行会计确认、计量和报告应当保持应有的谨慎，不应高估资产或者收益、低估负债或者费用。

谨慎性要求企业对交易或者事项进行会计确认、计量和报告应当保持应有的谨慎，不应高估资产或者收益、低估负债或者费用。

企业的经营活动充满着风险和不确定性，在会计核算工作中坚持谨慎性原则，要求企业在面临不确定因素的情况下作出职业判断时，应当保持必要的谨慎，充分估计到各种风险和损失，既不高估资产或收益，也不低估负债或费用。

谨慎性并不意味着企业可以任意设置各种秘密准备，否则，就属于滥用谨慎性，将按照对会计差错更正的要求进行相应的会计处理。

但是需要注意的是，小企业的资产应当按照成本计量，不计提资产减值准备。

（八）及时性

小企业对于已经发生的交易或者事项，应当及时进行会计确认、计量和报告，不得提前或者延后。

及时性要求小企业对于已经发生的交易或者事项，应当及时进行会计确认、计量和报告，不得提前或者延后。

会计信息的价值在于帮助所有者或其他方面作出经济决策，具有时效性。即使是客观、可比、相关的会计信息，如果不及时提供，对于财务会计报告使用者也没有任何意义，甚至可能误导财务会计报告使用者。在会计核算过程中坚持上述基本原则，一是要求及时收集会计信息，即在经济业务发生后，及时收集整理各种原始单据；二是及时处理会计信息，即在国家统一的会计制度规定的时限内，及时编制出财务会计报告；三是及时传递会计信息，即在国家统一的会计制度规定的时限内，及时将编制出的财务会计报告传递给财务会计报告使用者。

如果小企业的会计核算不能及时进行，会计信息不能及时提供，就无助于经济决策，就不符合及时性原则的要求。

八、小企业会计记账方法

（一）单式记账与复式记账

记账方法是指在账户中登记经济业务的方法。采用不同方法反映会计要素的变动，形成不同的记账方法。记账方法主要有单式记账法和复式记账法两种，会计核算中最早采用的是单式记账法，复式记账法是随着市场经济的发展在单式记账法的基础上逐步演变而成的。

1. 单式记账法

单式记账法，是对发生的经济业务一般只在一个账户中进行单方面记录的一种记账方法。例如，用现金 300 元购买办公用品，在记账时，只记库存现金减少 300 元，至于办公用品增加 300 元则略而不记。可见，单式记账法的优点为记账手续简单，易学易懂，但是它不能全面反映经济业务的来龙去脉，只是孤立地反映一项经济业务引起资本运动的某一方面变化，难以保证账户记录的正确性。因此，单式记账法只能在商品经济不发达、经济业务十分简单的情况下采用。

2. 复式记账法

复式记账法，是相对单式记账法而言的。它是指对每一项经济业务，都以相等的金额，同时在相互对应的两个或两个以上的账户中进行登记的一种记账方法。例如，将现金 100 元存入银行，这项经济业务的发生，一方面使小企业的银行存款增加了 100 元，另一方面使小企业的库存现金减少了 100 元。复式记账法一方面在“银行存款”账户登记增加 100 元，另一方面在“库存现金”账户中登记减少 100 元。记账方法由单式记账法演进到复式记账法经历了一个漫长的时期。复式记账法的产生，是人类会计史上跨越时代的进步。著名的德国诗人歌德曾称颂复式记账法“是人类智慧的一种绝妙的创造，从而使每一个精明的商人在他的经济事业中都应用它”。

3. 复试记账法的特点

复式记账法是以会计等式为依据建立的一种记账方法，与单式记账法相比较，有两个显著特征：

（1）每一项经济业务的发生，都要在两个或两个以上的账户中相互联系地进行记录，通过账户的双重记录，可以了解经济业务的来龙去脉，全面、连续、系统地反映经济活动的过程和结果；

（2）每一项经济业务的发生，都要以相等金额在两个或两个以上相互联系的账户中同时记录，记录的结果仍使会计恒等式成立，因此，通过试算平衡可以检查账户记录是否正确。

复式记账法包括几种具体的方法，如借贷记账法、增减记账法和收付记账法，其中，借贷记账法是世界各国普遍采用的一种记账方法。我国《小企业会计准则》规定，我国小企业都应采用借贷记账法。

（二）借贷记账法的概念与记账符号

借贷记账法是以“借”“贷”二字作为记账符号，以有借必有贷、借贷必相等为记账规则的一种复式记账方法。

“借”“贷”二字的最初含义是从借贷资本家的角度解释的，借贷资本家把从债权人借入的款项，记在贷主名下，表示自身债务的增加。借贷资本家把向债务人贷出的款项，记在借主名下，表示自身债权的增加。借贷资本家的主要经营业务就是款项的借入和贷出，因此用借、贷二字表示自身与债权人、债务人之间的借贷关系及其变化。随着商品经济的发展、经济活动内容的拓宽以及其他行业逐步采用借贷记账法，记录的经济业务由资本的借贷业务扩展到财产物资、成本费用、经营损益等业务，对于非资本借贷业务也用借、贷二字说明其增减变动情况。这时，借、贷二字便逐渐失去了原来的含义，转化为纯粹的记账符号，用以表明记账的方向，成为会计的专门用语。

（三）借贷记账法的账户结构

从会计等式的关系来看，资产与负债和所有者权益是对同一资金从两个不同侧面的反映。资产反映资金的实物形态，负债和所有者权益反映小企业的资金来源渠道。考察会计等式和按照会计等式建立起来的资产负债表可以发现，习惯上资产项目列在等式（报表）的左方，负债和所有者权益项目列在等式（报表）的右方。为了使账户的记录与资产负债表的结构相一致，我们可以确定将资产账户的期初余额记录在账户的左方（借方），将负债及所有者权益账户的期初余额记录在账户的右方（贷方）。

记录已发生的经济业务，增加数应记在与期初余额相同的方向，减少数则记在与期初余额相反的方向。

1. 资产、负债和所有者权益账户的结构

（1）小企业资产类账户的账户结构。

资产类账户借方登记期初余额和本期增加数，贷方登记本期减少数。一般情况下，资产账户的期末余额总是在账户的借方（见表1–4）。其期末余额计算公式为：

期末借方余额 = 期初借方余额 + 本期借方发生额 – 本期贷方发生额

表1–4　资产类账户

借方	贷方
期初余额：××× 本期增加额：×××	本期减少额；×××
本期发生额合计：×××	本期发生额合计：×××
期末余额：×××	

（2）小企业负债和所有者权益类账户结构。

负债和所有者权益类账户的贷方登记期初余额和本期增加数，借方登记本期减少数，一般情况下，负债和所有者权益类账户的期末余额总是在账户的贷方（见表1–5、表1–6）。期末余额计算公式为：

期末贷方余额 = 期初贷方余额 + 本期贷方发生额 – 本期借方发生额

表1–5　负债类账户

借方	贷方
本期减少额：×××	期初余额：××× 本期增加额：×××
本期发生额合计：×××	本期发生额合计：×××
	期末余额：×××

表1–6 所有者权益类账户

借方	贷方
期初余额：×××	期初余额：××× 本期增加额：×××
本期发生额合计：×××	本期发生额合计：×××
	期末余额：×××

2. 收入、费用和利润账户的结构

小企业在生产经营过程中取得收入会导致资产总额和所有者权益总额的同时增加，发生费用则会引起资产总额和所有者权益总额同时减少。因此，对收入和费用的会计处理的方法是分别设置收入、费用和利润类账户。收入、费用账户分别记录和反映一定时期内小企业所获得的收入和所发生的费用，期末将所获得的收入和发生的费用合计数转入“本年利润”（所有者权益）账户。

（1）小企业收入、利润类账户结构。

收入、利润类账户增加使小企业所有者权益增加，所以其账户的结构应与所有者权益账户相同。贷方登记增加数，借方登记减少数，期末净收入（即收入增加数减去收入减少数）转入“本年利润”账户的贷方，期末结转后，收入、利润类账户没有余额，见表1–7。

表1–7 收入、利润类账户

借方	贷方
本期减少额：××× 净收入结转（本年利润结转）×××	本期增加额：×××
本期发生额合计：×××	本期发生额合计：×××
	期末余额：0

（2）小企业费用类账户结构。

费用增加使小企业所有者权益减少，所以其账户结构应与所有者权益账户相反。借方登记增加数，贷方登记减少数，期末费用总额转入“本年利润”账户的借方。经结转后，费用账户期末也没有余额，见表1–8。

表1–8 费用类账户

借方	贷方
本期增加额；×××	本期减少额：××× 净支出结转 ×××
本期发生额合计：×××	本期发生额合计：×××
期末余额：0	

综合以上对各类账户结构的说明，将全部借方和贷方所记录的经济内容加以归纳，见表1–9。

表 1-9 会计账户

借方	贷方
资产的增加	资产的减少
负债的减少	负债的增加
所有者权益的减少	所有者权益的增加
收入的减少	收入的增加
费用的增加	费用的减少
利润的减少	利润的增加
资产的余额	负债和所有者权益的余额

（四）借贷记账法的记账规则

根据复式记账法的基本原理和账户结构原理，借贷记账法的记账规则可以概括为：有借必有贷，借贷必相等。

（1）根据复式记账的原理对每一项经济业务都必须以相等的金额在两个或两个以上账户中进行登记。

（2）根据借贷记账法的账户结构原理，每一项经济业务都应当做借贷相反记录，也就是说，如果在一个账户中记借方，在另一个账户或几个账户中必须记贷方；或在一个账户中记贷方，在另一个或几个账户中登记借方，并且，记入借方的总额与记入贷方的总额必须相等。

【例 1-1】智董公司 2014 年 3 月发生了如下经济业务：

（1）3 月 3 日以银行存款 28000 元购入原材料。此项业务使两个资产类账户发生了一增一减的变化，一方面银行存款减少 28000 元，记入“银行存款”账户的贷方；另一方面使材料增加 28000 元，记入“原材料”账户的借方。

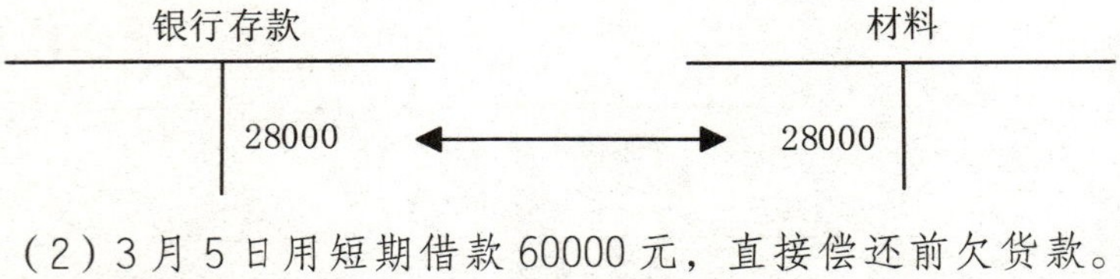

（2）3 月 5 日用短期借款 60000 元，直接偿还前欠货款。此项业务使两个负债账户一增一减；借入短期借款，使短期借款增加 60000 元，记入“短期借款”账户的贷方 60000 元；用短期借款偿还前欠货款，使前欠货款减少 60000 元，记入“应付账款”的借方。

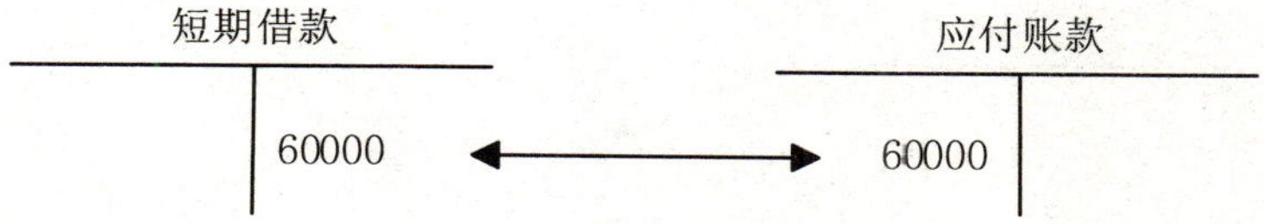

（3）3月10日将盈余公积10000元转赠资本。这项业务使两个所有者权益账户一增一减，用盈余公积转增资本，使盈余公积减少10000元，记入“盈余公积”账户借方；转增资本，使实收资本增加10000元，记入“实收资本”账户的贷方。

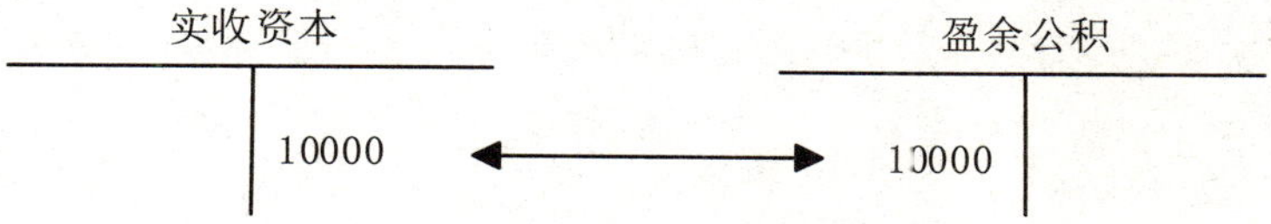

（4）3月12日，用银行存款56000元，归还前欠货款。这笔经济业务使一项资产和一项负债同时减少，所欠货款减少56000元，属负债减少，记入“应付账款”账户的借方；银行存款减少56000元，属资产减少，记入“银行存款”账户的贷方。

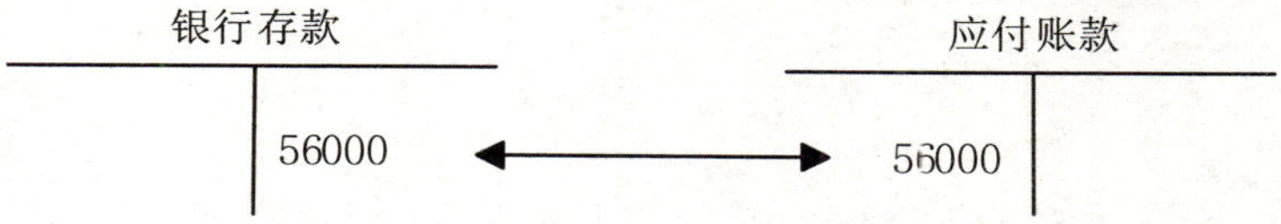

（5）3月15日从银行借入3个月的短期借款65000元，存入开户银行。这项经济业务，使一项负债和一项资产同时增加65000元，存入银行，使银行存款增加，资产增加记入借方，所以应记入“银行存款”账户的借方；借入款项，使短期借款增加，负债增加记入贷方，所以应记入“短期借款”账户的贷方。

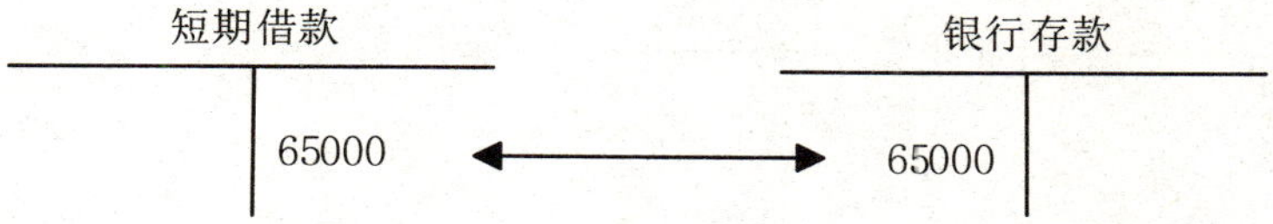

（6）3月18日公司收到投资者投入现金100000元，存入开户银行。这项经济业务使公司的一项资产和一项所有者权益同时增加100000元。存入银行，使银行存款增加100000元，资产增加记入借方，所以应记入“银行存款”账户的借方；接受投资使所有者权益中的实收资本增加，使公司资本增加100000元，记入“实收资本”账户的贷方。

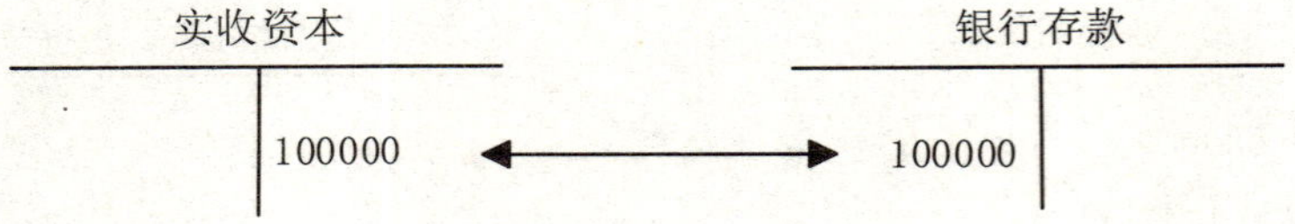

（7）3月20日，购入材料一批，价值75000元，其中40000元，用银行存款直接支付，35000元尚未支付。这项经济业务引起公司的“原材料”“银行存款”“应付账款”三个账户发生了增减变化。购入原材料，“原材料”账户增加了75000元，资产增加记入借方，应记入“原材料”账户的借方；使银行存款减少了40000元，资产减少记入贷方，应记入“银行存款”账户的贷方；使应付账款增加了35000元，负债增加记入贷方，记入“应付账款”账户的贷方。

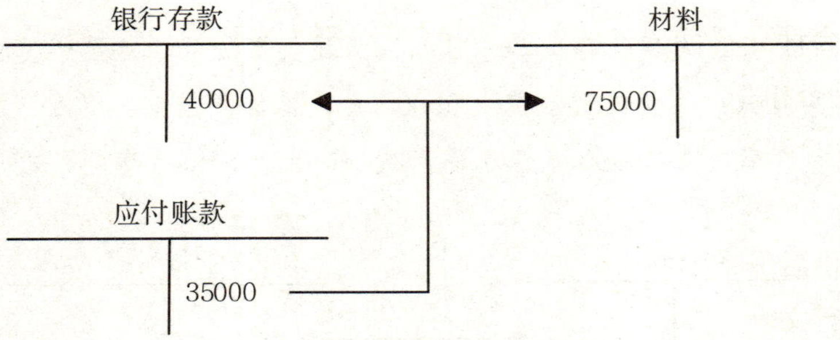

（8）3月26日收到（未收回的销货款）应收账款58000元，其中56000元存入银行，收到现金2000元。这项经济业务使银行存款、现金两项资产增加，记入“银行存款”“库存现金”两个账户的借方，金额分别为56000元和2000元；使公司的应收账款资产减少，记入“应收账款”账户的贷方，金额为58000元。

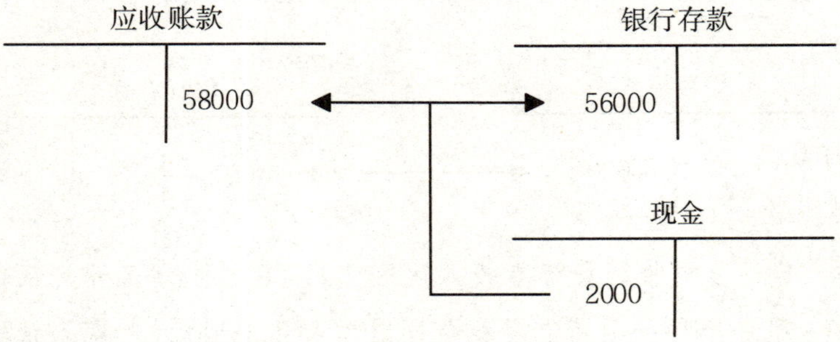

上述经济业务，每项经济业务都要以相等的金额在两个或两个以上有关账户中进行应借应贷的记录，且记入借方的金额与记入贷方的总金额相等，体现了借贷记账法的记账规则。

（五）借贷记账法的会计分录

实际工作中，为保证账户记录的正确性，在经济业务记入账户前，应先根据经济业务涉及的账户名称、借贷方向和金额，编制会计分录，然后再据以登记入账。会计分录是按照复式记账原理，确定某项经济业务应借应贷账户及其金额的记录。

1. 小企业会计分录的内容

会计分录应具备三项基本内容：记账符号、账户名称和应计金额。运用借贷记账法编制会计分录，通常按以下步骤进行：

（1）分析经济业务的内容，确定所涉及的账户名称及其类别、性质；

（2）判别账户应记金额是增加还是减少；

（3）进一步确定各应记账户的方向，是应借还是应贷；

（4）按一定的书写格式标明经济业务的借贷方向、会计账户及其金额；

（5）对会计分录进行检查：一方面，检查所运用账户是否准确；另一方面，应借应贷金额是否相等。

2. 小企业会计分录的格式

小企业在编制会计分录时，还应当注意会计分录的格式。

（1）先借后贷，借贷分行书写，且相错一格或两格。

（2）同行文字与金额的数字应适当错开位置。

（3）复合会计分录的借方或贷方的文字和金额数字必须分别对齐。

3. 小企业会计分录示例

以【例 1-1】中的经济业务为例编制会计分录如下：

（1）3 月 3 日以银行存款 28000 元购入原材料

借：原材料　28000

　贷：银行存款　28000

（2）3 月 5 日，用短期借款 60000 元，直接偿还前欠货款。

借：应付账款　60000

　贷：短期借款　60000

（3）3 月 10 日将盈余公积 10000 元，转赠资本。

借：盈余公积　10000

　贷：实收资本　10000

（4）3 月 12 日，用银行存款 56000 元，归还前欠货款。

借：应付账款　56000

贷：银行存款　56000

（5）3月15日从银行借入3个月的短期借款65000元，存入开户银行。

借：银行存款　65000

贷：短期借款　65000

（6）3月18日公司收到投资者投入现金100000元，存入开户银行。

借：银行存款　100000

贷：实收资本　100000

（7）3月20日，购入材料一批，价值75000元，其中40000元，用银行存款直接支付，35000元尚未支付。

借：原材料　75000

贷：银行存款　40000

应付账款　35000

（8）3月26日收到（未收回的销货款）应收账款58000元，其中56000元存入银行，收到现金2000元。

借：银行存款　56000

库存现金　2000

贷：应收账款　58000

4. 小企业会计分录分类

会计分录按照每一个分录所涉及的账户个数及账户之间的关系可以分为两类：

（1）简单会计分录。

简单会计分录是一个账户借方只和另一个账户贷方发生对应关系的两个账户组成的一借一贷会计分录。【例1-1】中的（1）~（6）所涉及的账户都只有两个，都是简单会计分录。

（2）复合会计分录。

复合会计分录是两个以上账户组成的一借多贷和一贷多借的分录。复合会计分录实际上是由若干个简单会计分录组合而成，凡是复合分录都可以拆分成若干个简单会计分录。编制会计分录可以集中反映某项经济业务的全面情况，且账户对应关系清楚，还可以达到简化记账手续的目的。复合分录可以分为以下两种情况：

①一借多贷的会计分录，是指一个账户借方同几个账户的贷方发生对应关系的会计分录，如【例1-1】中的（7）。

②一贷多借的复合分录，是指一个账户的贷方同几个账户的借方发生对应关系的

会计分录，如【例1-1】中（8）。

在实际工作中，为了清楚地反映账户之间的对应关系，应尽量避免编制多借多贷的会计分录。

在会计分录中，应借应贷账户之间的相互关系称为账户的对应关系，发生对应关系的账户称为对应账户。编制会计分录要求账户之间的对应关系明确清楚，以反映经济业务之间的实际联系；反之，了解和掌握会计分录中账户的对应关系，就可以了解经济业务的来龙去脉。

（六）借贷记账法的试算平衡

为了检验一定时期内所发生的经济业务在账户中记录的正确性，在会计期末应进行账户的试算平衡。试算平衡是根据会计等式和借贷记账法的记账规则，对本期各账户的全部记录进行汇总和测算，以检查和验证账户记录正确性和完整性的方法。包括全部账户发生额试算平衡和全部账户余额试算平衡。

1. 全部账户发生额试算平衡

全部账户发生额试算平衡是以借贷记账法“有借必有贷，借贷必相等”的记账规则为依据，对本期所有账户的借方发生额与贷方发生额合计的恒等关系进行检查，以检验本期发生额记录是否正确的方法。公式为：

全部账户的借方发生额合计 = 全部账户的贷方发生额合计

2. 全部账户余额试算平衡

全部账户余额试算平衡是根据本期所有账户借方余额合计与贷方余额合计的恒等关系，检查本期账户记录是否正确的方法。根据余额的时间不同，余额试算平衡又可分为期初余额试算平衡与期末余额试算平衡。公式为：

全部账户借方期初余额合计 = 全部账户贷方期初余额合计

全部账户借方期末余额合计 = 全部账户贷方期末余额合计

每个会计期末，在已经结出各个账户本期发生额和期末余额的基础上，试算平衡通常是通过编制总分类账户本期发生额和期末余额的试算平衡表进行。

【例1-2】以【例1-1】中智董公司3月发生的经济业务为例，说明分类账户本期发生额和余额试算平衡表的编制。该公司3月1日有关总分类账的期初余额见表1-10。

表 1-10　3 月智董总分类账期初余额表

资产	期初余额	负债及所有者权益	期初余额
库存现金	1500	短期借款	30000
银行存款	150000	应付账款	28000
应收账款	60000	实收资本	250000
材料	8000	资本公积	25000
固定资产	250000	盈余公积	136500
合计	469500	合计	469500

根据智董公司上述业务，编制总分类账户本期发生额和余额试算平衡表，见表 1-11。

表 1-11　总分类账户本期发生额和余额试算平衡表

账户名称	期初余额		本期发生额		期末余额	
	借方	贷方	借方	贷方	借方	贷方
库存现金	1500		2000		3500	
银行存款	150000		221000	73600	297400	
应收账款	60000		0	58000	2000	
材料	8000		103000	0	111000	
固定资产	250000		0	0	250000	
短期借款		30000	0	71000		101000
应付账款		28000	11600	35000		51400
实收资本		250000	0	110000		360000
资本公积		25000	0	0		25000
盈余公积		136500	10000	0		126500
合计	469500	469500	347600	347600	663900	663900

表 1-11 中"期初余额"和"期末余额"各栏的合计数如不相等，可以肯定会计记录或计算有错误；借贷方合计数相等，也不能说明会计处理绝对正确，因为有些错误发生不影响表中借贷双方的平衡。如出现某项经济业务全部漏记或重记、借贷方向记错或借贷双方等额记错及错记账户等。对此应采取其他复核方法进行检查。

九、小企业账务处理程序

（一）小企业会计循环

小企业会计循环是指小企业依照会计程序，把会计期间发生的经济业务，运用一定的会计方法，按照一定的会计步骤，进行计量、汇总、报告的过程。这种过程在小企业长期的经济活动中是周而复始的。一个会计期间表示一个会计循环。会计循环也是一般经济数据输入到会计信息产出的过程，一般由下列基本步骤组成：

（1）会计事项分析。

（2）编制会计分录。

（3）记入有关账户。

（4）以总分类账户期末余额为依据，编制调整前试算表。

（5）会计分录调整并记入有关账户。

（6）调整后试算表编制。

（7）对临时性试算表的编制。

（8）结账后试算表的编制。

（9）会计报表的编制。

（10）提出会计报告。

（二）小企业账务处理程序

小企业账务处理程序（亦称会计核算组织程序），是指小企业对会计数据的记录、归类、汇总、呈报的步骤和方法。具体是指填制会计凭证，根据凭证登记账簿，根据账簿记录提供会计信息这一过程的步骤和方法。

1. 小企业账务处理程序的要求

小企业账务处理程序的确定，一般应符合下列三个要求：

（1）与本单位的性质、规模大小、经济业务的繁简等相适应，以保证会计核算的顺利进行。

（2）能正确、及时地提供本单位经济活动情况，以满足经营管理和国家综合平衡工作的需要。

（3）在保证核算资料正确、及时和完整的前提下，要力求提高会计工作的效率，节省核算费用。

2. 小企业账务处理程序的类型

我国小企业一般采用的账务处理程序主要有：

（1）记账凭证账务处理程序。

（2）汇总记账凭证账务处理程序。

（3）科目汇总表账务处理程序。

（4）多栏式日记账账务处理程序。

（三）小企业记账凭证账务处理程序

记账凭证账务处理程序是一种直接根据各种记账凭证逐笔登记总分类账的会计核

算形式。它是会计核算中最基本的一种账务处理程序。

记账凭证账务处理程序的操作程序如下：

（1）根据原始凭证和原始凭证汇总表编制记账凭证。

（2）根据现金收款、付款登记现金日记账和银行存款日记账。

（3）根据记账凭证、原始凭证或原始凭证汇总表登记各种明细账。

（4）根据收款凭证、付款凭证和转账凭证逐笔登记总分类账。

（5）期末将现金日记账、银行存款日记账、各种明细分类账的余额与相应的总分类账户的余额核对。

（6）期末，根据总分类账和明细分类账的资料编制会计报表。

记账凭证账务处理程序的特点是直接根据各种记账凭证逐笔登记总分类账。其优点是简单明了，总分类账可详细记录和反映经济业务状况，对经济业务发生较少的科目，总账可代替明细账；其缺点是登记分类总账工作量较大，不便于会计分工。

这种账务处理程序多适用于规模较小、经济业务比较简单的企业。

（四）小企业汇总记账凭证账务处理程序

汇总记账凭证账务处理程序，是指根据原始凭证或原始凭证汇总表编制记账凭证，并定期根据记账凭证编制汇总记账凭证，据以登记总分类账的一定会计账务处理程序。

采用汇总记账凭证账务处理程序时，设置的主要账簿包括现金日记账、银行存款日记账、总分类账和各种明细分类账。

采用汇总记账凭证账务处理程序时，登记总账的依据是“汇总记账凭证”，而不是“记账凭证”。

汇总记账凭证是按照有关账户的借方或贷方编制记账凭证，根据记账凭证定期汇总各对应账户的发生额及月末余额，据以登记总分类账的汇总凭证。其编制方法主要有以下步骤：

（1）汇总记账凭证。按其反映经济业务的性质不同，可分为汇总收款凭证、汇总付款凭证和汇总转账凭证。

（2）汇总收款凭证。是根据收款凭证定期汇总编制的凭证。编制时，按现金、银行存款账户的借方设置汇总付款凭证，按相对应的各个贷方账户分别归类汇总，加计发生额。

（3）汇总付款凭证。是根据付款凭证定期汇总编制的凭证。编制时，按现金、银行存款账户的贷方设置汇总付款凭证，按相对应的各个借方账户分别归类汇总，加计发生额。

（4）汇总转账凭证。是根据转账凭证定期汇总编制的凭证。编制时，按转账凭证中所涉及的每一贷方账户为主体，分别设置汇总转账凭证，并按与各该贷方相对应的各借方账户分别归类汇总，加计发生额。

汇总记账凭证账务处理程序：

（1）根据各种原始凭证或原始凭证汇总表编制各种记账凭证。

（2）根据收款凭证、付款凭证登记现金日记账和银行存款日记账。

（3)根据记账凭证及其所附的原始凭证或原始凭证汇总表登记各种明细分类账。

（4）根据各种记账凭证编制各种汇总记账凭证。

（5）根据各种汇总记账凭证登记总分类账。

（6）月终，将现金日记账、银行存款日记账和各种明细分类账的余额与总账余额核对。

（7）月终，根据总分类账和各种明细分类账的资料编制会计报表。

在汇总记账凭证账务处理程序下，利用汇总记账凭证，可以大大简化总分类账的登记工作，且既易于及时掌握资金运动，又简便了记账凭证的整体归类。但由于记账凭证的汇总是按有关账户的借方或贷方而不是按经济业务性质归类汇总的，不利于日常核算工作的合理分工。

（五）小企业科目汇总表账务处理程序

科目汇总表账务处理程序，又称记账凭证汇总表账务处理程序，是指根据记账凭证，定期编制科目汇总表，据以登记总分类账的一种账务处理程序。

科目汇总表，又称记账凭证汇总表，是指根据记账凭证定期汇总编制，以表格形式列示有关总分类账户的本期发生额合计数，据以登记总分类账的一种汇总记账凭证。其格式如表1–12所示。

表1–12 科目汇总表

年 月 日

会计科目	账页	本期发生额		记账凭证起讫号数
		借方	贷方	

会计主管 会计 复核 制表

科目汇总表的编制方法为：

（1）根据一定时间的全部记账凭证，按照相同的会计科目归类，定期汇总每一个会计科目的借方发生额和贷方发生额，并将发生额填入科目汇总表的相应栏目内；

（2）每月汇总一次编制一张，也可以按旬汇总，每月编制一张。

科目汇总表账务处理程序：

（1）根据各种原始凭证或原始凭证汇总表编制记账凭证。

（2）根据收款凭证和付款凭证登记现金日记账和银行存款日记账。

（3）根据记账凭证及其所附的原始凭证或原始凭证汇总表登记各种明细账。

（4）根据各种记账编制科目汇总表。

（5）根据科目汇总表登记总分类账。

（6）期末，将现金日记账、银行存款日记账和各种明细分类账的余额与总分类账的余额相核对。

（7）月终，根据总分类账和明细分类账的资料编制会计报表。

采用科目汇总表账务处理程序，可以简化总分类账的登记，还可以每天或定期就科目汇总表进行试算平衡，便于及时发现问题，采取措施。但科目汇总表不能反映账户之间的对应关系，不便于查对账目，也不便于对小企业经济活动情况进行分析。

（六）小企业日记总账账务处理程序

日记总账账务处理程序，又称序时总账账务处理程序，是指一切经济业务根据原始凭证或记账凭证在日记总账中同时进行序时和分类登记的一种会计账务处理程序。

采用日记总账账务处理程序时，设置的主要账簿有现金日记账、银行存款日记账、日记总账和明细分类账。

在日记总账核算形式下，现金和银行存款可用三栏式，也可用多栏式。日记总账把所有的总账科目集中在一张账页上，账页按总账科目分为许多专栏，科目下再分为借方和贷方。具体方法为：

（1）对于收付款业务，在采用三栏式现金和银行存款日记账的情况下，可以直接根据收款凭证和付款凭证登记日记账，月终时结出会计数与日记账核对；如采用多栏式现金和银行存款日记账，在月终根据多栏式现金和银行存款日记账汇总登记日记总账。

（2）对于转账业务，根据转账凭证逐日、逐笔登记日记总账。月终，总结出日记总账各栏合计数，计算各科目的月末借方或贷方额，并核对账簿记录。主要核对“发生额”栏的本月合计数与全部科目的借方发生额的合计数是否相符，各科目的借方余额合计数与贷方余额合计数是否相符。

日记总账账务处理程序：

（1）根据原始凭证、原始凭证汇总表编制记账凭证。

（2）根据收款、付款凭证登记现金和银行存款日记账。

（3）根据原始凭证、原始凭证汇总表或记账凭证登记各种明细分类账。

（4）根据各种记账凭证登记日记总账。

（5）期末，将日记总账所有科目的借方发生额合计与贷方发生额合计核对；将所有科目借方发生额合计、贷方发生额合计分别与发生额栏合计相核对；将日记总账所有借方余额合计与贷方发生额合计相核对；将日记总账中现金、银行存款科目的余额分别与现金、银行存款日记账的余额相核对；将日记总账有关科目的余额与其所属明细分类账的余额相核对。

（6）期末，根据日记总账和明细分类账的资料编制会计报表。

日记总账账务处理程序，可以全面反映一个企业在一个会计期间的全部经济活动。但如果企业的经济业务量大，账页会过长，不便于记账和查账。这种账务处理程序适用于规模较小、业务简单、使用会计科目少的企业。

（七）小企业多栏式日记账账务处理程序

多栏式日记账账务处理程序，是指根据多栏式现金日记账和多栏式银行存款日记账及转账凭证登记总分类账的一种账务处理程序。

采用这种账务处理程序时，应设置以下主要账簿：多栏式现金日记账和银行存款日记账、总分类账和明细分类账。总分类账一般采用三栏式，明细分类账的格式根据需要设置。

多栏式日记账账务处理程序：

（1）根据各种原始凭证或原始凭证汇总表编制记账凭证。

（2）根据收款凭证和付款凭证登记多栏式现金日记账和多栏式银行存款、专项存款日记账。

（3）根据记账凭证及其所附的原始凭证或原始凭证汇总表登记各种明细账。

（4）根据多栏式现金日记账和多栏式银行存款日记账登记总分类账，根据转账凭证或转账凭证科目汇总表登记总账。

（5）将各种明细分类账的余额合计数，分别与相应的总分类账余额相核对。

（6）月终，根据总分类账和有关明细分类账的资料编制会计报表。

采用这种账务处理程序，可简化总分类账的记账工作。但在业务较为繁杂的企业里，日记账的专栏栏次势必较多，账页庞大，因而不便于登记。它一般适用于规模不是很大、收付业务又较多的企业。

小知识

小企业商品流通的核算

商品流通是指社会产品通过货币结算，由生产领域转移到消费、领域的过程。在这个过程中，商品一般要经过批发和零售两个环节。

批发商品流通是指小商品流通企业从生产部门购进商品出售给小零售企业以便继续转卖，或出售给小生产企业继续加工的商品交易活动。零售商品流通是小商品流通企业从小批发企业或生产单位购进商品售予城乡居民和工厂、机关、团体、学校等集体消费单位，以进行直接消费的商品交易活动。小商品流通企业有的从事批发商品流通，有的从事零售商品流通，还有的同时从事批发、零售商品流通。灵活多样的经营方式是小商品流通企业生存的需要，也是其经营的特点。这里将对商品流通过程相关的业务，即商品购进、销售、储存的核算方法进行介绍。

小商品流通企业商品流通的核算方法主要有数量进价金额核算、售价金额核算和进价金额核算。

1. 数量进价金额核算

（1）数量进价金额核算的基本内容

数量进价金额核算是对库存商品总分类核算按进价金额核算和监督，同时，库存商品的明细核算既提供各种商品的进价金额指标也反映其实物数量指标的核算方法。其基本内容包括：

①进价记账。会计部门对库存商品总账和明细账的进、销、存金额均按进价记载。

②在库存商品总账控制下，按商品的品名、规格、等级和编号分户进行明细核算。库存商品明细账对每种库存商品的增减和结存情况，既反映金额又反映数量。

③如果小商品流通企业经营品种繁多，还应设置库存商品类目账，以核算大类商品的进、销、存情况和控制所属各明细账。对于经营品种比较简单的小商品流通企业，库存商品可不设置类目账，直接用总账控制明细账。

④采用适当方法随时或定期结转销售商品成本。商品销售成本即销售商品进价，小商品流通企业可根据经营商品的不同特点和业务经营的不同需要，按照会计制度的规定分别采用不同的计算和结转方法，随时或定期结转商品销售成本。

数量进价金额核算对商品实物数量和进价金额实行双重控制，有利于满足业务部门开展销售业务，会计部门加强资金管理，保管部门明确责任和保护商品的安全。但这种核算方法要求每笔购销业务均提供反映各种商品数量和金额的收付凭证作为记账依据，并按商品品种逐笔登记明细账，因此核算工作量较大。这种核算方法适用于能按商品品种提供收付数量及金额的小商品流通企业。

（2）实行数量进价金额核算方法小企业（小规模纳税人）的核算

①商品购进的核算。小规模纳税人购入货物及接受应税劳务支付的增值税额，应直接记入有关货物及劳务的成本。

【例1-3】某小商品流通企业从本地矿泉水厂购进矿泉水20箱，每箱17元，货款共计340元，应支付的增值税额为57.80元，商品验收入库，款项以银行存款支付。根据有关凭证编制会计分录如下：

借：库存商品——矿泉水 397.80

　贷：银行存款 397.80

②商品销售的核算。税法规定，小规模纳税小企业销售货物或者提供应税劳务需开具发票的，应当开具普通发票，不得开具增值税专用发票。但凡能够认真履行纳税义务的小规模纳税小企业，经县（市）税务局批准，其销售货物或提供应税劳务可由税务机关代开增值税专用发票。但销售免税货物或将货物、应税劳务销售给消费者以及小额零星销售，不得代开增值税专用发票。

小规模纳税人销售货物或提供应税劳务，实行简易办法计算应纳税额，按不含税销售额的征收率计算应纳税额，不得抵扣进项税额。

如果销售货物采用销售额和应纳税额合并定价方法，则按如下公式计算销售额：

$$销售额=\frac{含税销售额}{1+征收率}$$

【例1-4】如上例，某小商品流通企业将20箱矿泉水售出，销售收入（含税）为528元，增值税额为20.31元[528/（1+4%）×4%]，款项收到存入银行。根据有关凭证编制会计分录如下：

借：银行存款 528

　贷：应交税费——应交增值税 20.31

　　主营业务收入 507.69

结转商品销售成本时编制如下会计分录：

借：主营业务成本 397.80

贷：库存商品——矿泉水 397.80

注：以上征收率仅为举例之用，请关注政策变化，目前为3%。

2. 售价金额核算

（1）售价金额核算的基本内容。

售价金额核算也称“售价记账、实物负责制”，是按照售价金额核算小企业库存商品的增减变动和结存状况的一种方法。售价金额核算也是一项经营管理制度，其基本内容包括以下几个方面。

①售价记账金额控制。财会部门对库存商品的增减变动和结存情况，均按商品的售价金额记入库存商品总账和明细账，库存商品总账和明细账只登记售价金额，不登记数量，通过库存商品的售价金额来控制商品数量。

②设置“商品进销差价”科目。实行售价金额核算，库存商品按售价记账，而商品购进是按进价支付货款，因此，需要设置“商品进销差价”科目核算商品进价与售价之间的差额，用来调整库存商品记录的售价金额，以正确反映库存商品的实际成本。

③建立实物负责制。为了加强商品管理，需要按照经营和保管商品的岗位建立实物负责制。小企业可按照经营商品品种和存放地点的不同，划分若干营业柜、组，确定实物负责人，要求各实物负责人对其经管商品的数量、质量等承担全部经济责任，以确保商品数量完整、质量完好。财会部门也按实物负责人设置“库存商品”明细账户，用售价金额反映和控制各实物负责人所经管商品增减变化和结存情况。

④切实加强库存商品的实地盘点。由于售价金额核算对库存商品只按售价金额反映，不核算商品的数量，所以库存商品发生溢亏、毁损、责任事故、丢失等时不易被发现。因此，必须切实做好库存商品的实地盘点工作，以及时发现商品核算和管理中存在的问题，堵塞可能出现的漏洞。

⑤加强物价管理，健全有关制度。采用售价金额控制商品数量，要做到账实相符，就必须要健全商品进、销、存各项业务手续制度，加强物价管理、商品管理、销货款管理，严格复核制度。各实物负责人对商品购进、销售、调价、溢缺、损耗等业务，必须严格按照业务手续制度规定办理，填制有关的业务凭证，以便据以入账，使账簿资料能够有效地控制商品的实物数量。

售价金额核算法与数量进价金额核算方法相比，简化了记账工作，明确了商品管理的经济责任，有利于调动营业人员参与小企业经营管理的积极性。同时，采用这种方法不需记录商品数量，所以，销货时不需填制发票和登记数量，简化了销货手续。

但采用这种方法，账面上不能提供商品的购、销及结存数量，不便于确定商品溢缺和货款长短的性质和原因。因此，对于小商品流通企业经营的贵重商品和其他需要掌握数量的商品，应当设置商品数量账或设置商品数量备查簿，登记商品数量，以加强商品管理；对商品溢缺和货款长短，也应分别情况，采取措施予以解决。

这种方法适用于小零售企业。因为小零售企业规模不大，多数是综合经营，经营商品的品种规格复杂，并且有相当数量的商品陈列在营业现场。一般情况下，柜台商品和在库商品结合在一起，由同一实物负责人进行管理，其商品销售对象是广大消费者，交易数量零星，次数频繁，除对集体销货或对个人销售贵重大件保修商品外，一般不填制销货发票。小零售企业业务上不能够提供销售商品的品种、数量等凭证，对库存商品的核算很难采用数量进价金额核算法，而适宜采用售价金额核算法。

（2）实行售价金额核算方法小企业（小规模纳税人）的核算。

实行售价金额核算方法的小规模纳税人，与一般纳税小企业核算方法的不同之处为：购进商品时支付的增值税直接计入商品的成本；商品销售后随时或定期计算出含税销售额中包含的应纳税额，借记“主营业务收入”科目，贷记“应交税费——应交增值税”科目，其他业务的处理基本相同。

【例1-5】某小零售企业某月发生的有关业务如下：

（1）购入商品一批，进价为1100元，应支付的增值税额为187元，同时支付运费50元，该批商品的含税售价为1650元，商品由百货组验收入库，款项以银行存款支付。根据有关凭证编制会计分录如下：

借：库存商品——百货组　1650
　　销售费用——进货运杂费　50
　贷：商品进销差价——百货组　363
　　　银行存款　1337

（2）某日各组销货如下，百货组900元，针织组1600元，鞋帽组1500元，销货款已送存银行。根据有关凭证编制会计分录如下：

借：银行存款　4000
　贷：主营业务收入　4000

借：主营业务成本　4000
　贷：库存商品——百货组　900
　　　　　　　——针织组　1600
　　　　　　　——鞋帽组　1500

（3）该企业当月取得的含税销售额共计120000元，计算不含税销售额和应纳税额如下：

不含税销售额=120000÷（1+4%）=115384.62（元）

应纳税额=115384.62×4%=4615.38（元）

根据以上计算结果编制会计分录如下：

借：主营业务收入 4615.38

贷：应交税费——应交增值税 4615.38

（4）该企业月末“库存商品”科目余额为90000元，分摊前“商品进销差价”科目余额为53250元，计算已销商品应分摊的进销差价如下：

综合型差价率=53250÷（90000+120000）=25.36%

本月销售商品应分摊的进销差价=120000×25.36%=30432（元）

根据以上计算结果编制会计分录如下：

借：商品进销差价 30432

贷：主营业务成本 30432

3. 进价金额核算

（1）进价金额核算的基本内容。

进价金额核算是对库存商品的总分类核算和明细分类核算都按进价金额记账而不反映实物数量的一种方法。其基本内容包括：

①建立实物负责制，按实物负责人分户对库存商品进行明细核算。

②商品购进后，按原进价记入“库存商品”科目，库存商品明细账只核算商品的进价金额，不核算数量。

③商品销售后，只反映销售收入情况，平时不结转商品销售成本，不注销库存商品。

④商品发生溢余、损耗、售价变动等，一般不作账务处理。但对发生的事故损失，应查明原因，及时入账。发生商品内部调拨业务时，如果库存商品没按门市部或柜组设置明细账，可不作账务处理。

⑤月末根据实际盘存商品数量，按最后进货单价计算库存商品结存金额，倒挤商品销售成本。

进价金额核算法适用于经营鲜活商品的小零售企业或柜组。

（2）实行进价金额核算方法小企业（小规模纳税人）的核算。

实行进价金额核算的小规模纳税人，购进商品时编制如下会计分录：

借：库存商品——× 柜组

　贷：银行存款

平日销售商品时编制如下会计分录：

借：银行存款

　贷：主营业务收入

　　　应交税费——应交增值税

月末，计算并结转商品销售成本的方法与一般纳税小企业相同，不再重述。

十、小企业财产清查

财产清查是通过对实物、现金的实地盘点，对银行存款和债权、债务进行核对，来确定财产的实存数额，并查明实存数额与账存数额是否相符的一种专门方法。

经济业务的发生会引起小企业各项财产的增减变动，这些变动情况及其结果是通过账簿记录来反映的。但是，在实务部门，由于种种原因可能使各项财产的账面数额与实际结存数额发生差异。例如，在财产物资保管过程中发生的自然损耗；财产收发过程中由于计量或检验不准，造成多收或少收的差错；由于管理不善、制度不严造成的财产损坏、丢失、被盗；在账簿记录中发生的重记、漏记、错记；由于有关凭证未到，形成未达账项，造成结算双方账务不符以及发生意外灾害等。因此，为了保证会计账簿记录的真实、正确，为小企业的经营管理提供可靠的数据资料，必须定期或不定期地进行财产清查，从而做到账实相符。

（一）小企业财产清查的意义和种类

1. 小企业财产清查的意义

（1）通过财产清查，可以查明账实是否相符，保证会计信息的真实性、可靠性，保护各项财产的安全完整。

（2）通过财产清查可查明财产物资的储备和利用的情况，对超储积压、闲置不用的物资要采取措施进行处理以达到合理储备；从而完善小企业管理制度，挖掘财产物资潜力，提高资金的使用效能，加速资金周转。

（3）通过财产清查，可以发现问题，以便及时采取措施弥补经营管理中的漏洞，建立健全财产保管的各项规章制度，提高小企业的管理水平。

2. 小企业财产清查的种类

（1）按财产清查的范围划分。

①全面清查。全面清查是指对全部财产进行盘点与核对。由于全面清查范围大、

内容多、时间长、工作量大，为了保证年度会计报表的正确性和真实性，一般在年终决算前对财产进行全面的清查。另外，单位撤销、合并或改变隶属关系时；中外合资、国内合资前；小企业股份制改制前；开展全面的资产评估、清产核资前；单位主要领导调离工作时也要按规定进行全面的财产清查。

②局部清查。局部清查是指根据需要对部分财产物资进行盘点核对。主要是对货币资金、存货等流动性较大的财产进行清查。虽然局部清查内容少、时间短、工作量小，但专业性较强。如现金应每日清点一次；银行存款每月至少同银行核对一次；债权债务每年至少核对一至两次；各项存货应有计划、有重点地抽查，贵重的物品应每月清查一次等。

（2）按清查的时间划分。

①定期清查。定期清查是指根据管理制度的规定或预先计划安排的时间对财产物资所进行的清查。这种清查的对象不定，可以是全面清查也可以是局部清查。其清查的目的在于保证会计核算资料的真实正确，一般是期末进行。

②不定期清查。不定期清查是根据需要对财产物资所进行的临时清查。其清查对象一般是局部清查，如更换出纳员时对现金、银行存款所进行的清查；更换保管员而进行的有关财产方面的清查；发生了意外灾害和损失时进行的清查；有关部门进行的临时性检查等。

（二）小企业财产清查的方法

财产清查是一项涉及面广、工作量大的工作。各企业在实施财产清查工作时，应组成由会计部门牵头的清查小组，制订好清查计划，准备好计量器具和各项登记表格，以便保证财产清查工作的顺利进行，提高工作效率，达到财产清查目的。财产清查所采用的方法，依清查对象不同而不同，下面分别介绍财产物资、货币资金和债权债务清查的方法。

1. 小企业财产物资的清查方法

（1）小企业财产物资的盘存制度。

财产清查的重要环节是盘点财产物资的实存数量，为使盘点工作顺利进行，应建立一定的盘存制度。财产的盘存制度有两种：永续盘存制和实地盘存制。

①永续盘存制。

A. 永续盘存制的概念。永续盘存制也称永续盘存法或账面盘存法，是平时对各项财产的增加数和减少数都要根据会计凭证连续记入有关账簿，并随时结出账面结存数额。其公式如下：

账面期末余额＝账面期初余额＋本期增加额－本期减少额

采用这种方法，要按每一实物的品种、规格设置明细账，然后逐日登记每一实物的收、发、结存数量，有时还要登记金额。

B. 永续盘存制的优缺点。永续盘存制的优点，在于财产的进出都有严密的手续，可以随时通过账面反映和掌握各项财产的增减和结存状况，配合某种计价方法，还可以从数量和金额两方面进行控制，有利于加强对财产的管理。当财产发生溢余和短缺时，可以及时查明原因，及时纠正。

永续盘存制的缺点是财产的明细分类核算工作量较大，核算成本较高。由于财产品种复杂、繁多，小企业要投入大量的人力和物力，势必会加大核算成本，也容易发生账实不符的情况。因此，采用永续盘存制，仍需对财产进行清查盘点，以查明账实是否相符，以及账实不符的原因。

②实地盘存制。

A. 实地盘存制的概念。实地盘存制也称实地盘存法，是平时只根据会计凭证在账簿中登记财产的增加数，不登记减少数，待月末对各项财产进行盘点，根据实地盘点确定的实存数，倒挤本月减少数。其公式如下：

本期减少数 = 账面期初余额 + 本期增加数 – 期末实际结存数

根据以上计算倒挤出的本期减少数，再登记有关账簿。所以，每月末对各项财产进行实地盘点的结果，是计算、确定本月财产减少数的依据。但是需要注意的是：采用实地盘存制，盘点的时间可选在本期业务活动结束，下期业务活动开始之前进行，并注意要将非企业所有的代销、代保管的财产物资排除在盘点数之外。

B. 实地盘存制的优缺点。实地盘存制的优点，在于简化了平时的记录和核算工作。

实地盘存制的缺点是不能在账面上及时反映财产物资的收、发、结存情况，不能及时提供财产物资管理所需的各种信息。此外，实地盘存制倒挤的各项财产物资的减少数中成分复杂，除正常耗用外，有可能将财产物资的短缺、毁损也包含在减少数中，不利于财产的管理，影响成本计算的正确性。由于实地盘存制的上述缺点，它只适用于那些由于其自身的业务特点而不能采用永续盘存制的少数企业采用。

（2）小企业财产物资的清查方法。

由于不同种类，财产物资的实物形态、用途、性能、存放方式各不相同，因此，在财产物资清查时应选择不同的清查方法。

①实地盘点法。它是指在财产物资存放现场逐一清点数量或用计量仪器确定其实存数的一种方法。这种方法适用范围广，要求严格（参加人员必须有一定的专业水平），盘点后的数字准确可靠，但是由于实物财产的品种繁杂，导致实地盘点工作

量大。

②技术推算盘点法。它是指利用技术方法推算财产物资实存数的方法。这种方法适用于煤炭、砂石等大量成堆，难以逐一清点的财产物资。因此，盘点数字不够准确，且工作量较大。

为了明确经济责任，进行财产物资的盘点时，有关财产物资的保管人员必须在场，并参加盘点工作。对各项财产物资的盘点结果，应逐一填制“盘存单”，并同账面余额进行核对，确认盘盈盘亏数，填制实存账存对比表，作为调整账面记录的原始凭证。“盘存单”和“实存账存对比表”的格式如表 1–13 和表 1–14 所示。

表 1–13 盘存单

单位名称： 盘点时间： 编号：
财产类别： 存放地点：

序号	名称	规格型号	计量单位	实存数量	单价	金额	备注

盘点人签章： 保管人签章：

表 1–14 实存账存对比表

单位名称： 年 月 日

序号	名称	规格	计量单位	单价	实存		账存		盘盈		盘亏		备注
					数量	金额	数量	金额	数量	金额	数量	金额	

盘点人签章： 会计签章：

2. 小企业货币资金的清查方法

（1）小企业现金的清查。

为了加强现金的管理，要求出纳人员对现金的收、付和结存情况，必须做到日清月结，经常核对，保证账实相符。对现金的清查，是通过实地盘点的方法进行的。为了明确责任，盘点时出纳人员必须在场。盘点时要注意检查有无挪用，或以借条、收据抵冲现金的情况。对于现金的盘点结果，要填制“库存现金盘点报告表”，由盘点人和出纳员共同签字或盖章方能生效。“库存现金盘点报告表”的格式如表 1–15 所示。

表1-15 库存现金盘点报告表

单位名称： 年 月 日 单位：元

实存金额	账面金额	对比结果		备注
		短缺	盈余	

盘点人签章： 出纳员签章：

（2）小企业银行存款的清查。

银行存款的清查是通过与开户银行转来的对账单进行核对，来查明银行存款的实有数额。在核对前，首先要详细检查本单位银行存款账，力求正确、完整，然后与银行对账单逐笔核对，发生错账漏账要及时查清更正。银行存款日记账与开户银行转来的对账单不一致的原因有两个方面：一是双方或一方记账有错误，二是存在未达账项。所谓未达账项，是指由于小企业与银行取得有关凭证的时间不同，而发生的一方已经取得凭证登记入账，另一方由于未取得凭证尚未入账的款项。具体有以下四种情况：

①企业已收款入账，银行尚未收款入账。

②企业已付款入账，银行尚未付款入账。

③银行已收款入账，企业尚未收款入账。

④银行已付款入账，企业尚未付款入账。

在①④两种情况下，会使企业账面的存款余额大于银行对账单的余额；而在②③两种情况下，又会使企业账面存款余额小于银行对账单的余额。对于上述未达账项应在查明后编制“银行存款余额调节表”。调节后的双方余额应相等。

【例1-6】某小企业××年10月31日银行存款日记账的余额为125000元，银行转来的对账单的余额为122200元。经核对，发现以下未达账项：

（1）企业送存转账支票50000元，并已登记银行存款增加，但银行尚未记账。

（2）企业购买材料开出转账支票22000元，但持票单位尚未到银行办理转账，银行尚未记账。

（3）企业委托银行代收某公司购货款30000元，银行已收妥并登记入账，但企业尚未收到收款通知，尚未记账。

（4）银行代企业支付电费4800元，银行已登记企业银行存款减少，但企业未收到银行付款通知，尚未记账。

根据上述资料编制“银行存款余额调节表”，如表1-16。

表1-16 银行存款余额调节表

单位：元

项 目	金 额	项 目	金 额
企业银行存款日记账余额	125000	银行对账单余额	122200
加：银行已收、企业未收款	30000	加：企业已收、银行未收款	50000
减：银行已付、企业未付款	4800	减：企业已付、银行未付款	22000
调节后的存款余额	150200	调节后的存款余额	150200

需要指出的是，银行存款余额调节表只是为了核对账目，并不能作为调整银行存款账面余额的原始凭证。对银行已经入账，企业尚未入账的未达账项，待银行转来有关原始凭证后再登记入账。

（3）小企业债权债务的清查。

对于债权、债务各项目的清查，应采取同对方核对账目的方法。在保证本企业所记账目正确完整的基础上，编制对账单，派人通过发函与对方进行核对。对账单一式两联，一联作为回单，如果对方单位核对相符，应在对账单上盖章后退回本单位，如有数字不符，应在对账单上注明，作为进一步核对的根据。

（三）小企业财产清查结果的处理

1. 小企业财产清查结果处理的步骤

对财产清查的结果，应按照国家有关财务制度的规定，严肃认真地处理。其具体步骤如下：

（1）核准数字，查明发生差异的性质和原因。

根据清查情况，编制全部清查结果的“实存账存对比表”，核准货币资金、财产物资及债权债务的盈亏数字，并且要认真查明其性质和发生的原因，明确责任提出处理办法。按规定程序呈报有关部门和领导批准。对于多余的物资应积极处理，减少资金占用，加速资金周转。

（2）总结经验教训、建立健全管理制度。

通过财产清查，找出发生问题的原因，总结经验教训，提出改进措施，建立和健全一些必要的规章制度。

（3）调整账簿，做到账实相符。

在核准数字，查明原因的基础上，根据“实存账存对比表”编制记账凭证，并据以登记账簿，使各项财产物资做到账实相符。之后，可将编制的“实存账存对比表”和有关的文字说明一并报送有关领导和部门批准。

（4）经有关部门和领导的批准，进行相关的账务处理。

当有关领导部门对所呈报的财产清查结果提出处理意见后，应严格按批复意见进行相关的账务处理，编制有关的凭证和账簿，对于个人的原因给小企业造成的损失予以追究并进行相应的赔偿。

2. 小企业财产清查结果的账务处理

为了记录和反映小企业在财产清查过程中查明的各项财产的盈亏、毁损及其处理情况，应设置“待处理财产损溢”科目。“待处理财产损溢”账户是资产类账户，借方登记发生的资产盘亏、毁损数额和已经批准的资产盘盈转销数额；贷方登记发生的资产盘盈数额和已经批准的资产盘亏、毁损转销数额。如果余额在借方，反映小企业尚未处理的资产盘亏和毁损数额；如果余额在贷方，表示小企业尚未处理的资产盘盈数额。“待处理财产损溢”科目下设“待处理固定资产损溢”和“待处理流动资产损溢”两个明细科目。

盘盈的各种材料、库存商品、固定资产等，借记“原材料”“库存商品”“固定资产”等科目，贷记本科目和“累计折旧”科目。

盘亏、毁损的各种材料、库存商品、固定资产等，借记本科目、“累计折旧”等科目，贷记“原材料”“库存商品”“固定资产”等科目。

以下按照财产清查的对象，对财产清查结果的账务处理进行具体介绍：

（1）小企业财产物资清查结果的账务处理。

财产物资清查后，如果实存数与账存数不一致，会出现两种情况：一种是实存数大于账存数，即盘盈；另一种是实存数小于账存数，即盘亏；实存数虽与账存数一致，但实存的财产物资有质量问题，不能按正常的财产物资使用的，称为毁损。不论是盘盈，还是盘亏、毁损，都要进行账务处理。

（2）小企业货币资金清查结果的账务处理。

①小企业现金清查结果的账务处理。对于现金的清查，如果账实不符，其结果有两种情况：一是账存大于实存，即短款；另一种是账存小于实存，即长款。因此，每日终了结算现金收支、财产清查等发现的现金短款或长款，应计入当期损益：如为现金短款，属于应由责任人赔偿的部分，借记“其他应收款”或“库存现金”等科目，按实际短缺的金额扣除应由责任人赔偿的部分后的金额，借记“管理费用”科目，贷记“库存现金”科目；如为现金长款，应按实际长款的金额，借记“库存现金”科目，属于应支付给有关人员或单位的，贷记“其他应付款”科目，现金长款金额超过

应付给有关单位或人员的部分，贷记“营业外收入”科目。

【例 1-7】某小企业在现金清查中，发现库存现金较账面余额多出 68 元。

在报经批准前，根据“库存现金盘点报告表”所确定的现金长款数作会计分录如下：

借：库存现金　68

　贷：待处理财产损溢——待处理流动资产损溢　68

【例 1-8】经反复检查，上述现金长款中有 30 元属于应付职工温二的差旅费；另 38 元原因不明，经批准转作营业外收入处理。做会计分录如下：

借：待处理财产损溢——待处理流动资产损溢　30

　贷：其他应付款——温二　30

借：待处理财产损溢——待处理流动资产损溢　38

　贷：营业外收入（现金长款）　38

【例 1-9】某小企业在现金清查中，发现库存现金较账面余额短缺 50 元。

在报经批准前，根据“库存现金盘点报告表”所确定的现金短款数做会计分录。

经查，上述短缺的现金中 20 元属于出纳员责任，应由该出纳员赔偿。做会计分录如下：

借：应收账款——应收现金短款（× 出纳员）　20

　　管理费用 30

　贷：待处理财产损溢——待处理流动资产损溢　50

②小企业银行存款清查结果的账务处理。银行存款日记账的核对主要包括三个环节：一是银行存款日记账与银行存款收、付款凭证相互核对，做到账证相符。二是银行存款日记账与银行存款总账相互核对，做到账账相符。上述两个核对环节均属于小企业自身的对账。三是银行存款日记账与银行开出的银行存款对账单进行的相互逐笔核对，账实核对。

在核对过程中，如出现小企业银行日记账与银行对账单双方余额不一致，除小企业或银行在记账时产生差错应立即更正外，主要是小企业与银行各自的账簿记录中存在未达账项。

所谓未达账项，是指由于小企业与银行取得凭证在传递时间上的差异，导致记账时间不一致而发生的一方已取得结算凭证并已登记入账，而另一方由于尚未取得结算凭证尚未入账的款项。未达账项有以下四种类型：

A. 银行已记作企业存款的增加，而企业尚未收到收款通知，因而尚未记账的款项。如托收货款和银行支付给企业的存款利息等。

B. 银行已记作企业存款的减少，而企业尚未收到付款的通知，因而尚未记账的款项。如银行代企业支付的公用事业费用和向企业收取的借款利息等。

C. 企业已记作银行存款的增加，而银行尚未办妥入账手续。如企业销售商品收到其他单位的转账支票并已记账，由于银行尚未收到转入的款项而尚未入账等。

D. 企业已记作银行存款的减少，而银行尚未支付入账的款项。如企业开出转账支票，对方尚未到银行办理转账手续的款项等。

上述任何一种类型的未达账项存在，都会使企业银行存款日记账余额与银行对账单余额不符。

小企业在与银行对账过程中，如发现未达账项，应编制“银行存款余额调节表”进行调节。调节后双方余额如果仍不相符，则需进一步查明原因，直至核对相符。现举例说明“银行存款余额调节表”的具体编制方法。

（3）小企业债权债务清查结果的账务处理。

在债权债务清查过程中，如果小企业存在长期不清的债权债务，应及时处理；如果是由于对方单位撤销或债务人不存在等原因造成确实收不回的债权，经批准可以记入“管理费用”科目，做会计分录如下：

借：管理费用

　贷：其他应收款

第2章　小企业会计凭证与账簿

第一节　小企业会计凭证的填制

小企业会计凭证是记录小企业经济业务发生和完成情况的书面证明，也是小企业登记账簿的依据。正确填制和严格审核会计凭证，是小企业会计核算的基本方法之一，也是小企业会计核算工作的起点，在小企业会计核算中具有重要的意义。

一、小企业会计凭证的种类和内容

小企业会计凭证按其填制的程序和用途不同，可以分为原始凭证和记账凭证两类。

（一）小企业原始凭证

1. 小企业原始凭证的基本内容

原始凭证是指在经济业务发生时取得或填制的，用来记载经济业务，明确经济责任的书面证明，它是记账的原始根据。原始凭证在名称、格式和内容等方面是多种多样的，但是，无论哪种原始凭证都是证明经济业务发生情况的原始依据，必须详细载明有关经济业务的发生和完成情况，必须明确经办单位和人员的经济责任。因此，各种原始凭证都应具备一些共同的基本内容，通常称为原始凭证要素，主要包括：原始凭证的名称；接受凭证的单位名称；原始凭证的填制日期；经济业务的基本内容；经济业务发生的单位、数量、单价和金额等；填制单位的公章、填制人员及有关人员的签章；凭证的附件；凭证的编号和联次。

2. 小企业原始凭证的种类

（1）小企业原始凭证按其来源的不同可以分为外部原始凭证和自制原始凭证两类。

①外部原始凭证。是指在经济业务发生和完成时，从其他单位或个人直接取得的原始凭证。例如，购买货物取得的增值税专用发票、对外单位支付款项时取得的收

据、职工出差取得的飞机票、火车票等。外部原始凭证都是一次性凭证，见表 2–1。

表 2–1　××市增值税专用发票

××市增值税专用发票　　　　No.

发票联　　　　开票日期：　年　月　日

<table>
<tr><td>购货单位</td><td colspan="7">名　　称：
纳税人识别号：
地 址 、电 话：
开户行及账号：</td><td colspan="3">密码区</td><td colspan="11">（略）</td></tr>
<tr><td rowspan="2">货物或应税劳务名称</td><td rowspan="2">规格型号</td><td rowspan="2">计量单位</td><td rowspan="2">数量</td><td rowspan="2">单价</td><td colspan="8">金额</td><td rowspan="2">税率（%）</td><td colspan="8">税额</td></tr>
<tr><td>十</td><td>万</td><td>千</td><td>百</td><td>十</td><td>元</td><td>角</td><td>分</td><td>十</td><td>万</td><td>千</td><td>百</td><td>十</td><td>元</td><td>角</td><td>分</td></tr>
<tr><td></td><td></td><td></td><td></td><td></td><td></td><td></td><td></td><td></td><td></td><td></td><td></td><td></td><td></td><td></td><td></td><td></td><td></td><td></td><td></td><td></td><td></td></tr>
<tr><td></td><td></td><td></td><td></td><td></td><td></td><td></td><td></td><td></td><td></td><td></td><td></td><td></td><td></td><td></td><td></td><td></td><td></td><td></td><td></td><td></td><td></td></tr>
<tr><td></td><td></td><td></td><td></td><td></td><td></td><td></td><td></td><td></td><td></td><td></td><td></td><td></td><td></td><td></td><td></td><td></td><td></td><td></td><td></td><td></td><td></td></tr>
<tr><td></td><td></td><td></td><td></td><td></td><td></td><td></td><td></td><td></td><td></td><td></td><td></td><td></td><td></td><td></td><td></td><td></td><td></td><td></td><td></td><td></td><td></td></tr>
<tr><td></td><td></td><td></td><td></td><td></td><td></td><td></td><td></td><td></td><td></td><td></td><td></td><td></td><td></td><td></td><td></td><td></td><td></td><td></td><td></td><td></td><td></td></tr>
<tr><td>合计</td><td></td><td></td><td></td><td></td><td></td><td></td><td></td><td></td><td></td><td></td><td></td><td></td><td></td><td></td><td></td><td></td><td></td><td></td><td></td><td></td><td></td></tr>
<tr><td colspan="2">价税合计</td><td colspan="20">拾　万　仟　佰　拾　元　角　分</td></tr>
<tr><td>销货单位</td><td colspan="7">名　　称：
纳税人识别号：
地 址 、电 话：
开户行及账号：</td><td colspan="3">备注</td><td colspan="11"></td></tr>
</table>

第二联　发票联　购货方记账凭证

销货单位：　　　　收款人：　　　　复核：　　　　开票人：

②自制原始凭证。是指由本单位内部经办业务的部门和人员在执行和完成某项经济业务时填制的、仅供本单位内部使用原始凭证，如收料单、领料单、限额领料单、产品入库单、产品出库单、借款单、职工薪酬发放明细表、折旧计算表等。

（2）小企业原始凭证按其填制手续和内容不同，可以分为一次性凭证、累计凭证和汇总凭证。

①一次凭证。是指一次填制完成、只记录一笔经济业务的原始凭证，如收据、领料单、收料单、发货票、借款单、银行结算凭证等。一次凭证是一次有效凭证，见表 2–2。

表2-2　领料单

领料单位：　　　　　　　　　　　　　　　　　　　　　　　　凭证编号：
用途：　　　　　　　　　　　　年　　月　　日　　　　　　　发料仓库：

材料类别	材料编号	材料名称及规格	计量单位	数量		单价（元）	金额（元）
				请领	实发		
备注：						合计	

仓库保管员：（签章）　　发料：（签章）　　领料主管：（签章）　　领料：（签章）

②累计凭证。是指在一定时期内多次记录发生的同类经济业务的原始凭证。其特点是，在一张凭证内可以连续登记相同性质的经济业务，随时结出累计数及结余数，并按照费用限额进行费用控制，期末按实际发生额记账。累计凭证是多次有效的原始凭证。具有代表性的累计凭证是“限额领料单”，见表2-3。

表2-3　限额领料单

领料单位：
用　　途：　　　　　　　　　　名称：　　　　　　　　　　计划产量：
材料编号：　　　　　　　　　　规格：　　　　　　　　　　消耗定额：
领用限额：　　　　　　　　　　单价：　　　　　　　　　　计量单位：

年		请领		实发				
月	日	数量	领料单位负责人	数量	累计	限额结余	发料人	收料人
累计实发金额（大写）：￥：								

供应部门负责人：（签章）　　生产计划部门负责人：（签章）　　仓库保管员：（签章）

汇总凭证是指对一定时期内反映经济业务内容相同的若干张原始凭证，按照一定标准综合汇总填制的原始凭证。汇总原始凭证合并了同类型经济业务，简化了记账工作。常用的汇总原始凭证有发出材料汇总表、差旅费报销单等，见表2-4。

表 2-4 发料汇总表

年 月 日

会计科目	领料单位	领用材料			
		原材料	包装物	低值易耗品	合计
生产成本					
制造费用					
管理费用					
总计					

（二）小企业记账凭证

1. 小企业记账凭证的基本内容

记账凭证是会计人员根据审核无误的原始凭证，按照经济业务的内容加以归类，并据以确定会计分录后所填制的直接作为登账依据的会计凭证。记账凭证的主要作用是对原始凭证进行分类、整理，按照复式记账的要求，编制会计分录，并据以登记账簿。记账凭证的基本内容就是会计分录，在会计实务中，会计分录是通过填制记账凭证来完成的。

由于会计核算各单位规模大小不同，其反映经济业务的内容以及对会计核算的要求也不同，记账凭证多种多样。但各种记账凭证都必须保证会计核算的基本要求，必须具备的基本内容（凭证要素）有：记账凭证名称，记账凭证填制的日期及编号，经济业务的内容摘要，会计账户和明细账户的名称，金额，所有原始凭证和其他资料的张数，有关人员签章等。

2. 小企业记账凭证的种类

记账凭证按其使用范围不同，可分为专用凭证和通用凭证：

（1）专用记账凭证。

专用记账凭证是指专门记录某一类经济业务的记账凭证。专用记账凭证按其所反映的内容不同，又可分为收款凭证、付款凭证和转账凭证（见表 2-5、表 2-6 和表 2-7）。

收款凭证是指用于记录现金和银行存款收款业务的会计凭证；付款凭证是指用于记录现金和银行存款付款业务的会计凭证；转账凭证是指用于记录不涉及现金和银行存款业务的会计凭证。在实际工作中，对于现金与银行存款之间的结算业务，一般习惯上编制付款凭证。如从银行提取现金，应编制银行付款凭证；将现金送存银行，应填制现金付款凭证。

表 2-5　收款凭证

借方科目：　　　　　　　　　　　　年　月　日　　　　　　　　　　收字第　　号

摘要	贷方科目		√	金额
	总账科目	明细科目		
合计				

附件　张

会计主管：　　　记账：　　　出纳：　　　审核：　　　制单：

表 2-6　付款凭证

贷方科目：　　　　　　　　　　　　年　月　日　　　　　　　　　　付字第　　号

摘要	借方科目		√	金额
	总账科目	明细科目		
合计				

附件　张

会计主管：　　　记账：　　　出纳：　　　审核：　　　制单：

表 2-7　转账凭证

年　月　日　　　　　　　　　　转字第　　号

摘要	总账科目	明细科目	√	借方金额	√	贷方金额
合计						

附件　张

会计主管：　　　记账：　　　审核：　　　制单：

收款凭证、付款凭证、转账凭证的划分，有利于对不同经济业务进行分类管理，但工作量较大，适用于收付款业务较多的单位。

（2）通用记账凭证。

通用记账凭证是指使用统一的格式记录所有发生的经济业务的记账凭证。在经济业务比较简单、经营规模较小的单位，一般使用通用记账凭证记录所发生的各种经济业务。通用记账凭证的格式与转账凭证基本相同，只是凭证的名称不一样。

在实际工作中可以把反映同类经济业务或多种经济业务的记账凭证进行汇总，编制成账户汇总表，以便简化总分类账的登记手续。

二、小企业会计凭证的填制和审核

（一）小企业原始凭证的填制与审核

1. 小企业原始凭证的填制

原始凭证是会计核算的原始依据，是明确经济责任的具有法律效力的文件，所以对其填制方法规定有严格的要求：

（1）原始凭证填制的内容和各项数据必须真实可靠。原始凭证必须根据实际发生的经济业务填制，内容必须真实，任何单位不得以虚假的经济业务事项或者资料进行会计核算，不能填写估计数或匡算数。

（2）原始凭证的各项内容必须逐项填写齐全，手续完备。凭证的填制日期、经济业务的内容、数量、金额都必须认真填写，不得遗漏。经办业务的有关部门和人员要认真审核，经审核合格的凭证必须签名盖章，做到手续完备，经济责任明确。

（3）原始凭证反映的经济业务必须符合国家有关政策、法律、规章、制度的要求。不合法的经济业务，不得列入原始凭证。

（4）为了保证原始凭证填制正确，书写时要符合的技术性要求：

①文字摘要要简练，数量、单价、金额计算要正确。

②各种凭证必须连续编号，以便考查。凭证如果已预先印定编号，在写错作废时，应当加盖“作废”戳记，全部保存，不得销毁。

③书写要符合规定。各种凭证的书写要按规定使用蓝黑、碳素墨水，字迹要工整、清晰，易于辨认。属于套写的凭证，要一次套写清楚，不能描写。不得使用未经国务院公布的简化字。大小写金额数字的书写要符合规定并正确填列（如壹、贰、叁、肆、伍、陆、柒、捌、玖、拾、佰、仟、万、亿、元、角、分、零、整等）。需要大写金额的各种凭证，必须有大写金额，不得只填写小写金额。

④原始凭证记载的各项内容均不得随意涂改、刮擦、挖补。原始凭证填写如有错误，应当由出具单位重开或者更正，更正处应当加盖开出单位的印章。原始凭证金额有错误的，应当由出具单位重开，不得在原始凭证上更正。

（5）原始凭证必须及时填制。原始凭证必须在经济业务发生时及时填写，并按照规定的程序及时送交财务部门，由财务部门加以审核，并据以编制记账凭证。

2. 小企业原始凭证的审核

（1）审核原始凭证的必要性。

为了如实反映经济业务的发生和完成情况，保证会计信息的真实、可靠，充分发挥会计监督职能的作用，应由有关人员对填制和取得的原始凭证进行审核。原始凭证是会计核算的前提，是会计核算的信息源头，其种类繁多、来源各异，由于经办人员水平不一或有其他企图，原始凭证的填制可能会有伪造、虚假、错误等情况存在，如不做好审核，必将影响会计信息的真实性与可靠性。因此，财务部门对各种原始凭证必须进行严格的审查与核对。只有审核无误的原始凭证，才能作为编制记账凭证的依据。

（2）原始凭证的审核。

原始凭证审核包括以下几个方面：

①审核原始凭证的合法性和合理性。对原始凭证进行审核时，应以财经政策法令、规章制度和小企业的计划、预算和合同为依据。合法性和合理性的审核包括：原始凭证所记录的经济业务是否符合国家的政策、法令、制度和计划的规定，有无违反财经纪律的行为，有无伪造、变造会计凭证的情况，是否符合小企业生产经营活动的需要，是否严格执行小企业制订的计划、预算和合同等。

②审核原始凭证的完整性。审核原始凭证内容是否齐全，如经济业务的内容摘要、数量、单价、金额、日期是否填写齐全，有无漏记项目，手续是否完备，是否有有关人员的签章等。

③审核原始凭证的正确性。审核原始凭证内容是否正确，包括在原始凭证上填写的数量、单价、金额等数据是否清晰且计算正确，文字是否工整、书写是否规范，凭证联次是否连续，有无刮擦、涂改和挖补等。

原始凭证的审核是一项严肃而细致的工作，会计人员必须坚持原则，履行应尽的职责。任何单位和个人都不允许以任何方式要求和强迫会计机构和会计人员为违法和虚假事项制造掩护。对在原始凭证审核中发现的问题，会计人员应根据不同情况进行不同处理：对不真实、不合法的原始凭证有权不予受理，并向单位负责人报告；对记载不准确、不完整的原始凭证予以退回，并要求按照国家统一的会计制度的规定更正、补充。只有审核无误的原始凭证才能由会计人员据以编制记账凭证。

（二）小企业记账凭证的填制及审核

1. 小企业记账凭证的填制

为了保证记账凭证能够真实、正确、完整地反映经济业务，填制必须符合以下要求：

（1）填制记账凭证时，必须以审核无误的原始凭证或汇总原始凭证为依据。记账凭证可以根据每一张原始凭证填制，或者根据若干张同类原始凭证汇总填制，还可以根据原始凭证汇总表填制，但不得将不同内容和类别的原始凭证汇总填制在一张记账凭证上。除结账和更正错误的记账凭证可以不附原始凭证外，其他记账凭证必须附有原始凭证，并在记账凭证上注明原始凭证的张数。如果根据一张原始凭证编制两张或两张以上的记账凭证，可以把原始凭证附在一张主要的记账凭证后面，并在其他记账凭证上注明附有该原始凭证的记账凭证的编号或者附有原始凭证复印件。

（2）记账凭证在一个月内必须连续编号，以便核查。编号要规范，根据不同的记账凭证采用相应的编号方法：如果使用通用记账凭证格式，应采用顺序编号；如果使用专用记账凭证格式，则采用“字号编号法”，即按凭证类别顺序编号，如收款凭证应用“现收字第 ×× 号”“银收字第 ×× 号”，付款凭证应用“现付字第 ×× 号”“银付字第 ×× 号”，转账凭证应用“转字第 ×× 号”。如果一笔经济业务需要填制两张以上的记账凭证时，记账凭证的编号采用“分数编号法”连续编号。例如，一笔经济业务需要连续填写三张记账凭证，凭证号为转 6 时，三张凭证的编号分别为：$6\frac{1}{3}$、$6\frac{2}{3}$、$6\frac{3}{3}$。

（3）记账凭证的摘要栏是对经济业务的简要说明。摘要反映了各项经济业务的核心内容，是记账凭证必不可少的项目，填写时应抓住经济业务的要点，文字说明须简明确切。

（4）记账凭证必须正确填写会计分录。必须按照会计制度统一规定使用会计账户，账户的对应关系必须清楚正确，一二级账户或明细账户要填写齐全；金额的登记方向和数字必须正确且符合书写规范，角分位不留空白，多余的金额栏应划斜线注销，合计金额第一位前要填写货币符号。

（5）记账凭证的项目要填写齐全，手续要完备，做到责任明确。在记账凭证上，应将各项目栏内容填列齐全。凭证填写完毕后，应进行复核和检查，并由两名以上的有关人员签名盖章，明确责任。出纳人员根据收款凭证收款，或根据付款凭证付款时，要在凭证上加盖“收讫”或“付讫”的戳记，以免重收重付，防止差错。

（6）涉及现金与银行存款划转业务的，按规定只填制付款凭证。在采用专用记账凭证的情况下，凡涉及现金和银行存款的收款业务，填制收款凭证；凡涉及现金和银行存款的付款业务，填制付款凭证。而涉及现金与银行存款划转业务的，按规定只填制付款凭证，以免重复记账。如将现金存入银行，同时涉及了银行存款的增加和现金的减少，但只填制现金付款凭证，而不填制银行存款收款凭证；从银行提取现金，同时涉及现金的增加和银行存款的减少，但只填制银行存款付款凭证，而不填制现金收款凭证。

2. 小企业记账凭证的审核

正确编制记账凭证是会计核算工作的一个重要环节，特别是收付款凭证是出纳人员收付款项的依据。因此，为了保证会计信息的质量，除了编制记账凭证的人员要认真负责，加强自审外，财会部门还应建立相互复核和专人审核的制度。其审核的主要内容包括：

（1）记账凭证所反映的经济业务是否真实，是否附有经过审核了的原始凭证。对记账凭证的审核，也就是对原始凭证的复核，所以记账凭证必须附有原始凭证，且记账凭证所记录的内容与所附原始凭证反映的经济业务内容必须相符。

（2）记账凭证的会计分录编制是否符合要求。记账凭证的应借应贷会计账户必须正确，账户对应关系必须清晰，金额计算要准确无误，记录的经济业务内容必须合理合法。

（3）记账凭证的摘要填写是否清楚，项目填写是否齐全，有关人员是否签名盖章。记账凭证的摘要既要反映经济业务的内容，又要简明扼要，清楚易懂。记账凭证的有关项目要填写齐全，包括日期、凭证编号、二级和明细会计账户、附件张数以及有关人员签章等。

（4）审核中如发现记账凭证填制有差错，应查明原因重新填制或用正确的方法予以更正。如果在填制记账凭证时发生错误，应当重新填制。如果已经登记入账的记账凭证，发现其会计账户填写错误时，可以用红字填写一张与原内容相同的记账凭证，在摘要栏注明“注销 ×× 月 ×× 日 ×× 号凭证”，同时再用蓝字重新填制一张正确的记账凭证，注明“订正 ×× 月 ×× 日 ×× 号凭证”。如果会计账户没有错误，只是金额错误，也可以按正确数字与错误数字的差额，另编制一张调整的记账凭证，调增金额用蓝字、调减金额用红字。只有经过审核无误的记账凭证，才能作为登记账簿的依据。

三、小企业会计凭证的传递

会计凭证的传递，是指会计凭证从填制或取得时起，经审核、记账到装订保管的全过程。

小企业在规定凭证的传递时间时，应根据经济业务的特点、内部机构组织、人员分工等情况以及经营管理的需要，并考虑到有关部门和人员办理经济业务的必要时间，从完善内部牵制制度的角度出发，规定各种凭证的联次及其流程，以及各种凭证在各经办环节停留的时间，确定办理经济业务的最佳时间，及时反映、记录经济业务的发生和完成情况。

四、小企业会计凭证的保管

在立卷存档之前，会计凭证的保管工作由财会部门负责，在此期间要妥善保管，防止受损、弄脏、霉烂以及虫蛀等。对于性质相同、数量过多或各种随时需要查阅的原始凭证，可以单独装订保管，在记账凭证上注明“附件另订”以及原始凭证的名称和编号。

原始凭证是记录经济业务的主要凭据，一般不得外借。如确有外借需要，应经主管领导批准后填制“会计档案借阅表”，详细记录借阅凭证的名称、日期、借阅人姓名、单位、借阅理由、归还日期、借阅批准人等，并不得携带外出。需要复印的，应经单位领导批准并在财务人员的监督下进行，并且要履行登记与签字手续。

会计凭证应在年终登记归档，并由专人负责保管。档案管理人员要妥善保管，有序存放，方便查阅，严禁毁损、散失和泄密。

小企业会计凭证的保管期限一般应为 15 年。在保管期限届满需要销毁时，应编制“会计档案销毁清单”，并经主管部门批准后方可销毁。

第二节　小企业会计账簿的登记

在小企业会计核算工作中，对每一项经济业务，都必须取得和填制会计凭证。但会计凭证数量繁多、信息分散，缺乏系统性，不便于会计信息的整理与报告。为了全面、系统、连续地核算和监督单位的经济活动及其财务收支情况，小企业应设置会计账簿。

一、小企业会计账簿的种类

小企业会计账簿的分类一般是按其用途和外表形式来分类。

（一）账簿按其用途分类

账簿按其用途可以分为序时账簿、分类账簿和备查账簿三种。

1. 序时账簿

又叫日记账。它是按照经济业务发生时间的先后次序，顺序地登记经济业务的账簿。序时账簿又可分为普通日记账和特种日记账两种。普通日记账用来记录单位的全部经济业务。特种日记账用来记录单位某一类型的经济业务，如现金日记账、银行存款日记账等。

2. 分类账簿

又叫分类账。它是对全部经济业务按照会计要素的具体类别而设置的分类账户进行登记的账簿。分类账簿又分为总分类账簿和明细分类账簿两种。

按照总分类账户分类登记经济业务是总分类账簿，简称总账。按照明细分类账户分类登记经济业务的是明细分类账簿，简称明细账。分类账簿可以分别反映和监督各项资产、负债、所有者权益、收入、费用和利润的增减变动及其结果。分类账簿提供的核算信息是编制会计报表的主要依据。

3. 备查账簿

又叫辅助账簿。它是对某些不能在序时账簿和分类账簿中予以登记或登记不够详细的经济业务进行补充登记时使用的账簿。例如，“租入固定资产备查簿”是用来登记那些以经营租赁方式租入、不属于本企业财产、不能计入本企业固定资产账簿的机器设备。

（二）账簿按其账页格式分类

账簿按其账页格式可以分为两栏式、三栏式、多栏式和数量金额式四种。

1. 两栏式账簿

即只有借方和贷方两个基本金额栏目的账簿。普通日记账一般采用两栏式账簿。

2. 三栏式账簿

即有借方、贷方和余额三个基本栏目的账簿。各种日记账、总分类账以及资本、债权、债务明细账，可以采用三栏式账簿。

3. 多栏式账簿

即在账簿的两个基本栏目借方和贷方按需要分设若干专栏的账簿。收入、费用明细账一般均采用这种格式的账簿。

4. 数量金额式账簿

这种账簿在借方、贷方和余额三个栏目内，都分设数量、单价和金额三小栏，借以反映财产物资的实物数量和价值量。如材料、库存商品等明细账一般都采取这种格式的账簿。

（三）账簿按其外表形式分类

账簿按其外表形式可以分为订本式账簿、活页式账簿和卡片式账簿三类。

三种账簿在实际工作中的作用各不相同。一般而言，总分类账、现金日记账和银行存款日记账等带有统驭性或比较重要的账簿应采用订本式的账簿；而明细分类账则往往采用活页式账簿或卡片式账簿。

二、小企业账簿启用规则

在账簿启用时，应在“账簿启用和使用人员一览表”中详细载明单位名称、账簿名称、账簿编号、账簿册数、账簿共计页数、启用日期等，并加盖单位公章；经营人员（包括：单位负责人、主管会计、复核和记账人员）均应载明姓名和加盖印章；记账人员调动工作或因故离职时，应当办理交接手续，并在交接记录栏内填写交接日期和交接人员姓名（签章）。

三、小企业账簿登记使用规则

（一）一般要求

账簿必须根据经过审核无误的会计凭证进行登记；记账必须使用蓝色或黑色墨水书写，不允许使用铅笔或圆珠笔记账；记账时应按账簿的页次顺序逐页进行登记，不允许跳行，隔页（如果发生了跳行或隔页，应在空行、空页处用红色墨水划对角线注销，注明“此行空白”或“此页空白”的字样，并且由记账人员签章）；记账中除了在结账、改错、冲账外不得使用红色墨水。

（二）具体要求

记账时，每一笔账都要记清日期、凭证编号、摘要和金额，记账后要在记账凭证上注明所记账簿的页数或划“√”，表示已经登账，以避免重记、漏记；记账文字和数字应端正清楚，严禁刮擦、挖补、涂改和使用药水消除字迹；凡是需要结出余额的账户，结出余额后应在“借或贷”栏目内注明“借”或“贷”的字样，没有余额的账户，则应在该栏中写“平”字，并在余额栏“元”字的位置上用“0”表示；每一账页记录完毕，应在该账页的最末一行加计发生额合计及余额，在该行“摘要”栏注明“转次页”字样，并将这一金额记入下一页第一行有关金额栏内，在该行“摘要”栏中注明“承前页”字样，以保持账页记录的连续性，便于对账和结账。

四、结账

结账是指按照规定将一定时期（月度、年度）内发生的各项经济业务在全部登记入账的基础上，对每个账户的本期发生额和期末余额的结算，以便为运用账簿记录为编制会计报表做好准备。

结账的内容通常包括两个方面：一是结清各种损益类账户，并据以计算确定本期利润；二是结清各资产、负债和所有者权益账户，分别结出本期发生额合计和期末余额。

五、结账与试算平衡

（一）结账前的试算平衡

在结束旧账之前，必须做好对账工作，保证在这个时期内所发生的经济业务已经全部填制和取得合法的会计凭证，并已记入有关账簿。对于所有债权、债务以及通过财产清查所发生的财产物资盘盈、盘亏等，都应当全部登记入账。为了正确计算当期的产品成本，考核小企业的经营成果，还应将所有发生的收入、费用以及有关收入、成本、费用各种账户的余额结转有关账户，以便正确计算产品成本和财务成果。

结账后的账账核对方法之一是编制试算平衡表，根据试算表各栏合计数，验算借贷双方是否相等。

试算是测试在一定会计时期内记账是否正确的方法。通常在月末结账前，把总分类账各账户按顺序排列，分别将账户的期初余额、本期发生额和期末余额的借、贷金额列成一表，以测试记账有无错误。这种测试方法在会计上称为试算平衡。试算结果如果是各科目期末借贷双方的余额总和相符，那么一般说来，记账基本不错，否则，必须及时查明更正。

试算平衡是借贷平衡原理的具体应用。因为对一切经济业务都要从借、贷两个方面以相等的金额来记录会计要素增减变化情况，并规定“有借必有贷，借贷必相等”作为借贷记账规律，因此，根据会计分录逐笔记入各有关账户后，全部账户借贷方的发生额合计、期末借贷方余额合计数必然相等。所以，试算平衡的理论依据是借贷平衡原理，也可以用数学公理“等量加等量，其和相等”来验证。

（二）结账工作底表

结账工作中包括试算平衡和调整账项两个重要事项。新旧会计制度交替时应调整的项目可能会很多，在分别编制记账凭证进行记账之前，为了避免发生重复、遗漏，可以先编制一张结账工作底表，把调整前试算表、调整事项及调整后试算表等项目集中在一张表上反映，既可避免重复、遗漏，又可检查计算是否正确。经过逐笔调整试算平衡以后，然后正式记账。这样做，既可以保证核算的正确可靠，又能及时提供具体资料，并便于编制会计报表。结账工作底稿如表 2-8 所示。

表 2-8　结账工作底稿

××××年×月×日　　　　单位：元

账户名称	调整前试算表		调整事项		调整后试算表	
	借方	贷方	借方	贷方	借方	贷方

（三）结账的方式

日常的结账工作通常按月进行，年度终了，还要进行年终结账。新旧会计制度交替时应当办理结账。在实际工作中，一般采用划线结账的方法进行结账。

办理月结，应在各账户最后一笔记录下面划一条通栏红线，在红线下结算出本月发生额及月末余额，如无余额，应在“余额”栏内注明“-0-”符号，并在“借或贷”栏内写上“平”字，并在摘要栏内注明“本月合计”或“本月发生额及余额”字样，然后在下面再划一条通栏红线。由于办理新旧会计制度交替，可以视同办理年结，在摘要栏内注明“结转新账”或“本年合计（或年度发生额及余额）”字样，再在合计数下划两条通栏红线，表示清账，详见表 2-9。

表 2-9　总分类账

第×页

2014年		凭证号数	摘要	借方	贷方	借或贷	余额
月	日						
1	1				300	借	500
	10		上年结转			借	200
	20			800		借	1000
	31		月结	800	300	借	1000
2	15				700	借	300
	25			500		借	800
	28		月结	500	700	借	800
3	5			1000		借	1800
	20				1500	借	300
	31		月结	1000	1500	借	300

续表

2014 年		凭证号数	摘要	借方	贷方	借或贷	余额
月	日						
	31		季结	2300	2500	借	300
12	31		月结	1500	1200	借	600
	31		季结	2000	2200	借	300
	31		结转新账	9100	8900	借	700

会计制度的新旧交替一般安排在会计期末较为妥当。新旧交替时，小企业财务首先应办理完毕旧账的结转。有关成本费用以及损益类账户大多已全部结清，没有余额。资产、负债、所有者权益等账户通常是有余额的，这时应将各账户的余额移入年终结账双红线的下一行的余额栏，并在摘要栏里写上“移入下年度新账”（或“结转下年”）字样。不论新旧年度会计科目有没有变动，上年度账户余额结转新账簿（简称“开账”），均应根据上年度总分类各账户的余额，或经调整后的余额，将其记入新开账簿各该账户的余额栏内，并在新开账户第一行摘要栏内写明“上年结转”字样。这是小企业中常用的一种年终结账方法，详见表 2-10。

表 2-10　总分类账

账户名称：××××

2014 年		凭证号数	摘要	借方	贷方	借或贷	余额
月	日						
1	1		上年结转			借	6000
12	31		本年合计	9000	4000	借	11000
12	31		结转下年			借	11000

结束上年度账簿和下年度开设新账还有另一种方法：在将年终结账手续办好以后，先编制“年终各账户余额表”一式两份，经复核及主管会计签证后，将各账户年终余额按反方向记入该账户的发生额内，即将借方余额记入贷方金额栏，贷方余额记入借方金额栏，将账户余额全部轧平，并在摘要栏里写明“结转下年”字样，这样一来，本年度各账户的余额在账簿的最终记录上是“平”或“0”。在下年度登账时，也用上年终各账户余额表作为开账的记账凭证，按账户余额的原方向登记在各该账户的余额栏，摘要栏内写明“上年结转”（或“上年转入”）字样，详见表 2-11。

表 2-11　总分类账

账户名称：××××

2014 年		凭证号数	摘要	借方	贷方	借或贷	余额
月	日						
1	1		上年结转			借	6000
12	31		本年合计	9000	4000	借	11000
12	31		结转下年		11000	平	0

六、对账

对账是指在会计期末结账前，将账簿登记的资料与其实物以及相关的其他会计记录进行核对，以保证账证、账实、账账相符。

账证核对是指各种账簿登记与记账凭证及其所附原始凭证的核对。它一般在日常核算中进行，具有使错账能够及时得到更正的作用。月终时如果出现账证不符的问题，则应将账簿记录与记账凭证重新复核，以确保账证相符。

账账核对是指各种账簿之间有关数字的核对。这种核对每月应当进行一次。账账核对的具体内容包括：库存现金日记账、银行存款日记账的本期发生额及期末余额与现金、银行存款总分类账相应数字核对相符；总分类账全部账户本期借贷方发生额合计数和期末余额与所属明细分类账户相应数字核对相符；会计部门有关财产物资的明细分类账户的期末余额应与财产物资保管或使用部门的明细分类账户的期末结存数核对相符。

七、小企业错账查找和更正方法

（一）小企业错账的查找方法

1. 过账错误的查找方法

如果过账时发生错误，首先应确定错账的差额，从这一金额的某些特征可能提供错账类型的线索，从而找出错误所在。一般的方法有差数法和二除法。

2. 非过账错误的查找方法

如果通过以上方法仍找不出错误，则有可能是记账凭证编制错误，以及几种错误交叉影响造成的，这就需要采用其他查错方法进行查找。主要有顺查法、逆查法、抽查法。

（二）小企业错账的更正方法

账簿记录错误的更正方法：

1. 划线更正法

在填制凭证、登记账簿过程中，如发现文字或数字记错时，可采用划线更正法更正。即先在错误的文字数字上划一红线，然后在划线上方填写正确的记录。在划线时，如果是文字错误，可只划销错误部分；如果是数字上错误，应将全部数字划销，不得只划销错误数字。划销时必须注意使原来的错误字迹仍可辨认。更正后，经办人应在划线的一端盖章，以示负责。

2. 红字更正法

在记账以后，如果在当年内发现记账凭证所记的科目或金额有错时，可以采用红字更正法更正。所谓红字更正法，即先用红字填制一张与原错误完全相同的记账凭证，据以用红字登记入账，冲销原有的错误记录；同时再用蓝字填制一张正确的记账凭证，注明“订正 20×× 年 ×× 月 × 号凭证”，据以登记入账，这样就把原来的差错更正过来。应用红字更正法是为了正确反映账簿中的发生额和科目对应关系。

3. 补充登记法

在记账以后，发现记账凭证填写的金额小于实际金额时，可采用补充登记法更正。更正时，可将少记数额填制一张记账凭证补充登记入账，并在摘要栏注明“补充 × 年 × 月 × 日 × 号凭证少记金额”。

红字更正法和补充登记法都是用来更正因记账错误而产生的记账差错。如果记账凭证无错，只是登记入账时发生误记，这种非因记账凭证误记的差错，无论何时发现（在实际工作中，由于定期核对账目，不可能经过很长时间才被发现），都不能用这两种方法更正，而应用划线法更正。因为记账必须以凭证为根据，一张记账凭证不仅是登记明细账的根据，也是汇总登记总账的根据。在同一记账根据的基础上，不一定两种账同时都记错，假如总账未记错，只是某一明细科目记错了数字，如果为订正这一明细科目差错，而采用了红字更正法或补充登记法，势必影响总账发生变动，即将原来的正确数订正为错误数。所以，非因记账凭证误记的差错只能用划线更正法更正。

以上只是对当年内发现填写记账凭证或登记账簿错误而采用的方法，如果发现以前年度记账凭证中有错误（指科目和金额）并导致账簿登记错误的，应当用蓝字填制一张更正的记账凭证。

错账的查找是一项非常复杂和细致的工作，往往为了查找一笔差错需要花费很长的时间，有时甚至影响结账，延误决算时间。因此，在日常工作中必须以高度的责任感，尽可能地减少差错。这就要求广大财会人员熟练地掌握《小企业会计准则》的规定，不断提高业务技术水平和技能，记一笔复核一笔，减少和防止差错的发生，提高核算水平。

需要说明的是，此处介绍的账簿记录错误的更正方法主要是针对手工记账而言的，对于计算机记账条件下的账簿记录错误的更正，应执行财政部发布的相关规定。

第3章　小企业收入方面会计

第一节　综合知识

小企业收入，是指小企业在日常活动中形成的、会导致所有者权益增加、与所有者投入资本无关的经济利益的总流入。

一、小企业收入的特征

（一）收入是小企业在日常活动中形成的

日常活动是指小企业为完成其经营目标所从事的经常性活动以及与之相关的活动。

例如，小农业企业生产和销售农产品，小工业企业制造和销售产品，建筑业小企业建筑房屋，零售业小企业销售商品，交通运输业小企业提供道路货物运输服务，仓储业小企业提供货物仓储服务，邮政业小企业提供小件物品的收集、运输和发送服务，住宿业小企业提供旅馆住宿服务，餐饮业小企业提供快餐服务，信息传输业小企业通过互联网为客户提供信息服务，软件和信息技术服务业小企业为客户提供计算机软件设计、程序编制、分析、测试、修改和咨询服务，房地产开发经营业小企业进行房屋建设并销售商品房，物业管理业小企业向业主提供物业服务，租赁业小企业开展建筑工程机械租赁业务，商务服务业小企业为某政府机关提供后勤服务，等等，均属于小企业的日常活动。小企业的日常活动通常可以划分为生产、销售、管理、融资等活动。

明确界定日常活动是为了将收入与营业外收入相区分，日常活动是确认收入的重要判断标准，凡是日常活动所形成的经济利益的流入（如销售商品取得现金或应收账款）应当确认收入，反之，非日常活动所形成的经济利益的流入不能确认为收入，而应当计入营业外收入。

例如，小企业转让固定资产属于非日常活动，这是因为小企业持有固定资产的主要目的是通过使用生产产品而不是为了出售。因此，转让固定资产所形成的经济利益的流入就不应确认为收入，而应计入营业外收入。再如，小企业因某项固定资产暂时闲置而出租取得的租金收入属于小企业的日常活动所形成的，应当确认为收入。

（二）收入会导致所有者权益的增加

与收入相关的经济利益的流入应当会导致小企业所有者权益的增加，不会增加小企业所有者权益的经济利益的流入不符合收入的概念，不应确认为收入。

例如，小企业向银行借入款项，尽管也导致了经济利益流入小企业，表现为增加了小企业的现金或银行存款，但该笔借款的取得并不会增加小企业的所有者权益，反而会使小企业承担了一项现时义务，表现为对银行的欠款。因此，不应将其确认为收入，而应当确认为一项负债。基于本特征，收入区别于负债。收入也不包括为第三方或客户代收的款项。如小企业代税务机关向客户收取的增值税（即销项税额）。这些代收的款项，一方面增加小企业的资产（如现金），另一方面增加小企业的负债，而不是增加小企业的所有者权益，也不属于该小企业的经济利益，不能作为该小企业的收入。

（三）收入是与所有者投入资本无关的经济利益的总流入

收入的本质表现：一是导致经济利益流入了小企业，体现为增加了小企业的资产（如现金、银行存款、应收账款等）；二是总流入是一个全额而不是净额的概念，通俗来讲，是毛收入，不需要扣除费用；三是收入不是小企业的投资者投入的资本，或者说，小企业投资者投入的资本不能作为小企业的收入。

例如，小企业销售商品，应当在收到客户支付的现金或者在未来有权收到客户支付的现金，从而增加了小企业的资产，才表明该交易符合收入的概念。但是，小企业经济利益的增加有时是由其所有者投入资本所导致的，所有者投入资本的增加不应当确认为收入，应当将其直接确认为所有者权益。

二、小企业收入的分类

根据不同的标准可以对收入进行不同的分类。

（一）按收入产生的来源分类，收入分为销售商品收入、提供劳务收入和让渡资产使用权收入三类

《小企业会计准则》认为收入的来源能够充分涵盖小企业的各种收入。因此，采用了这个分类标准。同时，考虑到让渡资产使用权收入主要表现为金融企业对外贷款形成的利息收入和企业转让无形资产（如商标权、专利权、专营权、版权）等资产的

使用权形成的使用费收入，而《小企业会计准则》不适用于金融企业。再者，目前，我国小企业无形资产种类较少，通常以自用为主，金额较小，在资产中所占比例较低。因此，《小企业会计准则》仅将收入分为销售商品收入和提供劳务收入两类，没有引入让渡资产使用权收入这一类。

（二）按小企业经营业务的主次分类，收入分为主营业务收入和其他业务收入

主营业务，是指小企业日常活动中的主要活动，可以根据小企业营业执照上注明的主要业务范围来确定。例如，零售业小企业的主营业务是销售商品，交通运输业小企业的主营业务是提供道路货物运输和公路旅客运输。主营业务形成的收入就称为主营业务收入。

其他业务，是指小企业除主营业务以外的其他日常活动，可以通过小企业营业执照上注明的兼营业务范围来确定。例如，小工业企业销售材料、提供非工业性劳务等。其他业务形成的收入，通常称作其他业务收入。

记账小知识

主营业务收入

主营业务收入见表3-1：

表3-1　主营业务收入

编号	会计科目名称	科目核算内容	明细科目设置	主要账务处理	科目余额反映内容
5001	主营业务收入	“主营业务收入”科目核算小企业确认的销售商品或提供劳务等主营业务的收入。	“主营业务收入”科目应按照主营业务的种类进行明细核算。	小企业销售商品或提供劳务实现的收入，应当按照实际收到或应收的金额，借记“银行存款”“应收账款”等科目，按照税法规定应交纳的增值税额，贷记“应交税费——应交增值税（销项税额）”科目，按照确认的销售商品收入，贷记“主营业务收入”科目。 发生销货退回（不论属于本年度还是属于以前年度的销售），按照应冲减销售商品收入的金额，借记“主营业务收入”科目，按照实际支付或应退还的金额，贷记“银行存款”“应收账款”等科目。涉及增值税销项税额的，还应进行相应的账务处理。	月末，可将“主营业务收入”科目的余额转入“本年利润”科目，结转后“主营业务收入”科目应无余额。

其他业务收入

其他业务收入见表3-2：

表3-2 其他业务收入

编号	会计科目名称	科目核算内容	明细科目设置	主要账务处理	科目余额反映内容
5051	其他业务收入	"其他业务收入"科目核算小企业确认的除主营业务活动以外的其他日常生产经营活动实现的收入。包括：出租固定资产、出租无形资产、销售材料等实现的收入。	"其他业务收入"科目应按照其他业务收入种类进行明细核算。	小企业确认的其他业务收入，借记"银行存款""其他应收款"等科目，贷记"其他业务收入"科目。涉及增值税销项税额的，还应进行相应的账务处理。	月末，可将"其他业务收入"科目余额转入"本年利润"科目，结转后"其他业务收入"科目应无余额。

小知识

相关比较

1.《企业所得税法》

《企业所得税法》第六条规定："企业以货币形式和非货币形式从各种来源取得的收入，为收入总额。包括：（一）销售货物收入；（二）提供劳务收入；（三）转让财产收入；（四）股息、红利等权益性投资收益；（五）利息收入；（六）租金收入；（七）特许权使用费收入；（八）接受捐赠收入；（九）其他收入。"

《企业所得税法》对企业的收入，实际上是从以下两个角度来界定的：

一是按照收入的表现形式进行分类，分为货币收入和非货币收入。《企业所得税法实施条例》规定，货币收入，是指企业取得的现金以及将以固定或可确定金额的货币收取的收入，具体包括现金、存款、应收账款和应收票据以及准备持有至到期的债券投资以及债务的豁免等。非货币收入，是指企业取得的货币形式以外的收入，包括固定资产、生物资产、无形资产、股权投资、存货（原材料、包装物、低值易耗品、库存商品、委托加工物资、委托代销商品、分期收款发出商品等）、不准备持有至到期的债券投资、劳务以及有关权益等。对企业以非货币形式取得的收入，有别于货币性收入的固定性和确定性，通常按市场价格来确定收入金额。市场是商品等价交换的场所，商品在市场上通过交易价格发现自身的价值。因此，市场价格具有客观性和公平性。市场价格，可以理解为熟悉情况的买卖双方在公平交易的条件下所确定的价格，或无关联的双方在公平交易的条件下就一项资产达成的交易价格。

二是按照收入产生的来源进行分类，分为：销售货物收入，提供劳务收入，转让财产收入，股息、红利等权益性投资收益，利息收入，租金收入，特许权使用费收入，接受捐赠收入和其他收入共九类。《企业所得税法实施条例》对这九类收入作了进一步明确，具体如下：

（1）销售货物收入，是指企业销售商品、产品、原材料、包装物、低值易耗品以及其他存货取得的收入。

（2）提供劳务收入，是指企业从事建筑安装、修理修配、交通运输、仓储租赁、金融保险、邮电通信、咨询经纪、文化体育、科学研究、技术服务、教育培训、餐饮住宿、中介代理、卫生保健、社区服务、旅游、娱乐、加工以及其他劳务服务活动取得的收入。

（3）转让财产收入，是指企业转让固定资产、生物资产、无形资产、股权、债权等财产取得的收入。

（4）股息、红利等权益性投资收益，是指企业因权益性投资从被投资方分配取得的收入。

（5）利息收入，是指企业将资金提供他人使用但不构成权益性投资，或者因他人占用本企业资金取得的收入，包括存款利息、贷款利息、债券利息、欠款利息等收入。

（6）租金收入，是指企业提供固定资产、包装物或者其他有形资产的使用权取得的收入。

（7）特许权使用费收入，是指企业提供专利权、非专利技术、商标权、著作权以及其他特许权的使用权取得的收入。

（8）接受捐赠收入，是指企业接受的来自其他企业、组织或者个人无偿给予的货币性资产、非货币资产。

（9）其他收入，是指企业取得的除《企业所得税法》第六条第（一）项至第（八）项规定的收入外的其他收入，包括企业资产溢余收入、逾期未退包装物押金收入、确实无法偿付的应付款项、已作坏账损失处理后又收回的应收款项、债务重组收入、补贴收入、违约金收入、汇兑收益等。

2.《小企业会计准则》

《小企业会计准则》从我国小企业实际出发，根据基本准则的要求，将收入作为小企业会计的一项要素，从收入的性质角度即与负债、所有者权益相区分的角度，对小企业的收入作出了定义。《小企业会计准则》关于收入的概念与企业所得税关于收入的界定有共同之处，也有不同的方面。两者相同之处在于都强调了收入能够给小企业带来经济利益，表现为货币形式或非货币形式的经济利益；两者不同的地方在于分类基础或标准不同，从而出现了交叉或分离的情况，但是从对当期利润的影响来看，又是一致的。

在《小企业会计准则》中，除销售商品收入、提供劳务收入、租金收入（出租固定资产取得的租金收入）和特许权使用费收入以外《企业所得税法》所规定的收入不作为会计上的收入来认定。例如，《企业所得税法》所规定的股息、红利等权益性投资收益，转让财产收入（转让股权、股票、债券取得的收入）以及利息收入（债券利息收入）不在《小企业会计准则》的在《小企业会计准则》第二章第八条、第十七条至第二十六条和第七章第六十七条予以规范。《企业所得税法》所规定的转让财产收入（转让固定资产、生物资产、无形资产等财产取得的收入）、租金收入（出租包装物和商品取得的租金收入）、接受捐赠收入和其他收入作为小企业非日常活动取得的收入在《小企业会计准则》第七章第六十八条统一作为营业外收入进行会计处理。《小企业会计准则》作这种与《企业所得税法》在收入上不同的处理，主要原因在于，两者对收入的分类基础不同，《企业所得税法》按照收入的来源分类以体现税收政策待遇的不同，《小企业会计准则》按照收入的稳定性和经常性（或者说日常活动和非日常活动）分类以反映小企业盈利能力的稳定性和可持续性。

第二节 小企业销售商品收入方面会计

小企业销售商品收入，是指小企业销售商品（或产成品、材料，下同）取得的收入。

销售商品收入中所指的商品是一个宽泛的概念，不仅指批发业和零售业小企业销售的商品，还包括小制造业企业生产和销售的产成品、代制品、代修品以及小企业销售的其他构成存货的资产，如原材料、周转材料（包装物、低值易耗品）、消耗性生物资产。

《小企业会计准则》所称的销售商品收入与《企业所得税法》所规定的销售货物收入在构成上是一致的。

一、小企业销售商品收入确认的条件

《小企业会计准则》根据收入的概念并考虑便于小企业实务操作和所得税汇算清缴，对销售商品收入确认作了原则性规定：一般情况下，小企业应当在发出商品且收到货款或取得收款权利时，确认销售商品收入。这一收入确认原则表明，确认销售

商品收入有两个标志：一是物权的转移，表现为发出商品；二是收到货款或取得收款权利。这两个标志是经济利益能够流入小企业的最直接的标志，符合《小企业会计准则》第五十八条所规定的收入的概念。小企业销售商品同时满足这两个条件时，通常就应当确认收入。发出商品通常是指小企业将所售商品交付给购买方或购买方已提取所购商品，但是所售商品是否离开企业并不是发出商品的必要条件。如果小企业已经完成销售手续，如购买方直接采取交款提货方式，在发票已经开出，货款已经收到，提货单也已经交给购买方时，无论商品是否已被购货方提取，都应作为发出商品处理。因为此时商品所有权已经转移给购买方，购买方随时可以凭单提货，销售方此时只是起代购买方保管商品的作用。

二、小企业各种销售方式下销售商品收入确认的时点

各种销售方式下销售商品收入确认的时点：

（一）采用现金、支票、汇兑、信用证等方式销售商品

由于不存在购买方承付的问题，商品一经发出即收到货款或取得收款权利，因而在商品办完发出手续时即应确认收入。

在这种销售方式下，发出商品是确认收入的重要标志。

（二）托收承付销售商品

是指小企业根据合同发货后，委托银行向异地购买方收取款项，购买方根据合同验货后，向银行承诺付款的销售方式。在这种销售方式下，小企业发出商品且办妥托收手续时，通常表明小企业已经取得收款的权利。因此，可以确认收入。

在这种销售方式下，办妥托收手续是确认收入的重要标志。

（三）预收款销售商品

是指购买方在商品尚未收到前按合同或协议约定分期付款，销售方在收到最后一笔款项时才交货的销售方式。在这种销售方式下，小企业发出商品即意味着小企业作为销售方已经收到了购买方支付的最后一笔款项，应将收到的货款全部确认为收入，在此之前预收的货款应确认为负债，如确认为预收账款。

在这种销售方式下，收到最后一笔款项是确认收入的重要标志。

（四）分期收款销售商品

是指商品已经交付，但货款分期收回的销售方式。《企业所得税法实施条例》考虑到在整个回收期内企业确认的收入总额是一致的，同时考虑到与增值税政策的衔接，规定以分期收款方式销售货物的，按照合同约定的收款日期确认收入的实现。为

了简化核算，便于小企业实务操作，《小企业会计准则》对分期收款销售商品的收入确认时点，采用了与《企业所得税法实施条例》相同的规定，但与《企业会计准则》的规定不同。《企业会计准则》要求在发出商品时确认收入，其理由在于《企业会计准则》认为按照合同约定的收款日期分期收回货款，强调的只是一个结算时点，与收入确认所强调的风险和报酬的转移没有关系。

在这种销售方式下，小企业按照合同约定开出销售发票是确认收入的重要标志。

（五）商品需要安装和检验的销售

是指售出的商品需要经过安装、检验等过程的销售方式。在这种销售方式下，所售商品的安装和检验工作是销售合同或协议的重要组成部分。在购买方接受交货以及安装和检验完毕前，销售方一般不应确认收入，只有在购买方接受商品以及安装和检验完毕时才能确认收入。但如果安装程序比较简单，可以在发出商品时确认收入。例如，某电梯生产企业销售电梯，电梯已发出，发票账单已交付购买方，购买方已预付部分贷款。但根据合同约定，销售方须负责安装且在销售方安装并经检验合格后，购买方才支付余款。在此例中，销售方发出电梯时不能确认收入，而应当在安装完毕并检验合格后才确认收入。

在这种销售方式下，完成安装和检验是确认收入的重要标志。

（六）采用支付手续费方式委托代销商品

是指委托方和受托方签订合同或协议，委托方根据代销商品数量和金额向受托方支付手续费的销售方式。在这种销售方式下，委托方发出商品时，并不知道受托方能否将商品销售出去，能够销售多少。因此，委托方在发出商品时通常不应确认收入，而在收到受托方开出的代销清单时，能够确定受托方销售商品的数量、金额。因此，可以确认收入。

在这种销售方式下，取得受托方开出的代销清单是确认收入的重要标志。

受托方应在所受托商品销售后，将按合同或协议的约定计算确定收取的手续费确认为收入。

（七）以旧换新销售商品

是指销售方在销售商品的同时回收与所售商品相同的旧商品或其他旧商品。在这种销售方式下，应将销售和回收分别进行会计处理：销售的商品作为商品销售进行处理确认收入，回收的商品作为购进商品处理，即作为存货采购处理。

在这种销售方式下，发出新商品和取得旧商品是确认收入的重要标志。

（八）产品分成

是指多家企业在合作进行生产经营的过程中，合作各方对合作生产出的产品按照约定进行分配，并以此作为生产经营收入。由于产品分成是一种以实物代替货币作为收入的，而产品的价格又随着市场供求关系而波动，因此，只有在分得产品之日按照产品的市场价格确认收入的实现，才能够体现生产经营的真实所得。但是，如果所分得的产品不存在市场价格或市场价格显失公允，应当请专业评估机构对其价值进行评估确定。

在这种销售方式下，分得产品是确认收入的重要标志。

注意事项

（1）附有销售退回条件的商品销售，即购买方依照有关合同或协议有权退货的销售方式。在这种销售方式下，如果小企业能够按照以往的经验对退货的可能性作出合理的估计，可以在发出商品时，将估计不会发生退货的部分确认收入，估计可能发生退货的部分，不确认销售收入也不结转销售成本，作为发出商品处理，仅表现商品库存的减少，单独设置“1406 发出商品”科目进行核算；如果小企业不能合理地确定退货的可能性，则应当在售出商品退货期满时才确认收入。

（2）小企业发生非货币性资产交换、偿债，以及将货物用于捐赠、赞助、集资、广告、样品、职工福利和利润分配，应当作为小企业与外部发生的交易，属于收入实现的过程，视同销售商品，按上述规定确认收入。《企业所得税法实施条例》采用与此相类似的规定。

（3）小企业在建工程、管理部门等内部部门领用所生产的产成品、原材料等，应当作为小企业内部发生的经济事项，属于小企业内部不同资产之间相互转换，不属于收入实现的过程，不应确认收入，应当按照成本进行结转。《企业所得税法实施条例》也采用了与此相类似的规定。

小知识

相关比较

1.《企业所得税法实施条例》

《企业所得税法实施条例》第九条规定：“企业应纳税所得额的计算，以权责发生制为原则，凡是属于当期的收入，不论款项是否收取，均应作为当期的收入；不属于当期的收入，即使款项已经在当期收取，均不作为当期的收入。”

2.《小企业会计准则》

为便于小企业执行，减少纳税调整负担，满足汇算清缴的需要，《小企业会计准则》对销售商品收入的确认条件采用了与税法一致的原则，并使各种销售方式销售商品收入确认的时点实现了与《企业所得税法实施条例》规定相一致。

三、小企业销售商品收入金额的计量原则

《小企业会计准则》对小企业销售商品收入金额的计量作了原则性规定：应当按照从购买方已收或应收的合同或协议价款确定销售商品收入的金额。在我国社会主义市场经济条件下，小企业向购买方销售商品通常会根据《中华人民共和国合同法》签订销售合同或协议，其中有关所售商品的价格、数量、规格和价款的约定是销售合同或协议的重要组成内容，并且是经过交易双方充分协商，按照公平交易原则达成的，充分体现了交易双方的意愿。因此，可以作为销售商品收入金额的确定依据。该价款收到与否不影响对其收入金额的确定。但是，如果销售商品的合同或协议价款中包含了不属于销售方的金额，如小企业作为增值税一般纳税人销售商品应向购买方收取的增值税销项税额，在计量收入金额时应当从价款中扣除。

四、小企业计量销售商品收入金额应考虑的几个因素

在计量销售商品收入的金额时，应当考虑以下影响收入金额的因素。

（一）现金折扣

是指债权人为鼓励债务人在规定的期限内付款而向债务人提供的债务扣除。现金折扣通常发生在小企业以赊销方式销售商品中。小企业为了鼓励购买方提前支付货款，与购买方即债务人达成协议，债务人在不同的期限内付款可享受不同比例的折扣。小企业销售商品如果涉及现金折扣，由于现金折扣是否会提供给购买方要等到规定的各个不同期限分别到期时才能最终确定，这一时间通常会晚于销售商品收入确认的时点。因此，为了简化核算，便于小企业实务操作，《小企业会计准则》规定应当按照销售价款直接确定收入金额，而不需要对现金折扣进行扣除。待到实际发生现金折扣时，将所授予购买方的现金扣除金额计入财务费用，视为小企业销售商品过程中发生的融资费用。

（二）商业折扣

是指小企业为促进商品销售而在商品标价上给予的价格扣除。商业折扣与现金折扣的区别在于，商业折扣是在确定所售商品价款之前已存在的因素，而现金折扣则在确定所售商品价款之后在结算过程中出现的因素。小企业销售商品如果涉及商业折扣，在确定销售商品收入的金额时应当扣除向购买方提供的商业折扣。因为商业折扣是销货方给予购货方的一种价格优惠，是影响最终成交价格的一个重要因素。

例如，甲小企业的销售策略是客户订购商品在1000件以上的，给予20%的价格优惠，该商品的正常销售价格是每件100元，如果某客户订购了1200件商品，甲小企业对该笔商品销售确定收入金额应为96000元，其确定过程为每件商品按照80（100–100×20%）元计价，即扣除了所提供的商业折扣。

小知识

相关比较

《小企业会计准则》关于销售商品收入金额的计量原则及计量销售商品收入金额时应考虑的因素与《企业所得税法实施条例》的规定相一致。

注意事项

（1）按照《中华人民共和国合同法》第十条的规定，合同当事人订立的合同有书面形式、口头形式和其他形式。因此，如果小企业销售商品时仅与购买方达成了口头协议，而没有签订书面形式的合同或协议，在这种情况下，只要口头形式的合同或协议具有法律效力，也可以按照口头协议所达成的销售价款计量收入的金额。

（2）《小企业会计准则》中的“合同或协议价款”不包括小企业作为增值税一般纳税人在销售商品时按照《中华人民共和国增值税暂行条例》的规定应向购买方收取的增值税销项税额。

五、小企业销售退回和销售折让的会计处理

（一）小企业销售退回的会计处理原则

销售退回是指小企业售出的商品由于质量、品种不符合要求等原因而发生的退

货。这种情况实际上是销售失败的体现。

小企业将商品销售给购买方，如果购买方发现该商品在质量、品种不符合合同或协议要求，并且影响其使用或对外销售，可能会要求向销售方退货。从发生退货的商品的销售时间来看，可能有两种情况：第一种情况是当期（如当月、当年）销售的商品在当期发生了退货，具体可分为三种情形：①当月销售当月退货；②上月销售本月退货；③年初销售年底退货。第二种情况是以前期间（如以前年度）销售的商品在本年度发生了退货。从发生退货的商品的销售数量来看，也有两种情形：一是所售商品全部退货，二是所售商品部分退货。

对于已确认销售商品收入的售出商品发生销售退回的，不论此销售业务是发生在本年度还是以前年度，小企业均应当在该笔退货实际发生时冲减退货当期（通常为当月）的销售商品收入。这一规定体现了简化核算的要求。

（二）小企业销售折让的会计处理

销售折让是指小企业因售出商品的质量不合格等原因而在售价上给予的减让。小企业将商品销售给购买方，如果购买方发现该商品在质量、规格等方面不符合合同或协议要求，但不影响其使用或对外销售，可能会要求销售方在价格上给予一定的减让。这一价格减让会影响已确认收入的金额。

对于已确认销售商品收入的售出商品发生销售折让的，不论此销售业务是发生在本年度还是以前年度，小企业均应当在该笔折让实际发生时冲减当期（通常为当月）的销售商品收入。这一规定也体现了简化核算的要求。

注意事项

（1）《小企业会计准则》所规定的销售退回和销售折让，其前提都是小企业已经确认了销售商品收入，销售已经完成。通俗地讲，就是小企业已经在“主营业务收入”或“其他业务收入”科目进行了登记，记账的时间可能是当月、当年，也可能是以前年度。《小企业会计准则》规定所解决的问题是对于已经登记入账的收入所对应的商品如果发生了退货或与购买方在价款上作出了减让时的会计处理。因此，《小企业会计准则》所规定的销售退回和销售折让与仅是发出商品但还没有登记收入账的退回或价格减让不同，后面这两种情况，从会计准则的角度来看，实际上销售并未完成，不涉及销售商品收入的会计处理，仅仅表现为商品库存的增减变动或交易价格的协商确定。

例如，附有销售退回条件的商品销售，即购买方依照有关合同或协议有权退货的销售方式。在这种销售方式下，如果小企业能够按照以往的经验对退货的可能性作出合理的估计，可以在发出商品时，将估计不会发生退货的部分确认收入，估计可能发生退货的部分，不确认销售收入也不结转销售成本，作为发出商品处理，仅表现商品库存的减少，单独设置“1406 发出商品”科目进行核算；如果小企业不能合理地确定退货的可能性，则应当在售出商品退货期满时才确认收入。

又如，对于未确认收入的售出商品发生销售退回的，小企业应按已记入“发出商品”科目的商品金额（即商品的实际成本或售价），借记“库存商品”科目，贷记“发出商品”科目。

（2）小企业发生销售退回时，对于已发生的现金折扣或商业折扣，应同时冲减销售退回当期的财务费用或主营业务收入。如果该项销售退回允许扣减增值税税额，应同时调整“应交税费——应交增值税（销项税额）”科目的相应金额。

（3）销售折让与现金折扣、商业折扣的区别和联系。这三者有“两同三不同”，“两同”是指：一是影响的对象相同，三者都涉及销售商品收入金额的确定。二是交易的对象相同，三者都是与购买方发生的。“三不同”是指：一是发生的时间不同。销售折让和现金折扣都是在销售完成之后发生的，商业折扣在销售完成之前发生的。二是发生的原因不同。销售折让是由于售出商品的质量不合格等原因在售价上给予购买方的减让，现金折扣是为了及时收回货款而向购买方（即债务人）提供的债务扣除（即在价款上予扣减让），商业折扣是为了促销商品而在售价上给予的价格优惠。三是会计处理不同。销售折让发生时冲减当期销售商品收入，借记“主营业务收入”科目，贷记“应收账款”科目，其结果是减少了主营业务收入；现金折扣发生时增加当期财务费用，借记“财务费用”科目，贷记“应收账款”科目，其结果不影响主营业务收入，但增加了财务费用；商业折扣发生时，按照考虑商业折扣后的金额，借记“应收账款”或“银行存款”科目，贷记“主营业务收入”科目。

小知识

相关比较

小企业销售的商品在质量、品种、规格等方面不符合合同或协议要求时，小企业对所售出的商品就可能负有退货的责任。这种情况下，小企业为了切实履行合同或协议，或者为了尽可能减少损失，通常会采取两种措施，一是同意退货；二是不退货，但在价格上作出适当减让。《小企业会计准则》即对小企业在销售完成后出现的这两种情况的会计处理作出了规定。为了简化核算，减少纳税调整负担，满足汇算清缴的需要，《小企业会计准则》采用了与《企业所得税法实施条例》和《中华人民共和国增值税暂行条例实施细则》相一致的会计处理原则。

第三节　小企业提供劳务收入方面会计

一、小企业提供劳务收入的概念和范围

小企业提供劳务的收入，是指小企业从事建筑安装、修理修配、交通运输、仓储租赁、邮电通信、咨询经纪、文化体育、科学研究、技术服务、教育培训、餐饮住宿、中介代理、卫生保健、社区服务、旅游、娱乐、加工以及其他劳务服务活动取得的收入。

小知识

相关比较

《小企业会计准则》所规定的提供劳务收入的范围，包括从事建筑安装、修理修配、交通运输、仓储租赁、邮电通信、咨询经纪、文化体育、科学研究、技术服务、教育培训、餐饮住宿、中介代理、卫生保健、社区服务、旅游、娱乐、加工以及其他劳务服务活动取得的收入。

《小企业会计准则》所称提供劳务收入与《企业所得税法实施条例》所界定的范围基本一致，唯一的区别是《小企业会计准则》所称提供劳务收入不包括从事金融保险所取得的收入，这是因为《小企业会计准则》第二条规定不适用于金融机构和其他具有金融性质的小企业。

（一）劳务的范围

劳务是无形的商品，是指为他人提供服务的行为，包括体力和脑力劳动。《小企业会计准则》所列举的提供劳务收入所涉及的行业较为广泛，既包括工业，也包括第三产业等。具体包括建筑安装、修理修配、交通运输、仓储租赁、邮电通信、咨询经

纪、文化体育、科学研究、技术服务、教育培训、餐饮住宿、中介代理、卫生保健、社区服务、旅游、娱乐、加工以及其他劳务服务活动等。

（二）各项劳务的具体内涵

1. 建筑安装

属于建筑业范畴，指建筑物主体工程竣工后，建筑物内各种设备的安装活动，以及施工中的线路敷设和管道安装。不包括工程收尾的装饰，如对墙面、地板、天花板、门窗等处理活动。

2. 修理修配

通常是指受托方对损伤和丧失功能的货物进行修复，使其恢复原状和功能的业务。所涉及的行业很多，例如，机动车、电子产品和日用产品修理，金属制品、机械和设备修理业等。

3. 交通运输

包括：

（1）铁路运输业，指铁路客运、货运及相关的调度、信号、机车、车辆、检修、工务等活动；

（2）道路运输业，包括公路旅客运输、道路货物运输、道路运输辅助活动等；

（3）水上运输业，包括水上旅客运输、水上货物运输、水上运输辅助活动；

（4）航空运输业，包括航空客货运输、通用航空服务、航空运输辅助活动；

（5）管道运输业；

（6）装卸搬运和运输代理业等。

4. 仓储租赁

包括仓储和租赁两部分。仓储指专门从事货物仓储、货物运输中转仓储，以及以仓储为主的物流送配活动。例如，谷物、棉花等农产品仓储。租赁包括两类：一是机械设备租赁，指不配备操作人员的机械设备的租赁服务，包括汽车租赁、农业机械租赁、建筑工程机械与设备租赁、计算机及通信设备租赁、其他机械与设备租赁等；二是文化及日用品出租，包括图书及音像制品出租、其他文化及日用品出租等。

5. 邮电通信

包括邮电和通信两部分。邮政业和交通运输、仓储列为一类，主要包括国家邮政，即国家邮政系统提供的邮政服务，以及其他寄递服务，即国家邮政系统以外的单位所提供的包裹、小件物品的收集、运输、发送服务。通信包括电信、广播电视和卫星传输服务，互联网和相关服务等。

6. 咨询经纪

咨询业包括会计、审计及税务服务、社会经济咨询以及其他专业咨询；经纪业是指商品经纪人等活动。

7. 文化体育

文化业包括新闻和出版业，广播、电视、电影和像视录音制作业，文化艺术业等，体育业包括体育组织、体育场馆及其他体育活动。

8. 科学研究

主要指为了增加知识（包括有关自然、工程、人类、文化和社会的知识），以及运用这些知识创造新的应用所进行的系统的、创造性的活动。该活动仅限于对新发现、新理论的研究，新技术、新产品、新工艺的研制。研究和试验发展包括基础研究、应用研究和试验发展，即自然科学研究和试验发展、工程和技术研究和试验发展、农业科学研究和试验发展、医学研究和试验发展、社会人文科学研究和试验发展等。

9. 技术服务

包括专业技术服务业和科技推广和应用服务业两类。前者包括气象服务、地震服务、海洋服务、测绘服务及技术监测、环境监测、工程技术与规划管理等；后者包括技术推广服务、科技中介服务和其他科技服务。

10. 教育培训

包括学前教育、初等教育、中等教育、高等教育以及其他教育（职业技能培训、特殊教育等）。

11. 餐饮住宿

餐饮业包括正餐服务、快餐服务、饮料及冷饮服务以及其他餐饮服务；住宿业包括旅游饭店、一般旅馆及其他住宿服务。

12. 中介代理

中介包括房地产中介服务、职业中介服务等，代理包括贸易、金融领域的代理等。

13. 卫生保健

包括医院、卫生院及社区医疗活动、门诊部医疗活动、计划生育技术服务活动、妇幼保健活动、专科疾病防治活动、疾病预防控制及防疫活动以及其他卫生保健活动。

14. 社区服务

主要包括居民服务业和其他服务业。

15. 旅游

包括旅行社服务业，指为社会各界提供商务、组团和散客旅游的服务。包括向顾客提供咨询、旅游计划和建议、日程安排、导游、食宿和交通等服务。

16. 娱乐

包括室内娱乐活动、游乐园、休闲健身娱乐活动及其他娱乐活动。

17. 加工

属于制造业的范畴，包括农副食品加工业，木材加工和木、竹、藤、棕、草制品业，石油加工、炼焦及核燃料加工业，黑色金属冶炼和压延加工业、有色金属冶炼和压延加工业，废弃资源综合利用业等。

注意事项

小企业出租固定资产取得的租金收入和出租专利权、商标权、著作权、非专利技术以及其他特许权取得的特许权使用费收入也作为提供劳务收入予以确认，在“其他业务收入”科目核算。

二、小企业提供劳务收入确认和计量

同一会计年度内开始并完成的劳务，应当在提供劳务交易完成且收到款项或取得收款权利时，确认提供劳务收入。提供劳务收入的金额为从接受劳务方已收或应收的合同或协议价款。

劳务的开始和完成分属不同会计年度的，应当按照完工进度确认提供劳务收入。年度资产负债表日，按照提供劳务收入总额乘以完工进度扣除以前会计年度累计已确认提供劳务收入后的金额，确认本年度的提供劳务收入；同时，按照估计的提供劳务成本总额乘以完工进度扣除以前会计年度累计已确认营业成本后的金额，结转本年度营业成本。

小知识

相关比较

为简化核算，便于小企业实务操作，《小企业会计准则》根据小企业完成劳务的时间不同，以一个会计年度为限，区分同一会计年度开始并完成的劳务（即不跨会计年度的劳务）和劳务的开始和完成分属不同会计年度（即跨会计年度的劳务）分别对相关劳务收入确认的时点和金额作了原则性规定，与《企业所得税法实施条例》的规定相一致。

（一）不跨会计年度的劳务收入的确认原则

同一会计年度内开始并完成的劳务收入，应当在提供劳务交易完成且收到款项或取得收款权利时，确认提供劳务收入。这一确认原则包含了两个条件，并且应当同时具备：

（1）收入确认的前提是劳务已经完成。

（2）收到款项或取得收款的权利，表明收入金额能够可靠确定并且该经济利益能够流入小企业。

（二）不跨会计年度的劳务收入的计量原则

提供劳务收入的金额为从接受劳务方已收或应收的合同或协议价款。

由于不跨会计年度的劳务与销售商品非常类似，只是所提供商品的形态不同，一个是不具有实物形态，另一个是具有实物形态。因此，《小企业会计准则》对不跨会计年度的劳务收入的确认和计量原则与销售商品收入的确认和计量原则完全相同。

（三）跨会计年度的劳务收入的确认原则

跨会计年度的劳务，通常是指小企业受托加工制造机械设备等，以及从事建筑、安装、装配工程业务或者提供劳务等，持续时间超过 12 个月。

劳务的开始和完成分属不同会计年度的，应当按照完工进度确认提供劳务收入。这实质上就是《企业会计准则》所规定的完工百分比法。完工百分比法，是指按照提供劳务交易的完工进度确认收入和费用的方法。在这种方法下，确认的提供劳务收入金额能够提供不同会计年度关于提供劳务交易及其业绩的有用信息。其关键是合理确定所提供劳务的完工进度。

小企业确定提供劳务交易的完工进度，可以选用下列方法：

（1）已完工工作量的测量，如完成的工程形象进度。例如，某小企业负责为某社区盖居民活动中心大楼，一共 3 层，在 18 个月的时间内完成，第 1 年年底盖完了 2 层，则第 1 年完成的工程进度为 66.7%。

（2）已经提供的劳务量占应提供劳务总量的比例，如已挖土石方量占总土石方量的比例。例如，某小企业负责为某工地挖地基，总土方石量为 1000 立方米，时间为2013年7月1日至2014年6月30日，在2013年12月31日，经测算共挖土石方量为600立方米，则2013年完成的工程进度为60%。

（3）已经发生的成本占估计的提供劳务成本总额的比例，例如，某工程概算成本为100万元，分3年完工，第1年实际发生的工程成本为30万元，则第1年完成的工程进度为30%。

（四）跨会计年度的劳务收入的计量原则

劳务的开始和完成分属不同会计年度的，在年度资产负债表日，按照提供劳务收入总额乘以完工进度扣除以前会计年度累计已确认提供劳务收入后的金额，确认本年度提供劳务收入；同时，按照估计的提供劳务成本总额乘以完工进度扣除以前会计年度累计已确认劳务成本后的金额，结转营业成本。

本计量要求应从以下三个方面来把握：

（1）确认劳务收入和结转劳务成本的时点均为年度资产负债表日，也就是年末（12月31日）。

（2）规定了劳务收入金额的确定方法，按照提供劳务收入总额乘以完工进度扣除以前会计年度累计已确认提供劳务收入后的金额，确认本年度提供劳务收入。在按照该方法具体确定劳务收入金额时，把握两个关键点：一是完工进度，二是提供劳务收入总额。完工进度按照以上解释来应用。下面重点解释提供劳务收入总额的确定。

提供劳务收入总额一般根据交易双方签订的合同或协议注明的交易总金额确定。也就是说，提供劳务收入总额通常在合同或协议中规定了明确的金额，即合同金额。但是也不排除随着劳务的提供可能会根据实际情况增加或减少交易总金额。在这种情况下，小企业作为劳务提供方应当及时调整劳务收入总额并且区分不同情况进行会计处理，如果该调整金额相对原合同金额比例较小（如不超过10%），为简化核算，便于小企业实务操作，可以将该调整金额直接记入最后一个会计年度的收入之中，不需要在不同会计年度之间进行重新分配；反之，应当将该调整金额在调整所在会计年度和以后剩余的会计年度之间进行重新分配。

本年提供劳务收入金额可按照下列公式计算确定：

本年确认的提供劳务收入金额＝提供劳务收入总额×截至本年年末劳务的完工程度－以前年度已确认的提供劳务收入累计金额

（3）规定了应结转提供劳务成本金额的确定方法，按照估计的提供劳务成本总额乘以完工进度扣除以前会计年度累计已确认营业成本后的金额，结转本年度营业成本。在按照该方法具体确定本年度提供劳务应结转的营业成本金额时，也需要把握两个关键点：一是完工进度，二是提供劳务成本总额。完工进度与确定提供劳务收入所使用的完工进度完全相同。下面重点解释提供劳务成本总额的确定。

提供劳务成本总额在劳务最终完成之前实际上是一个估计的金额，只有等到劳务最终完成时才能确定实际发生的劳务成本总额。由于这类劳务属于跨会计年度的劳务，按照完工百分比法确认提供劳务收入的同时，应当结转所提供劳务相应的营业成本。因此，就需要在劳务提供的过程中计算确定应结转的营业成本。在这种情况下，可行的做法只能是采用估计的提供劳务成本总额。基于此考虑，《小企业会计准则》规定中采用“估计的提供劳务成本总额”这一概念。

提供劳务成本总额既然是一个估计金额，根据提供劳务的成本发生的不同特点，提供劳务成本总额可以采用两种方法进行估计：

（1）“完全估计法”，即在劳务开始提供之前，小企业根据有关因素确定的该劳务的概算成本。

（2）“实际发生＋部分估计法”，即按照至年度资产负债表日止已经实际发生的成本和完成劳务以后年度将要发生的成本来确定，其中“至年度资产负债表日止已经实际发生的成本”可以从“生产成本”或“劳务成本”科目的借方发生额分析取得。但是无论采用哪一种方法确定劳务成本总额，同样不排除随着劳务的提供可能会根据实际情况增加或减少劳务成本总额。在这种情况下，小企业作为劳务提供方应当及时调整劳务成本总额并且区分不同情况进行会计处理，如果该调整金额相对原劳务成本总额比例较小（如不超过10%），为简化核算，便于小企业实务操作，可以将该调整金额直接记入最后一个会计年度的营业成本之中，不需要在不同会计年度之间进行重新分摊；反之，应当将该调整金额在调整所在会计年度和以后剩余的会计年度之间进行重新分摊。

本年由提供劳务应结转营业成本的金额可按照下列公式计算确定：

本年结转的营业成本金额＝估计的提供劳务成本总额×截至本年年末劳务的完工程度－以前年度已结转的营业成本累计金额

注意事项

（1）为了简化核算，便于小企业实务操作，减少纳税调整负担，满足汇算清缴的需要，《小企业会计准则》仅要求小企业在年度资产负债表日对跨会计年度的劳务按照完工百分比法确定提供劳务的收入和应结转的营业成本。在一个会计年度中间的各个月份，允许小企业进行简化核算，可以按照当月收到的合同款项确认收入，计入“主营业务收入”或“其他业务收入”账户，当月发生的劳务成本记入“生产成本”

或“劳务成本”账户，如果当月需要向税务机关报送财务报表，可以采用“表结法”或称“调表不调账”的做法，将当期实际发生的劳务成本，填入利润表的“营业成本”项目。这种做法保证了“劳务成本”科目统一归集小企业提供该劳务所发生的成本，能够全貌反映劳务成本，便于在年末使用完工百分比法计算确定本年度应结转的营业成本，即计入“主营业务成本”或“其他业务成本”科目的金额。但是，在编制年度利润表时，应当做到“账表一致”，即“营业收入”项目中劳务收入的金额与“主营业务收入”（或“其他业务收入”）科目的发生额相一致，“营业成本”项目中结转的劳务的营业成本金额与“主营业务成本”（或“其他业务成本”）科目的发生额相一致。也就是说，从一个会计年度来看，“主营业务收入”（或“其他业务收入”）科目记录的劳务收入金额与按照完工百分比法计算确定的金额完全相同，同样，“主营业务成本”（或“其他业务成本”）科目记录的结转劳务营业成本的发生额与按照完工百分比法计算确定的金额完全相同。如果不同，应当按照完工百分比法计算确定的金额，对“主营业务收入”（或“其他业务收入”）、“主营业务成本”（或“其他业务成本”）、“生产成本”（或“劳务成本”科目的发生额进行调整，使其与按照完工百分比法计算确定的金额相一致。

（2）小企业在年度资产负债表日按照完工百分比法计算确定提供劳务的收入和应结转的营业成本时，所采用的完工进度的确定方法，应当在该劳务提供的过程中原则上保持一致，不得随意调整，除非该调整可以更加符合实际地反映其完工进度。在这种情况下，如果对完工进度进行了调整，应当在调整所在会计年度和以后会计年度按照调整后的方法确定完工进度，对原先已确认的收入和成本不再追溯调整，也就是采用《企业会计准则》所规定的未来适用法进行相应的会计处理。

（3）小企业从事建筑、安装、装配工程业务或提供劳务，如果持续时间超过12个月，属于《小企业会计准则》所规定的跨会计年度的劳务，应当采用完工百分比法确认提供劳务收入的金额和应结转的营业成本。这类业务通常交易金额较大、完成所需时间较长，交易双方责任较重，通常具有两个显著的特征：一是交易双方通常会签订工程合同，按照合同开展相关工作；二是发包方通常需持续向承包方支付工程价款，就可能会出现工程施工和工程价款的结算是不相匹配的问题，小企业作为工程承包方既有为工程垫款的情况，也有向发包方预收工程价款的情况。《小企业会计准则》专门为小企业的该类业务设置了“4401 工程施工”科目。“4401 工程施工”科目核算小企业（建筑业）实际发生的各种工程成本。《小企业会计准则》还针对小企业（建筑业）及其内部独立核算的施工单位、机械站和运输队使用自有施工机械和运输设备进行机械作业（含机械化施工和运输作业等）所发生的各项费用专门设置了

“4403 机械作业”科目进行核算。

（4）小企业发生非货币性资产交换、偿债，以及将劳务用于捐赠、赞助、集资、广告、样品、职工福利和利润分配，应当视同提供劳务，按照以上规定确认提供劳务的收入和结转成本。

三、包含销售商品和提供劳务的混合合同或协议的收入确认原则

小企业与其他企业签订的合同或协议包含销售商品和提供劳务时，销售商品部分和提供劳务部分能够区分且能够单独计量的，应当将销售商品的部分作为销售商品处理，将提供劳务的部分作为提供劳务处理。

销售商品部分和提供劳务部分不能够区分，或虽能区分但不能够单独计量的，应当作为销售商品处理。

小知识

相关比较

混合销售既带来会计问题又带来了税法问题。

1. 企业所得税法

税法问题既包括所得税问题，又包括流转税问题，如增值税问题。《增值税暂行条例实施细则》第六条规定：“纳税人的下列混合销售行为，应当分别核算货物的销售额和非增值税应税劳务的营业额，并根据其销售货物的销售额计算缴纳增值税，非增值税应税劳务的营业额不缴纳增值税；未分别核算的，由主管税务机关核定其货物的销售额：（1）销售自产货物并同时提供建筑业劳务的行为；（2）财政部、国家税务总局规定的其他情形。”同时第五条规定“除了本细则第六条的规定外，从事货物的生产、批发和零售的企业、企业性单位和个体工商户的混合销售行为，视为销售货物，应当缴纳增值税；其他单位和个人的混合销售行为，视为销售非增值税应税劳务，不缴纳增值税。”即对于一笔交易中既包含销售商品又包含提供劳务的，在增值税的规定上主要是根据企业资质（是否为增值税的纳税人）来规定其分析标准。

2.《小企业会计准则》

《小企业会计准则》第五十八条至第六十三条规定，对这种混合销售的收入确认作出了原则性规定，并且与《企业所得税法实施条例》的相关规定相一致。

（一）能拆尽拆原则

先应当考虑将销售商品和提供劳务尽可能分拆开，也就是做到“一个合同、两笔交易”分别确认销售商品收入和提供劳务收入。如果实在无法进行分拆，再作为“一笔交易”即将整个合同视为销售商品确认收入。

（二）可计量原则

在对混合销售进行分拆时，相对来讲，可以从交易形式或完成交易结果等方面比较容易地区分销售商品和提供劳务，但是在实际确定或分配其各自的交易金额时有时候是存在困难的，在这种情况下，只有单独计量销售商品的金额和提供劳务的金额时，才能按照“能拆尽拆”原则作为“两笔交易”分别确认收入。《小企业会计准则》所称“单独计量”，是指能够客观、合理、公正地确定相关金额。客观就是要尽可能避免人为干扰和操纵；合理就是要尽可能做到有理有据，符合交易实际情况，如实反映交易；公正就是要尽可能实现不偏不倚，既不夸大销售商品，也不贬低提供劳务，反之亦然。

（三）简化原则

为了简化核算，便于小企业实务操作，减少纳税调整负担，满足汇算清缴以及流转税的需要，销售商品部分和提供劳务部分实在分拆不开，一是不能区分；二是虽能区分但不能单独计量，应当将整个销售合同全部作为销售商品处理。

小知识

小商品流通企业收入的会计处理

一、商品销售的核算：一般纳税人售价金额核算

（一）商品销售核算的科目设置

采用售价金额核算方法的小商品流通企业，商品销售的核算也需设置“主营业务收入”科目和“主营业务成本”科目，但其登记方法和明细账的设置与采用数量进价金额核算方法的小商品流通企业不尽相同。

采用售价金额核算方法的小商品流通企业设置的“主营业务收入”科目，其贷方登记含税的销售额，借方登记定期或月终计算出的销项税额和期末结转“本年利润”科目的不含税的销售收入数额，期末结转后该科目应无余额。其明细账按商品大类或实物负责人分户。

“主营业务成本”科目借方登记每月结转的已销库存商品的含税售价，贷方登记月末计算结转的已销商品应分摊的进销差价（包括不含税的售价与进价之间的差额和应向购买者收取的销项税额）和期末结转“本年利润”科目的进价成本数额，结转后该科目应无余额。其明细账应按商品大类或实物负责人分户。

（二）商品一般销售的核算

实行售价金额核算的小商品流通企业，每日营业终了时各实物负责人要清点当日销货款并送存银行，财会部门应根据有关凭证按含税销售额反映商品销售收入和银行存款的增加，借记“银行存款”科目，贷记“主营业务收入”科目；同时按含税的售价借记“主营业务成本”科目，贷记“库存商品”科目，以注销库存商品，反映实物负责人所经管商品的实存额和经济责任。待计算出已销商品应分摊的进销差价后，再贷记“主营业务成本”科目，将含税的售价调整为销售商品的进价成本。为了简化核算手续，计算已销商品应分摊的进销差价并调整进价成本的工作，一般在月末进行。

【例 3-1】某小零售企业某日各组销售额为：百货组 2400 元，服装组 2500 元，鞋帽组 1800 元，销货款已送存银行。财会部门根据各组报来的“商品进销存日报表”、银行“进账单”回单等凭证编制会计分录如下：

借：银行存款　6700

　贷：主营业务收入——百货组　2400

　　　　　　　　　——服装组　2500

　　　　　　　　　——鞋帽组　1800

同时结转商品销售成本：

借：主营业务成本——百货组　2400

　　　　　　　　——服装组　2500

　　　　　　　　——鞋帽组　1800

　贷：库存商品——百货组　2400

　　　　　　　——服装组　2500

　　　　　　　——鞋帽组　1800

前已介绍，售价金额核算为小零售企业所采用，小零售企业在商品销售中采用一手钱一手货的销售方式，对顾客不开增值税专用发票，无法根据发票确认销售收入和销项税额，只能定期或月份终了，根据当期收取的含税销售额和规定的计算公式计算不含税的销售收入和销项税额。因此，小零售企业平时按含税的销售额进行账务处理，定期或月末计算出销项税额以后，再将含税的销售额调整为不含税的销售收入。不含税销售额及销项税额的计算公式为：

$$不含税销售额 = \frac{含税销售额}{1+税率}$$

销项税额 = 不含税销售额 × 税率

将含税销售额调整成为不含税销售额的账务处理方法为：借记“主营业务收入”科目，贷记“应交税费——应交增值税（销项税额）”科目。

【例 3-2】某小零售企业 5 月实现的含税销售额为 800000 元，增值税税率为 17%，月末计算不含税销售额和销项税额。

不含税销售额 =800000÷（1+17%）=683760.68（元）

销项税额 =683760.68×17%=116239.32（元）

根据以上计算结果编制如下会计分录：

借：主营业务收入　116239.32

　贷：应交税费——应交增值税（销项税额）　116239.32

（三）委托代销商品销售的核算

实行售价金额核算的小商品流通企业，委托其他企业代销商品的账务处理方法为：发出委托代销商品时，按含税售价，借记“委托代销商品”科目，贷记“库存商品”科目；收到代销单位转来的代销清单时，按销售额，借记“应收账款”科目，贷记“主营业务收入”科目；按应支付的手续费等，借记“销售费用”科目，贷记“应收账款”科目。同时，按代销商品的售价，借记“主营业务成本”等科目，贷记“委托代销商品”科目。将含税销售额调整为不含税销售额时，借记“主营业务收入”科目，贷记“应交税费——应交增值税（销项税额）”科目。月度终了，应将售出委托代销商品的售价调整为实际成本。

【例 3-3】某小零售企业委托某企业代销服装，每件含税售价 180 元，合同规定销货款每月结算一次，代销手续费按含税销售收入的 5010 元支付，从销货款中直接扣除。

（1）拨付服装 100 件。根据有关凭证编制会计分录如下：

借：委托代销商品——某企业　18000

　贷：库存商品——服装　18000

（2）月末收到某企业转来的代销清单，本月共销售服装100件，每件含税售价180元，计18000元，代销手续费为900元，款项尚未收到。根据有关凭证编制会计分录如下：

借：应收账款——某企业　18000

　贷：主营业务收入　18000

借：销售费用——代销手续费　900

　贷：应收账款——某企业　900

将含税销售额调整为不含税销售额并计算增值税销项税额的账务处理可随时进行，也可以定期进行。如随时进行，编制会计分录如下：

不含税销售额 =18000÷（1+17%）=15384.62（元）

销项税额 =15384.62×17%=2615.38（元）

借：主营业务收入　2615.38

　贷：应交税费——应交增值税（销项税额）　2615.38

（3）结转该批商品的销售成本，编制会计分录如下：

借：主营业务成本　18000

　贷：委托代销商品——某企业　18000

（4）收到某企业汇来的款项，编制会计分录如下：

借：银行存款　17100

　贷：应收账款——某企业　17100

（四）受托代销商品销售的核算

【例3-4】某小零售企业服装组接受某服装厂委托代销服装一批，该批服装的含税售价为17550元，某小零售企业按不含税销售额的5%收取手续费，增值税税率为17%。发生的有关业务如下：

（1）收到代销商品，编制如下会计分录：

借：受托代销商品——某服装厂　17550

　贷：代销商品款——某服装厂　17550

（2）售出代销商品，含税售价为17550元，其中收取的增值税额为2550元，向委托方报送代销清单，并索要增值税专用发票，编制会计分录如下：

借：银行存款　17550

　贷：应付账款——某服装厂　15000

应交税费——应交增值税（销项税额）　2550

同时：

借：代销商品款——某服装厂　17550

　贷：受托代销商品——某服装厂　17550

（3）收到委托单位开来的增值税专用发票，做如下会计分录：

借：应交税费——应交增值税（进项税额）　2550

　贷：应付账款——某服装厂　2550

（4）计算代销手续费收入，同时与委托单位结算货款，编制会计分录如下：

借：应付账款——某服装厂　17550

　贷：其他业务收入　750

　　　银行存款　16800

小零售企业商品品种繁多，业务繁忙，其不可能把每一笔销货款都按自营和代销商品分开登记，每天营业终了时，也不可能对代销商品进行盘点，以存计销。因此，代销商品和自营商品在销售时可全部计入“主营业务收入”科目，待代销商品全部销售或月终时，再由各部、组填报代销商品分户盘存计销表，冲销商品销售收入，贷记“应付账款”科目。

【例3-5】如上例，收到代销商品的账务处理同上。假设该企业平时收到销货款（包括自营和代销）共计67900元，编制会计分录如下：

借：银行存款　67900

　贷：主营业务收入　67900

月末，根据各组填报的代销商品分户盘存计销表，得知代销商品销售额（含税）为17550元，开具代销商品清单和计算销项税额时，编制会计分录如下：

借：主营业务收入　17550

　贷：应付账款　15000

　　　应交税费——应交增值税（销项税额）　2550

同时：

借：代销商品款——某服装厂　17550

　贷：受托代销商品——某服装厂　17550

收到委托单位开来的增值税专用发票、计算代销手续费收入，同时与委托单位结算货款的账务处理同上例。

二、商品销售的核算：一般纳税人数量进价金额核算方法

（一）商品销售收入的确认和计量

小商品流通企业销售商品的收入，应当在下列条件同时满足时予以确认：①已将商品所有权上的主要风险和报酬转移给购货方；②既没有保留通常与所有权相联系的继续管理权，也没有对已售出的商品实施控制；③与交易相关的经济利益能够流入本企业；④相关的收入和成本能够可靠地计量。

小商品流通企业销售商品的收入应按小商品流通企业与购货方签订的合同或协议金额或双方接受的金额计量。若有现金折扣，在实际发生时直接计入当期财务费用。若有销售折让，应在实际发生时直接从当期实现的销售收入中抵减。小商品流通企业商品销售的具体入账价格主要有以下几种：

（1）批发价。是批发企业将商品销售给零售企业或其他企业的价格。

（2）零售价。是零售企业将商品销售给个人或集体消费者的价格。

（3）出口商品的入账价格，一律以离岸价（FOB）为入账基础，如按到岸价（CIF）对外成交的，在商品离境后所发生的应由我方负担的以外汇支付的国外运费、保险费、佣金和银行财务费等，以红字冲减收入。不易按商品认定的累计佣金收支，列入销售费用。出口商品发生的对外理赔，应以红字冲减收入。

（二）商品销售核算的科目设置

为了正确及时地反映商品销售过程中取得的收入和发生的成本支出，正确计算商品销售成果，必须合理设置核算商品销售业务的科目。商品销售的核算，一般设置“主营业务收入”“主营业务成本”等科目进行。

“主营业务收入”科目核算小商品流通企业在销售商品、提供劳务等日常活动中所产生的收入。其借方登记冲减商品销售收入数额和期末结转“本年利润”科目数额，贷方登记企业实现销售收入数额，期末结转后该科目应无余额。该科目应按主营业务的种类设置明细账，进行明细核算。

“主营业务成本”科目核算小商品流通企业销售商品、提供劳务等日常活动发生的实际成本。其借方登记结转商品销售成本的数额，贷方登记冲减商品销售成本和期末转入“本年利润”科目的数额，期末结转后该科目应无余额。该科目应按销售及其他业务的种类设置明细账，进行明细核算。

（三）商品一般销售的核算

小商品流通企业确认本期实现的商品销售收入时，应按实际收到或应收的价款，借记“银行存款”“应收账款”“应收票据”等科目，按实现的销售收入，贷记“主营业务收入”科目，按专用发票上注明的增值税额，贷记“应交税费——应交增值税

（销项税额）”科目。结转商品销售成本时，按照销售商品进价（实际成本），借记“主营业务成本”科目，贷记“库存商品”科目。

【例3-6】某小商品流通企业销售给本市某零售企业商品一批，售价2500元，应收取的增值税额为425元，款项收到送存银行，该批商品的进价为1900元。根据有关凭证编制会计分录如下：

借：银行存款 2925

贷：主营业务收入 2500

应交税费——应交增值税（销项税额） 425

同时：

借：主营业务成本 1900

贷：库存商品——某商品 1900

“主营业务收入”科目反映销售商品的售价，“主营业务成本”科目反映销售商品的进价（实际成本），两个科目同期余额的差额（有销售折扣与折让的，应再减去销售折扣与折让）便是企业该会计期间的销售成果，销售成果如为正数，是毛利；反之，为毛损。商品销售成本可以逐日计算和结转，也可以定期计算和结转。在实际工作中，为简化核算手续，商品销售成本一般在月末一次汇总计算结转。

（四）销售折扣折让的核算

1. 销售折扣的核算

销售折扣有商业折扣和现金折扣两种。商业折扣通常是在商品价目表上根据批发、零售、特约经销等不同销售对象给予一定幅度的折扣。现金折扣，是指债权人为鼓励债务人在规定的期限内付款而向债务人提供的债务扣除。

在有商业折扣的情况下，小商品流通企业出售商品采用扣减商业折扣后的价格成交，此时，“主营业务收入”科目以实际成交价格记账，在有现金折扣的情况下，“主营业务收入”科目应按未扣除现金折扣的价格记账，对于给予买方的现金折扣，在实际发生时直接计入当期财务费用。小商品流通企业应按实际收到的金额，借记“银行存款”等科目，按给予的现金折扣，借记“财务费用”科目，按应收的账款，贷记“应收账款”“应收票据”等科目。

【例3-7】某小商品流通企业销售给某零售企业音响7台，每台售价2700元，应收取的增值税为3213元，货款一个月后收回。销售合同规定，某零售企业可享受现金折扣，其条件为：3/10.1/20.n/30，即10天内付款可享受3%的折扣，20天内付款可享受1%的折扣，30天内付款需全额付清。销货时根据有关凭证编制会计分录如下：

借：应收账款——某零售企业　22113

　贷：主营业务收入　18900

　　　应交税费——应交增值税（销项税额）　3213

某零售企业20天内付清全部货款，某小商品流通企业给予其现金折扣189元。根据有关凭证编制会计分录如下：

借：银行存款　21924

　　财务费用　189

　贷：应收账款——某零售企业　22113

若某零售企业30天付款，编制会计分录如下：

借：银行存款　22113

　贷：应收账款——某零售企业　22113

2. 销售折让的核算

销售折让，是指小商品流通企业因售出商品的质量不合格等原因而在售价上给予的减让。在有销售折让的情况下，“主营业务收入”科目应按未扣除销售折让的价格记账，对于发生的销货折让则在实际发生时直接从当期实现的销售收入中抵减。具体处理方法如下：

（1）购货方尚未进行会计处理，也未付款，销售方应在收到购货方转来的原开出增值税专用发票的发票联和抵扣联上注明“作废”字样。该业务如属当月销售，销货方也未进行账务处理，则只需根据双方协商的扣除折让的价款和增值税额，重新开具增值税专用发票并进行账务处理。如属以前月份销售，销货方已进行账务处理，则应根据扣除折让后的价款和增值税额，重新开具增值税专用发票，按原开的增值税专用发票的发票联和抵扣联与新开的专用发票的记账联的差额，冲销当月销售收入和销项税额。

【例3-8】某小商品流通企业3月26日采用托收承付结算方式销售给某零售企业商品一批，价款15000元，增值税额2550元，由于质量原因，双方协商折让20%，4月6日收到某零售企业转来的增值税专用发票的发票联和抵扣联。

3月26日办妥托收手续时，编制会计分录如下：

借：应收账款——某零售企业 17550

贷：主营业务收入 15000

应交税费——应交增值税（销项税额） 2550

4月6日收到某零售企业转来的增值税专用发票的发票联和抵扣联，重新开具专用发票，冲销销售收入3000元（15000×20%）和增值税510元（3000×17%），编制会计分录如下：

借：应收账款——某零售企业 3510（红字）

贷：主营业务收入 3000（红字）

应交税费——应交增值税（销项税额） 510（红字）

（2）如果购货方已进行会计处理，销售方应根据购货方转来的"证明单"，按折让金额开具红字增值税专用发票，作为冲销当月销售收入和销项税额的凭据。

【例3-9】某小商品流通企业3月15日采用托收承付结算方式销售给某零售企业商品一批，价款17000元，增值税额2890元，对方已付款，由于质量原因，双方协商折让20%，4月20日收到某零售企业转来的证明单，列明折让款3400元，税额为578元，据此某小商品流通企业开出红字专用发票并汇出款项。编制会计分录如下：

借：主营业务收入 3400

应交税费——应交增值税（销项税额） 578

贷：银行存款 3978

（五）销售退回的核算

销售退回，是指小商品流通企业售出的商品，由于质量、品种不符合要求等原因而发生的退货。销售退回应当分别情况处理：

（1）未确认收入的已发出商品的退回，不进行账务处理。

（2）已确认收入的销售商品退回，应直接冲减退回当月的销售收入、销售成本等。企业发生的销售退回，按应冲减的销售收入，借记"主营业务收入"科目，按允许扣减当期销项税额的增值税额，借记"应交税费——应交增值税（销项税额）"科目，按已付或应付的金额，贷记"应收账款""银行存款""应付账款"等科目。按退回商品的成本，借记"库存商品"科目，贷记"主营业务成本"科目。如果该项销售已发生现金折扣，应在退回当月一并处理。

【例 3-10】某小商品流通企业上月销售的一批针织品由于错发货对方提出退货，并提供了退货的有效证明，该批针织品售价为 5300 元，进价为 3800 元，销项税额为 901 元，针织品已收回并验收入库。根据有关凭证编制会计分录如下：

借：主营业务收入　5300

　　应交税费——应交增值税（销项税额）　901

　贷：银行存款　6201

同时：

借：库存商品——×× 针织品　3800

　贷：主营业务成本　3800

（六）委托代销商品销售的核算

委托代销商品是指小商品流通企业委托其他单位代销商品的一种商品销售方式。企业委托其他单位代销商品，将商品转移给受托代销单位时，商品所有权并未转移。为了反映和监督委托其他单位代销商品的增减变化情况，小商品流通企业应设置“委托代销商品”科目进行核算。该科目核算小商品流通企业委托其他单位代销的商品的实际成本（或进价）或售价。其借方登记委托代销商品的增加额；贷方登记委托代销商品销售后结转成本的数额；其期末借方余额反映小商品流通企业委托其他单位代销的商品的实际成本（或进价）或售价。其明细账应按受托单位设置，进行明细核算。

小商品流通企业将委托代销的商品发交受托代销单位时，按实际成本，借记“委托代销商品”科目，贷记“库存商品”科目。收到代销单位报来的代销清单时，按应收金额，借记“应收账款”科目，按应确认的收入，贷记“主营业务收入”等科目，按专用发票上注明的增值税额，贷记“应交税费——应交增值税（销项税额）”科目；按应支付的手续费等，借记“销售费用”科目，贷记“应收账款”科目。同时，按代销商品的实际成本，借记“主营业务成本”等科目，贷记“委托代销商品”科目。收到代销单位的代销款项，借记“银行存款”科目，贷记“应收账款”等科目。

【例 3-11】某小商品流通企业委托某公司代销针织品，每件进价 65 元，合同规定销货款每月结算一次，代销手续费按销售收入的 5% 支付，从销货款中直接扣除。

（1）拨付某公司针织品 100 件。根据有关凭证编制会计分录如下：

借：委托代销商品——某公司　6500

　贷：库存商品——针织品　6500

（2）月末收到某公司转来的代销清单，本月共销售针织品 100 件，每件售价

100元，计10000元，应收取的增值税额为1700元，代销手续费为500元，货款尚未收到。根据有关凭证编制会计分录如下：

借：应收账款——某公司 11700

贷：主营业务收入 10000

应交税费——应交增值税（销项税额） 1700

借：销售费用——代销手续费 500

贷：应收账款——某公司 500

（3）结转该批商品的销售成本，编制会计分录如下：

借：主营业务成本 6500

贷：委托代销商品——某公司 6500

（4）收到某公司汇来的款项，编制会计分录如下：

借：银行存款 11200

贷：应收账款——某公司 11200

（七）受托代销商品销售的核算

小商品流通企业为其他单位代销商品称为受托代销商品。收进的受托代销商品的所有权不属本企业，因此，不通过“库存商品”科目核算，而是设置“受托代销商品”科目核算。该科目核算小商品流通企业接受其他单位委托代销的商品。其借方登记企业收到的代销商品的数额；贷方登记代销商品销售后转销的数额；期末借方余额反映小商品流通企业受托代销商品的接收价或售价，其明细账按委托单位设置。

小商品流通企业对于受托代销商品的价款，应设置“代销商品款”科目进行核算。该科目核算小商品流通企业接受代销商品的价款。其贷方登记企业收到的代销商品的价款数额；借方登记代销商品销售后转销的价款数额；期末贷方余额反映小商品流通企业尚未销售的接受代销商品的价款。其明细账按委托单位设置。

小商品流通企业以收取手续费方式代销商品销售后，不作为本企业销售处理，但按增值税条例及其细则规定，也应计算应纳增值税。

下面举例说明。

【例3-12】某小商品流通企业为某针织品厂代销针织品，每件售价为120元，合同规定，代销手续费按不含税销售额的5%计算。

（1）收到某针织品厂送来的针织品100件，根据有关凭证编制会计分录如下：

借：受托销商品——某针织品厂 12000

贷：代销商品款——某针织品厂 12000

（2）销售针织品100件，售价计12000元，应收取的销项税额为2040元，款项存入银行，向某针织品厂报送代销清单，并索要增值税专用发票，根据有关凭证编制会计分录如下：

借：银行存款 14040

贷：应付账款——某针织品厂 12000

应交税费——应交增值税（销项税额） 2040

同时：

借：代销商品款——某针织品厂 12000

贷：受托代销商品——某针织品厂 12000

（3）计算代销手续费收入为600元（12000×5%），根据有关凭证编制会计分录如下：

借：应付账款——某针织品厂 600

贷：其他业务收入 600

（4）收到委托单位开出的增值税专用发票，编制会计分录如下：

借：应交税费——应交增值税（进项税额） 2040

贷：应付账款——某针织品厂 2040

（5）以银行存款向委托单位支付代销商品款项净额13440元（12000-600+2040），编制会计分录如下：

借：应付账款——某针织品厂 13440

贷：银行存款 13440

（八）预收货款销售的核算

小商品流通企业对于一些紧俏商品的销售，可采用预收货款销售方式。预收款项较多的小商品流通企业，应设置“预收账款”科目核算。该科目核算小商品流通企业按照合同规定向购货单位预收的款项。其贷方登记收到的预收货款数额；借方登记实现销售冲减预收货款的数额；其期末贷方余额反映小商品流通企业向购货单位预收的款项；若期末出现借方余额，则为购货单位应补付的款项数额。其明细账应按购货单位设置。预收账款情况不多的小商品流通企业，也可以将预收的款项直接记入“应收账款”科目，不设“预收账款”科目。

小商品流通企业向购货方预收款项时，借记“银行存款”科目，贷记“预收账款”科目，商品销售后，按实现的收入和应收取的增值税销项税额，借记“预收账款”科目，按实现的营业收入，贷记“主营业务收入”科目，按专用发票上注明的增值税额，贷记“应交税费——应交增值税（销项税额）”科目；购货方补付的货款，借记“银行存款”科目，贷记“预收账款”科目；退回多收的货款，作相反分录。

【例3-13】某小商品流通企业采用预收货款方式销售商品一批，按合同规定，向购货方天津某物资批发公司预收货款3000元，款项收到存入银行。根据有关凭证编制会计分录如下：

借：银行存款 3000

贷：预收账款——天津某物资批发公司 3000

一个月后某小商品流通企业按规定发出商品，该批商品的售价为5900元，应收取的销项税额为1003元。根据有关凭证编制会计分录如下：

借：预收账款——天津某物资批发公司 6903

贷：主营业务收入 5900

应交税费——应交增值税（销项税额） 1003

收到天津某物资批发公司补付的款项，根据有关凭证编制会计分录如下：

借：银行存款 3903

贷：预收账款——天津某物资批发公司 3903

（九）出口商品销售的核算

小商品流通企业出口商品实现销售时，按出口销售货款全额，借记“应收账款”科目，贷记“主营业务收入”科目。

出口商品的销售收入，一律以离岸价FOB为入账基础，如以到岸价CIF对外成交的，在商品离境后所发生的应由小商品流通企业负担的以外汇支付的国外运费、保险费，以红字冲减销售收入，贷记“银行存款——外币户”科目，又以红字贷记“主营业务收入”科目。

小商品流通企业出口商品应于商品销售实现的同时结转成本，借记“主营业务成本”科目，贷记“库存商品——××”科目。

小商品流通企业出口商品所需支付的国内运输费、装卸搬运费、港务费、劳务费等，均作为企业的销售费用，支付时，借记“销售费用”科目，贷记“银行存款——人民币户”科目。

小商品流通企业出口的商品若按税法规定需缴纳出口关税的，应计算出应缴纳的出口关税，借记“营业税金及附加”科目，贷记“应交税费——应交出口关税”科目；实际缴纳时，借记“应交税费——应交出口关税”科目，贷记“银行存款——人民币户”科目。

按照规定，小商品流通企业出口商品增值税部分免税，其进项税额退税，货物出口后，应按照出口货物购进时取得的增值税专用发票上记载的进项税额或应分摊的进项税额，与按照国家规定的退税率计算的应退税额的差额，借记“主营业务成本”科目，贷记“应交税费——应交增值税（进项税额转出）”科目。按规定退税率计算出应收出口退税时，借记“应收账款”科目，贷记“应交税费——应交增值税（出口退税）”科目；收到出口退税款时，借记“银行存款——人民币户”科目，贷记“应收账款”科目。小商品流通企业出口商品收到货款时，借记“银行存款——外币户”科目，贷记“应收账款”等科目。

【例3-14】某小商品流通企业与国外客户已签订出口合同，出口A商品50件，发生的有关业务如下：

（1）商品出口，出口发票所列销售货款总额为FOB30000美元，该企业采用业务发生时的汇率作为折合率，当日汇率为1美元=6.20元人民币。该批商品国内采购成本为150000元，支付的增值税为25500元。根据有关凭证编制会计分录如下：

借：应收账款——国外客户　$30000/￥186000

　贷：主营业务收入　186000

同时结转成本：

借：主营业务成本　150000

　贷：库存商品——A　150000

（2）支付国内运杂费600元，其中运费500元，增值税进项税额35元。根据有关凭证编制会计分录如下：

借：销售费用　565

　　应交税费——应交增值税（进项税额）　35

　贷：银行存款——人民币户　600

（3）该商品出口退税率为15%，计算不予退税的增值税额为3035元（25500+35−150000×15%），计算应退税的增值税额为22500元，根据有关凭证编制会计分录如下：

借：主营业务成本3035

　贷：应交税费——应交增值税（进项税额转出）　3035

借：应收账款——应收出口退税　22500

贷：应交税费——应交增值税（出口退税）　22500

（4）收到出口货款，当日汇率为 1 美元 =6.20 元人民币，根据有关凭证编制会计分录如下：

借：银行存款　$30000/ ¥186000

贷：应收账款——国外客户　$30000/ ¥186000

（5）收到税务机关退回的该批出口商品的增值税，存入银行。根据有关凭证编制会计分录如下：

借：银行存款　22500

贷：应收账款——应收出口退税　22500

三、商品销售的核算：一般纳税人鲜活商品进价金额核算

每日营业终了，小商品流通企业须将销货款送存银行，财会部门根据柜组转来的“商品进销存日报表”和银行“进账单”回单进行账务处理。小零售企业的商品销售额为含税销售额，因此，财会部门进行账务处理时，应按规定的方法计算不含税销售额和销项税额，分别记入“主营业务收入”科目和“应交税费——应交增值税（销项税额）”科目。

【例 3-15】水产组将当日销货款 1700 元送存银行，将银行“进账单”回单、“商品进销存日报表”送财会部门。财会部门计算不含税销售额和销项税额如下：

$$不含税销售额=\frac{1700}{1+17\%}=1452.99（元）$$

销项税额 =1452.99×17%=247.01（元）

根据以上计算结果编制会计分录如下：

借：银行存款　1700

贷：主营业务收入　1452.99

应交税费——应交增值税（销项税额）　247.01

为简化核算，小商品流通企业平时亦可按含税的销售额，借记“银行存款”科目，贷记“主营业务收入”科目；定期或月末计算出销项税额，将商品销售额调整为不含税的商品销售收入，借记“主营业务收入”科目，贷记“应交税费——应交增值税（销项税额）”科目。

第4章　小企业成本、费用、税金方面会计

第一节　综合知识

小企业费用，是指小企业在日常生产活动中发生的、会导致所有者权益减少、与向所有者分配利润无关的经济利益的总流出。

一、小企业费用的特征

（一）费用是小企业在日常活动中发生的

费用必须是小企业在其日常活动中所发生的，这些日常活动的界定与收入定义中涉及的日常活动的界定相一致。因日常活动所发生的费用通常包括营业成本、销售费用、财务费用、管理费用等。将费用界定为日常活动所发生的，目的是将其与营业外支出（即损失）相区分，小企业非日常活动所形成的经济利益的流出不能确认为费用，而应当计入营业外支出（即损失）。

（二）费用会导致所有者权益的减少

与费用相关的经济利益的流出（如支付现金和银行存款、承担债务等）应当会导致所有者权益的减少。不会导致所有者权益减少的经济利益的流出不符合费用的概念，不应确认为费用。例如，小企业为第三方代收代付的款项，如代收的水电费，表现为小企业现金的增加和负债的增加，但不会产生费用。

（三）费用是与向所有者分配利润无关的经济利益的总流出

费用的发生应当会导致经济利益的流出，从而导致资产的减少或者负债的增加（最终也会导致资产的减少）。其表现形式包括现金或银行存款的支付，存货、固定资产和无形资产等的销售、转让或者消耗等。小企业向所有者分配利润也会导致经济利益流出小企业，而该经济利益的流出属于对投资者投资回报的分配，是所有者权益的直接抵减项目，不应确认为费用，应当将其排除在费用的概念之外。

二、小企业费用的分类

小企业的费用包括：营业成本、营业税金及附加、销售费用、管理费用、财务费用等。

（一）小企业营业成本

是指小企业所销售商品的成本和所提供劳务的成本。

（二）小企业营业税金及附加

是指小企业开展日常生产经营活动应负担的消费税、城市维护建设税、资源税、土地增值税、城镇土地使用税、房产税、车船税、印花税和教育费附加、矿产资源补偿费、排污费等。

（三）小企业销售费用

是指小企业在销售商品或提供劳务过程中发生的各种费用。包括：销售人员的职工薪酬、商品维修费、运输费、装卸费、包装费、保险费、广告费、业务宣传费、展览费等费用。

小企业（批发业、零售业）在购买商品过程中发生的费用（包括：运输费、装卸费、包装费、保险费、运输途中的合理损耗和入库前的挑选整理费等）也构成销售费用。

（四）小企业管理费用

是指小企业为组织和管理生产经营发生的其他费用。包括：小企业在筹建期间内发生的开办费、行政管理部门发生的费用（包括：固定资产折旧费、修理费、办公费、水电费、差旅费、管理人员的职工薪酬等）、业务招待费、研究费用、技术转让费、相关长期待摊费用摊销、财产保险费、聘请中介机构费、咨询费（含顾问费）、诉讼费等费用。

（五）小企业财务费用

是指小企业为筹集生产经营所需资金发生的筹资费用。包括：利息费用（减利息收入）、汇兑损失、银行相关手续费、小企业给予的现金折扣（减享受的现金折扣）等费用。

注意事项

（1）营业成本与生产成本、销售费用的区别和联系。

一是营业成本实际上是一个存量变化，是由生产成本或劳务成本、库存商品结转而来的，先有生产成本后有营业成本；假定小企业的产品当月生产当月全部销售，则营业成本等于生产成本。

二是销售费用实际上是一个增量变化，是由小企业在对外销售商品或提供劳务时新增加的费用，也就是说，小企业不对外销售商品或提供劳务，就不会发生这些费用。例如，如果小企业不对外销售商品就不会发生与该商品有关的维修费。

三是三者进行账务处理时，使用的会计科目不同，营业成本在“主营业务成本”科目或“其他业务成本”科目核算，生产成本在“生产成本”科目核算，销售费用在“销售费用”科目核算。

（2）在进行账务处理时，应根据销售商品和提供劳务是属于小企业的主营业务还是其他业务，将相关营业成本分别在“主营业务成本”科目和“其他业务成本”科目核算。收入按照主营业务和其他业务进行分类的标准同样适用于营业成本。因此，在账务处理上，“主营业务成本”科目与“主营业务收入”科目在内容上相匹配，“其他业务成本”科目与“其他业务收入”科目在内容上相匹配。如果销售商品是小企业的主营业务，则销售商品的成本应在“主营业务成本”科目核算，如果销售商品是小企业的其他业务，则销售商品的成本应在“其他业务成本”科目核算。如果提供劳务是小企业的主营业务，则提供商品的成本应在“主营业务成本”科目核算，如果提供劳务是小企业的其他业务，则提供劳务的成本应在“其他业务成本”科目核算。

（3）小企业发生的城镇土地使用税、房产税、车船税、印花税和矿产资源补偿费、排污费也在“营业税金及附加”科目核算，不在“管理费用”科目核算，与《企业会计准则》的规定不相同。

主要考虑是：

一是城镇土地使用税、房产税、车船税、印花税 4 种税金和矿产资源补偿费、排污费与消费税、教育费附加等税费在性质上相同，都是小企业开展日常生产经营活动所发生的税费，都应在“营业税金及附加”科目统一核算。

二是统一在“营业税金及附加”科目核算，可以更加科学合理地反映小企业开展日常生产经营活动承担税费的全貌，从而体现了小企业在税费方面向国家作出的贡献。

三是这 4 种税金和矿产资源补偿费、排污费与消费税、教育费附加等税费在税务关系上相同，都是小企业向国家而不是其他方面缴纳的，统一在“营业税金及附加”科目核算，可以进一步提高“营业税金及附加”科目与“应交税费”科目的对应关系。

四是这一调整与《企业所得税法实施条例》第三十一条的规定相一致。

五是这4种税金和矿产资源补偿费、排污费与消费税、教育费附加等税费在国家财政管理方式上相同，国家财政都纳入预算进行分级分类管理。

六是以前这4种税金和矿产资源补偿费在“管理费用”科目核算有其特定的历史条件。1984年国家实行第二步利改税时将工商税分解为产品税、增值税、营业税和盐税，1985年国家又新开征了城市维护建设税，产品税、增值税、营业税和城市维护建设税共同构成了企业的销售税金，其共同点是以企业销售收入为基础计算并直接从销售收入中扣除上交给国家。为了合理确定企业在一个时期的净收益，会计核算必须遵循收入与费用相配比原则，要求企业销售收入、销售税金、销售成本的口径必须一致。因此，在当时为保证销售税金与销售收入相配比，将不是按销售收入计征的这4种税金全部列入企业管理费中核算。而在当今，小企业已经实现了多领域经营和多元化发展。因此，《小企业会计准则》取消了主营业务利润和其他业务利润的概念，而统一归并为营业利润，实质上也就弱化了收入与费用相配比原则，而“管理费用”和“营业税金及附加”同是营业利润的扣减项目，因此，在当前也具备了将这4种税金和矿产资源补偿费进行调整的现实条件和基础。

七是可以减轻小企业负担，便于小企业执行。

（4）小企业的存款利息收入和欠款利息收入都应当在合同约定的债务人应付利息之日确认利息收入的实现。

（5）小企业（批发业、零售业）管理费用不多的，可不设置“管理费用”科目，管理费用可并入“销售费用”科目核算。

三、小企业费用的确认和计量原则

（一）小企业费用确认原则

《小企业会计准则》作了原则性规定，通常情况下，小企业发生的费用应当在发生时进行确认，记入会计账簿。

在具体应用费用确认原则时，应重点掌握两点：第一，符合费用的概念；第二，费用确认的时点是费用发生之时。

《小企业会计准则》所讲费用的“发生”包括以下三种情形：

1. 实际支付相关费用

如小企业向保险公司投保财产险支付的财产保险费。

2. 虽然没有实际支付，但是小企业应当承担相应义务

例如，小企业行政管理部门当月使用自来水和电力，到月末虽然还没有通过银行转账支付，但也应于使用水和电的当月将应承担的水电费作为管理费用予以确认，记入“管理费用”账户。例如，小企业行政管理部门使用的固定资产，虽然每个月并不需要支付折旧费，但也应在月末将计提折旧费作为管理费用予以确认，记入“管理费用”账户。又如，小企业向银行借款的付息日到期，虽然由于小企业存款余额暂时不足没有向银行支付，但小企业在此时开始承担了向银行付息的义务，应当确认利息费用，记入“财务费用”账户。

3. 虽然没有实际支付，但是小企业为与收入相配比，结转已销售商品的成本或已提供劳务的成本

主要体现为营业成本的确认，表现为登记“主营业务成本”或“其他业务成本”账户。

《小企业会计准则》要求费用在实际发生时予以确认，一是体现了会计上权责发生制的要求；二是便于小企业计算确定各月的利润。

（二）小企业费用的计量原则

《小企业会计准则》作了原则性规定，通常情况下，小企业的费用应当按照其发生额计入当期损益。通俗地讲，就是据实列支原则。这里的“实”主要包括两种情况：一是实际发生或者真实发生，不是虚假的或虚构的；二是既包括实际支付又包括虽未实际支付但已经发生。

小企业费用的发生额通常有三种确定方式：

1. 实际支付的金额

如小企业到超市购买办公用品实际花费的金额。又如，小型饭店在菜市场购买蔬菜实际花费的金额。

2. 外部凭据列明的金额

如小企业收到的电话费收费单据上列明的使用电话应支付的电话费。

3. 内部凭据列明的金额

如小企业自制工资分配表或工资单列明的工资薪金额。又如，小企业自制固定资产折旧分配表列明的折旧费。

（三）小企业营业成本的确认和计量原则的专门规定

《小企业会计准则》认为营业成本与营业收入之间存在相匹配关系。因此，规定小企业销售商品或提供劳务实现了收入，应当将已销售商品的成本或已提供劳务的成本作为营业成本结转至当期损益。也就是说，只有在对外销售商品实现了收入或对外提供劳务实现了收入，才能将与其相关的商品成本或劳务成本作为营业成本结转至当期损益。销售商品或提供劳务收入实现是确认营业成本的前提条件。

《小企业会计准则》之所以对营业成本的确认和计量原则专设一款作出规定，主要是考虑到营业成本与其他费用（销售费用、管理费用、财务费用）相比有其特别之处，即营业成本实际上是已销售商品的成本或已提供劳务的成本，是小企业内部存货成本的结转，但是存在一个前提条件，就是这些商品或劳务已经实现了收入。也就是体现了营业成本与营业收入配比原则的要求。但是还需要说明的是，对营业成本的确认和计量原则设立专门款项规定并不意味着营业成本的确认和计量有别于费用的确认和计量原则。营业成本的确认和计量也从属于费用的确认和计量原则的要求，只不过是营业成本的确认和计量在“费用发生”的认定上有其特别之处，存在一个前提条件就是收入已经实现。正是基于这种考虑，《小企业会计准则》为了便于小企业理解和执行，在《小企业会计准则》中专门设立一款特别明确营业成本的确认和计量原则。

注意事项

（1）由于营业成本的确认和计量的前提是销售商品或提供劳务的收入已经实现，因此，小企业对外销售了商品或提供了劳务，如果不符合《小企业会计准则》第五章第五十八条至第六十四条有关收入的规定，则收入没有实现，不应当确认收入，也就是不能记入“主营业务收入”或“其他业务收入”账户。在这种情况下，即使已经办理商品出库向购买方发出，也不能将该批商品的成本，由“库存商品”科目结转至“主营业务成本”或“其他业务成本”科目。为了保证库存账实相符，应将该批商品的成本由“库存商品”科目结转至“发出商品”科目，以区别于已实现收入的商品发出。如果属于对外提供劳务，则在提供劳务收入实现之前，将该劳务的成本仍保留在“劳务成本”（或“生产成本”）科目之中。

（2）小企业出租固定资产取得租金收入和出租专利权、非专利技术、商标权、著作权以及其他特许权取得特许权使用费收入时，也应将固定资产的折旧和无形资产的摊销作为营业成本，在“其他业务成本”科目核算。

（3）为了简化核算，小企业在对费用进行具体账务处理时，既可以在费用发生时登记入账，也可以在费用发生的当月月末登记入账，但是在编制年度财务报表须将当年发生的各项费用全部登记入账。同样，对于营业成本的结转，既可以在收入时完成，也可以在实现收入的当月月末完成，但是在编制年度财务报表时把当年发生的营业成本全部登记入账。也就是说，登记“主营业务成本”或“其他业务成本”账户的时点可以是在登记“主营业务收入”或“其他业务收入”账户时，也可以在当时暂不登记，待到月末再登记。

（4）如果小企业在日常生产经营管理中，采用售价核算所购入的商品，在符合成本结转条件时，应将与所销售商品相关的进销差价一并结转，由“商品差价”科目结转至“主营业务成本”和“其他业务成本”，必须保证所结转的对售商品的成本是实际成本或进价。也就是说，“主营业务成本”和“其他业务成本”最终应当反映的是所销售商品的实际成本（或进价）或所提供劳务的实际成本。

小知识

相关比较

（一）《小企业会计准则》

《小企业会计准则》规定小企业的费用应当按照实际发生额记账或者“据实列支”原则，从而与收入相结合计算小企业的利润。

（二）《企业所得税法实施条例》

《企业所得税法实施条例》为了公平税负、体现国家政策、保证国家税收等目的，结合法人所得税原则、税前扣除的真实性原则、相关性原则和合理性原则等的要求，也同样对企业的成本、费用、税金等支出规定了计算应纳税所得额时的扣除标准，扣除标准实际上包括两方面的内容，一是范围和构成；二是扣除的金额标准，在具体规定扣除的金额标准时，又可分为三类：第一类，定性标准即合理的支出都可税前扣除；第二类，定量标准即规定比例范围内的可以税前扣除；第三类，定性标准与定量标准相结合。《小企业会计准则》结合目前小企业的实际情况，对《企业所得税法实施条例》所规定的内容作了简单归纳整理。

对于第一类，即定性标准涉及的费用项目以《企业所得税法实施条例》条款顺序罗列如下：

1. 工资薪金支出

《企业所得税实施条例》第三十四条规定：“企业发生的合理的工资薪金支出，

准予扣除。前款所称工资薪金，是指企业每一纳税年度支付给在本企业任职或者受雇的员工的所有现金形式或者非现金形式的劳动报酬，包括基本工资、奖金、津贴、补贴、年终加薪、加班工资，以及与员工任职或者受雇有关的其他支出。”该条强调的是只要是合理的工资薪金支出，就可以税前扣除，但同时坚持五个原则：第一个原则，必须是实际发生的工资薪金支出，也就是说，必须是实际支付的工资薪金；第二个原则，工资薪金的发放对象是在本企业任职或者受雇的员工，也就是说，必须是本企业的职工；第三个原则，工资薪金的标准应该限于合理的范围和幅度；第四个原则，工资薪金的表现形式包括所有现金和非现金形式；第五个原则，凡是这类支出是因员工在企业任职或者受雇于企业，而且是因其提供劳动而支付的，就属于工资薪金支出，不拘泥于形式上的名称。

2. “五险一金”和补充养老、补充医疗保险费

《企业所得税法实施条例》第三十五条规定：“企业依照国务院有关主管部门或者省级人民政府规定的范围和标准为职工缴纳的基本养老保险费、基本医疗保险费、失业保险费、工伤保险费、生育保险费等基本社会保险费和住房公积金，准予扣除。企业为投资者或者职工支付的补充养老保险费、补充医疗保险费，在国务院财政、税务主管部门规定的范围和标准内，准予扣除。”这条强调的是只有按照国务院有关主管部门或省级人民政府规定的范围和标准为职工缴纳的“五险一金”才可以税前扣除，同时强调准予在税前扣除的补充养老保险费和补充医疗保险费，仅限于在国务院财政、税务主管部门规定的标准和范围内，超过规定的标准和范围的部分，将不允许税前扣除。

3. 商业保险费和法定人身安全保险费

《企业所得税法实施条例》第三十六条规定：“除企业依照国家有关规定为特殊工种职工支付的人身安全保险费和国务院财政、税务主管部门规定可以扣除的其他商业保险费外，企业为投资者或者职工支付的商业保险费，不得扣除。”这条强调的是企业为其投资者或者职工投保商业保险所发生的保险费支出，只有企业按照国家规定为特殊工种职工支付的法定人身安全保险费和国务院财政、税务主管部门规定可以扣除的其他商业保险费才可以税前扣除。

4. 借款费用支出

《企业所得税法实施条例》第三十七条规定：“企业在生产经营活动中发生的合理的不需要资本化的借款费用，准予扣除。企业为购置、建造固定资产、无形资产和经过 12 个月以上的建造才能达到预定可销售状态的存货发生借款的，在有关资产购置、建造期间发生的合理的借款费用，应当作为资本性支出计入有关资产的成本，并

依照本条例的规定扣除。”该条强调的是不需要资本化的借款费用，准予在费用发生当期扣除；需要资本化的借款费用，予以分期扣除或者摊销。

5. 专项资金

《企业所得税法实施条例》第四十五条规定：“企业依照法律、行政法规有关规定提取的用于环境保护、生态恢复等方面的专项资金，准予扣除。上述专项资金提取后改变用途的，不得扣除。”该条强调的是必须有法律、行政法规的专门规定和提取的资金的目的应限于环境保护、生态恢复等用途。

6. 商业保险费支出

《企业所得税法实施条例》第四十六条规定：“企业参加财产保险，按照规定缴纳的保险费，准予扣除。”该条强调的是只要是按照规定实际缴纳的财产保险费都可以税前扣除。

7. 租赁费支出

《企业所得税法实施条例》第四十七条规定：“企业根据生产经营活动的需要租入固定资产支付的租赁费，按照以下方法扣除：（一）以经营租赁方式租入固定资产发生的租赁费支出，按照租赁期限均匀扣除；（二）以融资租赁方式租入固定资产发生的租赁费支出，按照规定构成融资租入固定资产价值的部分应当提取折旧费用，分期扣除。”该条强调的是经营租赁的租赁费支出按照年限平均扣除，融资租赁的租赁费支出以固定资产折旧方式扣除。

8. 劳动保护支出

《企业所得税法实施条例》第四十八条规定：“企业发生的合理的劳动保护支出，准予扣除。”该条强调的是只要是合理的劳动保护支出都可以税前扣除，但是有三个条件要满足：第一个条件，必须是确因工作需要；第二个条件，为其雇员配备或提供；第三个条件，限于工作服、手套、安全保护用品、防暑降温品等。

对于第二类，即定量标准涉及的费用项目以《企业所得税法实施条例》条款顺序罗列如下：

1. 职工福利费支出

《企业所得税法实施条例》第四十条规定：“企业发生的职工福利费支出，不超过工资薪金总额14%的部分，准予扣除。”该条强调的是职工福利费支出可税前扣除的金额最高为工资薪金总额的14%。

2. 工会经费支出

《企业所得税法实施条例》第四十一条规定：“企业拨缴的工会经费，不超过工资薪金总额2%的部分，准予扣除。”该条强调的是工会经费支出可税前扣除的金额最高为工资薪金总额的2%。

3. 职工教育经费支出

《企业所得税法实施条例》第四十二条规定："除国务院财政、税务主管部门另有规定外，企业发生的职工教育经费支出，不超过工资薪金总额2.5%的部分，准予扣除；超过部分，准予在以后纳税年度结转扣除。"该条强调的实际上是允许企业发生的职工教育经费支出准予全额扣除，只是在扣除时间上做了相应递延。职工教育经费支出当年可税前扣除的金额最高为工资薪金总额的2.5%，对于超过标准的部分，允许无限期地往以后的纳税年度结转。

4. 业务招待费支出

《企业所得税法实施条例》第四十三条规定："企业发生的与生产经营活动有关的业务招待费支出，按照发生额的60%扣除，但最高不得超过当年销售（营业）收入的5‰。"该条强调的是业务招待费可税前扣除的金额最高为当年销售（营业）收入的5‰范围内的其发生额的60%，并坚持四个原则：第一个原则，企业开支的业务招待费必须是正常和必要的；第二个原则，业务招待费支出一般要求与经营活动"直接相关"；第三个原则，必须有大量足够有效凭证证明企业相关性的陈述：例如，费用金额、招待、娱乐、旅行的时间和地点、商业目的、企业与被招待人之间的业务关系等；第四个原则，主管税务机关有权根据实际情况合理推算最确切的金额。

5. 广告费和业务宣传费支出

《企业所得税法实施条例》第四十四条规定："企业发生的符合条件的广告费和业务宣传费支出，除国务院财政、税务主管部门另有规定外，不超过当年销售（营业）收入15%的部分，准予扣除；超过部分，准予在以后纳税年度结转扣除。"该条强调的实际上是允许企业发生的广告费和业务宣传费支出准予全额扣除，只是在扣除时间上做了相应递延。广告费和业务宣传费支出当年可税前扣除的金额最高为销售（营业）收入的15%，对于超过标准的部分，允许无限期地往以后的纳税年度结转。

6. 公益性捐赠支出

《企业所得税法实施条例》第五十三条规定："企业发生的公益性捐赠支出，不超过年度利润总额12%的部分，准予扣除。年度利润总额，是指企业依照国家统一会计制度的规定计算的年度会计利润。"该条强调的是公益性捐赠支出可税前扣除的金额最高为年度利润总额的12%，但计算基础是企业按照国家统一会计制度的规定计算的年度会计利润总额。

对于第三类，即定性标准和定量标准结合涉及的费用项目以《企业所得税法实施条例》条款顺序罗列如下：

1. 利息支出

《企业所得税法实施条例》第三十八条规定："企业在生产经营活动中发生的下列利息支出，准予扣除：（一）非金融企业向金融企业借款的利息支出、金融企业的各项存款利息支出和同业拆借利息支出、企业经批准发行债券的利息支出；（二）非金融企业向非金融企业借款的利息支出，不超过按照金融企业同期同类贷款利率计算的数额的部分。"该条强调了四个扣除原则：第一个原则，非金融企业向金融企业借款的利息支出，准予全额据实扣除；第二个原则，金融企业的各项存款利息支出和同业拆借利息支出，准予全额据实扣除；第三个原则，企业经批准发行债券发生的利息支出，准予全额据实扣除；第四个原则，非金融企业向非金融企业借款的利息支出，不超过按照金融企业同期同类贷款利率计算的数额的部分，准予扣除。

2. 汇兑损失

《企业所得税法实施条例》第三十九条规定："企业在货币交易中，以及纳税年度终了时将人民币以外的货币性资产、负债按照期末即期人民币汇率中间价折算为人民币时产生的汇兑损失，除已经计入有关资产成本以及与向所有者进行利润分配相关的部分外，准予扣除。"这条强调的是两类汇兑损失（货币交易和货币性资产、负债按照期末即期人民币汇率中间价折算产生的汇兑损失）可扣除，两类汇兑损失（计入资产成本和与向利润分配相关的汇兑损失）不予扣除。

根据以上对《企业所得税法实施条例》相关内容的分析对比可以看出，小企业发生的上述三类支出都可能出现会计与纳税的差异，尤其是在第二类和第三类中的利息支出方面，在进行纳税申报时必须按照《企业所得税法实施条例》的规定进行调整，这是不可避免的。《小企业会计准则》出于简化核算、便于小企业执行的考虑，尽可能减少小企业纳税调整的负担，但是由于在这些支出方面会计与企业所得税法的立法意图不同，因此这种情况的出现就不可避免了。在实务中，有些支出虽然《企业所得税法实施条例》规定了扣除比例，但会计与纳税上可能是完全一致的。例如，小企业当年发生的职工福利费支出没有超过工资薪金总额的14%，小企业当年拨缴的工会经费没有超过工资薪金总额的2%，小企业当年发生的职工教育经费支出没有超过工资薪金总额的2.5%，小企业当年发生的广告费和业务宣传费支出没有超过当年销售（营业）收入的15%，小企业当年发生的公益性捐赠支出没有超过当年年度利润总额的12%。在这种情况下，会计记账与纳税申报是完全一致的，不存在纳税调整问题。

小知识

相关比较

（一）《企业所得税法》

《企业所得税法》第八条规定：“企业实际发生的与取得收入有关的、合理的支出，包括成本、费用、税金、损失和其他支出，准予在计算应纳税所得额时扣除。”《企业所得税法实施条例》第二十九条规定：“《企业所得税法》第八条所称成本，是指企业在生产经营活动中发生的销售成本、销货成本、业务支出以及其他耗费。”也就是说，企业所发生的成本，必须是企业在生产产品、提供劳务、销售商品等过程中的支出和耗费。其中：

1. 销售成本

主要是针对以制造业为主的生产性企业而言。生产性企业在生产产品过程中，将耗费产品所需的原材料、直接人工以及耗费在产品上的辅助材料、物料等，这些都属于销售成本的组成部分。

2. 销货成本

主要是针对以商业企业为主的流通性企业而言。流通性企业本身并不直接制造可见的成品，而是通过向生产性企业购买成品或者经过简单包装、处理就能出售的产品，通过购入价与售出价的差额等，来获取相应的利润。所以，此类企业的成本主要是所销售货物的成本，而所销售的货物是购置于生产性企业，应以购买价（包括生产性企业所获取的利润）为主体部分，加上可直接归属于销售货物所发生的支出，就是销货成本。

3. 业务支出

主要是针对服务业企业而言的成本概念。与制造业企业和商业企业不同，服务业企业提供的服务从广义上也可以称为“产品”，但是从根本上说这种“产品”往往是无形的劳务，虽然在提供服务过程中也可能需要一定的辅助材料，但是它必须借助于服务业企业特有的人工或者技术，所以服务业企业的成本就称为业务支出，以区别于制造业企业和商业企业，它的成本主要包括提供服务过程中直接耗费的原材料、服务人员的工资、薪金等直接可归属于服务的其他支出。

《企业所得税法实施条例》第三十条规定：“《企业所得税法》第八条所称费用，是指企业在生产经营活动中发生的销售费用、管理费用和财务费用，已经计入成本的有关费用除外。”也就是说，企业所发生的费用，必须是企业在生产产品、提供劳务、销售商品等过程中的支出和耗费。其中：

1. 销售费用

是企业为销售商品和材料、提供劳务的过程中发生的各种费用。企业所生产出来的产品，在出售前，其经济利益只能说是潜在的，而尚未得到正式的社会承认，只有等产品真正售出后，才能实现现实的经济利益，而企业为销售商品，必然将发生一定的支出，这部分支出是企业为获取收入而产生的必要与正常的支出，包括广告费、运输费、装卸费、包装费、展览费、保险费、销售佣金、代销手续费、经营性租赁费及销售部门发生的差旅费、工资、福利费等费用。从事商品流通业务的纳税人购入存货抵达仓库前发生的包装费、运杂费、运输存储过程中的保险费、装卸费、运输途中的合理损耗和入库前的挑选整理费用等购货费用可直接计入销售费用。从事房地产开发业务的纳税人的销售费用还包括开发产品销售之前的改装修复费、看护费、采暖费等。从事邮电等其他业务的纳税人发生的销售费用已计入营运成本的不得再计入销售费用重复扣除。

2. 管理费用

是企业的行政管理部门等为管理组织经营活动提供各项支援性服务而发生的费用。企业除了生产经营所直接相关的各种机构、人员、财物之外，作为一个行为主体，还需要一些为组织生产经营提供辅助性服务的机构和人员，这些机构和人员的配置、职能的发挥等，都将影响到企业的生产经营活动的效益性，相应的支出也是与企业取得收入有关的必要与正常的支出，这些在企业所得税扣除方面体现为管理费用，包括由纳税人统一负担的总部（公司）经费（包括总部行政管理人员的工资薪金、福利费、差旅费、办公费、折旧费、修理费、物料消耗、低值易耗品摊销等）、研究开发费（技术开发费）、劳动保护费、业务招待费、工会经费、职工教育经费、股东大会或董事会费、开办费摊销、无形资产摊销（含土地使用费、土地损失补偿费）、消防费、排污费、绿化费、外事费和法律、财务、资料处理及会计事务方面的成本（咨询费、诉讼费、聘请中介机构费、商标注册费等）。

3. 财务费用

是企业筹集经营性资金而发生的费用，包括利息净支出、汇兑损失、金融机构手续费以及其他非资本化支出等。

《企业所得税法实施条例》第三十一条规定：“《企业所得税法》第八条所称税金，是指企业发生的除企业所得税和允许抵扣的增值税以外的各项税金及其附加。”在我国目前的税收体系中，允许税前扣除的税收种类主要有消费税、资源税和城市维护建设税、教育费附加，以及房产税、车船税、耕地占用税、城镇土地使用税、车辆购置税、印花税等。

从以上《企业所得税法》和《企业所得税法实施条例》有关成本、费用和税金的规定可以看出，为了实现公平税负、避免损害国家税收利益，《企业所得税法》在税前扣除上是遵循收入相关性原则和合理性原则来规定和具体界定的。《企业所得税法》第八条规定："企业实际发生的与取得收入有关的、合理的支出，包括成本、费用、税金、损失和其他支出，准予在计算应纳税所得额时扣除。"对相关性的具体判断一般是从支出发生的根源和性质方面进行分析，而不是从费用支出的结果。合理性的具体判断，主要是看发生支出的计算和分配方法是否符合一般经营常规。

（二）《小企业会计准则》

《小企业会计准则》从会计要素的角度出发对费用作了定义，同时为简化核算，便于小企业执行，减轻纳税调整负担，满足汇算清缴的需要，并结合目前小企业普遍发生的各种费用，《小企业会计准则》还规定了费用的分类（或范围）及内涵，小企业的费用包括：营业成本、营业税金及附加、销售费用、管理费用、财务费用等。

（三）区别与联系

《小企业会计准则》所规定的费用与《企业所得税法》规定的成本、费用、税金的区别与联系，概括起来体现为以下几个方面：

（1）《企业所得税法》所规定的成本，在范围和内涵上实质上对应于《小企业会计准则》所规定的费用而不是资产。通俗地讲，资产是时点概念，指某一时刻存在的状态，费用是时间概念，指某一时间内发生的变化。因此，《企业所得税法》所规定的成本也是《小企业会计准则》所规定的费用，其关系可以用公式表示为：

《小企业会计准则》所规定的营业成本（销售商品的成本＋提供劳务的成本）＝《企业所得税法》所规定的成本（销售成本＋销货成本＋业务支出＋其他耗费）

其中：《小企业会计准则》所规定的商品销售成本＝《企业所得税法》所规定的销售成本＋销货成本＋其他耗费

《小企业会计准则》所规定的提供劳务的成本＝《企业所得税法》所规定的业务支出＋其他耗费

（2）《企业所得税法》所规定的费用，在范围和内涵上对应于《小企业会计准则》所规定的销售费用、管理费用和财务费用。其关系可以用公式表示为：

《小企业会计准则》所规定的销售费用＝《企业所得税法》所规定的销售费用

《小企业会计准则》所规定的管理费用＝《企业所得税法》所规定的管理费用

《小企业会计准则》所规定的财务费用＝《企业所得税法》所规定的财务费用

（3）《企业所得税法》所规定的税金，在范围和内涵上对应于《小企业会计准则》所规定的营业税金及附加。其关系可以用公式表示为：

《小企业会计准则》所规定的营业税金及附加 =《企业所得税法》所规定的税金

（4）从当期利润或损益的影响来看，《小企业会计准则》所规定的费用的影响与《企业所得税法》所规定的成本、费用和税金的影响可以讲完全相同，可能存在的差异主要归纳为两个方面：

一是有些费用项目在计量上存在不同。《企业所得税法》规定了一些费用项目税前扣除标准，如职工福利费、工会经费、职工教育经费、业务招待费、广告费和业务宣传费、研究开发费用等；《小企业会计准则》要求这些费用据实计入当期损益。

二是个别费用项目在确认上存在不同。《企业所得税法》所规定的成本、费用和税金强调了与收入的相关性原则和这些支出的合理性原则；《小企业会计准则》要求符合费用定义的费用全部计入当期损益。

第二节　小企业生产成本方面会计

产品成本是小企业一定时期内为生产一定产品所支出的生产费用。产品成本核算是对生产经营过程中实际发生的各种成本进行计算、归集和分配的过程。产品成本核算合理、准确与否直接关系到小企业的生存和发展，是小企业一项极其重要的会计事项。

一、小企业生产成本的构成

小企业的生产成本由直接费用和间接费用两部分构成，其中，直接费用包括材料费、人工费，间接费用包括制造费用。

二、小企业生产成本核算的一般程序

小企业产品成本核算工作的核心在于生产成本的归集与分配，包括各要素费用的归集和分配，以及生产成本在完工产品和在产品之间的归集和分配。因此，小企业进行生产成本核算时，一般应遵循下列程序：

（1）根据生产特点和成本管理的要求，确定成本核算对象。

（2）确定成本项目。小企业计算产品生产成本，一般应当设置直接材料、燃料和动力、直接人工、制造费用四个成本项目。

（3）设置有关成本明细账。如生产成本明细账、制造费用明细账、产成品和自

制半成品明细账等。

（4）收集确定各种产品的生产量、入库量、在产品盘存量以及材料、工时、动力消耗等，并对所有已发生成本进行审核。

（5）归集所发生的全部成本，并按照确定的成本核算对象，采用合理的成本计算方法予以分配，按照成本项目计算各种产品的在产品成本、产成品成本和单位成本。

（6）结转产品销售成本。

三、小企业成本核算对象的确定

小企业应当根据生产特点和成本管理的要求，选择适合于本企业的成本核算对象、成本项目和成本计算方法。

成本核算对象，是指确定归集和分配生产成本的具体对象。成本计算对象的确定，是设立成本明细分类账户，归集和分配生产成本以及正确计算成本的前提。具体的成本核算对象主要应根据企业生产的特点加以确定，同时还应考虑成本管理上的要求。

由于产品工艺、生产方式、成本管理等要求不同，产品项目不等于成本核算对象。一般情况下，对小企业（工业）而言，生产一种或几种产品的，以产品品种为成本核算对象；分批、单件生产的产品，以每批或每件产品为成本核算对象；多步骤连续加工的产品，以每种产品及各生产步骤为成本核算对象；产品规格繁多的，可将产品结构、耗用原材料和工艺过程基本相同的各种产品，适当合并作为成本核算对象。

成本核算对象确定后，各种会计、技术资料的归集应当与此一致，一般不应中途变更，以免造成成本核算不实、经济责任不清的弊端。成本核算对象的确定，有利于细化项目成本核算和考核成本管理绩效。

四、小企业产品成本项目的确定和归集

为具体反映计入产品的生产成本的各种用途，还应将其进一步划分为若干个项目，即产品生产成本项目，简称“产品成本项目”或“成本项目”。设置成本项目可以反映产品成本的构成情况，满足成本管理的目的和要求，有利于了解企业生产成本的经济用途，便于企业分析和考核产品成本计划的执行情况。

成本项目的设置应根据管理上的要求确定，对于小企业（工业）而言，一般可设置“直接材料”“燃料和动力”“直接人工”和“制造费用”等成本项目。

（一）直接材料

直接材料，是指小企业在生产产品过程中实际消耗的、直接用于产品生产、构成产品实体的原材料、辅助材料、备品配件、外购半成品、周转材料（包装物、低值易耗品）和材料在使用过程中发生运输、装卸、整理等费用。

对于直接用于产品生产、构成产品实体的原材料，一般分产品领用，根据领退料凭证直接计入相应产品成本的“直接材料”项目。对于不能分产品领用的材料，如化工生产中为几种产品共同耗用的材料，需要采用适当的分配方法，分配计入各相关产品成本的“直接材料”成本项目。

（二）燃料和动力

燃料和动力，是指小企业直接用于产品生产的外购和自制的燃料和动力。其归集的方法同直接材料。

（三）直接人工

直接人工，是指小企业在生产产品过程中直接从事产品生产工人的职工薪酬。直接人工和间接人工的划分依据通常是生产工人是否与所生产的产品直接相关（即可否直接确定其服务的产品对象）。

直接人工的归集，必须有一定的原始记录作为依据，计时工资以考勤记录中的工作时间记录为依据；计件工资以产量记录中的产品数量和质量记录为依据；计时工资和计件工资以外的各种奖金、津贴、补贴等，按照国家和企业的有关规定计算。工资结算和支付的凭证为工资结算单或工资单，为便于成本核算和管理等，一般按车间、部门分别填制，是职工薪酬分配的依据。直接进行产品生产的生产工人的职工薪酬，直接计入产品成本的“直接人工”成本项目；不能直接计入产品成本的职工薪酬应当按照下述有关“直接人工的分配”的规定进行分配计入各有关产品成本的“直接人工”项目。

（四）制造费用

制造费用，是指小企业生产车间（部门）为生产产品和提供劳务而发生的各项间接费用。制造费用是一种间接生产成本，包括小企业生产车间（部门）管理人员的职工薪酬、折旧费、机物料消耗、固定资产修理费、办公费、水电费、劳动保护费、季节性和修理期间的停工损失等。

制造费用的内容比较复杂，为减少成本项目，简化核算工作，可将性质相同的费用合并设立相应的成本项目，如将用于产品生产的固定资产的折旧费合并设立“折旧费”项目，也可根据费用比重大小和管理上的要求另行设立制造费用项目。但是，为了使各期产品生产成本资料可比，制造费用项目一经确定，不得随意变更。制造费用应通过“制造费用”账户进行归集，月末按照一定的方法分配转入有关成本计算对象。

由于生产的特点、各种费用支出的比重及成本管理和核算的要求不同，小企业可根据具体情况，增设“废品损失”“停工损失”等成本项目。

五、小企业直接人工和制造费用的分配

小企业在生产产品的过程中发生的直接人工和制造费用，如果能够直接计入有关的成本核算对象，则应直接计入该成本核算对象。否则，应按照科学合理一致的方法分配计入有关成本核算对象。分配方法一经确定，不得随意变更。

（一）小企业直接人工的分配

如果小企业生产车间同时生产几种产品，则其发生的直接人工应采用合理方法分配计入各产品成本中。由于工资形成的方式不同，直接人工的分配方法也不同。例如，按计时工资或者按计件工资分配直接人工。

1. 按计时工资分配直接人工

计时工资一般是依据生产工人出勤记录和月标准工资计算，因而不能反映生产工人工资的用途。所以，计时生产工人工资一般是以按出勤时间计算的计时工资为基数，以产品生产耗用的生产工时为分配标准。其计算公式如下：

$$\text{直接人工分配率}=\frac{\text{本期产生的直接人工}}{\text{各产品耗用的实际工时（或定额工时）之和}}$$

某产品负担的直接人工 = 该产品耗用的实际工时（或定额工时）数 × 直接人工分配率

2. 按计件工资分配直接人工

计件工资下，直接人工的分配可根据产量和每件人工费率，分别产品进行汇总，计算出每种产品应负担的直接人工。

（二）小企业制造费用的分配

制造费用一般应先分配辅助生产的制造费用，将其计入辅助生产成本，然后再分配辅助生产成本，将其中应由基本生产负担的制造费用计入基本生产的制造费用，最后再分配基本生产的制造费用。由于小企业各个生产车间（部门）的生产任务、技术装备程度、管理水平和费用水准各不相同，因此，制造费用一般应按生产车间或部门先进行归集，不应将各车间的制造费用汇总，在企业范围内统一分配。

制造费用按车间归集后，再根据制造费用的性质，合理选择方法进行分配。也就

是说，小企业所选择的制造费用分配方法，必须与制造费用的发生具有较密切的相关性，并且使分配到每种产品上的制造费用金额科学合理，同时，还应适当考虑计算手续的简便。在各种产品之间分配制造费用的方法，通常有按生产工人工资、按生产工人工时、按机器工时、按耗用原材料的数量或成本、按直接费用（直接材料和直接人工之和）及按产成品产量等。

1. 按生产工人工资分配制造费用

即按照各种产品的生产工人工资的比例分配制造费用。计算公式如下：

$$\text{某种产品应负担的制造费用}=\frac{\text{制造费用总额}}{\text{车间生产工人工资总额}}\times\text{某种产品的生产工人工资额}$$

2. 按生产工人工时分配制造费用

即按照各种产品的生产工人工时数的比例分配制造费用。计算公式如下：

$$\text{某种产品应负担的制造费用}=\frac{\text{制造费用总额}}{\text{车间生产工人工资总额}}\times\text{某种产品的生产工人工时数}$$

3. 按机器工时分配制造费用

即按照各种产品的机器工作小时数的比例分配制造费用。计算公式如下：

$$\text{某种产品应负担的制造费用}=\frac{\text{制造费用总额}}{\text{机器工作总时数}}\times\text{某种产品的机器工作时数}$$

4. 按耗用原材料的数量或成本分配制造费用

即按照各种产品所耗用的原材料的数量或成本的比例分配制造费用。计算公式如下：

$$\text{某种产品应负担的制造费用}=\frac{\text{制造费用总额}}{\text{耗用原材料的数量（或成本）总数}}\times\text{某种产品所耗用的原材料的数量（或成本）}$$

5. 按直接费用（直接材料和直接人工之和）分配制造费用

即按照计入各种产品的直接费用（直接材料和直接人工之和）的比例分配制造费用。计算公式如下：

$$\text{某种产品应负担的制造费用}=\frac{\text{制造费用总额}}{\text{各种产品的直接费用总额}}\times\text{某种产品的直接费用}$$

6. 按产成品产量分配制造费用

即按各种产品的实际产量（或标准产量）的比例分配制造费用。其中，某种产品的标准产量，是通过将该种产品的实际产量乘以换算标准产量的系数而求得的。计算公式如下：

$$\text{某种产品应负担的制造费用}=\frac{\text{制造费用总额}}{\text{各种产品的实际产量（或标准产量）}}\times\text{某种产品的实际产量（或标准产量）}$$

以上各种分配方法，通常是以各月生产车间或部门的制造费用实际发生额进行分配的。

为简化核算，小企业也可以按预定分配率（或称计划分配率）进行分配。预定分配率的计算公式如下：

$$\text{某种产品应负担的制造费用}=\frac{\text{制造费用总额}}{\text{全年预计业务量（机器工时、生产工人工资等）}}\times\text{某种产品的当月实际业务量（机器工时、生产工人工资等）}$$

采用这一方法时，全年各月实际生产数与已分配数之间的差额，除其中属于为次年开工生产做准备的可留待明年分配外，其余的都应当在当年年度终了时调整本年度的产品成本。

六、小企业辅助生产成本的归集与分配

属于辅助生产车间为生产产品提供的动力等直接费用，可以先作为辅助生产成本进行归集，然后按照合理的方法分配计入基本生产成本；也可以直接计入所生产产品发生的生产成本。据此，小企业对辅助生产成本的核算有两种方式可供选择，但一经确定，不得随意变更。

（一）单独核算辅助生产成本

即小企业对辅助生产车间发生的各项成本单独设置“生产成本——辅助生产成本”明细科目或“辅助生产成本”科目进行核算。

辅助生产成本的归集是通过“生产成本——辅助生产成本”明细账或“辅助生产成本”总账及明细账进行的。一般按照车间、产品和劳务设立明细账。当辅助生产发生各项成本时计入“辅助生产成本”总账及所属明细账。一般情况下，辅助生产的制造费用与基本生产的制造费用一样，先通过“制造费用”科目进行单独归集，然后再转入“辅助生产成本”科目。对于辅助生产车间规模很小、制造费用很少且辅助生产不对外提供产品和劳务的，为简化核算工作，辅助生产的制造费用也可以不通过“制造费用”科目，而直接记入“辅助生产成本”科目。辅助生产的分配应通过辅助生产费用分配表进行。辅助生产费用的分配方法很多，通常采用直接分配法、交互分配法、计划成本分配法、顺序分配法和代数分配法等。

（二）不单独核算辅助生产成本

即小企业对辅助生产车间发生的各项成本不单独设置“生产成本——辅助生产成本”明细科目或“辅助生产成本”科目进行核算，而是直接记入“生产成本”科目。

七、小企业产品成本计算方法

小企业在进行产品成本计算时，应当根据其生产经营特点、生产经营组织类型和成本管理要求，确定成本计算方法。成本计算方法主要有品种法、分批法和分步法三种。

（一）品种法

品种法，是指以产品品种作为成本核算对象，归集和分配生产成本，计算产品成本的一种方法。这种方法适用于单步骤、大量生产的小企业，如供水、采掘等企业。在这种类型的生产中，产品的生产技术过程不能从技术上划分步骤，例如，企业或车间的规模较小，或者车间是封闭的，也就是从材料投入到产品产出的全部生产过程都是在一个车间内进行的，或者生产按流水线组织，管理上不要求按照生产步骤计算产品成本，都可以按照品种计算产品成本。

品种法计算成本的主要特点：

一是成本核算对象是产品品种。如果企业只生产一种产品，全部生产成本都是直接成本，可直接计入该产品生产成本明细账的有关成本项目中，不存在在各种成本核算对象之间分配成本的问题。如果生产多种产品，间接生产成本则要采用适当的方法，在各成本核算对象之间进行分配。

二是品种法下一般定期（每月月末）计算产品成本。

三是如果企业月末有在产品，要将生产成本在完工产品和在产品之间进行分配。

（二）分批法

分批法，是指以产品的批别作为产品成本核算对象，归集和分配生产成本，计算产品成本的一种方法。这种方法主要适用于单件、小批生产的小企业，如造船、重型机器制造、精密仪器制造等，也可用于一般企业中的新产品试制或试验的生产、在建工程以及设备修理作业等。

分批法计算成本的主要特点有：

一是成本核算对象是产品的批别。由于产品的批别大多是根据销货订单确定的，因此，这种方法又称订单法。成本核算对象是购买者事先定货或企业规定的产品批别。

二是产品成本的计算是与生产任务通知单的签发和结束紧密配合的，因此产品成本计算是不定期的。成本计算期与产品生产周期基本一致，但与财务报告期不一致。

三是由于成本计算期与产品的生产周期基本一致，因此在计算月末在产品成本时，一般不存在在完工产品和在产品之间分配成本的问题。

（三）分步法

分步法，是指以生产过程中各个加工步骤（分品种）为成本核算对象，归集和分配生产成本，计算各步骤半成品和最后产成品成本的一种方法。这种方法适用于大量大批的多步骤生产，如冶金、纺织、机械制造等。在这类小企业中，产品生产可以分为若干个生产步骤的成本管理，通常不仅要求按照产品品种计算成本，而且还要求按照生产步骤计算成本，以便为考核和分析各种产品及各生产步骤成本计划的执行情况提供资料。

分步法计算成本的主要特点有：

一是成本核算对象是各种产品的生产步骤。

二是月末为计算完工产品成本，还需要将归集在生产成本明细账中的生产成本在完工产品和在产品之间进行分配。

三是除了按品种计算和结转产品成本外，还需要计算和结转产品的各步骤成本。其成本核算对象是各种产品及其所经过的各个加工步骤。如果小企业只生产一种产品，则成本核算对象就是该种产品及其所经过的各个生产步骤。其成本计算期是固定的，与产品的生产周期不一致。

八、小企业基本生产成本在完工产品和在产品之间的归集和分配

每月月末，当月生产成本明细账中按照成本项目归集了本月生产成本以后，这些成本就是本月发生的生产成本，但并不是本月完工产品的成本。计算本月完工产品成本，还需要将本月发生的生产成本加上月初在产品成本，然后再将其在本月完工产品和月末在产品之间进行分配，以求得本月完工产品成本。对某个车间或生产步骤而言，在产品只包括该车间或该生产步骤正在加工中的那部分在产品。

完工产品和在产品成本之间的关系如下：

本月完工产品成本＝本月发生的生产成本＋月初在产品成本－月末在产品成本

根据这一关系，结合生产特点，小企业应当根据在产品数量的多少、各月在产品数量变化的大小、各项成本比重的大小以及定额管理基础的好坏等具体条件，采用适当的分配方法将直接材料、直接人工和制造费用等基本生产成本在完工产品和在产

品之间进行分配。常用的分配方法有：不计算在产品成本法、在产品按固定成本计价法、在产品按所耗直接材料计价法、约当产量比例法、在产品按定额成本计价法、定额比例法等。这里，重点介绍一下较为常用的约当产量比例法。

采用约当产品比例法，应将月末在产品数量按其完工程度折算为相当于完工产品的产量，即约当产量，然后将产品应负担的全部成本按照完工产品产量与月末在产品约当产量的比例分配计算完工产品成本和月末在产品成本。这种方法适用产品数量较多，各月在产品数量变化也较大，且生产成本中直接材料成本和直接人工等加工成本的比重相差不大的产品。其计算公式如下：

$$\text{在产品约当产量}=\text{在产品数量}\times\text{完工程度}$$

$$\text{单位成本}=\frac{\text{月初在产品成本}+\text{本月发生生产成本}}{\text{完工产品产量}+\text{在产品约当产量}}$$

$$\text{完工产品成本}=\text{完工产品产量}\times\text{单位成本}$$

$$\text{在产品成本}=\text{在产品约当产量}\times\text{单位成本}$$

需要说明的是，在很多加工生产中，材料是在生产开始时一次投入的。这时，在产品无论完工程度如何，都应和完工产品负担同样的材料成本。如果材料是随着生产过程陆续投入的，则应按照各工序投入的材料成本在全部材料成本中所占的比例计算在产品的约当产量。

注意事项

在实务中，小企业在生产产品的过程中可能出现联产品的情况。联产品，是指使用同种原料，经过同一生产过程同时生产出来的两种或两种以上的主要产品。例如，炼油厂，通常是投入原油后，经过某个加工过程，可以生产出汽油、轻柴油、重柴油和气体四种联产品。

在分离点以前发生的成本，称为联合成本。分离点，是指在联产品生产中，投入相同原料，经过同一生产过程，分离为各种联产品的时点。分离后的联产品，有的可以直接销售，有的还需进一步加工，才可供销售。

联产品成本的计算，通常分为两个阶段进行：一是联产品分离前发生的生产费用即联合成本，可按一个成本核算对象设置一个成本明细账进行归集，然后将其总额按一定分配方法（如售价法、实物数量法等），在各联产品之间进行分配；二是分离后按各种产品分别设置明细账，归集其分离后所发生的加工成本。

（一）售价法

在售价法下，联合成本是以分离点上每种产品的销售价格为比例进行分配的。采用这种方法，要求每种产品在分离点时的销售价格有可靠的计量。

如果联产品在分离点上即可供销售，则可采用销售价格进行分配。如果这些产品尚需要进一步加工后才可供销售，则需要对分离点上的销售价格进行估计。此时，也可采用可变现净值进行分配。

（二）实物数量法

采用实物数量法时，联合成本是以产品的实物数量为基础分配的。这里的"实物数量"可以是数量、重量。实物数量法通常适用于所生产的产品的价格很不稳定或无法直接确定。

$$单位数量（或重量）成本=\frac{联合成本}{各联产品总数量（总重量）}$$

还需要说明的是，在分配主产品和副产品的基本生产成本时，通常先确定副产品的基本生产成本，将其差额确定为主产品的基本生产成本。副产品，是指在同一生产过程中，使用同种原料，在生产主要产品的同时附带生产出来的非主要产品。它的产量取决于主产品的产量，随主产品产量的变动而变动，如甘油是生产肥皂这个主产品时的副产品。由于副产品价值相对较低，而且在全部产品生产中所占的比重较小，因而可以采用简化的方法确定其成本；然后从总成本中扣除，其余额就是主产品的成本。例如，副产品可以按预先规定的固定单价确定成本。

记账小知识

生产成本

生产成本见表4-1：

表 4-1　生产成本表

编号	会计科目名称	科目核算内容	特殊规定	明细科目设置	主要账务处理	科目余额反映内容
4001	生产成本	“生产成本”科目核算小企业进行工业性生产发生的各项生产成本。包括：生产各种产品（产成品、自制半成品等）、自制材料、自制工具、自制设备等。	小企业对外提供劳务发生的成本，可将“生产成本”科目改为“4001 劳务成本”科目，或单独设置“4002 劳务成本”科目进行核算。	“生产成本”科目可按照基本生产成本和辅助生产成本进行明细核算。	（一）小企业发生的各项直接生产成本，借记“生产成本”科目（基本生产成本、辅助生产成本），贷记“原材料”“库存现金”“银行存款”“应付职工薪酬”等科目。 各生产车间应负担的制造费用，借记“生产成本”科目（基本生产成本、辅助生产成本），贷记“制造费用”科目。 （二）辅助生产车间为基本生产车间、管理部门和其他部门提供的劳务和产品，可在月末按照一定的分配标准分配给各受益对象，借记“生产成本”科目（基本生产成本）、“销售费用”“管理费用”“其他业务成本”“在建工程”等科目，贷记“生产成本”科目（辅助生产成本）；也可在提供相关劳务和产品时，借记“生产成本”科目、“销售费用”“管理费用”“其他业务成本”“在建工程”等科目，贷记“原材料”“库存现金”“银行存款”“应付职工薪酬”等科目。 （三）小企业已经生产完成并已验收入库的产成品以及入库的自制半成品，可在月末，借记“库存商品”等科目，贷记“生产成本”科目（基本生产成本）。	“生产成本”科目期末借方余额，反映小企业尚未加工完成的在产品成本。

制造费用

制造费用见表 4-2：

表 4-2 制造费用表

编号	会计科目名称	科目核算内容	特殊规定	明细科目设置	主要账务处理	科目余额反映内容
4101	制造费用	“制造费用”科目核算小企业生产车间（部门）为生产产品和提供劳务而发生的各项间接费用。	小企业经过1年期以上的制造才能达到预定可销售状态的产品发生的借款费用，也在“制造费用”科目核算。 小企业行政管理部门为组织和管理生产经营活动而发生的管理费用，在“管理费用”科目核算，不在“制造费用”科目核算。	“制造费用”科目应按照不同的生产车间、部门和费用项目进行明细核算。	（一）生产车间发生的机物料消耗和固定资产修理费，借记“制造费用”科目，贷记“原材料”“银行存款”等科目。 （二）发生的生产车间管理人员的工资等职工薪酬，借记“制造费用”科目，贷记“应付职工薪酬”科目。 （三）生产车间计提的固定资产折旧费，借记“制造费用”科目，贷记“累计折旧”科目。 （四）生产车间支付的办公费、水电费等，借记“制造费用”科目，贷记“银行存款”“应付利息”等科目。 （五）发生季节性和修理期间的停工损失，借记“制造费用”科目，贷记“原材料”“应付职工薪酬”“银行存款”等科目。 （六）小企业经过1年期以上的制造才能达到预定可销售状态的产品在制造完成之前发生的借款利息，在应付利息日根据借款合同利率计算确定的利息费用，借记“制造费用”科目，贷记“应付利息”科目。制造完成之后发生的利息费用，借记“财务费用”科目，贷记“应付利息”科目。 （七）将制造费用分配计入有关的成本核算对象，借记“生产成本——基本生产成本、辅助生产成本”等科目，贷记“制造费用”科目。 （八）季节性小生产企业制造费用全年实际发生额与分配额的差额，除其中属于为下一年开工生产做准备的可留待下一年分配外，其余部分实际发生额大于分配额的差额，借记“生产成本——基本生产成本”科目，贷记“制造费用”科目；实际发生额小于分配额的差额，作相反的会计分录。	除季节性的生产性小企业外，“制造费用”科目期末应无余额。

研发支出

研发支出见表 4-3：

表 4-3　研发支出表

编号	会计科目名称	科目核算内容	明细科目设置	主要账务处理	科目余额反映内容
4301	研发支出	“研发支出”科目核算小企业进行研究与开发无形资产过程中发生的各项支出。	“研发支出”科目应按照研究开发项目，分别“费用化支出”“资本化支出”进行明细核算。	（一）小企业自行研究开发无形资产发生的研发支出，不满足资本化条件的，借记“研发支出”科目（费用化支出），满足资本化条件的，借记“研发支出”科目（资本化支出），贷记“原材料”“银行存款”“应付职工薪酬”“应付利息”等科目。 （二）研究开发项目达到预定用途形成无形资产的，应按“研发支出”科目（资本化支出）的余额，借记“无形资产”科目，贷记“研发支出”科目（资本化支出）。 月末，应将“研发支出”科目归集的费用化支出金额转入“管理费用”科目，借记“管理费用”科目，贷记“研发支出”科目（费用化支出）。	“研发支出”科目期末借方余额，反映小企业正在进行的无形资产开发项目满足资本化条件的支出。

工程施工

工程施工见表 4-4：

表 4-4　工程施工表

编号	会计科目名称	科目核算内容	明细科目设置	主要账务处理	科目余额反映内容
4401	工程施工	“工程施工”科目核算小企业（建筑业）实际发生的各种工程成本。	“工程施工”科目应按照建造合同项目分别“合同成本”和“间接费用”进行明细核算。	（一）小企业进行合同建造时发生的人工费、材料费、机械使用费以及施工现场材料的二次搬运费、生产工具和用具使用费、检验试验费、临时设施折旧费等其他直接费用，借记“工程施工”科目（合同成本），贷记“应付职工薪酬”“原材料”等科目。 发生的施工、生产单位管理人员职工薪酬、财产保险费、工程保修费、固定资产折旧费等间接费用，借记“工程施工”科目（间接费用），贷记“累计折旧”“银行存款”等科目。 期（月）末，将间接费用分配计入有关合同成本，借记“工程施工”科目（合同成本），贷记“工程施工”科目（间接费用）。 （二）确认合同收入和合同费用时，借记“应收账款”“预收账款”等科目，贷记“主营业务收入”科目；按照应结转的合同成本，借记“主营业务成本”科目，贷记“工程施工”科目（合同成本）。	“工程施工”科目期末借方余额，反映小企业尚未完工的建造合同成本和合同毛利。

机械作业

机械作业见表4-5：

表4-5 机械作业表

编号	会计科目名称	科目核算内容	特殊规定	明细科目设置	主要账务处理	科目余额反映内容	备注
4403	机械作业	“机械作业”科目核算小企业（建筑业）及其内部独立核算的施工单位、机械站和运输队使用自有施工机械和运输设备进行机械作业（含机械化施工和运输作业等）所发生的各项费用。	小企业及其内部独立核算的施工单位，从外单位或本企业其他内部独立核算的机械站租入施工机械发生的机械租赁费，在“工程施工”科目核算，不在“机械作业”科目核算。	“机械作业”科目应按照施工机械或运输设备的种类等进行明细核算。	（一）小企业发生的机械作业支出，借记“机械作业”科目，贷记“原材料”“应付职工薪酬”“累计折旧”等科目。 （二）期（月）末，小企业及其内部独立核算的施工单位、机械站和运输队为本企业承包的工程进行机械化施工和运输作业的成本，应转入承包工程的成本，借记“工程施工”科目，贷记“机械作业”科目。 对外单位、专项工程等提供机械作业（含运输设备）的成本，借记“生产成本（或劳务成本）”科目，贷记“机械作业”科目。	“机械作业”科目期末应无余额。	小企业内部独立核算的机械施工、运输单位使用自有施工机械或运输设备进行机械作业所发生的各项费用，应按照成本核算对象和成本项目进行归集。 成本项目一般分为：职工薪酬、燃料及动力费、折旧及修理费、其他直接费用、间接费用（为组织和管理机械作业生产所发生的费用）。

第三节 小企业营业成本方面会计

一、小企业所销售商品的成本

这种营业成本主要是针对小制造业企业和批发、零售业小企业而言。小企业（工业）使用材料、人工、机器设备生产产品，最终通过销售产品实现收入和利润。产品未完成之前，生产所耗费的材料费、人工费、机器设备的折旧费和修理费以及生产车间的制造费用等构成了产品的成本，体现为存货（如生产成本、库存商品）。小企业对外销售了所生产的产品，实现了销售收入，在这种情况下，应结转所售产品的生产成本，就构成了销售产品的当期营业成本。

小企业（批发业、零售业）购入商品为了对外销售实现收入和利润。该类小企业所购入商品未对外销售之前体现为存货（如库存商品）。小企业对外销售了所购入的商品，实现了销售收入，在这种情况下，应结转所售商品的购入成本，就构成了销售商品的当期营业成本。

二、小企业所提供劳务的成本

这种营业成本主要是针对服务业小企业而言。小企业（交通运输业等）通过对外提供服务实现收入和利润。小企业在对外提供服务过程中也要耗费材料、人工和机器设备等，在服务未履行完成之前，形成了小企业的存货（如劳务成本）。小企业履行完成了服务，实现了收入，在这种情况下，应结转所提供服务的成本，就构成了提供劳务的当期营业成本。

记账小知识

主营业务成本

主营业务成本见表 4-6：

表 4-6　主营业务成本表

编号	会计科目名称	科目核算内容	明细科目设置	主要账务处理	科目余额
5401	主营业务成本	“主营业务成本”科目核算小企业确认销售商品或提供劳务等主营业务收入应结转的成本。	“主营业务成本”科目应按照主营业务的种类进行明细核算。	（一）月末，小企业可根据本月销售各种商品或提供各种劳务实际成本，计算应结转的主营业务成本，借记“主营业务成本”科目，贷记“库存商品”“生产成本”“工程施工”等科目。 （二）本月发生的销售退回，可以直接从本月的销售数量中减去，得出本月销售的净数量，然后计算应结转的主营业务成本，也可以单独计算本月销售退回成本，借记“库存商品”等科目，贷记“主营业务成本”科目。	月末，可将“主营业务成本”科目的余额转入“本年利润”科目，结转后“主营业务成本”科目应无余额。

其他业务成本

其他业务成本见表4-7：

表4-7 其他业务成本表

编号	会计科目名称	科目核算内容	明细科目设置	主要账务处理	科目余额反映内容
5402	其他业务成本	“其他业务成本”科目核算小企业确认的除主营业务活动以外的其他日常生产经营活动所发生的支出。包括：销售材料的成本、出租固定资产的折旧费、出租无形资产的摊销额等。	“其他业务成本”科目应按照其他业务成本的种类进行明细核算。	小企业发生的其他业务成本，借记“其他业务成本”科目，贷记“原材料”“周转材料”“累计折旧”“累计摊销”“银行存款”等科目。	月末，可将“其他业务成本”科目余额转入“本年利润”科目，结转后“其他业务成本”科目应无余额。

第四节　小企业营业税金及附加方面会计

小企业营业税金及附加，实际上是指小企业除企业所得税、允许抵扣的增值税以外的各种税金及附加。企业所得税在“所得税费用”中反映，允许抵扣的增值税在“应交税费——应交增值税（进项税额）”中反映。

营业税金及附加通常是小企业与税务机关或财政部门之间发生税务关系。但是小企业向税务机关缴纳的税收滞纳金及罚款不构成营业税金及附加，而应作为营业外支出。

在进行账务处理时，无论是主营业务还是其他业务发生的营业税金及附加，均在“营业税金及附加”核算，而不应在“主营业务成本”科目和“其他业务成本”科目核算。但是，与最终确认为营业外收入或营业外支出的交易或事项（即小企业非日常活动产生的）相关的税费均不在“营业税金及附加”科目核算，而分别在“固定资产清理”“营业外收入”“营业外支出”等科目核算。

记账小知识

营业税金及附加

营业税金及附加见表4-8：

表4-8　营业税金及附加表

编号	会计科目名称	科目核算内容	特殊规定	明细科目设置	主要账务处理	科目余额反映内容
5403	营业税金及附加	“营业税金及附加”科目核算小企业开展日常生产经营活动应负担的消费税、城市维护建设税、资源税、土地增值税、城镇土地使用税、房产税、车船税、印花税和教育费附加、矿产资源补偿费、排污费等相关税费。	与最终确认营业外收入或营业外支出相关的税费，在“固定资产清理”“无形资产”等科目核算，不在“营业税金及附加”科目核算。	“营业税金及附加”科目应按照税费种类进行明细核算。	小企业按照规定计算确定的与其日常生产经营活动相关的税费，借记“营业税金及附加”科目，贷记“应交税费”等科目。	月末，可将“营业税金及附加”科目余额转入“本年利润”科目，结转后“营业税金及附加”科目应无余额。

第五节　小企业期间费用方面会计

一、小企业销售费用

（1）小企业销售费用是小企业在销售商品或提供劳务过程中发生的各种费用。这是区分销售费用与营业成本、管理费用和财务费用的关键所在。销售费用包括：销售人员的职工薪酬、商品维修费、运输费、装卸费、包装费、保险费、广告费、业务宣传费和展览费等。

（2）小企业（批发业、零售业）在购买商品过程中发生的费用（包括：运输费、装卸费、包装费、保险费、运输途中的合理损耗和入库前的挑选整理费等）也构成销售费用。这一规定与《企业会计准则》的规定不同，《企业会计准则》要求这些费用计入所购入商品的成本，在所购入商品未对外销售之前一同构成企业的存货。但是，《企业所得税法》规定这些费用在计算应纳税所得额时企业可以直接计入当期销售费用。因此，《小企业会计准则》为了简化核算，便于小企业执行，减轻纳税调整负担也将这些作为销售费用的组成部分来规定。

（3）小企业在实务中如果实际发生了销售佣金、代销手续费、经营性租赁费、销售部门的差旅费等费用也计入销售费用。与《企业所得税法实施条例》第三十条对销售费用的规定相一致。

记账小知识

销售费用

销售费用见表4-9：

表4-9 销售费用表

编号	会计科目名称	科目核算内容	特殊规定	明细科目设置	主要账务处理	科目余额反映内容
5601	销售费用	“销售费用”科目核算小企业在销售商品或提供劳务过程中发生的各种费用。包括：销售人员的职工薪酬、商品维修费、运输费、装卸费、包装费、保险费、广告费和业务宣传费、展览费等费用。	小企业（批发业、零售业）在购买商品过程中发生的费用（包括：运输费、装卸费、包装费、保险费、运输途中的合理损耗和入库前的挑选整理费等），也在“销售费用”科目核算。	“销售费用”科目应按照费用项目进行明细核算。	小企业在销售商品或提供劳务过程中发生的销售人员的职工薪酬、商品维修费、运输费、装卸费、包装费、保险费、广告费、业务宣传费、展览费等费用，借记“销售费用”科目，贷记“库存现金”“银行存款”等科目。 小企业（批发业、零售业）在购买商品过程中发生的运输费、装卸费、包装费、保险费、运输途中的合理损耗和入库前的挑选整理费等，借记“销售费用”科目，贷记“库存现金”“银行存款”“应付账款”等科目。	月末，可将“销售费用”科目余额转入“本年利润”科目，结转后“销售费用”科目应无余额。

二、小企业财务费用

（1）财务费用是指小企业为筹集生产经营所需资金发生的筹资费用。财务费用包括：利息费用（减利息收入）、汇兑损失、银行相关手续费、小企业给予的现金折扣（减享受的现金折扣）等费用。

（2）利息费用（减利息收入）、汇兑损失、银行相关手续费计入财务费用的前提不符合《小企业会计准则》第二十八条固定资产所规定的借款费用资本化的条件。

（3）财务费用中的利息费用应从以下几个方面来理解：

①小企业的利息费用既包括小企业向金融企业借款的利息费用，也包括向非金融企业或个人借款的利息费用。

②小企业的利息费用既包括短期借款的利息费用，也包括长期借款的利息费用，还包括小企业将持有的未到期商业汇票向银行贴现支付的贴现利息。

③小企业从金融企业或非金融企业取得的利息收入，应冲减当期财务费用。这里的利息收入仅指小企业取得的存款利息收入和欠款利息收入。存款利息是小企业将自有资金存入银行，从而由银行向其定期支付的利息收入。欠款利息是其他企业或个人不能按期履行对小企业支付款项的义务，而使得本来应该属于小企业的资金在一段时间内仍属于有支付款项义务的企业或个人所有而支付的利息收入。对于债券的利息收入应当计入投资收益，而不是冲减财务费用。

④最终计入财务费用的利息费用实际上是利息净支出，利息费用扣除利息收入后的净额，一旦出现了利息净收入的情况，也应计入当期财务费用，即冲减财务费用。

（4）财务费用中的银行相关手续费，是指小企业与银行开展中间业务而向银行支付的手续费，如小企业向银行支付承兑汇票的手续费。

（5）汇兑损失计入财务费用，如果产生的是汇兑收益，应当计入营业外收入而不是冲减财务费用。

记账小知识

财务费用

财务费用见表 4-10：

表 4-10 财务费用表

编号	会计科目名称	科目核算内容	特殊规定	明细科目设置	主要账务处理	科目余额反映内容
5603	财务费用	“财务费用”科目核算小企业为筹集生产经营所需资金发生的筹资费用。包括：利息费用（减利息收入）、汇兑损失、银行相关手续费、小企业给予的现金折扣（减享受的现金折扣）等费用。	小企业为购建固定资产、无形资产和经过1年期以上的制造才能达到预定可销售状态的存货发生的借款费用，在“在建工程”“研发支出”“制造费用”等科目核算，不在“财务费用”科目核算。 小企业发生的汇兑收益，在“营业外收入”科目核算，不在“财务费用”科目核算。	“财务费用”科目应按照费用项目进行明细核算。	（一）小企业发生的利息费用、汇兑损失、银行相关手续费、给予的现金折扣等，借记“财务费用”科目，贷记“应付利息”“银行存款”等科目。 （二）持未到期的商业汇票向银行贴现，应当按照实际收到的金额（即减去贴现息后的净额），借记“银行存款”科目，按照贴现息，借记“财务费用”科目，按照商业汇票的票面金额，贷记“应收票据”科目（银行无追索权情况下）或“短期借款”科目（银行有追索权情况下）。 （三）发生的应冲减财务费用的利息收入、享受的现金折扣等，借记“银行存款”等科目，贷记“财务费用”科目。	月末，可将“财务费用”科目余额转入“本年利润”科目，结转后“财务费用”科目应无余额。

三、小企业管理费用

（1）管理费用是小企业为组织和管理生产经营发生的其他费用。管理费用实际上也是一个兜底概念，小企业发生的费用，在具体界定其类型时，如果不属于营业成本，不属于营业税金及附加，不属于销售费用，也不属于财务费用，则应全部归为管理费用，从而保证了小企业费用范围的完整性。

（2）管理费用所包括的内容非常广泛，不仅仅指小企业行政管理部门发生的费用。它具体包括以下方面：

①小企业在筹建期间内发生的开办费。

②行政管理部门发生的费用，包括固定资产折旧费、修理费、办公费、水电费、差旅费、管理人员的职工薪酬等。

③业务招待费。

④研究费用、技术转让费。

⑤相关长期待摊费用摊销。

⑥财产保险费。

⑦法律、会计事务方面的费用，包括聘请中介机构费、咨询费（含顾问费）、诉讼费。

⑧其他费用。

（3）对于小企业在筹建期间内发生的开办费，国家税务总局2009年发布的《国家税务总局关于企业所得税若干税务事项衔接问题的通知》（国税函〔2009〕98号）规定：新税法中开（筹）办费未明确列作长期待摊费用，企业可以在开始经营之日的当年一次性扣除，也可以按照新税法有关长期待摊费用的处理规定处理，但一经选定，不得改变。《小企业会计准则》为了简化核算，同时考虑资产定义的要求，规定小企业在筹建期间内发生的开办费直接作为管理费用，计入筹建当期的管理费用，而不得分期计入管理费用。这样做，一是符合《企业所得税法》的相关规定，二是考虑了资产和费用的概念要求，三是有助于维护小企业债权人利益，四是与企业会计准则保持了一致。

（4）管理费用中的聘请中介机构费是指小企业聘请会计师事务所或资产评估事务所进行查账、验资、资产评估、清账等发生的费用。咨询费是指小企业向有关咨询机构进行生产技术经营管理咨询所支付的费用或支付给其经济顾问、法律顾问、技术顾问的费用。诉讼费是指小企业向人民法院起诉或应诉而支付的费用。

（5）管理费用中相关长期待摊费用摊销，是指小企业按照《小企业会计准则》对相关长期待摊费用进行摊销时，计入管理费用的金额。这里强调“相关长期待摊费用摊销”意味着，并非所有长期待摊费用的摊销金额全部计入管理费用。这是因为，《小企业会计准则》第四十三条和第四十四条规定，小企业的长期待摊费用包括：已提足折旧的固定资产的改建支出、经营租入固定资产的改建支出、固定资产大修理支出和其他长期待摊费用等。长期待摊费用应当在其摊销期限内采用年限平均法进行摊销，计入相关资产的成本或管理费用，也就是说，长期待摊费用的摊销额的列支渠道取决于其受益对象，如果受益对象是小企业的生产车间或生产的产品，则其摊销额应计入生产成本或制造费用，如果受益对象是小企业的销售机构，则其摊销额应计入销售费用，如果受益对象是小企业的行政管理部门，则其摊销额应计入管理费用。

（6）小企业在实务中如果实际发生了行政管理部门的物料消耗和低值易耗品摊销、土地使用费、土地补偿损失费、消防费、绿化费、外事费和商标注册费等费用也计入管理费用。与《企业所得税法实施条例》第三十条对管理费用的规定相一致。

记账小知识

管理费用

管理费用见表4-11：

表4-11 管理费用表

编号	会计科目名称	科目核算内容	特殊规定	明细科目设置	主要账务处理	科目余额反映内容
5602	管理费用	“管理费用”科目核算小企业为组织和管理生产经营发生的其他费用。包括：小企业在筹建期间内发生的开办费、行政管理部门发生的费用（包括：固定资产折旧费、修理费、办公费、水电费、差旅费、管理人员的职工薪酬等）、业务招待费、研究费用、技术转让费、相关长期待摊费用摊销、财产保险费、聘请中介机构费、咨询费（含顾问费）、诉讼费等费用。	小企业（批发业、零售业）管理费用不多的，可不设置“管理费用”科目，“管理费用”科目的核算内容可并入“销售费用”科目核算。	“管理费用”科目应按照费用项目进行明细核算。	（一）小企业在筹建期间内发生的开办费（包括：相关人员的职工薪酬、办公费、培训费、差旅费、印刷费、注册登记费以及不计入固定资产成本的借款费用等费用），在实际发生时，借记“管理费用”科目，贷记“银行存款”等科目。 （二）行政管理部门人员的职工薪酬，借记“管理费用”科目，贷记“应付职工薪酬”科目。 （三）行政管理部门计提的固定资产折旧费和发生的修理费，借记“管理费用”科目，贷记“累计折旧”“银行存款”等科目。 （四）行政管理部门发生的办公费、水电费、差旅费，借记“管理费用”科目，贷记“银行存款”等科目。 （五）小企业发生的业务招待费、相关长期待摊费用摊销、技术转让费、财产保险费、聘请中介机构费、咨询费（含顾问费）、诉讼费等，借记“管理费用”科目，贷记“银行存款”“长期待摊费用”等科目。 （六）小企业自行研究无形资产发生的研究费用，借记“管理费用”科目，贷记“研发支出”科目。	月末，可将“管理费用”科目的余额转入“本年利润”科目，结转后“管理费用”科目应无余额。

第5章　小企业利润及其分配方面会计

第一节　小企业利润方面会计

小企业利润，是指小企业在一定会计期间的经营成果，包括营业利润、利润总额和净利润。

一、小企业利润的构成和确认计量

（一）小企业营业利润

是指营业收入减去营业成本、营业税金及附加、销售费用、管理费用、财务费用，加上投资收益（或减去投资损失）后的金额。

前款所称营业收入，是指小企业销售商品和提供劳务所实现的收入总额。投资收益，由小企业股权投资取得的现金股利（或利润）、债券投资取得的利息收入和处置股权投资和债券投资取得的处置价款扣除成本或账面余额、相关税费后的净额三部分构成。

（二）小企业利润总额

是指营业利润加上营业外收入，减去营业外支出后的金额。

（三）小企业净利润

是指利润总额减去所得税费用后的净额。

专家点拨

（1）利润是指小企业在一定会计期间的经营成果。通常情况下，如果小企业实现了利润，表明企业的所有者权益将增加，业绩得到了提升；反之，如果小企业发生了亏损（即利润为负数），表明企业的所有者权益将减少，业绩下降。利润是小企业盈利能力的重要体现。

（2）利润由收入减去费用后的净额、投资收益、营业外收入、营业外支出和所得税费用共同构成。其中，收入减去费用后的净额和投资收益反映小企业日常活动的经营业绩，营业外收入和营业外支出反映小企业非日常活动取得的或发生的。

（3）利润是一个净额概念，利润的确认主要依赖于收入和费用以及营业外收入和营业外支出的确认，其金额的确定也主要取决于收入、费用、营业外收入、营业外支出金额的计量。

（4）利润根据其构成内容的不同，具体可以分为营业利润、利润总额和净利润三个概念。《小企业会计准则》之所以作这种划分，主要考虑有两个：一是反映不同利润的构成内容不同；二是满足多步式列报利润表的需要，便于财务报表的使用者理解小企业经营成果的不同来源。《小企业会计准则》要求小企业利润表采用多步式编制和列示。3 个利润概念实际上是编制利润表的 3 个步骤。

小知识

相关比较

《企业所得税法实施条例》为了公平税负、保证国家税收从收入、扣除、资产的税务处理三个方面对企业应纳税所得额的计算进行了规定。

（1）《企业所得税法》规定的 9 类收入，从《小企业会计准则》的角度理解，可以归纳为以下三种类型：

第一类，销售货物收入、提供劳务收入、租金收入和特许权使用费收入。

第二类，股息、红利等权益性投资收益、转让财产收入（转让股权、股票、债券取得的收入）和利息收入（债券利息收入）。

第三类，转让财产收入（转让固定资产、生物资产、无形资产等财产取得的收入）、租金收入（出租包装物和商品取得的租金收入）、接受捐赠收入和其他收入。

对于第一类收入，实际上对应于《小企业会计准则》所规定的营业收入。

对于第二类收入，实际上对应于《小企业会计准则》所规定的投资收益。

对于第三类收入，实际上对应于《小企业会计准则》所规定的营业外收入。

（2）《企业所得税法实施条例》规定的 5 类支出，从《小企业会计准则》的角度理解，可以归纳为以下两种类型：

第一类，成本、费用、税金。

第二类，损失和其他支出。

对于第一类支出，实际上对应于《小企业会计准则》所规定的费用。

对于第二类支出，实际上对应于《小企业会计准则》所规定的营业外支出。

（3）《企业所得税法实施条例》规定的固定资产、生物资产、无形资产、长期待摊费用、投资资产、存货等资产的税务处理，实际上对应于《小企业会计准则》所规定的各类资产。

二、小企业营业利润的构成

小企业的营业利润是由营业收入减去营业成本、营业税金及附加、销售费用、管理费用、财务费用，加上投资收益（或减去投资损失）后的金额确定的。

其中：营业收入是指小企业销售商品和提供劳务所实现的收入总额。营业收入与营业成本之间存在配比关系。

投资收益由小企业股权投资取得的现金股利（或利润）、债券投资取得的利息收入和处置股权投资和债券投资取得的处置价款扣除成本或账面余额、相关税费后的净额三部分构成。

营业利润可用公式表示如下：

营业利润 = 营业收入 – 营业成本 – 营业税金及附加 – 销售费用 – 管理费用 – 财务费用 + 投资收益（– 投资损失）

其中：

营业收入 = 主营业务收入 + 其他业务收入 = 销售商品收入 + 提供劳务收入

营业成本 = 主营业务成本 + 其他业务成本 = 销售商品成本 + 提供劳务成本

投资收益 = 现金股利（或利润）+ 债券利息收入 + 处置股权投资和债券投资取得的价款与成本之间的差额

三、小企业利润总额的构成

小企业的利润总额是由营业利润加上营业外收入，减去营业外支出后的金额确定的。

利润总额可用公式表示如下：

利润总额 = 营业利润 + 营业外收入 – 营业外支出

其中：营业外收入和营业外支出反映小企业非日常活动取得的或发生的。

四、小企业净利润的构成

小企业的净利润是由利润总额减去所得税费用后的金额。

净利润可用公式表示如下：

净利润 = 利润总额 – 所得税费用

其中：所得税费用是指小企业按照税法规定计算的当期应纳税额。

注意事项

为了简化核算，便于小企业实务操作，减少按月编制财务报表的负担，《小企业会计准则》允许小企业采用两种方法编制各月利润表，一是“账结法”；二是“表结法”。

（一）账结法

或称“账表一致法”，就是按照《小企业会计准则》所规定的“本年利润”会计科目使用说明，将各收入类、费用类账户的余额在各月月末全部结转至“本年利润”账户，使各收入类和费用类账户月末余额全部清为零，从下月月初开始核算当月各收入类和费用类账户的发生额，直接按照“本年利润”账户的当月发生额编制当月利润表。“本年利润”账户实际上反映的是小企业各月实现的利润，全年 12 个月实现的利润需要将 12 个月的利润表汇总合计后取得。

（二）表结法

或称“调表不调账法”，就是在一个会计年度中间，各个月各收入类和费用类账户发生额不进行结转，累计反映自年初至本月月末止收入、费用的累计发生额，在编制各月利润表时，直接从各收入类和费用类账户当月发生额中分析计算后填列利润表相关项目。在年度终了时，将各收入类和费用类账户的当年发生额合计数一次性结转至“本年利润”账户，根据“本年利润”账户的当年发生额直接编制年度利润表，“本年利润”账户真正反映了小企业全年实现的利润。

记账小知识

投资收益

投资收益见表 5–1：

表5-1　投资收益表

编号	会计科目名称	科目核算内容	明细科目设置	主要账务处理	科目余额反映内容
5111	投资收益	“投资收益”科目核算小企业确认的投资收益或投资损失。	“投资收益”科目应按照投资项目进行明细核算。	（一）对于短期股票投资、短期基金投资和长期股权投资，小企业应当按照被投资单位宣告分派的现金股利或利润中属于本企业的部分，借记“应收股利”科目，贷记“投资收益”科目。 （二）在长期债券投资或短期债券投资持有期间，在债务人应付利息日，按照分期付息、一次还本的长期债券投资或短期债券投资的票面利率计算的利息收入，借记“应收利息”科目，贷记“投资收益”科目；按照一次还本付息的长期债券投资票面利率计算的利息收入，借记“长期债券投资——应计利息”科目，贷记“投资收益”科目。 在债务人应付利息日，按照应分摊的债券溢折价金额，借记或贷记“投资收益”科目，贷记或借记“长期债券投资——溢折价”科目。 （三）出售短期投资、处置长期股权投资和长期债券投资，应当按照实际收到的价款或收回的金额，借记“银行存款”或“库存现金”科目，按照其账面余额，贷记“短期投资”“长期股权投资”“长期债券投资”科目，按照尚未领取的现金股利或利润、债券利息收入，贷记“应收股利”“应收利息”科目，按照其差额，贷记或借记“投资收益”科目。	月末，可将“投资收益”科目余额转入“本年利润”科目，“投资收益”科目结转后应无余额。

第二节　小企业政府补助方面会计

一、政府补助的概念

政府补助是指小企业从政府无偿取得货币性资产或非货币性资产，但不包括政府作为企业所有者投入的资本。

政府包括各级人民政府及其所属部门和机构，如人民政府、财政部门、工信部门、科技部门、税务机关等。

如果政府以企业所有者身份向小企业投入资本，则将拥有小企业相应的所有权，分享小企业利润。在这种情况下，政府与小企业之间的关系是投资者与被投资者的关系，属于互惠交易。这与其他单位或个人对小企业的投资在性质上是一致的，不属于政府补助范畴。政府的资本性投入无论采用何种形式，均不属于政府补助。

《小企业会计准则》规范的政府补助主要有如下两大特征：

（一）无偿性

无偿性是政府补助的基本特征，政府并不因此享有小企业的所有权，小企业将来也不需要向政府偿还。这一特征将政府补助与政府作为小企业所有者投入的资本、政府采购等政府与小企业之间双向、互惠的经济活动区分开来。

政府补助通常附有一定的条件，主要包括：

（1）政策条件。小企业只有符合政府补助政策的规定，才有资格申请政府补助。符合政策规定不一定都能够取得政府补助；不符合政策规定、不具备申请政府补助资格的，不能取得政府补助。

（2）使用条件。小企业已获批准取得政府补助的，应当按照政府规定的用途使用。政府补助通常附有一定的条件，但是这与政府补助的无偿性并无矛盾，并不表明该项补助是有偿的，而是小企业经法定程序申请取得政府补助后，应当按照政府规定的用途和要求使用该项补助。

（二）直接取得资产

政府补助是小企业从政府直接取得的资产，包括货币性资产和非货币性资产，形成小企业的收益。例如，小企业取得政府拨付的补助，先征后返（退）、即征即退等办法返还的税款。

不涉及资产直接转移的经济支持不属于《小企业会计准则》规范的政府补助，例如，政府与小企业间的债务豁免，除税收返还外的税收优惠，如直接减征、免征、抵免税额、加计扣除等。

还需说明的是，增值税出口退税也不属于政府补助。根据《增值税暂行条例》规定，对增值税出口货物实行零税率，即对出口环节的增值部分免征增值税，同时退回出口货物前道环节所征的进项税额。由于增值税是价外税，出口货物前道环节所含的进项税额是抵扣项目，体现为企业垫付资金的性质，增值税出口退税实质上是政府归还企业事先垫付的资金，不属于政府补助。

二、政府补助的形式

政府对小企业的补助表现为政府向小企业转移资产，通常为货币性资产，也可能为非货币性资产。

目前，政府补助的形式主要有财政拨款、财政贴息和税收返还等。具体如下：

（一）财政拨款

财政拨款是政府无偿拨付给小企业的资金，通常在拨款时明确规定了资金用途。例如，财政部门拨付给小企业用于购建固定资产或进行技术改造的专项资金、鼓励小企业安置职工就业而给予的奖励款项、拨付给小企业的粮食定额补贴、拨付小企业开展研发活动的研发经费补助等，均属于财政拨款。

（二）财政贴息

财政贴息是政府为支持特定产业或区域的发展，根据国家宏观经济形势和政策目标，对承贷小企业的银行贷款利息给予的补贴。

财政贴息主要有两种方式：

（1）财政部门将贴息资金直接拨付给受益小企业；

（2）财政部门将贴息资金拨付给向小企业提供贷款的银行，由贷款银行以政策性优惠利率向小企业提供贷款，受益小企业按照实际发生的利率计算和确认利息费用。

（三）税收返还

税收返还是政府按照国家有关规定采取先征后返（退）、即征即退等办法向企业返还的税款，属于以税收优惠形式给予的一种政府补助。但是需要注意的是，增值税出口退税不属于政府补助。

除税收返还外，税收优惠还包括直接减征、免征、抵免税额、加计扣除等形式。这类税收优惠并未直接向企业无偿提供资产，不作为《小企业会计准则》规范的政府补助。

三、政府补助的确认原则

小企业不论通过何种形式（如财政拨款、财政贴息、税收返还）取得的政府补助（如货币性资产和非货币性资产），都应当根据其政策效应划分为与资产相关的政府补助和其他政府补助两类。这一分类要求是为了解决政府补助的确认问题。

（一）与资产相关的政府补助和其他政府补助的概念

与资产相关的政府补助，是指小企业取得的、用于购建或以其他方式形成长期资产的政府补助。例如，小企业收到政府拨付的一笔财政资金，用于资助企业在建的生产线，这笔财政资金就属于与资产相关的政府补助。这类政府补助的目的在于支持小企业通过购建固定资产等长期资产，促进小企业长期发展，或者说，这类政府补助的政策效应会惠及小企业的多个年度，是一种长期效应，通常是通过小企业对长期资产的使用逐步实现的。

其他政府补助，是指除与资产相关的政府补助之外的政府补助。

这类政府补助的目的在于弥补小企业当年或以前年度的经营亏损，也有可能是对小企业未来可能出现的经营亏损的弥补。或者说，这类政府补助的政策效应仅惠及小企业的某个年度，可能是当年，可能是以前年度，也可能是未来的某个年度，是一种短期效应，通常与小企业长期资产的使用没有直接关联。

对于这一分类原则，实际上是“二分法原则”，即只要不是与资产相关的政府补助，就全部属于其他政府补助，不存在第三类的情况。

（二）与资产相关的政府补助的确认原则

小企业收到与资产相关的政府补助，由于政府补助对小企业的效应是长期的，因此，不能直接确认为当期损益而应当确认为递延收益，并在相关资产的使用寿命内平均分配，计入营业外收入。

专家点拨

这一确认原则，应当从以下几个方面加以把握：

1. 确认的时点

小企业收到政府给予的补助，即收到政府以货币性资产和非货币性资产之时。通常，小企业向政府申请政府补助按照相关规定都应当经过政府部门的审核批准。因此，小企业实际收到政府给予的补助，实际上都发生在政府部门审批之后。

2. “资产”的概念

其中所称“资产”主要是指购建的固定资产，也有可能是购买或自行研发的无形资产。例如，小企业自行研发新技术并得到了政府的资金支持，如果最终研发成功成为小企业的一项无形资产，小企业收到的这笔财政资金就属于与资产相关的政府补助。

3. 分配的起点

相关固定资产开始计提折旧之时或相关无形资产开始摊销之时。

4. 分配的期间

相关固定资产的折旧期间或相关无形资产的摊销期间，也就是政府补助所惠及的期间。

5. 分配的方法

直线法，即分期确认法。

6. 例外原则

相关资产在使用寿命结束前被处置的，如处置了相关的固定资产和无形资产，应将尚未分配的递延收益余额一次性转入资产处置当期的营业外收入，不再继续进行分配。

（三）其他政府补助的确认原则

小企业收到的其他政府补助，用于补偿小企业以后期间的相关费用或亏损的，确认为递延收益，并在确认相关费用或发生亏损的期间，计入营业外收入；用于补偿小企业已发生的相关费用或亏损的，直接计入营业外收入。

专家点拨

这一确认原则，应当从以下几个方面加以把握：

1. 确认的时点

小企业实际收到政府给予的补助，即收到政府以货币性资产和非货币性资产之时。

2. 政府补助的目的

补偿小企业生产经营的亏损，主要有两种情形：其一，由于小企业销售不畅、产品积压，收入不足以补偿费用，造成小企业亏损；其二，由于小企业原材料等涨价，收入不足以补偿费用，造成小企业亏损。

3. 政府补助惠及的期间

以前期间、当期和未来期间都有可能。

4. 分配的方法

一次性全部确认。

用于补偿以前期间的费用或亏损的政府补助，一次性计入收到当期的营业外收入。不调整以前年度的利润表。

用于补偿当期的费用或亏损的政府补助，一次性计入收到当期的营业外收入。在当年内可以在各个月份之间进行平均分配。

用于补偿以后期间的费用或亏损的政府补助，应当在收到时作为负债计入递延收益，在以后期间符合政府补助所规定的条件时，一次性计入营业外收入。

四、政府补助的计量

小企业不论通过何种形式（如财政拨款、财政贴息、税收返还和无偿划拨非货币性资产）取得的政府补助，都应当根据所取得资产的性质划分为货币性资产和非货币性资产两类。这一分类要求是为了解决政府补助的计量问题。

（一）货币性资产形式的政府补助计量原则

小企业收到的政府补助为货币性资产的，如小企业收到政府拨付的财政资金，应当按照实际收到的金额计量。

（二）非货币性资产形式的政府补助计量原则

以政府是否提供有关凭据为标志，具体分为以下两种情况：

（1）小企业收到的政府补助为非货币性资产的，如该资产附带政府提供的有关文件、发票、报关单等凭据，以凭据上标明的金额作为该笔政府补助的金额计量，再分别与资产相关的政府补助还是其他政府补助进行相应的会计处理。

（2）政府没有提供有关凭据的，应当按照同类或类似资产的市场价格或评估价值计量。

五、税收返还的专门规定

小企业按照规定实行企业所得税、增值税、消费税等先征后返的，应当在实际收到返还的企业所得税、增值税（不含出口退税）、消费税时，计入营业外收入。

注意事项

（1）小企业认定政府补助的关键是正确界定政府与企业发生关系时的身份。在我国社会主义市场经济条件下，政府具有“三重身份集一身”的显著特点。第一重身份是社会管理者，对全社会各类企业进行公平公正对待、管理和服务；第二种身份是国有资产的出资人，对国有及国有企业进行出资，享有作为企业所有者的权利；第三重身份是市场交易者，与社会各类企业之间开展政府采购。因此，不能简单地认为，小企业从政府取得的钱全部为政府补助，计入当期损益，增加小企业的利润。正因为政府具有三重身份，所以小企业在与政府发生交易时应界定政府的身份。

如果政府是以市场交易者的身份出现，则小企业与政府发生的交易应当作为日常活动，确认营业收入和营业成本，而不是营业外收入。

如果政府是以国有资产出资人的身份出现，则小企业与政府发生的交易，应当作为政府对小企业的资本投资，确认实收资本（股本）或资本公积，而不是营业外收入。

如果政府是以社会管理者的身份出现，则小企业与政府发生的交易应当作为政府补助，确认营业外收入。

（2）增值税出口退税不属于政府补助。小企业收到出口产品或商品按照规定退回的增值税税款，应当冲减其他应收款，记入“其他应收款”账户的贷方，而不是确认营业外收入。

（3）在账务处理中，如果企业所得税、增值税、消费税的征收和返还都发生在同一个会计年度，则应当冲减当年的所得税费用或营业税金及附加。也就是说，《小企业会计准则》的要求实际上体现在年度利润表中。但是，企业所得税、增值税、消费税的征收和退还通常都是跨年度的，在这种情况下，应当将收到退还的企业所得税、增值税、消费税计入收到当期的营业外收入。

小知识

相关比较

《企业所得税法实施条例》也对小企业取得的政府补助的税收政策进行了明确，体现在第二十二条规定：“《企业所得税法》第六条第（九）项所称其他收入，是指企业取得的除《企业所得税法》第六条第（一）项至第（八）项收入外的其他收入，包括企业资产溢余收入、逾期未退包装物押金收入、确实无法偿付的应付款项、已作坏账损失处理后又收回的应收款项、债务重组收入、补贴收入、违约金收入、汇兑收益等。”其中，补贴收入就是指企业取得国家财政性补贴和其他补贴收入。

《小企业会计准则》与《企业所得税法》在政府补助上不存在差异。

第三节　小企业营业外收入支出方面会计

一、小企业营业外收入

小企业营业外收入，是指小企业非日常生产经营活动形成的、应当计入当期损益、会导致所有者权益增加、与所有者投入资本无关的经济利益的流入。

（一）小企业营业外收入的特征

小企业的营业外收入具有以下四个特征：

1. 营业外收入是小企业在非日常活动中形成的

日常活动是指小企业为完成其经营目标所从事的经常性活动以及与之相关的活动。反之，为非日常活动。明确界定日常活动是为了将营业外收入与收入相区分，日常活动是确认收入的重要判断标准，凡是日常活动所形成的经济利益的流入（如销售商品取得现金或应收账款）应当确认收入；反之，非日常活动所形成的经济利益的流入不能确认为收入，而应当计入营业外收入。例如，小企业转让固定资产属于非日常活动，这是因为小企业持有固定资产的主要目的是通过使用生产产品而不是为了出售。因此，转让固定资产所形成的经济利益的流入就不应确认为收入，而应计入营业外收入。再如，小企业因某项固定资产暂时闲置而出租取得的租金收入属于小企业的日常活动所形成的，应当确认为收入。

与收入相比，营业外收入实际上是一种纯收入，而不是毛收入，不可能也不需要与有关费用进行配比。因此，在会计处理上，应当严格区分营业外收入与营业收入的界限。

2. 营业外收入应当计入当期损益

这一特征是指营业外收入应当计入利润，作为小企业利润的重要组成部分，而不是计入所有者权益。这一特征的存在主要是为了将营业外收入与《企业会计准则》所规定的“直接计入所有者权益的利得”区别开来，例如，《企业会计准则》规定，可供出售金融资产应当采用公允价值计量，公允价值变动应当计入所有者权益，该公允价值增加实际上就是所谓的“直接计入所有者权益的利得”。

3. 营业外收入会导致所有者权益的增加

4. 营业外收入是与所有者投入资本无关的经济利益的流入

3 和 4 两个特征与收入相同。

（二）小企业营业外收入的范围及内涵

《小企业会计准则》结合目前小企业的实际情况，列举了构成小企业营业外收入的主要类型，包括：

1. 小企业非流动资产处置净收益

小企业处置非流动资产实现的净收益，包括处置固定资产、无形资产、生产性生物资产、长期待摊费用等，但不包括处置长期债券投资和长期股权投资实现的净收益，后者应计入投资收益。

其中，固定资产处置净收益，是指小企业处置固定资产所取得价款扣除固定资产账面价值、相关税费和清理费用后的净收益，如为净损失，则为营业外支出。

无形资产处置净收益，是指小企业处置无形资产所取得价款扣除无形资产账面价值、相关税费和清理费用后的净收益，如为净损失，则为营业外支出。

处置生产性生物资产与处置固定资产类似。处置长期待摊费用通常都应当是损失，应计入营业外支出。某些特殊情况下，例如，处置经营租入固定资产的改建支出，如果已经对其摊销完毕即余额为零，但最后还取得了一些残料收入，在这种情况下，应将残料收入计入营业外收入。

非流动资产处置净收益对应于《企业所得税法实施条例》第十六条所规定的转让财产收入中的转让固定资产、生物资产、无形资产等财产取得的收入。

2. 政府补助

指小企业从政府无偿取得货币性资产或非货币性资产。

政府补助对应于《企业所得税法实施条例》第二十二条规定的补贴收入。该条规定，企业取得国家财政性补贴和其他补贴收入，除国务院和国务院财政、税务主管部门规定不计入损益者外，都应当作为计算应纳税所得额的依据，依法缴纳企业所得税。

3. 捐赠收益

指小企业接受来自其他企业、组织或者个人无偿给予的货币性资产和非货币性资产。

在捐赠收益的认定方面，应把握以下三个要点：

（1）捐赠是无偿给予的资产。捐赠的基本特征在于其无偿性，这也是捐赠区别于其他财产转让的标志。无偿性即出于某种原因，不支付金钱或付出其他相应代价而取得某项财产，如公益事业捐赠等。《合同法》对赠与合同专节作了规定，赠与合同是赠与人将自己的财产无偿给予受赠人，受赠人表示接受赠与的合同；赠与的财产依法需要办理登记等手续的，应当办理有关手续；具有救灾、扶贫等社会公益、道德义务性质的赠与合同或者经过公证的赠与合同，赠与人不交付赠与的财产的，受赠人可以要求交付。基于捐赠的无偿性，合同法规定了赠与人和受赠人相应的权利义务。《公益事业捐赠法》也规定捐赠应当是自愿和无偿的，并对自然人、法人或者其他组织自愿无偿向依法成立的公益性社会团体和公益性非营利的事业单位捐赠财产用于公益事业的作了特别规定。

（2）捐赠人是其他企业、组织或者个人。其他组织，包括事业单位、社会团体等。

（3）捐赠财产范围，包括货币性资产和非货币性资产。

捐赠收益对应于《企业所得税法实施条例》第二十一条规定的接受捐赠收入。

4. 盘盈收益

指小企业在清查财产过程中查明的各种财产盘盈，包括材料、产成品、商品、现金、固定资产等溢余。通俗地讲，就是小企业的所有资产出现了实存大于账存的情况。

盘盈收益对应于《企业所得税法实施条例》第二十二条规定的其他收入中的企业资产溢余收入。

5. 汇兑收益

指小企业在资产负债表日将外币交易所产生的外币货币性项目进行折算由于汇率不同而产生的汇兑收益。

汇兑收益对应于《企业所得税法实施条例》第二十二条规定的其他收入中的汇兑收益。

6. 出租包装物和商品的租金收入

指小企业由于暂时闲置，将不用的包装物或库存产成品、商品出租给第三方使用并取得的租金收入。出租包装物和商品实际上转让的是这两类流动资产的使用权，如果转让的是所有权，则属于包装物或商品的销售。《小企业会计准则》将小企业出租包装物和商品的租金收入认定为营业外收入，这主要有两方面的考虑，一是从小企业持有包装物和商品的目的来看，小企业持有包装物和商品的主要目的是通过用于生产或用于销售取得收入实现经济利益，而出租包装物和商品仅是为了利用这两类资产暂时闲置取得非经常性收入或偶然性收入，这是主要原因；二是从会计账务处理上，如果出租包装物和商品取得的租金收入作为营业收入，记入“其他业务收入”账户，则根据收入与费用相配比原则的要求，应将该包装物和商品的成本由“周转材料”或“库存商品”账户结转至“其他业务成本”账户，这会造成包装物或商品账实不符。正是基于这些考虑，《小企业会计准则》将小企业出租包装物和商品取得的租金收入作为营业外收入处理。而出租固定资产取得的租金收入则不同，应将其作为营业收入，记入“其他业务收入”账户核算，将其折旧额，记入“其他业务成本”账户核算，也满足了收入与费用相配比原则的要求。

出租包装物和商品的租金收入对应于《企业所得税法实施条例》第十九条规定的租金收入中的提供包装物或者其他有形资产的使用权取得的收入。

7. 逾期未退包装物押金收益

包装物押金是指小企业为销售商品而向购买方出租或出借包装物所收取的押金。小企业按照双方约定向购买方收取的包装物押金当时不构成小企业的销售商品收入而是负债，因为不会增加小企业的所有者权益。一旦小企业收取的押金按照双方约定逾期未返还购买方的，则会增加小企业的所有者权益，但不返还押金不是小企业的一项日常活动，属于偶发性，因此，应确认为小企业的营业外收入。

逾期未退包装物押金收益相对应于《企业所得税法实施条例》第二十二条规定的其他收入中的逾期未退包装物押金收入。

8. 确实无法偿付的应付款项

在市场经济条件下，小企业应当诚实守法经营，小企业发生的各种应付款项应当按期予以偿还或支付。但是，一旦出现了确实无法支付的情况，就可能会产生确定无法偿付的应付款项，从而构成小企业的营业外收入。

对于确实无法偿付的应付款项，应当把握以下两个原则：

（1）应付款项的范围，主要包括：应付票据、应付账款、预收账款、应付职工薪酬、其他应付款、长期应付款等。

（2）确实无法偿付是一个严格条件。通常包括三种情形：

第一种情形：小企业的债权人放弃了收款的权利，如小企业的债权人进行了破产清算，没有清理这一块债权。

第二种情形：小企业的债权人在小企业作为债务人发生财务困难的情况下对小企业作了让步，减免了债务人的部分债务本金或者利息、降低了债务人应付利息的利率等。这实质上就是《企业会计准则》所规定的债务重组的情形。从这个意义上讲，《小企业会计准则》实质上在确实无法偿付的应付款项中包含了债务重组收益。债务重组的方式主要包括以资产清偿债务、将债务转为资本、修改其他债务条件，如减少债务本金、减少债务利息等，以及以上三种方式的组合等。

第三种情形：小企业债权人丧失了相关权利。例如，《担保法》第六章第八十九条规定："当事人可以约定一方向对方给付定金作为债权的担保。债务人履行债务后，定金应当抵作价款或者收回。给付订金的一方不履行约定的债务的，无权要求返还定金；收受定金的一方不履行约定的债务的，应当双倍返还定金。"小企业如果收受了另一方的定金，但是对方违约，则在这种情况下，根据《担保法》第八十九条的规定，对方丧失了对该定金的所有权，则小企业无须返还该定金，形成了小企业的营业外收入。

确实无法偿付的应付款项对应于《企业所得税法实施条例》第二十二条规定的其他收入中的确定无法偿付的应付款项。

9. 已作坏账损失处理后又收回的应收款项

小企业在日常生产经营中发生的应收款项如果符合《小企业会计准则》第十条规定的条件，可以作为坏账损失计入当期营业外支出。但是，如果以后期间，小企业又收回了全部或部分该笔已核销坏账损失的应收款项，仍应当作为小企业的资产进行入账，计入营业外收入。

对于已作坏账损失处理后又收回的应收款项，应当把握以下两个原则：

（1）应收款项的范围，主要包括应收票据、应收账款、预付账款、应收利息、其他应收款等。

（2）前提是已作坏账损失处理，已经在以前年度作为坏账损失进行了会计处理，也就是已经以前年度实现的利润中得到了扣减，或者说已经反映在本年年初未分配利润中。

已作坏账损失处理后又收回的应收款项对应于《企业所得税法实施条例》第二十二条规定的其他收入中的已作坏账损失处理后又收回的应收款项。

10. 违约金收益

违约金是合同一方当事人不履行合同或者履行合同不符合约定时，向另一方当事人支付的用于赔偿损失的金额。《合同法》第一百一十四条规定："当事人可以约定一方违约时应当根据违约情况向对方支付一定数额的违约金，也可以约定因违约产生的损失赔偿额的计算方法。"在这种情况下，小企业取得的对方支付的违约金应当作为营业外收入处理。

违约金收益相对应于《企业所得税法实施条例》第二十二条规定的其他收入中的违约金收入。

（三）小企业营业外收入的确认原则

《小企业会计准则》对营业外收入的确认作了原则性规定，即通常情况下，小企业的营业外收入应当在实现时计入当期损益。

在具体应用营业外收入确认原则时，应当重点掌握两点：

第一，符合营业外收入的概念。

第二，营业外收入确认的时点是实现之时。

《小企业会计准则》所讲营业外收入的"实现"包括以下三种情形：

1. 有关交易事项完成之时

例如，在固定资产清理完毕时，将净收益作为非流动资产处置净收益确认为营业外收入。

又如，对于捐赠收益应当在小企业实际收到捐赠资产之日确认为营业外收入。这主要基于两方面的考虑：一个考虑是赠与合同法律上的特殊性。一般合同在签订时成立，并确认为此时财产已经转移；而赠与合同则是在赠与财产实际交付时才成立，才在法律上确认为财产已经转移。根据《合同法》第一百八十六条规定："赠与人在赠与财产的权利转移之前可以撤销赠与。具有救灾、扶贫等社会公益、道德义务性质的赠与合同或者经过公证的赠与合同，不适用前款规定。”也就是说，一般情况下，在赠与财产的权利转移之前，即使双方已经订立赠与合同，该合同在法律上都不能视为成立。只有救灾、扶贫等社会公益、道德义务性质的赠与合同或者经过公证的赠与合同，才能在法律上视为在赠与合同订立时已经成立。第二个考虑是接受捐赠以无偿性为基本特征。即受赠人一般不需要支付代价，接受捐赠收入的成本较小或者没有成本。因此，在很多情况下不存在收入与费用相配比的问题。

又如，小企业财产清查完成之时，将财产清查中出现的实存大于账存的材料、产成品、商品、现金、固定资产等溢余作为盘盈收益确认为营业外收入。

再如，小企业收回了全部或部分已作为坏账损失核销的应收款项，应作为已作坏账损失处理后又收回的应收款项确认为营业外收入。

2. 所要求的相关条件满足之时

例如，小企业收到财政补贴资金符合财政部门规定的条件时作为政府补助确认为营业外收入。

又如，小企业收取的包装物押金按照双方约定逾期未返还购买方的，作为逾期未退包装物押金收益确认为营业外收入。

又如，小企业如果收受了另一方的定金，但是对方违约，则应该将定金作为确实无法偿付的应付款项确认为营业外收入。

再如，在对方违约的情况下，小企业取得的对方支付的违约金，应当将违约金收益作为营业外收入处理。

3. 在约定或特定的日期

例如，小企业根据《小企业会计准则》的规定，在资产负债表日将外币交易所产生的外币货币性项目进行折算由于汇率不同而产生汇兑收益确认为营业外收入。

再如，小企业将包装物或商品出租给其他企业或个人使用，按照合同约定的承租人应付租金的日期将出租包装物和商品的租金收入确认为营业外收入。

（四）小企业营业外收入的计量原则

《小企业会计准则》对营业外收入的计量作了原则性规定，即通常情况下，小企业的营业外收入应当按照实现金额计入当期损益。通俗地讲，就是据实计量原则。

实现金额应当能够反映最终给小企业带来的经济利益，通常是一个净额概念，也就是扣除相关金额后的净额。因此，在确定营业外收入的实现金额时，根据产生的来源不同，应区分以下情况分别确定：

1. 实际收到或应收的金额

例如，政府补助中的货币性资产、捐赠收益中的货币性资产、盘盈收益的现金、出租包装物和商品的租金收入、逾期未退包装物押金收益、确实无法偿付的应付款项、已作坏账损失处理后又收回的应收款项和违约金收益等。

2. 市场价格或评估价值

例如，政府补助中的非货币性资产、捐赠收益中的非货币性资产和盘盈收益中的非现金资产等。例如，小企业取得政府无偿提供的1台变压器、取得其他企业捐赠的1台电脑或者某上市公司的1000份股票、在财产清查时盘盈了1批原材料等，在这种情况下，应当按照取得的非货币性资产的同类或类似资产的市场价格，考虑新旧程度后作为实现金额，如果不存在同类或类似资产的市场价格，也可以采用评估价值作为实现金额。

3. 根据《小企业会计准则》计算确定的金额

例如，非流动资产处置净收益和汇兑收益等。

注意事项

（1）小企业如果发生了非货币性资产交换、偿债收益，在会计和所得税法上都应当视同处置非流动资产，确认为营业外收入。

（2）小企业如果将应收款项转让给其他企业或个人，且不承担追索责任的，转让应收款项取得的收入也计入营业外收入。与《企业所得税法实施条例》有关转让财产收入的规定相一致。

（3）小企业的短期借款、长期借款、应交税费、应付利息、应付利润、递延收益这些负债，通常不会出现“确实无法偿付”的情况。但是，如果由于小企业发生财务困难，资金周转出现了问题，经营陷入困境或者其他原因，导致小企业无法或没有能力按原定条件偿还债务的情况，经银行同意不需要全额偿还的短期借款、长期借款的本息属于债务重组收益，也应当作为营业外收入计入当期损益。同样道理，如果小企业经税务机关同意不需要缴纳相关税费，原已确认的税费也应作为营业外收入计入当期损益。

（4）逾期未退包装物押金收益与确实无法偿付的应付款项两类营业外收入，其性质实质上完全相同，都是小企业不需要偿付的负债。《小企业会计准则》为简化核算，便于小企业执行，减轻小企业纳税调整负担，将其作为两类营业外收入进行规定，以与《企业所得税法实施条例》相一致。

（5）小企业的汇兑收益应当计入营业外收入，而不是冲减财务费用。主要是基于四点考虑：

第一个考虑是其性质不属于筹资费用，财务费用是小企业为筹集生产经营所需资金发生的筹资费用。在以前企业发生汇兑损益主要由企业与银行进行外汇买卖发生的，属于企业筹集外币资金发生的筹资费用；而在今天，小企业产生的汇兑损益主要是由外币货币性项目在资产负债日折算时的汇率不同产生的。因此，小企业汇兑损益的性质发生了变化，更接近于营业外收入和营业外支出，而不是财务费用。

第二个考虑是与税法保持一致。《企业所得税实施条例》第二十二条规定，其他收入包括汇兑收益。

第三个考虑是可以避免在实务中由于汇兑收益计入财务费用而出现财务费用为负数的异常情况。

第四个考虑是简化核算，可以减轻小企业纳税调整的负担。

（6）营业外收入与营业外支出既有共同性又有差异性。

两者的共同性表现为“四个共同点”：都是净额概念、都影响利润总额、都不影响营业利润、账户余额都不得出现负数。两者的差异性表现为“三个不同点”：

①对利润总额的影响方向不同，营业外收入增加利润总额，营业外支出减少利润总额。

②两者之间不存在配比关系。因此，并不是说有营业外收入一定就有营业外支出，反之亦然。

③两者之间不得相互抵销，既不能以营业外支出冲减营业外收入，也不能以营业外收入冲减营业外支出。

而营业收入与营业成本都是总额概念，两者之间存在配比关系，共同决定营业利润进而决定利润总额。

记账小知识

营业外收入

营业外收入见表5-2：

表 5-2 营业外收入

编号	会计科目名称	科目核算内容	特殊规定	明细科目设置	主要账务处理	科目余额反映内容
5301	营业外收入	“营业外收入”科目核算小企业实现的各项营业外收入。包括：非流动资产处置净收益、政府补助、捐赠收益、盘盈收益、汇兑收益、出租包装物和商品的租金收入、逾期未退包装物押金收益、确实无法偿付的应付款项、已作坏账损失处理后又收回的应收款项、违约金收益等。	小企业收到出口产品或商品按照规定退回的增值税款，在“其他应收款”科目核算，不在“营业外收入”科目核算。	“营业外收入”科目应按照营业外收入项目进行明细核算。	（一）小企业确认非流动资产处置净收益，比照“固定资产清理”“无形资产”等科目的相关规定进行账务处理。 （二）确认的政府补助收入，借记“银行存款”或“递延收益”科目，贷记“营业外收入”科目。 （三）小企业按照规定实行企业所得税、增值税（不含出口退税）、消费税等先征后返的，应当在实际收到返还的企业所得税、增值税、消费税等时，借记“银行存款”科目，贷记“营业外收入”科目。 （四）确认的捐赠收益，借记“银行存款”“固定资产”等科目，贷记“营业外收入”科目。 （五）确认的盘盈收益，借记“待处理财产损溢——待处理流动资产损溢、待处理非流动资产损溢”科目，贷记“营业外收入”科目。 （六）确认的汇兑收益，借记有关科目，贷记“营业外收入”科目。 （七）确认的出租包装物和商品的租金收入、逾期未退包装物押金收益、确实无法偿付的应付款项、违约金收益等，借记“其他应收款”“应付账款”“其他应付款”等科目，贷记“营业外收入”科目。 （八）确认的已作坏账损失处理后又收回的应收款项，借记“银行存款”等科目，贷记“营业外收入”科目。	月末，可将“营业外收入”科目余额转入“本年利润”科目，结转后“营业外收入”科目应无余额。

小知识

相关比较

（一）《小企业会计准则》

《小企业会计准则》结合目前小企业的实际情况，并考虑了《企业所得税法》和《企业所得税法实施条例》的规定，包括产生的来源、表现形式和项目名称，采用了列举方式尽可能明确构成小企业营业外收入的各种常见来源，主要包括非流动资产处置净收益、政府补助、捐赠收益、盘盈收益、汇兑收益、出租包装物和商品的租金收入、逾期未退包装物押金收益、确实无法偿付的应付款项、已作坏账损失处理后又收回的应收款项、违约金收益等。

（二）《企业所得税法实施条例》

《企业所得税法实施条例》对企业的收入作了规定，其中与《小企业会计准则》营业外收入相对应的主要是转让财产收入中的转让固定资产、生物资产、无形资产、应收账款等财产取得的收入，租金收入中的出租包装物和商品取得的租金收入，接受捐赠收入和其他收入。

1. 转让财产收入（即转让固定资产、生物资产、无形资产、应收账款等财产取得的收入）

《企业所得税法实施条例》第十六条规定："《企业所得税法》第六条第（三）项所称转让财产收入，是指企业转让固定资产、生物资产、无形资产、股权、债权等财产取得的收入。"即《企业所得税法实施条例》所指财产包括：固定资产、生物资产、无形资产、股权、债权等；其确认计量原则为：按照从财产受让方已收或应收的合同或协议价款确定转让财产收入金额。由此可以看出，《企业所得税法实施条例》所规定的转让财产收入基本上对应于《小企业会计准则》所规定的营业外收入，除转让股权和债权中的债券所取得的收入外，转让这两类资产的收入应计入投资收益而不是营业外收入。

2. 租金收入（即出租包装物和商品取得的租金收入）

《企业所得税法实施条例》第十九条规定："《企业所得税法》第六条第（六）项所称租金收入，是指企业提供固定资产、包装物或者其他有形资产的使用权取得的收入。租金收入，按照合同约定的承租人应付租金的日期确认收入的实现。"

3. 接受捐赠收入

《企业所得税法实施条例》第二十一条规定："《企业所得税法》第六条第

（八）项所称接受捐赠收入，是指企业接受的来自其他企业、组织或者个人无偿给予的货币性资产、非货币性资产。接受捐赠收入，在实际收到捐赠资产时确认收入的实现。”

4. 其他收入

《企业所得税法实施条例》第二十二条规定：“《企业所得税法》第六条第（九）项所称其他收入，是指企业取得的除《企业所得税法》第六条第（一）项至第（八）项收入外的其他收入，包括企业资产溢余收入、逾期未退包装物押金收入、确实无法偿付的应付款项、已作坏账损失处理后又收回的应收款项、债务重组收入、补贴收入、违约金收入、汇兑收益等。”该条强调，企业其他收入金额按照实际收入额或相关资产的公允价值确定。

《小企业会计准则》规定的营业外收入与《企业所得税法实施条例》规定的转让财产收入中转让固定资产、生物资产、无形资产、应收账款等财产取得的收入，租金收入中的出租包装物和商品取得的租金收入，接受捐赠收入和其他收入相一致。两者的关系可用公式表示如下：

《小企业会计准则》的营业外收入 =《企业所得税法》转让财产收入中转让固定资产、生物资产、无形资产、应收账款等财产取得的收入 + 租金收入中的出租包装物和商品取得的租金收入 + 接受捐赠收入 + 其他收入

二、小企业营业外支出

营业外支出，是指小企业非日常生产经营活动发生的、应当计入当期损益、会导致所有者权益减少、与向所有者分配利润无关的经济利益的净流出。

（一）小企业营业外支出的特征

小企业的营业外支出从《小企业会计准则》来看，具有以下四个特征：

1. 营业外支出是小企业在非日常活动中发生的

日常活动是指小企业为完成其经营目标所从事的经常性活动以及与之相关的活动；反之，为非日常活动。明确界定日常活动是为了将营业外支出与费用相区分，日常活动是确认费用的重要判断标准。凡是日常活动所产生的经济利益的流出（如支付现金或形成应付账款）应当确认费用。反之，非日常活动所产生的经济利益的流出不能确认为费用，而应当计入营业外支出。例如，小企业转让固定资产属于非日常活动，这是因为小企业持有固定资产的主要目的是通过使用生产产品而不是为了出售，因此，转让固定资产所产生的经济利益的流出就不应确认为费用，而应计入营业外支

出。再如，小企业因某项固定资产暂时闲置而出租取得的租金收入属于小企业的日常活动所形成的，应当确认为营业收入，相应计提的折旧，应当确认为营业成本。

与费用相比，营业外支出实际上是一种纯损失，不可能也不需要与有关收入进行配比。因此，在会计处理上，应当严格区分营业外支出与费用的界限。

2. 营业外支出应当计入当期损益

这一特征是指营业外支出应当计入利润，作为小企业利润减少的重要组成部分，而不是计入所有者权益。这一特征的存在主要为了将营业外支出与《企业会计准则》所规定的“直接计入所有者权益的损失”区别开来，例如，《企业会计准则》规定，可供出售金融资产应当采用公允价值计量，公允价值变动应当计入所有者权益，该公允价值减少实际上就是所谓的“直接计入所有者权益的损失”。

3. 营业外支出会导致所有者权益的减少

4. 营业外支出是与向所有者分配利润无关的经济利益的流出

3 和 4 两个特征与费用相同。

（二）小企业营业外支出的范围及内涵

《小企业会计准则》结合目前小企业的实际情况，列举了构成小企业营业外支出的主要类型，包括：

1. 存货的盘亏、毁损和报废净损失

其中，存货的盘亏损失，是指小企业在清查财产过程中查明的存货短缺。通俗地讲，就是小企业的存货出现了账存大于实存的情况。存货的毁损净损失，是指小企业因工人操作过程中的操作和使用失误等所引起的损失。存货的报废净损失，是指因磨损、技术进步等原因引发的报废存货产生的损失。作为存货的盘亏、毁损和报废损失最终计入营业外支出的金额是盘亏、毁损或报废存货的成本扣除残料收入后的净额。

存货的盘亏、毁损和报废净损失对应于《企业所得税法实施条例》第三十二条规定的存货的盘亏、毁损和报废损失。

2. 非流动资产处置净损失

小企业处置非流动资产发生的净损失，包括处置固定资产、无形资产、生产性生物资产、长期债券投资、长期股权投资、长期待摊费用等，但不包括无法收回的长期债券投资损失和长期股权投资损失，后者应单独作为损失计入营业外支出。

其中，固定资产处置净损失，是指小企业处置固定资产所取得的价款扣除固定资产账面价值、相关税费和清理费用后的净损失，如为净收益，则为营业外收入。

无形资产处置净损失，是指小企业处置无形资产所取得的价款扣除无形资产账面价值、相关税费和清理费用后的净损失，如为净收益，则为营业外收入。

处置生产性生物资产与处置固定资产类似。处置长期待摊费用通常都应当是损失，应计入营业外支出。某些特殊情况下，例如，处置经营租入固定资产的改建支出，如果已经对其摊销完毕即余额为零，但最后还取得了一些残料收入，在这种情况下，应将残料收入计入营业外收入。

非流动资产处置净损失对应于《企业所得税法实施条例》第三十二条所规定的固定资产的盘亏、毁损和报废损失，转让财产损失中的转让固定资产、生物资产、无形资产等财产发生的净损失。

3. 坏账损失和无法收回的长期债券投资损失

坏账损失指小企业无法收回或者收回的可能性极小的应收及预付款项。坏账损失和无法收回的长期债券投资损失的认定条件由《小企业会计准则》第十条和第二十一条予以规定。无法收回的长期债券投资损失与处置长期债券投资净损失虽然都表现为长期债券投资的减少，但也存在一些细微差异，无法收回的长期债券投资损失是被动所为，由于债务人无法偿还而不得不承担的损失，而处置长期债券投资净损失则是小企业主动而为，不一定是债务人出现了违约等情况。

坏账损失和无法收回的长期债券投资损失对应于《企业所得税法实施条例》第三十二条规定的坏账损失。

4. 无法收回的长期股权投资损失

小企业无法收回的长期股权投资损失的认定条件由《小企业会计准则》第二十六条予以规定。无法收回的长期股权投资损失与处置长期股权投资净损失虽然都表现为长期股权投资的减少，但也存在一些细微差异，无法收回的长期股权投资损失是一种被动所为，由于被投资单位破产清算等无法退回而不得不承担的损失，而处置长期股权投资净损失则是小企业主动而为，不一定是因为被投资单位出现了问题。

无法收回的长期股权投资损失对应于《企业所得税法实施条例》第三十二条规定的其他损失。

5. 自然灾害等不可抗力因素造成的损失

自然灾害等不可抗力因素造成的损失指小企业因非人力所能抗拒或者阻止的原因等发生的资产损失，如发生火灾将厂房烧毁，地震造成房屋塌陷，泥石流冲毁库存原材料，等等。

自然灾害等不可抗力因素造成的损失对应于《企业所得税法实施条例》第三十二条规定的自然灾害等不可抗力因素造成的损失。

6. 税收滞纳金

税收滞纳金是税务机关对未按规定期限缴纳税款的纳税人按比例附加征收的。纳税人未按照法律、行政法规规定或者税务机关依照法律、行政法规的规定确定的缴纳期限缴纳税款，扣缴义务人未按照上述规定解缴税款的，都属于税款的滞纳。征收税收滞纳金主要目的是督促纳税人按期缴纳税款，减少欠税，保证税款及时入库。

税收滞纳金对应于《企业所得税法》第十条规定的税收滞纳金。

7. 罚金

罚金是人民法院判处犯罪分子强制向国家缴纳一定数额金钱的刑罚方法，主要适用于破坏经济秩序和其他牟取非法利益有联系的犯罪，以及少数较轻的犯罪。罚金作为一种附加刑，并不剥夺犯罪人的人身自由权，也不会对犯罪人产生直接的人身痛苦和社会后果等，判处罚金以犯罪人是否触犯刑律，且是否属于财产刑为先决条件。罚金的目的是对犯罪分子除了在刑罚上给予处罚外，在经济上亦给予制裁的一种手段，是一种附加刑。

罚金对应于《企业所得税法》第十条规定的罚金。

8. 罚款

罚款是行政处罚的一种，是指行为人的行为没有违反刑法的规定，而是违反了治安管理、工商行政、税务等各行政法规的规定，行政执法部门依据行政法规的规定和程序决定对行为人采取的一种行政处罚。罚款不由人民法院判决，因此在性质上与没收财产、罚金有本质上的区别。

罚款对应于《企业所得税法》第十条规定的罚款。

9. 被没收财物的损失

没收财产，是指将犯罪人的财物、现金、债权等财产收归国家所有，以弥补因其犯罪造成的损失，同时断绝其犯罪活动的经济来源。没收财产，属于财产刑事处罚，可以单处也可以并处。

被没收财物的损失对应于《企业所得税法》第十条规定的被没收财务的损失。

10. 捐赠支出

捐赠支出是指小企业对外进行捐赠发生的支出，不论其是否符合《企业所得税法》税前扣除条件。小企业计入营业外支出的捐赠支出包括：《企业所得税法实施条例》允许税前扣除的公益性捐赠支出，《企业所得税法实施条例》不允许税前扣除的公益性捐赠支出，以及非公益性捐赠支出。

捐赠支出对应于《企业所得税法》第九条规定的公益性捐赠支出和第十条规定的捐赠支出。

11. 赞助支出

赞助支出指小企业发生的与生产经营活动无关的各种非广告性质支出。

认定赞助支出，主要是要区别它与公益性捐赠支出和广告费支出的差别。所谓公益性捐赠支出，是指企业用于公益事业的捐赠，不具有有偿性，所捐助范围也是公益性质，而赞助支出具有明显的商业目的，所捐助范围一般也不具有公益性质，两者容易区分。广告费支出，是企业为了推销或者提高其产品、服务等的知名度和认可度，通过一定的媒介，公开地对不特定公众所进行的宣传活动所发生的支出，与企业的生产经营活动密切相关，而赞助支出与企业的生产经营活动无关。

赞助支出对应于《企业所得税法》第十条规定的赞助支出。

（三）小企业营业外支出的确认原则

《小企业会计准则》对营业外支出的确认作了原则性规定，即通常情况下，小企业的营业外支出应当在发生时计入当期损益。

在具体应用营业外支出确认原则时，应当重点掌握两点：

第一，符合营业外支出的概念。

第二，营业外支出确认的时点是发生之时。

《小企业会计准则》所讲营业外支出的“发生”包括以下两种情形：

1. 有关交易事项完成之时

例如，小企业财产清查完成之时，将财产清查中出现的账存大于实存的材料、产成品、商品、现金、固定资产等短缺作为盘亏损失确认为营业外支出。

又如，在固定资产清理完毕时，将净损失作为非流动资产处置净损失确认为营业外支出。

又如，小企业由自然灾害等不可抗力因素造成损失时，在自然灾害如地震、泥石流、洪灾等发生后将所产生的存货、固定资产等资产的净损失确认为营业外支出。

又如，小企业按照规定实际支付了税收滞纳金、罚金、罚款和赞助款项之时将所产生的损失确认为营业外支出。

又如，对于捐赠支出应当在小企业实际已将捐赠资产交到接受捐赠的中间对象（公益性社会团体或县级以上人民政府及其部门）控制范围之日，将所产生的损失确认为营业外支出，即代表所捐资产所有权转移的凭证等已经为接受捐赠的中间对象法律意义上掌控。这主要基于赠与合同法律上的特殊性。一般合同在签订时成立，并确认为此时财产已经转移；而赠与合同则是在赠与财产实际交付时才成立，才在法律上确认为财产已经转移。根据《合同法》第一百八十六条规定：“赠与人在赠与财产的权利转移之前可以撤销赠与。具有救灾、扶贫等社会公益、道德义务性质的赠与合同或者经过公证的赠与合同，不适用前款规定。”也就是说，一般情况下，在赠与财产的权利转移之前，即使双方已经订立赠与合同，该合同在法律上都不能视为成立。只有救灾、扶贫等社会公益、道德义务性质的赠与合同或者经过公证的赠与合同，才能在法律上视为在赠与合同订立时已经成立。

再如，对于赞助支出应当在小企业实际已将赞助资产交到接受赞助方之日，将所产生的损失确认为营业外支出。

2. 所要求的相关条件满足之时

例如，小企业发生的坏账损失、无法收回的长期股权投资损失在符合《小企业会计准则》第十条和第二十六条规定的条件并经税务机关批准后将这些损失确认为营业外支出。

（四）小企业营业外支出的计量原则

《小企业会计准则》对营业外支出的计量作了原则性规定，即通常情况下，小企业的营业外支出应当在发生时按照其发生额计入当期损益。通俗地讲，就是据实列支原则。

发生额应当能够反映最终给小企业造成的经济利益流出，通常是一个净额概念，也就是扣除相关收入金额后的净额。因此在确定营业外支出的发生额时，根据产生的来源不同，应区分以下情况分别确定：

1. 实际发生的金额

例如，税收滞纳金、罚金、罚款、以现金对外捐赠、以现金对外赞助。

2. 账面价值

例如，存货的盘亏、毁损、报废损失，非流动资产处置净损失，坏账损失，无法收回的长期股权投资损失，自然灾害等不可抗力因素造成的损失，被没收财物的损失，以非现金资产对外捐赠，以非现金资产对外赞助等。

例如，小企业由于遭受洪灾，导致库存原材料全部毁损，仅有残料收入或价值为1000元，该原材料的账面价值即“原材料”科目的借方余额为100000元，则小企业因自然灾害计入营业外支出的金额为99000元（账面价值100000－残料收入1000）。

注意事项

（1）营业外支出是一个净额的概念，是净损失，也就是扣除残料变价收入或残料价值，责任人的赔偿，保险公司的赔款，应收账款、长期债券投资和长期股权投资的可收回的金额后的净额。

（2）小企业如果发生了非货币性资产交换、偿债损失，在会计和所得税法上都应当视同处置非流动资产，确认营业外支出。

（3）小企业将固定资产、生物资产、无形资产等用于捐赠、赞助、集资、广告、样品、职工福利和利润分配，在会计上确认为营业外支出，但在所得税法上可能无法全额扣除。例如，小企业将1辆小汽车捐赠给另一家企业，不符合《企业所得税法实施条例》规定的公益性捐赠支出的条件。该汽车的账面价值10万元（即“固定资产”科目的借方余额减去“累计折旧”科目的贷方余额后的净额），市场价格为8万元（不考虑相关税费）。根据《小企业会计准则》第七十条的规定，该小企业应当确认10万元的营业外支出，而根据《企业所得税法》相关规定，应当先作为转让资产，确认2万元营业外支出（以清单申报方式可税前扣除）；再按照非公益性捐赠事项，将会计上计入营业外支出的10万元作纳税调整。实际企业纳税调增金额为8万元，可税前扣除的营业外支出仅2万元，在这一点上存在会计与企业所得税法的差异，应当引起注意。

（4）小企业已经作为营业外支出处理的资产，在以后会计年度全部收回或者部分收回时，应当计入收回当期的营业外收入，不得冲减当期的营业外支出或作其他处理。

（5）营业外支出与营业外收入既有共同性又有差异性。两者的共同性表现为“四个共同点”：都是净额概念、都影响利润总额、都不影响营业利润、账户余额都不得出现负数。两者的差异性表现为“三个不同点”：

①对利润总额的影响方向不同，营业外支出减少利润总额，营业外收入增加利润总额。

②两者之间不存在配比关系，因此，并不是说有营业外支出一定有营业外收入，反之亦然。

③两者之间不得相互抵销，既不能以营业外支出冲减营业外收入，也不能以营业外收入冲减营业外支出。

而营业收入与营业成本都是总额概念，两者之间存在配比关系，共同决定营业利润进而决定利润总额。

记账小知识

营业外支出

营业外支出见表5-3：

表 5-3 营业外支出表

编号	会计科目名称	科目核算内容	明细科目设置	主要账务处理	科目余额反映内容
5711	营业外支出	“营业外支出”科目核算小企业发生的各项营业外支出。包括：存货的盘亏、毁损、报废损失，非流动资产处置净损失，坏账损失，无法收回的长期债券投资损失，无法收回的长期股权投资损失，自然灾害等不可抗力因素造成的损失，税收滞纳金，罚金，罚款，被没收财物的损失，捐赠支出，赞助支出等。	“营业外支出”科目应按照支出项目进行明细核算。	（一）小企业确认存货的盘亏、毁损、报废损失，非流动资产处置净损失，自然灾害等不可抗力因素造成的损失，借记“营业外支出”科目、“生产性生物资产累计折旧”“累计摊销”等科目，贷记“待处理财产损溢——待处理流动资产损溢、待处理非流动资产损溢”“固定资产清理”“生产性生物资产”“无形资产”等科目。 （二）根据《小企业会计准则》规定确认实际发生的坏账损失、长期债券投资损失，应当按照可收回的金额，借记“银行存款”等科目，按照应收账款、预付账款、其他应收款、长期债券投资的账面余额，贷记“应收账款”“预付账款”“其他应收款”“长期债券投资”等科目，按照其差额，借记“营业外支出”科目。 （三）根据《小企业会计准则》规定确认实际发生的长期股权投资损失，按照可收回的金额，借记“银行存款”等科目，按照长期股权投资的账面余额，贷记“长期股权投资”科目，按照其差额，借记“营业外支出”科目。 （四）支付的税收滞纳金、罚金、罚款，借记“营业外支出”科目，贷记“银行存款”等科目。 （五）确认被没收财物的损失、捐赠支出、赞助支出，借记“营业外支出”科目，贷记“银行存款”等科目。	月末，可将“营业外支出”科目余额转入“本年利润”科目，结转后“营业外支出”科目应无余额。

小知识

相关比较

（一）《小企业会计准则》

《小企业会计准则》结合目前小企业的实际情况，并考虑了《企业所得税法》和《企业所得税法实施条例》的规定，包括发生的原因、表现形式和项目名称，采用了列举方式尽可能明确构成小企业营业外支出的各种常见类型，主要包括：存货的盘亏、毁损、报废损失，非流动资产处置净损失，坏账损失，无法收回的长期债券投资损失，无法收回的长期股权投资损失，自然灾害等不可抗力因素造成的损失，税收滞纳金，罚金，罚款，被没收财物的损失，捐赠支出、赞助支出等。

（二）《企业所得税法》

《企业所得税法》和《企业所得税法实施条例》对企业可扣除的支出和不得扣除的支出作了规定，其中与《小企业会计准则》营业外支出相对应的主要是可扣除的支出中的损失、其他支出和公益性捐赠支出和不得扣除的支出。

1. 可扣除的支出

（1）损失。

《企业所得税法实施条例》第三十二条规定："《企业所得税法》第八条所称损失，是指企业在生产经营活动中发生的固定资产和存货的盘亏、毁损、报废损失，转让财产损失，呆账损失，坏账损失，自然灾害等不可抗力因素造成的损失以及其他损失。企业发生的损失，减除责任人赔偿和保险赔款后的余额，依照国务院财政、税务主管部门的规定扣除。企业已经作为损失处理的资产，在以后纳税年度又全部收回或者部分收回时，应当计入当期收入。"该条强调限于生产经营中发生的损失且损失为净损失。

（2）其他支出。

《企业所得税法实施条例》第三十三条规定："《企业所得税法》第八条所称其他支出，是指除成本、费用、税金、损失外，企业在生产经营活动中发生的与生产经营活动有关的、合理的支出。"该条是兜底性条款。该条强调税前扣除项目中，除了成本、费用、税金、损失外，可能还会出现这些所无法涵盖的新形式支出，而这些支出又确实与企业取得的收入有关，属于取得收入而发生的必要与正常的支出，则也应允许税前扣除。

（3）公益性捐赠支出。

《企业所得税法》第九条规定："企业发生的公益性捐赠支出，在年度利润总额12%以内的部分，准予在计算应纳税所得额时扣除。"《企业所得税法实施条例》共有三条对此条规定作了具体的细化和明确。《企业所得税法实施条例》第五十一条规定："《企业所得税法》第九条所称公益性捐赠，是指企业通过公益性社会团体或者县级以上人民政府及其部门，用于《中华人民共和国公益事业捐赠法》规定的公益事业的捐赠。"第五十二条进一步规定："本条例第五十一条所称公益性社会团体，是指同时符合下列条件的基金会、慈善组织等社会团体：（一）依法登记，具有法人资格；（二）以发展公益事业为宗旨，且不以营利为目的；（三）全部资产及其增值为该法人所有；（四）收益和营运结余主要用于符合该法人设立目的的事业；（五）终止后的剩余财产不归属任何个人或者营利组织；（六）不经营与其设立目的无关的业务；（七）有健全的财务会计制度；（八）捐赠者不以任何形式参与社会团体财产的分配；（九）国务院财政、税务主管部门会同国务院民政部门等登记管理部门规定的其他条件。"第五十三条又规定："企业发生的公益性捐赠支出，不超过年度利润总额12%的部分，准予扣除。年度利润总额，是指企业依照国家统一会计制度的规定计算的年度会计利润。"

公益性捐赠支出可以税前扣除，主要原因有：一是弥补政府职能的缺位。市场经济条件下，政府的主要职能是为市场和社会提供满足社会成员需要的公共产品或公共服务。由于我国正处在经济转型时期，国家财力有限，许多本应由政府承担的公共事务，如教育、卫生、社会保障等，并没有到位，需要全社会共同参与。二是有利于调动企业积极参与社会公共事业的发展的积极性。由于公益性捐赠支出是与企业生产经营无关的支出，不符合所得税税前扣除的基本原则，之所以允许公益性捐赠支出按一定比例在税前扣除，主要是基于激发企业支持社会公益事业的积极性，促进我国公益性事业的发展。为鼓励企业捐赠，国际上通常对企业发生的公益救济性捐赠支出，按照一定比例在税前扣除。借鉴国际上通行的做法，《企业所得税法》第九条规定，企业发生的公益性捐赠支出，在年度利润总额12%以内的部分，准予在计算应纳税所得额时扣除。

2. 不得扣除的支出

《企业所得税法》第十条规定："在计算应纳税所得额时，下列支出不得扣除：（一）向投资者支付的股息、红利等权益性投资收益款项；（二）企业所得税税款；（三）税收滞纳金；（四）罚金、罚款和被没收财物的损失；（五）本法第九条规定以外的捐赠支出；（六）赞助支出；（七）未经核定的准备金支出；（八）与取得收入无关的其他支出。”

《小企业会计准则》规定的营业外支出与《企业所得税法》和《企业所得税法实施条例》相关规定的关系可以归纳如下两类：

（1）可税前扣除的营业外支出。

与《企业所得税法实施条例》规定的损失和其他支出基本上是相一致的，主要有7项，包括：存货的盘亏、毁损、报废损失，非流动资产处置净损失，坏账损失，无法收回的长期债券投资损失，无法收回的长期股权投资损失，自然灾害等不可抗力因素造成的损失，公益性捐赠支出等。

（2）不得税前扣除的营业外支出。

与《企业所得税法》规定不得扣除的支出基本上是相一致的，主要有6项，包括：税收滞纳金、罚金、罚款、被没收财物的损失、其他捐赠支出、赞助支出等。

第二类支出有一个共同特点：与小企业生产经营无关。

税收滞纳金、罚金、罚款和被没收财物的损失不得在税前扣除的主要原因：真实、合法和合理是纳税人在经营活动中发生的费用支出可以税前扣除的基本原则。不管费用是否实际发生、合理与否，如果是非法支出，就不能在税前扣除。税收滞纳金、罚金、罚款和被没收财物的损失，本质上都是违反了国家法律、法规或行政性规定，属于非法支出，因此，不允许在税前扣除。

公益性捐赠以外的其他捐赠支出和赞助支出不得税前扣除的主要原因：一是捐赠支出本身并不是与取得经营收入有关正常、合理的支出，不符合税前扣除的基本原则，原则上不允许税前扣除；二是如果允许公益性捐赠以外的其他捐赠支出和赞助支出在税前扣除，纳税人往往会以捐赠、赞助支出名义开支不合理甚至非法的支出，容易出现纳税人滥用国家税法，导致税收流失，不利于加强对公益性捐赠以外的其他捐赠支出和赞助支出的税收管理。

以上关系可用公式表示如下：

会计上营业外支出＝税法上可税前扣除的损失、其他支出和公益性捐赠支出＋税法上不得税前扣除的支出

《小企业会计准则》规定的损失比《企业所得税法实施条例》对损失的认定口径要大一些，包括了不得税前扣除的损失。这一点对一些小企业来讲，可能会出现纳税调整问题，应引起注意。例如，小企业支付的税收滞纳金，由于不允许在税前扣除，因而不属于《企业所得税法实施条例》第三十二条规定的损失的组成内容，但符合《小企业会计准则》对营业外支出的概念，应作为小企业的营业外支出进行会计处理，需在所得税年度汇算清缴时进行纳税调整。

第四节　小企业利润分配方面会计

小企业以当年净利润弥补以前年度亏损等剩余的税后利润，可用于向投资者进行分配。小企业（公司制）在分配当年税后利润时，应当按照《公司法》的规定提取法定公积金和任意公积金。

小知识

我国有关企业利润分配的法律法规

小企业实现了利润，向投资者进行分配，是维护投资者合法权益的题中应有之义。但是，小企业应否就利润进行分配，按照什么样的标准进行分配，何时进行分配，这些问题涉及小企业与投资者之间的分配关系的处理问题，应当由国家相关的法律法规作出规定。

目前，我国有关企业利润分配的法律法规主要有四部，分别是《公司法》《外资企业法实施细则》《中外合资经营企业法实施条例》和《中外合作经营企业法实施细则》。各部法律法规中有关利润分配的规定如下：

1.《公司法》（2005 年 10 月 27 日第十届全国人民代表大会常务委员会第十八次会议修订）

《公司法》第一百六十七条规定："公司分配当年税后利润时，应当提取利润的百分之十列入公司法定公积金。公司法定公积金累计额为公司注册资本的 50% 以上的，可以不再提取。

公司的法定公积金不足以弥补以前年度亏损的，在依照前款规定提取法定公积金之前，应当先用当年利润弥补亏损。

公司从税后利润中提取法定公积金后，经股东会或者股东大会决议，还可以从税后利润中提取任意公积金。

公司弥补亏损和提取公积金后所余税后利润，有限责任公司依照本法第三十五条的规定分配；股份有限公司按照股东持有的股份比例分配，但股份有限公司章程规定不按持股比例分配的除外。

股东会、股东大会或者董事会违反前款规定，在公司弥补亏损和提取法定公积金之前向股东分配利润的，股东必须将违反规定分配的利润退还公司。

公司持有的本公司股份不得分配利润。”

可见，公司制小企业用于分配的利润应当是税后利润，在分配顺序上，又区分两种情况：

一是公司的法定公积金足以弥补以前年度亏损的，利润分配顺序如下：

（1）提取法定公积金；

（2）提取任意公积金；

（3）向投资者分配。

二是公司的法定公积金不足以弥补以前年度亏损的，利润分配顺序如下：

（1）弥补以前年度亏损；

（2）提取法定公积金；

（3）提取任意公积金；

（4）向投资者分配。

2.《外资企业法实施细则》（1990 年 10 月 28 日国务院批准 1990 年 12 月 12 日对外经济贸易部发布国务院令第 301 号根据 2001 年 4 月 12 日《国务院关于修改〈中华人民共和国外资企业法实施细则〉的决定》修订）

《外资企业法实施细则》第五十八条规定：“外资企业依照中国税法规定缴纳所得税后的利润，应当提取储备基金和职工奖励及福利基金。储备基金的提取比例不得低于税后利润的 10%，当累计提取金额达到注册资本的 50% 时，可以不再提取。职工奖励及福利基金的提取比例由外资企业自行确定。

外资企业以往会计年度的亏损未弥补前，不得分配利润；以往会计年度未分配的利润，可与本会计年度可供分配的利润一并分配。”

可见，外资小企业税后利润分配的顺序为：

（1）提取储备基金；

（2）提取职工奖励及福利基金；

（3）弥补以前年度亏损；

（4）向投资者分配。

3.《中外合资经营企业法实施条例》（1983 年 9 月 20 日国发〔1983〕148 号发布，1986 年 1 月 15 日、1987 年 12 月 21 日国务院修订，国务院令第 311 号，根据 2001 年 7 月 22 日《国务院关于修改〈中华人民共和国中外合资经营企业法实施条例〉的决定》修订）

《中外合资经营企业法实施条例》第七十六条规定：“合营企业按照《中华人民

共和国企业所得税法》缴纳所得税后的利润分配原则如下：

（一）提取储备基金、职工奖励及福利基金、企业发展基金，提取比例由董事会确定；

（二）储备基金除用于垫补合营企业亏损外，经审批机构批准也可以用于本企业增加资本，扩大生产；

（三）按照本条第（一）项规定提取三项基金后的可分配利润，董事会确定分配的，应当按合营各方的出资比例进行分配。”

第七十七条规定：“以前年度的亏损未弥补前不得分配利润。以前年度未分配的利润，可以并入本年度利润分配。”

可见，中外合资经营小企业税后利润分配的顺序为：

（1）提取储备基金；

（2）提取职工奖励及福利基金；

（3）提取企业发展基金；

（4）弥补以前年度亏损；

（5）向投资者分配。

4.《中外合作经营企业法实施细则》（1995年9月4日，原对外贸易经济合作部令〔1995〕第6号发布）

《中外合作经营企业法实施细则》第四十三条规定：“中外合作者可以采用分配利润、分配产品或者合作各方共同商定的其他方式分配收益。采用分配产品或者其他方式分配收益的，应当按照税法的有关规定，计算应纳税额。”

第四十四条规定：“中外合作者在合作企业合同中约定合作期限届满时，合作企业的全部固定资产无偿归中国合作者所有的，外国合作者在合作期限内可以申请按照下列方式先行回收其投资：

（一）在按照投资或者提供合作条件进行分配的基础上，在合作企业合同中约定扩大外国合作者的收益分配比例；

（二）经财政税务机关按照国家有关税收的规定审查批准，外国合作者在合作企业缴纳所得税前回收投资；

（三）经财政税务机关和审查批准机关批准的其他回收投资方式。

外国合作者依照前款规定在合作期限内先行回收投资的，中外合作者应当依照有关法律的规定和合作企业合同的约定，对合作企业的债务承担责任。”

第四十五条规定：“外国合作者依照本实施细则第四十四条第二项和第三项的规定提出先行回收投资的申请，应当具体说明先行回收投资的总额、期限和方式，经财政税务机关审查同意后，报审查批准机关审批。

合作企业的亏损未弥补前，外国合作者不得先行回收投资。”

可见，中外合作经营小企业利润分配的顺序为：

（1）分配利润或分配产品；

（2）弥补以前年度亏损；

（3）外国合作者在合作企业缴纳所得税前回收投资。

如果国家相关的法律法规规定小企业应当向投资者分配利润，在这种情况下，小企业可向投资者分配的利润应当如何确定即利润分配的顺序。也就是说，小企业利润分配应当遵循有关法律法规的规定。

同时，考虑到《小企业会计准则》所适用的小企业尽管是按照规模来划型的，但是还可分为公司制小企业和非公司制小企业。其中，公司制小企业是我国现代企业制度改革的发展方向，是目前和今后我国小企业的主要形式。《小企业会计准则》以公司制的小企业的交易和事项为基础进行了设计。因此，《小企业会计准则》还直接引用公司法的规定，对公司制的小企业的利润分配作了规定。

一、以当年净利润为基础

小企业当年只有实现了净利润才有可能进行利润分配，因此小企业的利润分配是以当年净利润为基础。“以当年净利润为基础”包括以下三层意思：

（1）当年实现了净利润。

（2）有的法律法规要求，企业当年实现的净利润进行利润分配前，还需弥补以前年度亏损。

（3）当年实现的净利润进行利润分配后的余额还可以与以前年度累计的未分配利润一并向投资者进行分配。

二、按照当年净利润进行的利润分配

有关法律法规不同，企业进行利润分配的内容和顺序也不同，具体如下：

（一）公司制小企业按照当年净利润进行的利润分配顺序

（1）弥补以前年度亏损；

（2）提取法定公积金；

（3）提取任意公积金。

（二）外资小企业按照当年净利润进行的利润分配顺序

（1）提取职工奖励及福利基金；

（2）提取储备基金；

（3）弥补以前年度亏损。

（三）中外合资经营小企业按照当年净利润进行的利润分配顺序

（1）提取职工奖励及福利基金；

（2）提取储备基金；

（3）提取企业发展基金；

（4）弥补以前年度亏损。

（四）中外合作经营小企业按照当年净利润进行的利润分配顺序

（1）分配利润或分配产品；

（2）弥补以前年度亏损；

（3）外国合作者在合作企业缴纳所得税前回收投资。

三、可供投资者分配的利润

小企业当年实现的净利润按照上述规定进行利润分配后的余额和以前年度累计的未分配利润合计作为可供投资者分配的利润，可以供投资者进行利润分配。用公式表示如下：

可供投资者分配的利润＝当年净利润－按照当年净利润分配的利润＋以前年度累计的未分配利润

四、小企业利润分配顺序

根据有关法律法规的规定，各类小企业的利润的分配综合如下，同时参见《小企业会计准则》附注中的“利润分配表”。

（一）净利润

加：年初未分配利润

（二）可供分配的利润

减：提取法定盈余公积

提取任意盈余公积

提取职工奖励及福利基金

提取储备基金

提取企业发展基金

利润归还投资

（三）可供投资者分配的利润

减：应付利润

（四）未分配利润

其中，“加：年初未分配利润”，如果年初未分配利润为亏损，则意味着当年实现的净利润首先弥补以前年度的亏损，再向下作为可供分配的利润。

“提取法定盈余公积”和“提取任意盈余公积”是指公司制小企业按照《公司法》规定进行的利润分配。

“提取职工奖励及福利基金”“提取储备基金”和“提取企业发展基金”是指外资小企业和中外合资小企业按照相关法律法规规定进行的利润分配。

“利润归还投资”是指中外合作经营小企业按照法律法规规定在合作期内以税前利润先行归还外国合作者的投资。

可供投资者分配的利润经过上述分配后，为未分配利润（或未弥补亏损）。未分配利润可留待以后年度进行分配。小企业如发生亏损，可以按规定由以后年度利润弥补。小企业未分配的利润（或未弥补的亏损）应当在资产负债表的所有者权益项目中单独反映。

注意事项

（1）公司制小企业在进行利润分配时，应当在“利润分配”科目分别设置“提取法定盈余公积”“提取任意盈余公积”“应付股利”和“未分配利润”等明细科目，核算其当年进行的利润分配情况。

（2）外资小企业和中外合资经营小企业在进行利润分配时，应当分别在“利润分配”科目分别设置“提取职工奖励及福利基金”“提取储备基金”“提取企业发展基金”“应付股利”“未分配利润”等明细科目，核算其当年进行的利润分配情况。中外合作经营小企业还可以自行增设“利润归还投资”明细科目核算。

第五节 小企业所得税费用方面会计

一、小企业所得税费用的计算原则

小企业应当按照《企业所得税法》规定计算的当期应纳税额，确认所得税费用。本计算原则应把握好以下两个方面：

（一）计算依据是《企业所得税法》而不是《小企业会计准则》

小企业应当根据《企业所得税法》的第二十二条和《企业所得税法实施条例》的第七十六条的规定计算当期所得税费用。

尽管《小企业会计准则》在制定思想上坚持了简化原则和实现与企业所得税法相一致的原则，但是由于会计与税法的目的不同、收入和费用口径不同，还会或多或少地存在一些差异，如通常所讲的永久性差异，而在计算所得税费用时由于依据的是《企业所得税法》而不是《小企业会计准则》，因此仍需要进行必要的纳税调整，对于这一点必须有清醒的认识。

（二）应纳税额等于所得税费用

应纳税额是一个税法概念，《企业所得税法》的应纳税额，是指企业依法应当缴纳的企业所得税税额，直接关系到纳税人企业的实际税负水平，关系到企业的切身利益。

《小企业会计准则》为了简化小企业的核算，同时为了提高税务机关对小企业财务报表使用的效率，建立起小企业利润表与企业所得税年度纳税申报表之间的直观钩稽关系，将应纳税额直接确认为当期所得税费用，即“所得税费用”科目的发生额与“应交税费——应交所得税”科目的发生额相同。这样，既有助于小企业直观地掌握实际负提的所得税费用的金额，又有助于税务机关对小企业实行查账征收企业所得税，提高双方的沟通能力，减轻了小企业的负担，提高了税务机关的税收征管水平和效率，从而实现公平税负和保证国家税收的目的。

二、小企业所得税费用的计算方法

小企业应当在利润总额的基础上，按照《企业所得税法》规定进行纳税调整，计算出当期应纳税所得额，以应纳税所得额与适用所得税税率为基础计算确定当期应纳税额。对于本计算方法需要把握以下方面：

（一）计算基础：利润总额

小企业在计算所得税费用时，应当以利润总额为基础来计算。利润总额是小企业按照《小企业会计准则》第六十七条的规定计算确定的，以利润总额为基础有三层含义：

一是利润总额是依据《小企业会计准则》计算的结果不是依据《企业所得税法》计算的结果；

二是小企业在计算所得税费用时，不得因为《企业所得税法》的规定与《小企业会计准则》的规定不同而调整会计账簿记录的结果，除非原记录是错误的；

三是税务机关也不得依据《企业所得税法》的规定要求小企业对利润总额的会计账簿记录进行调整。

（二）计算方法：纳税调整

《小企业会计准则》基于税务部门是小企业会计信息的主要外部使用者之一，为了简化核算，便于小企业执行，减轻小企业纳税调整的负担，满足汇算清缴的要求，降低小企业纳税遵循成本和税收管理成本，在资产、负债、所有者权益、收入、费用、利润等方面的会计处理都尽可能与《企业所得税法》相一致。

但是，《企业所得税法》和《小企业会计准则》实现的目的不尽相同，《企业所得税法》的目的是实现公平税负、国民经济的可持续发展、发挥调控作用、理顺分配关系、有利于征收管理等；而《小企业会计准则》则是为了如实地反映小企业的财务状况、经营成果和现金流量，以满足税务部门、债权人以及投资者和经营管理者的需要，因此，在一些项目上不可避免地会存在差异。例如，《企业所得税法》对一些收入规定为不征税收入、免税收入，在计算应纳税所得额可以扣除；《小企业会计准则》则规定这些不征税收入和免税收入也应计入小企业的收入。又如，《企业所得税法》规定了企业发生的公益性捐赠支出扣除比例为不超过年度利润总额的12%；《小企业会计准则》认为这类支出减少了小企业的利润，应当全部据实计入营业外支出。

《企业所得税法》第二十一条规定："在计算应纳税所得额时，企业财务、会计处理办法与税收法律、行政法规的规定不一致的，应当依照税收法律、行政法规的规定计算。"因此，在计算应纳税所得额时，需要对《小企业会计准则》与《企业所得税法》的规定不一致的项目进行调整，即纳税调整。

1. 纳税调整的事项：收入类和扣除类

根据国家税务总局制定的《企业所得税年度纳税申报表》（国税发〔2008〕101号）附表三《纳税调整项目明细表》的要求，并结合目前小企业的实际情况和《小企业会计准则》的规定，构成小企业纳税调整的事项主要有两类15个项目，分别是收入类和扣除类。

第一类：收入类调整项目。主要包括：免税收入，减计收入和减、免税项目所得3个项目。

第二类：扣除类调整项目。主要包括：职工福利费支出，职工教育经费支出，工会经费支出，业务招待费支出，广告费和业务宣传费支出，捐赠支出，利息支出，罚金、罚款和被没收财物的损失，税收滞纳金，赞助支出，与取得收入无关的支出和加计扣除12个项目。

而对于执行《企业会计准则》的企业来讲，纳税调整的项目共有七类，分别是收入类调整项目、扣除类调整项目、资产类调整项目、准备金调整项目、房地产企业预售收入计算的预计利润、特别纳税调整应税所得和其他。其中，收入类调整项目达到18项之多，扣除类调整项目达到20项之多。

上述收入类和扣除类调整项目也可理解为会计上通常讲的永久性差异，这种差异在本期发生，不会在以后各期转回。包括四种类型：

第一类：按《小企业会计准则》规定核算时作为收入或营业外收入计入利润总额，在计算应纳税所得额时不确认为收入，不需要缴纳企业所得税。

第二类：按《小企业会计准则》规定核算时不作为收入或营业外收入计入利润总额，纳税所得额时作为收入，需要缴纳企业所得税。

第三类：按《小企业会计准则》规定核算时确认为费用或营业外支出冲减利润总额，纳税所得额时不允许扣减，需要缴纳企业所得税。

第四类：按《小企业会计准则》规定核算时不确认为费用或损失不冲减利润总额，在计算应纳税所得额时则允许扣减，不需要缴纳企业所得税。

2. 纳税调整的方式：调表不调账

就是以小企业会计账簿记录的构成利润总额的资料为依据，不改变会计账簿记录的结果，按照《企业所得税法》的要求编制《企业所得税年度纳税申报表》，从而在《企业所得税年度纳税申报表》上实现《企业所得税法》的要求，并计算出应纳税额，这一过程并不改变或影响会计账簿记录的结果。

3. 纳税调整的时点：年度汇算清缴时

《企业所得税法》第五十四条规定："企业所得税分月或者分季预缴。企业应当在自月份或者季度终了之日起十五日内，向税务机关报送预缴企业所得税纳税申报表，预缴税款。企业应当自年度终了之日起五个月内，向税务机关报送年度企业所得税纳税申报表，并汇算清缴，结清应缴应退税款。企业在报送企业所得税纳税申报表时，应当按照规定附送财务会计报告和其他有关资料。”

根据以上《企业所得税法》规定，我国的企业所得税实行按年计征，分月或分季预缴，年终汇算清缴的方式，即每月或者每季度申报缴纳，向税务机关报送《企业所得税月（季）度预缴纳税申报表》，年终计算该纳税年度实际需要缴纳的税额，向税务机关报送《企业所得税年度纳税申报表》，实行多退少补。

实行查账征收和实行核定应税所得率征收企业所得税的纳税人，无论是否在减税、免税期间，也无论盈利或亏损，都应根据《企业所得税法》第五十四条的规定办理年度企业所得税申报。实行核定定额征收企业所得税的纳税人，不进行汇算清缴。

企业所得税汇算清缴，是指纳税人在纳税年度终了后，依照税收法律、法规、规章及其他有关企业所得税法的规定，自行计算全年应纳税所得额和应纳所得税额，根据月度或季度预缴所得税的数额，确定该年度应补或者应退税额，并填写年度企业所得税纳税申报表，向主管税务机关办理年度企业所得税纳税申报、提供税务机关要求提供的有关资料、结清全年企业所得税税款的行为。

（三）计算公式：所得税费用＝应纳税额

根据《企业所得税法》第二十二条和《企业所得税法实施条例》第七十六条的规定，应纳税额的计算公式如下：

应纳税额＝应纳税所得额 × 适用税率－减免税额－抵免税额（公式一）

（四）计算步骤：分为四步

第一步，计算出小企业的应纳税所得额；

第二步，计算出减除减免所得税额和抵免所得税额前的应纳税额；

第三步，计算出小企业享受的减免所得税额和抵免所得税额等优惠税额；

第四步，最终计算出应纳税额，即所得税费用。

（五）计算出小企业的应纳税所得额

根据《企业所得税法》第五条的规定，应纳税所得额的计算公式如下：

应纳税所得额＝收入总额－不征税收入－免税收入－扣除额－允许弥补的以前年度亏损（公式二）

根据《企业所得税年度纳税申报表》的要求，小企业的应纳税所得额的计算公式通常可表示如下：

应纳税所得额＝利润总额＋纳税调整增加额－纳税调整减少额－弥补以前年度亏损（公式三）

由公式三可以看出，根据《企业所得税法》的规定计算应纳税所得额的过程实际上就是在《小企业会计准则》核算的利润总额的基础上，按照《企业所得税法》的规定，进行纳税调整的过程。

公式三还可以表示如下：

纳税调整后所得 = 利润总额 + 纳税调整增加额 – 纳税调整减少额（公式四）

在公式四中，各个项目的具体确定方法如下：

1. 利润总额的计算

其数据直接取自小企业的“利润表”。

2. 构成小企业纳税调整增加额的项目

主要是扣除类调整项目，通常有11项，具体包括：

（1）职工福利费支出。

《企业所得税法实施条例》第四十条规定：“企业发生的职工福利费支出，不超过工资薪金总额14%的部分，准予扣除。”该条强调的是职工福利费支出可税前扣除的金额最高为工资薪金总额的14%。

小企业当年发生的职工福利费支出，如果小于等于工资薪金总额的14%，则可以全额扣除，由于已反映在管理费用、营业成本等项目中，不需再进行纳税调整；如果大于工资薪金总额的14%，则超出部分应进行纳税调整，作为纳税调整增加额计入应纳税所得额中。

这个项目的金额可以从小企业“应付职工薪酬”账户贷方发生额分析取得。

（2）职工教育经费支出。

《企业所得税法实施条例》第四十二条规定：“除国务院财政、税务主管部门另有规定外，企业发生的职工教育经费支出，不超过工资薪金总额2.5%的部分，准予扣除；超过部分，准予在以后纳税年度结转扣除。”该条强调的实际上是允许企业发生的职工教育经费支出准予全额扣除，只是在扣除时间上作了相应递延。职工教育经费支出当年可税前扣除的金额最高为工资薪金总额的2.5%，对于超过标准的部分，允许无限期地往以后的纳税年度结转。

例如，小企业2013年发生职工教育经费20万元，假定当年工资薪金总额为100万元，在计算应纳税所得额时，由于20万元＜25万元（100×2.5%），因此，2013年职工经费支出20万元可以全额在税前扣除；如果当年工资薪金总额为70万元，在计算应纳税所得额时，由于20万元＞17.5万元（70×2.5%），因此，2013年职工经费支出17.5万元可以在税前扣除，余额2.5万元（20−17.5）可在2013年以后年度税前扣除；假定2014年发生职工教育经费18万元，当年工资薪金总额为100万元，在计算应纳税所得额时，由于 20.5 万元（2014 年当年新发生的职工教育经费 18 万元 +2013 年结转的职工教育经费支出 2.5 万元）<25 万元（100×2.5%），因此，2014 年职工教育经费支出税前扣除金额为 20.5 万元。

这个项目的金额可以从小企业“应付职工薪酬”账户贷方发生额分析取得。

（3）工会经费支出。

《企业所得税法实施条例》第四十一条规定：“企业拨缴的工会经费，不超过工资薪金总额 2% 的部分，准予扣除。”该条强调的是工会经费支出可税前扣除的金额最高为工资薪金总额的 2%。与职工教育经费支出不同的是，工会经费超过部分，不准在以后纳税年度结转扣除。

例如，小企业 2013 年拨缴的工会经费为 25 万元，假定当年工资薪金总额为 100 万元，在计算应纳税所得额时，由于 25 万元 >20 万元（100×2%），因此，2013 年工会经费在税前扣除的金额为 20 万元，剩余的 5 万元既不允许在 2013 年税前扣除，也不允许在 2013 年以后年度税前扣除。

这个项目的金额可以从小企业“应付职工薪酬”账户贷方发生额分析取得。

（4）业务招待费支出。

《企业所得税法实施条例》第四十三条规定：“企业发生的与生产经营活动有关的业务招待费支出，按照发生额的 60% 扣除，但最高不得超过当年销售（营业）收入的 5‰。”该条强调的是业务招待费可税前扣除的金额最高为当年销售（营业）收入的 5‰ 范围内的其发生额的 60%，并坚持四个原则：第一个原则，企业开支的业务招待费必须是正常和必要的；第二个原则，业务招待费支出一般要求与经营活动“直接相关”；第三个原则，必须有大量足够有效凭证证明企业相关性的陈述：例如，费用金额、招待、娱乐、旅行的时间和地点、商业目的、企业与被招待人之间的业务关系等；第四个原则，主管税务机关有权根据实际情况合理推算最确切的金额。

例如，小企业 2013 年发生业务招待费 100 万元，假定当年营业收入为 3000 万元，在计算应纳税所得额时，由于 60 万元（100×60%）>15 万元（3000×5‰），因此，2013 年业务招待费在税前扣除的金额为 15 万元，不是 100 万元也不是 60 万元，剩余的 85 万元（100-15）既不允许在 2013 年税前扣除，也不允许在 2013 年以后年度税前扣除。

又如，小企业 2014 年发生业务招待费 100 万元，假定当年营业收入为 30000 万元，在计算应纳税所得额时，由于 60 万元（100×60%）> 150 万元（30000×5‰），因此，2014 年业务招待费在税前扣除的金额为 60 万元，不是 100 万元也不是 150 万元，剩余的 40 万元（100-60）既不允许在 2014 年税前扣除，也不允许在 2014 年以后年度税前扣除。

这个项目的金额可以从小企业“管理费用”账户借方发生额分析取得。

（5）广告费和业务宣传费支出。

《企业所得税法实施条例》第四十四条规定：“企业发生的符合条件的广告费和业务宣传费支出，除国务院财政、税务主管部门另有规定外，不超过当年销售（营业）收入 15% 的部分，准予扣除；超过部分，准予在以后纳税年度结转扣除。”该条强调的实际上是允许企业发生的广告费和业务宣传费支出准予全额扣除，只是在扣除时间上作了相应递延。广告费和业务宣传费支出当年可税前扣除的金额最高为销售（营业）收入的 15%（即扣除限额），这一扣除限额内的部分，全额扣除，对于超过这一扣除限额的部分，允许无限期地往以后的纳税年度结转。

例如，甲小企业 2013 年发生广告费和业务宣传费 100 万元，假定当年营业收入为 3000 万元，在计算应纳税所得额时，由于 100 万元＜ 450 万元（3000×15%），因此，2013 年广告费和业务宣传费在税前扣除的金额为 100 万元，不是 450 万元。

又如，甲小企业 2013 年发生广告费和业务宣传费 500 万元，假定当年营业收入为 3000 万元，在计算应纳税所得额时，由于 500 万元 > 450 万元（3000×15%），因此，2013 年广告费和业务宣传费在税前扣除的金额为 450 万元，不是 500 万元，余额 50 万元（500-450）可在 2013 年以后年度税前扣除；假定 2014 年发生广告费和业务宣传费 510 万元，当年营业收入仍为 3000 万元，在计算应纳税所得额时，由于 510 万元 > 450 万元（3000×15%），因此，2014 年广告费和业务宣传费在税前扣除的金额也为 450 万元，余额 110 万元（2014 年当年新发生的广告费和业务宣传费未扣除金额 60 万元 +2013 年结转的未扣除金额 50 万元）可以在 2014 年以后年度结转扣除。

再如，甲小企业 2015 年发生广告费和业务宣传费 300 万元，假定当年营业收入仍为 3000 万元，在计算应纳税所得额时，由于 300 万元＜ 450 万元（3000×15%），因此，2015 年当年发生广告费和业务宣传费 300 万元可以金额在税前扣除；由于《企业所得税法实施条例》还允许扣除以前年度的结转额，针对 2015 年来讲，以前年度结转额累计为110万元（2013年结转的未扣除金额50万元+2014年结转的未扣除金额60万元）＜150万元（2015年广告费和业务宣传费扣除限额450万元-2015年当年广告费和业务宣传费扣除额300万元），因此，2015年还可以扣除以前年度结转额110万元。即2013年结转的50万元和2014年结转的60万元，累计110万元也在2015年税前得到了扣除。2015年实际在税前扣除的广告费和业务宣传费合计为410万元（300+110）。

这个项目的金额可以从小企业“销售费用”账户借方发生额分析取得。

（6）捐赠支出。

捐赠支出包括两个部分，公益性捐赠支出和非公益性捐赠支出。

对于公益性捐赠支出可在扣除限额内扣除。《企业所得税法实施条例》第五十三条规定：“企业发生的公益性捐赠支出，不超过年度利润总额12%的部分，准予扣除。年度利润总额，是指企业依照国家统一会计制度的规定计算的年度会计利润。”该条强调的是公益性捐赠支出可税前扣除的金额（扣除限额）最高为年度利润总额的12%，但计算基础是企业按照国家统一会计制度的规定计算的年度会计利润总额，对于小企业而言，就是小企业按照《小企业会计准则》规定核算的利润总额。小企业发生的公益性捐赠支出超出扣除限额的部分，不得在税前扣除，需要进行纳税调整，计入纳税调整增加额。

对于非公益性捐赠支出不得在税前扣除。《企业所得税法》第十条规定：“在计算应纳税所得额时，下列支出不得扣除：（五）本法第九条规定以外的捐赠支出。”这类捐赠支出全部需要进行纳税调整，计入纳税调整增加额。

例如，小企业2013年向符合企业所得税法优惠条件，经认定的公益性社会团体HSZ会捐款5万元，向某家庭困难学生捐款1万元，2013年实现的利润总额为40万元。在计算应纳税所得额时，由于5万元＞4.8万元（40×12%），因此在2013年捐赠支出可税前扣除的金额为4.8万元，余额1.2万元（5+1-4.8）不得在税前扣除，应增加纳税调整增加额。

这个项目的金额可以从小企业“营业外支出”账户借方发生额分析取得。

（7）利息支出。

《企业所得税法实施条例》第三十八条规定：“企业在生产经营活动中发生的下列利息支出，准予扣除：（一）非金融企业向金融企业借款的利息支出、金融企业的各项存款利息支出和同业拆借利息支出、企业经批准发行债券的利息支出；（二）非金融企业向非金融企业借款的利息支出，不超过按照金融企业同期同类贷款利率计算的数额的部分。”该条强调了四个扣除原则：第一个原则，非金融企业向金融企业借款的利息支出，准予全额据实扣除；第二个原则，金融企业的各项存款利息支出和同业拆借利息支出，准予全额据实扣除；第三个原则，企业经批准发行债券发生的利息支出，准予全额据实扣除；第四个原则，非金融企业向非金融企业借款的利息支出，不超过按照金融企业同期同类贷款利率计算的数额的部分，准予扣除。

例如，小企业2013年因资金周转困难，向商业银行贷款100万元用于购买A原材料，期限为2年，贷款年利率为6%；同时，向某企业借入资金300万元用于购买B原材料，期限为2年，借款年利率40%。假定该小企业2013年共发生利息费用126万元（100×6%+300×40%）。在计算应纳税所得额时，对于向商业银行贷款的利息费用6万元可以全额在税前扣除，向其他企业借款的利息费用中与商业银行同期同类贷款利率计算的部分可以税前扣除，金额为18万元（300×6%），2013年合计在税前扣除的利息支出为24万元（6+18），余额102万元（6+120-6-18）不得在税前扣除，应增加纳税调整增加额。

这个项目的金额可以从小企业“财务费用”账户借方发生额分析取得。

（8）罚金、罚款和被没收财物的损失。

（9）税收滞纳金。

（10）赞助支出。

（11）与取得收入无关的支出。

《企业所得税法》第十条规定：“在计算应纳税所得额时，下列支出不得扣除：（一）向投资者支付的股息、红利等权益性投资收益款项；（二）企业所得税税款；（三）税收滞纳金；（四）罚金、罚款和被没收财物的损失；（五）本法第九条规定以外的捐赠支出；（六）赞助支出；（七）未经核定的准备金支出；（八）与取得收入无关的其他支出。”

这4个项目的金额从小企业“营业外支出”账户的借方发生额分析取得。

3. 构成小企业纳税调整减少额的项目

主要是收入类调整项目和扣除类调整项目中的加计扣除合计4个项目，具体包括：

（1）免税收入。

免税收入是指属于企业的应税所得但按照税法规定免予征收企业所得税的收入。免税收入属于税收优惠的范畴。《企业所得税法》所称的免税收入包括国债利息收入，符合条件的居民企业之间的股息、红利等权益性投资收益，在中国境内设立机构、场所的非居民企业从居民企业取得与该机构、场所有实际联系的股息、红利等权益性投资收益，符合条件的非营利组织的收入等。免税收入与不征税收入不同，不征税收入是指从性质和根源上不属于企业营利性活动带来的经济利益、不负有纳税义务并不作为应纳税所得额组成部分的收入。不属于税收优惠的范畴，这些收入不属于营利性活动带来的经济利益，是专门从事特定目的的收入，这些收入从企业所得税原理上讲应永久不列为征税范围的收入范畴。《企业所得税法》所称的不征税收入包括财政拨款、依法收取并纳入财政管理的行政事业性收费、政府性基金等。

免税收入与小企业直接相关的收入主要是国债利息收入和符合条件的居民企业之间的股息、红利等权益性投资收益。

《企业所得税法实施条例》第八十二条规定："《企业所得税法》第二十六条第（一）项所称国债利息收入，是指企业持有国务院财政部门发行的国债取得的利息收入。"国务院财政部门发行的国债的种类繁多。按国债的券面形式可分为三大品种，即无记名式（实物）国债、凭证式国债和记账式国债。其中无记名式国债已不多见，而后两者则为目前的主要形式。国债市场分为两个层次，一是国债发行市场，也称一级市场。二是国债流通市场，也称为二级市场。小企业购买国债，不管是一级市场还是二级市场购买，其利息收入均享受免税优惠。该金额可从"投资收益"账户的贷方发生额分析取得。但需要指出的是，对于小企业在二级市场转让国债获得的收入，还需作为转让财产收入计算缴纳企业所得税。该金额也从"投资收益"账户的贷方发生额分析取得。

《企业所得税法实施条例》第八十三条规定："《企业所得税法》第二十六条第（二）项所称符合条件的居民企业之间的股息、红利等权益性投资收益，是指居民企业直接投资于其他居民企业取得的投资收益。《企业所得税法》第二十六条第（二）项和第（三）项所称股息、红利等权益性投资收益，不包括连续持有居民企业公开发行并上市流通的股票不足12个月取得的投资收益。"该金额从"投资收益"账户的贷方发生额取得。

（2）减计收入。

减计收入是指按照税法规定准予对企业某些经营活动取得的应税收入，按一定比例减少计入收入总额，进而减少应纳税所得额的一种税收优惠措施。和加计扣除方式类似，减计收入也是一种间接优惠方式。对企业某些项目的收入减按一定比例计入收入总额，而其对应的成本费用则可以正常扣除，则企业不仅可以减少在这些项目上的税负，还可能减少在其他项目上应纳的所得税。例如，某小企业经营某一项目的收入为100万元，对此收入可以减按90%即90万元计入其应税收入，而这一项目的成本费用为95万元，则企业在这一项目上的应税所得为5万元，由于企业的应纳税所得额是综合计算的，这5万元可用来抵减企业在其他项目上的应税所得，从而不仅相当于对这一项目免税，还免掉了一部分其他项目应缴的所得税，企业从这一项目上得到的收入越多，最终得到的优惠力度就越大。

《企业所得税法实施条例》第九十九条规定："《企业所得税法》第三十三条所称减计收入，是指企业以《资源综合利用企业所得税优惠目录》规定的资源作为主要原材料，生产国家非限制和禁止并符合国家和行业相关标准的产品取得的收入，减按90%计入收入总额。前款所称原材料占生产产品材料的比例不得低于《资源综合利用企业所得税优惠目录》规定的标准。"

这个项目的金额从小企业（工业）的"主营业务收入"或"其他业务收入"账户的贷方发生额分析取得。

（3）减、免税项目所得。

《企业所得税法》第二十七条规定，减、免税项目所得包括免税所得，减税所得，从事国家重点扶持的公共基础设施项目投资经营的所得，从事符合条件的环境保护、节能节水项目的所得，符合条件的技术转让所得和其他六个部分，但是与目前小企业有关主要有免税所得，减税所得，从事符合条件的环境保护、节能节水项目的所得，符合条件的技术转让所得四个部分。以下分述之。

①免税所得。《企业所得税法》第二十七条规定："企业的下列所得，可以免征、减征企业所得税：（一）从事农、林、牧、渔业项目的所得；（二）从事国家重点扶持的公共基础设施项目投资经营的所得；（三）从事符合条件的环境保护、节能节水项目的所得；（四）符合条件的技术转让所得；（五）本法第三条第三款规定的所得。"

《企业所得税法实施条例》第八十六条规定：《企业所得税法》第二十七条第（一）项规定的企业从事农、林、牧、渔业项目的所得，可以免征、减征企业所得税，是指企业从事下列项目的所得，免征企业所得税：

a. 蔬菜、谷物、薯类、油料、豆类、棉花、麻类、糖料、水果、坚果的种植；

b. 农作物新品种的选育；

c. 中药材的种植；

d. 林木的培育和种植；

e. 牲畜、家禽的饲养；

f. 林产品的采集；

g. 灌溉、农产品初加工、兽医、农技推广、农机作业和维修等农、林、牧、渔服务业项目；

h. 远洋捕捞。

企业从事国家限制和禁止发展的项目，不得享受《小企业会计准则》规定的企业所得税优惠。

各个项目具体内容如下：

蔬菜的种植。包括：各种叶菜、根茎菜、瓜果菜、茄果菜、葱蒜、菜用豆、水生菜等的种植，以及蘑菇、菌类等蔬菜的种植。

谷物的种植。指以收获籽实为主，可供人类食用的农作物的种植，如稻谷、小麦、玉米等农作物的种植。包括稻谷、小麦、玉米、高粱、谷子等谷物的种植。

薯类的种植。包括：马铃薯（土豆、洋芋）、甘薯（红薯、白薯）、木薯等的种植。

油料的种植。包括：花生、油菜籽、芝麻、向日葵等油料的种植。

豆类的种植。包括：大豆的种植和其他各类杂豆（如豌豆、绿豆、红小豆、蚕豆等）的种植。

麻类的种植。包括：各种麻类的种植如亚麻、黄红麻、苎麻、大麻等的种植；用于编织、衬垫、填充、刷子、扫帚用植物原料的种植。

糖料的种植。包括：甘茶、甜菜等糖料作物的种植。

水果、坚果的种植。包括：园林水果如苹果、梨、柑橘、葡萄、香蕉、杏、桃、李、梅、荔枝、龙眼等的种植；西瓜、木瓜、哈密瓜、甜瓜、草莓等瓜果类的种植；坚果的种植，如椰子等；在同一种植地点或在种植园内对水果的简单加工，如晒干、暂时保存等活动。但不包括生水果和坚果等的采集。

农作物新品种的选育，属于农业科学技术方面的鼓励优惠。

中药材的种植。主要指用于中药配制以及中成药加工的药材作物的种植。包括：当归、地黄、五味、人参、枸杞子等中药材的种植。但是不包括：用于杀虫和杀菌目的植物的种植。

林木的培育和种植。包括：育种和育苗、造林、林木的抚育和管理。

牲畜、家禽的饲养。包括：猪、牛、羊、马、驴、骡、骆驼等主要牲畜，也包括在饲养牲畜的同一牧场进行的鲜奶、奶油、奶酪等乳品的加工，在农（牧）场或农户家庭中对牲畜副产品的简单加工，如毛、皮、鬃等的简单加工，还包括：鸡、鸭、鹅、驼鸟、鹌鹑等禽类的孵化和饲养；相关的禽产品，如禽蛋等。但是不包括鸟类的饲养和其他珍禽如山鸡、孔雀等的饲养。

林产品的采集。指在天然森林和人工林地进行的各种林木产品和其他野生植物的采集活动。包括：天然林和人工林的果实采集，如对橡胶、生漆、油桐籽、油茶籽、核桃、板栗、松子、软木、虫胶、松脂和松胶等非木质林木产品的采集；其他野生植物的采集，如林木的枝叶等的采集。但是不包括咖啡、可可等饮料作物的采集。

灌溉服务。指为农业生产服务的灌溉系统的经营与管理活动。包括：农业水利灌溉系统的经营、管理。但是不包括水利工程的建设、水利工程的管理。

农产品初加工服务。指由农民家庭兼营或收购单位对收获的各种农产品（包括纺织纤维原料）进行去籽、净化、分类、晒干、剥皮、冷却或大批包装以提供初级市场的服务活动，以及其他农产品的初加工活动。包括：轧棉花、羊毛去杂质、其他类似的纤维初加工等活动；其他与农产品收获有关的初加工服务活动，包括：对农产品的净化、修整、晒干、剥皮、冷却或批量包装等加工处理等。

兽医服务。指对各种动物进行的病情诊断和医疗活动。包括：畜牧兽医院（站、中心）、动物病防治单位、兽医监察等活动。但是不包括对动物的检疫。

农技推广。指将与农业有关的新技术、新产品、新工艺直接推向市场而进行的相关技术活动，以及技术推广的转让活动。

农机作业和维修。

远洋捕捞。

这些项目的金额从小企业（农、林、牧、渔业）的“主营业务收入”或“其他业务收入”账户的贷方发生额分析取得。

②减税所得。《企业所得税法实施条例》第八十六条规定：“企业从事下列项目的所得，减半征收企业所得税：

a. 花卉、茶以及其他饮料作物和香料作物的种植；

b. 海水养殖、内陆养殖。

企业从事国家限制和禁止发展的项目，不得享受本条规定的企业所得税优惠。”

各个项目具体内容如下：

花卉的种植。包括：各种鲜花和鲜花蓓蕾的种植。

茶及其他饮料作物的种植。包括：茶、可可、咖啡等饮料作物的种植；茶叶、可可和咖啡等的采集和简单加工，如农场或农户对茶叶的炒制和晾晒等活动。但是不包括茶叶的精加工、可可和咖啡的精加工。

香料作物的种植。包括：香料叶、香料果、香料籽、香料花等的种植，如留兰香、香茅草、薰衣草、月桂、香子兰、枯茗、茴香、丁香等香料作物的种植。但是不包括香料的提取和制造等活动。

海水养殖。指利用海水对各种水生动植物的养殖活动。包括：利用海水对鱼、虾、蟹、贝、珍珠、藻类等水生动植物的养殖；水产养殖场对各种海水动物幼苗的繁殖；紫菜和食用海藻的种植；海洋滩涂的养殖。

内陆养殖。指在内陆水域进行的各种水生动物的养殖。包括：内陆水域的鱼、虾、蟹、贝类等水生动物的养殖；水产养殖场对各种内陆水域的水生动物幼苗的繁殖。

这些项目的金额从小企业（农、林、牧、渔业）的“主营业务收入”或“其他业务收入”账户的贷方发生额分析取得。

③从事符合条件的环境保护、节能节水项目的所得。《企业所得税法实施条例》第八十八条规定：“《企业所得税法》第二十七条第（三）项所称符合条件的环境保护、节能节水项目，包括公共污水处理、公共垃圾处理、沼气综合开发利用、节能减排技术改造、海水淡化等。项目的具体条件和范围由国务院财政、税务主管部门商国务院有关部门制订，报国务院批准后公布施行。企业从事前款规定的符合条件的环境保护、节能节水项目的所得，自项目取得第一笔生产经营收入所属纳税年度起，第一年至第三年免征企业所得税，第四年至第六年减半征收企业所得税。”

这些项目的金额从小企业的“主营业务收入”“其他业务收入”或“营业外收入”账户的贷方发生额分析取得。

需要注意的是，《企业所得税法实施条例》第八十九条规定：“依照本条例第八十七条和第八十八条规定享受减免税优惠的项目，在减免税期限内转让的，受让方自受让之日起，可以在剩余期限内享受规定的减免税优惠；减免税期限届满后转让的，受让方不得就该项目重复享受减免税优惠。”

④符合条件的技术转让所得。《企业所得税法实施条例》第九十条规定：“《企业所得税法》第二十七条第（四）项所称符合条件的技术转让所得免征、减征企业所得税，是指一个纳税年度内，居民企业技术转让所得不超过500万元的部分，免征企业所得税；超过500万元的部分，减半征收企业所得税。”该条规定的税收优惠限于居民企业的技术转让所得。享受税收优惠的限于技术转让所得。需要注意的是，这里强调的是居民企业一个纳税年度内技术转让所得的总和，而不管享受减免税优惠的转让所得是通过几次技术转让行为所获取的，只要居民企业技术转让所得总和在一个纳税年度内不到500万元的，这部分所得全部免税；超过500万元的部分，减半征收企业所得税。

这些项目金额从小企业的“主营业务收入”“其他业务收入”或“营业外收入”账户的贷方发生额分析取得。

（4）加计扣除。

《企业所得税法》第三十条规定：“企业的下列支出，可以在计算应纳税所得额时加计扣除：（一）开发新技术、新产品、新工艺发生的研究开发费用；（二）安置残疾人员及国家鼓励安置的其他就业人员所支付的工资。”即加计扣除包括开发新技术、新产品、新工艺发生的研究开发费用，安置残疾人员所支付的工资和国家鼓励安置的其他就业人员所支付的工资三个部分，在加计扣除比例上主要有两个，分别是50%和100%。

①开发新技术、新产品、新工艺发生的研究开发费用。《企业所得税法实施条例》第九十五条规定：“《企业所得税法》第三十条第（一）项所称研究开发费用的加计扣除，是指企业为开发新技术、新产品、新工艺发生的研究开发费用，未形成无形资产计入当期损益的，在按照规定据实扣除的基础上，按照研究开发费用的50%加计扣除；形成无形资产的，按照无形资产成本的150%摊销。”该条规定允许加计扣除的研发费用是指企业为开发新产品、新技术、新工艺所发生的研究开发费用。在这里，新产品、新技术、新工艺的界定是关键，一般而言，将从在中国境内是否形成相应的研究开发成果为标准来认定新产品、新技术、新工艺。研发费用的具体范围，由国务院财税主管部门通过规章进行明确。

研究开发费用的具体加计扣除方式为：

一是未形成无形资产的研发费用，计入当期损益，在按规定实行100%扣除基础上，按研究开发费用的50%加计扣除。例如，小企业2013年全年实际发生属于新产品、新技术、新工艺的研究开发费用共计10万元，假定不符合《小企业会计准则》规定的资本化条件，全部计入管理费用，则在计算2013年应纳税所得额时，该笔研究开发费用可以按照50%加计扣除，即按照5万元加计扣除，最终在税前扣除的金额为15万元。

这个项目的金额从小企业的“管理费用”账户的借方发生额分析取得。

二是形成无形资产的研究开发费用，按无形资产成本的150%摊销。

例如，小企业2013年全年实际发生属于新产品、新技术、新工艺的研究开发费用共计10万元，其中根据《小企业会计准则》规定符合资本化条件计入无形资产的金额为8万元，假定分10年摊销，从2014年1月1日开始摊销。则计入管理费用的金额为2万元，计入无形资产的金额为8万元。则在计算2013年应纳税所得额时，该笔研究开发费用计入管理费用的部分可以按照50%加计扣除，即按照1万元加计扣除，2013年最终在税前扣除的金额为3万元。在2014年按照《小企业会计准则》摊销的金额为0.8万元（8万元 ÷10年），按照企业所得税法摊销的金额为1.2万元[（8+8×50%）万元 ÷10年）]，2014年最终在税前扣除的金额为1.2万元。

这个项目的金额从小企业的“无形资产”账户的借方发生额和“累计摊销”账户的贷方发生额分析取得。

也就是说，《企业所得税法实施条例》按照研究开发费用是否资本化为标准，分两种方式来加计扣除，但其准予税前扣除的总额是一样的，即最终都是实际发生的研究开发费用的150%，只是出现时间上递延。

②安置残疾人员所支付的工资。《企业所得税法实施条例》第九十六条规定：“《企业所得税法》第三十条第（二）项所称企业安置残疾人员所支付的工资的加计扣除，是指企业安置残疾人员的，在按照支付给残疾职工工资据实扣除的基础上，按照支付给残疾职工工资的100%加计扣除。残疾人员的范围适用《中华人民共和国残疾人保障法》的有关规定。”该规定主要有两方面的内容：

小企业安置残疾人员享受加计扣除的标准根据《小企业会计准则》的规定，小企业安置残疾人员所支付的工资的加计扣除，是指小企业安置残疾人员的，在按照支付给残疾职工工资据实扣除的基础上，按照支付给残疾职工工资的100%加计扣除。小企业每安置1名国家鼓励安置的残疾人员就业，如果小企业支付的月工资为2000元，则小企业在计算应纳税所得额时，不仅可据实扣除2000元，还可另外多扣除2000元，也就是说，在适用税率为25%的情况下，小企业每安置1名国家鼓励安置的残疾人员就业，将可享受到500元的税收减免优惠。

残疾人员的范围适用我国《残疾人保障法》的有关规定。根据《残疾人保障法》第二条的规定，残疾人是指在心理、生理、人体结构上，某种组织、功能丧失或者不正常，全部或者部分丧失以正常方式从事某种活动能力的人。残疾人包括视力残疾、听力残疾、言语残疾、肢体残疾、智力残疾、精神残疾、多重残疾和其他残疾的人。残疾标准由国务院规定。

这个项目的金额从小企业的“应付职工薪酬”账户的贷方发生额分析取得。

③国家鼓励安置的其他就业人员所支付的工资。《企业所得税法实施条例》第九十六条规定：“《企业所得税法》第三十条第（二）项所称企业安置国家鼓励安置的其他就业人员所支付的工资的加计扣除办法，由国务院另行规定。”优惠对象包括安置城镇待业人员的劳动就业服务企业、安置下岗再就业人员的企业，以及安置自主

择业的军队转业干部、自谋职业的城镇退役士兵、随军家属就业的企业等。

这个项目的金额从小企业的"应付职工薪酬"账户的贷方发生额分析取得。

根据公式四确定了"纳税调整后所得"的金额，再考虑"弥补以前年度亏损"的金额，就可以最终确定应纳税所得额，计算公式为：

应纳税所得额 = 纳税调整后的所得 – 弥补以前年度亏损（公式五）

其中，弥补以前年度的亏损，是指根据《企业所得税法》的规定可用以后年度的所得弥补的以前年度的亏损。《企业所得税法》第十八条规定："企业纳税年度发生的亏损，准予向以后年度结转，用以后年度的所得弥补，但结转年限最长不得超过五年。"

"弥补以前年度亏损"的具体计算参见《企业所得税年度纳税申报表》附表四《税前弥补亏损明细表》。

（六）计算出减除减免所得税额或抵免所得税额前的应纳税额

根据应纳税额的计算公式（公式一）可知，在确定了应纳税所得额后，就可以计算出减除减免所得税额和抵免所得税额前的应纳税额，计算公式如下：

减除减免所得税额和抵免所得税额前的应纳税额 = 应纳税所得额 × 适用税率（公式六）

其中，适用税率为企业所得税率规定的税率 25%。

（七）计算出小企业享受的减免所得税额和抵免所得税额等优惠税额

根据应纳税额的计算公式（公式一）可知，在确定了减除减免所得税额和抵免所得税额前的应纳税额后，还需要小企业可以享受的减免所得税额和抵免所得税额两项优惠税额。

1. 减免所得税额的确定

《企业所得税法》第二十八条规定："符合条件的小型微利企业，减按 20% 的税率征收企业所得税。国家需要重点扶持的高新技术企业，减按 15% 的税率征收企业所得税。"

《企业所得税法》第二十九条规定："民族自治地方的自治机关对本民族自治地方的企业应缴纳的企业所得税中属于地方分享的部分，可以决定减征或者免征。自治州、自治县决定减征或者免征的，须报省、自治区、直辖市人民政府批准。"

根据《企业所得税法》第二十八条和第二十九条的规定，小企业可能会享受的减免所得税额的项目主要有 3 项，包括：符合规定条件的小型微利企业、国家需要重点扶持的高新技术企业和民族自治地方的企业应缴纳的企业所得税中属于地方分享的部分。具体内容如下：

（1）符合规定条件的小型微利企业。

《企业所得税法实施条例》第九十二条规定："《企业所得税法》第二十八条第（一）项所称符合条件的小型微利企业，是指从事国家非限制和禁止行业，并符合下列条件的企业：（一）工业企业，年度应纳税所得额不超过30万元，从业人数不超过100人，资产总额不超过3000万元；（二）其他企业，年度应纳税所得额不超过30万元，从业人数不超过80人，资产总额不超过1000万元。"

专家点拨

一是"小型微利企业"是指最需要税法给予照顾的对象，通常盈利能力都不强，因此，小型微利企业的认定标准是由《企业所得税法实施条例》特别规定的，与《中小企业划型标准规定》不同。小型微利企业认定标准化的工业包括采矿业、制造业、电力、燃气及水的生产和供应业等，其他类型的企业，指除了工业企业外的其他所有企业。

二是对于从事国家限制和禁止行业的企业，即使达到《小企业会计准则》规定的小型微利企业的认定标准，也不得享受低税率优惠。

三是关于小型微利企业将不再单独制定专门的认定管理办法，《小企业会计准则》规定的小型微利企业是直接的认定标准，税务机关在征收企业所得税时，可以直接根据这个标准去判定特定的企业是否属于小型微利企业，而决定是否给予税收优惠，可操作性比较强。

（2）国家需要重点扶持的高新技术企业。

《企业所得税法》第九十三条规定："《企业所得税法》第二十八条第二款所称国家需要重点扶持的高新技术企业，是指拥有核心自主知识产权，并同时符合下列条件的企业：（一）产品（服务）属于《国家重点支持的高新技术领域》规定的范围；（二）研究开发费用占销售收入的比例不低于规定比例；（三）高新技术产品（服务）收入占企业总收入的比例不低于规定比例；（四）科技人员占企业职工总数的比例不低于规定比例；（五）高新技术企业认定管理办法规定的其他条件。《国家重点支持的高新技术领域》和高新技术企业认定管理办法由国务院科技、财政、税务主管部门商国务院有关部门制订，报国务院批准后公布施行。"

高新技术企业的认定需要具备下列条件：

①拥有核心自主知识产权。这是高新技术企业认定标准中相对较为关键的一项，企业是否拥有核心自主知识产权，是判断一个企业生产、发展和竞争能力的重要参考因素。这里强调的核心自主知识产权，指的是企业对知识产权的主体或者核心部分，拥有自主权或者绝对控制权，而不能满足于只对非主体部分的枝节或者辅助性的部分拥有所谓的知识产权。需要明确的是，本项认定标准所称的拥有核心自主知识产权，并不一定是企业通过自己研发所获取的，它也可以是企业通过购买、投资者投入等形式获取，只要企业对这项知识产权拥有完整的支配权，或者享有独占的使用权即可。

②产品（服务）属于《国家重点支持的高新技术领域》规定的范围。《国家重点支持的高新技术领域》是国家有关部门根据经济社会发展的现状，针对产业发展需要和特定阶段科学技术总体发展水平等所拟订的高新技术领域范畴，以体现国家的产业导向和指引功能。

③研究开发费用占销售收入的比例不低于规定比例。这是对高新技术企业研究开发费用投入的规定。从某种程度上来说，高新技术企业体现的就是在研究开发能力上的先进性，而研发能力的维持和提升等，需要大量研发费用的不断投入，以研究开发费用占销售收入的一定比例来要求高新技术企业，也是防止高新技术企业落后于时代的一项重要措施。

④高新技术产品（服务）收入占企业总收入的比例不低于规定比例。这一认定指标要求高新技术企业的产品（服务）属于《国家重点支持的高新技术领域》，是确保高新技术企业的主营业务保持“高新”性的一项重要辅助性措施，也是对高新技术企业主营业务上的要求，以保证《企业所得税法》和《企业所得税法实施条例》所鼓励和扶持的企业属于真正的高新技术企业。

⑤科技人员占企业职工总数的比例不低于规定比例。这是对高新技术企业人员构成的一项指标性要求。高新技术企业的维持和运转，需要一定数量具有高新知识的人才提供智力支持，科技人员占企业职工总数的比例应有一个基本的比例限制。

⑥高新技术企业认定管理办法规定的其他条件。这是个兜底条款，也是一个授权性条款，以体现高新技术企业认定标准的灵活性，避免随着经济社会情况的发展变化，现有的认定指标无法满足高新技术企业认定工作的需要。

（3）民族自治地方的企业应缴纳的企业所得税中属于地方分享的部分。

《企业所得税法实施条例》第九十四条规定：“《企业所得税法》第二十九条所称民族自治地方，是指依照《中华人民共和国民族区域自治法》的规定，实行民族区域自治的自治区、自治州、自治县。对民族自治地方内国家限制和禁止行业的企业，不得减征或者免征企业所得税。”

需要注意的是，民族自治地方不得对民族自治地方内国家限制和禁止行业的企业，减征或者免征企业所得税。

2. 抵免所得税额的确定

《企业所得税法》第三十四条规定："企业购置用于环境保护、节能节水、安全生产等专用设备的投资额，可以按照一定比例实行税额抵免。"

根据《企业所得税法》第三十四条的规定，小企业可能会享受的抵免所得税额的项目主要有3项，包括：购置用于环境保护专用设备的投资额抵免的税额、购置用于节能节水专用设备的投资额抵免的税额和购置用于安全生产专用设备的投资额抵免的税额。具体内容如下：

《企业所得税法实施条例》第一百条规定："《企业所得税法》第三十四条所称税额抵免，是指企业购置并实际使用《环境保护专用设备企业所得税优惠目录》《节能节水专用设备企业所得税优惠目录》和《安全生产专用设备企业所得税优惠目录》规定的环境保护、节能节水、安全生产等专用设备的，该专用设备的投资额的10%可以从企业当年的应纳税额中抵免；当年不足抵免的，可以在以后5个纳税年度结转抵免。享受前款规定的企业所得税优惠的企业，应当实际购置并自身实际投入使用前款规定的专用设备；企业购置上述专用设备在5年内转让、出租的，应当停止享受企业所得税优惠，并补缴已经抵免的企业所得税税款。"

实行企业所得税税额抵免的设备不仅仅限于国产设备，还包括进口设备。

这个项目的金额从小企业的"固定资产"账户的借方发生额分析取得。

（八）最终计算出应纳税额即所得税费用

根据应纳税额的计算公式（公式一）可知，在确定了减除减免所得税额和抵免所得税额前的应纳税额和小企业可以享受的减免所得税额和抵免所得税额两项优惠税额后，就可以最终确定小企业当年的应纳税额，从而确定出小企业当年的所得税费用。

应纳税额＝应纳税所得额 × 适用税率－减免税额－抵免税额（公式一）

小企业当年记入"所得税费用"和"应交税费——应交所得税"账户的金额即为上述（公式一）计算的金额。

注意事项

（1）对于从房地产开发的小企业，在计算应纳税所得额时，有一个比较特别的纳税调整项目是按照预售收入计算的预计利润，指小企业本期取得的预售收入，按照税收规定的预计利润率计算的预计利润，作为纳税调整增加额；如果本期将预售收入转为销售收入，其结转的预售收入已按照税收规定的预计利润率计算的预计利润转加数，作为纳税调整减少额。

（2）小企业同时从事适用不同企业所得税待遇的项目的，其优惠项目应当单独计算所得，并合理分摊企业的期间费用；没有单独计算的，不得享受企业所得税优惠。这一规定，小企业应当注意以下两个方面：

①《企业所得税法》和《企业所得税法实施条例》规定了涉及促进技术创新和科技进步、鼓励基础设施建设、鼓励农业发展及环境保护与节能、支持安全生产、促进公益事业和照顾弱势群体等诸多方面的税收优惠，小企业完全可能同时从事适用不同企业所得税待遇的项目。为了保证企业所得税优惠政策真正落到国家鼓励发展、需要税收扶持的项目上，《企业所得税法实施条例》第一百零二条规定对优惠项目应单独进行核算。单独进行核算，是指对该优惠项目有关的收入、成本、费用应单独核算，向税务机关提供单独的生产、财务核算资料，并计算相应的应纳税所得额和应纳税额，而对于不享受企业所得税优惠的项目，则另行计算其应纳税所得额。如果小企业没有单独计算的，很难区分哪些收入和支出属于优惠项目，为了防止小企业滥用税收优惠规定，《企业所得税法实施条例》第一百零二条规定不得享受企业所得税优惠。

②在优惠项目和非优惠项目之间合理分摊小企业的期间费用，包括销售费用、管理费用和财务费用。这些期间费用可以根据小企业、行业的特点，根据经营收入、职工人数或工资总额、资产总额等因素在各生产经营项目之间进行分摊，否则不得扣除。

记账小知识

所得税费用

所得税费用见表5-4：

表 5-4 所得税费用表

编号	会计科目名称	科目核算内容	特殊规定	主要账务处理	科目余额反映内容
5801	所得税费用	“所得税费用”科目核算小企业根据《企业所得税法》确定的应从当期利润总额中扣除的所得税费用。	小企业根据《企业所得税法》规定补交的所得税，也通过“所得税费用”科目核算。 小企业按照规定实行企业所得税先征后返的，实际收到返还的企业所得税，在“营业外收入”科目核算，不在“所得税费用”科目核算。	年度终了，小企业按照《企业所得税法》规定计算确定的当期应纳税税额，借记“所得税费用”科目，贷记“应交税费——应交企业所得税”科目。	年度终了，应将“所得税费用”科目的余额转入“本年利润”科目，结转后“所得税费用”科目应无余额。

小知识

相关比较

小企业作为一个独立的会计主体，其生产经营所需财务资源主要由其投资者和债权人提供。作为小企业财务资源的主要提供者，投资者和债权人都有权利获得来自小企业的回报。根据《公司法》等法律的规定，小企业主要以利息费用形式向债权人提供回报，同时，主要以分配净利润的方式向投资者提供回报，并且在顺序上，对债权人的回报优先于对投资者的回报。表现在会计上，就是小企业向债权提供的利息费用在计算小企业一定会计期间利润总额时已经予以扣除。因此，小企业向投资者提供回报即作利润分配应当建立在利润总额的基础上。

但是，根据《企业所得税法》的规定，我国实际法人（公司）税制，小企业作为法人有义务向国家缴纳企业所得税。《企业所得税法》第一条规定：“在中华人民共和国境内，企业和其他取得收入的组织（以下统称企业）为企业所得税的纳税人，依照本法的规定缴纳企业所得税。个人独资企业、合伙企业不适用于本法。”企业所得税也是建立在利润总额基础上的，但是在分配顺序上，国家凭借政治权力优先于企业的投资者，因此，从会计的角度来讲，小企业也应当计算确定当期所得税费用以确定净利润，从而确定向投资者的回报。从这个意义上讲，净利润既是一个会计概念又是一个所得税法概念。而这种区分，实质上取决于对所得税费用的确定。

所得税费用可以用三种方法计算：一是应付税款法，二是纳税影响会计法，三是资产负债表债务法。

应付税款法，是指企业不确认时间性差异对所得税的影响金额，按照当期计算的应交所得税确认为当期所得税费用的方法。

纳税影响会计法，是指企业确认时间性差异对所得税的影响金额，按照当期应交所得税和时间性差异对所得税影响金额的合计，确认为当期所得税费用的方法。在这种方法下，时间性差异对所得税的影响金额，递延和分配到以后各期。纳税影响会计法又具体区分为递延法和债务法两种方法。

资产负债表债务法，是指从资产负债表出发，通过比较资产负债表上列示的资产、负债按照《企业会计准则》规定确定的账面价值与按照企业所得税法规定确定的计税基础，对于两者之间的差异分别应纳税暂时性差异与可抵扣暂时性差异，确认相关的递延所得税负债与递延所得税资产，并在此基础上确定每一会计期间利润表中的所得税费用。

前两种方法是从利润表出发来计算的，也就是从收入、费用出发计算的。《小企业会计准则》采用了第一种方法，《小企业会计准则》的“5701 所得税”会计科目规定：“小企业应采用应付税款法核算所得税。”《企业会计制度》同时采用了这两种方法。《企业会计制度》第一百零七条规定：“企业应当根据具体情况，选择采用应付税款法或者纳税影响会计法进行所得税的核算。”

第三种方法是从资产负债表出发计算的，也就是从资产、负债出发计算的，《企业会计准则第 18 号——所得税》采用了这种方法。

《小企业会计准则》为了简化核算，便于小企业执行，减轻小企业纳税调整的负担，满足汇算清缴的要求，采用了第一种方法，即应付税款法。也就是说，小企业根据《企业所得税法》的规定计算当期应缴纳的所得税，同时确认为所得税费用，即当期应交所得税＝当期所得税费用。在实务中，具体表现为：利润表中的“所得税费用”的金额等于《企业所得税年度纳税申报表》中第 30 行“应纳税额”的金额。

第6章　小企业流动资产和负债方面会计

第一节　小企业流动资产方面会计

一、综合知识

小企业的流动资产，是指预计在1年内（含1年，下同）或超过1年的一个正常营业周期内变现、出售或耗用的资产。

资产负债表中的资产应当分别流动资产和非流动资产列报，区分流动资产和非流动资产十分重要。

流动资产是小企业资产中必不可少的组成部分，由于其流动性较强的特点，加强流动资产的核算与管理，不仅有利于保证小企业生产经营活动的顺利进行，有利于提高企业流动资金的利用效果，而且有利于保持企业资产结构的流动性，提高偿债能力，维护企业信誉。

小企业资产按其流动性不同，可分为流动资产和非流动资产。这里，流动性通常按资产的变现或耗用时间长短或者负债的偿还时间长短来确定。

小企业的流动资产包括货币资金、短期投资、应收及预付款项、存货等。

专家点拨

（一）关于正常营业周期

正常营业周期是指小企业从购买用于加工的资产起至最终实现现金止的期间。正常营业周期通常短于1年，在1年内有几个营业周期。但是，也存在正常营业周期长于1年的情况，如小企业（房地产开发经营）开发用于出售的商品房等，从购买原材料进入生产，到制造出产品出售并收回现金的过程，往往超过1年，在这种情况下，与生产循环相关的产成品、应收账款、原材料尽管是超过1年才变现、出售或耗用，仍应作为流动资产列示。

当正常营业周期不能确定时，应当以1年（12个月）作为正常营业周期。

（二）关于变现、出售和耗用

（1）变现一般针对应收及预付款项、短期投资等而言，指将资产变为现金。

（2）出售一般针对产品等存货而言，指将小企业的产成品、商品、原材料、半成品等对外销售。

（3）耗用一般指将存货由一种形态（如原材料）转变成另一种形态（如产成品）的过程。

（三）关于流动资产的构成

小企业的流动资产包括：货币资金、短期投资、应收及预付款项、存货等。其中，货币资金包括：库存现金、银行存款和其他货币资金。

注意事项

小企业可以对日常开支、零星采购或小额差旅费等需用的现金，建立定额备用金制度来加以控制。备用金是指为了满足小企业内部各部门和职工个人生产经营活动的需要，而暂付给有关部门和职工个人使用的备用现金。

采用定额备用金制度的小企业，由会计部门根据实际情况拨出一笔固定金额的现金，并规定使用范围。备用金由专人经管，经管人员必须妥善保存有关支付备用金的收据、发票等各种报销凭证，并设置备用金登记簿记录各项零星开支。经管人员按规定的间隔日期或在备用金不够周转时，凭有关凭证向会计部门报销，补足至备用金的规定金额。

为了反映和监督备用金的领用和使用情况，小企业应在“1012其他货币资金”科目下或单独设置“1013备用金”科目进行核算。会计部门拨付备用金时，借记“其他货币资金——备用金”或“备用金”科目，贷记“库存现金”或“银行存款”科目。自备用金中支付零星支出，应根据有关的支出凭单，定期编制备用金报销清单，会计部门根据内部各单位提供的备用金报销清单，定期补足备用金，借记“管理费用”等科目，贷记“库存现金”或“银行存款”科目。除了增加或减少拨入的备用金外，使用或报销有关备用金支出时不再通过“其他货币资金”或“备用金”科目核算。

二、小企业短期投资

短期投资，是指小企业购入的能随时变现并且持有时间不准备超过 1 年（含 1 年，下同）的投资，如小企业以赚取差价为目的从二级市场购入的股票、债券、基金等。

（一）小企业短期投资的特征

短期投资相对于长期债券投资和长期股权投资，通常具有以下三个特征：

（1）投资目的很明确，是小企业为了提高暂时闲置资金的使用效率和效益而进行的对外投资，也包括以赚取差价为目的。

（2）投资时间比较短，小企业通常是为了提高暂时闲置资金的使用效率和效益，其持有时间往往会较短，通常不超过 1 年。

（3）投资品种易变现，短期投资为了能够实现及时变现的目的，通常投资于二级市场上公开交易的股票、债券、基金等，这些资产在市场上极易变现。这些资产既可能是债权性的，也可能是股权性的。

（二）小企业取得短期投资成本的确定

（1）通常小企业都是以支付现金的方式取得短期投资，短期投资的成本包括取得短期投资支付的购买价款和相关税费。在《小企业会计准则》中，相关税费统一是指小企业在交易过程中按照有关规定应负担的各种税款、行政事业性收费以及手续费、佣金等。

（2）如果在取得短期投资时，实际支付的价款中包含的已宣告但尚未发放的现金股利或已到付息期但尚未领取的债券利息，属于购买时暂时垫付的资金，并且在当今社会这些信息都属于公开信息极易取得。因此，不得计入短期投资的成本，应当作为应收股利或应收利息单独核算。即按照扣除所含现金股利或利息收入后的金额作为短期投资的成本。

（三）小企业在短期投资持有期间取得现金股利和利息收入的会计处理

1. 取得现金股利

在短期投资持有期间，被投资单位宣告分派现金股利时，按照本企业可分得的金额，确认应收股利和投资收益。

2. 取得债券利息收入

在债务人应付利息日，按照债券投资的票面利率计算应取得的利息收入，确认应收利息和投资收益。

（四）小企业出售短期投资的会计处理

1. 出售短期投资实现的投资收益的确定

小企业出售短期投资时，应当将出售价款扣除该短期投资的账面余额（即成本）、出售过程中支付的相关税费的净额计入出售当期的投资收益。

2. 所出售短期投资成本的结转

出售短期投资时，其成本分别不同情况进行结转：

（1）一次性全部出售某项短期投资，其成本为短期投资的账面余额；

（2）部分出售某项短期投资，可以比照《小企业会计准则》第十三条有关发出存货成本的方法进行计算结转，如采用先进先出法、加权平均法或者个别计价法结转其所出售短期投资的成本。

记账小知识

短期投资

短期投资见表6-1：

表6-1 短期投资表

编号	会计科目名称	科目核算内容	明细科目设置	主要账务处理	科目余额反映内容
1101	短期投资	“短期投资”科目核算小企业购入的能随时变现并且持有时间不准备超过1年（含1年，下同）的投资。	“短期投资”科目应按照股票、债券、基金等短期投资种类进行明细核算。	（一）小企业购入各种股票、债券、基金等作为短期投资的，应当按照实际支付的购买价款和相关税费，借记“短期投资”科目，贷记“银行存款”科目。 小企业购入股票，如果实际支付的购买价款中包含已宣告但尚未发放的现金股利，应当按照实际支付的购买价款和相关税费扣除已宣告但尚未发放的现金股利后的金额，借记“短期投资”科目，按照应收的现金股利，借记“应收股利”科目，按照实际支付的购买价款和相关税费，贷记“银行存款”科目。 小企业购入债券，如果实际支付的购买价款中包含已到付息期但尚未领取的债券利息，应当按照实际支付的购买价款和相关税费扣除已到付息期但尚未领取的债券利息后的金额，借记“短期投资”科目，按照应收的债券利息，借记“应收利息”科目，按照实际支付的购买价款和相关税费，贷记“银行存款”科目。	“短期投资”科目期末借方余额，反映小企业持有的短期投资成本。

续表

编号	会计科目名称	科目核算内容	明细科目设置	主要账务处理	科目余额反映内容
				（二）在短期投资持有期间，被投资单位宣告分派的现金股利，借记“应收股利”科目，贷记“投资收益”科目。 在债务人应付利息日，按照分期付息、一次还本债券投资的票面利率计算的利息收入，借记“应收利息”科目，贷记“投资收益”科目。 （三）出售短期投资，应当按照实际收到的出售价款，借记“银行存款”或“库存现金”科目，按照该项短期投资的账面余额，贷记“短期投资”科目，按照尚未收到的现金股利或债券利息，贷记“应收股利”或“应收利息”科目，按照其差额，贷记或借记“投资收益”科目。	

三、小企业货币资金

货币资金从本质上讲属于金融资产范畴，是小企业资产的重要组成部分，是小企业资产中流动性较强的一种资产。任何企业要进行生产经营活动都必须拥有货币资金，持有货币资金是进行生产经营活动的基本条件。

根据货币资金的存放地点及其用途的不同，小企业货币资金分为库存现金、银行存款及其他货币资金。

（一）小企业库存现金

1. 小企业现金的概念

现金是流动性最强的一种货币性资产，可以随时用其购买所需的物资，支付有关费用，偿还债务，也可以随时存入银行。

现金的概念有狭义和广义之分。

（1）狭义的现金，是指企业的库存现金。这里所指现金的概念是指狭义的现金，即库存现金，包括人民币现金和外币现金。

（2）广义的现金，是指除了库存现金外，还包括银行存款和其他符合现金定义的票证等。

2. 小企业现金管理办法

（1）小企业现金的使用范围。

企业收支的各种款项必须按照国务院颁发的《现金管理暂行条例》的规定办理，

在规定的范围内使用现金。

允许企业使用现金结算的范围是（见表 6–2）：

表 6–2 允许企业使用现金结算的范围

允许企业使用现金结算的范围	（1）职工工资、津贴。
	（2）个人劳务报酬。
	（3）根据国家规定颁发给个人的科学技术、文化艺术、体育等各种奖金。
	（4）各种劳保、福利费用以及国家规定的对个人的其他支出。
	（5）向个人收购农副产品和其他物资的价款。
	（6）出差人员必须随身携带的差旅费。
	（7）零星支出。
	（8）中国人民银行确定需要支付现金的其他支出。

属于上述现金结算范围的支出，企业可以根据需要向银行提取现金支付，不属于上述现金结算范围的款项支付一律通过银行进行转账结算。

（2）小企业库存现金的限额。

库存现金限额是指为保证小企业日常零星支出按规定允许留存的现金的最高数额。

库存现金的限额，由开户银行根据开户单位的实际需要和距离银行远近等情况核定。其限额一般按照单位 3 ~ 5 天日常零星开支所需现金确定。远离银行或交通不便的企业，银行最多可以根据企业 15 天的正常开支需要量来核定库存现金的限额。正常开支需要量不包括企业每月发放工资和不定期差旅费等大额现金支出。库存限额一经核定，要求企业必须严格遵守，不能任意超过，超过限额的现金应及时存入银行；库存现金低于限额时，可以签发现金支票从银行提取现金，补足限额。

（3）小企业现金收支的规定。

小企业应当按照中国人民银行规定的现金管理办法和财政部关于小企业货币资金管理和控制的规定，办理有关现金收支业务。

办理现金收支业务时，应当遵守以下规定（见表 6–3）：

表6-3 小企业现金收支的规定

办理现金收支业务时应当遵守的规定	（1）企业现金收入应当于当日送存开户银行。当日送存有困难的，由开户银行确定送存时间。
	（2）企业支付现金，可以从本企业库存现金限额中支付或者从开户银行提取，不得从本企业的现金收入中直接支付（即坐支）。因特殊情况需要坐支现金的，应当事先报经开户银行审查批准，由开户银行核定坐支范围和限额。企业应定期向银行报送坐支金额和使用情况。
	（3）企业从开户银行提取现金应当写明用途，由本单位财会部门负责人签字盖章，经开户银行审核后，予以支付现金。
	（4）企业因采购地点不固定、交通不便以及其他特殊情况必须使用现金的，应向开户银行提出申请，经开户银行审核后，予以支付现金。
	（5）不准用不符合制度的凭证顶替库存现金，即不得"白条顶库"；不准谎报用途套取现金；不准用银行账户代其他单位和个人存入或支取现金；不准用单位收入的现金以个人名义存储，不准保留账外公款，不得设置"小金库"等。

银行对于违反上述规定的小企业，将按照违规金额的一定比例予以处罚。

记账小知识

库存现金

库存现金见表6-4：

表6-4 库存现金表

编号	会计科目名称	科目核算内容	特殊规定	明细科目设置	主要账务处理	科目余额反映内容	备注
1001	库存现金	"库存现金"科目核算小企业的库存现金。	小企业有内部周转使用备用金的，可以单独设置"1004备用金"科目。	有外币现金的小企业，还应当分别按照人民币和外币进行明细核算。	小企业增加库存现金，借记"库存现金"科目，贷记"银行存款"等科目；减少库存现金，做相反的会计分录。	"库存现金"科目期末借方余额，反映小企业持有的库存现金。	（一）小企业应当设置"库存现金日记账"，由出纳人员根据收付款凭证，按照业务发生顺序逐笔登记。每日终了，应当计算当日的现金收入合计额、现金支出合计额和结余额，将结余额与实际库存额核对，做到账款相符。 （二）每日终了结算现金收支、财产清查等发现的有待查明原因的现金短缺或溢余，应通过"待处理财产损溢"科目核算：属于现金短缺，应按照实际短缺的金额，借记"待处理财产损溢——待处理流动资产损溢"科目，贷记"库存现金"科目；属于现金溢余，按照实际溢余的金额，借记"库存现金"科目，贷记"待处理财产损溢——待处理流动资产损溢"科目。

（二）小企业银行存款

1. 小企业银行存款的概念

银行存款就是企业存放在银行或其他金融机构的货币资金。

凡是独立核算的单位都必须在当地银行开设账户。企业在银行开设账户以后，除按核定的限额保留库存现金外，超过限额的现金必须存入银行；除了在规定的范围内可以用现金直接支付的款项外，在经营过程中所发生的一切货币收支业务，都必须通过银行存款账户进行结算。

2. 银行办理转账结算方式

目前小企业发生的货币资金收付业务可以采用以下几种方式，通过银行办理转账结算（见表 6-5）。

表 6-5 货币资金收付业务

银行办理转账结算方式	银行汇票	银行汇票是汇款人将款项交存当地出票银行，由出票银行签发的，由其在见票时，按照实际结算金额无条件支付给收款人或持票人的票据。银行汇票具有使用灵活、票随人到、兑现性强等特点，适用于先收款后发货或钱货两清的商品交易。单位和个人各种款项结算，均可使用银行汇票。 银行汇票可以用于转账，填明“库存现金”字样的银行汇票也可以用于支取现金。银行汇票的付款期限为自出票日起 1 个月内。超过付款期限提示付款不获付款的，持票人须在票据权利时效内向出票银行作出说明，并提供本人身份证件或单位证明，持银行汇票和解讫通知向出票银行请求付款。 企业支付购货款等款项时，应向出票银行填写“银行汇票申请书”，填明收款人名称、支付金额、申请人、申请日期等事项并签章，签章为其预留银行的印鉴。银行受理银行汇票申请书，收妥款项后签发银行汇票，并用压数机压印出票金额，然后将银行汇票和解讫通知一并交给汇款人。 申请人取得银行汇票后即可持银行汇票向填明的收款单位办理结算。银行汇票的收款人可以将银行汇票背书转让给他人。背书转让以不超过出票金额的实际结算金额为限，未填写实际结算金额或实际结算金额超过出票金额的银行汇票不得背书转让。 收款企业在收到付款单位送来的银行汇票时，应在出票金额以内，根据实际需要的款项办理结算，并将实际结算金额和多余金额准确、清晰地填入银行汇票和解讫通知的有关栏内，银行汇票的实际结算金额低于出票金额的，其多余金额由出票银行退交申请人。收款企业还应填写进账单并在汇票背面“持票人向银行提示付款签章”处签章，签章应与预留银行的印鉴相同，然后，将银行汇票和解讫通知、进账单一并交开户银行办理结算，银行审核无误后，办理转账。
	银行本票	银行本票是银行签发的，承诺自己在见票时无条件支付确定的金额给收款人或者持票人的票据。 银行本票由银行签发并保证兑付，而且见票即付，具有信誉高、支付功能强等特点。用银行本票购买材料物资，销货方可以见票付货，购货方可以凭票提货；债权债务双方可以凭票清偿；收款人将本票交存银行，银行即可为其入账。无论单位或个人，在同一票据交换区域支付各种款项，都可以使用银行本票。 银行本票分定额本票和不定额本票。定额本票面值分别为 1000 元、5000 元、10000 元和 50000 元。在票面划去“转账”字样的，为现金本票。 银行本票的付款期限为自出票日起最长不超过 2 个月，在付款期内银行本票见票即付。超过提示付款期限不获付款的，在票据权利时效内向出票银行作出说明，并提供本人身份证或单位证明，可持银行本票向银行请求付款。

续表

银行办理转账结算方式	银行本票	企业支付购货款等款项时，应向银行提交“银行本票申请书”，填明收款人名称、申请人名称、支付金额、申请日期等事项并签章。申请人或收款人为单位的，银行不予签发现金银行本票。出票银行受理银行本票申请书后，收妥款项签发银行本票。不定额银行本票用压数机压印出票金额，出票银行在银行本票上签章后交给申请人。 申请人取得银行本票后，即可向填明的收款单位办理结算。收款单位可以根据需要在票据交换区域内背书转让银行本票。 收款企业在收到银行本票时，应该在提示付款时在本票背面“持票人向银行提示付款签章”处加盖预留银行印鉴，同时填写进账单，连同银行本票一并交开户银行转账。
	商业汇票	商业汇票是出票人签发的，委托付款人在指定日期无条件支付确定的金额给收款人或者持票人的票据。在银行开立存款账户的法人以及其他组织之间须具有真实的交易关系或债权债务关系，才能使用商业汇票。商业汇票的付款期限由交易双方商定，但最长不得超过6个月。商业汇票的提示付款期限自汇票到期日起10日内。 存款人领购商业汇票，必须填写“票据和结算凭证领用单”并加盖预留银行印鉴，存款账户结清时，必须将剩余的空白商业汇票全部交回银行注销。 商业汇票可以由付款人签发并承兑，也可以由收款人签发交由付款人承兑。定日付款或者出票后定期付款的商业汇票，持票人应当在汇票到期日前向付款人提示承兑；见票后定期付款的汇票，持票人应当自出票日起1个月内向付款人提示承兑。汇票未按规定期限提示承兑的，持票人丧失对其前手的追索权。付款人应当自收到提示承兑的汇票之日起3日内承兑或者拒绝承兑。付款人拒绝承兑的，必须出具拒绝承兑的证明。 商业汇票可以背书转让。符合条件的商业承兑汇票人可持未到期的商业承兑汇票连同贴现凭证，向银行申请贴现。商业汇票按承兑人不同分为商业承兑汇票和银行承兑汇票两种。 1. 商业承兑汇票 商业承兑汇票是由银行以外的付款人承兑。商业承兑汇票按交易双方约定，由销货企业或购货企业签发，但由购货企业承兑。承兑时，购货企业应在汇票正面记载“承兑”字样和承兑日期并签章。承兑不得附有条件，否则视为拒绝承兑。汇票到期时，购货企业的开户银行凭票将票款划给销货企业或贴现银行。销货企业应在提示付款期限内可匡算邮程，提前通过开户银行委托收款。汇票到期时，如果购货企业的存款不足以支付票款，开户银行应将汇票退还销货企业，银行不负责付款，由购销双方自行处理。 2. 银行承兑汇票 银行承兑汇票由银行承兑，由在承兑银行开立存款账户的存款人签发。承兑银行按票面金额向出票人收取万分之五的手续费。 购货企业应于汇票到期前将票款足额交存其开户银行，以备由承兑银行在汇票到期日或到期日后的见票当日支付票款。销货企业应在汇票到期时将汇票连同进账单送交开户银行一并转账收款。承兑银行凭汇票将承兑款项无条件转给销货企业，如果购货引起于汇票到期日未能足额交存票款时，承兑银行除凭票向持票人无条件付款外，对出票人尚未支付的汇票金额按照每天万分之五计收罚息。 采用商业汇票结算方式，可以使企业之间的债权债务关系表现为外在的票据，使商业信用票据化，加强约束力，有利于维护和发展社会主义市场经济。对于购货企业来说，由于可以延期付款，可以在资金暂时不足的情况下及时购进材料物资，保证生产经营顺利进行。对于销货企业来说，可以疏通商品渠道，扩大销售，促进生产。汇票经过承兑，信用较高，可以按期收回货款，防止拖欠，在急需资金时，还可以向银行申请贴现，融通资金，比较灵活。销货企业应根据购货企业的资金和信用情况不同，选用商业承兑汇票或银行承兑汇票；购货企业应加强资金的计划管理，调度好货币资金，在汇票到期以前，将票款送存开户银行，保证按期承付。

续表

银行办理转账结算方式	支票	支票是单位或个人签发的，委托办理支票存款业务的银行在见票时无条件支付确定的金额给收款人或者持票人的票据。 支票结算方式是同城结算中应用比较广泛的一种结算方式。单位和个人在同一票据交换区域的各种款项结算，均可以使用支票。支票由银行统一印制，支票上印有“库存现金”字样的为现金支票。支票上印有“转账”字样的为转账支票，转账支票只能用于转账。未印有“库存现金”或“转账”字样的为普通支票，普通支票可以用于支取现金，也可以用于转账。在普通支票左上角划两条平行线的，为划线支票，划线支票只能用于转账，不得支取现金。 支票的提示付款期限为自出票日起10日内，中国人民银行另有规定的除外。超过提示付款期限的，持票人开户银行不予受理，付款人不予付款。转账支票可以根据需要在票据交换区域内背书转让。 存款人领购支票，必须填写“票据和结算凭证领用单”并加盖预留银行印鉴。存款账户结清时，必须将剩余的空白支票全部交回银行注销。 企业财会部门在签发支票之前，出纳人员应该认真查明银行存款的账面结余数额，防止签发超过存款余额的空头支票。签发空头支票，银行除退票外，还按票面金额处以5%但不低于1000元的罚款。持票人有权要求出票人赔偿支票金额2%的赔偿金。签发支票时，应使用蓝黑墨水或碳素墨水，将支票上的各要素填写齐全，并在支票上加盖其预留银行印鉴。出票人预留银行的印鉴是银行审核支票付款的依据。银行也可以与出票人约定使用支付密码，作为银行审核支付支票金额的条件。
	信用卡	信用卡是指商业银行向个人和单位发行的，凭以向特约单位购物、消费和向银行存取现金，且具有消费信用的特制载体卡片。 信用卡按使用对象分为单位卡和个人卡；按信誉等级分为金卡和普通卡。凡在中国境内金融机构开立基本存款账户的单位可申领单位卡。单位卡可申领若干张，持卡人资格由申领单位法定代表人或其委托的代理人书面指定和注销，持卡人不得出租或转借信用卡。单位卡账户的资金一律从其基本存款账户转账存入，在使用过程中，需要向其账户续存资金的，也一律从其基本存款账户转账存入，不得交存现金，不得将销货收入的款项存入其账户。单位卡一律不得用于10万元以上的商品交易、劳务供应款项的结算，不得支取现金。 信用卡在规定的限额和期限内允许善意透支。透支期限最长为60天。透支利息，自签单日或银行记账日起15日内按日息万分之五计算，超过15日按日息万分之十计算，超过30日或透支金额超过规定限额的，按日息万分之十五计算。透支计算不分段，按最后期限或者最高透支额的最高利率档次计息。超过规定限额或规定期限，并且经发卡银行催收无效的透支行为称为恶意透支，持卡人使用信用卡不得发生恶意透支。严禁将单位的款项存入个人卡账户中。 单位或个人申领信用卡，应按规定填制申请表，连同有关资料一并送交发卡银行。符合条件并按银行要求交存一定金额的备用金后，银行为申领人开立信用卡存款账户，并发给信用卡。
	汇兑	汇兑是汇款人委托银行将其款项支付给收款人的结算方式。单位和个人的各种款项的结算，均可使用汇兑结算方式。 汇兑分为信汇、电汇两种。信汇是指汇款人委托银行通过邮寄方式将款项划转给收款人。电汇是指汇款人委托银行通过电报将款项划给收款人。这两种汇兑方式由汇款人根据需要选择使用。汇兑结算方式适用于异地之间的各种款项结算。这种结算方式划拨款项简便、灵活。 企业采用这一结算方式，付款单位汇出款项时，应填写银行印发的汇款凭证，列明收款单位名称、汇款金额及汇款的用途等项目，送达开户银行，委托银行将款项汇往收汇银行。收汇银行将汇款收进单位存款账户后，向收款单位发出收款通知。

续表

银行办理转账结算方式	委托收款	委托收款是收款人委托银行向付款人收取款项的结算方式。无论单位还是个人都可凭已承兑商业汇票、债券、存单等付款人债务证明办理款项收取同城或异地款项。委托收款还适用于收取电费、电话费等付款人众多、分散的公用事业费等有关款项。 委托收款结算款项划回的方式分为邮寄和电报两种。 企业委托开户银行收款时，应填写银行印制的委托收款凭证和有关的债务证明。在委托收款金额的大小写、款项内容、委托收款凭据名称及附寄单证张数等。企业的开户银行受理委托收款后，将委托收款凭证寄交付款单位开户银行，由付款单位开户银行审核，并通知付款单位。 付款单位收到银行交给的委托收款凭证及债务证明，应签收并在3天之内审查债务证明是否真实，是否是本单位的债务，确认之后通知银行付款。 付款单位应在收到委托收款的通知次日起3日内，主动通知银行是否付款。如果不通知银行，银行视同企业同意付款并在第4日，从单位账户中付出此笔委托收款款项。 付款人在3日内审查有关债务证明后，认为债务证明或与此有关的事项符合拒绝付款的规定，应出具拒绝付款理由书和委托收款凭证第五联及持有的债务证明，向银行提出拒绝付款。
	托收承付	托收承付是根据购销合同由收款人发货后委托银行向异地付款人收取款项，由付款人向银行承认付款的结算方式。使用托收承付结算方式的收款单位和付款单位，必须是国有企业、供销合作社以及经营管理较好，并经开户银行审查同意的城乡集体所有制工业企业。办理托收承付结算的款项，必须是商品交易，以及因商品交易而产生的劳务供应的款项。代销、寄销、赊销商品的款项，不得办理托收承付结算。 托收承付款项划回方式分为邮寄和电报两种，由收款人根据需要选择使用。收款单位办理托收承付，必须具有商品发出的证件或其他证明。托收承付结算每笔的金额起点为10000元；新华书店系统每笔金额起点为1000元。 采用托收承付结算方式时，购销双方必须签有符合《合同法》的购销合同，并在合同上写明使用托收承付结算方式。销货企业按照购销合同发货后，填写托收承付凭证，盖章后连同发运证件（包括铁路、航运、公路等运输部门签发运单、运单副本和邮局包裹回执）或其他符合托收承付结算的有关证明和交易单证送交开户银行办理托收手续。 销货企业开户银行接受委托后，将托收结算凭证回联退给企业，作为企业进行账务处理的依据，并将其他结算凭证寄往购货单位开户银行，由购货单位开户银行通知购货单位承认付款。 购货企业收到托收承付结算凭证和所附单据后，应立即审核是否符合订货合同的规定。按照《支付结算办法》的规定，承付货款分为验单付款与验货付款两种，这在双方签订合同时约定。验单付款是购货企业根据经济合同对银行转来的托收结算凭证、发票账单、托运单及代垫运杂费等单据进行审查无误后，即可承认付款。为了便于购货企业对凭证的审核和筹措资金，结算办法规定承付期为3天，从付款人开户银行发出承付通知的次日算起（承付期内遇法定休假日顺延）。购货企业在承付期内，未向银行表示拒绝付款，银行即视作承付，并在承付期满的次日（法定休假日顺延）上午银行开始营业时，将款项主动从付款人的账户内付出，按照销货企业指定的划款方式，划给销货企业。验货付款是购货企业待货物运达企业，对其进行检验与合同完全相符后才承认付款。为了满足购货企业组织验货的需要，结算办法规定承付期为10天，从运输部门向购货企业发出提货通知的次日算起。承付期内购货企业未表示拒绝付款的，银行视为同意承付，于10天期满的次日上午银行开始营业时，将款项划给收款人。为满足购货企业组织验货的需要，对收付双方在合同中明确规定，并在托收凭证上注明验货付款期限的，银行从其规定。

续表

银行办理转账结算方式	托收承付	对于下列情况，付款人可以在承付期内向银行提出全部或部分拒绝付款：（1）没有签订购销合同或购销合同未写明托收承付结算方式的款项；（2）未经双方事先达成协议，收款人提前交货或因逾期交货付款人不再需要该项货物的款项；（3）未按合同规定的到货地址发货的款项；（4）代销、寄销、赊销商品的款项；（5）验单付款，发现所列货物的品种、规格、数量、价格与合同规定不符，或货物已到，经查验货物与合同规定或发货清单不符的款项；（6）验货付款，经查验货物与合同规定或与发货清单不符的款项；（7）货款已经支付或计算错误的款项。不属于上述情况，购货企业不得提出拒付。 购货企业提出拒绝付款时，必须填写“拒绝付款理由书”，注明拒绝付款理由，涉及合同的应引证合同上的有关条款。属于商品质量问题，需要提出质量问题的证明及其有关数量的记录；属于外贸部门进口商品，应当提出国家商品检验或运输等部门出具的证明，向开户银行办理拒付手续。 银行同意部分或全部拒绝付款的，应在“拒绝付款理由书”上签注意见，并将拒绝付款理由书、拒付证明、拒付商品清单和有关单证邮寄收款人开户银行转交销货企业。 付款人开户银行对付款人逾期支付的款项，根据逾期付款金额和逾期天数，按每天万分之五计算逾期付款赔偿金。逾期付款天数从承付期满日算起。银行审查拒绝付款期间不算作付款人逾期付款，但对无理的拒绝付款而增加银行审查时间的，从承付期满日起计算逾期付款赔偿金。赔偿金实行定期扣付，每月计算一次，于次月 3 日内单独划给收款人。赔偿金的扣付列为企业销货收入扣款顺序的首位。付款人科目余额不足支付时，应排列在工资之前，并对该科目采取“只收不付”的控制办法，直至足额扣付赔偿金后才准予办理其他款项的支付，由此产生的经济后果由付款人自负。
	信用证	信用证结算方式是国际结算的一种主要方式。经中国人民银行批准经营结算业务的商业银行总行以及经商业银行总行批准开办信用证结算业务的分支机构，也可以办理国内企业之间商品交易的信用证结算业务。 采用信用证结算方式的：收款单位收到信用证后，即备货装运，签发有关发票账单，连同运输单据和信用证送交银行，根据退还的信用证等有关凭证编制收款凭证；付款单位在接到开证行的通知时，根据付款的有关单据编制付款凭证。

记账小知识

银行存款

银行存款见表 6-6：

表 6-6

编号	会计科目名称	科目核算内容	明细科目设置	主要账务处理	科目余额反映内容	备注
1002	银行存款	“银行存款”科目核算小企业存入银行或其他金融机构的各种款项。	有外币银行存款的小企业，还应当分别按照人民币和外币进行明细核算。	小企业增加银行存款，借记“银行存款”科目，贷记“库存现金”“应收账款”等科目；减少银行存款，做相反的会计分录。	“银行存款”科目期末借方余额，反映小企业存在银行或其他金融机构的各种款项。	小企业应当按照开户银行和其他金融机构、存款种类等设置“银行存款日记账”，由出纳人员根据收付款凭证，按照业务的发生顺序逐笔登记。每日终了，应结出余额。 “银行存款日记账”应定期与“银行对账单”核对，至少每月核对一次。小企业银行存款账面余额与银行对账单余额之间如有差额，应编制“银行存款余额调节表”调节相符。

（三）小企业其他货币资金

在企业的经营资金中，有些货币资金的存款地点和用途与库存现金和银行存款不同，如外埠存款、银行汇票存款、银行本票存款、信用证保证金存款、信用卡存款、存出投资款等，这些资金在会计核算上统称为“其他货币资金”。

小企业其他货币资金业务的会计处理见表 6-7：

表 6-7　其他货币资金业务的会计处理

其他货币资金业务的会计处理	外埠存款	外埠存款是指企业到外地进行临时或零星采购时，汇往采购地银行开立采购专户的款项。企业汇出款项时，须填写汇款委托书，加盖“采购资金”字样。汇入银行对汇入的采购款项，以汇款单位名义开立采购账户。采购资金存款不计利息，除采购员差旅费可以支取少量现金外，一律转账。采购专户只付不收，付完结束账户。 企业将款项委托当地银行汇往采购地开立专户时，根据汇出款项凭证，编制付款凭证，进行账务处理，借记“其他货币资金——外埠存款”科目，贷记“银行存款”科目。 外出采购人员报销用外埠存款支付材料的采购货款等款项时，企业应根据供应单位发票账单等报销凭证，编制付款凭证，借记“在途物资”“应交税费——应交增值税（进项税额）”等科目，贷记“其他货币资金——外埠存款”科目。 采购员完成采购任务，将多余的外埠存款转回当地银行时，应根据银行的收款通知，编制收款凭证。
	银行汇票存款	银行汇票存款是指企业为取得银行汇票，按照规定存入银行的款项。企业向银行提交“银行汇票委托书”并将款项交存开户银行，取得汇票后，根据银行盖章的委托书存根联，编制付款凭证，借记“其他货币资金——银行汇票”科目，贷记“银行存款”科目。 企业使用银行汇票支付款项后，应根据发票账单及开户行转来的银行汇票有关副联等凭证，经核对无误后编制会计分录，借记“在途物资”“应交税费——应交增值税（进项税额）”等科目，贷记“其他货币资金——银行汇票”科目。银行汇票使用完毕，应转销“其他货币资金——银行汇票”账户。如实际采购支付后银行汇票有余额，多余部分应借记“银行存款”科目，贷记“其他货币资金——银行汇票”科目。汇票因超过付款期限或其他原因未曾使用而退还款项时，应借记“银行存款”科目，贷记“其他货币资金——银行汇票”科目。
	银行本票存款	银行本票存款是指企业为取得银行本票，按照规定存入银行的款项。企业向银行提交“银行本票申请书”并将款项交存银行，取得银行本票时，应根据银行盖章退回的申请书存根联，编制付款凭证，借记“其他货币资金——银行本票”科目，贷记“银行存款”科目。企业用银行本票支付购货款等款项后，应根据发票账单等有关凭证，借记“在途物资”“应交税费——应交增值税（进项税额）”等科目，贷记“其他货币资金——银行本票”科目。如企业因本票超过付款期等原因未曾使用而要求银行退款时，应填制进账单一式二联，连同本票一并交给银行，然后根据银行收回本票时盖章退回的一联进账单，借记“银行存款”科目，贷记“其他货币资金——银行本票”科目。
	信用证保证金存款	信用证存款是指采用信用证结算方式的企业为开具信用证而存入银行信用证保证金专户的款项。企业向银行申请开出信用证用于支付供货单位购货款项时，根据开户银行盖章退回的“信用证委托书”回单，借记“其他货币资金——信用证存款”科目，贷记“银行存款”科目。企业收到供货单位信用证结算凭证及所附发票账单，经核对无误后进行会计处理，借记“在途物资”“应交税费——应交增值税（进项税额）”等科目，贷记“其他货币资金——信用证存款”科目。如果企业收到未用完的信用证存款余款，应借记“银行存款”科目，贷记“其他货币资金——信用证存款”科目。

续表

其他货币资金业务的会计处理	信用卡存款	信用卡存款是指企业为取得信用卡而存入银行信用卡专户的款项。企业申领信用卡，按照有关规定填制申请表，并按银行要求交存备用金，银行开立信用卡存款账户，发给信用卡。企业根据银行盖章退回的交存备用金的进账单，借记“其他货币资金——信用卡存款”科目，贷记“银行存款”科目。企业收到开户银行转来的信用卡存款的付款凭证及所附发票账单，经核对无误后进行会计处理，借记“管理费用”等科目，贷记“其他货币资金——信用卡存款”科目。
	存出投资款	存出投资款是指企业已存入证券公司但尚未进行短期投资的现金。企业向证券公司划出资金时，应按实际划出的金额，借记“其他货币资金——存出投资款”科目，贷记“银行存款”科目；购买股票、债券等时，按实际发生的金额，借记‘短期投资”科目，贷记“其他货币资金——存出投资款”科目。

记账小知识

其他货币资金

其他货币资金见表6-8：

表6-8　其他货币资金

编号	会计科目名称	科目核算内容	明细科目设置	主要账务处理	科目余额反映内容
1012	其他货币资金	“其他货币资金”科目核算小企业的银行汇票存款、银行本票存款、信用卡存款、信用证保证金存款、外埠存款、备用金等其他货币资金。	“其他货币资金”科目应按照银行汇票或本票、信用卡发放银行、信用证的收款单位，外埠存款的开户银行，分别“银行汇票”“银行本票”“信用卡”“信用证保证金”“外埠存款”等进行明细核算。	小企业增加其他货币资金，借记“其他货币资金”科目，贷记“银行存款”科目；减少其他货币资金，做相反的会计分录。	“其他货币资金”科目期末借方余额，反映小企业持有的其他货币资金。

四、小企业应收及预付款项

（一）小企业应收及预付款项

应收及预付款项，是指小企业在日常生产经营活动中发生的各项债权。包括：应收票据、应收账款、应收股利、应收利息、其他应收款等应收款项和预付账款。

1. 小企业应收及预付款项的特征

（1）应收及预付款项是小企业日常生产经营活动中发生的，如销售产成品或商品、外购原材料或商品过程中发生的应收账款或预付账款；又如，职工因公或因私向本企业借款产生的其他应收款，等等。

（2）应收及预付款项的本质是债权。但是，应收款项最终会收到货币资金，预付账款则是收到所购物资或劳务。

2. 小企业应收及预付款项的构成

应收及预付款项根据产生的原因不同，可分为应收款项和预付账款。应收款项可以理解为“别人欠小企业钱，但钱尚未收到”，包括：应收票据、应收账款、应收股利、应收利息和其他应收款等；预付账款则是指小企业按照合同规定预付的款项，如根据合同规定预付的购货款、租金以及外包工程的工程款等。预付账款可以理解为“小企业将钱预先付给对方”，但目的是取得实物而不是重新收回现金。

3. 小企业应收及预付款项的计量原则

应收及预付款项应当按照实际发生额入账。即在实务中，小企业应当根据合同、协议、发票等凭证列示的金额记录应收款项或预付账款。

4. 小企业应收及预付款项坏账损失的认定条件及会计处理

企业的各项应收及预付款项可能会因购货人拒付、破产、死亡等原因而无法收回。这类无法收回的应收及预付款项就是坏账。因坏账而遭受的损失为坏账损失。对坏账损失的会计处理方法有两种，即直接转销法和备抵法。

直接转销法下，日常核算中应收款项可能发生的坏账损失不予考虑，只有在实际发生坏账时，才作为损失计入当期损益，同时冲销应收款项，即借记“营业外支出”科目，贷记“应收账款”科目。这种方法的优点是账务处理简单、实用，缺点是不符合资产的概念和权责发生制的要求。在这种方法下，只有坏账已经发生时，才能将其确认为当期损失，导致各期利润不实；另外，在资产负债表上，应收账款是按其账面余额而不是按账面价值反映，这在一定程度上歪曲了期末的财务状况。

备抵法下，根据实际情况合理估计坏账损失，计入当期损失，同时建立坏账准备，待坏账实际发生时，冲销已提的坏账准备和相应的应收款项。这种方法的优点是符合资产的概念和权责发生制的要求，缺点是对职业判断要求较高，且与企业所得税法规定存在差异，需要进行纳税调整。在这种方法下，坏账损失计入同一期间的损益，避免了企业虚盈实亏；在资产负债表上列示应收款项账面价值，使财务报表使用者能了解企业应收款项的可收回金额。但是，由于企业发生坏账损失带有很大的不确定性，所以只能以过去的经验为基础，参照当前的信用政策、市场环境和行业惯例，估计每期应收款项未来现金流量现值，从而确定当期减值损失金额，计入当期损益。《企业所得税法》对应收及预付款项的坏账损失作了规定。《企业所得税法》第十条规定：“在计算应纳税所得额时，未经核定的准备金支出不得扣除。”《企业所得税法实施条例》第五十五条规定：“《企业所得税法》第十条第（7）项所称未经核定的准备金支出，是指不符合国务院财政、税务主管部门规定的各项资产减值准备、风险准备等准备金支出。”

《财政部国家税务总局关于企业资产损失税前扣除政策的通知》（财税〔2009〕57号，以下统称"财税57号文件"）第四条规定："企业除贷款类债权外的应收、预付账款符合下列条件之一的，减除可收回金额后确认的无法收回的应收、预付款项，可以作为坏账损失在计算应纳税所得额时扣除：（1）债务人依法宣告破产、关闭、解散、被撤销，或者被依法注销、吊销营业执照，其清算财产不足清偿的；（2）债务人死亡，或者依法被宣告失踪、死亡，其财产或者遗产不足清偿的；（3）债务人逾期3年以上未清偿，且有确凿证据证明已无力清偿债务的；（4）与债务人达成债务重组协议或法院批准破产重整计划后，无法追偿的；（5）因自然灾害、战争等不可抗力导致无法收回的；（6）国务院财政、税务主管部门规定的其他条件。"

为简化小企业会计核算、减少所得税纳税调整，《小企业会计准则》采取了与税法完全一致的坏账损失认定条件和处理方法，即直接转销法。这一点与企业会计准则的规定有差异，小企业应当予以注意。

专家点拨

1. 坏账损失确认的时点

坏账损失应在实际发生时确认，而不是预计或预期发生时确认。

2. 坏账损失的认定条件

小企业应收及预付款项符合《小企业会计准则》第十条任一条件的，应确认相应的坏账损失。

3. 坏账损失金额的确定

小企业的应收及预付款项出现上述所列条件之一时，应当积极与债务人进行协商，努力收回相关款项，如果确实无法再收回，应将该项应收及预付款项的账面余额扣除可收回的金额后的净额，作为坏账损失的金额。

4. 坏账损失的账务处理

小企业应当按照可收回的金额，借记"银行存款"等科目，按照应收及预付款项的账面余额，贷记"应收账款""预付账款""其他应收款"等科目，按照其差额，借记"营业外支出"科目。

注意事项

小企业应当注意正确处理好与税收征管的关系，认真按照税收征管的要求做好相关申报工作。

小企业发生的应收及预付款项坏账损失，应当在向主管税务机关提供证据资料证明其已符合法定资产损失确认条件，且会计上已作损失处理的年度申报扣除。坏账损失应按规定的程序和要求向主管税务机关申报后方能在税前扣除，未经申报的损失，不得在税前扣除。

国家税务总局 2011 年 3 月 31 日发布的《企业资产损失所得税税前扣除管理办法》（国家税务总局公告 2011 年第 25 号，以下统称“国税总局第 25 号公告”）第二十二条、第二十三条和第二十四条规定：企业（包括小企业）应收及预付款项坏账损失应依据以下相关证据材料确认：

①相关事项合同、协议或说明；

②属于债务人破产清算的，应有人民法院的破产、清算公告；

③属于诉讼案件的，应出具人民法院的判决书或裁决书或仲裁机构的仲裁书，或者被法院裁定终（中）止执行的法律文书；

④属于债务人停止营业的，应有工商部门注销、吊销营业执照证明；

⑤属于债务人死亡、失踪的，应有公安机关等有关部门对债务人个人的死亡、失踪证明；

⑥属于债务重组的，应有债务重组协议及其债务人重组收益纳税情况说明；

⑦属于自然灾害、战争等不可抗力而无法收回的，应有债务人受灾情况说明以及放弃债权申明。

企业逾期三年以上的应收款项在会计上已作为损失处理的，可以作为坏账损失税前扣除，但应说明情况并出具专项报告。企业逾期一年以上，单笔数额不超过五万或者不超过企业年度收入总额万分之一的应收款项，会计上已经作为损失处理的，可以作为坏账损失税前扣除，但应说明情况并出具专项报告。

（二）小企业应收票据

1. 应收票据的内容

应收票据，是指小企业因销售商品（产成品或材料，下同）、提供劳务等日常生产经营活动而收到的商业汇票（银行承兑汇票和商业承兑汇票）。

《票据法》第二十二条规定：“商业汇票必须记载下列事项：表明“汇票”的字样；无条件支付的委托；确定的金额；付款人名称；收款人名称；出票日期；出票人签章。汇票上未记载上述事项之一的，汇票无效。汇票上记载付款日期、付款地、出票地等事项的，应当清楚、明确。汇票上未记载付款日期的，为见票即付；汇票上未记载付款地的，付款人的营业场所、住所或者经常居住地为付款地；汇票上未记载出票地的，出票人的营业场所、住所或者经常居住地为出票地。此外，汇票上可以记载本法规定事项以外的其他出票事项，但是该记载事项不具有汇票上的效力。”

商业汇票的付款期限，最长不得超过六个月。汇票的付款日期（即汇票到期日）可以按照下列形式之一记载：见票即付；定日付款；出票后定期付款；见票后定期付款。定日付款的汇票付款期限自出票日起计算，并在汇票上记载具体到期日；出票后定期付款的汇票付款期限自出票日起按月计算，并在汇票上记载；见票后定期付款的汇票付款期限自承兑或拒绝承兑日起按月计算，并在汇票上记载。商业汇票的提示付款期限，自汇票到期日起 10 日。符合条件的商业汇票的持票人，可以持未到期的商业汇票连同贴现凭证向银行申请贴现。

根据承兑人不同，商业汇票分为银行承兑汇票和商业承兑汇票。

银行承兑汇票，是指由在承兑银行开立存款账户的存款人（这里也是出票人）签发，由承兑银行承兑的票据。企业申请使用银行承兑汇票时，应向其承兑银行按票面金额的万分之五交纳手续费。银行承兑汇票的出票人应于汇票到期前将票款足额交存其开户银行，承兑银行应在汇票到期日或到期日后的见票当日支付票款。银行承兑汇票的出票人于汇票到期前未能足额交存票款时，承兑银行除凭票向持票人无条件付款外，对出票人尚未支付的汇票金额按照每天万分之五计收利息。

商业承兑汇票是指由付款人签发并承兑，或由收款人签发交由付款人承兑的汇票。商业承兑汇票的付款人收到开户银行的付款通知，应在当日通知银行付款。付款人在接到通知日的次日起 3 日内（遇法定休假日顺延）未通知银行付款的，视同付款人承诺付款。银行将于付款人接到通知日的次日起第 4 日（遇法定休假日顺延），将票款划给持票人。付款人提前收到由其承兑的商业汇票，应通知银行于汇票到期日付款。银行在办理划款时，付款人存款账户不足支付的，银行应填制付款人未付票款通知书，连同商业承兑汇票邮寄持票人开户银行转交持票人。

2. 取得应收票据

小企业因销售商品、提供劳务等而收到开出、承兑的商业汇票，按照商业汇票的票面金额，借记“应收票据”科目，按照确认的营业收入，贷记“主营业务收入”等科目。涉及增值税销项税额的，还应按照增值税专用发票上注明的增值税销项税额，贷记“应交税费——应交增值税（销项税额）”科目。

小企业收到商业汇票以抵偿应收账款，应按照商业汇票的票面金额，借记“应收票据”科目，贷记“应收账款”科目。

3. 商业汇票贴现

小企业持有商业汇票，如在票据到期前需要提前取得现金，可以持未到期的商业汇票向银行申请贴现。贴现，是指持票人将未到期的商业汇票背书后送交银行，银行受理后，从票据到期值中扣除按银行贴现率计算确定的贴现利息，将余额付给贴现企业的业务活动。票据贴现实质上是一种融通资金的行为。在贴现中，企业付给银行的利息称为贴现利息，银行计算贴现利息所用的利率称为贴现率，企业从银行获得的票据到期值扣除贴现利息后的货币收入称为贴现所得。有关的计算公式如下：

贴现所得 = 票据到期值 – 贴现利息

贴现利息 = 票据到期值 × 贴现率 × 贴现期

贴现期 = 票据期限 – 企业已持有票据期限

按照中国人民银行《支付结算办法》的规定，实付贴现金额按票面金额扣除贴现日至汇票到期前 1 日的利息计算，承兑人在异地的，贴现期限及贴现利息的计算应另加 3 天的划款日期。

根据票据到期债务人未能偿还时银行是否享有追索权，应收票据贴现的会计处理区分以下两种情况：

（1）不附追索权的情况。

小企业与银行签订的协议中规定，在贴现的商业汇票到期而债务人未能按期偿还时，申请贴现的企业不负有任何偿还责任，即银行无追索权的，应视同出售票据进行会计处理。

小企业持未到期的商业汇票向银行贴现，应根据银行盖章退回的贴现凭证第四联收账通知，按照实际收到的金额（即减去贴现息后的净额），借记“银行存款”科目，按照贴现息，借记“财务费用”科目，按照商业汇票的票面金额，贷记“应收票据”科目。

（2）附追索权的情况。

小企业与银行签订的协议中规定，在贴现的商业汇票到期而债务人未能按期偿还时，申请贴现的企业负有向银行还款的责任，即银行有追索权的，应视同以票据为质押取得银行借款。因为这类协议从实质上看，与所贴现商业汇票有关的风险和报酬并未发生实质性转移，商业汇票可能产生的风险仍由申请贴现的企业承担。

小企业持未到期的商业汇票向银行贴现，应根据银行盖章退回的贴现凭证第四联收账通知，按照实际收到的金额（即减去贴现息后的净额），借记“银行存款”科目，按照贴现息，借记“财务费用”科目，按照商业汇票的票面金额，贷记“短期借款”科目。

4. 商业汇票背书转让以取得物资

小企业可以将自己持有的商业汇票背书转让，将汇票权利转让给他人或者将一定的汇票权利授予他人行使。背书是指在票据背面或者粘单上记载有关事项并签章的票据行为。出票人在汇票上记载“不得转让”字样的，汇票不得转让。背书转让的，背书人应当承担票据责任。背书人以背书转让汇票后，即承担保证其后手所持汇票承兑和付款的责任。背书人在汇票得不到承兑或者付款时，应当向持票人清偿下列金额和费用：被拒绝付款的汇票金额；汇票金额自到期日或者提示付款日起至清偿日止，按照中国人民银行规定的利率计算的利息；取得有关拒绝证明和发出通知书的费用。被追索人清偿债务时，持票人应当交出汇票和有关拒绝证明，并出具所收到利息和费用的收据。背书人作为被追索人依照上述规定清偿后，可以向其他汇票债务人行使再追索权，请求其他汇票债务人支付下列金额和费用：已清偿的全部金额；前项金额自清偿日起至再追索清偿日止，按照中国人民银行规定的利率计算的利息；发出通知书的费用。行使再追索权的被追索人获得清偿时，应当交出汇票和有关拒绝证明，并出具所收到利息和费用的收据。

通常情况下，小企业将持有的商业汇票背书转让以取得所需物资时，按照应计入取得物资成本的金额，借记“材料采购”或“原材料”“库存商品”等科目，按照增值税专用发票上注明的可抵扣的增值税进项税额，借记“应交税费——应交增值税（进项税额）”科目，按照商业汇票的票面金额，贷记“应收票据”科目，如有差额，借记或贷记“银行存款”等科目。

5. 商业汇票到期

商业汇票到期收回款项，应按照实际收到的金额，借记“银行存款”科目，贷记“应收票据”科目。

因付款人无力支付票款，或到期不能收回应收票据，应按照商业汇票的票面金额，借记“应收账款”科目，贷记“应收票据”科目。

注意事项

存在开出、承兑商业汇票的小企业应当设置“应收票据备查簿”，逐笔登记商业汇票的种类、号数和出票日、票面金额、交易合同号和付款人、承兑人、背书人的姓名或单位名称、到期日、背书转让日、贴现日、贴现率和贴现净额以及收款日期和收回金额、退票情况等资料。商业汇票到期结清票款或退票后，在备查簿中应予注销。

记账小知识

应收票据

应收票据见表 6-9：

表 6-9 应收票据表

编号	会计科目名称	科目核算内容	明细科目设置	主要账务处理	科目余额反映内容	备注
1121	应收票据	“应收票据”科目核算小企业因销售商品（产成品或材料，下同）、提供劳务等日常生产经营活动而收到的商业汇票（银行承兑汇票和商业承兑汇票）。	“应收票据”科目应按照开出、承兑商业汇票的单位进行明细核算。	（一）小企业因销售商品、提供劳务等而收到开出、承兑的商业汇票，按照商业汇票的票面金额，借记“应收票据”科目，按照确认的营业收入，贷记“主营业务收入”等科目。涉及增值税销项税额的，还应当贷记“应交税费——应交增值税（销项税额）”科目。 （二）持未到期的商业汇票向银行贴现，应按照实际收到的金额（即减去贴现息后的净额），借记“银行存款”科目，按照贴现息，借记“财务费用”科目，按照商业汇票的票面金额，贷记“应收票据”科目（银行无追索权情况下）或“短期借款”科目（银行有追索权情况下）。 （三）将持有的商业汇票背书转让以取得所需物资，按照应计入取得物资成本的金额，借记“材料采购”或“原材料”“库存商品”等科目，按照商业汇票的票面金额，贷记“应收票据”科目，如有差额，借记或贷记“银行存款”等科目。涉及按照税法规定可抵扣的增值税进项税额的，还应当借记“应交税费——应交增值税（进项税额）”科目。 （四）商业汇票到期，应按照实际收到的金额，借记“银行存款”科目，贷记“应收票据”科目。 因付款人无力支付票款，或到期不能收回应收票据，应按照商业汇票的票面金额，借记“应收账款”科目，贷记“应收票据”科目。	“应收票据”科目期末借方余额，反映小企业持有的商业汇票的票面金额。	小企业应当设置“应收票据备查簿”，逐笔登记商业汇票的种类、号数和出票日、票面金额、交易合同号和付款人、承兑人、背书人的姓名或单位名称、到期日、背书转让日、贴现日、贴现率和贴现净额以及收款日期和收回金额、退票情况等资料。商业汇票到期结清票款或退票后，在备查簿中应予注销。

（三）小企业应收账款

1. 应收账款的内容

应收账款，是指小企业因销售商品、提供劳务等日常生产经营活动而应收取的款项。包括：小企业销售商品或提供劳务等应向购货方或接受劳务方收取的价款或代购货单位垫付的包装费、运杂费等。

会计上所指的应收账款有其特定的范围：

第一，应收账款是指因销售活动形成的债权，不包括应收职工欠款、应收债务人的利息等应收款项；

第二，应收账款是指流动资产性质的债权，不包括长期的债权（如购买的长期债券等）；

第三，应收账款是指本企业应收客户的款项，不包括本企业付出的各类存出保证金，如租入包装物支付的保证金等。

2. 应收账款发生

应收账款是因赊销业务而产生的，因此，其入账时间与确认收入的时间一致。通常情况下，应收账款的入账价值包括销售商品或提供劳务的价款、增值税，以及代购货方垫付的包装费、运杂费等。另外，还应考虑商业折扣、现金折扣等因素。

小企业因销售商品或提供劳务形成的应收账款，应当按照应收金额，借记“应收账款”科目，按照税法规定应交纳的增值税销项税额，贷记“应交税费——应交增值税（销项税额）”科目，按照其差额，贷记“主营业务收入”或“其他业务收入”科目。

小企业代购货单位垫付的包装费、运杂费等，借记“应收账款”科目，贷记“银行存款”等科目；收回代垫费用时，借记“银行存款”科目，贷记“应收账款”科目。

3. 应收账款收回

小企业收回应收账款，应借记“银行存款”或“库存现金”科目，贷记“应收账款”科目。

小企业应收账款改用商业汇票结算，在收到承兑的商业汇票时，按照票面金额，借记“应收票据”科目，贷记“应收账款”科目。

记账小知识

应收账款

应收账款见表 6-10：

表 6-10 应收账款表

编号	会计科目名称	科目核算内容	明细科目设置	主要账务处理	科目余额反映内容
1122	应收账款	“应收账款”科目核算小企业因销售商品、提供劳务等日常生产经营活动应收取的款项。	“应收账款”科目应按照对方单位（或个人）进行明细核算。	（一）小企业因销售商品或提供劳务形成应收账款，应当按照应收金额，借记“应收账款”科目，按照税法规定应交纳的增值税销项税额，贷记“应交税费——应交增值税（销项税额）”科目，按照其差额，贷记“主营业务收入”或“其他业务收入”科目。 （二）收回应收账款，借记“银行存款”或“库存现金”科目，贷记“应收账款”科目。 （三）按照《小企业会计准则》规定确认应收账款实际发生的坏账损失，应当按照可收回的金额，借记“银行存款”等科目，按照其账面余额，贷记“应收账款”科目，按照其差额，借记“营业外支出”科目。	“应收账款”科目期末借方余额，反映小企业尚未收回的应收账款。

（四）小企业预付账款

1. 预付账款的内容

预付账款，是指小企业按照合同规定预付的款项，包括根据合同规定预付的购货款、租金、工程款等。

2. 预付账款发生

小企业根据购货合同的规定向供应单位预付款项时，借记“预付账款”科目。

贷记“银行存款”科目。收到所购物资，按照应计入购入物资成本的金额，借记“在途物资”或“原材料”“库存商品”等科目，按照税法规定可抵扣的增值税进项税额，借记“应交税费——应交增值税（进项税额）”科目，贷记“预付账款”科目；当预付货款小于采购货物所需支付的款项时，应将不足部分补付，借记“预付账款”科目，贷记“银行存款”科目；当预付货款大于采购货物所需支付的款项时，应收回多余款项，借记“银行存款”科目，贷记“预付账款”科目。

小企业出包工程按照合同规定预付的工程价款，借记“预付账款”科目，贷记“银行存款”等科目。按照工程进度和合同规定结算的工程价款，借记“在建工程”科目，贷记“预付账款”“银行存款”等科目。

记账小知识

预付账款

预付账款见表6-11：

表6-11 预付账款表

编号	会计科目名称	科目核算内容	特殊规定	明细科目设置	主要账务处理	科目余额反映内容
1123	预付账款	“预付账款”科目核算小企业按照合同规定预付的款项。包括：根据合同规定预付的购货款、租金、工程款等。	预付款项情况不多的小企业，也可以不设置“预付账款”科目，将预付的款项直接记入“应付账款”科目借方。 小企业进行在建工程预付的工程价款，也通过“预付账款”科目核算。	“预付账款”科目应按照对方单位（或个人）进行明细核算。	（一）小企业因购货而预付的款项，借记“预付账款”科目，贷记“银行存款”等科目。 收到所购物资，按照应计入购入物资成本的金额，借记“在途物资”或“原材料”“库存商品”等科目，按照税法规定可抵扣的增值税进项税额，借记“应交税费——应交增值税（进项税额）”科目，按照应支付的金额，贷记“预付账款”科目。补付的款项，借记“预付账款”科目，贷记“银行存款”等科目；退回多付的款项，做相反的会计分录。 （二）出包工程按照合同规定预付的工程价款，借记“预付账款”科目，贷记“银行存款”等科目。按照工程进度和合同规定结算的工程价款，借记“在建工程”科目，贷记“预付账款”科目、“银行存款”等科目。 （三）按照《小企业会计准则》规定确认预付账款实际发生的坏账损失，应当按照可收回的金额，借记“银行存款”等科目，按照其账面余额，贷记“预付账款”科目，按照其差额，借记“营业外支出”科目。	“预付账款”科目期末借方余额，反映小企业预付的各种款项。

（五）小企业应收股利

小企业购入股票，如果实际支付的购买价款中包含已宣告但尚未发放的现金股利，应当按照实际支付的购买价款和相关税费扣除已宣告但尚未发放的现金股利后的金额，借记“短期投资”或“长期股权投资”科目，按照应收的现金股利，借记“应收股利”科目，按照实际支付的购买价款和相关税费，贷记“银行存款”科目。

在短期投资或长期股权投资持有期间，被投资单位宣告分派现金股利或利润，应当按照本企业应享有金额，借记“应收股利”科目，贷记“投资收益”科目。

小企业实际收到现金股利或利润时，借记“银行存款”等科目，贷记“应收股利”科目。

记账小知识

应收股利

应收股利见表 6-12：

表 6-12 应收股利表

编号	会计科目名称	科目核算内容	明细科目设置	主要账务处理	科目余额反映内容
1131	应收股利	“应收股利”科目核算小企业应收取的现金股利或利润。	“应收股利”科目应按照被投资单位进行明细核算。	（一）小企业购入股票，如果实际支付的购买价款中包含已宣告但尚未发放的现金股利，应当按照实际支付的购买价款和相关税费扣除已宣告但尚未发放的现金股利后的金额，借记“短期投资”或“长期股权投资”科目，按照应收的现金股利，借记“应收股利”科目，按照实际支付的购买价款和相关税费，贷记“银行存款”科目。 （二）在短期投资或长期股权投资持有期间，被投资单位宣告分派现金股利或利润，应当按照本企业应享有的金额，借记“应收股利”科目，贷记“投资收益”科目。 （三）小企业实际收到现金股利或利润，借记“银行存款”等科目，贷记“应收股利”科目。	“应收股利”科目期末借方余额，反映小企业尚未收到的现金股利或利润。

（六）小企业应收利息

小企业购入债券，如果实际支付的购买价款中包含已到付息期但尚未领取的债券利息，应当按照实际支付的购买价款和相关税费扣除应收的债券利息后的金额，借记

"短期投资"或"长期债券投资"科目，按照应收的债券利息，借记"应收利息"科目，按照实际支付的购买价款和相关税费，贷记"银行存款"科目。

在长期债券投资持有期间，在债务人应付利息日，按照分期付息、一次还本债券投资的票面利率计算的利息收入，借记"应收利息"科目，贷记"投资收益"科目；按照一次还本付息债券投资的票面利率计算的利息收入，借记"长期债券投资——应计利息"科目，贷记"投资收益"科目。

小企业实际收到债券利息时，借记"银行存款"科目，贷记"应收利息"科目。

记账小知识

应收利息

应收利息见表 6-13：

表 6-13　应收利息表

编号	会计科目名称	科目核算内容	特殊规定	明细科目设置	主要账务处理	科目余额反映内容
1132	应收利息	"应收利息"科目核算小企业债券投资应收取的利息。	购入的一次还本付息债券投资持有期间的利息收入，在"长期债券投资"科目核算，不在"应收利息"科目核算。	"应收利息"科目应按照被投资单位进行明细核算。	（一）小企业购入债券，如果实际支付的购买价款中包含已到付息期但尚未领取的债券利息，应当按照实际支付的购买价款和相关税费扣除应收的债券利息后的金额，借记"短期投资"或"长期债券投资"科目，按照应收的债券利息，借记"应收利息"科目，按照实际支付的购买价款和相关税费，贷记"银行存款"科目。 （二）在长期债券投资持有期间，在债务人应付利息日，按照分期付息、一次还本债券投资的票面利率计算的利息收入，借记"应收利息"科目，贷记"投资收益"科目；按照一次还本付息债券投资的票面利率计算的利息收入，借记"长期债券投资——应计利息"科目，贷记"投资收益"科目。 （三）实际收到债券利息，借记"银行存款"等科目，贷记"应收利息"科目。	"应收利息"科目期末借方余额，反映小企业尚未收到的债券利息。

（七）小企业其他应收款

1. 其他应收款的内容

其他应收款，是指小企业除应收票据、应收账款、预付账款、应收股利、应收利息等以外的其他各种应收及暂付款项。主要包括：

（1）应收的各种赔款，如因小企业财产等遭受意外损失而应向有关保险公司收取的赔款等；

（2）应收的出租包装物租金；

（3）应向职工收取的各种垫付款项，如为职工垫付的水电费、应由职工负担的医药费、房租等；

（4）存出保证金，如租入包装物支付的押金；

（5）其他各种应收、暂付款项。

2. 其他应收款发生

小企业发生各种其他应收款项时，应借记“其他应收款”科目，贷记“库存现金”“银行存款”“固定资产清理”等科目。出口产品或商品按照规定应予退回的增值税款，借记“其他应收款”科目，贷记“应交税费——应交增值税（出口退税）”科目。

收回其他各种应收款项时，借记“库存现金”“银行存款”“应付职工薪酬”等科目，贷记“其他应收款”科目。

记账小知识

其他应收款

其他应收款见表 6-14：

表6-14 其他应收款表

编号	会计科目名称	科目核算内容	特殊规定	明细科目设置	主要账务处理	科目余额反映内容
1221	其他应收款	“其他应收款”科目核算小企业除应收票据、应收账款、预付账款、应收股利、应收利息等以外的其他各种应收及暂付款项。包括：各种应收的赔款、应向职工收取的各种垫付款项等。	小企业出口产品或商品按照税法规定应予退回的增值税款，也通过“其他应收款”科目核算。	“其他应收款”科目应按照对方单位（或个人）进行明细核算。	（一）小企业发生的其他各种应收款项，借记“其他应收款”科目，贷记“库存现金”“银行存款”“固定资产清理”等科目。出口产品或商品按照税法规定应予退回的增值税款，借记“其他应收款”科目，贷记“应交税费——应交增值税（出口退税）”科目。 （二）收回其他各种应收款项，借记“库存现金”“银行存款”“应付职工薪酬”等科目，贷记“其他应收款”科目。 （三）按照《小企业会计准则》规定确认其他应收款实际发生的坏账损失，应当按照可收回的金额，借记“银行存款”等科目，按照其账面余额，贷记“其他应收款”科目，按照其差额，借记“营业外支出”科目。	“其他应收款”科目期末借方余额，反映小企业尚未收回的其他应收款项。

五、小企业存货

（一）小企业存货的确认

小企业存货，是指小企业在日常生产经营过程中持有以备出售的产成品或商品、处在生产过程中的在产品、将在生产过程或提供劳务过程中耗用的材料和物料等，以及小企业（农、林、牧、渔业）为出售而持有的或在将来收获为农产品的消耗性生物资产。

小知识

相关比较

《小企业会计准则》采用了与《企业会计准则》和《企业所得税法实施条例》基本一致的存货定义。

《企业会计准则第1号——存货》第三条规定：“存货是指企业在日常活动中持有以备出售的产成品或商品、处在生产过程中的在产品、在生产过程或提供劳务过程中耗用的材料和物料等。”《企业会计准则第5号——生物资产》第二条和第三条规定："生物资产是指有生命的动物和植物。生物资产分为消耗性生物资产、生产性生物资产和公益性生物资产。其中，消耗性生物资产，是指为出售而持有的或在将来收获为农产品的生物资产，包括生长中的大田作物、蔬菜、可用材料以及存栏待售的牲畜等。一般而言，消耗性生物资产要经过培育、长成、处置等阶段，如用材林就要经过培植、郁闭成林和采伐处置等阶段。消耗性生物资产通常是一次性消耗并终止其服务能力或未来经济利益，在一定程度上具有存货的特征，应当作为存货在资产负债表中列报。"因此，《小企业会计准则》将消耗性生物资产作为存货看待，没有对其作专门的特殊规定。

《企业所得税法实施条例》第七十二条规定："《企业所得税法》第十五条所称存货，是指企业持有以备出售的产品或者商品、处在生产过程中的在产品、在生产或者提供劳务过程中耗用的材料和物料等。"

1. 小企业存货的特征

存货区别于固定资产、无形资产等非流动资产的最基本的特征是，企业持有存货的最终的目的是出售，包括可供直接销售的产成品、商品，以及需经过进一步加工后出售的原材料等。同时，存货相对于非流动资产周转速度较快，通常在 1 年内变现、出售或耗用。

2. 小企业存货的构成

小企业的存货包括：原材料、在产品、半成品、产成品、商品、周转材料、委托加工物资、消耗性生物资产等。

（1）原材料。

原材料是指小企业在生产过程中经加工改变其形态或性质并构成产品主要实体的各种原料及主要材料、辅助材料、外购半成品（外购件）、修理用备件（备品备件）、包装材料、燃料等。

原材料这类存货主要是针对工业类小企业而言的。为建造固定资产等工程而储备的各种材料，虽然同属于材料，但是由于用于建造固定资产等各项工程，不符合存货的概念，因此不能作为小企业存货，应计入工程物资。

（2）在产品。

在产品是指小企业正在制造尚未完工的产品。包括：正在各个生产工序加工的产品，以及已加工完毕但尚未检验或已检验但尚未办理入库手续的产品。

在产品是相对产成品而言的，属于中间在制品。

（3）半成品。

半成品是指小企业经过一定生产过程并已检验合格交付半成品仓库保管，但尚未制造完工成为产成品，仍需进一步加工的中间产品。

半成品与在产品在生产制造方面有所类似，都属于在制品，等待下一步继续加工。不同之处在于会计核算方面：一是半成品已交付半成品仓库保管，而在产品仍停留在生产车间而不是专门的保管仓库。二是有些半成品可以单独对外出售或委托外单位进行加工，也有必要在会计核算上区别于在产品进行单独核算。

（4）产成品。

产成品是指小企业已经完成全部生产过程并已验收入库，符合标准规格和技术条件，可以按照合同规定的条件送交订货单位，或者可以作为商品对外销售的产品。

小企业接受外来原材料加工制造的代制品和为外单位加工修理的代修品，在制造和修理完成验收入库后应视同小企业的产成品进行管理和核算。

（5）商品。

商品是指小企业（批发业、零售业）外购或委托加工完成并已验收入库用于销售的各种商品。

商品与产成品都是小企业的存货，但是也存在区别，主要有两点：一是针对企业主体不同，商品这类存货主要是针对批发业和零售业等商品流通类小企业而言，产成品这类存货主要是针对农、林、牧、渔业，工业，房地产开发经营等工业制造类小企业而言；二是形成方式不同，商品主要是外购的，由外单位完成了生产制造过程，产成品主要是自制的，由本单位完成生产制造过程。

（6）周转材料。

除了直接构成企业产品的原材料外，企业产品的形成还需要其他一些辅助性材料的协助，而这些辅助性材料不直接构成企业产品的实体，它们能够被多次反复使用，其效益和价值的实现也有一个时间过程，这就是周转材料。

周转材料是指小企业能够多次使用、逐渐转移其价值但仍保持原有形态且不确认为固定资产的材料。

具体而言，周转材料包括包装物、低值易耗品、小企业（建筑业）的钢模板、木模板、脚手架等。其中，包装物是指为了包装本企业商品而储备的各种包装容器，如桶、箱、瓶、坛、袋等；低值易耗品是指不符合固定资产确认条件的各种用具物品，如工具、管理用具、玻璃器皿、劳动保护用品以及在经营过程中周转使用的容器等。

需要注意的是，这里的周转材料首先要排除固定资产，如果这些辅助性材料符合固定资产的确认条件，就不应该再被作为周转材料来管理和核算，而应当作为固定资产进行管理和核算。

（7）委托加工物资。

委托加工物资是指小企业委托外单位加工的各种材料、商品等物资。

委托加工物资在工业制造类和商品流通类小企业都可能存在。

（8）消耗性生物资产。

消耗性生物资产是指小企业（农、林、牧、渔业）生长中的大田作物、蔬菜、用材林以及存栏待售的牲畜等。

耗性生物资产这类存货主要是针对农、林、牧、渔业类小企业而言的。

（二）小企业存货的计量

1. 小企业存货的初始计量（小企业取得存货成本的确定）

为了简化核算，便于小企业实务操作，减轻纳税调整负担，满足汇算清缴的需要，《小企业会计准则》有关存货的成本确定与《企业所得税法实施条例》的规定基本一致。

小知识

《企业所得税法实施条例》中关于确定存货成本的规定

《企业所得税法实施条例》对存货成本的确定也作出了规定，第七十二条规定："存货按照以下方法确定成本：1. 通过支付现金方式取得的存货，以购买价款和支付的相关税费为成本；2. 通过支付现金以外的方式取得的存货，以该存货的公允价值和支付的相关税费为成本；3. 生产性生物资产收获的农产品，以产出或者采收过程中发生的材料费、人工费和分摊的间接费用等必要支出为成本。"

小企业取得的存货应当按照成本计量。存货的成本包括采购成本、加工成本和其他成本，但是取得存货的来源不同，其成本的构成内容不尽相同。

（1）小企业外购存货的成本。

小企业外购的存货主要包括材料和商品，其成本主要由采购成本构成。

外购存货的成本，是指小企业物资从采购到入库前所发生的全部支出，包括购买价款、相关税费、运输费、装卸费、保险费以及在外购存货过程中发生的其他直接费用。

①购买价款。是指小企业购入的材料或商品的发票账单上列明的价款，但不包括按照税法规定可以抵扣的增值税进项税额。

②相关税费。在《小企业会计准则》中，相关税费统一是指小企业在交易过程中

按照有关规定应负担的各种税款、行政事业性收费以及手续费、佣金等。具体到《小企业会计准则》第十二条来讲，相关税费体现为小企业购买、自制或委托加工存货发生的进口关税、消费税、资源税和不能抵扣的增值税进项税额等应计入存货采购成本的税费。

③在外购存货过程中发生的其他直接费用。是指除上述各项以外的可归属于存货采购成本的费用，如在存货采购过程中发生的仓储费、包装费、运输途中的合理损耗、入库前的挑选整理费用等。这些费用能分清负担对象的，应直接计入存货的采购成本；不能分清负担对象的，应选择合理的分配方法，分别计入有关存货的采购成本，可按所购存货的数量或采购价格比例进行分配。

对于采购过程中发生的物资毁损、短缺等，除合理的途耗应当作为其他可归属于存货采购成本的费用计入采购成本外，应区别不同情况进行会计处理：

A. 从供货单位、外部运输机构等收回的物资短缺或其他赔款，应冲减所购物资的采购成本。

B. 因遭受自然灾害等发生的损失或尚待查明原因的途中损耗，暂作为待处理财产损溢进行核算，待查明原因后再作处理。在《小企业会计准则》中，自然灾害等是指干旱等气象灾害、地震等地质灾害、海啸等海洋灾害、森林草原火灾、重大生物灾害等自然灾害，以及物资自燃、运输工具着火、交通意外事故等。

【例6-1】2013年2月4日，智董公司购入原材料一批，增值税专用发票上记载的货款为500000元，增值税税额85000元，全部款项已用转账支票付讫，材料已验收入库。智董公司应编制如下会计分录：

借：原材料　500000

　　应交税费——应交增值税（进项税额）　85000

　贷：银行存款　585000

【例6-2】2013年3月10日，智董公司采用汇兑结算方式购入原材料一批，发票及账单已收到，增值税专用发票上记载的货款为20000元，增值税税额3400元。另支付保险费1000元，材料尚未到达。智董公司应编制如下会计分录：

借：在途物资　21000

　　应交税费——应交增值税（进项税额）　3400

　贷：银行存款　24400

上述购入的原材料已收到，并验收入库。智董公司应编制如下会计分录：

借：原材料　21000

贷：在途物资 21000

【例 6-3】2013 年 3 月 20 日，智董公司采用委托收款结算方式购入原材料一批，材料已验收入库，月末发票账单尚未收到也无法确定其实际成本，暂估价值为 30000 元。智董公司应编制如下会计分录：

借：原材料 30000

贷：应付账款——暂估应付账款 30000

4 月初作相反的会计分录予以冲回：

借：应付账款——暂估应付账款 30000

贷：原材料 30000

上述购入的原材料于 4 月 5 日收到发票账单，增值税专用发票上记载的货款为 31000 元，增值税税额 5270 元，对方代垫保险费 2000 元，已用银行存款付讫。智董公司应编制如下会计分录：

借：原材料 33000

应交税费——应交增值税（进项税额） 5270

贷：银行存款 38270

（2）小企业通过进一步加工取得存货的成本。

小企业通过进一步加工取得存货的成本包括：直接材料、直接人工以及按照一定方法分配的制造费用。

小企业通过进一步加工取得的存货主要包括产成品、在产品、半成品、委托加工物资等，其成本由采购成本和加工成本构成。某些存货还包括使存货达到目前场所和状态所发生的其他成本，如可直接认定的产品设计费用等。通过进一步加工取得的存货成本中采购成本是由所使用或消耗的原材料采购成本转移而来的，因此，确定加工取得的存货成本，重点是要确定存货的加工成本。

存货加工成本由直接人工和制造费用两部分构成，其实质是小企业在加工存货的过程中追加发生的生产成本，不包括直接由材料存货转移来的价值。其中，直接人工，是指小企业在生产产品过程中直接从事产品生产的工人的职工薪酬。直接人工和间接人工的划分依据通常是生产工人是否与所生产的产品直接相关（即可否直接确定其服务的产品对象）。制造费用，是指小企业生产车间（部门）为生产产品和提供劳务而发生的各项间接费用。制造费用是一种间接生产成本，包括小企业生产车间（部门）管理人员的职工薪酬、折旧费、机物料消耗、固定资产修理费、办公费、水电费、劳动保护费、季节性和修理期间的停工损失等。

需要说明的是，经过1年期以上的建造才能达到预定可销售状态的产品发生在制造完成之前发生的借款利息，也计入该产品发生的制造费用。借款费用，是指小企业因借款而发生的利息及其他相关成本。包括：借款利息、辅助费用以及因外币借款而发生的汇兑差额等。

【例6-4】2013年5月6日，智董公司委托某企业加工一批包装物，发出原材料一批，实际成本为70000元，以银行存款支付运杂费2000元，支付加工费用20000元。8月6日，收回委托加工的包装物，以银行存款支付运杂费2500元，包装物已验收入库。智董公司应编制如下会计分录：

（1）发出原材料：

借：委托加工物资 70000

　贷：原材料 70000

（2）支付运杂费：

借：委托加工物资 2000

　贷：银行存款 2000

（3）支付加工费：

借：委托加工物资 20000

　贷：银行存款 20000

（4）收回包装物：

借：委托加工物资 2500

　贷：银行存款 2500

借：周转材料 94500

　贷：委托加工物资 94500

（3）小企业投资者投入存货的成本。

小企业投资者投入存货的成本，应当按照评估价值确定。

根据《公司法》的规定，投资者既可以用货币出资，也可以用实物出资，并且应当评估作价，不得高估或者低估作价。其中，实物包括了可能构成接受投资方的存货和固定资产。因此，遵照《公司法》的规定，投资者投入的存货、固定资产或无形资产都应当按照评估价值确定其成本。如果涉及增值税进项税额和其他相关税费，还应按照税法规定进行相应会计处理。

在《小企业会计准则》中，凡涉及评估价值的，该评估价值应当符合国家有关资产评估的规定。

【例 6-5】2009 年 1 月 1 日，智董公司收到贵琛公司投入的原材料一批，收到的专用发票上注明的增值税进项税额为 72000 元，评估价值为 450000 元；智董公司股本总额为 3000000 元，贵琛公司占 10%。智董公司的账务处理如下：

借：原材料　450000

　　应交税费——应交增值税（进项税额）　72000

　贷：实收资本（或股本）——贵琛公司　300000

　　资本公积　222000

（4）小企业提供劳务的成本。

小企业提供劳务的成本包括：与劳务提供直接相关的人工费、材料费和应分摊的间接费用。

①劳务的范围。有些小企业的日常生产经营活动主要是对外提供劳务，如从事建筑安装、修理修配、交通运输、仓储租赁、邮电通信、咨询经纪、文化体育、科学研究、技术服务、教育培训、餐饮住宿、中介代理、卫生保健、社区服务、旅游、娱乐、加工以及其他劳务服务活动取得的收入。

小企业在提供这些劳务服务时与工业类小企业生产产品一样也会发生各种成本。在相关劳务收入没有完成之前，这些劳务成本类似于工业类小企业的在产品或产成品，也构成了这类小企业的存货。

②劳务成本的确定原则。提供劳务的成本由三部分构成：

A. 直接相关的人工费。

B. 直接相关的材料费。由于劳务通常是无形的，与生产实物产品有很大差别。因此，在确定构成劳务成本时尤其要强调直接相关性原则。只有与某项劳务提供直接相关的人工费和材料费才能计入劳务的成本，否则，应当计入当期管理费用。其中，人工费是指小企业在提供劳务过程中直接从事劳务提供的人员（含管理人员）的职工薪酬。

当然，如果同一拨人或同一批材料同时提供多项劳务，这些人工费和材料费同样符合《小企业会计准则》第十二条规定所强调的直接相关性原则的要求，但应当采用科学合理一致的方法在这几项劳务中进行分配。分配方法一经确定，不得随意变更。

C. 应分摊的间接费用。所谓提供劳务发生的间接费用，是指除直接相关的人工费和材料费以外的其他与该项劳务提供的有关费用。主要包括所使用固定资产的折旧费、修理费等。对于这些间接费用，也应当采用科学合理一致的方法在相关劳务中进行分配。分配方法一经确定，不得随意变更。

（5）小企业自行栽培、营造、繁殖或养殖的消耗性生物资产的成本。

自行栽培、营造、繁殖或养殖的消耗性生物资产通常是针对小企业（农、林、牧、渔业）而言的，主要包括生长中的大田作物、蔬菜、用材林以及存栏待售的牲畜等。

①成本确定原则。在确定这类存货的成本时应重点把握两个原则：一是直接相关性原则，表现为成本的构成内容；二是时间性原则，表现为成本发生的截止时点。

成本的构成内容。按照自行繁殖或营造（即培育）过程中发生的直接相关的支出确定，既包括直接材料、直接人工、其他直接费用等直接费用，也包括应分摊的间接费用。其中，直接人工，是指小企业（农、林、牧、渔业）在生产过程中直接从事农业生产的工人和管理人员的职工薪酬。

在确定这类存货的成本时，成本发生的截止时点是至关重要的。针对不同的存货生长的特点，主要包括这些时点：在收获前、在郁闭前、在出售前、在入库前。也就是说，在这些时点之前发生的支出可以计入存货的成本，否则应计入当期管理费用。

②自行栽培的大田作物和蔬菜成本的确定。自行栽培的大田作物和蔬菜的成本包括：在收获前耗用的种子、肥料、农药等材料费、人工费和应分摊的间接费用。其中，直接人工，是指小企业（农、林、牧、渔业）在生产过程中直接从事农业生产的工人和管理人员的职工薪酬。应分摊的间接费用主要包括应负担的农业机械的折旧费、修理费，灌溉发生的水电费等。

③自行营造的林木类消耗性生物资产成本的确定。自行营造的林木类消耗性生物资产的成本包括：郁闭前发生的造林费、抚育费、营林设施费、良种试验费、调查设计费和应分摊的间接费用。其中，应分摊的间接费用主要包括应负担的林业机械的折旧费、修理费，灌溉发生的水电费，工人和管理人员的职工薪酬等。

郁闭是林木类消耗性生物资产成本确定中的一个重要界限。郁闭为林学概念，通常是指一块林地上的林木的树干、树冠生长达到一定标准，林木成活率和保持率达到一定的技术规程要求。郁闭通常指林木类消耗性资产的郁闭度达0.20以上（含0.20）。郁闭度是指森林中乔木树冠遮蔽地面的程度，它是反映林分密度的指标，以林地树冠垂直投影面积与林地面积之比表示，以十分数表示，完全覆盖地面为1。根据联合国粮农组织规定，郁闭度达0.20以上（含0.20）的为郁闭林[其中一般以0.20～0.70（不含0.70）为中度郁闭；0.70以上（含0.70）为密郁闭；0.20以下（不含0.20）的为疏林（即未郁闭林）]。

不同林种、不同林分等对郁闭度指标的要求有所不同，例如，生产纤维原料的工业原材料林一般要求郁闭度相对较高；而以培育珍贵大径材为主要目标的林木要求郁闭度相对较低。企业应当结合历史经验数据和自身实际情况，确定林木类消耗性生物资产的郁闭度及是否达到郁闭。各类林木类消耗性生物资产的郁闭度一经确定，不得随意变更。

郁闭是判断消耗性生物资产相关支出（包括借款费用）资本化或者是费用化的时点。郁闭之前的林木类消耗性生物资产处在培植阶段，需要发生较多的造林费、抚育费、营林设施费、良种试验费、调查设计费等相关支出，这些支出应予以资本化计入存货成本；郁闭之后的林木类消耗性生物资产进入稳定的生长期，基本上可以比较稳定地成活，主要依靠林木本身的自然生长，一般只需要发生较少的管护费用，从重要性和谨慎性考虑应当计入当期管理费用。

④自行繁殖的育肥畜成本的确定。自行繁殖的育肥畜的成本包括：出售前发生的饲料费、人工费和应分摊的间接费用。其中，人工费是指小企业（农、林、牧、渔业）在养殖过程中直接从事养殖的工人和管理人员的职工薪酬。应分摊的间接费用主要包括应负担的固定资产（如猪圈、鸡舍、羊圈、牛棚、马厩等）的折旧费、修理费、水电费、卫生防疫费等。

⑤水产养殖的动物和植物成本的确定。水产养殖的动物和植物的成本包括：在出售或入库前耗用的苗种、饲料、肥料等材料费、人工费和应分摊的间接费用。其中，人工费是指小企业（农、林、牧、渔业）在养殖过程中直接从事养殖的工人和管理人员的职工薪酬。应分摊的间接费用主要包括应负担的固定资产（如网箱等）的折旧费、修理费、水电费、捕捞费等。

（6）小企业盘盈存货的成本。

小企业在日常生产经营活动中，可能由于计量、管理等原因增加存货，主要表现为实务数量的增加，其特点是存货的实存数大于账存数，这种情况通常是在财产清查的过程中出现的。这类存货也属于小企业的资产，应当加强管理并按照《小企业会计准则》的规定进行核算。对其要进行核算，首要的问题是解决计量问题，即以何种金额入账。《小企业会计准则》对这类存货成本的确定进行了规范。

①成本确定的原则。盘盈存货的成本，应当按照同类或类似存货的市场价格或评估价格确定。

②市场价格的确定原则。市场是商品等价交换的场所，商品在市场上通过交易价格发现自身的价值，因此市场价格具有客观性和公平性。市场价格可以理解为熟悉情况的买卖双方在公平交易的条件下所确定的价格，或无关联的双方在公平交易的条

件下一项资产可以达成的交易价格。在实务中，市场价格有多种表现形式，如股票的开盘价和收盘价、钢材在甲地和乙地的销售价格、电视机的购买价格和销售价格、含增值税的市场价格和不含增值税的市场价格等。为了便于客观、公正、统一地确定这类存货的成本，《小企业会计准则》规定市场价格通常指存货在接受投资方（即小企业）所在地的、不含增值税的购买价格。在这一前提下，小企业通常应当按照下列三个层次的顺序确定盘盈存货的成本：

第一层次：该项存货的市场价格；

第二层次：该类存货的市场价格；

第三层次：类似存货的市场价格。

即小企业接受投资者投入的存货，采用市场价格确定其成本时，首先应当选择该项存货的市场价格；如果该项存货不存在市场价格，其次应当选择该类存货的市场价格；如果该类存货也不存在市场价格，最后应当选择类似存货的市场价格。

③评估价值的使用。如果盘盈的存货不存在市场价格，无法按照上述市场价格的确定原则确定其金额，在这种情况下，应当采用评估价值确定。

需要强调的是，《小企业会计准则》中涉及使用同类或类似资产的市场价格或评估价值时，都遵循与《小企业会计准则》第十二条相一致的原则，即市场价格优先，如果无法取得市场价格再退其次使用评估价值。但是，如果国家的法律、法规和部门规章对此作了专门规定的，从其规定。

小知识

在存货成本的具体构成内容上，《小企业会计准则》仅是针对各类存货普遍发生的支出进行了列举，但不是穷尽，小企业在执行中应当根据这类存货成本的确定原则进行具体把握，但应做到在构成内容的口径上对同一类存货在不同期间应当保持一致，不得随意变更。

下列费用不应计入存货成本，而应在其发生时计入当期损益：

（1）非正常消耗的直接材料、直接人工和制造费用，应在发生时计入当期损益，不应计入存货成本。如由于自然灾害等而发生的直接材料、直接人工和制造费用，由于这些费用的发生无助于使该存货达到目前场所和状态，不应计入存货成本，而应确认为当期损益。

（2）仓储费用，指小企业在存货采购入库后发生的储存费用，应在发生时计入当期损益。

（3）小企业（批发业、零售业）在购买商品过程中发生的运输费、装卸费、包装费、保险费、运输途中的合理损耗和入库前的挑选整理费等，在发生时直接计入当期销售费用，不计入所购商品的成本。

对材料、产成品和商品在日常核算中既可以采用实际成本法进行核算，也可以采用计划成本法（或标准成本法、售价法等）进行核算，但是，在编制月报或年报时（也就是说对外报告时）应当调整为实际成本。

2. 小企业存货的后续计量（发出存货实际成本的确定）

小企业购入材料是为了生产产品、购入商品是为了销售，但是从使用材料生产完成产品、从购买商品到最终销售商品都会涉及存货在小企业内部转化形态、转移位置，这些日常生产经营活动从会计核算角度来看，都表现为发出存货。发出存货通常指小企业购入材料、商品到最终生产完成向外销售止这段期间内发生的价值转移和变化。

（1）小企业发出存货实际成本的方法。

小企业应当采用先进先出法、加权平均法（移动加权平均法、月末一次加权平均法）或者个别计价法确定发出存货的实际成本。

由于《小企业会计准则》不要求小企业计提存货跌价准备，因此，对于已售存货，应当直接结转相应的成本，不存在存货跌价准备的结转问题。

与《小企业会计制度》相比，《小企业会计准则》取消了后进先出法。理由是：后进先出法主要是基于一个通货膨胀的市场环境下，物价迅速上涨，为了使存货结转成本更接近现行成本从而达到与现行收入相配比而采取的一种稳健的成本结转方法，以减少虚增利润，从而在一定程度上消除物价变动的影响。但是，这种方法往往并不符合企业存货的实物流转情况。随着企业的连续经营，存货不断流转，以前购进的存货成本可能要等到若干年之后才能得以结转，而若干年之后，这些存货的价值很可能已经面目全非了，这实际上并不利于对存货的管理。因此，我国无论是会计上还是税法上，均取消了后进先出法。

各种方法的具体内容如下：

①先进先出法。是指以先购入的存货应先发出（销售或耗用）这样一种存货实物流动假设为前提，对发出存货进行计价的一种方法。采用这种方法，先购入的存货成本在后购入存货成本之前转出，据此确定发出存货和期末存货的成本。具体方法是：收入存货时，逐笔登记收入存货的数量、单价和金额；发出存货时，按照“先进先出”的原则逐笔登记存货的发出成本和结存金额。先进先出法可以随时结转存货发出

成本，但较烦琐；如果存货收发业务较多且存货单价不稳定时，其工作量较大。

②移动加权平均法。是指以每次进货的成本加上原有库存存货的成本，除以每次进货数量与原有库存存货的数量之和，据以计算加权平均单位成本，作为在下次进货前计算各次发出存货成本的依据。计算公式如下：

$$\text{存货单位成本}=\frac{\text{原有库存存货的实际成本}+\text{本次进货的实际成本}}{\text{原有库存存货数量}+\text{本次进货数量}}$$

本次发出存货的成本＝本次发出存货数量×本次发货前存货的单位成本

本月月末库存存货成本＝月末库存存货的数量×本月月末存货单位成本

采用移动加权平均法能够使小企业及时了解存货的结存情况，计算的平均单位成本以及发出和结存的存货成本比较客观。但由于每次收货都要计算一次平均单价，计算工作量较大，对收发货较频繁的小企业不适用。

③月末一次加权平均法。是指以当月全部进货数量加上月初存货数量作为权数，去除当月全部进货成本加上月初存货成本，计算出存货的加权平均单位成本，以此为基础计算当月发出存货的成本和期末存货的成本的一种方法。计算公式如下：

$$\text{存货单位成本}=\frac{\text{月初库存存货}+\sum\text{本（本月各批进货的实际单位成本}\times\text{本月各批进货的数量）}}{\text{月初库存存货的数量}+\text{本月各批进货数量之和}}$$

本月发出存货的成本＝本月发出存货的数量×存货单位成本

本月月末库存存货成本＝月末库存存货的数量×存货单位成本

或

本月月末库存存货成本＝月初库存存货的实际成本＋本月收入存货的实际成本－本月发出存货的实际成本

采用月末一次加权平均法只在月末一次计算加权平均单价，比较简单，有利于简化成本计算工作，但由于平时无法从账上提供发出和结存存货的单价及金额，因此不利于存货成本的日常管理与控制。

④个别计价法。亦称个别认定法、具体辨认法、分批实际法，其特征是注重所发出存货具体项目的实物流转与成本流转之间的联系，逐一辨认各批发出存货和期末存货所属的购进批别或生产批别，分别按其购入或生产时所确定的单位成本计算各批发出存货和期末存货的成本。即把每一种存货的实际成本作为计算发出存货成本和期末存货成本的基础。对于不能替代使用的存货、为特定项目专门购入或制造的存货以及提供的劳务，通常采用个别计价法确定发出存货的成本。在实际工作中，越来越多的小企业采用计算机信息系统进行会计处理，个别计价法可以广泛应用于发出存货的计价，并且个别计价法确定的存货成本最为准确。

【例 6-6】贵琛公司采用先进先出法确定发出甲材料的实际成本，2013 年 5 月份原材料的收入、发出及购进单位成本如表 6-15 所示。

表 6-15 甲材料明细账

金额单位：元

日期		摘要	收入			发出			结存		
月	日		数量	单位	金额	数量	单位	金额	数量	单价	金额
5	1	期初余额							150	100	15000
	5	购入	100	120	12000				250		
	11	发出				200			50		
	16	购入	200	140	28000				250		
	20	发出				100			150		
	23	购入	100	150	15000				250		
	27	发出				100			150		
	31	本期合计	400		55000	400			150		

贵琛公司发出甲材料成本 =150×100+50×120+50×120+50×140+100×140 =48000（元）

贵琛公司期末甲材料成本 =50×140+100×150=22000（元）

贵琛公司甲材料本期收入、发出和结存情况如表 6-16 所示。

表 6-16 甲材料明细账（先进先出法）

金额单位：元

日期		摘要	收入			发出			结存		
月	日		数量	单位	金额	数量	单位	金额	数量	单价	金额
5	1	期初余额							150	100	15000
	5	购入	100	120	12000				150 100	100 120	15000 12000
	11	发出				150 50	100 120	15000 6000	50	120	6000
	16	购入	200	140	28000				50 200	120 140	6000 28000
	20	发出				50 50	120 140	6000 7000	150	140	21000
	23	购入	100	150	15000				150 100	140 150	21000 15000

续表

日期		摘要	收入			发出			结存		
月	日		数量	单位	金额	数量	单位	金额	数量	单价	金额
	27	发出				100	140	14000	50 100	140 150	7000 15000
	31	本期合计	400	–	55000	400	–	48000	50 100	140 150	7000 15000

假设贵琛公司采用加权平均法，则5月份甲材料的平均单位成本为：

5月份甲材料的平均单位成本=（150×100+100×120+200×140+100×150）÷（150+100+200+100）≈127.27（元）

5月份甲材料的发出成本与期末结存成本分别为：

5月份甲材料的发出成本=400×127.27=50908（元）

5月份甲材料的期末结存成本=70000−50908=19092（元）

假设经过具体辨认，本期发出材料的单位成本如下：5月11日发出的200件材料中，100件系期初结存材料，单位成本为100元，100件为5日购入材料，单位成本为120元；5月20日发出的100件材料系16日购入，单位成本为140元；5月27日发出的100件材料中，50件为期初结存，单位成本为100元，50件为23日购入，单位成本为150元。则按照个别认定法，贵琛公司5月份甲材料收入、发出与结存情况如表6-17所示。

表6-17 甲材料明细账（个别认定法）

金额单位：元

日期		摘要	收入			发出			结存		
月	日		数量	单位	金额	数量	单位	金额	数量	单价	金额
5	1	期初余额							150	100	15000
	5	购入	100	120	12000				150 100	100 120	15000 12000
	11	发出				100 100	100 120	10000 12000	50	100	5000
	16	购入	200	140	28000				50 200	100 140	5000 28000
	20	发出				100	140	14000	50 100	100 140	5000 14000
	23	购入	100	150	15000				50 100 100	100 140 150	5000 14000 15000

续表

日期		摘要	收入			发出			结存		
月	日		数量	单位	金额	数量	单位	金额	数量	单价	金额
	27	发出				50 50	100 150	5000 7500	100 50	140 150	14000 7500
	31	本期合计	400	-	55000	400	-	48500	100 50	140 150	14000 7500

从表 6-17 中可知，贵琛公司本期发出材料成本及期末结存存货成本如下：

本期发出材料成本 =100×100+100×120+100×140+50×100+50×150=48500（元）

期末结存材料成本 =150×100+100×120+200×140+100×150-48500=21500（元）

（2）选择发出存货成本的方法应遵循的基本原则。

小企业应当根据各类存货的实物流转方式、企业管理的要求、存货的性质等实际情况，合理地选择发出存货成本的计算方法，以合理确定当期发出存货的实际成本。

（3）选择发出存货成本的方法应遵循的具体原则。

①对于性质和用途相似的存货，应当采用相同的成本计算方法确定发出存货的成本。本原则实质上是对成本计算方法适用对象一致性的要求。这一具体原则包含了两方面的意思：

A. 对于性质和用途相似的存货，小企业用于确定其发出存货成本的方法应当相同，不得采用不同的方法。

例如，某小企业有 A 和 B 两种材料（即性质相同或相似），都是用于生产甲产品（即用途相同或相似），如果对 A 材料采用先进先出法计算和结转成本，对 B 材料也应当采用先进先出法，反之，亦然。

B. 如果存货的性质或用途发生了变化，原来采用的成本计价方法出现了不符合基本原则要求的情形，允许小企业对该存货改变成本计价方法。

②计价方法一经选用，不得随意变更。本原则实质上是对成本计算方法同一会计年度各月一致性和前后各年一致性的要求。《小企业会计准则》规定的这四种成本计价方法，小企业根据实际情况都可以选择使用，既可以使用其中的一种方法，也可以四种方法全部使用，但是，无论采用其中一种方法还是四种方法，这些计价方法对性质和用途相似的存货来讲，一经选用，不得随意变更。

例如，某小企业 2013 年 1 月首次购入 C 材料时，根据其性质和用途，在四种方法中决定采用先进先出法作为成本计价方法，则根据《小企业会计准则》的要求，从2013年1月起，该小企业应当一直采用先进先出法计算和确定C材料的成本，不得随意改为其他方法。

③对于不能替代使用的存货、为特定项目专门购入或制造的存货以及提供的劳务，采用个别计价法确定发出存货的成本。本原则实际上是对个别计价法适用性的要求。也就是说，个别计价法通常适用于以下四种存货，以合理确定相关存货的成本：

A. 不能替代使用的存货。实际上反映了存货的专用性。

例如，某小企业购入的D材料只能用于生产乙产品，不能用于生产其他产品，在这种情况下，对于D材料通常应当采用个别计价法，以合理确定D材料和乙产品的成本。

B. 为特定项目专门购入的存货，以合理确定所购入存货的成本和该特定项目的成本。

C. 为特定项目制造的存货，以合理确定该特定项目所制造的存货的成本。

D. 提供的劳务，以合理确定所提供劳务发生的成本。

④对于周转材料，采用一次转销法进行会计处理，在领用时按其成本计入生产成本或当期损益；金额较大的周转材料，也可以采用分次摊销法进行会计处理。出租或出借周转材料，不需要结转其成本，但应当进行备查登记。本原则实质上是对周转材料这类特殊存货确定计价方法的要求。《小企业会计准则》考虑到周转材料是一类介于存货和固定资产之间的特殊存货，因此作了专门规定，具体包括以下三种情况：

A. 基本原则。对于周转材料，采用一次转销法进行会计处理，在领用时按其成本计入生产成本或当期损益。即小企业通常都应当采用一次转销法核算周转材料，也就是说，在领用时一次性将成本按照其受益对象计入生产成本或当期损益，如管理费用、销售费用等。

B. 例外原则。对于金额较大的周转材料，也可以采用分次摊销法进行会计处理。即对金额较大的周转材料，《小企业会计准则》允许小企业可以根据其可使用的次数按照受益对象平均计入生产成本或当期损益，而不是在领用时一次性结转成本。至于“金额较大”的标准，由小企业根据实际情况自行确定，但是一经确定，在同一会计年度的各月和前后各年度不得随意变更。

例如，某小企业支付1000元购入某管理用具，该管理用具不符合固定资产的确认条件。因此，将该管理用具作为存货按照周转材料的规定进行核算，并根据企业的实际情况，估计该管理用具可使用10次。在这种情况下，小企业每使用一次该管理用具，就应当结转100元的成本。

C. 特殊原则。出租或出借周转材料，不需要结转其成本，但应当进行备查登记。小企业出于提高资产使用效率的目的，偶尔会将暂时不用的周转材料用于出租或出借。《小企业会计准则》考虑到周转材料是小企业的一种存货，其成本应当在领用时一次进行结转，出租或出借周转材料是小企业的一种偶发行为，因此不要求对出租或出借的周转材料结转其成本，这种处理原则一是符合存货核算的要求，二是简化核算。也正是基于这种考虑，《小企业会计准则》规定小企业出租周转材料取得的租金作为营业外收入而不是其他业务收入进行核算。但是，从加强实物管理的角度，小企业对出租或出借的周转材料，应当建立备查簿，进行备查登记。

⑤对于已售存货，应当将其成本结转为营业成本。本原则实质上体现了配比原则的要求。也就是说，小企业对外销售产成品、商品、材料或对外提供劳务时，如果已经根据《小企业会计准则》第五章收入的规定确认了营业收入（即主营业务收入或其他业务收入），应当同时将与其相关的存货成本进行结转，确认为营业成本（即主营业务成本或其他业务成本）；如果没有确认营业收入，则不应当结转相关的成本，继续保留在存货中。

小知识

用计划成本法或售价金额核算法核算存货

《小企业会计准则》第十三条是针对存货实际成本的规定。在实务中，《小企业会计准则》也允许小企业为简化核算，采用计划成本法核算存货，这类存货主要包括小企业（工业）的原材料、库存商品和周转材料等；或采用售价金额核算法核算存货，这类存货主要包括小企业（零售业）的库存商品。

1. 计划成本法

以下以原材料的核算为例进行说明，库存商品和周转材料类似。

小企业采用计划成本进行原材料日常核算时，日常领用、发出原材料均按照计划成本记账；月末，计算本月领用、发出材料应负担的成本差异并进行分摊，根据领用材料的用途计入生产成本或者当期损益，从而将发出材料的计划成本调整为实际成本。

结转发出材料应负担的材料成本差异，按实际成本大于计划成本的差异，借记“生产成本”“管理费用”“销售费用”“委托加工物资”“其他业务成本”等科目，贷记“材料成本差异”科目；实际成本小于计划成本的差异作相反的会计分录。

发出材料应负担的成本差异应当按月分摊，不得在季末或年末一次计算。发出材料应负担的成本差异，除委托外部加工发出材料可按照月初成本差异率计算外，应使用本月的实际差异率；月初成本差异率与本月成本差异率相差不大的，也可按照月初成本差异率计算。计算方法一经确定，不得随意变更。

材料成本差异率的计算公式如下：

$$本月材料成本差异率=\frac{月初结存材料的成本差异+本月验收入库材料的成本差异}{月初结存材料的计划成本+本月验收入库材料的计划成本}\times 100\%$$

$$月初材料成本差异率=\frac{月初结存材料的成本差异}{月初结存材料的计划成本}$$

发出材料应负担的成本差异＝发出材料的计划成本 × 材料成本差异率

2. 售价金额核算法

小企业的库存商品还可以采用售价金额核算法进行日常核算。

售价金额核算法，是指平时商品的购入、加工收回、销售均按售价记账，售价与进价的差额通过“商品进销差价”科目核算，月末计算进销差价率和本期已销售商品应分摊的进销差价，并据以调整本月销售成本的一种方法。结算公式如下：

$$商品进销差价率=\frac{月末分摊前“商品进销差价”科目的贷方余额}{“库存商品”科目月末借方余额+本月“主营业务收入”科目贷方发生额}\times 100\%$$

本月销售商品应分摊的商品进销差价＝本月“主营业务收入”科目贷方发生额 × 商品进销差价率

本月销售商品的成本＝本月“主营业务收入”科目贷方发生额－本月销售商品应分摊的商品进销差价

月末结存商品应分摊的商品进销差价＝“库存商品”科目月末借方发生额 × 商品进销差价率

月末结存商品的成本＝“库存商品”科目月末借方余额－月末结存商品应分摊的商品进销差价

小企业的商品进销差价率各月之间比较均衡的，也可以采用上月商品进销差价率分摊本月的商品进销差价。年度终了，应对商品进销差价进行核实调整。

对于从事商业零售业务的小企业（如百货公司、超市等），由于经营的商品种类、品种、规格等繁多，而且要求按商品零售价格标价，采用其他成本计算结转方法均较困难，因此广泛采用这一方法。

月末分摊已销商品的进销差价，借记“商品进销差价”科目，贷记“主营业务成本”科目。

3. 小企业存货的期末计量

（1）小企业已售存货结转成本。

对于已售存货，小企业应当将其成本结转为营业成本。

小企业在日常核算中采用计划成本法或售价金额核算法核算的存货成本，实质上也是存货的实际成本。例如，采用计划成本法，通过“材料成本差异”或“产品成本差异”科目将材料或产成品的计划成本调整为实际成本；采用售价金额核算法，通过“商品进销差价”科目将商品的售价调整为实际成本（进价）。

（2）小企业存货毁损、盘点的处理。

存货清查是指通过对存货的实地盘点，确定存货的实有数量，并与账面结存数核对，从而确定存货实存数与账面结存数是否相符的一种专门方法。由于存货种类繁多、收发频繁，在日常收发过程中可能发生计量误差、计算错误、自然损耗，还可能发生损坏变质以及贪污、盗窃等情况，造成账实不符，形成存货的盘盈盘亏。对于存货的盘盈盘亏，应填写存货盘点报告（如实存账存对比表），及时查明原因，按照规定程序报批处理。存货清查是小企业财产清查和实物管理的重要组成内容，同时也是会计处理和税务处理关注的内容。

为了简化核算，便于小企业实务操作，减轻纳税调整负担，《小企业会计准则》有关存货清查的会计处理与《企业所得税法实施条例》基本一致。

①小企业存货毁损的处理。小企业发生的存货毁损，应当将处置收入扣除账面价值和相关税费后的金额计入当期损益。

在《小企业会计准则》中，存货毁损是一个很宽泛的概念，是指由于各种原因造成的存货实存数小于账存数的所有情形，主要包括财产清查过程中发生的存货盘亏，自然灾害等以及人为原因造成的存货毁坏，技术标准、质量要求、人为操作等原因造成的存货报废以及企业被盗造成的存货灭失等。

存货发生毁损后，小企业应当及时进行会计处理，并按照《小企业会计准则》的规定确定给企业造成的损失。存货毁损损失是一个净损失的概念，基于此，《小企业会计准则》将其计入营业外支出。

在确定存货毁损损失时，应当综合考虑以下因素：

A. 该存货的成本，即账面余额。

B. 相关税费，如不得从增值税销项税额中抵扣的进项税额。

C. 处置收入。如所毁坏或报废存货的残料收入。

D. 责任人的赔偿。

E. 保险公司的保险赔款。

需要说明的是，如果综合考虑以上因素，存货毁损损失最终确定为净收益而不是净损失，则计入营业外收入，而不是冲减营业外支出。

小企业所采购的物资在运输途中因自然灾害等发生的损失或尚待查明的损耗，也作为存货毁损按照《小企业会计准则》的规定进行会计处理。

【例6-7】2013年4月2日，智董公司因台风造成一批库存材料毁损，实际成本30000元，根据保险责任范围及保险合同规定，应由保险公司赔偿20000元，残料已办理入库手续，价值2000元。智董公司应编制如下会计分录：

（1）批准处理前：

借：待处理财产损益——待处理流动资产损益　30000

　贷：原材料　30000

（2）批准处理后：

借：其他应收款　20000

　　原材料　2000

　　营业外支出　8000

　贷：待处理财产损益——待处理流动资产损益　30000

（3）小企业存货盘亏的处理：

存货盘亏造成的损失，应当计入当期损益。

小知识

小企业存货损失的所得税税前扣除

小企业发生的存货损失，应按规定的程序和要求向主管税务机关申报后方能在税前扣除，未经申报的损失，不得在税前扣除。

国家税务总局第25号公告第二十六条规定：“存货盘亏损失，为其盘亏金额扣除责任人赔偿后的余额，应依据以下证据材料确认：1. 存货计税成本确定依据；2. 企业内部有关责任认定、责任人赔偿说明和内部核批文件；3. 存货盘点表；4. 存货保管人对于盘亏的情况说明。”第二十七条规定：“存货报废、毁损或变质损失，为其计税成本扣除残值及责任人赔偿后的余额，应依据以下证据材料确认：1. 存货计税成本的确定依据；2. 企业内部关于存货报废、毁损、变质、残值情况说明及核销资料；3. 涉及责任人赔偿的，应当有赔偿情况说明；4. 该项损失数额较大的应有专业技术鉴定意见或法定资质中介机构出具的专项报告等。”第二十八条规定：“存货被盗损失，为其计税成本扣除保险理赔及责任人赔偿后的余额，应依据以下证据材料确认：1. 存货计税成本的确定依据；2. 向公安机关的报案记录；3. 涉及责任人和保险公司赔偿的，应有赔偿情况说明等。”

②小企业存货盘盈的处理。

盘盈存货即存货的实存数大于账存数，增加了小企业的经济利益，但又不是生产经营活动所直接产生的，基于此，《小企业会计准则》将其计入营业外收入，而不是冲减管理费用或主营业务成本。这一规定，有利于减轻小企业纳税调整的负担。

【例 6-8】2013 年 12 月 20 日，智董公司在财产清查中盘盈材料 1000 公斤，按同类材料市场价格计算确定的价值为 60000 元。智董公司应编制如下会计分录：

（1）批准处理前：

借：原材料　60000

　贷：待处理财产损溢——待处理流动资产损溢　60000

（2）批准处理后：

借：待处理财产损溢——待处理流动资产损溢　60000

　贷：营业外收入　60000

记账小知识

材料采购

材料采购见表6-18：

表6-18 材料采购

编号	会计科目名称	科目核算内容	特殊规定	明细科目设置	主要账务处理	科目余额反映内容
1401	材料采购	“材料采购”科目核算小企业采用计划成本进行材料日常核算、购入材料的采购成本。	采用实际成本进行材料日常核算的，购入材料的采购成本，在“在途物资”科目核算。 委托外单位加工材料、商品的加工成本，在“委托加工物资”科目核算。	“材料采购”科目应按照供应单位和材料品种进行明细核算。	（一）小企业外购材料，应当按照发票账单所列购买价款、运输费、装卸费、保险费以及在外购材料过程发生的其他直接费用，借记“材料采购”科目，按照税法规定可抵扣的增值税进项税额，借记“应交税费——应交增值税（进项税额）”科目，按照购买价款、相关税费、运输费、装卸费、保险费以及在外购材料过程发生的其他直接费用，贷记“库存现金”“银行存款”“其他货币资金”“预付账款”“应付账款”等科目。 材料已经收到、但尚未办理结算手续的，可暂不作会计分录；待办理结算手续后，再根据所付金额或发票账单的应付金额，借记“材料采购”科目，贷记“银行存款”等科目。 应向供应单位、运输机构等收回的材料短缺或其他应冲减材料采购成本的赔偿款项，应根据有关的索赔凭证，借记“应付账款”或“其他应收款”科目，贷记“材料采购”科目。因自然灾害等发生的损失和尚待查明原因的途中损耗，先记入“待处理财产损溢”科目，查明原因后再作处理。 （二）月末，应将仓库转来的外购收料凭证，分别下列不同情况进行处理： 1. 对于收到发票账单的收料凭证（包括本月付款或开出、承兑商业汇票的上月收料凭证），应按照实际成本和计划成本分别汇总，并按照计划成本，借记“原材料”“周转材料”等科目，贷记“材料采购”科目；将实际成本大于计划成本的差异，借记“材料成本差异”科目，贷记“材料采购”科目；实际成本小于计划成本的差异作相反的会计分录。 2. 对于尚未收到发票账单的收料凭证，应按照计划成本暂估入账，借记“原材料”“周转材料”等科目，贷记“应付账款——暂估应付账款”科目，下月初用红字作同样的会计分录予以冲回，以便下月收到发票账单等结算凭证时，按照正常程序进行账务处理。	“材料采购”科目期末借方余额，反映小企业已经收到发票账单、但材料尚未到达或尚未验收入库的在途材料的采购成本。

在途物资

在途物资见表6-19：

表6-19 在途物资

编号	会计科目名称	科目核算内容	特殊规定	明细科目设置	主要账务处理	科目余额反映内容
1402	在途物资	“在途物资”科目核算小企业采用实际成本进行材料、商品等物资的日常核算、尚未到达或尚未验收入库的各种物资的实际采购成本。	小企业（批发业、零售业）在购买商品过程中发生的费用（包括：运输费、装卸费、包装费、保险费、运输途中的合理损耗和入库前的挑选整理费等），在“销售费用”科目核算，不在“在途物资”科目核算。	“在途物资”科目应按照供应单位和物资品种进行明细核算。	（一）小企业外购材料、商品等物资，应当按照发票账单所列购买价款、运输费、装卸费、保险费以及在外购材料过程发生的其他直接费用，借记“在途物资”科目，按照税法规定可抵扣的增值税进项税额，借记“应交税费——应交增值税（进项税额）”科目，按照购买价款、相关税费、运输费、装卸费、保险费以及在外购物资过程发生的其他直接费用，贷记“库存现金”“银行存款”“其他货币资金”“预付账款”“应付账款”等科目。 材料已经收到、但尚未办理结算手续的，可暂不作会计分录；待办理结算手续后，再根据所付金额或发票账单的应付金额，借记“在途物资”科目，贷记“银行存款”等科目。 应向供应单位、外部运输机构等收回的材料或商品短缺或其他应冲减材料或商品采购成本的赔偿款项，应根据有关的索赔凭证，借记“应付账款”或“其他应收款”科目，贷记“在途物资”科目。因自然灾害等发生的损失和尚待查明原因的途中损耗，先记入“待处理财产损溢”科目，查明原因后再作处理。 （二）月末，应将仓库转来的外购材料或商品收料凭证，按照材料或商品并分别下列不同情况进行汇总： 1. 对于收到发票账单的收料凭证（包括本月付款或开出、承兑商业汇票的上月收料凭证），应当按照汇总金额，借记“原材料”“周转材料”“库存商品”等科目，贷记“在途物资”科目。 2. 对于尚未收到发票账单的收料凭证，应分别材料或商品，并按照估计金额暂估入账，借记“原材料”“周转材料”“库存商品”等科目，贷记“应付账款——暂估应付账款”科目，下月初用红字作同样的会计分录予以冲回，以便下月收到发票账单等结算凭证时，按照正常程序进行账务处理。	“在途物资”科目期末借方余额，反映小企业已经收到发票账单、但材料或商品尚未到达或尚未验收入库的在途材料、商品等物资的采购成本。

原材料

原材料见表6-20：

表6-20 原材料表

编号	会计科目名称	科目核算内容	特殊规定	明细科目设置	主要账务处理	科目余额反映内容
1403	原材料	“原材料”科目核算小企业库存的各种材料。包括：原料及主要材料、辅助材料、外购半成品（外购件）、修理用备件（备品备件）、包装材料、燃料等的实际成本或计划成本。	购入的工程用材料，在“工程物资”科目核算，不在“原材料”科目核算。	“原材料”科目应按照材料的保管地点（仓库）、材料的类别、品种和规格等进行明细核算。	（一）小企业购入并已验收入库的材料，按照实际成本，借记“原材料”科目，贷记“在途物资”“应付账款”等科目。涉及按照税法规定可抵扣的增值税进项税额的，还应当借记“应交税费——应交增值税（进项税额）”科目。 购入的材料已经到达并已验收入库，但在月末尚未办理结算手续的，可按照暂估价值入账，借记“原材料”科目、“周转材料”等科目，贷记“应付账款——暂估应付账款”科目；下月初用红字作同样的会计分录予以冲回，以便下月收到发票账单等结算凭证时，按照正常程序进行账务处理。 （二）自制并已验收入库的材料，按照实际成本，借记“原材料”科目，贷记“生产成本”科目。 （三）取得投资者投入的原材料，应当按照评估价值，借记“原材料”科目，贷记“实收资本”“资本公积”科目。涉及增值税进项税额的，还应进行相应的账务处理。 （四）生产经营领用材料，按照实际成本，借记“生产成本”“制造费用”“销售费用”“管理费用”等科目，贷记“原材料”科目。 出售材料结转成本，按照实际成本，借记“其他业务成本”科目，贷记“原材料”科目。 发给外单位加工的材料，按照实际成本，借记“委托加工物资”科目，贷记“原材料”科目。外单位加工完成并已验收入库的材料，按照加工收回材料的实际成本，借记“原材料”科目，贷记“委托加工物资”科目。 （五）清查盘点，发现盘盈、盘亏、毁损的原材料，按照实际成本（或估计价值），借记或贷记“原材料”科目，贷记或借记“待处理财产损溢——待处理流动资产损溢”科目。 （六）采用计划成本进行材料日常核算的小企业，日常领用、发出原材料均按照计划成本记账。 月末，按照发出各种原材料的计划成本计算应负担的成本差异，借记“生产成本”“制造费用”“销售费用”“管理费用”“委托加工物资”“其他业务成本”等科目，贷记“材料成本差异”科目；实际成本小于计划成本的差异作相反的会计分录。	“原材料”科目期末借方余额，反映小企业库存材料的实际成本或计划成本。

材料成本差异

材料成本差异见表6-21：

表6-21　材料成本差异表

编号	会计科目名称	科目核算内容	明细科目设置	主要账务处理	科目余额反映内容
1404	材料成本差异	“材料成本差异”科目核算小企业采用计划成本进行日常核算的材料计划成本与实际成本的差额。	小企业也可以在“原材料”“周转材料”等科目设置“成本差异”明细科目。 “材料成本差异”科目可以分别“原材料”“周转材料”等，按照类别或品种进行明细核算。	（一）小企业验收入库材料发生的材料成本差异，实际成本大于计划成本的差异，借记“材料成本差异”科目，贷记“材料采购”科目；实际成本小于计划成本的差异作相反的会计分录。 入库材料的计划成本应当尽可能接近实际成本。除特殊情况外，计划成本在年度内不得随意变更。 （二）结转发出材料应负担的材料成本差异，按照实际成本大于计划成本的差异，借记“生产成本”“管理费用”“销售费用”“委托加工物资”“其他业务成本”等科目，贷记“材料成本差异”科目；实际成本小于计划成本的差异作相反的会计分录。 发出材料应负担的成本差异应当按月分摊，不得在季末或年末一次计算。发出材料应负担的成本差异，除委托外部加工发出材料可按照月初成本差异率计算外，应使用本月的实际成本差异率；月初成本差异率与本月实际成本差异率相差不大的，也可按照月初成本差异率计算。计算方法一经确定，不得随意变更。 材料成本差异率的计算公式如下： 本月材料成本差异率＝（月初结存材料的成本差异＋本月验收入库材料的成本差异）÷（月初结存材料的计划成本＋本月验收入库材料的计划成本）×100% 月初材料成本差异率＝月初结存材料的成本差异÷月初结存材料的计划成本×100% 发出材料应负担的成本差异＝发出材料的计划成本×材料成本差异率	“材料成本差异”科目期末借方余额，反映小企业库存材料等的实际成本大于计划成本的差异；贷方余额反映小企业库存材料等的实际成本小于计划成本的差异。

库存商品

库存商品见表6-22：

表6-22 库存商品表

编号	会计科目名称	科目核算内容	特殊规定	明细科目设置	主要账务处理	科目余额反映内容
1405	库存商品	“库存商品”科目核算小企业库存的各种商品的实际成本或售价。包括：库存产成品、外购商品、存放在门市部准备出售的商品、发出展览的商品以及寄存在外的商品等。	接受来料加工制造的代制品和为外单位加工修理的代修品，在制造和修理完成验收入库后，视同小企业的产成品，也通过“库存商品”科目核算。 可以降价出售的不合格品，也在“库存商品”科目核算，但应与合格产品分开记账。 已经完成销售手续，但购买单位在月末未提取的库存产成品，应作为代管产品处理，单独设置代管产品备查簿，不再在“库存商品”科目核算。 小企业（农、林、牧、渔业）可将“库存商品”科目改为“1405 农产品”科目。 小企业（批发业、零售业）在购买商品过程中发生的费用（包括：运输费、装卸费、包装费、保险费、运输途中的合理损耗和入库前的挑选整理费等），在“销售费用”科目核算，不在“库存商品”科目核算。	“库存商品”科目应按照库存商品的种类、品种和规格等进行明细核算。	（一）小企业生产的产成品的入库和出库，平时只记数量不记金额，月末计算入库产成品的实际成本。生产完成验收入库的产成品，按照其实际成本，借记“库存商品”科目，贷记“生产成本”等科目。 对外销售产成品，借记“主营业务成本”科目，贷记“库存商品”科目。 （二）购入商品到达验收入库后，按照商品的实际成本或售价，借记“库存商品”科目，贷记“库存现金”“银行存款”“在途物资”等科目。涉及增值税进项税额的，还应进行相应的处理。按照售价与进价之间的差额，贷记“商品进销差价”科目。 购入的商品已经到达并已验收入库，但尚未办理结算手续的，可按照暂估价值入账，借记“库存商品”科目，贷记“应付账款——暂估应付账款”科目；下月初用红字作同样的会计分录予以冲回，以便下月收到发票账单等结算凭证时，按照正常程序进行账务处理。 对外销售商品结转销售成本或售价，借记“主营业务成本”科目，贷记“库存商品”科目。月末，分摊已销商品的进销差价，借记“商品进销差价”科目，贷记“主营业务成本”科目。	“库存商品”科目期末借方余额，反映小企业库存商品的实际成本或售价。

商品进销差价

商品进销差价见表 6-23：

表 6-23　商品进销差价

编号	会计科目名称	科目核算内容	明细科目设置	主要账务处理	科目余额反映内容
1407	商品进销差价	“商品进销差价”科目核算小企业采用售价进行日常核算的商品售价与进价之间的差额。	“商品进销差价”科目应按照库存商品的种类、品种和规格等进行明细核算。	（一）小企业购入、加工收回以及销售退回等增加的库存商品，按照商品售价，借记“库存商品”科目，按照商品进价，贷记“银行存款”“委托加工物资”等科目，按照售价与进价之间的差额，贷记“商品进销差价”科目。 （二）月末，分摊已销商品的进销差价，借记“商品进销差价”科目，贷记“主营业务成本”科目。 销售商品应分摊的商品进销差价，按照以下公式计算： 商品进销差价率＝月末分摊前“商品进销差价”科目贷方余额 ÷（“库存商品”科目月末借方余额＋本月“主营业务收入”科目贷方发生额）×100% 本月销售商品应分摊的商品进销差价＝本月“主营业务收入”科目贷方发生额 × 商品进销差价率 小企业的商品进销差价率各月之间比较均衡的，也可以采用上月商品进销差价率计算分摊本月的商品进销差价。年度终了，应对商品进销差价进行复核调整。	“商品进销差价”科目的期末贷方余额，反映小企业库存商品的商品进销差价。

委托加工物资

委托加工物资见表 6-24：

表6-24　委托加工物资

编号	会计科目名称	科目核算内容	明细科目设置	主要账务处理	科目余额反映内容
1408	委托加工物资	“委托加工物资”科目核算小企业委托外单位加工的各种材料、商品等物资的实际成本。	“委托加工物资”科目应按照加工合同、受托加工单位以及加工物资的品种等进行明细核算。	（一）小企业发给外单位加工的物资，按照实际成本，借记“委托加工物资”科目，贷记“原材料”“库存商品”等科目；按照计划成本或售价核算的，还应同时结转材料成本差异或商品进销差价。 （二）支付加工费、运杂费等，借记“委托加工物资”科目，贷记“银行存款”等科目；需要交纳消费税的委托加工物资，由受托方代收代缴的消费税，借记“委托加工物资”科目（收回后用于直接销售的）或“应交税费——应交消费税”科目（收回后用于继续加工的），贷记“应付账款”“银行存款”等科目。 （三）加工完成验收入库的物资和剩余的物资，按照加工收回物资的实际成本和剩余物资的实际成本，借记“原材料”“库存商品”等科目，贷记“委托加工物资”科目。 （四）采用计划成本或售价核算的，按照计划成本或售价，借记“原材料”或“库存商品”科目，按照实际成本，贷记“委托加工物资”科目，按照实际成本与计划成本或售价之间的差额，借记或贷记“材料成本差异”或贷记“商品进销差价”科目。 采用计划成本或售价核算的，也可以采用上月材料成本差异率或商品进销差价率计算分摊本月应分摊的材料成本差异或商品进销差价。	“委托加工物资”科目期末借方余额，反映小企业委托外单位加工尚未完成物资的实际成本。

周转材料

周转材料见表6-25：

表 6-25 周转材料

编号	会计科目名称	科目核算内容	特殊规定	明细科目设置	主要账务处理	科目余额反映内容
1411	周转材料	“周转材料”科目核算小企业库存的周转材料的实际成本或计划成本。包括：包装物、低值易耗品，以及小企业（建筑业）的钢模板、木模板、脚手架等。	各种包装材料，如纸、绳、铁丝、铁皮等，应在“原材料”科目内核算；用于储存和保管产品、材料而不对外出售的包装物，应按照价值大小和使用年限长短，分别在“固定资产”科目或“周转材料”科目核算。 小企业的包装物、低值易耗品，也可以单独设置“1412 包装物”“1413 低值易耗品”科目。 包装物数量不多的小企业，也可以不设置“周转材料”科目，将包装物并入“原材料”科目核算。	“周转材料”科目应按照周转材料的种类，分别“在库”“在用”和“摊销”进行明细核算。	（一）小企业购入、自制、委托外单位加工完成并验收入库的周转材料，以及对周转材料的清查盘点，比照“原材料”科目的相关规定进行账务处理。 （二）生产、施工领用周转材料，通常采用一次转销法，按照其成本，借记“生产成本”“管理费用”“工程施工”等科目，贷记“周转材料”科目。 随同产品出售但不单独计价的包装物，按照其成本，借记“销售费用”科目，贷记“周转材料”科目。 随同产品出售并单独计价的包装物，按照其成本，借记“其他业务成本”科目，贷记“周转材料”科目。 金额较大的周转材料，也可以采用分次摊销法，领用时应按照其成本，借记“周转材料”科目（在用），贷记“周转材料”科目（在库）；按照使用次数摊销时，应按照其摊销额，借记“生产成本”“管理费用”“工程施工”等科目，贷记“周转材料”科目（摊销）。 （三）周转材料采用计划成本进行日常核算的，领用等发出周转材料，还应结转应分摊的成本差异。	“周转材料”科目的期末余额，反映小企业在库、出租、出借周转材料的实际成本或计划成本以及在用周转材料的摊余价值。

消耗性生物资产

消耗性生物资产见表 6-26：

表6-26　消耗性生产物资

编号	会计科目名称	科目核算内容	明细科目设置	主要账务处理	科目余额反映内容
1421	消耗性生物资产	“消耗性生物资产”科目核算小企业（农、林、牧、渔业）持有的消耗性生物资产的实际成本。	“消耗性生物资产”科目应按照消耗性生物资产的种类、群别等进行明细核算。	（一）外购的消耗性生物资产，按照应计入消耗性生物资产成本的金额，借记“消耗性生物资产”科目，贷记“银行存款”“应付账款”等科目。 （二）自行栽培的大田作物和蔬菜，应按照收获前发生的必要支出，借记“消耗性生物资产”科目，贷记“银行存款”等科目。 自行营造的林木类消耗性生物资产，应按照郁闭前发生的必要支出，借记“消耗性生物资产”科目，贷记“银行存款”等科目。 自行繁殖的育肥畜、水产养殖的动植物，应按照出售前发生的必要支出，借记“消耗性生物资产”科目，贷记“银行存款”等科目。 （三）产畜或役畜淘汰转为育肥畜的，应按照转群时的账面价值，借记“消耗性生物资产”科目，按照已计提的累计折旧，借记“生产性生物资产累计折旧”科目，按照其账面余额，贷记“生产性生物资产”科目。 育肥畜转为产畜或役畜的，应按照其账面余额，借记“生产性生物资产”科目，贷记“消耗性生物资产”科目。 （四）择伐、间伐或抚育更新性质采伐而补植林木类消耗性生物资产发生的后续支出，借记“消耗性生物资产”科目，贷记“银行存款”等科目。 林木类消耗性生物资产达到郁闭后发生的管护费用等后续支出，借记“管理费用”科目，贷记“银行存款”等科目。 （五）农业生产过程中发生的应归属于消耗性生物资产的费用，按照应分配的金额，借记“消耗性生物资产”科目，贷记“生产成本”科目。 （六）消耗性生物资产收获为农产品时，应按照其账面余额，借记“农产品”科目，贷记“消耗性生物资产”科目。 （七）出售消耗性生物资产，应按照实际收到的金额，借记“银行存款”等科目，贷记“主营业务收入”等科目。按照其账面余额，借记“主营业务成本”等科目，贷记“消耗性生物资产”科目。	“消耗性生物资产”科目期末借方余额，反映小企业（农、林、牧、渔业）消耗性生物资产的实际成本。

小知识

商品流通企业存货会计

一、商品购进的核算：一般纳税人数量进价金额核算方法

（一）商品购进的入账价格和核算的科目设置

小商品流通企业购进商品的入账价格应为商品的实际采购成本。小商品流通企业购入的商品，按照进价和按规定应计入商品成本的税金作为实际成本，购买商品过程中发生的运输费、装卸费、包装费、保险费、运输途中的合理损耗和入库前的挑选整理费等采购费用，不计入购入商品的实际成本，应于发生时确认为当期的销售费用。具体为：

（1）国内购进用于国内销售和用于出口的商品，以进货原价为其实际成本。

（2）小商品流通企业进口的商品，其实际成本包括进口商品的国外进价和进口环节的各种税金（不包括增值税）。

进口商品的国外进价，一律以到岸价格（CIF）为基础。如对外合同以离岸价格（FOB）成交的，商品离开对方口岸后，应由我方负担的运杂费、保险费、佣金等费用，计入商品的进价；商品到达我国口岸目的港后发生的费用计入销售费用。收入的进口佣金冲减进价，不易按商品认定的，冲减销售费用。

（3）小商品流通企业购进免税农副产品，其实际成本为支付的购进价款扣除按规定计算的增值税进项税额后的数额。

小商品流通企业商品购进的核算需设置“在途物资”科目和“库存商品”等科目。“在途物资”科目核算小商品流通企业已支付货款但尚未运抵验收入库的商品的实际成本。其借方登记购入商品支付货款数额；贷方登记商品到达验收入库数额；其期末借方余额反映小商品流通企业购入但尚未运抵的商品的实际成本。

“库存商品”科目核算小商品流通企业库存各种商品的实际成本，包括库存的外购商品、自制商品产品等。委托外单位加工的商品及委托其他单位代销的商品，不在本科目核算。其借方登记库存商品增加额，贷方登记库存商品减少额，其期末借方余额反映小商品流通企业各种库存商品的实际成本（或进价）或售价。该科目应按库存商品的种类、品种和规格设置明细账。

（二）商品一般购进的账务处理

小商品流通企业购进商品时，由于收到有关凭证、支付货款和收到商品可能不在同一天，会出现在途商品、货到未付款、支付进货款和验收商品在同一日等几种

情况。

1. 在途商品的核算

小商品流通企业购入商品，如果已取得发票等凭证或已支付货款但商品尚未运抵时，应按购入商品的实际成本，借记“在途物资”科目，按取得的增值税专用发票上注明的增值税额，借记“应交税费——应交增值税（进项税额）”科目，按已支付或应支付的金额，贷记“银行存款”或“应付账款”等科目。待购入的商品运抵企业并验收入库时，借记“库存商品”等科目，贷记“在途物资”科目。

【例6-9】某小商品流通企业从外地某电冰箱厂购进电冰箱10台，每台进价2100元，应支付的增值税额为3570元，供货单位代垫运杂费800元，计算运费准予扣除的进项税额为42元，接到银行转来的托收承付结算凭证、增值税专用发票和运单，审核无误后以银行存款支付款项，但商品尚未到达。该业务编制会计分录如下：

借：在途物资 21000

　　应交税费——应交增值税（进项税额） 3612

　　销售费用——进货运杂费 758

　贷：银行存款 25370

该批商品到达并验收入库后，根据有关凭证编制会计分录如下：

借：库存商品——电冰箱 21000

　贷：在途物资 21000

2. 货到未付款的核算

小商品流通企业购入的商品在到达验收入库后，按商品进价，借记“库存商品”科目，按专用发票上注明的增值税额，借记“应交税费——应交增值税（进项税额）”科目，按实际应付款项，贷记“应付账款”等科目。以后支付款项时，借记“应付账款”等科目，贷记“银行存款”科目。

【例6-10】某小商品流通企业从本地某电视机厂购进电视机10台，每台进价2300元，应支付的增值税额为3910元，商品到达并验收入库，货款十日后支付。根据增值税专用发票、入库单等凭证编制会计分录如下：

借：库存商品——电视机 23000

　　应交税费——应交增值税（进项税额） 3910

　贷：应付账款——某电视机厂 26910

十日后支付款项时，编制会计分录如下：

借：应付账款——某电视机厂 26910

　贷：银行存款 26910

3. 支付进货款和验收商品在同一日的核算

小商品流通企业购入商品支付进货款和验收商品在同一日时，按商品进价，借记“库存商品”科目，按专用发票上注明的增值税额，借记“应交税费——应交增值税（进项税额）”科目，按实际支付的款项，贷记“银行存款”科目。

【例 6-11】如上例，若支付进货款和验收商品在同一日，则编制会计分录如下：

借：库存商品——电视机 23000

　　应交税费——应交增值税（进项税额） 3910

　贷：银行存款 26910

（三）购进免税农业产品的核算

购进免税农业产品，按买价减去按规定计算的进项税额后的差额，借记“在途物资”“库存商品”等科目，按购入农业产品的买价和规定的扣除率计算的进项税额，借记“应交税费”科目（应交增值税——进项税额），按应付或实际支付的价款，贷记“应付账款”“银行存款”等科目。

（四）进口商品的核算

小商品流通企业若发生进口商品业务，当企业收到银行转来的全套进口单据，经与合同或信用证核对无误，确认承付货款时，根据有关结算凭证和所附发票账单的货款金额，借记“在途物资”科目，贷记“银行存款——外币户”科目；根据海关提供的完税凭证上注明的增值税额，借记“应交税费——应交增值税（进项税额）”科目，贷记“银行存款——人民币户”科目。采用信用证结算方式的，根据信用证结算凭证及所附发票账单的货款金额，借记“在途物资”科目，根据海关提供的完税凭证上注明的增值税额，借记“应交税费——应交增值税（进项税额）”科目，按支付金额，贷记“其他货币资金——信用证保证金存款”科目和“银行存款——人民币户”等科目。

进口商品的国外进价，一律以到岸价格（CIF）为基础，如对外合同以离岸价格（FOB）成交的，商品离开对方口岸后，应由我方负担的运杂费、保险费、佣金等费用，计入商品的进价，借记“在途物资”科目，贷记“银行存款——外币户”“应付账款”等科目。商品到达我国口岸目的港后发生的费用计入销售费用，借记“销售费用”科目，贷记“银行存款——人民币户”科目。

进口商品除按规定交纳增值税以外，还应交纳进口关税，此外，对于税法规定的某些进口商品还应交纳消费税。小商品流通企业对应交纳的进口关税和消费税，计入进口商品的采购成本，借记“在途物资”科目，贷记“应交税费”科目；实际交纳时，借记“应交税费”科目，贷记“银行存款——人民币户”科目。

进口商品购进采用货到结算或单到结算情况下，在取得外运公司的船舶到港通知后或收到国外进口单据时，即可向国内订货单位办理结算，将商品售予国内订货单位，因此，商品不需验收入库。若企业进口商品时不采用货到结算或单到结算，当收到进口商品时应验收入库，此时，应按实际采购成本，借记“库存商品”科目，贷记“在途物资”科目。

【例 6-12】某小商品流通企业进口商品一批，到岸价格为 100000 美元，关税税率 20%，增值税率 17%，收到转来的全套进口单据及其他有关凭证，经审核无误同意承付货款，当日汇率为 1 美元 =6.10 元人民币，该企业采用业务发生时的汇率作为折合率。

（1）根据有关凭证编制会计分录如下：

借：在途物资 610000

贷：银行存款——美元户 \$100000/ ¥610000

（2）支付进口关税 122000（610000×20%）和增值税 124440[（610000+122000）×17%]。根据有关凭证编制会计分录如下：

借：在途物资 122000

应交税费——应交增值税（进项税额） 124440

贷：银行存款——人民币户 246440

（3）支付国内运费 2400 元（其中运费 2000 元，增值税进项税额为：2000×7%=140 元），根据有关凭证编制会计分录如下：

借：销售费用 2260

应交税费——应交增值税（进项税额） 140

贷：银行存款——人民币户 2400

（4）商品验收入库，根据有关凭证编制会计分录如下：

借：库存商品——×× 732000

贷：在途物资 73200

在途物资　122000

二、商品购进的核算：一般纳税人售价金额核算

（一）商品购进核算的科目设置

实行售价金额核算的小商品流通企业进行商品购进的核算，除应设置“在途物资”“库存商品”科目外，还需设置“商品进销差价”科目。其中，“在途物资”科目的核算内容、登记方法和明细账的设置方法，与实行数量进价金额核算方法的小商品流通企业设置的“在途物资”科目相同。

“库存商品”科目的核算内容和登记方法与实行数量进价金额核算的小商品流通企业设置的“库存商品”账户基本相同。其不同点为：第一，实行售价金额核算的小商品流通企业设置的“库存商品”科目，对库存商品的增减变动和结存情况按售价记载，这里说的售价，为包含按规定应向购买者收取的增值税税额的含税零售价；第二，库存商品的明细账按实物负责人分户，只记金额，不记实物数量。

“商品进销差价”科目是库存商品的调整科目，核算小商品流通企业采用售价核算的情况下，其商品售价与进价之间的差额。该科目贷方登记购进商品的售价大于进价的差额和其他原因增加的进销差价；借方登记核销已销商品应分摊的进销差价和其他原因使库存商品售价大于进价的差额减少的数额；其期末贷方余额反映尚未分摊的商品进销差价。其明细账应按商品类别或实物负责人设置。由于所采用的售价是含税的零售价格，因此该账户所记录的商品售价与进价之间的差额就包括了两部分，一是不含税的售价与不含税的进价之间的差额，二是应向购买者收取的增值税额（销项税额）。

（二）商品购进的账务处理

1. 在途商品的核算

采用售价金额核算的小商品流通企业购入商品，如果已取得发票等凭证或已支付货款但商品尚未运抵时，应按购入商品的实际成本，借记“在途物资”科目，按取得的增值税专用发票上注明的增值税额，借记“应交税费——应交增值税（进项税额）”科目，按已支付或应支付的金额，贷记“银行存款”或“应付账款”等科目。待购入的商品运抵企业并验收入库时，按商品售价（含税），借记“库存商品”科目，按含税的售价与进价之间的差额，贷记“商品进销差价”科目，按商品进价，贷记“在途物资”科目。

【例 6-13】某小零售企业服装组向广州某服装厂购入服装 20 套，进价为 3000

元，应支付的进项税额为510元，供方代垫的运杂费为300元，计算运费准予扣除的进项税额为17.50元，接到银行转来的有关凭证，审核无误支付款项，商品尚未到达。该业务编制会计分录如下：

借：在途物资　3000.00

　　应交税费——应交增值税（进项税额）　527.50

　　销售费用——进货运杂费　282.50

　贷：银行存款　3810.00

上项商品到达，经服装组验收入库，该批商品的含税售价为4500元。根据有关凭证编制会计分录如下：

借：库存商品——服装组　4500

　贷：商品进销差价——服装组　1500

　　　在途物资　3000

2. 货到未付款的核算

采用售价金额核算的小商品流通企业，购入的商品在到达验收入库后，按商品售价（含税），借记“库存商品”科目，按专用发票上注明的增值税额，借记“应交税费——应交增值税（进项税额）”科目，按商品进价和增值税进项税额的合计金额，贷记“应付账款”等科目，按商品含税售价与进价的差额，贷记“商品进销差价”科目。

【例6-14】某小零售企业电器组从本地某工厂购进电风扇10台，每台进价220元，应支付的增值税额为374元，商品到达并验收入库，货款尚未支付，该批商品的含税售价为3100元。根据增值税专用发票、入库单等凭证编制会计分录如下：

借：库存商品——二电器组　3100

　　应交税费——应交增值税（进项税额）　374

　贷：商品进销差价——电器组　900

　　　应付账款——某工厂　2574

以后支付款项时，编制会计分录如下：

借：应付账款——某工厂　2574

　贷：银行存款　2574

3. 支付进货款和验收商品在同一日的核算

采用售价金额核算的小商品流通企业，购入商品支付进货款和验收商品若在同一日，购入的商品到达验收入库后，按商品售价（含税），借记“库存商品”科目，按专用发票上注明的增值税额，借记“应交税费——应交增值税（进项税额）”科目，按商品进价和增值税进项税额的合计金额，贷记“银行存款”科目，按商品含税售价与进价的差额，贷记“商品进销差价”科目。

【例 6-15】某小零售企业鞋帽组由本地某皮鞋厂购入皮鞋一批，进价为 1900 元，应支付的进项税额为 323 元，该批商品的含税售价为 2600 元，商品由鞋帽组验收入库，款项以银行存款支付。根据有关凭证编制会计分录如下：

借：库存商品——鞋帽组　2600

　　应交税费——应交增值税（进项税额）　323

　贷：商品进销差价——鞋帽组　700

　　　银行存款　2223

三、商品购进的核算：一般纳税人鲜活商品进价金额核算

【例 6-16】某副食品商店水产组购进商品 2900 元，应支付的增值税额为 493 元，商品验收入库，款项以银行存款支付。财会部门根据转来的专用发票、“商品验收单”“支票存根”等有关凭证编制会计分录如下：

借：库存商品——水产组　2900

　　应交税费——应交增值税（进项税额）　493

　贷：银行存款　3393

四、商品储存的核算：一般纳税人数量进价金额核算方法

（一）库存商品盘盈、盘亏的核算

小商品流通企业清查盘点中发现的库存商品盘盈，应按该商品的市价或同类、类似商品的市场价格作为实际成本，借记“库存商品”科目，贷记“管理费用”科目。发现的库存商品盘亏或毁损，其相应的成本及不可抵扣的增值税进项税额，在减去过失人或者保险公司等赔款和残料价值之后，属于自然灾害造成的，计入当期营业外支出；属于其他情况的，计入当期管理费用。

【例 6-17】某小商品流通企业在财产清查中发现某种库存商品盘盈 10 件，实际单位成本（进价）20 元，经查属于收发计量方面的差错。编制会计分录如下：

借：库存商品——某种商品　200

贷：管理费用　200

【例 6-18】某小商品流通企业因洪水灾害造成一批库存商品毁损，实际成本（进价）52500 元，经查应由保险公司赔偿 30000 元，其余部分列入营业外支出，该批库存商品适用的增值税率为 17%。编制会计分录如下：

借：其他应收款　30000

　　营业外支出　31425

　贷：库存商品——某种商品　52500

　　　应交税费——应交增值税（进项税额转出）　8925

（二）库存商品明细账的设置和登记

库存商品明细账应按库存商品的种类、品种和规格设置，其中，按库存商品的种类设置的明细账称为类目账，也叫二级账，按库存商品的品种和规格设置的明细账称为三级账。

库存商品类目账一般采用“三栏式”账页，只记金额，不记数量，但如果该大类商品所属的各种商品的实物计量单位相同，也可同时核算数量和金额。

按商品品种、规格等设置的库存商品明细账，一般采用“数量金额”式账页，凡是购进的商品，在“收入”栏登记购进数量、单价和金额；非购进增加的商品，如已结转销售进价的销货退回、加工商品收回、商品溢余等，在“收入”栏登记其他数量、单价和金额。销售商品在“付出”栏登记销售数量，是否登记单价和金额，依成本结转方法而定，如随时结转销售成本，则登记，若月末集中结转销售成本，则平时不登记，月末将销售进价汇总记入付出方“金额”栏；非销售而减少的商品，如商品损耗和损失、拨出委托代销商品和委托加工商品等，在“付出”栏登记其他数量、单价和金额；未结转销售进价的销货退回，用红字记入“销售数量”栏。平时结出的商品结存数量，在“结存”栏登记，如随时结转销售成本，平时还应结出结存金额，如月末集中结转销售成本，则“结存”栏的“单价”和“金额”栏待月末时才登记。库存商品明细账的格式和登记，如表 6-27 所示。

表6-27　库存商品明细账

名称：羊毛衫　　　　单位：件　　　　规格：中号　　　　等级

××年		凭证字号	摘要	收入				付出				结存		
月	日			数量		单价	金额	数量		单价	金额	数量	单价	金额
				购进	其他			销售	其他					
6	1		承前页									100	60	6000
	5	××	购进	50		61	3050					150		
	10	××	销售					70				80		
	12	××	上月销售退回		30	60	1800					110		
	20	××	销售					50				60		
	23	××	本月销售退回					20				80		
	26	××	购进	30		59	1770					110		
	30	××	盘亏						10	60	600	100		

五、商品储存的核算：一般纳税人售价金额核算

（一）库存商品盘点溢缺的核算

小商品流通企业采用售价金额核算的商品发生溢余，应按商品售价（含税），借记“库存商品”科目，按进价，贷记“管理费用”科目，按售价与进价的差额，贷记“商品进销差价”科目。库存商品发生损失，按进价和不可抵扣的增值税进项税额的合计金额减去过失人或者保险公司等赔款之后的余额，借记“管理费用”科目，按应由过失人或保险公司等的赔款金额，借记“其他应收款”科目，按含税售价，贷记“库存商品”科目，按不可抵扣的增值税进项税额，贷记“应交税费——应交增值税（进项税额转出）”科目，按售价与进价的差额，借记“商品进销差价”科目。

【例6-19】某小零售企业百货组库存商品账面余额为51900元，实盘金额为52200元，溢余商品经批准作冲减管理费用处理。上月百货组差价率为18%。根据有关凭证编制会计分录如下：

借：库存商品——百货组　300

　贷：商品进销差价——百货组　54

　　管理费用——商品损耗　246

【例6-20】某小零售企业食品组库存商品账面余额为61500元，实盘金额为61100元，经查，短缺商品中有120元属于自然损耗，其余为职工失职造成，决定由其赔偿，这部分商品应负担的增值税（进项税额）为34元。上月食品组差价率为

20%。根据有关凭证编制会计分录如下：

借：管理费用——商品损耗 120

其他应收款——某人 234

商品进销差价——食品组 80

贷：库存商品——食品组 400

应交税费——应交增值税（进项税额转出） 34

（二）库存商品调价的核算

在正确执行国家有关物价政策的前提下，小零售企业可根据市场供求关系变化、商品质量状况等，对库存商品的含税售价进行调整。调高商品含税售价时，按商品新含税售价与原含税售价的差额，借记“库存商品”科目，贷记“商品进销差价”科目；调低商品含税售价时，作相反会计分录。

【例6-21】某小零售企业针织组经营的羊绒衫调价，每件原含税售价850元，新含税售价880元，经盘点后，共有30件；家电组经营的录像机调价，每台原含税售价2540元，新含税售价2460元，共10台。根据各组交来的“变价商品差额调整单”编制会计分录如下：

借：库存商品——针织组 900

贷：商品进销差价——针织组 900

借：商品进销差价——家电组 800

贷：库存商品——家电组 800

（三）库存商品内部调拨的核算

商品内部调拨是指在一个独立核算的企业内部，各实物负责人或柜组之间的商品转移。商品内部调拨仅是商品在实物负责人之间的转移，因此，只作借记调入商品实物负责人和贷记调出商品实物负责人库存商品含税售价的账务处理。如果“商品进销差价”科目也按实物负责人分户，则应将调拨商品的进销差价同时转账。

【例6-22】某小零售企业百货组将小百货一批调给早晚门市部，该批商品含税售价为570元，进价为490元，双方已办妥调拨手续。根据有关凭证编制会计分录如下：

借：库存商品——早晚门市部 570

贷：库存商品——百货组 570

同时：

借：商品进销差价——百货组 80

贷：商品进销差价——早晚门市部 80

（四）库存商品的明细核算

实行售价金额核算的小商品流通企业，库存商品的明细核算一般有两种做法：

（1）按实物负责人分户设置库存商品明细账，采用“三栏式”账页进行登记。

（2）以各实物负责人报来的商品进销存日报表代替库存商品明细账。由于“商品进销存日报表”包括“库存商品明细账”的全部内容，因此，财会部门可不另设库存商品明细账，而是根据各实物负责人送来的两联“商品进销存日报表”中的一联，按日期先后顺序分实物负责人装订成册，或汇总成“商品进销存汇总表”代替库存商品明细账；另一联“商品进销存日报表”签章后退给实物负责人按日期顺序装订成册，作为各实物负责人的库存商品明细账。

六、委托加工商品的核算：一般纳税人数量进价金额核算方法

小商品流通企业为了增加商品的花色品种，提高商品竞销能力，扩大出口销售以及处理呆滞残次商品，有时需委托其他单位对商品进行加工。小商品流通企业委托外单位加工商品时，需通过“委托加工物资”科目核算，该科目核算小商品流通企业委托外单位加工的各种物资的实际成本。其借方登记加工商品的实际成本，包括发出商品的进货原价、加工费用、应负担的运杂费等；贷方登记加工商品完成验收入库的实际成本；期末借方余额反映小商品流通企业委托外单位加工但尚未加工完成商品的实际成本。其明细账按加工合同、受托加工单位等设置，进行明细核算。

小商品流通企业发给外单位加工的商品，按实际成本，借记“委托加工物资”科目，贷记“库存商品”等科目。

小商品流通企业支付的加工费用、应负担的运杂费等，借记“委托加工物资”科目、“应交税费——应交增值税（进项税额）”等科目，贷记“银行存款”等科目；需要交纳消费税的委托加工物资，其由受托方代收代交的消费税，计入委托加工物资的成本，借记“委托加工物资”科目，贷记“应付账款”“银行存款”等科目。

加工完成验收入库的商品，按收回商品的实际成本和剩余商品的实际成本，借记“库存商品”等科目，贷记“委托加工物资”科目。

【例6-23】某小商品流通企业与某服装加工厂签订加工合同，委托加工服装一批，发生的有关业务如下：

（1）拨给某服装加工厂布料一批，共计12000元。编制会计分录如下：

借：委托加工物资——某服装加工厂 12000

贷：库存商品——布料 12000

（2）上项委托加工商品的加工费为2000元，按规定应支付的增值税额为340元，款项以银行存款支付。根据有关凭证编制会计分录如下：

借：委托加工物资——某服装加工厂 2000

应交税费——应交增值税（进项税额） 340

贷：银行存款 2340

（3）服装加工完成收回，加工成本共计14000元，编制会计分录如下：

借：库存商品——服装 14000

贷：委托加工物资——某服装加工厂 14000

七、委托加工商品的核算：一般纳税人售价金额核算

实行售价金额核算的小商品流通企业发生委托加工商品业务，将加工的库存商品拨付加工单位时，根据有关凭证编制如下会计分录：

借：委托加工物资（进价）

商品进销差价——实物负责人

贷：库存商品——实物负责人（含税售价）

商品加工完成验收入库时，根据有关凭证编制如下会计分录：

借：库存商品——实物负责人（加工后商品的含税售价）

贷：商品进销差价——实物负责人

加工商品发生的其他业务，与采用数量进价金额核算的小商品流通企业核算方法相同，可比照进行处理。

八、库存商品的明细核算：一般纳税人鲜活商品进价金额核算

实行进价金额核算的小商品流通企业，库存商品的明细核算一般有两种做法：一是按实物负责人分户设立库存商品明细账；二是财会部门不设置库存商品明细账，直接用“商品进销存日报表”代替库存商品明细账，控制实物负责人所负责的库存商品进价金额。由于平时商品销售后不按日结转商品销售成本，并注销实物负责人的库存商品金额，因此库存商品明细账平日结存金额不反映实物负责人所负责的商品金额，

只有当结转商品销售成本后，库存商品明细账的余额，才反映实物负责人负责的库存商品的进价金额。

实行进价金额核算，可以简化手续，便利销售，减少损耗。但由于库存商品明细账平日不能真实反映实物负责人所负责的商品金额，商品销售成本为月末倒挤计算求得，因此，商品损耗和差错事故不易被发现，并造成成本不实，掩盖了经营管理中的问题。因此，采用这种方法应加强商品的验收、保管、审价和收款的管理，以防止发生漏洞。

九、包装物和低值易耗品的核算

为了保证小商品流通企业的经营活动正常进行，小商品流通企业除了必须贮备一定的商品存货外，还必须拥有一定的非商品存货。非商品存货一般包括包装物和低值易耗品。

（一）包装物的核算

包装物是指为了包装本企业商品而储备的各种包装容器，如桶、箱、瓶、坛、袋等。包括：

①用于包装商品作为商品组成部分的包装物；

②随同商品出售而不单独计价的包装物；

③随同商品出售而单独计价的包装物；

④出租或出借给购买单位使用的包装物。

1.包装物购进的核算

小商品流通企业包装物的核算通过“原材料”科目进行。其借方登记包装物增加数额；贷方登记包装物减少数额；期末借方余额反映小商品流通企业包装物的实际成本；其明细账按包装物的保管地点（仓库）、种类设置。

小商品流通企业购进包装物，分为单独购进和随货购进两种方式。随货购进又有单独计价和不单独计价之分。现分别说明其核算方法。

（1）单独购进包装物的核算

单独购进的包装物，应按实际成本计价入账，其实际成本包括进价和运杂费等。如果运杂费数额较小，或难按品种划分，可在“销售费用”科目列支。

【例 6-24】某小商品流通企业购进包装用木箱 20 个，计 1000 元，支付进项税额 170 元，发生运杂费 50 元，运费中准予扣除的进项税额为 2.80 元。木箱已由仓库验收，其价税款及运杂费以银行存款支付。编制会计分录如下：

借：原材料——木箱　1047.20

　　应交税费——应交增值税（进项税额）　172.80

　贷：银行存款　1220.00

（2）随货购进包装物的核算

随货购进包装物分为单独计价和不单独计价两种情况：

①单独计价。随货购进单独计价的包装物，应根据销货单位“专用发票”所列的商品价格、包装物成本分别入账。对购进商品和包装物所发生的运杂费，若不易划分归属，可将其作为销售费用列账。

【例 6-25】某小商品流通企业购进商品一批计 3000 元，随货购进木箱 3 个，计 150 元，应支付进项税额 535.50 元，发生运杂费 200 元，其中准予扣除的进项税额为 12 元。商品及包装物一并验收入库，价税款及运费以支票付清。编制会计分录如下：

借：库存商品——×× 商品　3000.00

　　原材料——木箱　150.00

　　应交税费——应交增值税（进项税额）　547.50

　　销售费用——进货运杂费　188.00

　贷：银行存款　3885.50

②不单独计价。随货购进不单独计价的包装物，其价款已包含在商品进价中，包装物不单独核算，而在“库存商品”科目中反映。如果这些包装物在销售商品时不随货出售，待腾空后应分别不同情况处理：凡仍可继续作为包装物使用的，按估价入账，借记“原材料”科目，贷记“营业外收入”科目；凡不能使用准备报废出售的，可暂在备查簿中登记，待出售后作营业外收入处理。

【例 6-26】某小商品流通企业随货购进不单独计价的包装木箱，腾空后仍可继续作为包装物使用，估计其价值为 500 元，编制会计分录如下：

借：原材料——木箱　500

　贷：营业外收入　500

2. 包装物发出的核算

包装物发出有领用、出售等方式。

（1）包装物领用的核算

小商品流通企业内部领用包装物，应由使用部门填制“包装物领用单”，据以入账，借记“销售费用”“管理费用”科目，贷记“原材料”科目。

【例 6-27】某小商品流通企业食品组领用包装袋一批计 190 元，财会部门根据“包装物领用单”，编制会计分录如下：

借：销售费用——包装费　190

　贷：原材料——包装袋　190

（2）包装物出售的核算

包装物出售有单独出售和随同商品出售两种。

①单独出售。为了避免资金积压，小商品流通企业对经营过程中闲置或多余的包装物，报经批准，可以单独出售。出售包装物，按已收或应收的价款，借记“银行存款”“应收账款”等科目，按实现的销售收入，贷记“其他业务收入”等科目，按专用发票上注明的增值税额，贷记“应交税费——应交增值税（销项税额）”科目。月度终了，按出售包装物的实际成本，借记“其他业务成本”科目，贷记“原材料”科目。

【例 6-28】某小商品流通企业出售一批包装铁桶计 350 元，应收取的增值税额为 59.50 元，款项收到存入银行，该批铁桶账面价值为 290 元，编制会计分录如下：

借：银行存款　409.50

　贷：应交税费——应交增值税（销项税额）　59.50

　　其他业务收入　350.00

结转出售包装物成本时：

借：其他业务成本　290

　贷：原材料——铁桶　290

②随同商品出售。包装物随同商品出售有单独计价和不单独计价两种情况。随同商品出售但不单独计价的包装物，按实际成本，借记“销售费用”科目，贷记“原材料”科目；随同商品出售并单独计价的包装物，按实际成本，借记“其他业务成本”科目，贷记“原材料”科目。

【例6-29】某小商品流通企业出售商品一批，售价4500元，随同商品出售包装物的账面价值为220元，售价为250元，应收取的增值税为807.50元，价税款已向银行办妥托收手续，根据有关凭证，编制会计分录如下：

借：应收账款——某购货单位 5557.50

　贷：主营业务收入 4500.00

　　　其他业务收入 250.00

　　　应交税费——应交增值税（销项税额） 807.50

结转包装物成本时，编制会计分录如下：

借：其他业务成本 220

　贷：原材料——某种包装物 220

3. 包装物租、借的核算

（1）包装物租入、借入的核算

小商品流通企业因业务需要租入、借入的包装物，其所有权不属于本企业，故不在“原材料”科目核算，而是记入备查簿。记载时，按租出、借出单位分户登记租、借包装物的品名和数量，归还后注销。

【例6-30】某小商品流通企业购进商品一批，同时租入包装箱10只，支付押金500元，支付租金100元，增值税17元，以转账支票付讫。

①支付押金时，编制会计分录如下：

借：其他应收款——租入包装物押金 500

　贷：银行存款 500

同时，将包装物记入“代管商品物资”备查簿。

②租赁期满归还包装物，收回押金，支付租金时，编制会计分录如下：

借：销售费用——包装费 100

　　应交税费——应交增值税（进项税额） 17

　　银行存款 383

　贷：其他应收款——租入包装物押金 500

同时，注销“代管商品物资”备查簿。

（2）包装物出租、出借的核算

企业出租、出借包装物，在第一次领用新包装物时，应结转成本，借记“其他业务成本”科目（出租包装物）、“销售费用”科目（出借包装物），贷记“原材料”科目。出租、出借包装物，应加强实物管理，并在备查簿上进行登记。

收到出租包装物的租金，借记“库存现金”“银行存款”等科目，贷记“其他业务收入”等科目。

收到出租、出借包装物的押金，借记“库存现金”“银行存款”等科目，贷记“其他应付款”科目，退回押金作相反会计分录。

【例6-31】某小商品流通企业出租包装物15件，出借包装物20件，每件50元，每件收取押金60元，计2100元。收取租金234元，其中增值税34元。

①领用出租、出借包装物时，编制会计分录如下：

借：其他业务成本　750

　　销售费用——包装费　1000

　贷：原材料——某种包装物　1750

②收到包装物押金时，编制会计分录如下：

借：银行存款　2100

　贷：其他应付款　2100

③收到出租包装物租金时，编制会计分录如下：

借：银行存款　234

　贷：其他业务收入　200

　　　应交税费——应交增值税（销项税额）　34

④出租、出借包装物到期归还，退还押金，编制会计分录如下：

借：其他应付款　2100

　贷：银行存款　2100

4. 包装物盘点溢缺的核算

小商品流通企业的各种包装物，应当定期清查盘点。盘盈的包装物，按该包装物的市价或同类、类似包装物的市场价格，冲减当期管理费用；盘亏或毁损的包装物，其相关的成本及不可抵扣的增值税进项税额，在减去过失人或者保险公司等赔款和残料价值之后，属于自然灾害造成的，计入当期营业外支出，属于其他情况的，计入当期管理费用。

（二）低值易耗品的核算

低值易耗品是指不能作为固定资产的各种用具物品，如工具、管理用具、玻璃器皿，以及在经营过程中周转使用的包装容器等。

小商品流通企业低值易耗品通过“低值易耗品”科目核算。该科目核算小商品流通企业库存低值易耗品的实际成本。其借方登记企业增加低值易耗品的实际成本；贷方登记减少低值易耗品的实际成本；其期末借方余额，反映小商品流通企业库存未用低值易耗品的实际成本。该科目应按低值易耗品的类别、品种规格进行数量和金额的明细核算。

1. 低值易耗品购进的核算

小商品流通企业购进低值易耗品应按购进的实际成本入账，即按购进原价、运杂费和包装费等作为低值易耗品的入账价格。

【例 6-32】某小商品流通企业购进货架 5 个，每个 500 元，应支付进项税额 425 元，发生运杂费 200 元，其中准予扣除的进项税额为 12.60 元。以转账支票付讫。编制会计分录如下：

借：周转材料——货架　2687.40

　　应交税费——应交增值税（进项税额）　437.60

　贷：银行存款　3125.00

2. 低值易耗品领用的核算

小商品流通企业领用低值易耗品时，应由各部门及时办理领用核批手续。财会部门应根据有关凭证入账。一次摊销的低值易耗品，在领用时将其全部价值摊入管理费用，借记“管理费用”科目，贷记“低值易耗品”科目。分次摊销的低值易耗品，领用时，借记“长期待摊费用”科目，贷记“低值易耗品”科目。小商品流通企业对在用的低值易耗品，以及使用部门退回仓库的低值易耗品，应当加强实物管理，并在备查簿中登记。

“长期待摊费用”科目核算小商品流通企业已经支出，但摊销期限在 1 年以上（不含 1 年）的各项费用。其借方登记小商品流通企业发生的各项长期待摊费用；贷方登记各期摊销的长期待摊费用数额；其期末借方余额，反映小商品流通企业尚未摊销的各项长期待摊费用的摊余价值。该科目应按费用的种类设置明细账，进行明细核算。

【例 6-33】承【例 6-32】。假定货架购入后，全部交付使用。该企业采用一次摊销法。领用时编制会计分录如下：

借：管理费用——低值易耗品摊销　2687.40

　贷：周转材料——货架　2687.40

3. 低值易耗品摊销的核算

在小商品流通企业业务经营过程中，低值易耗品由于不断使用而发生磨损，将低值易耗品因磨损而减少的价值计入企业费用，称为低值易耗品摊销。企业应根据低值易耗品的使用情况，分别计算其摊销额，并在“管理费用”科目下设置“低值易耗品摊销”明细账进行核算。低值易耗品的摊销方法可采用“一次摊销法”和“分期分次摊销法”等方法。

（1）一次摊销法

一次摊销法是指在领用低值易耗品时，将其全部价值摊入管理费用的方法。此法适用于价值较低、使用期限较短的低值易耗品。

（2）分期（分次）摊销法

分期（分次）摊销法是根据低值易耗品的购进成本、预计使用期限，平均计算每期（次）应摊销数额的一种方法。

【例 6-34】某企业有柜台 10 个，单价 684 元，计 6840 元，预计可使用 2 年，低值易耗品按月摊销，则：

柜台每月摊销额 $=\frac{6840}{2\times 12}=285$（元）

领用低值易耗品时，编制会计分录如下：

借：长期待摊费用　6840

　贷：周转材料——柜台　6840

每月摊销时编制会计分录如下：

借：管理费用——低值易耗品摊销　285

　贷：长期待摊费用　285

分期（分次）摊销法，将包装物磨损价值按使用时间的长短（或次数多少）平均摊入管理费用，使各期费用水平和财务成果比较均衡。但其计算结果往往与实际情况不太一致，并且计算工作量较大。因此，这种方法一般适用于使用年限较长、价值较高、使用情况比较稳定的低值易耗品。

4. 低值易耗品出售的核算

小商品流通企业将不需用的低值易耗品可对外出售，出售收入记入“其他业务收入”科目，有关支出记入“其他业务成本”科目。

【例6-35】某小商品流通企业有货架6个，每个进价500元，已摊销125元，按新旧程度作价每个380元出售给某公司，应收取的增值税额为387.60元，款项收讫。根据有关凭证，做如下会计分录：

借：银行存款　2667.60

　贷：其他业务收入　2280

　　应交税费——应交增值税（销项税额）　387.60

同时：

借：其他业务成本　2250

　贷：长期待摊费用　2250

5. 低值易耗品报废的核算

低值易耗品由于磨损而失去使用价值时，应按规定办理报废手续。报废时，财会部门应区别不同摊销方法，分别进行账务处理。

（1）采用一次摊销法摊销低值易耗品的小商品流通企业，于报废时，将报废低值易耗品残料价值，作为当月低值易耗品摊销额的减少，冲减管理费用，借记“原材料”等科目，贷记“管理费用——低值易耗品摊销”科目。

（2）采用分期（分次）摊销法摊销低值易耗品的小商品流通企业，于报废时，将尚未摊销的低值易耗品价值转入管理费用，将报废低值易耗品残料价值，作为当月低值易耗品摊销额的减少，冲减管理费用。

（3）如果低值易耗品已经发生毁损、遗失等，不能再继续使用的，应将其账面价值，全部转入当期管理费用。

【例6-36】某小商品流通企业办公桌两张不能使用，经批准报废，每张实际成本1300元，计2600元，已摊销2000元，全部残料估价150元入库，根据有关凭证，做会计分录如下：

借：原材料——废旧材料　150

　管理费用——低值易耗品摊销　450

　贷：长期待摊费用　600

6. 低值易耗品溢缺的核算

低值易耗品应定期或不定期地盘点，并与账面价值核对，以保证账实相符，盘点过程中如发现低值易耗品溢余或短缺，应及时进行处理。其账务处理方法与库存商品盘盈、盘亏的账务处理方法相同。这里不再赘述。

第二节　小企业流动负债方面会计

一、小企业流动负债

小企业的流动负债，是指预计在 1 年内或者超过 1 年的一个正常营业周期内清偿的债务。

小企业的流动负债的认定标准只有一条，只需要考虑时间长短和正常营业周期即可。

（一）小企业流动负债的构成

小企业的流动负债包括：短期借款、应付及预收款项、应付职工薪酬、应交税费、应付利息等。

从小企业流动负债对应的主体看，主要包括银行等金融机构、税务机关、发生业务往来的企业、单位以及个人。小企业因融资而产生的流动负债主要为短期借款和应付利息；小企业在生产经营过程中，因购买货物或劳务，应付但尚未付给有关单位和人员的款项，包括应付及预收款项、应付职工薪酬等；小企业按照税法规定，由于发生销售商品和提供劳务等应税行为；承担了向税收机关缴纳企业所得税等税款的现时义务，这些都构成了小企业的流动负债。

小知识

相关比较

1.《企业会计准则》

《企业会计准则第 30 号——财务报表列报》第十五条规定：“负债满足下列条件之一的，应当归类为流动负债：1. 预计在一个正常营业周期中清偿。2. 主要为交易目的而持有。3. 自资产负债表日起一年内到期应予以清偿。4. 企业无权自主地将清偿推迟至资产负债表日后一年以上。”

2.《小企业会计准则》

考虑到企业规模较小、核算内容较为简单，《小企业会计准则》对流动负债的概念作了适当简化。

（二）小企业流动负债的具体内容

1. 短期借款

从经济意义来看，短期借款这项负债实质上反映了小企业与资金提供者之间短期资金借贷的关系。

2. 应付票据

是指小企业因购买材料、商品和接受劳务供应等日常生产经营活动开出、承兑的商业汇票。在银行承兑汇票方式下，商业汇票应由在承兑银行开立存款账户的存款人签发，由银行承兑。在商业承兑汇票方式下，承兑人应为付款人，承兑人对这项债务在一定时期内支付的承诺，作为小企业的一项负债。

3. 应付账款

是指小企业因购买材料、商品或接受劳务等日常生产经营活动应支付的款项。这是买卖双方在购销活动中由于取得物资与支付货款在时间上不一致而产生的负债。

4. 预收账款

是指小企业按照合同规定预收的款项，包括预收的购货款、工程款等。这是买卖双方协议商定，由购货方预先支付货款给供货方而发生的一项负债。预收账款虽然表现为货币资金的增加，但并不是小企业的收入，其实质为一项负债，要求小企业在短期内以某种商品、劳务或服务来了结。

从经济意义上来看，应付票据、应付账款和预收账款这 3 项负债实质上反映了小企业作为购货方与销货方之间货款结算的关系。

5. 应付职工薪酬

从经济意义来看，应付职工薪酬这项负债实质上反映了小企业与职工之间提供服务和支付报酬的关系。

6. 应交税费

是指小企业按照税法等规定计算应交纳的各种税费，包括增值税、消费税、城市维护建设税、企业所得税、资源税、土地增值税、城镇土地使用税、房产税、车船税和教育费附加、矿产资源补偿费、排污费以及代扣代缴的个人所得税等。

小企业在一定时期内取得的营业收入、实现的利润以及从事了其他应税项目，应按照税法规定向国家交纳各种税金，包括增值税、消费税、城市维护建设税、企业所得税、资源税、土地增值税、城镇土地使用税、房产税、车船税和教育费附加等。按照权责发生制的要求，这些应交的税金应当计入相关科目。这些应交的税金在尚未交纳之前暂留在小企业，形成了小企业的一项负债，构成了小企业的应交税费。

小企业在日常生产经营活动中除了应向国家交纳各种税金外，还应按照国家有关规定交纳各种费，包括矿产资源补偿费、排污费等，实质上也具有税的性质，都是国家依据法定的权力向企业征收的。按照权责发生制的要求，这些应交的费应当计入相关科目。这些应交的费在尚未交纳之前暂留在小企业，形成了小企业的负债，也构成了小企业的应交税费。

从经济意义来看，应交税费这项负债实质上反映了小企业与国家之间纳税和征税的关系。

7. 应付利息

是指小企业按照合同约定应支付的利息费用。即，小企业使用了他人的资金只要按照合同约定应负担利息费用，不论是银行等金融机构借款还是向第三方借款，也不论是长期借款还是短期借款，都应当作为应付利息进行核算和管理。

从经济意义来看，应付利息这项负债实质上反映了小企业与资金提供者之间由资金借贷所产生资金成本承担和支付的关系。

8. 应付利润

是指小企业向投资者分配的利润。

小企业根据相关法律法规等的规定或根据投资协议或合同约定应向投资者分配利润，在未支付给投资者之前，形成了小企业的一项负债。

应付利润与应付利息的区别在于：应付利润是针对投资者而言，其来源是小企业实现的净利润；应付利息是针对债权人而言，其来源是小企业实现的营业利润。

从经济意义来看，应付利润这项负债实质上反映了小企业与投资者之间分配和取得投资回报的关系。

9. 其他应付款

是指小企业除应付账款、预收账款、应付职工薪酬、应交税费、应付利息、应付利润等以外的其他各项应付、暂收的款项，如应付租入固定资产和包装物的租金、存入保证金等。也就是说，其他应付款实质上是小企业流动负债中的一个兜底会计科目和报表项目，只要归不到上述 8 项负债的其他流动负债，即全部作为其他应付款进行核算和管理。

从经济意义来看，其他应付款这项负债实质上反映了小企业与除资金提供者、销货方、国家、投资者以外的其他方之间发生的结算关系。

注意事项

（1）小企业有些情况下会以代理人身份代理税务机关向职工收取某种税金，然后再上交税务机关，如代扣代缴的个人所得税等。这种代扣代缴的税金，在上交税务机关之前也形成小企业的一项负债。

（2）小企业直接交纳不需要预计应交数的税金，如印花税等，直接作为营业税金及附加核算，不作为应交税费核算。

（3）在日常会计核算中，小企业收到所有预收款项都通过“预收账款”科目核算，但是在编制资产负债表时，“预收账款”科目中属于超过1年期以上的预收账款的贷方余额应当在“其他非流动负债”项目列示，而不在“预收账款”项目列示。

（三）小企业流动负债的计量原则

小企业各项流动负债应当按照其实际发生额入账，即小企业所发生的流动负债，不需要考虑时间价值因素和市价因素，只需按照实际发生额入账。小企业的流动负债一旦入账，在流动负债的存续期间不允许按照市价或其他公允价值进行调整。

小知识

相关比较

1.《企业会计准则》

《企业会计准则第22号——金融工具确认和计量》第二十六条规定：“金融负债的现时义务全部或部分已经解除的，才能终止确认该金融负债或其一部分。”第二十八条规定：“金融负债全部或部分终止确认的，企业应当将终止确认部分的账面价值与支付的对价（包括转出的非现金资产或承担的新金融负债）之间的差额，计入当期损益。”第三十条规定：“企业初始确认金融资产或金融负债，应当按照公允价值计量。”

2.《企业所得税法实施条例》

《企业所得税法实施条例》第二十二条规定："《企业所得税法》第六条第9项所称其他收入，是指企业取得的除《企业所得税法》第六条第1项至第8项收入外的其他收入，包括企业资产溢余收入、逾期未退包装物押金收入、确实无法偿付的应付款项、已作坏账损失处理后又收回的应收款项、债务重组收入、补贴收入、违约金收入、汇兑收益等。"确实无法偿付的应付款项属于小企业所得税所称的"其他收入"。

3.《小企业会计准则》

对各项流动负债的计量，一般存在两种计量模式：一是按照实际发生额计量，二是按照公允价值计量。考虑到企业规模较小、核算内容较为简单，《小企业会计准则》对流动负债的计量仅要求按照实际发生额入账，通常也就是企业会计准则所规定的公允价值。同时，对小企业确实无法偿付的应付款项规定计入营业外收入，与《企业所得税法》规定相一致。

记账小知识

应付票据

应付票据见表6-28：

表 6-28　应付票据

编号	会计科目名称	科目核算内容	明细科目设置	主要账务处理	科目余额反映内容	备注
2201	应付票据	“应付票据”科目核算小企业因购买材料、商品和接受劳务等日常生产经营活动开出、承兑的商业汇票（银行承兑汇票和商业承兑汇票）。	“应付票据”科目应按照债权人进行明细核算。	（一）小企业开出、承兑商业汇票或以承兑商业汇票抵付货款、应付账款等，借记“材料采购”或“在途物资”“库存商品”等科目，贷记“应付票据”科目。涉及增值税进项税额的，还应进行相应的账务处理。 （二）支付银行承兑汇票的手续费，借记“财务费用”科目，贷记“银行存款”科目。支付票款，借记“应付票据”科目，贷记“银行存款”科目。 （三）银行承兑汇票到期，小企业无力支付票款的，按照银行承兑汇票的票面金额，借记“应付票据”科目，贷记“短期借款”科目。	“应付票据”科目期末贷方余额，反映小企业开出、承兑的尚未到期的商业汇票的票面金额。	小企业应当设置“应付票据备查簿”，详细登记商业汇票的种类、号数和出票日期、到期日、票面金额、交易合同号和收款人姓名或单位名称以及付款日期和金额等资料，商业汇票到期结清票款后，在备查簿中应予注销。

应付账款

应付账款见表 6-29：

表 6-29　应付账款

编号	会计科目名称	科目核算内容	明细科目设置	主要账务处理	科目余额反映内容
2202	应付账款	“应付账款”科目核算小企业因购买材料、商品和接受劳务等日常生产经营活动应支付的款项。	“应付账款”科目应按照对方单位（或个人）进行明细核算。	（一）小企业购入材料、商品等未验收入库，货款尚未支付，应当根据有关凭证（发票账单、随货同行发票上记载的实际价款或暂估价值），借记“在途物资”科目，按照可抵扣的增值税进项税额，借记“应交税费——应交增值税（进项税额）”科目，按照应付的价款，贷记“应付账款”科目。 接受供应单位提供劳务而发生的应付未付款项，应当根据供应单位的发票账单，借记“生产成本”“管理费用”等科目，贷记“应付账款”科目。 （二）偿付应付账款，借记“应付账款”科目，贷记“银行存款”等科目。 小企业确实无法偿付的应付账款，借记“应付账款”科目，贷记“营业外收入”科目。	“应付账款”科目期末贷方余额，反映小企业尚未支付的应付账款。

预收账款

预收账款见表 6-30：

表 6-30 预收账款

编号	会计科目名称	科目核算内容	特殊规定	明细科目设置	主要账务处理	科目余额反映内容
2203	预收账款	“预收账款”科目核算小企业按照合同规定预收的款项。包括：预收的购货款、工程款等。	预收账款情况不多的，也可以不设置“预收账款”科目，将预收的款项直接记入“应收账款”科目贷方。	“预收账款”科目应按照对方单位（或个人）进行明细核算。	（一）小企业向购货单位预收的款项，借记“银行存款”等科目，贷记“预收账款”科目。 （二）销售收入实现时，按照实现的收入金额，借记“预收账款”科目，贷记“主营业务收入”科目。涉及增值税销项税额的，还应进行相应的账务处理。	“预收账款”科目期末贷方余额，反映小企业预收的款项；期末如为借方余额，反映小企业尚未转销的款项。

应付利息

应付利息见表 6-31：

表 6-31 应付利息

编号	会计科目名称	科目核算内容	明细科目设置	主要账务处理	科目余额反映内容
2231	应付利息	“应付利息”科目核算小企业按照合同约定应支付的利息费用。	“应付利息”科目应按照贷款人等进行明细核算。	（一）在应付利息日，小企业应当按照合同利率计算确定的利息费用，借记“财务费用”“在建工程”等科目，贷记“应付利息”科目。 （二）实际支付的利息，借记“应付利息”科目，贷记“银行存款”等科目。	“应付利息”科目期末贷方余额，反映小企业应付未付的利息费用。

应付利润

应付利润见表 6-32：

表 6-32 应付利润

编号	会计科目名称	科目核算内容	明细科目设置	主要账务处理	科目余额反映内容
2232	应付利润	“应付利润”科目核算小企业向投资者分配的利润。	“应付利润”科目应按照投资者进行明细核算。	（一）小企业根据规定或协议确定的应分配给投资者的利润，借记“利润分配”科目，贷记“应付利润”科目。 （二）向投资者实际支付利润，借记“应付利润”科目，贷记“库存现金”“银行存款”科目。	“应付利润”科目期末贷方余额，反映小企业应付未付的利润。

其他应付款

其他应付款见表 6-33：

表 6-33 其他应付款

编号	会计科目名称	科目核算内容	明细科目设置	主要账务处理	科目余额反映内容
2241	其他应付款	“其他应付款”科目核算小企业除应付账款、预收账款、应付职工薪酬、应交税费、应付利息、应付利润等以外的其他各项应付、暂收的款项，如应付租入固定资产和包装物的租金、存入保证金等。	“其他应付款”科目应按照其他应付款的项目和对方单位（或个人）进行明细核算。	（一）小企业发生的其他各种应付、暂收款项，借记“管理费用”等科目，贷记“其他应付款”科目。 （二）支付的其他各种应付、暂收款项，借记“其他应付款”科目，贷记“银行存款”等科目。 小企业无法支付的其他应付款，借记“其他应付款”科目，贷记“营业外收入”科目。	“其他应付款”科目期末贷方余额，反映小企业应付未付的其他应付款项。

二、小企业短期借款

短期借款，是指小企业向银行或其他金融机构等借入的期限在 1 年内的各种借款。

专家点拨

小企业短期借款的基本特征：

（1）其债权人不仅包括银行，还包括其他金融机构，如小额贷款公司等。如果在实务中，小企业存在向第三方（如个人）借入的款项并且应负担利息费用，也视同短期借款进行会计处理，但如果期限超 1 年，则应视同长期借款进行会计处理。

（2）借款期限较短，为 1 年以内（含 1 年）。

（3）不仅应偿还借款本金，根据货币时间价值，还应支付相应的利息费用。

（4）短期借款不仅包括人民币借款，还包括外币借款。

小企业通常利用短期借款解决流动资金周转的问题。短期借款应当按照借款本金和借款合同利率在应付利息日计提利息费用，计入财务费用。

小知识

相关比较

1.《企业会计准则》

《企业会计准则第 22 号——金融工具确认和计量》第十四条规定："实际利率法，是指按照金融资产或金融负债（含一组金融资产或金融负债）的实际利率计算其摊余成本及各期利息收入或利息费用的方法。实际利率，是指将金融资产或金融负债在预期存续期间或适用的更短期间内的未来现金流量，折现为该金融资产或金融负债当前账面价值所使用的利率。在确定实际利率时，应当在考虑金融资产或金融负债所有合同条款（包括提前还款权、看涨期权、类似期权等）的基础上预计未来现金流量，但不应当考虑未来信用损失。金融资产或金融负债合同各方之间支付或收取的、属于实际利率组成部分的各项收费、交易费用及溢价或折价等，应当在确定实际利率时予以考虑。金融资产或金融负债的未来现金流量或存续期间无法可靠预计时，应当采用该金融资产或金融负债在整个合同期内的合同现金流量。"

2.《企业所得税法实施条例》

《企业所得税法实施条例》第三十八条规定："企业在生产经营活动中发生的下列利息支出，准予扣除：1. 非金融企业向金融企业借款的利息支出、金融企业的各项存款利息支出和同业拆借利息支出、企业经批准发行债券的利息支出；2. 非金融企业向非金融企业借款的利息支出，不超过按照金融企业同期同类贷款利率计算的数额的部分。"同时，第十八条规定："《企业所得税法》第六条第 5 项所称利息收入，是指企业将资金提供他人使用但不构成权益性投资，或者因他人占用本企业资金取得的收入，包括存款利息、贷款利息、债券利息、欠款利息等收入。利息收入，按照合同约定的债务人应付利息的日期确认收入的实现。”

3.《小企业会计准则》

为简便小企业会计核算、减轻所得税纳税调整负担，《小企业会计准则》采取了与企业所得税法相一致的规定，即在应付利息日计提利息费用。这一点与《企业会计准则》的规定有差异，小企业应当予以注意。

对于短期借款利息费用的会计处理，关键把握两点：

（1）短期借款利息费用的计提时点：借款合同所约定的应付利息日，既不是实际支付利息日，也不是资产负债表日（如月末、季末、年末），即不需要预提利息费用。

（2）短期借款利息费用全部计入财务费用，即不需要考虑借款费用资本化的问题。

记账小知识

短期借款

短期借款见表6-34：

表6-34　短期借款

编号	会计科目名称	科目核算内容	明细科目设置	主要账务处理	科目余额反映内容
2001	短期借款	“短期借款”科目核算小企业向银行或其他金融机构等借入的期限在1年内的各种借款。	“短期借款”科目应按照借款种类、贷款人和币种进行明细核算。	（一）小企业借入的各种短期借款，借记“银行存款”科目，贷记“短期借款”科目；偿还借款，做相反的会计分录。 银行承兑汇票到期，小企业无力支付票款的，按照银行承兑汇票的票面金额，借记“应付票据”科目，贷记“短期借款”科目。 持未到期的商业汇票向银行贴现，应当按照实际收到的金额（即减去贴现息后的净额），借记“银行存款”科目，按照贴现息，借记“财务费用”科目，按照商业汇票的票面金额，贷记“应收票据”科目（银行无追索权情况下）或“短期借款”科目（银行有追索权情况下）。 （二）在应付利息日，应当按照短期借款合同利率计算确定的利息费用，借记“财务费用”科目，贷记“应付利息”等科目。	“短期借款”科目期末贷方余额，反映小企业尚未偿还的短期借款本金。

三、小企业应付职工薪酬

（一）小企业应付职工薪酬的概念

应付职工薪酬，是指小企业为获得职工提供的服务而应付给职工的各种形式的报酬以及其他相关支出。

从性质上，凡是小企业为获得职工提供的服务而给予或付出的各种形式的对价，都构成职工薪酬，作为一种耗费构成人工成本，与这些服务产生的经济利益相匹配。与此同时，小企业与职工之间因职工提供服务形成的关系，大多数构成小企业的现时义务，将导致小企业未来经济利益的流出，从而形成小企业的一项负债。

（1）职工，是指与小企业订立劳动合同的所有人员，含全职、兼职和临时职工。按照《劳动法》和《劳动合同法》的规定，小企业作为用人单位与劳动者应当订立劳动合同，因此，小企业的职工包括与小企业订立了固定期限、无固定期限和以完成一定的工作为期限的劳动合同的所有人员。

（2）职工提供的服务，是指职工在小企业内部所从事的具体工作和岗位，即职工为小企业提供的服务是通过从事具体工作和岗位来体现和实现的。具体工作和岗位包括：生产产品、销售产品或商品、对外提供劳务、管理生产经营活动、建造固定资产、自行研发无形资产等。

（3）报酬的表现形式：货币和非货币两种形式。

（二）小企业职工薪酬的构成

小企业的职工薪酬包括：

（1）职工工资、奖金、津贴和补贴。

（2）职工福利费。

（3）医疗保险费、养老保险费、失业保险费、工伤保险费和生育保险费等社会保险费。

（4）住房公积金。

（5）工会经费和职工教育经费。

（6）非货币性福利。

（7）因解除与职工的劳动关系给予的补偿。

（8）其他与获得职工提供的服务相关的支出等。

小企业应当确保人工成本核算的完整性和准确性。《小企业会计准则》规定的职工薪酬主要包括以下内容：

1. 职工工资、奖金、津贴和补贴

其中，工资是指计时工资和计件工资。计时工资，是指按计时工资标准和工作时间支付给职工的劳动报酬。计件工资，是指对已做工作按计件单价支付的劳动报酬。

奖金，是指支付给职工的超额劳动报酬和增收节支的劳动报酬，如生产奖，包括超产奖、质量奖、安全奖、考核各项经济指标的综合奖、年终奖、劳动分红等，又如劳动竞赛奖，包括发给劳动模范、先进个人的各种奖金和实物奖励等。

津贴和补贴，是指为了补偿职工特殊或额外的劳动消耗和因其他特殊原因支付给职工的津贴，以及为了保证职工工资水平不受物价影响支付的物价补贴，包括补偿职工特殊或额外劳动消耗的津贴（如高空津贴、井下津贴等）、保健津贴、技术性津贴、工龄津贴及其他津贴（如直接支付的伙食津贴、合同制职工工资性补贴及书报费等）。

需要注意的是，根据国家法律、法规和政策规定，因病、工伤、产假、计划生育、婚丧假、探亲假、事假、定期休假、停工学习、执行国家和社会义务等原因应支付的工资也包括在内。

2. 职工福利费

主要包括职工因公负伤赴外地就医路费、职工生活困难补助、未实行医疗统筹小企业职工医疗费用，以及按规定发生的其他职工福利支出。

3. 医疗保险费、养老保险费、失业保险费、工伤保险费和生育保险费等社会保险费

指小企业按照国务院、各地方人民政府规定的基准和比例计算，向社会保险经办机构缴纳的医疗保险费、养老保险费、失业保险费、工伤保险费和生育保险费。即通常所讲的“五险”。

我国养老保险主要分为三个层次：第一层次是社会统筹与职工个人账户相结合的基本养老保险，第二层次是企业补充养老保险，第三层次是个人储蓄性养老保险。但是第三层次属于职工的个人行为，与小企业无关，不属于职工薪酬的范畴。

（1）基本养老保险制度。

根据我国养老保险制度相关规定，小企业为职工缴纳基本养老保险费的比例，一般不得超过小企业工资总额的20%（包括划入个人账户的部分），具体比例由省、自治区、直辖市人民政府确定。

从我国企业基本养老保险制度下企业缴费和职工养老保险待遇的计算和发放方法来看，职工基本养老保险费中小企业缴费的金额，与职工退休时能够享受的养老保险待遇是两种计算方法，职工养老保险待遇即受益水平与小企业在职工提供服务各期的缴费水平不直接挂钩，小企业承担的义务仅限于按照规定标准提存的金额。小企业为职工建立的除基本养老保险以外的其他社会保险如医疗保险、失业保险、工伤保险和生育保险，也是根据国家相关规定，由社会保险经办机构负责收缴、发放和保值增值，小企业承担的义务亦仅限于按照小企业所在地人民政府等规定的标准。

（2）补充养老保险制度。

为建立多层次的养老保险制度，更好地保障企业职工退休后的生活，依法参加基本养老保险并履行缴费义务、具有相应的经济负担能力并已建立集体协商机制的企业，经有关部门批准，可申请建立企业年金。企业年金是企业及其职工在依法参加基本养老保险的基础上，自愿建立的补充养老保险制度。根据国家有关规定，企业建立年金所需资金由企业和职工个人共同缴纳，其中，企业缴费每年不超过本企业上年度职工工资总额的1/12，企业和职工个人缴费合计一般不超过本企业上年度职工工资总额的1/6。

4. 住房公积金

指小企业按照国家规定的基准和比例计算，向住房公积金管理机构缴存的住房公积金。

5. 工会经费和职工教育经费

指小企业根据《工会法》的规定，为了改善职工文化生活、为职工学习先进技术和提高文化水平和业务素质，用于开展工会活动和职工教育及职业技能培训等相关支出。

6. 非货币性福利

指小企业以自己的产品或外购商品作为福利发放给职工等。小企业向职工发放非货币性福利，应当按照下列规定会计处理：

小企业如果将自己生产的产品作为非货币性福利发放给职工，应当视同销售并作为对应付职工薪酬的结算进行会计处理。即应当按照该产品的销售价格，冲减应付职工薪酬，并贷记“主营业务收入”科目，同时，结转产成品的成本，如果涉及增值税销项税额，还应贷记“应交税费——应交增值税（销项税额）”科目。

小企业如果以外购商品作为福利发放给职工，也应当按照上述以自产产品作为福利发放的规定进行会计处理。

需要注意的是，小企业无论是以自产产品还是外购商品作为福利发放给职工，在进行账务处理时，都应当先通过“应付职工薪酬”科目归集当期应计入生产成本或当期损益的职工薪酬金额，以确定完整准确的小企业人工成本金额。

7. 因解除与职工的劳动关系给予的补偿

指小企业在职工劳动合同尚未到期之前解除与职工的劳动关系等情况下根据国家有关规定给予职工的经济补偿，即辞退福利。

8. 其他与获得职工提供的服务相关的支出

指除上述7种薪酬以外的其他为获得职工提供的服务而给予的薪酬，这实际上是一个兜底条款，是为了使得小企业的职工薪酬的构成内容完整和全面。

（三）小企业职工薪酬分配

小企业根据相关规定发生的各种职工薪酬应进行合理分配。

小企业应当在职工为其提供服务的会计期间，将应付的职工薪酬确认为负债，并根据职工提供服务的受益对象，分别下列情况进行会计处理：

（1）应由生产产品、提供劳务负担的职工薪酬，计入产品成本或劳务成本。

（2）应由在建工程、无形资产开发项目负担的职工薪酬，计入固定资产成本或无形资产成本。

（3）其他职工薪酬（含因解除与职工的劳动关系给予的补偿），计入当期损益。

小知识

相关比较

（一）《企业会计准则》

《企业会计准则第9号——职工薪酬》第四条规定：“企业应当在职工为其提供服务的会计期间，将应付的职工薪酬确认为负债，除因解除与职工的劳动关系给予的补偿外，应当根据职工提供服务的受益对象，分别下列情况处理：1. 应由生产产品、提供劳务负担的职工薪酬，计入产品成本或劳务成本。2. 应由在建工程、无形资产负担的职工薪酬，计入建造固定资产或无形资产成本。3. 上述1和2之外的其他职工薪酬，计入当期损益。”第五条规定：“企业为职工缴纳的医疗保险费、养老保险费、失业保险费、工伤保险费、生育保险费等社会保险费和住房公积金，应当在职工为其提供服务的会计期间，根据工资总额的一定比例计算，并按照《小企业会计准则》第四条的规定处理。”第六条规定：“企业在职工劳动合同到期之前解除与职工的劳动关系，或者为鼓励职工自愿接受裁减而提出给予补偿的建议，同时满足下列条件的，应当确认因解除与职工的劳动关系给予补偿而产生的预计负债，同时计入当期损益：1. 企业已经制定正式的解除劳动关系计划或提出自愿裁减建议，并即将实施。该计划或建议应当包括拟解除劳动关系或裁减的职工所在部门、职位及数量；根据有关规定按工作类别或职位确定的解除劳动关系或裁减补偿金额；拟解除劳动关系或裁减的时间。2. 企业不能单方面撤回解除劳动关系计划或裁减建议。”

（二）《企业所得税法实施条例》

《企业所得税法实施条例》第三十四条规定：“企业发生的合理的工资薪金支出，准予扣除。前款所称工资薪金，是指企业每一纳税年度支付给在本企业任职或者受雇的员工的所有现金形式或者非现金形式的劳动报酬，包括基本工资、奖金、津贴、补贴、年终加薪、加班工资，以及与员工任职或者受雇有关的其他支出。”第三十五条规定：“企业依照国务院有关主管部门或者省级人民政府规定的范围和标准为职工缴纳的基本养老保险费、基本医疗保险费、失业保险费、工伤保险费、生育保险费等基本社会保险费和住房公积金，准予扣除。企业为投资者或者职工支付的补充养老保险费、补充医疗保险费，在国务院财政、税务主管部门规定的范围和标准内，准予扣除。”第三十六条规定：“除企业依照国家有关规定为特殊工种职工支付的人身安全保险费和国务院财政、税务主管部门规定可以扣除的其他商业保险费外，企业为投资者或者职工支付的商业保险费，不得扣除。”

（三）《小企业会计准则》

《小企业会计准则》参照企业会计准则有关职工薪酬分配的规定，并考虑了小企业的实际情况，对小企业职工薪酬分配的会计处理进行适当简化。

1. 小企业职工薪酬分配的基本原则

小企业应当在职工为其提供服务的会计期间，按照职工所处的“岗位”而不是“身份”进行分配。在实际应用时，应把握以下两点：

（1）分配的期间。职工为企业提供服务的会计期间，通常是按月来确定。也就是说，小企业既不能提前（例如，职工还没有为企业提供服务），也不能推后（例如，职工已经为企业提供了服务）确认职工薪酬。

（2）受益对象。职工为小企业提供服务所实现的工作成果，例如生产的产品、销售的产品或商品、对外提供的劳务、所管理的生产经营活动、建造的固定资产、自行研发的无形资产等。

2. 应由生产产品、提供劳务负担的职工薪酬计入产品成本或劳务成本

小企业在生产产品、提供劳务过程中直接从事产品生产的工人以及生产车间管理人员和直接提供劳务的人员发生的职工薪酬，作为直接人工成本计入生产成本或劳务成本，即构成存货成本。在具体进行账务处理时，小企业在生产产品、提供劳务过程中生产车间管理人员发生的职工薪酬，先通过“制造费用”科目进行归集，月末再分配结转至“生产成本”科目。

3. 应由在建工程负担的职工薪酬计入固定资产成本

小企业自行建造固定资产过程中直接从事工程建造和管理的人员发生的职工薪酬，只要是在竣工决算前发生的，就应当计入建造固定资产成本；在竣工决算后发生的，应当计入管理费用。在具体进行账务处理时，小企业自行建造固定资产过程中直接从事工程建造和管理的人员发生的职工薪酬，先通过“在建工程”科目进行归集，在办理竣工决算手续后再结转至“固定资产”科目。

4. 应由无形资产开发项目负担的职工薪酬计入无形资产成本

小企业自行开发无形资产过程中直接从事开发项目的人员发生的职工薪酬，只要符合资本化条件，就应当计入所开发无形资产成本；但是不符合资本化条件的，应当计入管理费用。在具体进行账务处理时，小企业自行开发无形资产过程中直接从事开发项目的人员发生的职工薪酬，先通过“研发支出”科目进行归集，在达到预定用途时再结转至“无形资产”科目。

除直接生产人员、直接提供劳务人员、生产车间管理人员、建造固定资产人员、无形资产开发人员等以外的职工，包括小企业行政管理部门人员的职工薪酬，以及难以确定直接对应的受益对象的人员的职工薪酬，例如，因解除与职工的劳动关系给予的补偿，均应当在发生时计入当期损益，即管理费用。

记账小知识

应付职工薪酬

应付职工薪酬见表6-35：

表 6-35 应付职工薪酬

编号	会计科目名称	科目核算内容	特殊规定	明细科目设置	主要账务处理	科目余额反映内容
2211	应付职工薪酬	“应付职工薪酬”科目核算小企业根据有关规定应付给职工的各种薪酬。	小企业（外商投资）按照规定从净利润中提取的职工奖励及福利基金，也通过“应付职工薪酬”科目核算。	“应付职工薪酬”科目应按照“职工工资”“奖金、津贴和补贴”“职工福利费”“社会保险费”“住房公积金”“工会经费”“职工教育经费”“非货币性福利”“辞退福利”等进行明细核算。	（一）月末，小企业应当将本月发生的职工薪酬区分以下情况进行分配： 1. 生产部门（提供劳务）人员的职工薪酬，借记“生产成本”“制造费用”等科目，贷记“应付职工薪酬”科目。 2. 应由在建工程、无形资产开发项目负担的职工薪酬，借记“在建工程”“研发支出”等科目，贷记“应付职工薪酬”科目。 3. 管理部门人员的职工薪酬和因解除与职工的劳动关系给予的补偿，借记“管理费用”科目，贷记“应付职工薪酬”科目。 4. 销售人员的职工薪酬，借记“销售费用”科目，贷记“应付职工薪酬”科目。 （二）小企业发放职工薪酬应当区分以下情况进行处理： 1. 向职工支付工资、奖金、津贴、福利费等，从应付职工薪酬中扣还的各种款项（代垫的家属药费、个人所得税等）等，借记“应付职工薪酬”科目，贷记“库存现金”“银行存款”“其他应收款”“应交税费——应交个人所得税”等科目。 2. 支付工会经费和职工教育经费用于工会活动和职工培训，借记“应付职工薪酬”科目，贷记“银行存款”等科目。 3. 按照国家有关规定缴纳的社会保险费和住房公积金，借记“应付职工薪酬”科目，贷记“银行存款”科目。 4. 以其自产产品发放给职工的，按照其销售价格，借记“应付职工薪酬”科目，贷记“主营业务收入”科目；同时，还应结转产成品的成本。涉及增值税销项税额的，还应进行相应的账务处理。 5. 支付的因解除与职工的劳动关系给予职工的补偿，借记“应付职工薪酬”科目，贷记“库存现金”“银行存款”等科目。	“应付职工薪酬”科目期末贷方余额，反映小企业应付未付的职工薪酬。

小知识

相关比较

（一）《企业会计准则》

《企业会计准则第9号——职工薪酬》第二条规定："职工薪酬，是指企业为获得职工提供的服务而给予各种形式的报酬以及其他相关支出。职工薪酬包括：1.职工工资、奖金、津贴和补贴；2.职工福利费；3.医疗保险费、养老保险费、失业保险费、工伤保险费和生育保险费等社会保险费；4.住房公积金；5.工会经费和职工教育经费；6.非货币性福利；7.因解除与职工的劳动关系给予的补偿；8.其他与获得职工提供的服务相关的支出。"

（二）《企业所得税法实施条例》

《企业所得税法实施条例》第三十四条规定："企业发生的合理的工资薪金支出，准予扣除。前款所称工资薪金，是指企业每一纳税年度支付给在本企业任职或者受雇的员工的所有现金形式或者非现金形式的劳动报酬，包括基本工资、奖金、津贴、补贴、年终加薪、加班工资，以及与员工任职或者受雇有关的其他支出。"第三十五条规定："企业依照国务院有关主管部门或者省级人民政府规定的范围和标准为职工缴纳的基本养老保险费、基本医疗保险费、失业保险费、工伤保险费、生育保险费等基本社会保险费和住房公积金，准予扣除。企业为投资者或者职工支付的补充养老保险费、补充医疗保险费，在国务院财政、税务主管部门规定的范围和标准内，准予扣除。"第三十六条规定："除企业依照国家有关规定为特殊工种职工支付的人身安全保险费和国务院财政、税务主管部门规定可以扣除的其他商业保险费外，企业为投资者或者职工支付的商业保险费，不得扣除。"

（三）《小企业会计准则》

《小企业会计准则》参照企业会计准则中关于职工薪酬的规定对小企业的应付职工薪酬进行了界定，并根据小企业的实际情况进行了适当简化，但是与《企业所得税法》的规定仍有些差异，因为《企业所得税法实施条例》强调"实际支付的""合理"的工资薪金支出。这一点，应引起小企业的关注。

四、小企业应交税费

小企业的应交税费包括：增值税、消费税、城市维护建设税、企业所得税、资源税、土地增值税、城镇土地使用税、房产税、车船税和教育费附加、矿产资源补偿费、排污费以及代扣代缴的个人所得税等。

（一）小企业应交增值税的账务处理

1. 应设置的专栏

小企业应当在“应交增值税”明细科目中分别设置“进项税额”“销项税额”“出口退税”“进项税额转出”“已交税金”等应交增值税专栏。但是，小规模纳税人只需设置“应交增值税”明细科目，不需要在“应交增值税”明细科目中设置上述专栏。

2. 采购物资发生的增值税进项税额

小企业采购物资等（包括原材料、机器设备等），按照应计入采购成本的金额，借记“材料采购”或“在途物资”“原材料”“库存商品”等科目，按照税法规定可抵扣的增值税额，借记“应交税费——应交增值税（进项税额）”科目，按照应付或实际支付的金额，贷记“应付账款”“银行存款”等科目。购入物资发生退货，做相反的会计分录。

购进免税农业产品，按照购入农业产品的买价和税法规定的税率计算的增值税进项税额，借记“应交税费——应交增值税（进项税额）”科目，按照买价减去按照税法规定计算的进项税额后的金额，借记“材料采购”或“在途物资”等科目，按照应付或实际支付的价款，贷记“应付账款”“库存现金”“银行存款”等科目。

3. 销售商品发生的增值税销项税额

（1）小企业销售商品（提供劳务），按照收入金额和应收取的增值税额销项税额，借记“应收账款”“银行存款”等科目，按照税法规定应交纳的增值税销项税额，贷记“应交税费——应交增值税（销项税额）”科目，按照确认的营业收入金额，贷记“主营业务收入”“其他业务收入”等科目。发生销售退回，做相反的会计分录。

（2）小企业随同商品出售但单独计价的包装物，应当按照实际收到或应收的金额，借记“银行存款”“应收账款”等科目，按照税法规定应交纳的增值税销项税额，贷记“应交税费——应交增值税（销项税额）”科目，按照确认的其他业务收入金额，贷记“其他业务收入”科目。

（3）小企业将自产的产品等（包括所购商品）用作福利发放给职工，应视同产品销售计算应交增值税的，借记“应付职工酬薪”科目，贷记“主营业务收入”“应交税费——应交增值税（销项税额）”等科目。

（4）由于工程而使用本企业的产品或商品，应当按照成本，借记“在建工程”

科目，贷记“库存商品”科目。同时，按照税法规定应交纳的增值税销项税额，借记“在建工程”科目，贷记“应交税费——应交增值税（销项税额）”科目。

4. 出口产品或商品退回的增值税

（1）实行“免、抵、退”管理办法的小企业，按照税法规定计算的当期出口产品不予免征、抵扣和退税的增值税额，借记“主营业务成本”科目，贷记“应交税费——应交增值税（进项税额转出）”科目。按照税法规定计算的当期应予抵扣的增值税额，借记“应交税费——应交增值税（出口抵减内销产品应纳税额）”科目，贷记“应交税费——应交增值税（出口退税）”科目。

出口产品按照税法规定应予退回的增值税款，借记“其他应收款”科目，贷记“应交税费——应交增值税（出口退税）”、科目。

（2）未实行“免、抵、退”管理办法的小企业，出口产品实现销售收入时，应当按照应收的金额，借记“应收账款”等科目，按照税法规定应收的出口退税，借记“其他应收款”科目，按照税法规定不予退回的增值税额，借记“主营业务成本”科目，按照确认的销售商品收入，贷记“主营业务收入”科目，按照税法规定应交纳的增值税额，贷记“应交税费——应交增值税（销项税额）”科目。

5. 不得从增值税销项税额中抵扣的进项税额

（1）小企业购入材料等（包括机器设备）按照税法规定不得从增值税销项税额中抵扣的进项税额，其进项税额应计入材料等（包括机器设备）的成本，借记“材料采购”或“在途物资”“在建工程”或“固定资产”等科目，贷记“银行存款”等科目。

（2）小企业购进的物资、在产品、产成品因盘亏、毁损、报废、被盗，以及购进物资改变用途等原因按照税法规定不得从增值税销项税额中抵扣的进项税额，其进项税额应转入有关科目，借记“待处理财产损溢”等科目，贷记“应交税费——应交增值税（进项税额转出）”科目。

6. 交纳增值税

小企业交纳的增值税，借记“应交税费——应交增值税（已交税金）”科目，贷记“银行存款”科目。

（二）小企业应交消费税的账务处理

（1）小企业销售需要交纳消费税的物资应交的消费税，借记“营业税金及附加”等科目，贷记“应交税费——应交消费税”科目。

（2）小企业以生产的产品用于在建工程、非生产机构等，按照税法规定应交纳的消费税，借记“在建工程”“管理费用”等科目，贷记“应交税费——应交消费税”科目。

小企业随同商品出售但单独计价的包装物，按照税法规定应交纳的消费税，借记“营业税金及附加”科目，贷记“应交税费——应交消费税”科目。小企业出租、出借包装物逾期未收回没收的押金应交的消费税，借记“营业税金及附加”科目，贷记“应交税费——应交消费税”科目。

（3）小企业需要交纳消费税的委托加工物资，由受托方代收代缴税款（除受托加工或翻新改制金银首饰按照税法规定由受托方交纳消费税外）。小企业（作为受托方）按照应交税款金额，借记“应收账款”“银行存款”等科目，贷记“应交税费——应交消费税”科目。

委托加工物资收回后，直接用于销售的，小企业（作为委托方）应将代收代缴的消费税计入委托加工物资的成本，借记“库存商品”等科目，贷记“应付账款”“银行存款”等科目；委托加工物资收回后用于连续生产，按照税法规定准予抵扣的，按照代收代缴的消费税，借记“应交税费——应交消费税”科目，贷记“应付账款”“银行存款”等科目。

（4）有金银首饰零售业务的以及采用以旧换新方式销售金银首饰的小企业，在营业收入实现时，按照应交的消费税，借记“营业税金及附加”科目，贷记“应交税费——应交消费税”科目。有金银首饰零售业务的小企业因受托代销金银首饰按照税法规定应交纳的消费税，借记“营业税金及附加”科目，贷记“应交税费——应交消费税”科目；以其他方式代销金银首饰的，其交纳的消费税，借记“营业税金及附加”科目，贷记“应交税费——应交消费税”科目。

有金银首饰批发、零售业务的小企业将金银首饰用于馈赠、赞助、广告、职工福利、奖励等方面的，应于物资移送时，按照应交的消费税，借记“营业外支出”“销售费用”“应付职工薪酬”等科目，贷记“应交税费——应交消费税”科目。

随同金银首饰出售但单独计价的包装物，按照税法规定应交纳的消费税，借记“营业税金及附加”科目，贷记“应交税费——应交消费税”科目。

小企业因受托加工或翻新改制金银首饰按照税法规定应交纳的消费税，于向委托方交货时，借记“营业税金及附加”科目，贷记“应交税费——应交消费税”科目。

（5）需要交纳消费税的进口物资，其交纳的消费税应计入该项物资的成本，借记“材料采购”或“在途物资”“库存商品”“固定资产”等科目，贷记“银行存款”等科目。

（6）小企业（生产性）直接出口或通过外贸企业出口的物资，按照税法规定直接予以免征消费税的，可不计算应交消费税。

（7）小企业交纳的消费税，借记“应交税费——应交消费税”科目，贷记“银行存款”科目。

（三）小企业应交城市维护建设税和教育费附加的账务处理

（1）小企业按照税法规定应交的城市维护建设税、教育费附加，借记“营业税金及附加”科目，贷记“应交税费——应交城市维护建设税”“应交税费——应交教育费附加”科目。

（2）小企业交纳的城市维护建设税和教育费附加，借记“应交税费——应交城市维护建设税”“应交税费——应交教育费附加”科目，贷记“银行存款”科目。

（四）小企业应交企业所得税的账务处理

（1）小企业按照税法规定应交的企业所得税，借记“所得税费用”科目，贷记“应交税费——应交企业所得税”科目。

（2）小企业交纳的企业所得税，借记“应交税费——应交企业所得税”科目，贷记“银行存款”科目。

（五）小企业应交资源税的账务处理

（1）小企业销售商品按照税法规定应交纳的资源税，借记“营业税金及附加”科目，贷记“应交税费——应交资源税”科目。

（2）小企业自产自用的物资应交纳的资源税，借记“生产成本”科目，贷记“应交税费——应交资源税”科目。

（3）小企业收购未税矿产品，按照实际支付的价款，借记“材料采购”或“在途物资”等科目，贷记“银行存款”等科目；按照代扣代缴的资源税，借记“材料采购”或“在途物资”等科目，贷记“应交税费——应交资源税”科目。

（4）小企业外购液体盐加工固体盐：在购入液体盐时，按照税法规定所允许抵扣的资源税，借记“应交税费——应交资源税”科目，按照购买价款减去允许抵扣的资源税后的金额，借记“材料采购”或“在途物资”“原材料”等科目，按照应支付的购买价款，贷记“银行存款”“应付账款”等科目；加工成固体盐后，在销售时，按照销售固体盐应交纳的资源税，借记“营业税金及附加”科目，贷记“应交税费——应交资源税”科目；将销售固体盐应交资源税抵扣液体盐已交资源税后的差额上交时，借记“应交税费——应交资源税”科目，贷记“银行存款”科目。

（5）小企业交纳的资源税，借记“应交税费——应交资源税”科目，贷记“银行存款”科目。

（六）小企业应交土地增值税的账务处理

（1）小企业转让土地使用权应交纳的土地增值税，土地使用权与地上建筑物及其附着物一并在“固定资产”科目核算的，借记“固定资产清理”科目，贷记“应交税费——应交土地增值税”科目。

土地使用权在“无形资产”科目核算的，按照实际收到的金额，借记“银行存款”科目，按照应交纳的土地增值税，贷记“应交税费——应交土地增值税”科目，按照已计提的累计摊销，借记“累计摊销”科目，按照其成本，贷记“无形资产”科目，按照其差额，贷记“营业外收入——非流动资产处置净收益”科目或借记“营业外支出——非流动资产处置净损失”科目。

（2）小企业（房地产开发经营）销售房地产应交纳的土地增值税，借记“营业税金及附加”科目，贷记“应交税费——应交土地增值税”科目。

（3）小企业交纳的土地增值税，借记“应交税费——应交土地增值税”科目，贷记“银行存款”科目。

（七）小企业应交城镇土地使用税、房产税、车船税、矿产资源补偿费、排污费的账务处理

（1）小企业按照规定应交纳的城镇土地使用税、房产税、车船税、矿产资源补偿费、排污费，借记“营业税金及附加”科目，贷记“应交税费——应交城镇土地使用税”“应交税费——应交房产税”“应交税费——应交车船税”“应交税费——应交矿产资源补偿费”“应交税费——应交排污费”科目。

（2）小企业交纳的城镇土地使用税、房产税、车船税、矿产资源补偿费、排污费，借记“应交税费——应交城镇土地使用税”“应交税费——应交房产税”“应交税费——应交车船税”“应交税费——应交矿产资源补偿费”“应交税费——应交排污费”科目，贷记“银行存款”科目。

（八）小企业应交个人所得税的账务处理

（1）小企业按照税法规定应代扣代缴的职工个人所得税，借记“应付职工薪酬”科目，贷记“应交税费——应交个人所得税”科目。

（2）小企业交纳的个人所得税，借记“应交税费——应交个人所得税”科目，贷记“银行存款”科目。

（九）小企业先征后返的企业所得税、增值税、消费税

小企业按照规定实行企业所得税、增值税、消费税等先征后返的，应当在实际收到返还的企业所得税、增值税（不含出口退税）、消费税等时，借记“银行存款”科

目，贷记“营业外收入”科目。

注意事项

在理解相关税收概念的同时，会计核算上应注意三点：

（1）价外税。

纳税人取得的货款包括销售款和税款两部分，销售款应确认为销售收入，税款应确认为增值税销项税额。增值税款是在销售收入之外收取的，从本质上来说，是代收代付款项。核算时，要注意将收到的货款还原为不含税收入。税款计算公式为：

$$增值税销项税款=\frac{货款}{1+税率}\times 税率$$

（2）增值税款一般不构成税前扣除成本。

纳税人销售商品和提供应税劳务会向买方（劳务接受方）收取销项税额，该税额不构成销售收入；购进商品和应税劳务时会向卖方（劳务提供方）支付进项税额，该税额也不构成存货、固定资产等的成本，不计入当期损益。小企业当期销项税与进项税的差额，如为正数，作为应纳税款缴纳增值税；如为负数，作为留抵税额结转下期继续抵扣。因此，正常的增值税税款不允许在企业所得税税前扣除。只有当发生不允许抵扣进项税、进项税转出等情形时，小企业已支付的相关进项税税额可以计入税前扣除成本，在企业所得税税前扣除。

（3）小规模纳税人的处理。

小规模纳税人适用简易计税方法计缴增值税，因此，会计处理与一般纳税人不同：取得货款时，仍要区分销售款和货款，税款计算公式为：

$$增值税应纳税款=\frac{货款}{1+征收率}\times 征收率$$

小规模纳税人购买商品和应税劳务时，所支付的增值税在企业所得税税前扣除。

记账小知识

应交税费

应交税费见表 6-36：

表 6-36 应交税费

编号	会计科目名称	科目核算内容	特殊规定	明细科目设置	主要账务处理	科目余额反映内容
2221	应交税费	“应交税费”科目核算小企业按照税法等规定计算应交纳的各种税费。包括：增值税、消费税、城市维护建设税、企业所得税、资源税、土地增值税、城镇土地使用税、房产税、车船税和教育费附加、矿产资源补偿费、排污费等。	小企业代扣代缴的个人所得税等，也通过“应交税费”科目核算。	“应交税费”科目应按照应交的税费项目进行明细核算。 应交增值税还应当分别“进项税额”“销项税额”“出口退税”“进项税额转出”“已交税金”等设置专栏。 小规模纳税人只需设置“应交增值税”明细科目，不需要在“应交增值税”明细科目中设置上述专栏。	（一）应交增值税的主要账务处理 1. 小企业采购物资等，按照应计入采购成本的金额，借记“材料采购”或“在途物资”“原材料”“库存商品”等科目，按照税法规定可抵扣的增值税进项税额，借记“应交税费”科目（应交增值税——进项税额），按照应付或实际支付的金额，贷记“应付账款”“银行存款”等科目。购入物资发生退货的，作相反的会计分录。 购进免税农业产品，按照购入农业产品的买价和税法规定的税率计算的增值税进项税额，借记“应交税费”科目（应交增值税——进项税额），按照买价减去按照税法规定计算的增值税进项税额后的金额，借记“材料采购”或“在途物资”等科目，按照应付或实际支付的价款，贷记“应付账款”“库存现金”“银行存款”等科目。 2. 销售商品（提供劳务），按照收入金额和应收取的增值税销项税额，借记“应收账款”“银行存款”等科目，按照税法规定应交纳的增值税销项税额，贷记“应交税费”科目（应交增值税——销项税额），按照确认的营业收入金额，贷记“主营业务收入”“其他业务收入”等科目。发生销售退回的，作相反的会计分录。 随同商品出售但单独计价的包装物，应当按照实际收到或应收的金额，借记“银行存款”“应收账款”等科目，按照税法规定应交纳的增值税销项税额，贷记“应交税费”科目（应交增值税——销项税额），按照确认的其他业务收入金额，贷记“其他业务收入”科目。 3. 有出口产品的小企业，其出口退税的账务处理如下： （1）实行“免、抵、退”管理办法的小企业，按照税法规定计算的当期出口产品不予免征、抵扣和退税的增值税额，借记“主营业务成本”科目，贷记“应交税费”科目（应交增值税——进项税额转出）。按照税法规定计算的当期应予抵扣的增值税额，借记“应交税费”科目（应交增值税——出口抵减内销产品应纳税额），贷记“应交税费”科目（应交增值税——出口退税）。 出口产品按照税法规定应予退回的增值税款，借记“其他应收款”科目，贷记“应交税费”科目（应交增值税——出口退税）。	“应交税费”科目期末贷方余额，反映小企业尚未交纳的税费；期末如为借方余额，反映小企业多交或尚未抵扣的税费。

续表

编号	会计科目名称	科目核算内容	特殊规定	明细科目设置	主要账务处理	科目余额反映内容
					（2）未实行“免、抵、退”管理办法的小企业，出口产品实现销售收入时，应当按照应收的金额，借记“应收账款”等科目，按照税法规定应收的出口退税，借记“其他应收款”科目，按照税法规定不予退回的增值税额，借记“主营业务成本”科目，按照确认的销售商品收入，贷记“主营业务收入”科目，按照税法规定应交纳的增值税额，贷记“应交税费”科目（应交增值税——销项税额）。 4. 购入材料等按照税法规定不得从增值税销项税额中抵扣的进项税额，其进项税额应计入材料等的成本，借记“材料采购”或“在途物资”等科目，贷记“银行存款”等科目，不通过“应交税费”科目（应交增值税——进项税额）核算。 5. 将自产的产品等用作福利发放给职工，应视同产品销售计算应交增值税的，借记“应付职工薪酬”科目，贷记“主营业务收入”“应交税费”科目（应交增值税——销项税额）等科目。 6. 购进的物资、在产品、产成品因盘亏、毁损、报废、被盗，以及购进物资改变用途等原因按照税法规定不得从增值税销项税额中抵扣的进项税额，其进项税额应转入有关科目，借记“待处理财产损溢”等科目，贷记“应交税费”科目（应交增值税——进项税额转出）。 由于工程而使用本企业的产品或商品，应当按照成本，借记“在建工程”科目，贷记“库存商品”科目。同时，按照税法规定应交纳的增值税销项税额，借记“在建工程”科目，贷记“应交税费”科目（应交增值税——销项税额）。 7. 交纳的增值税，借记“应交税费”科目（应交增值税——已交税金），贷记“银行存款”科目。 （二）应交消费税的主要账务处理 1. 销售需要交纳消费税的物资应交的消费税，借记“营业税金及附加”等科目，贷记“应交税费”科目（应交消费税）。 2. 以生产的产品用于在建工程、非生产机构等，按照税法规定应交纳的消费税，借记“在建工程”“管理费用”等科目，贷记“应交税费”科目（应交消费税）。	

续表

编号	会计科目名称	科目核算内容	特殊规定	明细科目设置	主要账务处理	科目余额反映内容
					随同商品出售但单独计价的包装物，按照税法规定应交纳的消费税，借记“营业税金及附加”科目，贷记“应交税费”科目（应交消费税）。出租、出借包装物逾期未收回没收的押金应交的消费税，借记“营业税金及附加”科目，贷记“应交税费”科目（应交消费税）。 3. 需要交纳消费税的委托加工物资，由受托方代收代缴税款（除受托加工或翻新改制金银首饰按照税法规定由受托方交纳消费税外）。小企业（受托方）按照应交税款金额，借记“应收账款”“银行存款”等科目，贷记“应交税费”科目（应交消费税）。 委托加工物资收回后，直接用于销售的，小企业（委托方）应将代收代缴的消费税计入委托加工物资的成本，借记“库存商品”等科目，贷记“应付账款”“银行存款”等科目；委托加工物资收回后用于连续生产，按照税法规定准予抵扣的，按照代收代缴的消费税，借记“应交税费”科目（应交消费税），贷记“应付账款”“银行存款”等科目。 4. 有金银首饰零售业务的以及采用以旧换新方式销售金银首饰的小企业，在营业收入实现时，按照应交的消费税，借记“营业税金及附加”科目，贷记“应交税费”科目（应交消费税）。有金银首饰零售业务的小企业因受托代销金银首饰按照税法规定应交纳的消费税，借记“营业税金及附加”科目，贷记“应交税费”科目（应交消费税）；以其他方式代销金银首饰的，其交纳的消费税，借记“营业税金及附加”科目，贷记“应交税费”科目（应交消费税）。 有金银首饰批发、零售业务的小企业将金银首饰用于馈赠、赞助、广告、职工福利、奖励等方面的，应于物资移送时，按照应交的消费税，借记“营业外支出”“销售费用”“应付职工薪酬”等科目，贷记“应交税费”科目（应交消费税）。 随同金银首饰出售但单独计价的包装物，按照税法规定应交纳的消费税，借记“营业税金及附加”科目，贷记“应交税费”科目（应交消费税）。 小企业因受托加工或翻新改制金银首饰按照税法规定应交纳的消费税，于向委托方交货时，借记“营业税金及附加”科目，贷记“应交税费”科目（应交消费税）。 5. 需要交纳消费税的进口物资，其交纳的消费税应计入该项物资的成本，借记“材料采购”或“在途物资”“库存商品”“固定资产”等科目，贷记“银行存款”等科目。 6. 小企业（生产性）直接出口或通过外贸企业出口的物资，按照税法规定直接予以免征消费税的，可不计算应交消费税。	

续表

编号	会计科目名称	科目核算内容	特殊规定	明细科目设置	主要账务处理	科目余额反映内容
					7. 交纳的消费税，借记“应交税费”科目（应交消费税），贷记“银行存款”科目。 （三）应交城市维护建设税和教育费附加的主要账务处理 1. 小企业按照税法规定应交的城市维护建设税、教育费附加，借记“营业税金及附加”科目，贷记“应交税费”科目（应交城市维护建设税、应交教育费附加）。 2. 交纳的城市维护建设税和教育费附加，借记“应交税费”科目（应交城市维护建设税、应交教育费附加），贷记“银行存款”科目。 （四）应交企业所得税的主要账务处理 1. 小企业按照税法规定应交的企业所得税，借记“所得税费用”科目，贷记“应交税费”科目（应交企业所得税）。 2. 交纳的企业所得税，借记“应交税费”科目（应交企业所得税），贷记“银行存款”科目。 （五）应交资源税的主要账务处理 1. 小企业销售商品按照税法规定应交纳的资源税，借记“营业税金及附加”科目，贷记“应交税费”科目（应交资源税）。 2. 自产自用的物资应交纳的资源税，借记“生产成本”科目，贷记“应交税费”科目（应交资源税）。 3. 收购未税矿产品，按照实际支付的价款，借记“材料采购”或“在途物资”等科目，贷记“银行存款”等科目，按照代扣代缴的资源税，借记“材料采购”或“在途物资”等科目，贷记“应交税费”科目（应交资源税）。 4. 外购液体盐加工固体盐：在购入液体盐时，按照税法规定所允许抵扣的资源税，借记“应交税费”科目（应交资源税），按照购买价款减去允许抵扣的资源税后的金额，借记“材料采购”或“在途物资”“原材料”等科目，按照应支付的购买价款，贷记“银行存款”“应付账款”等科目；加工成固体盐后，在销售时，按照销售固体盐应交纳的资源税，借记“营业税金及附加”科目，贷记“应交税费”科目（应交资源税）；将销售固体盐应交资源税抵扣液体盐已交资源税后的差额上交时，借记“应交税费”科目（应交资源税），贷记“银行存款”科目。 5. 交纳的资源税，借记“应交税费”科目（应交资源税），贷记“银行存款”科目。	

续表

编号	会计科目名称	科目核算内容	特殊规定	明细科目设置	主要账务处理	科目余额反映内容
					（六）应交土地增值税的主要账务处理 1. 小企业转让土地使用权应交纳的土地增值税，土地使用权与地上建筑物及其附着物一并在“固定资产”科目核算的，借记“固定资产清理”科目，贷记“应交税费”科目（应交土地增值税）。 土地使用权在“无形资产”科目核算的，按照实际收到的金额，借记“银行存款”科目，按照应交纳的土地增值税，贷记“应交税费”科目（应交土地增值税），按照已计提的累计摊销，借记“累计摊销”科目，按照其成本，贷记“无形资产”科目，按照其差额，贷记“营业外收入——非流动资产处置净收益”科目或借记“营业外支出——非流动资产处置净损失”科目。 2. 小企业（房地产开发经营）销售房地产应交纳的土地增值税，借记“营业税金及附加”科目，贷记“应交税费”科目（应交土地增值税）。 3. 交纳的土地增值税，借记“应交税费”科目（应交土地增值税），贷记“银行存款”科目。 （七）应交城镇土地使用税、房产税、车船税、矿产资源补偿费、排污费的主要账务处理 1. 小企业按照规定应交纳的城镇土地使用税、房产税、车船税、矿产资源补偿费、排污费，借记“营业税金及附加”科目，贷记“应交税费”科目（应交城镇土地使用税、应交房产税、应交车船税、应交矿产资源补偿费、应交排污费）。 2. 交纳的城镇土地使用税、房产税、车船税、矿产资源补偿费、排污费，借记“应交税费”科目（应交城镇土地使用税、应交房产税、应交车船税、应交矿产资源补偿费、应交排污费），贷记“银行存款”科目。 （八）应交个人所得税的主要账务处理 1. 小企业按照税法规定应代扣代缴的职工个人所得税，借记“应付职工薪酬”科目，贷记“应交税费”科目（应交个人所得税）。 2. 交纳的个人所得税，借记“应交税费”科目（应交个人所得税），贷记“银行存款”科目。 （九）小企业按照规定实行企业所得税、增值税、消费税、先征后返的，应当在实际收到返还的企业所得税、增值税（不含出口退税）、消费税等时，借记“银行存款”科目，贷记“营业外收入”科目	

第7章　小企业非流动资产和负债方面会计

第一节　小企业非流动资产方面会计

一、小企业非流动资产概述

小企业资产按其流动性不同，可分为流动资产和非流动资产。流动资产是预计在1年内（含1年）或超过1年的一个正常营业周期内变现、出售或耗用的资产。流动资产以外的资产就是非流动资产。

小企业的非流动资产包括：长期债券投资、长期股权投资、固定资产、生产性生物资产、无形资产、长期待摊费用等。

二、小企业长期债券投资

长期债券投资，是指小企业准备长期（在1年以上，下同）持有的债券投资。

小知识

小企业投资的分类

（一）《小企业会计准则》

按照投资对象的可变现性和投资目的分类，分为短期投资和长期投资。首先，易变现、并且意图短期持有的投资，归为短期投资；不易变现、且意图长期持有的投资，归为长期投资。其次，在短期投资中再按照投资性质分类，分为股票投资、债券投资等；在长期投资中也按照投资性质作进一步的分类，分为长期股权投资、长期债券投资。长期股权投资通过投资取得被投资单位的股份；长期债券投资通过投资拥有被投资单位债权。

将投资分为短期投资和长期投资，其目的是通过这种划分将投资进行归类并分别核算；将长期投资划分为长期股权投资和长期债券投资，其目的是与会计核算方法相联系，长期股权投资涉及权益性投资问题，要求采用成本法核算；长期债券投资与长期股权投资的会计核算不同，长期债券投资在会计核算时涉及债券利息的计提和溢折价的摊销等。通过这种划分，可以较清晰地反映小企业不同变现能力的投资和不同性质投资在会计核算中的特殊性。

（二）《企业会计准则》

《企业会计准则第22号——金融工具确认和计量》第十一条规定："持有至到期投资，是指到期日固定、回收金额固定或可确定，且企业有明确意图和能力持有至到期的非衍生金融资产。下列非衍生金融资产不应当划分为持有至到期投资：1. 初始确认时被指定为以公允价值计量且其变动计入当期损益的非衍生金融资产；2. 初始确认时被指定为可供出售的非衍生金融资产；3. 贷款和应收款项。企业应当在资产负债表日对持有意图和能力进行评价。发生变化的，应当按照《小企业会计准则》有关规定处理。"第十二条规定："存在下列情况之一的，表明企业没有明确意图将金融资产投资持有至到期：1. 持有该金融资产的期限不确定。2. 发生市场利率变化、流动性需要变化、替代投资机会及其投资收益率变化、融资来源和条件变化、外汇风险变化等情况时，将出售该金融资产。但是，无法控制、预期不会重复发生且难以合理预计的独立事项引起的金融资产出售除外。3. 该金融资产的发行方可以按照明显低于其摊余成本的金额清偿。4. 其他表明企业没有明确意图将该金融资产持有至到期的情况。"

（三）《企业所得税法实施条例》

《企业所得税法实施条例》第七十一条规定："《企业所得税法》第十四条所称投资资产，是指企业对外进行权益性投资和债权性投资形成的资产。"

（一）小企业长期债券投资的特征

长期债券投资相对于短期投资和长期股权投资，通常具有以下三个特征：

（1）投资目的很明确，是小企业为了提高赚取高于银行存款利息收入而进行的对外投资。

（2）投资时间比较长，通常会超过1年。

（3）投资品种不易变现或持有意图长于1年。

（二）小企业取得长期债券投资的会计处理

《企业所得税法实施条例》第七十一条规定："投资资产是指企业对外进行权益

性投资和债权性投资形成的资产。投资资产按照以下方法确定成本：1. 通过支付现金方式取得的投资资产，以购买价款为成本；2. 通过支付现金以外的方式取得的投资资产，以该资产的公允价值和支付的相关税费为成本。税法中所称的公允价值是指按照市场价格确定的价值。”

关于长期债券投资成本的计量，《小企业会计准则》与企业所得税法存在的细微差异是：取得投资时实际支付的价款中包含的已到付息期但尚未领取的债券利息，会计上单独确认为应收利息，不计入投资成本，而税法上作为购买价款的组成部分计入投资成本。

（三）小企业长期债券投资取得成本的构成

长期债券投资的成本由两部分构成，分别是购买价款和相关税费。在《小企业会计准则》中，相关税费，是指小企业在交易过程中按照有关规定应负担的各种税款、行政事业性收费以及手续费、佣金等。

（四）小企业确定长期债券投资成本需考虑的一个特殊因素

实际支付的价款中包含的已到付息期但尚未领取的债券利息，属于购买时暂时垫付的资金，并且在当今社会这些信息都属于公开信息极易取得，因此不得计入长期债券投资的成本，应当作为应收利息单独核算。即按照扣除所含利息收入后的金额作为长期债券投资的成本。

（五）小企业长期债券投资持有期间会计处理

小企业购入长期债券，有的是按债券面值购入、有的按高于或低于债券面值的价格购入。溢价或折价购入是由于债券的票面利率与实际利率不同而引起的。当债券票面利率高于市场利率，表明债券发行人实际支付的利息将高于按市场利率计算的利息，发行人在发行时按照高于债券票面价值的价格发行，即溢价发行，对购买入而言则为溢价购入。溢价发行对投资者而言，是为以后多得利息而事先付出的代价；对于发行人而言，是为以后多付利息而事先得到的补偿。如果债券的票面利率低于市场利率，表明发行人今后实际支付的利息低于按照市场利率计算的利息，则发行人按照低于票面价值的价格发行，即折价发行，对于购买入而言，为折价购入。折价发行对投资者而言，是为今后少得利息而事先得到的补偿；对发行人而言，是为今后少付利息而事先付出的代价。

《企业会计准则第 22 号——金融工具确认和计量》第三十二条规定：“企业应当按照公允价值对金融资产进行后续计量，且不扣除将来处置该金融资产时可能发生的交易费用。但是，下列情况除外：1. 持有至到期投资以及贷款和应收款项，应当采用实际利率法，按摊余成本计量。2. 在活跃市场中没有报价且其公允价值不能可靠计量的权益工具投资，以及与该权益工具挂钩并须通过交付该权益工具结算的衍生金融资产，应当按照成本计量。”第三十三条规定：“企业应当采用实际利率法，按摊余成本对金融负债进行后续计量。但是，下列情况除外：1. 以公允价值计量且其变动计入当期损益的金融负债，应当按照公允价值计量，且不扣除将来结清金融负债时可能发生的交易费用。2. 与在活跃市场中没有报价、公允价值不能可靠计量的权益工具挂钩并须通过交付该权益工具结算的衍生金融负债，应当按照成本计量。3. 不属于指定为以公允价值计量且其变动计入当期损益的金融负债的财务担保合同，或没有指定为以公允价值计量且其变动计入当期损益并将以低于市场利率贷款的贷款承诺，应当在初始确认后按照下列两项金额之中的较高者进行后续计量：（1）按照《企业会计准则第 13 号——或有事项》确定的金额；（2）初始确认金额扣除按照《企业会计准则第 14 号——收入》的原则确定的累计摊销额后的余额。”

《企业所得税法实施条例》第十八条规定：“利息收入，是指企业将资金提供他人使用但不构成权益性投资，或者因他人占用本企业资金取得的收入，包括存款利息、贷款利息、债券利息、欠款利息等收入。利息收入，按照合同约定的债务人应付利息的日期确认收入的实现。”

《小企业会计准则》与企业所得税法存在的差异是：按照企业所得税法规定，企业利息收入金额按照合同名义利率（即债券票面利率）计算确定；而在会计上，如果小企业按照高于或低于债券面值的价格购入长期债券投资时，需要在投资持有期间逐期分摊溢折价金额，作为投资收益的调整。

1. 长期债券投资利息的会计处理

长期债券投资应当在债务人应付利息日，按照债券面值和债券票面利率计算利息收入，并计入当期投资收益。由于债券付息时间不同，分别以下两种情况进行处理：

（1）分期付息、一次还本的长期债券投资，在债务人应付利息日按照票面利率计算的应收未收利息收入应当确认为应收利息，不增加长期债券投资的账面余额。其账务处理为：在债务人应付利息日，按照票面利率计算的利息收入，借记“应收利息”科目，贷记“投资收益”科目。待实际收到利息时，冲减应收利息。

（2）持有的一次还本付息的长期债券投资，在债务人应付利息日按照票面利率计算的应收未收利息收入应当增加长期债券投资的账面余额。其账务处理为：在债务人应付利息日，按照票面利率计算的利息收入，借记“长期债券投资——应计利息”科目，贷记“投资收益”科目。待实际收到利息时，冲减长期债券投资的账面余额。

2. 长期债券投资溢折价的会计处理

（1）长期债券投资溢价或折价 = 债券初始投资成本 – 债券面值。例如，某小企业 2013 年 1 月 1 日，以 535000 元购入 2013 年 1 月 1 日发行的 5 年期债券，债券年利率 8%，债券面值 500000 元，按年支付利息。则该企业购买该债券的溢价为 35000（535000–500000）元。

（2）长期债券投资的溢价或折价在债券存续期间内采用直线法摊销。直线法是指将债券的溢折价按债券的还款期限（或付息期数）平均分摊。直线法下，每期溢折价的摊销数额相等。溢价或折价的摊销，应与确认相关债券利息收入同时进行，并作为计提的利息收入的调整。即，在债务人应付利息日按照债券面值和票面利率计算的应收利息扣除当期摊销的溢价确认为投资收益，或在债务人应付利息日按照债券面值和票面利率计算的应收利息与当期摊销的折价的合计额确认为投资收益。

（六）小企业长期债券投资到期和处置会计处理

《企业所得税法实施条例》第七十一条规定："企业在转让或者处置投资资产时，投资资产的成本，准予扣除。"

为了简化核算，便于小企业实务操作，减轻纳税调整负担，满足汇算清缴的需要，《小企业会计准则》有关处置长期债券投资的规定与企业所得税法相一致。

1. 到期收回长期债券投资的会计处理

长期债券投资通常都有到期日，小企业在长期债券投资到期日收回长期债券投资，应当冲减该项长期债券投资的账面余额。由于长期债券投资的账面余额中还包含当初取得时支付的相关税费，因此，在债券投资到期时，收回本金或本息，如果该项长期债券投资还存在余额，应将该余额作为投资损失，结转至投资收益。

2. 处置长期债券投资实现的投资收益的确定

长期债券投资的处置是一个很宽泛的概念，泛指在债券投资到期前减少长期债券投资的一切行为，包括出售、转让、债券本身发生损失等情形。

小企业在长期债券投资到期前处置债券投资时，应当将处置价款扣除该项长期债券投资的账面余额（即成本）、处置过程中支付的相关税费后的净额计入处置当期的投资收益。

（七）小企业长期债券投资损失认定条件和会计处理

小企业持有长期债券投资可能会因发行人（即债务人）资不抵债、现金短缺、破产、清算等原因而无法收回本金和收到利息。这类无法收回的长期债券投资而产生的损失为长期债券投资损失。

企业所得税法对资产损失作了规定。《企业所得税法》第十条规定："在计算应纳税所得额时，未经核定的准备金支出不得扣除。"《企业所得税法实施条例》第五十五条规定："《企业所得税法》第十条第7项所称未经核定的准备金支出，是指不符合国务院财政、税务主管部门规定的各项资产减值准备、风险准备等准备金支出。"

财税57号文件第四条规定："企业除贷款类债权外的应收、预付账款符合下列条件之一的，减除可收回金额后确认的无法收回的应收、预付款项，可以作为坏账损失在计算应纳税所得额时扣除：1. 债务人依法宣告破产、关闭、解散、被撤销，或者被依法注销、吊销营业执照，其清算财产不足清偿的；2. 债务人死亡，或者依法被宣告失踪、死亡，其财产或者遗产不足清偿的；3. 债务人逾期3年以上未清偿，且有确凿证据证明已无力清偿债务的；4. 与债务人达成债务重组协议或法院批准破产重整计划后，无法追偿的；5. 因自然灾害、战争等不可抗力导致无法收回的；6. 国务院财政、税务主管部门规定的其他条件。"

为简便小企业会计核算、减少所得税纳税调整，《小企业会计准则》采取了与税法完全一致的长期债券投资损失认定条件和处理方法，即直接转销法。这一点与企业会计准则的规定有差异，小企业应当予以注意。

1. 长期债券投资损失的确认时点

长期债券投资损失的确认时点是实际发生时，而不是预计或预期发生时。

2. 长期债券投资损失的认定条件

小企业长期债券投资损失实际上也是坏账损失的一种，因此其认定条件与坏账损失的认定条件完全相同，具体如下：

小企业长期债券投资符合下列条件之一的，减除可收回的金额后确认的无法收回的长期债券投资，作为长期债券投资损失：

（1）债务人依法宣告破产、关闭、解散、被撤销，或者被依法注销、吊销营业执照，其清算财产不足清偿的。

（2）债务人死亡，或者依法被宣告失踪、死亡，其财产或者遗产不足清偿的。

（3）债务人逾期3年以上未清偿，且有确凿证据证明已无力清偿债务的。

（4）与债务人达成债务重组协议或法院批准破产重整计划后，无法追偿的。

（5）因自然灾害、战争等不可抗力导致无法收回的。

（6）国务院财政、税务税务主管部门规定的其他条件。

3. 长期债券投资损失金额的确定

小企业的长期债券投资出现上述所列条件之一时，应当积极与债务人进行协商，努力收回相关款项。如果确实无法再收回，应将该长期债券投资的账面余额减除可收回的金额后的净额，确认为长期债券投资损失，计入营业外支出。

4. 长期债券投资损失的账务处理

小企业应当按照可收回的金额，借记“银行存款”等科目，按照长期债券投资的账面余额，贷记“长期债券投资”科目，按照其差额，借记“营业外支出”科目。

注意事项

小企业应当注意正确处理好与税收征管的关系，认真按照税收征管的要求做好相关申报工作。

国家税务总局第 25 号公告第四十条规定：“企业债权投资损失应依据投资的原始凭证、合同或协议、会计核算资料等相关证据材料确认。下列情况债权投资损失的，还应出具相关证据材料：

（1）债务人或担保人依法被宣告破产、关闭、被解散或撤销、被吊销营业执照、失踪或者死亡等，应出具资产清偿证明或者遗产清偿证明。无法出具资产清偿证明或者遗产清偿证明，且上述事项超过三年以上的，或债权投资（包括信用卡透支和助学贷款）余额在三百万元以下的，应出具对应的债务人和担保人破产、关闭、解散证明、撤销文件、工商行政管理部门注销证明或查询证明以及追索记录等（包括司法追索、电话追索、信件追索和上门追索等原始记录）。

（2）债务人遭受重大自然灾害或意外事故，企业对其资产进行清偿和对担保人进行追偿后，未能收回的债权，应出具债务人遭受重大自然灾害或意外事故证明、保险赔偿证明、资产清偿证明等。

（3）债务人因承担法律责任，其资产不足归还所借债务，又无其他债务承担者的，应出具法院裁定证明和资产清偿证明。

（4）债务人和担保人不能偿还到期债务，企业提出诉讼或仲裁的，经人民法院对债务人和担保人强制执行，债务人和担保人均无资产可执行，人民法院裁定终结或终止（中止）执行的，应出具人民法院裁定文书。

（5）债务人和担保人不能偿还到期债务，企业提出诉讼后被驳回起诉的、人民法院不予受理或不予支持的，或经仲裁机构裁决免除（或部分免除）债务人责任，经追偿后无法收回的债权，应提交法院驳回起诉的证明，或法院不予受理或不予支持证明，或仲裁机构裁决免除债务人责任的文书。

（6）经国务院专案批准核销的债权，应提供国务院批准文件或经国务院同意后由国务院有关部门批准的文件。”

记账小知识

长期债券投资

长期债券投资见表 7-1：

表 7-1　长期债券投资

编号	会计科目名称	科目核算内容	明细科目设置	主要账务处理	科目余额反映内容
1501	长期债券投资	“长期债券投资”科目核算小企业准备长期（在1年以上，下同）持有的债券投资。	“长期债券投资”科目应按照债券种类和被投资单位，分别“面值”“溢折价”“应计利息”进行明细核算。	（一）小企业购入债券作为长期投资，应当按照债券票面价值，借记“长期债券投资”科目（面值），按照实际支付的购买价款和相关税费，贷记“银行存款”科目，按照其差额，借记或贷记“长期债券投资”科目（溢折价）。 如果实际支付的购买价款中包含已到付息期但尚未领取的债券利息，应当按照债券票面价值，借记“长期债券投资”科目（面值），按照应收的债券利息，借记“应收利息”科目，按照实际支付的购买价款和相关税费，贷记“银行存款”科目，按照其差额，借记或贷记“长期债券投资”科目（溢折价）。 （二）在长期债券投资持有期间，在债务人应付利息日，按照分期付息、一次还本的长期债券投资票面利率计算的利息收入，借记“应收利息”科目，贷记“投资收益”科目；按照一次还本付息的长期债券投资票面利率计算的利息收入，借记“长期债券投资”科目（应计利息），贷记“投资收益”科目。 在债务人应付利息日，按照应分摊的债券溢折价金额，借记或贷记“投资收益”科目，贷记或借记“长期债券投资”科目（溢折价）。 （三）长期债券投资到期，收回长期债券投资，应当按照收回的债券本金或本息，借记“银行存款”等科目，按照其账面余额，贷记“长期债券投资”科目（成本、溢折价、应计利息），按照应收未收的利息收入，贷记“应收利息”科目。 处置长期债券投资，应当按照处置收入，借记“银行存款”等科目，按照其账面余额，贷记“长期债券投资”科目（成本、溢折价），按照应收未收的利息收入，贷记“应收利息”科目，按照其差额，贷记或借记“投资收益”科目。 （四）按照小企业会计准则规定确认实际发生的长期债券投资损失，应当按照可收回的金额，借记“银行存款”等科目，按照其账面余额，贷记“长期债券投资”科目（成本、溢折价），按照其差额，借记“营业外支出”科目。	“长期债券投资”科目期末借方余额，反映小企业持有的分期付息、一次还本债券投资的成本和到期一次还本付息债券投资的本息。

三、小企业长期股权投资

长期股权投资，是指小企业准备长期持有的权益性投资。

《企业会计准则第2号——长期股权投资》所规范的长期股权投资主要包括四类权益性投资：一是对子公司投资，二是对合营企业投资，三是对联营企业投资，四是对被投资单位不具有控制、共同控制或重大影响，并且在活跃市场中没有报价、公允价值不能可靠计量的权益性投资。其他投资适用于《企业会计准则第22号——金融工具确认和计量》等相关准则。

《企业所得税法》没有区分长期投资和短期投资，而只有投资资产这一概念，进而对投资资产的计税基础，以及权益性投资收益和债权性投资利息收入计入应纳税所得额等有关问题作出了规范。《企业所得税法实施条例》第七十一条规定："《企业所得税法》第十四条所称投资资产，是指企业对外进行权益性投资和债权性投资形成的资产。"

为简化小企业会计核算，小企业会计准则仅从小企业准备持有时间角度对权益性投资进行了划分，准备长期持有（在1年以上）的权益性投资为长期股权投资，准备短期持有的为短期投资。这样的划分，无须考虑对被投资单位的影响力，也无须考虑其是否有活跃市场报价、公允价值能否可靠计量。

（一）小企业长期股权投资的性质

长期股权投资的性质为权益性投资，在被投资单位享有股份或出资比例和所有者权益份额，可以以投资者身份从被投资单位获取净利润的分配，通常没有到期日，因而显著地不同于债券投资。

（二）小企业长期股权投资的期限

长期股权投资相对于短期投资，其期限会超过1年，不包括1年，即符合非流动资产的概念。

（三）小企业长期股权投资计量的基本原则

长期股权投资应当按照成本进行计量。

（四）小企业取得长期股权投资成本确定

《企业会计准则第2号——长期股权投资》第三条规定："企业合并形成的长期股权投资，应当按照下列规定确定其初始投资成本：（1）同一控制下的企业合并，合并方以支付现金、转让非现金资产或承担债务方式作为合并对价的，应当在合并日按照取得被合并方所有者权益账面价值的份额作为长期股权投资的初始投资成本。长期股权投资初始投资成本与支付的现金、转让的非现金资产以及所承担债务账面价值之间的差额，应当调整资本公积；资本公积不足冲减的，调整留存收益。合并方以发行权益性证券作为合并对价的，应当在合并日按照取得被合并方所有者权益账面价值的份额作为长期股权投资的初始投资成本。按照发行股份的面值总额作为股本，长期股权投资初始投资成本与所发行股份面值总额之间的差额，应当调整资本公积；资本公积不足冲减的，调整留存收益。（2）非同一控制下的企业合并，购买方在购买日应当按照《企业会计准则第 20 号——企业合并》确定的合并成本作为长期股权投资的初始投资成本。”第四条规定：“除企业合并形成的长期股权投资以外，其他方式取得的长期股权投资，应当按照下列规定确定其初始投资成本：以支付现金取得的长期股权投资，应当按照实际支付的购买价款作为初始投资成本。初始投资成本包括与取得长期股权投资直接相关的费用、税金及其他必要支出；以发行权益性证券取得的长期股权投资，应当按照发行权益性证券的公允价值作为初始投资成本；投资者投入的长期股权投资，应当按照投资合同或协议约定的价值作为初始投资成本，但合同或协议约定价值不公允的除外；通过非货币性资产交换、债务重组取得的长期股权投资，其初始投资成本应当按照相关会计准则确定。

《企业所得税法》也对投资资产的税务处理作了规定。《企业所得税法实施条例》第七十一条规定：“《企业所得税法》第十四条所称投资资产，是指企业对外进行权益性投资和债权性投资形成的资产。企业在转让或者处置投资资产时，投资资产的成本，准予扣除。投资资产按照以下方法确定成本：（1）通过支付现金方式取得的投资资产，以购买价款为成本；（2）通过支付现金以外的方式取得的投资资产，以该资产的公允价值和支付的相关税费为成本。”

考虑到小企业对外投资相对较少、取得方式较为单一，《小企业会计准则》在企业会计准则的基础上进行了适当简化。与《企业所得税法》存在的细微差异是：取得投资时实际支付的价款中包含的已宣告但尚未发放的现金股利，会计上单独确认为应收股利，不计入投资成本，而税法上作为购买价款的组成部分计入投资成本。

1. 以支付现金取得的长期股权投资的成本确定

以支付现金取得的长期股权投资，应当按照实际支付的购买价款和相关税费作为初始投资成本，但实际支付价款中包含的被投资单位已宣告但尚未发放的现金股利，应当单独确认为应收股利，不构成长期股权投资的成本。

其账务处理为：小企业以支付现金取得的长期股权投资，如果实际支付的购买价款中包含已宣告但尚未发放的现金股利，应当按照实际支付的购买价款和相关税费扣除已宣告但尚未发放的现金股利后的金额，借记“长期股权投资”科目，按照应收的现金股利，借记“应收股利”科目，按实际支付的购买价款和相关税费，贷记“银行存款”科目。

2. 通过非货币性资产交换取得的长期股权投资的成本确定

通过非货币性资产交换取得的长期股权投资，根据公司法的规定，实际上是一种用非货币性资产出资的行为，应当对其价值进行评估，因此，《小企业会计准则》要求应当按照换出非货币性资产的评估价值和相关税费之和作为长期股权投资的成本。

这种处理方式实际上是采用了两笔交易观，视同先将非货币性资产按照市场价格出售，再以所取得的对价购入一项新的资产即长期股权投资。因此，换出非货币性资产为存货的，应当视同商品销售处理，按照评估价值确认为销售商品收入，同时按照其账面余额结转销售商品成本。换出非货币性资产为固定资产、无形资产的，应当视同固定资产或无形资产处置处理，换出资产按照评估价值计价，与其账面余额之间的差额计入营业外收入或营业外支出。换出非货币性资产为投资资产的，应当视同投资资产处置处理，换出资产按照评估价值计价，与其账面余额之间的差额计入投资收益。

换入长期股权投资与换出非货币性资产涉及相关税费的，应按照上述原则区别不同情况进行会计处理：换出存货视同销售应计算销项税额，换出固定资产、无形资产视同转让应缴纳的增值税等，按照相关税收规定计算确定。

其账务处理为：以非现金资产取得长期股权投资时，按照同类或者类似非现金资产的市场价格与相关税费之和，借记“长期股权投资”科目，按照非现金资产的账面价值，贷记“固定资产清理”“无形资产”等科目，按照支付的相关税费，贷记“应交税费”等科目，按照其差额，贷记或借记“营业外收入”或“营业外支出”等科目。

（五）小企业长期股权投资持有期间会计处理

《企业会计准则第2号——长期股权投资》第五条和第八条规定，下列长期股权投资应当按照该准则第七条规定，采用成本法核算：①投资企业能够对被投资单位实施控制的长期股权投资；②投资企业对被投资单位不具有共同控制或重大影响，并且在活跃市场中没有报价、公允价值不能可靠计量的长期股权投资。投资企业对被投资单位具有共同控制或重大影响的长期股权投资，应当按照该准则第九条至第十三条规定，采用权益法核算。也就是说，长期股权投资在持有期间，根据投资企业对被投资单位的影响程度及是否存在活跃市场、公允价值能否可靠取得等情况，分别采用成本法及权益法进行核算。

《企业所得税法实施条例》也对长期股权投资的税务处理作了规定。《企业所得税法实施条例》第十七条规定："股息、红利等权益性投资收益，是指企业因权益性投资从被投资方取得的收入。股息、红利等权益性投资收益，除国务院财政、税务主管部门另有规定外，按照被投资方作出利润分配决定时间确认收入的实现。"也就是说，税法中对于长期股权投资并没有权益法的概念，投资持有期间取得的股息、红利等收益计入收入总额，转让或处置投资时准予扣除其成本。

为了简化核算，便于小企业实务操作，减轻纳税调整负担，满足汇算清缴的需要，《小企业会计准则》有关长期股权投资持有期间投资收益的规定与《企业所得税法》基本一致，即要求小企业长期股权投资一律采用成本法核算。实务工作中，可能需要进行纳税调整的事项：一是根据《企业所得税法》规定，居民企业直接投资于其他居民企业取得的股息、红利等权益性投资收益为免税收入，即作为投资企业，其在未来期间自被投资单位分得的有关现金股利或利润符合一定条件时，这部分现金股利或利润免税，但会计上仍应当如实地反映投资所取得的收益。二是税法中所称的股息、红利收入包括现金股利和股票股利两种形式，其中，现金股利又称派股，是指企业以现金形式分配给股东的股利；股票股利又称送红股，是指企业以增发股份的方式代替现金方式向股东派息，通常是按照股东所持股份比例分配新股数量，以防止企业的资金流失，保证股东所获得的利润继续作为企业的投资部分，用于扩大再生产等。也就是说，投资企业分得的股票股利，如不符合免税条件的，应当计入应纳税所得额中，但会计上投资企业无须进行会计处理，仅作备查登记。与《企业会计准则》存在的差异是：对长期股权投资统一要求采用成本法进行后续计量，而不论投资企业对被投资单位的影响程度及是否存在活跃市场、公允价值能否可靠取得等情况。

1. 成本法的基本核算原则

成本法是指投资按投资成本计价的方法。

2. 成本法下长期股权投资的计量

采用成本法核算的长期股权投资应当按照初始投资成本计量。追加或收回投资应当调整长期股权投资的成本，除此之外，长期股权投资的账面价值一般应保持不变。

3. 成本法下投资收益的确认

成本法下，长期股权投资持有期间，被投资单位宣告分派的现金股利或利润时，投资企业按照应分得的金额确认为当期投资收益，借记"应收股利"科目，贷记"投资收益"科目。

（六）小企业处置长期股权投资会计处理

《企业会计准则第 2 号——长期股权投资》第十六条规定："处置长期股权投资，其账面价值与实际取得价款的差额，应当计入当期损益。采用权益法核算的长期股权投资，因被投资单位除净损益以外所有者权益的其他变动而计入所有者权益的，处置该项投资时应当将原计入所有者权益的部分按相应比例转入当期损益。”

《企业所得税法实施条例》第七十一条规定：“企业在转让或者处置投资资产时，投资资产的成本，准予扣除。”

《小企业会计准则》有关长期股权投资处置的规定与《企业所得税法》相一致。与《企业会计准则》存在的差异：一是由于不要求计提长期股权投资减值准备，因此，处置长期股权投资时所结转的长期股权投资账面价值不考虑减值因素；二是由于小企业长期股权投资一律采用成本法核算，因此，也不存在原计入所有者权益的部分相应结转的问题。

1. 处置长期股权投资损益的确定

小企业处置长期股权投资，应当将处置价款扣除该投资的账面余额（即成本）、出售过程中支付的相关税费的净额计入处置当期的投资收益。

2. 所处置长期股权投资成本的结转

处置长期股权投资时，其成本分别不同情况进行结转：

（1）一次性全部处置某项长期股权投资，其成本为长期股权投资的账面余额；

（2）部分处置某项长期股权投资，可以比照《小企业会计准则》第十三条有关发出存货成本的方法进行计算结转，如采用先进先出法、加权平均法或者个别计价法结转其所处置投资的成本。

（七）小企业长期股权投资实际发生损失时的会计处理

《企业会计准则第2号——长期股权投资》第十六条规定：“按照成本法核算的、在活跃市场中没有报价、公允价值不能可靠计量的长期股权投资，其减值应当按照《企业会计准则第22号——金融工具确认和计量》处理；其他按照《企业会计准则》核算的长期股权投资，其减值应当按照《企业会计准则第8号——资产减值》处理。”《企业会计准则第22号——金融工具确认和计量》第四十条规定：“企业应当在资产负债表日对以公允价值计量且其变动计入当期损益的金融资产以外的金融资产的账面价值进行检查，有客观证据表明该金融资产发生减值的，应当计提减值准备。”《企业会计准则第8号——资产减值》第四条、第六条和第十五条规定：“企业应当在资产负债表日判断资产是否存在可能发生减值的迹象。资产存在减值迹象的，应当估计其可收回金额。可收回金额的计量结果表明，资产的可收回金额低于其账面价值的，应当将资产的账面价值减记至可收回金额，减记的金额确认为资产减值损失，计入当期损益，同时计提相应的资产减值准备。”

《企业所得税法》第十条第（七）项规定：“在计算应纳税所得额时，未经核定的准备金支出不得扣除。"《企业所得税法实施条例》第五十五条进一步解释："《企业所得税法》第十条第（七）项所称未经核定的准备金支出，是指不符合国务院财政、税务主管部门规定的各项资产减值准备、风险准备等准备金支出。"

财税57号文件第六条规定："企业的股权投资符合下列条件之一的，减除可收回金额后确认的无法收回的股权投资，可以作为股权投资损失在计算应纳税所得额时扣除：1.被投资方依法宣告破产、关闭、解散、被撤销，或者被依法注销、吊销营业执照的；2.被投资方财务状况严重恶化，累计发生巨额亏损，已连续停止经营3年以上，且无重新恢复经营改组计划的；3.对被投资方不具有控制权，投资期限届满或者投资期限已超过10年，且被投资单位因连续3年经营亏损导致资不抵债的；4.被投资方财务状况严重恶化，累计发生巨额亏损，已完成清算或清算期超过3年以上的；5.国务院财政、税务主管部门规定的其他条件。"

为了简化核算，便于小企业实务操作，减轻纳税调整负担，《小企业会计准则》有关长期股权投资发生损失的条件及其处理的规定与《企业所得税法》相一致。与《企业会计准则》存在的差异：不要求计提长期股权投资减值准备，只有当长期股权投资发生实际损失时才予以确认。

1. 长期股权投资损失确认的时点

长期股权投资损失应在实际发生时确认，而不是预计或预期发生时确认。

2. 长期股权投资损失的认定条件

小企业长期股权投资符合《小企业会计准则》第二十六条规定的任一条件的，应确认相应的长期股权投资损失。

3. 长期股权投资损失金额的确定

小企业长期股权投资符合《小企业会计准则》第二十六条规定的任一条件的，应将该项长期股权投资的账面余额减除可收回的金额后的净额，作为长期股权投资损失的金额。

4. 长期股权投资损失的账务处理

长期股权投资损失区别于处置长期股权投资所产生的净损失。前者是长期股权投资在持有过程中由于投资环境的变化、被投资单位财务状况严重恶化等原因导致部分或全部长期股权投资无法收回而实际发生的投资损失，对投资企业而言，可认为是一种"被动"的损失，因此，损失金额应计入营业外支出。后者是小企业处置部分或全部长期股权投资，由于所取得价款不足以补偿投资成本及相关税费而发生的净损失，对投资企业而言，可认为是一种"主动"的损失，因此，损失金额应计入投资收益。

小企业实际发生长期股权投资损失时，应当按照可收回的金额，借记"银行存款”等科目，按照长期股权投资的账面余额，贷记“长期股权投资”科目，按照其差额，借记“营业外支出”科目。

注意事项

小企业应当注意正确处理好与税收征管的关系，认真按照税收征管的要求做好相关申报工作。

小企业发生的长期股权投资损失，应当在小企业向主管税务机关提供证据资料证明其已符合法定资产损失确认条件，且会计上已作损失处理的年度申报扣除。长期股权投资损失应按规定的程序和要求向主管税务机关申报后方能在税前扣除，未经申报的损失，不得在税前扣除。

国家税务总局第25号公告第四十一条规定：

企业（包括小企业）股权投资损失应依据以下相关证据材料确认：

1. 股权投资计税基础证明材料；

2. 被投资企业破产公告、破产清偿文件；

3. 工商行政管理部门注销、吊销被投资单位营业执照文件；

4. 政府有关部门对被投资单位的行政处理决定文件；

5. 被投资企业终止经营、停止交易的法律或其他证明文件；

6. 被投资企业资产处置方案、成交及入账材料；

7. 企业法定代表人、主要负责人和财务负责人签章证实有关投资（权益）性损失的书面申明；

8. 会计核算资料等其他相关证据材料。被投资企业依法宣告破产、关闭、解散或撤销、吊销营业执照、停止生产经营活动、失踪等，应出具资产清偿证明或者遗产清偿证明。

上述事项超过三年且未能完成清算的，应出具被投资企业破产、关闭、解散或撤销、吊销等的证明以及不能清算的原因说明。

记账小知识

长期股权投资

长期股权投资见表7-2：

表 7-2　长期股权投资

编号	会计科目名称	科目核算内容	明细科目设置	主要账务处理	科目余额反映内容
1511	长期股权投资	“长期股权投资”科目核算小企业准备长期持有的权益性投资。	“长期股权投资”科目应按照被投资单位进行明细核算。	（一）小企业以支付现金取得的长期股权投资，如果实际支付的购买价款中包含已宣告但尚未发放的现金股利，应当按照实际支付的购买价款和相关税费扣除已宣告但尚未发放的现金股利后的金额，借记“长期股权投资”科目，按照应收的现金股利，借记“应收股利”科目，按照实际支付的购买价款和相关税费，贷记“银行存款”科目。 通过非货币性资产交换取得的长期股权投资，应当按照非货币性资产的评估价值与相关税费之和，借记“长期股权投资”科目，按照换出非货币性资产的账面价值，贷记“固定资产清理”“无形资产”等科目，按照支付的相关税费，贷记“应交税费”等科目，按照其差额，贷记“营业外收入”或借记“营业外支出”等科目。 （二）在长期股权投资持有期间，被投资单位宣告分派的现金股利或利润，应当按照应分得的金额，借记“应收股利”科目，贷记“投资收益”科目。 （三）处置长期股权投资，应当按照处置价款，借记“银行存款”等科目，按照其成本，贷记“长期股权投资”科目，按照应收未收的现金股利或利润，贷记“应收股利”科目，按照其差额，贷记或借记“投资收益”科目。 （四）根据小企业会计准则规定确认实际发生的长期股权投资损失，应当按照可收回的金额，借记“银行存款”等科目，按照其账面余额，贷记“长期股权投资”科目，按照其差额，借记“营业外支出”科目。	“长期股权投资”科目期末借方余额，反映小企业持有的长期股权投资的成本。

四、小企业固定资产

小企业固定资产，是指小企业为生产产品、提供劳务、出租或经营管理而持有的，使用寿命超过1年的有形资产。

固定资产是小企业非流动资产的重要组成部分，是小企业重要的劳动手段，它以实物形态加入到生产过程，可连续参加多个生产周期，但不构成产品实体，其价值是逐渐地、部分地转移到它所生产的产品成本中。固定资产是小企业从事生产经营活动的必要条件，代表着小企业的生产能力，一个小企业拥有的固定资产的规模、质量、先进程度，决定着该企业产品的质量以及产品在市场上的竞争能力。

小知识

相关比较

1.《企业会计准则》

《企业会计准则第4号——固定资产》第三条规定："固定资产是指同时具有下列特征的有形资产：1.为生产商品、提供劳务、出租或经营管理而持有的；2.使用寿命超过一个会计年度。"

2.《企业所得税法实施条例》

《企业所得税法实施条例》第五十七条规定："固定资产是指企业为生产产品、提供劳务、出租或者经营管理而持有的、使用时间超过12个月的非货币性资产，包括房屋、建筑物、机器、机械、运输工具以及其他与生产经营活动有关的设备、器具、工具等。"

3.《小企业会计准则》

《小企业会计准则》有关固定资产的概念与《企业会计准则》《企业所得税法》相一致。

（一）小企业固定资产的内容

小企业的固定资产包括：房屋、建筑物、机器、机械、运输工具、设备、器具、工具等。

（二）小企业固定资产的特征

小企业固定资产具有以下特征：

1. 持有固定资产的目的是生产商品、提供劳务、出租或经营管理

也就是说，固定资产是小企业的劳动工具或手段，而不像商品一样为了对外出售。这一特征是固定资产区别于商品等流动资产的重要标志。需要说明的是，小企业以经营租赁方式出租的建筑物也属于固定资产，这不同于大中型企业根据企业会计准则的有关规定需将其单独划分为投资性房地产的会计处理。

2. 使用固定资产的期限较长

小企业使用固定资产的期限较长，使用寿命一般超过一个会计年度。也就是说，固定资产的收益期超过一年，能在一年以上的时间里为小企业创造经济利益。这一特征表明固定资产属于非流动资产，随着使用和磨损，通过计提折旧方式逐渐减少账面价值。因此，对固定资产计提折旧是对固定资产进行后续计量的重要内容。

3. 固定资产具有实物特征

这个特征将固定资产与无形资产区别开来。有些无形资产可能同时符合固定资产的其他特征，如无形资产为生产商品、提供劳务而持有，使用寿命超过一个会计年度，但是，由于其没有实物形态，所以不属于固定资产。工业企业所持有的工具、用具、备品备件、维修设备等资产，施工企业所持有的模板、挡板、架料等周转材料，以及地质勘探企业所持有的管材等资产，尽管该类资产具有固定资产的某些特征，如使用期限超过一年，也能够带来经济利益，但由于数量多，单价低，考虑到成本效益原则，在实务中通常确认为存货。

（三）小企业固定资产的分类

小企业的固定资产种类繁多、规格不一，为加强管理，便于组织会计核算，有必要对其进行科学、合理的分类。根据不同的管理需要和核算要求以及不同的分类标准，可以对固定资产进行不同的分类，主要有以下几种分类方法：

1. 按经济用途分类

按固定资产的经济用途分类，可分为生产经营用固定资产和非生产经营用固定资产。生产经营用固定资产，是指直接服务于企业生产、经营过程的各种固定资产，如生产经营用的房屋、建筑物、机器、设备、器具、工具等。非生产经营用固定资产，是指不直接服务于生产、经营过程的各种固定资产，如职工宿舍等使用的房屋、设备和其他固定资产等。

按照固定资产的经济用途分类，可以归类反映和监督小企业生产经营用固定资产和非生产经营用固定资产之间，以及生产经营用各类固定资产之间的组成和变化情况，借以考核和分析小企业固定资产的利用情况，促使小企业合理地配备固定资产，充分发挥其效用。

2. 综合分类

按固定资产的经济用途和使用情况等综合分类，可把小企业的固定资产划分为七大类：

（1）生产经营用固定资产；

（2）非生产经营用固定资产；

（3）租出固定资产（指在经营租赁方式下出租给外单位使用的固定资产）；

（4）不需用固定资产；

（5）未使用固定资产；

（6）土地（指过去已经估价单独入账的土地。因征地而支付的补偿费，应计入与土地有关的房屋、建筑物的价值内，不单独作为土地价值入账。企业取得的土地使用权，应作为无形资产管理，不作为固定资产管理）；

（7）融资租入固定资产（指企业以融资租赁方式租入的固定资产，在租赁期内，应视同自有固定资产进行管理）。

（四）小企业固定资产计量的基本原则

固定资产应当按照成本进行计量，以取得固定资产发生的全部相关支出作为成本。但是，对于不同方式取得的固定资产，其成本构成不尽相同。小企业取得固定资产方式主要有五种：外购、自行建造、投资者投入、融资租入和盘盈。

（五）小企业取得固定资产成本的确定

1. 外购固定资产成本的确定

小企业外购固定资产的成本包括三部分：

（1）购买价款。这是外购固定资产成本的主体构成部分，是指小企业为购买固定资产所支付的直接对价物。

（2）相关税费。包括小企业为购买固定资产而缴纳的税金、行政事业性收费等，如购买车辆而支付的车辆购置税、签订购买合同而缴纳的印花税等，但不包括按照税法规定可以抵扣的增值税进项税额。

（3）相关的其他支出。是指使固定资产达到预定可使用状态前所发生的可直接归属于该项资产的其他支出，如购买固定资产过程中发生的相关运输费、装卸费、安装费、专业人员服务费等。

有时，小企业可能以一笔款项购入多项没有单独标价的固定资产，则应当按照各项固定资产市场价格或类似资产的市场价格比例对总成本进行分配，分别确定各项固定资产的成本。如果以一笔款项购入的多项资产中还包括固定资产以外的其他资产，也应按类似的方法予以处理。

2. 自行建造固定资产成本的确定

小企业的固定资产，有些是直接从其他单位或者个人购买的，而有些则是小企业自己建造的，如小企业自己建造的厂房、办公楼、机器、设备等。与外购的固定资产不同，自行建造的固定资产，对于小企业来说，它是一个长期的过程，其取得成本的确定相对较为复杂。自行建造固定资产的成本，由建造该项资产在竣工决算前发生的支出构成，包括建造固定资产所需的原材料费用、人工费、管理费、缴纳的相关税费、应予资本化的借款费用，等等。只要是固定资产竣工决算之前所发生的，为建造固定资产所必需的、与固定资产的形成具有直接关系的支出，都应作为固定资产成本的组成部分。此外，小企业在建工程在试运转过程中形成的产品、副产品或试车收入冲减在建工程成本。

需要特别强调的是借款费用资本化的问题。借款费用是小企业因借入资金所付出的代价，主要包括小企业向银行或者其他金融机构等借入资金发生的利息、借款过程中发生的手续费或佣金等辅助费用、因外币借款而发生的汇兑差额等。小企业为购置、建造固定资产、无形资产和经过 12 个月以上的建造才能达到预定可销售状态的存货发生借款的，在有关资产购置、建造期间发生的合理的借款费用，应当作为资本性支出计入有关资产的成本。其他借款费用应当在发生时根据其发生额确认为费用，计入当期损益。对此，需要重点把握以下几点：

（1）这里的借款包括各种借款，长期借款和短期借款，银行借款与向第三方借款等。

（2）符合资本化条件的资产，限定为固定资产、无形资产和经过 12 个月以上的建造才能达到预定可销售状态的存货。这些资产通常需要经过相当长时间的建造或生产过程才能达到预定可使用或者可销售状态。

（3）借款费用是指小企业因借款而发生的利息及其他相关成本。包括：借款利息、辅助费用、因外币借款而发生的汇兑差额等。

（4）借款费用资本化期间，是指从借款费用开始发生时至停止资本化时点的期间，包括借款费用暂停资本化的期间。开始发生时：取得借款支付的辅助费用、应付日应支付的利息、期末汇兑差额、符合资本化条件后。停止资本化时点：竣工决算前、达到预定用途、达到预定可销售状态前。

（5）利息支出要符合下列条件：

①非金融企业向金融企业借款的利息支出、金融企业的各项存款利息支出和同业拆借利息支出、企业经批准发行债券的利息支出；

②非金融企业向非金融企业借款的利息支出，不超过按照金融企业同期同类贷款利率计算的数额的部分。

（6）相关借款所发生的存款利息，停止资本化之前，应冲减资产成本。

（7）房地产开发企业借款计入存货成本。

3. 投资者投入固定资产成本的确定

根据公司法的规定，投资者既可以用货币出资，也可以用实物、知识产权、土地使用权出资，并且应当评估作价，不得高估或者低估作价。其中，实物可能构成了接受投资方的固定资产。因此，遵照公司法的规定，投资者投入的固定资产应当按照评估价值确定其成本。如果涉及相关税费，还应按照税法规定进行相应会计处理。

4. 融资租入固定资产成本的确定

融资租赁，是指实质上转移了与资产所有权有关的全部风险和报酬的租赁。虽然，融资租赁状态下，融资租赁物的所有权最终可能转移，也可能不转移，但是租赁人实际上负担了租赁物的绝大部分风险，是租赁物实质上的所有人，与租赁人所有的其他资产的性质类似。

因此，《小企业会计准则》采取了简化的处理方式，即融资租入固定资产的成本，按照租赁合同约定的付款总额和在签订租赁合同过程中发生的相关税费等确定。这里，付款总额是指租赁合同中承租人与出租人双方协议约定的付款总额。相关税费包括承租人为融资租入固定资产发生的印花税、增值税等税费；另外，承租人为租入固定资产支付的佣金、律师费、差旅费、谈判费、运输费、装卸费、保险费、安装调试费也应计入固定资产成本。

5. 盘盈固定资产成本的确定

盘盈的固定资产是指盘点中发现的账外固定资产。由于固定资产单位价值较高、使用时限较长，对于管理规范的小企业而言，盘盈固定资产的情况应当比较少见。一旦发现，应当立即补登会计账簿。由于盘盈的固定资产往往在小企业以前的会计账簿上没有记载或者记载的相关资料不全等原因，无法有效确定其历史成本，所以《小企业会计准则》规定盘盈固定资产的成本，应当按照同类或者类似固定资产的市场价格或评估价值，扣除按照该项固定资产新旧程度估计的折旧后的余额确定，相当于采用重置成本计量。

（六）小企业固定资产折旧

折旧，是指在固定资产使用寿命内，按照确定的方法对应计折旧额进行系统分摊。应计折旧额，是指应当计提折旧的固定资产的原价（成本）扣除其预计净残值后的金额。预计净残值，是指固定资产预计使用寿命已满，小企业从该项固定资产处置中获得的扣除预计处置费用后的净额。

1. 影响折旧的因素

影响折旧的因素主要有以下几个方面：

（1）固定资产原价，是指固定资产的成本。

（2）预计净残值，是指固定资产预计使用寿命已满，小企业从该项固定资产处置中获得的扣除预计处置费用后的净额。

（3）固定资产的使用寿命，是指小企业使用固定资产的预计期间。

2. 应计提折旧的固定资产范围

小企业所有固定资产均应计提折旧，但两种情况除外：

（1）已提足折旧仍继续使用的固定资产。固定资产提足折旧后，不论能否继续使用，均不再计提折旧，提前报废的固定资产也不再补提折旧。所谓提足折旧，是指已经提足该项固定资产的应计折旧额。

（2）单独计价入账的土地。

小知识

相关比较

1.《企业所得税法》

税收上允许固定资产折旧扣除，则要考虑相关费用的发生是否有助于应税收入的形成，因此，规定房屋、建筑物以外未投入使用的固定资产、与经营活动无关的固定资产计提的折旧不得扣除。

2.《小企业会计准则》

《小企业会计准则》从会计原则出发，规定小企业应当对所有固定资产计提折旧，已提足折旧仍继续使用的固定资产和单独计价入账的土地除外。与《企业所得税法》存在的差异：未投入使用的固定资产、与经营活动无关的固定资产在会计上也应计提折旧。

3. 折旧费分配

固定资产的折旧费应当根据固定资产的受益对象计入相关资产成本或者当期损益。

4. 折旧的会计处理

固定资产计提的折旧应当记入“累计折旧”科目，并根据固定资产的用途计入相关资产的成本或者当期损益。小企业自行建造固定资产过程中使用的固定资产，其计提的折旧应计入在建工程成本；基本生产车间所使用的固定资产，其计提的折旧应计入制造费用；管理部门所使用的固定资产，其计提的折旧应计入管理费用；销售部门所使用的固定资产，其计提的折旧应计入销售费用；经营租出的固定资产，其应提的折旧额应计入其他业务成本。

5. 固定资产折旧方法的选择

小企业应当按照年限平均法（即直线法）计提折旧，同时考虑到企业自身实际情况，也给予了小企业选择折旧方法的权利，固定资产由于技术进步等原因确需加速折旧的，可以采用加速折旧的方法。

（1）年限平均法。又称直线法，是指将固定资产的应计折旧额均衡地分摊到固定资产预计使用寿命内的一种方法。采用这种方法计算的每期折旧额均相等。计算公式如下：

$$\text{年折旧率}=\frac{1-\text{预计净残值率}}{\text{预计使用寿命（年）}}\times 100\%$$

$$\text{月折旧率}=\frac{\text{年折旧率}}{12}$$

$$\text{月折旧额}=\text{固定资产原价}\times\text{月折旧率}$$

（2）双倍余额递减法。是指在不考虑固定资产预计净残值的情况下，根据每期期初固定资产原价减去累计折旧后的金额和双倍的直线法折旧率计算固定资产折旧的一种方法。应用这种方法计算折旧额时，由于每年年初固定资产净值没有扣除预计净残值，所以在计算固定资产折旧额时，应在其折旧年限到期前两年内，将固定资产净值扣除预计净残值后的余额平均摊销。计算公式如下：

$$\text{年折旧率}=\frac{2}{\text{预计使用寿命（年）}}\times 100\%$$

$$\text{月折旧率}=\frac{\text{年折旧率}}{12}$$

$$\text{月折旧额}=\text{（固定资产原价}-\text{预计净残值）}\times\text{月折旧率}$$

（3）年数总和法。又称年限合计法，是指将固定资产的原价减去预计净残值后的余额，乘以一个以固定资产尚可使用寿命为分子、以预计使用寿命逐年数字之和为分母的逐年递减的分数计算每年的折旧额。计算公式如下：

$$\text{年折旧率}=\frac{\text{尚可使用年限}}{\text{预计使用寿命的年数总和}}\times 100\%$$

$$月折旧率=\frac{年折旧率}{12}$$

月折旧额 =(固定资产原价 – 预计净残值)× 月折旧率

6. 使用寿命和预计净残值的确定

小企业应当根据固定资产的性质和使用情况，并考虑税法的规定，合理确定固定资产的使用寿命和预计净残值。

（1）小企业固定资产使用寿命的确定。固定资产的使用寿命，通常是指小企业使用固定资产的预计期间，有时也指固定资产的工作量。《小企业会计准则》要求小企业应当根据固定资产的性质和使用情况，并考虑《企业所得税法》的规定，合理确定固定资产的使用寿命。这里，所谓资产性质主要是指固定资产属于房屋、建筑物，还是生产用机器设备，等等。所谓使用情况主要考虑下列因素：该项资产预计生产能力或实物产量；该项资产预计有形损耗，如设备使用中发生磨损、房屋建筑物受到自然侵蚀等；该项资产预计无形损耗，如因新技术的出现而使现有的资产技术水平相对陈旧、市场需求变化使产品过时等；法律或者类似规定对该项资产使用的限制。企业所得税法则从维护国家税收利益的角度出发，对不同类别的固定资产的折旧年限作了一个最基本的强制规定，即明确了各类固定资产计算折旧的最低年限。具体会计处理时，一方面为了保证相关会计信息的质量，避免因过分延长固定资产折旧年限可能导致的固定资产账面价值虚高；另一方面为了便于小企业实务操作，减轻纳税调整负担，小企业在根据实际情况合理估计的前提下，可以直接采用企业所得税法规定的折旧最低年限作为相关固定资产的折旧年限。

（2）小企业固定资产预计净残值的确定。固定资产的预计净残值，是指固定资产预计使用寿命已满，小企业从该项固定资产处置中获得的扣除预计处置费用后的金额。通俗地讲，就是固定资产在报废时预计残料变价收入扣除清理费用后的净值。需要注意的是，无论《小企业会计准则》还是《企业所得税法》都没有规定固定资产净残值率，或者是限定一个所有固定资产均适用的净残值率下限，而是将确定固定资产净残值的权利交给了企业。因为每一项固定资产净残值的确定需要考虑很多因素，企业无疑最具有发言权。小企业应当根据固定资产实际情况进行合理的估计，并在固定资产使用寿命内一贯应用。

需要说明的是，《小企业会计准则》虽然没有规定统一的固定资产使用寿命和预计净残值，交由小企业自行确定，但是小企业不得由此而随意确定。通常，小企业应当制定本企业固定资产核算和管理制度，以书面形式明确规定各项固定资产的折旧方法、使用寿命和预计净残值，并且一以贯之地加以执行。

固定资产的折旧方法、使用寿命、预计净残值一经确定，不得随意变更。如果固定资产使用过程中所处环境、使用情况等发生重大变化，导致其折旧方法、使用寿命或者预计净残值确需变更的，应当作为会计估计变更处理。

小知识

相关比较

（一）《企业会计准则》

《企业会计准则第4号——固定资产》第十五条、第十七条和第十九条规定："企业应当根据与固定资产有关的经济利益的预期实现方式，合理选择固定资产折旧方法。可选用的折旧方法包括年限平均法、工作量法、双倍余额递减法和年数总和法等。企业应当根据固定资产的性质和使用情况，合理确定固定资产的使用寿命、预计净残值和折旧方法。固定资产的使用寿命、预计净残值和折旧方法一经确定，不得随意变更。企业至少应当于每年年度终了，对固定资产的使用寿命、预计净残值和折旧方法进行复核。使用寿命预计数与原先估计数有差异的，应当调整固定资产使用寿命。预计净残值预计数与原先估计数有差异的，应当调整预计净残值。与固定资产有关的经济利益预期实现方式有重大改变的，应当改变固定资产折旧方法。固定资产使用寿命、预计净残值和折旧方法的改变应当作为会计估计变更。"

（二）《企业所得税法》

《企业所得税法》第三十二条规定："企业的固定资产由于技术进步等原因，确需加速折旧的，可以缩短折旧年限或者采取加速折旧的方法。"《企业所得税法实施条例》第五十九条规定："固定资产按照直线法计算的折旧，准予扣除。企业应当根据固定资产的性质和使用情况，合理确定固定资产的预计净残值。固定资产的预计净残值一经确定，不得变更。"《企业所得税法实施条例》第六十条规定："除国务院财政、税务主管部门另有规定外，固定资产计算折旧的最低年限如下：1. 房屋、建筑物，为20年；2. 飞机、火车、轮船、机器、机械和其他生产设备，为10年；3. 与生产经营活动有关的器具、工具、家具等，为5年；4. 飞机、火车、轮船以外的运输工具，为4年；5. 电子设备，为3年。"

（三）《小企业会计准则》

为了简化核算，便于小企业实务操作，减轻纳税调整负担，满足汇算清缴的需要，《小企业会计准则》有关固定资产折旧方法选择的规定与企业所得税法基本一致，要求小企业通常按照年限平均法计提折旧，由于技术进步等原因确需加速折旧的，可以采用双倍余额递减法和年数总和法。这样规定的目的是简便计算，同时尽可能避免小企业由于固定资产折旧方法不同而带来的所得税纳税调整。一般认为，年限平均法能够真实反映不同类型企业的生产经营活动实际情况，况且只要确定一个规则统一适用于所有小企业，对小企业来说相对是公平的，会计信息也是相对可比的。

不同固定资产性质不同、使用方式各异，其使用寿命和预计净残值有所不同。如果统一规定固定资产的使用寿命、净残值率，难免过于主观、不切实际。因此，为如实反映小企业财务状况和经营成果，应当由小企业根据自身具体情况进行合理的估计。《企业所得税法》则是从保障国家税收的角度出发，限定了固定资产最低折旧年限，因此，《小企业会计准则》兼顾了小企业实际情况和企业所得税法两方面的要求，规定小企业估计使用寿命和预计净残值时，既要根据固定资产性质和使用情况，也要充分考虑税法的规定。

7. 固定资产计提折旧的具体时限

小企业应当按月计提折旧，当月增加的固定资产，当月不计提折旧，从下月起计提折旧；当月减少的固定资产，当月仍计提折旧，从下月起不计提折旧。

小知识

相关比较

（一）《企业会计准则》

《企业会计准则第4号——固定资产》应用指南规定："固定资产应当按月计提折旧，当月增加的固定资产，当月不计提折旧，从下月起计提折旧；当月减少的固定资产，当月仍计提折旧，从下月起不计提折旧。"

（二）《企业所得税法实施条例》

《企业所得税法实施条例》第五十九条第二款规定："企业应当自固定资产投入使用月份的次月起计算折旧；停止使用的固定资产，应当自停止使用月份的次月起停止计算折旧。"

（三）《小企业会计准则》

为了简化核算，便于小企业实务操作，《小企业会计准则》有关固定资产计提折旧具体时限的规定与企业会计准则、企业所得税法实施条例相一致。

专家点拨

（一）固定资产折旧期的计算方法是“算尾不算头”

即包括减少该项固定资产的当月但不包括增加该项固定资产的当月。具体来讲，当月增加的固定资产当月不计提折旧，从下月起按月计提折旧；当月减少的固定资产当月继续计提折旧，从下月起停止计提折旧。这样，将计提折旧开始和结束时间前后对应，便于操作，对小企业而言也是公平的。

（二）当月增加的固定资产的内涵

所谓当月增加的固定资产，包括小企业通过外购、自行建造、投资者投入、融资租入、盘盈等方式新增加的固定资产。其中，自行建造固定资产的，应当于完成竣工决算时将竣工决算前发生的相关支出自“在建工程”科目结转至“固定资产”科目，视为新增加的固定资产。

（三）当月减少的固定资产的内涵

所谓当月减少的固定资产，包括小企业因出售、报废、毁损、对外投资等原因而减少的固定资产，即固定资产的处置。这些固定资产一旦处置，即意味着在以后期间不能再给小企业带来经济利益，因此也就不应再对其继续计提折旧了。

（七）小企业固定资产后续支出的会计处理——日常修理费的会计处理

一般情况下，固定资产投入使用之后，由于固定资产磨损、各组成部分耐用程度不同，可能导致固定资产的局部损坏，为了维护固定资产的正常运转和使用、充分发挥其使用效能，小企业需要对固定资产进行必要的维护，发生一些日常修理费。

固定资产的日常修理费，应当在发生时根据固定资产的受益对象计入相关资产成本或者当期损益。

小知识

相关比较

（一）《企业会计准则》

《企业会计准则第4号——固定资产》第六条规定：“与固定资产有关的后续支出，符合固定资产确认条件的，应当计入固定资产成本；不符合固定资产的确认条件的，应当在发生时计入当期损益。”

（二）《企业所得税法》

《企业所得税法》第十三条第（三）项规定："固定资产的大修理支出作为长期待摊费用，按照规定摊销的，准予扣除。"《企业所得税法实施条例》第六十九条进一步规定："《企业所得税法》第十三条第（三）项所称固定资产的大修理支出，是指同时符合下列条件的支出：1. 修理支出达到取得固定资产时的计税基础 50% 以上；2. 修理后固定资产的使用年限延长 2 年以上。《企业所得税法》第十三条第（三）项规定的支出，按照固定资产尚可使用年限分期摊销。"根据上述税法规定，固定资产的一般修理支出，将不被作为长期待摊费用，而被当作收益性支出当期予以扣除。

（三）《小企业会计准则》

为了简化核算，便于小企业实务操作，减轻纳税调整负担，满足汇算清缴的需要，《小企业会计准则》有关固定资产改建支出的会计处理与企业所得税法相一致。与企业会计准则存在的差异：不要求对固定资产后续支出资本化或者费用化进行职业判断，而是统一规定固定资产日常修理费在发生时根据受益对象计入相关资产成本或者当期损益，未提足折旧的固定资产的改建支出计入固定资产成本，已提足折旧的固定资产的改建支出计入长期待摊费用。

1. 固定资产日常修理费的界定

固定资产日常修理费，是指为了维护固定资产的正常运转和使用，充分发挥其使用效能，小企业对该固定资产进行必要维护时所发生的相关支出。

固定资产日常修理费应当与大修理支出相区分。后者是指同时符合下列条件的支出：一是修理支出达到固定资产取得成本 50% 以上，二是修理后固定资产的使用年限延长 2 年以上。

2. 固定资产日常修理费的会计处理

固定资产的日常修理费，应当在发生时根据固定资产的受益对象计入相关资产成本或者当期损益。小企业生产车间（部门）发生的固定资产修理费用记入"制造费用"科目；行政管理部门发生的固定资产修理费用记入"管理费用"科目；小企业专设销售机构的，其发生的与专设销售机构相关的固定资产修理费用等后续支出，记入"销售费用"科目。

（八）小企业改建支出的会计处理

小企业的固定资产投入使用后，由于各个组成部分耐用程度不同或者使用条件不同，因而往往发生固定资产的局部损坏。为了保持固定资产的正常运转和使用，充分发挥其使用效能，就必须对其进行必要的后续支出。

固定资产的改建支出，应当计入固定资产的成本，但已提足折旧的固定资产和经营租入的固定资产发生的改建支出应当计入长期待摊费用。

所称固定资产的改建支出，是指改变房屋或者建筑物结构、延长使用年限等发生的支出。

小知识

相关比较

（一）《企业会计准则》

《企业会计准则第 4 号——固定资产》第六条规定："与固定资产有关的后续支出，符合固定资产确认条件的，应当计入固定资产成本；不符合固定资产的确认条件的，应当在发生时计入当期损益。"

（二）《企业所得税法》

《企业所得税法》第十三条规定："已足额提取折旧的固定资产的改建支出、租入固定资产的改建支出作为长期待摊费用，按照规定摊销的，准予扣除。"《企业所得税法实施条例》第五十八条规定："改建的固定资产，除《企业所得税法》第十三条第 1 项和第 2 项规定的支出外，以改建过程中发生的改建支出增加计税基础。"《企业所得税法实施条例》第六十八条进一步解释："《企业所得税法》第十三条第 1 项和第 2 项所称固定资产的改建支出，是指改变房屋或者建筑物结构、延长使用年限等发生的支出。《企业所得税法》第十三条第 1 项规定的支出，按照固定资产预计尚可使用年限分期摊销；第 2 项规定的支出，按照合同约定的剩余租赁期限分期摊销。改建的固定资产延长使用年限的，除《企业所得税法》第十三条第 1 项和第 2 项规定外，应当适当延长折旧年限。"

（三）《小企业会计准则》

为了简化核算，便于小企业实务操作，减轻纳税调整负担，满足汇算清缴的需要，《小企业会计准则》有关固定资产改建支出的会计处理与《企业所得税法》相一致。与《企业会计准则》存在的差异：不要求对固定资产后续支出资本化或者费用化进行职业判断，而是统一规定固定资产日常修理费在发生时根据受益对象计入相关资产成本或者当期损益，未提足折旧的固定资产的改建支出计入固定资产成本，已提足折旧的固定资产的改建支出计入长期待摊费用。

通常情况下，固定资产改建支出能够为小企业带来一定的经济利益流入。固定资产改建支出的会计处理分以下三种情况：

1. 一般情况下固定资产改建支出的会计处理

一般情况下，固定资产改建支出应当计入固定资产的成本。在对固定资产进行改扩建时，小企业应将该固定资产的原价、已计提的累计折旧转销，将固定资产的账面价值转入在建工程，并停止计提折旧。改扩建过程中发生的相关支出，通过“在建工程”科目核算。改扩建完成办理竣工决算时，再从在建工程转为固定资产，并按重新确定的使用寿命、预计净残值和折旧方法计提折旧。改扩建活动延长固定资产使用寿命的，应适当延长该固定资产的折旧年限。

2. 已提足折旧的固定资产改建支出的会计处理

对于已提足折旧的固定资产，账面价值仅剩了净残值。也就是说，该项固定资产的可利用价值已全部转移，这时候在这些资产上发生的改建支出，是不能将其计入固定资产成本的，因为此时固定资产的价值形式已经消失，后续支出也已失去了可以附着的载体。所以，应将其作为长期待摊费用，在固定资产预计尚可使用年限内分期摊销。

3. 经营租入固定资产改建支出的会计处理

对于经营租入的固定资产与该资产相关的风险和报酬并没有转移给承租方，资产的所有权仍属于出租方，承租方只在协议规定的期限内拥有对该资产的使用权，因而对以经营租赁方式租入的固定资产发生的改建支出，不能计入固定资产成本，只能计入长期待摊费用，在合同约定的剩余租赁期限内分期摊销。

（九）小企业处置固定资产的会计处理

小企业在生产经营过程中，可能将不适用或不需用的固定资产对外出售转让，或因磨损、技术进步等原因对固定资产进行报废，或因遭受自然灾害而对毁损的固定资产进行处理。对于上述事项在进行会计核算时，应按规定程序办理有关手续，结转固定资产的账面价值，计算有关的清理收入、清理费用及残料价值等。

处置固定资产，处置收入扣除其账面价值、相关税费和清理费用后的净额，应当计入营业外收入或营业外支出。所称固定资产的账面价值，是指固定资产原价（成本）扣减累计折旧后的金额。盘亏固定资产发生的损失应当计入营业外支出。

小知识

相关比较

（一）《企业会计准则》

《企业会计准则第4号——固定资产》第二十一条至第二十三条规定："固定资产满足下列条件之一的，应当予以终止确认：1. 该固定资产处于处置状态；2. 该固定资产预期通过使用或处置不能产生经济利益。企业持有待售的固定资产，应当对其预计净残值进行调整。企业出售、转让、报废固定资产或发生固定资产毁损，应当将处置收入扣除账面价值和相关税费后的金额计入当期损益。固定资产的账面价值是固定资产成本扣减累计折旧和累计减值准备后的金额。固定资产盘亏造成的损失，应当计入当期损益。"

（二）《企业所得税法》

《企业所得税法》也对处置固定资产的税务处理作了规定。《企业所得税法实施条例》第三十二条规定："《企业所得税法》第八条所称损失，是指企业在生产经营活动中发生的固定资产和存货的盘亏、毁损、报废损失，转让财产损失，呆账损失，坏账损失，自然灾害等不可抗力因素造成的损失以及其他损失。企业发生的损失，减除责任人赔偿和保险赔款后的余额，依照国务院财政、税务主管部门的规定扣除。"财税57号文件进一步规定："对企业盘亏的固定资产或存货，以该固定资产的账面净值或存货的成本减除责任人赔偿后的余额，作为固定资产或存货盘亏损失在计算应纳税所得额时扣除。对企业毁损、报废的固定资产或存货，以该固定资产的账面净值或存货的成本减除残值、保险赔款和责任人赔偿后的余额，作为固定资产或存货毁损、报废损失在计算应纳税所得额时扣除。对企业被盗的固定资产或存货，以该固定资产的账面净值或存货的成本减除保险赔款和责任人赔偿后的余额，作为固定资产或存货被盗损失在计算应纳税所得额时扣除。企业因存货盘亏、毁损、报废、被盗等原因不得从增值税销项税额中抵扣的进项税额，可以与存货损失一起在计算应纳税所得额时扣除。"

（三）《小企业会计准则》

为了简化核算，便于小企业实务操作，减轻纳税调整负担，满足汇算清缴的需要，《小企业会计准则》有关处置固定资产的会计处理与《企业所得税法实施条例》相一致。与《企业会计准则》存在的差异是，由于《小企业会计准则》不要求小企业计提固定资产减值准备，因此，处置固定资产时应结转的固定资产账面价值不包含减值因素。

1. 处置固定资产的内涵

在《小企业会计准则》中，处置固定资产是一个很宽泛的概念，是指由于各种原因造成固定资产减少的所有情形，主要包括对外出售固定资产，因技术、法律、经济等原因造成报废固定资产以及将固定资产用作对外投资等。

2. 处置固定资产损益的确定

由于小企业持有固定资产的目的主要是自用，尽管有时可能对外出售，因此固定资产不同于存货。基于这种考虑，处置固定资产产生的损益是一个净额的概念，《小企业会计准则》将其计入营业外收入或营业外支出。

在确定处置固定资产损益时，应当综合考虑以下因素：

（1）该固定资产的账面价值，即固定资产原价（成本）扣减累计折旧后的余额。在实务中，固定资产的成本体现在“固定资产”科目，其对应的累计折旧体现在“累计折旧”科目。

（2）相关税费和清理费用，即在处置固定资产过程中发生的有关费用和应支付的相关税费。

（3）处置收入，即出售固定资产的价款、残料价值和变价收入等。有保险赔偿的，小企业计算或收到的应有保险公司或过失人赔偿的款项也应包括在内。

3. 处置固定资产的会计处理步骤

小企业因出售、报废、毁损、对外投资等原因处置固定资产，其会计处理一般经过以下几个步骤：

（1）固定资产转入清理。固定资产转入清理时，按固定资产账面价值，借记“固定资产清理”科目，按已计提的累计折旧，借记“累计折旧”科目，按固定资产账面余额，贷记“固定资产”科目。同时，按照税法规定不得从增值税销项税额中抵扣的进项税额，借记“固定资产清理”科目，贷记“应交税费——应交增值税（进项税额转出）”科目。

（2）发生的清理费用的处理。固定资产清理过程中发生的有关费用以及应支付的相关税费，借记“固定资产清理”科目，贷记“银行存款”“应交税费”等科目。

（3）出售收入和残料等的处理。小企业收回出售固定资产的价款、残料价值和变价收入等，应冲减清理支出。按实际收到的出售价款以及残料变价收入等，借记“银行存款”“原材料”等科目，贷记“固定资产清理”科目。

（4）保险赔偿的处理。小企业计算或收到的应由保险公司或过失人赔偿的损失，应冲减清理支出，借记“其他应收款”“银行存款”等科目，贷记“固定资产清理”科目。

（5）清理净损益的处理。固定资产清理完成后的净损失，借记“营业外支出”科目，贷记“固定资产清理”科目；固定资产清理完成后的净收益，借记“固定资产清理”科目，贷记“营业外收入”科目。

4. 固定资产盘亏的账务处理

固定资产是一种单位价值较高、使用期限较长的有形资产，因此，对于管理规范的小企业而言，盘盈、盘亏的固定资产较为少见。小企业应当健全制度，加强管理，定期或者至少于每年年末对固定资产进行清查盘点，以保证固定资产核算的真实性和完整性，充分挖掘企业现有固定资产的潜力。如果清查中发现固定资产的损溢应及时查明原因，在期末结账前处理完毕。

小企业在财产清查中盘亏的固定资产，通过“待处理财产损溢——待处理非流动资产损溢”科目核算，盘亏造成的损失，通过“营业外支出”科目核算，计入当期损益。

注意事项

小企业应当注意正确处理好与税收征管的关系，认真按照税收征管的要求做好相关申报工作。

小企业发生的固定资产损失，应当在小企业向主管税务机关提供证据资料证明其已符合法定资产损失确认条件，且会计上已作损失处理的年度申报扣除。固定资产损失应按规定的程序和要求向主管税务机关申报后方能在税前扣除，未经申报的损失，不得在税前扣除。

国家税务总局第25号公告第二十九条规定：“固定资产盘亏、丢失损失，为其账面净值扣除责任人赔偿后的余额，应依据以下证据材料确认：1. 企业内部有关责任认定和核销资料；2. 固定资产盘点表；3. 固定资产的计税基础相关资料；4. 固定资产盘亏、丢失情况说明；5. 损失金额较大的，应有专业技术鉴定报告或法定资质中介机构出具的专项报告等。”

第三十条规定：“固定资产报废、毁损损失，为其账面净值扣除残值和责任人赔偿后的余额，应依据以下证据材料确认：1. 固定资产的计税基础相关资料；2. 企业内部有关责任认定和核销资料；3. 企业内部有关部门出具的鉴定材料；4. 涉及责任赔偿的，应当有赔偿情况的说明；5. 损失金额较大的或自然灾害等不可抗力原因造成固定资产毁损、报废的，应有专业技术鉴定意见或法定资质中介机构出具的专项报告等。”

第三十一条规定："固定资产被盗损失，为其账面净值扣除责任人赔偿后的余额，应依据以下证据材料确认：1. 固定资产计税基础相关资料；2. 公安机关的报案记录，公安机关立案、破案和结案的证明材料；3. 涉及责任赔偿的，应有赔偿责任的认定及赔偿情况的说明等。"

第三十二条规定："在建工程停建、报废损失，为其工程项目投资账面价值扣除残值后的余额，应依据以下证据材料确认：1. 工程项目投资账面价值确定依据；2. 工程项目停建原因说明及相关材料；3. 因质量原因停建、报废的工程项目和因自然灾害和意外事故停建、报废的工程项目，应出具专业技术鉴定意见和责任认定、赔偿情况的说明等。"

第三十三条规定："工程物资发生损失，可比照本办法存货损失的规定确认。"

记账小知识

固定资产

固定资产见表 7-3：

表7-3　固定资产

编号	会计科目名称	科目核算内容	特殊规定	明细科目设置	主要账务处理	科目余额反映内容	备注
1601	固定资产	“固定资产”科目核算小企业固定资产的原价（成本）。	小企业购置计算机硬件所附带的、未单独计价的软件，也通过“固定资产”科目核算。 小企业临时租入的固定资产和以经营租赁租入的固定资产，应另设备查簿进行登记，不在“固定资产”科目核算。	“固定资产”科目应按照固定资产类别和项目进行明细核算。	（一）小企业购入（含以分期付款方式购入）不需要安装的固定资产，应当按照实际支付的购买价款、相关税费（不包括按照税法规定可抵扣的增值税进项税额）、运输费、装卸费、保险费等，借记“固定资产”科目，按照税法规定可抵扣的增值税进项税额，借记“应交税费——应交增值税（进项税额）”科目，贷记“银行存款”“长期应付款”等科目。 购入需要安装的固定资产，先记入“在建工程”科目，安装完成后再转入“固定资产”科目。 自行建造固定资产完成竣工决算，按照竣工决算前发生相关支出，借记“固定资产”科目，贷记“在建工程”科目。 取得投资者投入的固定资产，应当按照评估价值和相关税费，借记“固定资产”科目或“在建工程”科目，贷记“实收资本”“资本公积”科目。 融资租入的固定资产，在租赁期开始日，按照租赁合同约定的付款总额和在签订租赁合同过程中发生的相关税费等，借记“固定资产”科目或“在建工程”科目，贷记“长期应付款”等科目。 盘盈的固定资产，按照同类或类似固定资产的市场价格或评估价值扣除按照新旧程度估计的折旧后的余额，借记“固定资产”科目，贷记“待处理财产损溢——待处理非流动资产损溢”科目。 （二）在固定资产使用过程中发生的修理费，应当按照固定资产的受益对象，借记“制造费用”“管理费用”等科目，贷记“银行存款”等科目。 固定资产的大修理支出，借记“长期待摊费用”科目，贷记“银行存款”等科目。 （三）对固定资产进行改扩建时，应当按照该项固定资产账面价值，借记“在建工程”科目，按照其已计提的累计折旧，借记“累计折旧”科目，按照其原价，贷记“固定资产”科目。 （四）因出售、报废、毁损、对外投资等原因处置固定资产，应当按照该项固定资产账面价值，借记“固定资产清理”科目，按照其已计提的累计折旧，借记“累计折旧”科目，按照其原价，贷记“固定资产”科目。 盘亏的固定资产，按照该项固定资产的账面价值，借记“待处理财产损益——待处理非流动资产损益”科目，按照已计提的折旧，借记“累计折旧”科目，按照其原价，贷记“固定资产”科目。	“固定资产”科目期末借方余额，反映小企业固定资产的原价（成本）。	小企业应当根据小企业会计准则规定的固定资产标准，结合本企业的具体情况，制定固定资产目录，作为核算依据。 小企业根据实际情况设置“固定资产登记簿”和“固定资产卡片”。

累计折旧

累计折旧见表 7-4：

表 7-4 累计折旧

编号	会计科目名称	科目核算内容	明细科目设置	主要账务处理	科目余额反映内容	备注
1602	累计折旧	"累计折旧"科目核算小企业固定资产的累计折旧。	"累计折旧"科目可以进行总分类核算，也可以进行明细核算。	（一）小企业按月计提固定资产的折旧费，应当按照固定资产的受益对象，借记"制造费用""管理费用"等科目，贷记"累计折旧"科目。 （二）因出售、报废、毁损、对外投资等原因处置固定资产，应当按照该项固定资产账面价值，借记"固定资产清理"科目，按照其已计提的累计折旧，借记"累计折旧"科目，按照其原价，贷记"固定资产"科目。	"累计折旧"科目期末贷方余额，反映小企业固定资产的累计折旧额。	需要查明某项固定资产的已计提折旧，可以根据"固定资产卡片"上所记载的该项固定资产原价、折旧率和实际使用年数等资料进行计算。

在建工程

在建工程见表 7-5：

表7-5 在建工程

编号	会计科目名称	科目核算内容	特殊规定	明细科目设置	主要账务处理	科目余额反映内容
1604	在建工程	“在建工程”科目核算小企业需要安装的固定资产、固定资产新建工程、改扩建等所发生的成本。	小企业购入不需要安装的固定资产，在“固定资产”科目核算，不在“在建工程”科目核算。 小企业已提足折旧的固定资产的改建支出和经营租入固定资产的改建支出，在“长期待摊费用”科目核算，不在“在建工程”科目核算。	“在建工程”科目应按照在建工程项目进行明细核算。	（一）小企业购入需要安装的固定资产，应当按照实际支付的购买价款、相关税费（不包括按照税法规定可抵扣的增值税进项税额）、运输费、装卸费、保险费、安装费等，借记“在建工程”科目，按照税法规定可抵扣的增值税进项税额，借记“应交税费——应交增值税（进项税额）”科目，贷记“银行存款”等科目。 融资租入的固定资产，在租赁期开始日，按照租赁合同约定的付款总额和在签订租赁合同过程中发生的相关税费等，借记“在建工程”科目或“固定资产”科目，贷记“长期应付款”科目。 固定资产安装完成，借记“固定资产”科目，贷记“在建工程”科目。 （二）自营工程领用工程物资，借记“在建工程”科目，贷记“工程物资”科目。 在建工程应负担的职工薪酬，借记“在建工程”科目，贷记“应付职工薪酬”科目。 在建工程使用本企业的产品或商品，应当按照成本，借记“在建工程”科目，贷记“库存商品”科目。同时，按照税法规定应交纳的增值税额，借记“在建工程”科目，贷记“应交税费——应交增值税（销项税额）”科目。 在建工程在竣工决算前发生的借款利息，在应付利息日应当根据借款合同利率计算确定的利息费用，借记“在建工程”科目，贷记“应付利息”科目。办理竣工决算后发生的利息费用，在应付利息日，借记“财务费用”科目，贷记“应付利息”等科目。 在建工程在试运转过程中发生的支出，借记“在建工程”科目，贷记“银行存款”等科目；形成的产品或者副产品对外销售或转为库存商品的，借记“银行存款”“库存商品”等科目，贷记“在建工程”科目。 自营工程办理竣工决算，借记“固定资产”科目，贷记“在建工程”科目。 （三）出包工程，按照工程进度和合同规定结算的工程价款，借记“在建工程”科目，贷记“银行存款”“预付账款”等科目。 工程完工收到承包单位提供的账单，借记“固定资产”科目，贷记“在建工程”科目。 （四）对固定资产进行改扩建时，应当按照该项固定资产账面价值，借记“在建工程”科目，按照其已计提的累计折旧，借记“累计折旧”科目，按照其原价，贷记“固定资产”科目。 在改扩建过程中发生的相关支出，借记“在建工程”科目，贷记相关科目。 改扩建完成办理竣工决算，借记“固定资产”科目，贷记“在建工程”科目。	“在建工程”科目期末借方余额，反映小企业尚未完工或虽已完工，但尚未办理竣工决算的工程成本。

工程物资

工程物资见表 7-6：

表 7-6 工程物资

编号	会计科目名称	科目核算内容	明细科目设置	主要账务处理	科目余额反映内容
1605	工程物资	“工程物资”科目核算小企业为在建工程准备的各种物资的成本。包括：工程用材料、尚未安装的设备以及为生产准备的工器具等。	“工程物资”科目应按照“专用材料”“专用设备”“工器具”等进行明细核算。	（一）小企业购入为工程准备的物资，应当按照实际支付的购买价款和相关税费，借记“工程物资”科目，贷记“银行存款”等科目。 （二）工程领用工程物资，借记“在建工程”科目，贷记“工程物资”科目。工程完工后将领出的剩余物资退库时作相反的会计分录。 工程完工后剩余的工程物资转作本企业存货的，借记“原材料”等科目，贷记“工程物资”科目。	“工程物资”科目期末借方余额，反映小企业为在建工程准备的各种物资的成本。

固定资产清理

固定资产清理见表 7-7：

表 7-7 固定资产清理

编号	会计科目名称	科目核算内容	明细科目设置	主要账务处理	科目余额反映内容
1606	固定资产清理	“固定资产清理”科目核算小企业因出售、报废、毁损、对外投资等原因处置固定资产所转出的固定资产账面价值以及在清理过程中发生的费用等。	“固定资产清理”科目应按照被清理的固定资产项目进行明细核算。	（一）小企业因出售、报废、毁损、对外投资等原因处置固定资产，应当按照该项固定资产的账面价值，借记“固定资产清理”科目，按照其已计提的累计折旧，借记“累计折旧”科目，按照其原价，贷记“固定资产”科目。 同时，按照税法规定不得从增值税销项税额中抵扣的进项税额，借记“固定资产清理”科目，贷记“应交税费——应交增值税（进项税额转出）”科目。 （二）清理过程中应支付的相关税费及其他费用，借记“固定资产清理”科目，贷记“银行存款”“应交税费”等科目。取得出售固定资产的价款、残料价值和变价收入等处置收入，借记“银行存款”“原材料”等科目，贷记“固定资产清理”科目。应由保险公司或过失人赔偿的损失，借记“其他应收款”等科目，贷记“固定资产清理”科目。 （三）固定资产清理完成后，如为借方余额，借记“营业外支出——非流动资产处置净损失”科目，贷记“固定资产清理”科目。如为贷方余额，借记“固定资产清理”科目，贷记“营业外收入——非流动资产处置净收益”科目。	“固定资产清理”科目期末借方余额，反映小企业尚未清理完毕的固定资产清理净损失；“固定资产清理”科目期末贷方余额，反映小企业尚未清理完毕的固定资产清理净收益。

专家点拨

《企业会计准则第 4 号——固定资产》第七条至第十一条规定：“固定资产应当按照成本进行初始计量。外购固定资产的成本，包括购买价款、相关税费、使固定资产达到预定可使用状态前所发生的可归属于该项资产的运输费、装卸费、安装费和专业人员服务费等。以一笔款项购入多项没有单独标价的固定资产，应当按照各项固定资产公允价值比例对总成本进行分配，分别确定各项固定资产的成本。购买固定资产的价款超过正常信用条件延期支付，实质上具有融资性质的，固定资产的成本以购买价款的现值为基础确定。实际支付的价款与购买价款的现值之间的差额，除按照《企业会计准则第17号——借款费用》应予资本化的以外，应当在信用期间内计入当期损益。自行建造固定资产的成本，由建造该项资产达到预定可使用状态前所发生的必要支出构成。应计入固定资产成本的借款费用，按照《企业会计准则第17号——借款费用》处理。投资者投入固定资产的成本，应当按照投资合同或协议约定的价值确定，但合同或协议约定价值不公允的除外。”第十二条规定，非货币性资产交换、债务重组、企业合并和融资租赁取得的固定资产的成本，应当分别按照相关会计准则的规定确定。《企业会计准则第21号——租赁》第十一条规定：“在租赁期开始日，承租人应当将租赁开始日租赁资产公允价值与最低租赁付款额现值两者中较低者作为租入资产的入账价值，将最低租赁付款额作为长期应付款的入账价值，其差额作为未确认融资费用。

承租人在租赁谈判和签订租赁合同过程中发生的，可归属于租赁项目的手续费、律师费、差旅费、印花税等初始直接费用，应当计入租入资产价值。

租赁期开始日，是指承租人有权行使其使用租赁资产权利的开始日。”

《企业所得税法实施条例》第五十八条规定：“固定资产按照以下方法确定计税基础：1. 外购的固定资产，以购买价款和支付的相关税费以及直接归属于使该资产达到预定用途发生的其他支出为计税基础；2. 自行建造的固定资产，以竣工结算前发生的支出为计税基础；3. 融资租入的固定资产，以租赁合同约定的付款总额和承租人在签订租赁合同过程中发生的相关费用为计税基础，租赁合同未约定付款总额的，以该资产的公允价值和承租人在签订租赁合同过程中发生的相关费用为计税基础；4. 盘盈的固定资产，以同类固定资产的重置完全价值为计税基础；5. 通过捐赠、投资、非货币性资产交换、债务重组等方式取得的固定资产，以该资产的公允价值和支付的相关税费为计税基础。”

为了简化核算，便于小企业实务操作，减轻纳税调整负担，满足汇算清缴的需要，《小企业会计准则》有关固定资产取得成本的规定与《企业所得税法》基本一致，从而，小企业固定资产的初始入账成本与其计税基础尽可能一致。与企业会计准则存在的差异：

一是取消关于固定资产达到预定可使用状态的判断，自行建造固定资产相关支出（包括借款费用）资本化的时点以固定资产竣工决算为准；

二是简化延期付款或分期付款购买固定资产的会计处理，不考虑其中内含的融资费用；

三是简化借款费用的会计处理，资本化金额按照资本化期间内借款费用的实际发生额计算确定，也就是说，借款费用资本化金额的确定，仅限定了借款费用资本化的起止时点（包括暂停资本化的情况），而不考虑购建支出的进度，借款费用资本化金额的确定不与资产支出挂钩；

四是简化融资租入固定资产的会计处理，统一按租赁付款额及相关费用确定固定资产成本，由于有合同参照，不需要确定折现率和计算现值，因此这种处理更为直观、简单。

五、小企业生产性生物资产

小企业生产性生物资产，是指小企业（农、林、牧、渔业）为生产农产品、提供劳务或出租等目的而持有的生物资产，包括经济林、薪炭林、产畜和役畜等。

小知识

生产性生物资产与消耗性生物资产的区别

与消耗性生物资产相比较，生产性生物资产的最大不同在于，生产性生物资产具有能够在生产经营中长期、反复使用，从而不断产出农产品或者是长期役用的特征。消耗性生物资产收获农产品之后，该资产就不复存在；而生产性生物资产产出农产品之后，该资产仍然保留，并可以在未来期间继续产出农产品。因此，通常认为生产性生物资产在一定程度上具有固定资产的特征，如果树每年产水果、奶牛每年产奶等。

（一）小企业生产性生物资产的构成

生产性生物资产具备自我生长性，能够在持续的基础上予以消耗并在未来的一段时间内保持其服务能力或未来经济利益，属于劳动手段，包括经济林、薪炭林、产畜和役畜等。

小知识

相关比较

（一）《企业会计准则》

《企业会计准则第 5 号——生物资产》第三条规定："生物资产分为消耗性生物

资产、生产性生物资产和公益性生物资产。其中，生产性生物资产，是指为产出农产品、提供劳务或出租等目的而持有的生物资产，包括经济林、薪炭林、产畜和役畜等。”

（二）《企业所得税法实施条例》

《企业所得税法实施条例》第六十二条规定：“生产性生物资产，是指企业为生产农产品、提供劳务或者出租等而持有的生物资产，包括经济林、薪炭林、产畜和役畜等。”

（三）《小企业会计准则》

《小企业会计准则》关于生产性生物资产的概念及构成的规定与企业会计准则和企业所得税法的完全一致。需要指出的是，企业会计准则中单设了一个准则项目，规范与农业生产相关的生物资产的确认、计量和相关信息的披露，《小企业会计准则》则分散在不同章节中予以规范，其中消耗性生物资产作为存货处理，公益性生物资产实际上将相关支出直接费用化，没有特别规定，生产性生物资产放在此处具体规定。

（二）小企业生产性生物资产的划分

一般而言，生产性生物资产通常需要生长到一定阶段才开始具备生产的能力。根据其是否具备生产能力（即是否达到预定生产经营目的），可以对生产性生物资产进行进一步的划分。所谓达到预定生产经营目的，是指生产性生物资产进入正常生产期，可以多年连续稳定产出农产品、提供劳务或出租。由此，生产性生物资产可以划分为未成熟和成熟两类，前者指尚未达到预定生产经营目的，还不能够多年连续稳定产出农产品、提供劳务或出租的生产性生物资产，如尚未开始挂果的果树、尚未开始产奶的奶牛等；后者则指已经达到预定生产经营目的的生产性生物资产。

（三）小企业生产性生物资产计量的基本原则

生产性生物资产应当按照成本进行计量，以取得生产性生物资产发生的全部相关支出作为成本。但是，对于不同方式取得的生产性生物资产，其成本构成不尽相同。小企业取得生产性生物资产方式主要有两种：外购、自行营造或者繁殖。

（四）小企业取得生产性生物资产成本的确定

1. 外购的生产性生物资产成本的确定

外购的生产性生物资产的成本，应当按照购买价款和相关税费确定，包括小企业为购买生产性生物资产支付的价款、缴纳的税金和行政事业性收费、运输费、保险费、场地整理费、装卸费、栽植费、专业人员服务费等。

小企业一笔款项一次性购入多项生物资产时，购买过程中发生的相关税费、运输费、保险费等可直接归属于购买该资产的其他支出，应当按照各项生物资产的价款比例进行分配，分别确定各项生物资产的成本。

2. 自行营造或繁殖的生产性生物资产成本的确定

对自行营造或繁殖的生产性生物资产而言，如小企业自己繁育的奶牛、种猪，自行营造的橡胶树、果树、茶树等，其成本确定的一般原则是按照其达到预定生产经营目的前发生的必要支出确定，包括直接材料、直接人工、其他直接费和应分摊的间接费用。

（1）自行营造的林木类生产性生物资产的成本，包括达到预定生产经营目的前发生的造林费、抚育费、营林设施费、良种试验费、调查设计费和应分摊的间接费用等必要支出。

（2）自行繁殖的产畜和役畜的成本，包括达到预定生产经营目的（成龄）前发生的饲料费、人工费和应分摊的间接费用等必要支出。

值得强调的是，达到预定生产经营目的是区分生产性生物资产成熟和未成熟的分界点，同时也是判断其相关费用停止资本化的时点，是区分其是否具备生产能力，从而是否计提折旧的分界点。小企业应当根据具体情况结合正常生产期的确定，对生产性生物资产是否达到预定生产经营目的进行判断，并以书面形式加以明确。

生产性生物资产在达到预定生产经营目的之前，其用途一般是已经确定的，如尚未开始挂果的果树、未开始产奶的奶牛等；但是，如果其未来用途不确定，应当作为消耗性生物资产核算和管理，待确定用途后，再按照用途转换处理。

小知识

相关比较

（一）《企业会计准则》

《企业会计准则第 5 号——生物资产》第六条、第七条和第九条规定："生物资产应当按照成本进行初始计量。外购生物资产的成本，包括购买价款、相关税费、运输费、保险费以及可直接归属于购买该资产的其他支出。自行营造或繁殖的生产性生物资产的成本，应当按照下列规定确定：1. 自行营造的林木类生产性生物资产的成本，包括达到预定生产经营目的前发生的造林费、抚育费、营林设施费、良种试验费、调查设计费和应分摊的间接费用等必要支出。2. 自行繁殖的产畜和役畜的成本，包括达到预定生产经营目的（成龄）前发生的饲料费、人工费和应分摊的间接费用等必要支出。达到预定生产经营目的，是指生产性生物资产进入正常生产期，可以多年连续稳定产出农产品、提供劳务或出租。”

（二）《企业所得税法实施条例》

《企业所得税法实施条例》也对生产性生物资产的税务处理作了规定。《企业所得税法实施条例》第六十二条规定：“生产性生物资产按照以下方法确定计税基础：1. 外购生产性生物资产，以购买价款和支付的相关税费为计税基础；2. 通过捐赠、投资、非货币性资产交换、债务重组等方式取得的生产性生物资产，以该资产的公允价值和支付的相关税费为计税基础。”

（三）《小企业会计准则》

为了在账面上完整反映小企业生产性生物资产的价值、充分体现小企业的生产经营能力，《小企业会计准则》采用了与《企业会计准则》相一致的初始计量原则。同时，考虑到小企业取得生产性生物资产通常有外购和自行营造或繁殖两种途径，《小企业会计准则》分别这两种取得方式规定了生产性生物资产的成本确定原则。与《企业所得税法》存在的主要差异：《企业所得税法》没有对企业自行营造或者繁殖的生产性生物资产的计税基础作出规定，也就是说，对于自行营造或者繁殖的生产性生物资产在营造或者繁殖的过程中所发生的成本，税法允许计入当期费用税前扣除。

（五）小企业生产性生物资产折旧的会计处理

与固定资产类似，生产性生物资产虽然是有生命的动物或者植物，其存活或者使用期限也较长，不是一次性实现其效益的，生产性生物资产的成本也应逐期分摊，转移到它所生产的产品或者提供的劳务中去。因此，生产性生物资产需要按照规定计提折旧，以确定小企业所实际发生的成本。

生产性生物资产应当按照年限平均法计提折旧。小企业（农、林、牧、渔业）应当根据生产性生物资产的性质和使用情况，并考虑税法的规定，合理确定生产性生物资产的使用寿命和预计净残值。生产性生物资产的折旧方法、使用寿命、预计净残值一经确定，不得随意变更。小企业（农、林、牧、渔业）应当自生产性生物资产投入使用月份的下月起按月计提折旧；停止使用的生产性生物资产，应当自停止使用月份的下月起停止计提折旧。

小知识

相关比较

（一）《企业会计准则》

《企业会计准则第5号——生物资产》第十七条至第二十条规定："企业对达到预定生产经营目的的生产性生物资产，应当按期计提折旧，并根据用途分别计入相关资产的成本或当期损益。企业应当根据生产性生物资产的性质、使用情况和有关经济利益的预期实现方式，合理确定其使用寿命、预计净残值和折旧方法。可选用的折旧方法包括年限平均法、工作量法、产量法等。生产性生物资产的使用寿命、预计净残值和折旧方法一经确定，不得随意变更。企业确定生产性生物资产的使用寿命，应当考虑下列因素：1.该资产的预计产出能力或实物产量；2.该资产的预计有形损耗，如产畜和役畜衰老、经济林老化等；3.该资产的预计无形损耗，如因新品种的出现而使现有的生产性生物资产的产出能力和产出农产品的质量等方面相对下降、市场需求的变化使生产性生物资产产出的农产品相对过时等。企业至少应当于每年年度终了对生产性生物资产的使用寿命、预计净残值和折旧方法进行复核。使用寿命或预计净残值的预期数与原先估计数有差异的，或者有关经济利益预期实现方式有重大改变的，应当作为会计估计变更处理，调整生产性生物资产的使用寿命或预计净残值或者改变折旧方法。"

（二）《企业所得税法实施条例》

《企业所得税法实施条例》也对生产性生物资产的税务处理作了规定。《企业所得税法实施条例》第六十三条至第六十四条规定："生产性生物资产按照直线法计算的折旧，准予扣除。企业应当自生产性生物资产投入使用月份的次月起计算折旧；停止使用的生产性生物资产，应当自停止使用月份的次月起停止计算折旧。企业应当根据生产性生物资产的性质和使用情况，合理确定生产性生物资产的预计净残值。生产性生物资产的预计净残值一经确定，不得变更。生产性生物资产计算折旧的最低年限如下：1.林木类生产性生物资产，为10年；2.畜类生产性生物资产，为3年。"

（三）《小企业会计准则》

为简化小企业会计核算，减轻小企业纳税调整的负担，《小企业会计准则》的规定与《企业所得税法》基本一致，要求生产性生物资产一律按照年限平均法计提折旧，同时要求小企业在估计生产性生物资产使用寿命和预计净残值时，不仅要考虑相关资产的性质和使用情况，还要考虑税法的规定。与《企业会计准则》存在的主要差异：一是统一要求采用年限平均法摊销，不允许选用工作量法、产量法等其他摊销方法；二是不要求对生产性生物资产计提减值准备，因此生产性生物资产的应计折旧额为其原价扣除预计净残值后的余额，不必考虑减值因素；三是不要求至少在每年年度终了对生产性生物资产的使用寿命、预计净残值和折旧方法进行复核。

1. 生产性生物资产折旧的基本要求

（1）所有投入使用的生产性生物资产都应计提折旧。成熟的生产性生物资产进入正常生产期，可以多年连续稳定产出农产品、提供劳务或出租。因此，应当按期计提折旧，以与其给企业带来的经济利益流入相配比。例如，已经开始挂果的苹果树的折旧额与从苹果树上采摘的苹果取得的收入相配比，役牛每期的折旧额与其犁地为企业带来的经济利益流入相配比等。

（2）生产性生物资产的折旧方法只有一种：年限平均法，又称直线法。主要考虑是这种方法计算简便，便于小企业实务操作。

（3）生产性生物资产的折旧额应根据其受益对象加以分配。生产性生物资产的折旧额根据其受益对象分别计入相关资产成本（如将收获的农产品成本）或当期损益。

小企业（农、林、牧、渔业）应当结合本企业的具体情况，根据生产性生物资产的类别，制定适合本企业的生产性生物资产目录、分类方法。对于投入使用的生产性生物资产，还应根据生产性生物资产的性质、使用情况，并考虑税法的规定，合理确定生产性生物资产的使用寿命和预计净残值，作为进行生产性生物资产核算的依据。

需要说明的是，《小企业会计准则》虽然没有规定统一的生产性生物资产使用寿命和预计净残值，交由小企业自行确定，但是小企业不得由此而随意确定。通常，小企业应当制定本企业生产性生物资产的核算和管理制度，以书面形式明确规定各项生产性生物资产的折旧方法、使用寿命和预计净残值，并且一以贯之地加以执行。

生产性生物资产的使用寿命、预计净残值一经确定，不得随意变更。如果生产性生物资产使用过程中所处环境、使用情况等发生重大变化，导致其使用寿命或者预计净残值确需变更的，应当作为会计估计变更处理。

2. 生产性生物资产应计折旧额的确定

生产性生物资产的折旧，是指在生产性生物资产的使用寿命内，按照确定的方法对应计折旧额进行系统分摊。其中，应计折旧额是指应当计提折旧的生产性生物资产的原价扣除预计净残值后的余额。预计净残值，是指预计生产性生物资产使用寿命结束时，在处置过程中所发生的处置收入扣除处置费用后的余额。小企业应当根据生产性生物资产的性质、使用情况和有关经济利益的预期实现方式，合理确定生产性生物资产的预计净残值。

3. 生产性生物资产使用寿命的确定

小企业确定生产性生物资产的使用寿命，应当考虑下列因素：

①该资产的预计产出能力或实物产量；

②该资产的预计有形损耗，如产畜和役畜衰老、经济林老化等；

③该资产的预计无形损耗，如因新品种的出现而使现有的生产性生物资产的产出能力和产出农产品的质量等方面相对下降、市场需求的变化使生产性生物资产产出的农产品相对过时等。

《企业所得税法》则从维护国家税收利益的角度出发，对不同类别的固定资产折旧年限作了一个最基本的强制要求，即明确了各类固定资产计算折旧的最低年限。

具体会计处理时，一方面为了保证相关会计信息的质量，避免因过分拉长生产生物资产折旧年限可能导致的生产性生物资产账面价值虚高；另一方面为了便于小企业实务操作，减轻纳税调整负担，小企业在根据实际情况合理估计的前提下，可以直接采用《企业所得税法》规定的折旧最低年限作为相关生产性生物资产的折旧年限。

实务中，小企业应在考虑这些因素的基础上，结合不同生产性生物资产的具体情况作出判断，例如，在考虑林木类生产性生物资产的使用寿命时，可以考虑诸如温度、湿度和降雨量等生物特征、灌溉特征、嫁接和修剪程序、植物的种类和分类、植物的株间距、所使用初生主根的类型、采摘或收割的方法、所生产产品的预计市场需求等。在相同的环境下，同样的生产性生物资产的预计使用寿命应该基本相同。

4. 生产性生物资产预计净残值的确定

生产性生物资产的预计净残值，是指生产性生物资产预计使用寿命已满，小企业从该项生产性生物资产处置中获得的扣除预计处置费用后的金额。通俗地讲，就是生产性生物资产在报废时预计残料变价收入扣除清理费用后的净值。需要注意的是，无论是《小企业会计准则》还是《企业所得税法》，都没有规定生产性生物资产净残值率，或者是限定一个所有生产性生物资产均适用的净残值率下限，而是将确定生产性生物资产净残值的权利交给了企业。因为每一项生产性生物资产净残值的确定需要考虑很多因素，企业无疑最具有发言权。小企业应当根据生产性生物资产的实际使用情况进行合理的估计，并在生产性生物资产使用寿命内一贯应用。

5. 生产性生物资产折旧期的确定

生产性生物资产的折旧期自其投入使用时开始至停止使用或出售时止。其计算方法是“算尾不算头”，即不包括投入使用的当月但包括停止使用的当月。投入使用的生产性生物资产当月不计提折旧，从下月起按月计提折旧；停止使用的生产性生物资产当月继续计提折旧，从下月起停止计提折旧。

记账小知识

生产性生物资产

生产性生物资产见表 7-8：

表 7-8 生产性生物资产

编号	会计科目名称	科目核算内容	明细科目设置	主要账务处理	科目余额反映内容
1621	生产性生物资产	“生产性生物资产”科目核算小企业（农、林、牧、渔业）持有的生产性生物资产的原价（成本）。	“生产性生物资产”科目应按照“未成熟生产性生物资产”和“成熟生产性生物资产”，分别生物资产的种类、群别等进行明细核算。	（一）小企业外购的生产性生物资产，按照购买价款和相关税费，借记“生产性生物资产”科目，贷记“银行存款”等科目。涉及按照税法规定可抵扣的增值税进项税额的，还应当借记“应交税费——应交增值税（进项税额）”科目。 （二）自行营造的林木类生产性生物资产，达到预定生产经营目的前发生的造林费、抚育费、营林设施费、良种试验费、调查设计费和应分摊的间接费用等必要支出，借记“生产性生物资产”科目（未成熟生产性生物资产），贷记“原材料”“银行存款”“应付利息”等科目。 （三）自行繁殖的产畜和役畜，达到预定生产经营目的前发生的饲料费、人工费和应分摊的间接费用等必要支出，借记“生产性生物资产”科目（未成熟生产性生物资产），贷记“原材料”“银行存款”“应付利息”等科目。 （四）未成熟生产性生物资产达到预定生产经营目的时，按照其账面余额，借记“生产性生物资产”科目（成熟生产性生物资产），贷记“生产性生物资产”科目（未成熟生产性生物资产）。 （五）育肥畜转为产畜或役畜，应当按照其账面余额，借记“生产性生物资产”科目，贷记“消耗性生物资产”科目。 产畜或役畜淘汰转为育肥畜，应按照转群时其账面价值，借记“消耗性生物资产”科目，按照已计提的累计折旧，借记“生产性生物资产累计折旧”科目，按照其原价，贷记“生产性生物资产”科目。 （六）择伐、间伐或抚育更新等生产性采伐而补植林木类生产性生物资产发生的后续支出，借记“生产性生物资产”科目（未成熟生产性生物资产），贷记“银行存款”等科目。 生产性生物资产发生的管护、饲养费用等后续支出，借记“管理费用”科目，贷记“银行存款”等科目。 （七）因出售、报废、毁损、对外投资等原因处置生产性生物资产，应按照取得的出售生产性生物资产的价款、残料价值和变价收入等处置收入，借记“银行存款”等科目，按照已计提的累计折旧，借记“生产性生物资产累计折旧”科目，按照其原价，贷记“生产性生物资产”科目，按照其差额，借记“营业外支出——非流动资产处置净损失”科目或贷记“营业外收入——处置非流动资产处置净收益”科目。	“生产性生物资产”科目期末借方余额，反映小企业（农、林、牧、渔业）生产性生物资产的原价（成本）。

生产性生物资产累计折旧

生产性生物资产累计折旧见表 7-9：

表 7-9 生产性生物资产

编号	会计科目名称	科目核算内容	明细科目设置	主要账务处理	科目余额反映内容
1622	生产性生物资产累计折旧	“生产性生物资产累计折旧”科目核算小企业（农、林、牧、渔业）成熟生产性生物资产的累计折旧。	“生产性生物资产累计折旧”科目应按照生产性生物资产的种类、群别等进行明细核算。	小企业按月计提成熟生产性生物资产的折旧，借记“生产成本”“管理费用”等科目，贷记“生产性生物资产累计折旧”科目。 处置生产性生物资产还应同时结转生产性生物资产累计折旧。	“生产性生物资产累计折旧”科目期末贷方余额，反映小企业成熟生产性生物资产的累计折旧额。

六、小企业无形资产

小企业无形资产，是指小企业为生产产品、提供劳务、出租或经营管理而持有的、没有实物形态的可辨认非货币性资产。

（一）小企业无形资产的基本特征

1. 不具有实物形态

无形资产通常表现为某种权利、某项技术或是某种获取超额利润的综合能力，它们不具有实物形态，如土地使用权、非专利技术等。小企业的有形资产如固定资产虽然也能为企业带来经济利益，但其为企业带来经济利益的方式与无形资产不同，固定资产是通过实物的价值磨损和转移来为企业带来未来经济利益的，而无形资产很大程度上是通过自身所具有的技术等优势为企业带来未来经济利益的。

2. 具有可辨认性

符合以下条件之一的，则认为无形资产具有可辨认性：

（1）能够从小企业中分离或者划分出来，并能单独用于出售或转让等，表明无形资产可以辨认。某些情况下无形资产可能需要与有关的合同一起用于出售转让等，这种情况下也视为可辨认资产。

（2）产生于合同性权利或其他法定权利。例如，一方通过与另一方签订特许权合同而获得的特许使用权，又如通过法律程序申请获得的商标权、专利权等。

3. 属于非货币性资产

非货币性资产是指小企业持有的货币资金和将以固定或可确定的金额收取的资产以外的其他资产。无形资产由于没有发达的交易市场，一般不容易转化成现金，在持有过程中为企业带来未来经济利益具有不确定性，不属于以固定或可确定的金额收取的资产，属于非货币性资产。

小知识

相关比较

（一）《企业会计准则》

《企业会计准则第6号——无形资产》第三条规定："无形资产是指企业拥有或者控制的没有实物形态的可辨认非货币性资产。"

（二）《企业所得税法实施条例》

《企业所得税法实施条例》第六十五条规定："《企业所得税法》第十二条所称无形资产，是指企业为生产产品、提供劳务、出租或者经营管理而持有的、没有实物形态的非货币性长期资产，包括专利权、商标权、著作权、土地使用权、非专利技术、商誉等。"

（三）《小企业会计准则》

《小企业会计准则》关于无形资产的概念及构成的规定与企业会计准则和企业所得税法的基本一致，所不同是无形资产中不包括商誉，但包括了投资性房地产中的用于出租的土地使用权。

（二）小企业无形资产的构成

小企业无形资产通常包括土地使用权、专利权、商标权、著作权、非专利技术等。

1. 土地使用权

是指国家准许某企业在一定期间内对国有土地享有开发、利用、经营的权利。根据《中华人民共和国土地管理法》的规定，我国土地实行公有制，任何单位和个人不得侵占、买卖或者以其他形式非法转让。企业取得土地使用权的方式大致有以下几种：行政划拨、外购及投资者投入。

2. 专利权

是指国家专利主管机关依法授予发明创造专利申请人，对其发明创造在法定期限内所享有的专有权利，包括发明专利权、实用新型专利权和外观设计专利权。

3. 商标权

是指专门在某类指定的商品或产品上使用特定的名称或图案的权利。

4. 著作权

又称版权，是指作者对其创作的文学、科学和艺术作品依法享有的某些特殊权利。著作权包括作品署名权、发表权、修改权和保护作品完整权，还包括复制权、发行权、出租权、展览权、表演权、放映权、广播权、信息网络传播权、摄制权、改编权、翻译权、汇编权以及应当由著作权人享有的其他权利。

5. 非专利技术

也称专有技术，是指不为外界所知、在生产经营活动中已采用了的、不享有法律保护的、可以带来经济效益的各种技术和诀窍。非专利技术一般包括工业专有技术、商业贸易专有技术、管理专有技术等。

小企业取得的特许经营权也属于无形资产。特许经营权，是指企业在某一地区经营或销售某种特定商品的权利或是一家企业接受另一家企业使用其商标、商号、技术秘密等的权利。通常有两种形式，一种是由政府机构授权，准许企业使用或在一定地区享有经营某种业务的特权，如水、电、邮电通信等专营权、烟草专卖权等；另一种是指企业间按照签订的合同，有限期或无限期使用另一家企业的某些权利，如连锁店分店使用总店的名称等。

小知识

土地使用权的特别规定

有关土地使用权的会计处理应把握以下几项原则：

（1）小企业取得的土地使用权应确认为无形资产。

（2）土地使用权用于自行开发建造厂房等建筑物，相关的土地使用权不与地上建筑物合并计算其成本，而仍作为无形资产进行核算，土地使用权与地上建筑物分别进行摊销和计提折旧。

（3）小企业（房地产开发经营）将土地使用权用于建造对外出售的房屋建筑物，相关的土地使用权应当计入所建造的房屋建筑物的成本。

（4）小企业外购的房屋建筑物，实际支付的价款中包含了土地和建筑物的价值，应当按照合理的方法在建筑物和土地使用权之间进行分配；如果确实无法合理分配，应当全部作为固定资产。合理的分配方法通常是按照土地使用权和建筑物的市场价格或评估价值的相应比例进行分配。

（三）小企业无形资产计量的基本原则

无形资产应当按照成本进行计量，以取得无形资产发生的全部支出作为成本。但是，对于不同方式取得的无形资产，其成本构成不尽相同。小企业取得无形资产方式主要有三种：外购、投资者投入和自行开发。

（四）小企业取得无形资产成本的确定

小知识

相关比较

（一）《企业会计准则》

《企业会计准则第6号——无形资产》第十二条至第十四条规定：“无形资产应当按照成本进行初始计量。外购无形资产的成本，包括购买价款、相关税费以及直接归属于使该项资产达到预定用途所发生的其他支出。自行开发的无形资产，其成本包括自满足《小企业会计准则》第四条和第九条规定后至达到预定用途前所发生的支出总额，但是对于以前期间已经费用化的支出不再调整。投资者投入无形资产的成本，应当按照投资合同或协议约定的价值确定，但合同或协议约定价值不公允的除外。”

（二）《企业所得税法实施条例》

《企业所得税法实施条例》第六十六条规定：“无形资产按照以下方法确定计税基础：1. 外购的无形资产，以购买价款和支付的相关税费以及直接归属于使该资产达到预定用途发生的其他支出为计税基础；2. 自行开发的无形资产，以开发过程中该资产符合资本化条件后至达到预定用途前发生的支出为计税基础；3. 通过捐赠、投资、非货币性资产交换、债务重组等方式取得的无形资产，以该资产的公允价值和支付的相关税费为计税基础。”

（三）《小企业会计准则》

为简化小企业会计核算，减轻小企业纳税调整的负担，《小企业会计准则》的规定与《企业所得税法》基本一致。

与《企业所得税法》可能存在差异的是，《企业所得税法》为鼓励企业自主创新规定了加计扣除的优惠政策，即研究开发支出未形成无形资产计入当期损益的，按照研究开发费用的50%加计扣除；形成无形资产的，按照无形资产成本的150%摊销。与企业会计准则存在的主要差异：一是简化了延期付款或分期付款购买无形资产的会计处理，不考虑其中所含的融资费用；二是对于投资者投入的无形资产，根据公司法的要求引入了评估价值来确定其成本；三是简化了借款费用资本化金额的确定方法。

1. 外购无形资产成本的确定

外购无形资产的成本由三部分构成：

（1）购买价款。

（2）相关税费，即在购买无形资产的过程中发生的直接相关的税费，如购买商品房时交纳的契税、商标权的注册费等。

（3）相关的其他支出，如购买无形资产过程中发生的专业测试费、使用借款购买无形资产应负担的借款费用。其中，相关的借款费用，是指小企业在购买无形资产时使用了借款，因该借款发生的利息及其他相关成本。

2. 投资者投入无形资产成本的确定

根据公司法的规定，投资者既可以用货币出资，也可以用实物、知识产权、土地使用权出资，并且应当评估作价，不得高估或者低估作价。其中，知识产权和土地使用权构成了接受投资方的无形资产。因此，遵照公司法的规定，投资者投入的无形资产应当按照评估价值确定其成本。如果涉及相关税费，还应按照税法规定进行相应会计处理。

3. 自行开发无形资产成本的确定

（1）自行研究开发项目应划分为研究阶段和开发阶段。

研究，是指为获取新的技术和知识等进行的有计划的调查，研究活动的例子包括：意在获取知识而进行的活动，研究成果或其他知识的应用研究、评价和最终选择，材料、设备、产品、工序、系统或服务替代品的研究，新的或经改进的材料、设备、产品、工序、系统或服务的可能替代品的配制、设计、评价和最终选择。

开发，是指在进行商业性生产或使用前，将研究成果或其他知识应用于某项计划或设计，以生产出新的或具有实质性改进的材料、装置、产品等。开发活动的例子包括：生产前或使用前的原型和模型的设计、建造和测试，含新技术的工具、夹具、模具和冲模的设计，不具有商业性生产经济规模的试生产设施的设计、建造和运营，新的或改造的材料、设备、产品、工序、系统或服务所选定的替代品的设计、建造和测试等。

（2）自行研究开发项目在研究阶段的支出全部费用化。研究阶段基本上是探索性的，为进一步的开发活动进行资料及相关方面的准备，在这一阶段不会形成阶段性成果。其研究能否在未来形成成果也有很大的不确定性，因此，研究阶段的支出在发生时应当费用化，直接计入当期损益（管理费用）。

（3）自行研究开发项目在开发阶段的支出符合资本化条件的，计入无形资产的成本；不符合资本化条件的，计入当期损益（管理费用）。

由于开发阶段相对于研究阶段更进一步，且很大程度上形成一项新产品或新技术的基本条件已经具备，所发生的支出如果符合资本化的条件，应当资本化，即确认为无形资产的成本。

有关自行开发无形资产资本化的条件在这里不予赘述。

自行开发形成的无形资产的成本，由符合资本化条件后至达到预定用途前发生的支出（含相关的借款费用）构成。具体包括：开发该无形资产时耗费的材料、所使用固定资产的折旧费、参与开发人员的职工薪酬、在开发该无形资产过程中使用的非专有技术等的摊销费、按规定资本化的借款费用，以及为使该无形资产达到预定用途前所发生的其他直接相关的支出。

值得强调的是，内部开发无形资产的成本仅包括在符合资本化条件后至达到预定用途前发生的支出总和，对于同一项无形资产在开发过程中达到资本化条件之前已经费用化计入当期损益的支出不再进行调整。

在达到预定用途后发生的支出全部费用化，计入当期损益（管理费用）。

（五）小企业自行研究开发无形资产在开发阶段有关支出的资本化条件

小企业自行研究开发无形资产是取得无形资产的重要方式，反映了小企业的核心竞争力和研发能力。

小企业自行开发无形资产发生的支出，同时满足下列条件的，才能确认为无形资产：

（1）完成该无形资产以使其能够使用或出售在技术上具有可行性；

（2）具有完成该无形资产并使用或出售的意图；

（3）能够证明运用该无形资产生产的产品存在市场或无形资产自身存在市场，无形资产将在内部使用的，应当证明其有用性；

（4）有足够的技术、财务资源和其他资源支持，以完成该无形资产的开发，并有能力使用或出售该无形资产；

（5）归属于该无形资产开发阶段的支出能够可靠地计量。

小企业自行开发无形资产发生的支出必须同时满足《小企业会计准则》所规定的五个条件才能资本化，确认为无形资产，缺一不可。

小知识

相关比较

（一）《企业会计准则》

《企业会计准则第6号——无形资产》第七条至第九条规定：“企业内部研究开发项目的支出，应当区分研究阶段支出与开发阶段支出。研究是指为获取并理解新的科学或技术知识而进行的独创性的有计划调查。开发是指在进行商业性生产或使用前，将研究成果或其他知识应用于某项计划或设计，以生产出新的或具有实质性改进的材料、装置、产品等。企业内部研究开发项目研究阶段的支出，应当于发生时计入当期损益。企业内部研究开发项目开发阶段的支出，同时满足下列条件的，才能确认为无形资产：1. 完成该无形资产以使其能够使用或出售在技术上具有可行性；2. 具有完成该无形资产并使用或出售的意图；3. 无形资产产生经济利益的方式，包括能够证明运用该无形资产生产的产品存在市场或无形资产自身存在市场，无形资产将在内部使用的，应当证明其有用性；4. 有足够的技术、财务资源和其他资源支持，以完成该无形资产的开发，并有能力使用或出售该无形资产；5. 归属于该无形资产开发阶段的支出能够可靠地计量。”

（二）《企业所得税法实施条例》

《企业所得税法实施条例》也对无形资产开发支出的税务处理作了规定。《企业所得税法实施条例》第六十六条第（二）项规定：“（二）自行开发的无形资产，以开发过程中该资产符合资本化条件后至达到预定用途前发生的支出为计税基础。”

（三）《小企业会计准则》

为简化小企业会计核算，减轻小企业纳税调整的负担，《小企业会计准则》的规定与《企业所得税法实施条例》相一致。

专家点拨

（一）完成该无形资产以使其能够使用或出售在技术上具有可行性的内涵

这一条件实质上是关于自行开发无形资产技术上可行性的要求。

判断无形资产的开发在技术上是否具有可行性，应当以目前阶段的成果为基础，并提供相关证据和材料，证明小企业进行开发所需的技术条件等已经具备，不存在技术上的障碍或其他不确定性。例如，小企业已经完成了全部计划、设计和测试活动，这些活动是使无形资产能够达到设计规划书中的功能、特征和技术所必需的活动或经过专家鉴定等。

（二）具有完成该无形资产并使用或出售的意图的内涵

这一条件实质上是关于自行开发无形资产企业管理层意图的要求。

小企业自行开发无形资产的意图，无非是两个目的，一是自用，二是对外出售。

小企业开发某项产品或专利技术等，通常是根据企业管理层对该项研发活动的目的或者意图加以确定。也就是说，研发项目形成成果以后，是通过自身使用获取经济利益还是通过对外出售获取经济利益，应当依企业管理层的决定为依据。因此，小企业的管理层应当明确表明其拟开发无形资产的目的，并具有完成该项无形资产开发使其能够使用或出售的可能性。

（三）能够证明运用该无形资产生产的产品存在市场或无形资产自身存在市场，无形资产将在内部使用的，应当证明其有用性的内涵

这一条件实质上是关于自行开发无形资产的经济性或有用性的要求。

小企业自行开发无形资产的目的是实现经济利益，实现的方式主要有三种：一是用于生产产品，通过使用该无形资产生产产品、销售所生产的产品最终实现经济利益；二是出售，就是通过直接将所开发的无形资产对外出售实现经济利益；三是自用，而不是直接用于生产产品。对于前两种方式一个共同的特点是最终都需借助市场来完成。

如果有关的无形资产开发完成后是用于形成新产品或新工艺，小企业应对运用该无形资产生产的产品市场情况进行估计，应能够证明所生产的产品存在市场，能够带来经济利益的流入；如果有关的无形资产开发以后是用于对外出售，则小企业应能够证明市场上存在对该类无形资产的需求，开发以后存在外在的市场可以出售并带来经济利益的流入；如果无形资产开发以后不是用于生产产品，也不是用于对外出售，而是在小企业内部使用，则小企业应能够证明在小企业内部使用时对小企业的有用性。

（四）有足够的技术、财务资源和其他资源支持，以完成该无形资产的开发，并有能力使用或出售该无形资产的内涵

这一条件实质上是关于自行开发无形资产相关资源支持性的要求。具体包括以下内容：

1. 为完成该项无形资产开发具有技术上的可靠性

开发无形资产并使其形成成果在技术上的可靠性是继续开发活动的关键。因此，必须有确凿证据证明小企业继续开发该项无形资产有足够的技术支持和技术能力。

2. 有财务资源和其他资源支持

财务资源和其他资源支持是能够完成该项无形资产开发的经济基础，因此，小企业必须能够说明为完成该项无形资产的开发所需的财务和其他资源，例如资金、专业技术人员、实验室、试验场等，是否能够足以支持完成该项无形资产的开发。

小企业应证明能够获取在开发过程中所需的技术、财务和其他资源，以及小企业获得这些资源的相关计划等。例如，在小企业自有资金不足以提供支持的情况下，是否存在外部其他方面的资金支持，如银行或风险投资基金等方面愿意为该无形资产的开发提供所需资金的声明等来证实。

3. 有能力使用或出售该无形资产，以获取经济利益

这一要求实质上反映了小企业对所开发无形资产的控制力。

（五）归属于该无形资产开发阶段的支出能够可靠地计量的内涵

这一条件实质上是关于自行开发无形资产成本可计量性的要求。

小企业对于研究开发活动发生的支出应单独核算，如发生的研究开发人员的职工薪酬、材料费等，所发生的开发支出同时用于支持多项开发活动的，应按照一定的标准在各项开发活动之间进行分配，无法合理分配的，应予费用化计入当期损益（管理费用），不计入无形资产的成本。

（六）小企业无形资产摊销的会计处理

小企业持有无形资产的目的是实现经济利益，实现的方式主要是自用，当然也可以对外出售。自用就涉及无形资产的摊销问题。

无形资产应当在其使用寿命内采用年限平均法进行摊销，根据其受益对象计入相关资产成本或者当期损益。无形资产的摊销期自其可供使用时开始至停止使用或出售时止。有关法律规定或合同约定了使用年限的，可以按照规定或约定的使用年限分期摊销。小企业不能可靠估计无形资产使用寿命的，摊销期不得低于10年。

小知识

相关比较

（一）《企业会计准则》

《企业会计准则第6号——无形资产》第十七条至第十九条规定：“使用寿命有限的无形资产，其应摊销金额应当在使用寿命内系统合理摊销。企业摊销无形资产，应当自无形资产可供使用时起，至不再作为无形资产确认时止。企业选择的无形资产摊销方法，应当反映与该项无形资产有关的经济利益的预期实现方式。无法可靠确定

预期实现方式的，应当采用直线法摊销。无形资产的摊销金额一般应当计入当期损益，其他会计准则另有规定的除外。无形资产的应摊销金额为其成本扣除预计残值后的金额。已计提减值准备的无形资产，还应扣除已计提的无形资产减值准备累计金额。使用寿命有限的无形资产，其残值应当视为零，但下列情况除外：1. 有第三方承诺在无形资产使用寿命结束时购买该无形资产。2. 可以根据活跃市场得到预计残值信息，并且该市场在无形资产使用寿命结束时很可能存在。使用寿命不确定的无形资产不应摊销。”

（二）《企业所得税法实施条例》

《企业所得税法实施条例》也对无形资产摊销的税务处理作了规定。《企业所得税法实施条例》第六十七条规定：“无形资产按照直线法计算的摊销费用，准予扣除。无形资产的摊销年限不得低于 10 年。作为投资或者受让的无形资产，有关法律规定或者合同约定了使用年限的，可以按照规定或者约定的使用年限分期摊销。”

（三）《小企业会计准则》

为简化小企业会计核算，减轻小企业纳税调整的负担，《小企业会计准则》的规定与《企业所得税法实施条例》相一致。与企业会计准则存在的主要差异：一是在无形资产分类上，没有区分使用寿命有限的无形资产和使用寿命不确定的无形资产；二是规定无法合理估计使用寿命的无形资产按照不低于 10 年的期间摊销；三是统一要求采用年限平均法摊销，不允许选用产量法等其他摊销方法。

1. 无形资产摊销的基本要求及方法

（1）所有的无形资产都应当进行摊销。

（2）无形资产的摊销方法只有一种：年限平均法，又称直线法。主要考虑是这种方法计算简便，便于小企业实务操作。

（3）无形资产的摊销额根据无形资产的受益对象计入相关资产成本或者当期损益。具体来讲，可分为五种情况：某项无形资产，如果用于生产产品，则其摊销额应计入该产品的成本；如果用于日常行政管理，则其摊销额应计入管理费用；如果用于营销活动，则其摊销额应计入该产品的成本；如果用于开发某项新技术，则其摊销额应计入该新技术的开发支出；如果用于建造某项固定资产，则其摊销额应计入该固定资产的在建工程成本。

（4）无形资产的残值通常为零，因此，无形资产的应摊销额就是其成本。在这一点上，与固定资产不同，固定资产由于存在实体，通常会保留预计净残值。

2. 无形资产摊销期确定的基本原则

无形资产的摊销期自其可供使用时开始至停止使用或出售时止。其计算方法是“算头不算尾”，即包括可供使用的当月但不包括停止使用或出售的当月。具体应用时应把握好以下几个方面：

（1）可供使用时，是指无形资产达到了技术上、法律上、经济上可以使用的时点，通常是指达到可供使用的当月。这一点与固定资产计提折旧的起始点不同，当月增加的固定资产，当月不计提折旧，从下月起计提折旧。

（2）停止使用时，是指无形资产由于技术、法律、经济等方面的原因已经不能再给小企业带来经济利益的时点，通常是指某项无形资产的法律保护期已经失效、某项无形资产由于技术进步导致落后淘汰等。既然停止使用无形资产了，也就不应再对其继续进行摊销了。

（3）出售时，是指无形资产由自用转为对外出售的时点，某项无形资产一旦对外出售，即意味着在以后期间不能再给小企业带来经济利益，因此，就不存在对其进行摊销的问题。

（4）在计算确定摊销期时，均不包括停止使用和出售的当月。在这一点上，与固定资产计提折旧停止的时点不相同。当月减少的固定资产，当月仍计提折旧，从下月起不计提折旧。

3. 无形资产摊销期的具体确定

无形资产的使用寿命包括存在法定寿命和不存在法定寿命两种情况，有些无形资产的使用寿命受法律、规章或合同的限制，称为法定寿命。例如，我国法律规定发明专利权有效期为20年，商标权的有效期为10年。有些无形资产如永久性特许经营权、非专利技术等的寿命则不受法律或合同的限制。

《小企业会计准则》为了便于小企业实务操作，区分两种情况规定了无形资产的摊销期。

（1）有关法律规定或合同约定了使用年限的，可以按照规定或约定的使用年限分期摊销。

①确定无形资产摊销期的依据是法律规定和合同约定。

②只要法律有明确的规定，则按照法律规定的期限作为摊销期。例如，某小企业以支付土地出让金方式取得一块土地的使用权，如果企业准备持续持有，在50年期间内没有计划出售，该块土地使用权预期为企业带来未来经济利益的期间为50年。

③只要合同有明确的约定，则按照合同约定的期限作为摊销期。例如，小企业的某投资者以土地使用权出资，投资合同约定，该小企业的合作经营期为20年，则小

企业取得的该土地使用权的摊销期应为20年。

④如果既有法律规定又有合同约定，通常按照孰短的原则来掌握。

⑤既然遵循了法律的规定和合同的约定，其摊销期就不受10年的限制，可以长于10年，也可以短于10年。

（2）小企业不能可靠估计无形资产使用寿命的，摊销期不得低于10年。

①不能可靠估计无形资产的使用寿命，是指没有法律规定和合同约定无形资产的使用年限。

②在这种情况下，摊销期最短为10年。

③如果无合理的技术、法律、经济的理由和确凿的证据，《小企业会计准则》建议对该类无形资产的摊销期选定为10年，以提高该类资产的质量，避免虚计资产。

（六）小企业处置无形资产的会计处理

小企业的无形资产通过使用或出售最终都会退出企业，因此，无形资产的处置也是无形资产会计处理不可或缺的重要组成部分。

处置无形资产，处置收入扣除其账面价值、相关税费等后的净额，应当计入营业外收入或营业外支出。所称无形资产的账面价值，是指无形资产的成本扣减累计摊销后的金额。

小知识

相关比较

（一）《企业会计准则》

《企业会计准则第6号——无形资产》第二十二条至第二十三条规定：“企业出售无形资产，应当将取得的价款与该无形资产账面价值的差额计入当期损益。无形资产预期不能为企业带来经济利益的，应当将该无形资产的账面价值予以转销。”

（二）《企业所得税法实施条例》

《企业所得税法实施条例》也对处置无形资产的税务处理作了规定。《企业所得税法实施条例》第三十二条规定：“《企业所得税法》第八条所称损失，是指企业在生产经营活动中发生的固定资产和存货的盘亏、毁损、报废损失，转让财产损失，呆账损失，坏账损失，自然灾害等不可抗力因素造成的损失以及其他损失。企业发生的损失，减除责任人赔偿和保险赔款后的余额，依照国务院财政、税务主管部门的规定扣除。”

（三）《小企业会计准则》

为了简化核算，便于小企业实务操作，减轻纳税调整负担，满足汇算清缴的需要，《小企业会计准则》有关处置无形资产的会计处理与《企业所得税法实施条例》相一致。

1. 处置无形资产的内涵

在《小企业会计准则》中，处置无形资产是一个很宽泛的概念，是指由于各种原因造成无形资产减少的所有情形，主要包括对外出售无形资产，因技术、法律、经济等原因造成报废无形资产以及将无形资产用作对外投资等。

2. 处置无形资产损益的确定

由于小企业持有无形资产的目的主要是自用，尽管有时可能对外出售，因此无形资产不同于存货。基于这种考虑，处置无形资产产生的损益是一个净额的概念，《小企业会计准则》将其计入营业外收入或营业外支出。

在确定处置无形资产损益时，应当综合考虑以下因素：

（1）该无形资产的账面价值，即无形资产的成本扣减累计摊销后的金额。在实务中，无形资产的成本体现在“无形资产”科目，其对应的累计摊销体现在“累计摊销”科目。

（2）相关税费，即在处置无形资产过程中发生的相关税费。

（3）处置收入，即出售无形资产的价款、用于对外投资的无形资产的评估价值，通常报废的无形资产没有处置的价值，可以理解为处置收入为零。

记账小知识

无形资产

无形资产见表7-10：

表 7-10　无形资产

编号	会计科目名称	科目核算内容	明细科目设置	主要账务处理	科目余额反映内容
1701	无形资产	“无形资产”科目核算小企业持有的无形资产成本。	“无形资产”科目应按照无形资产项目进行明细核算。	（一）小企业外购无形资产，应当按照实际支付的购买价款、相关税费和相关的其他支出（含相关的利息费用），借记“无形资产”科目，贷记“银行存款”“应付利息”等科目。 （二）自行开发建造厂房等建筑物，外购土地及建筑物支付的价款应当在建筑物与土地使用权之间按照合理的方法进行分配，其中属于土地使用权的部分，借记“无形资产”科目，贷记“银行存款”等科目。 （三）收到投资者投入的无形资产，应当按照评估价值和相关税费，借记“无形资产”科目，贷记“实收资本”“资本公积”科目。 （四）开发项目达到预定用途形成无形资产的，按照应予资本化的支出，借记“无形资产”科目，贷记“研发支出”科目。 （五）因出售、报废、对外投资等原因处置无形资产，应当按照取得的出售无形资产的价款等处置收入，借记“银行存款”等科目，按照其已计提的累计摊销，借记“累计摊销”科目，按照应支付的相关税费及其他费用，贷记“应交税费——应交增值税”“银行存款”等科目，按照其成本，贷记“无形资产”科目，按照其差额，贷记“营业外收入——非流动资产处置净收益”科目或借记“营业外支出——非流动资产处置净损失”科目。	“无形资产”科目期末借方余额，反映小企业无形资产的成本。

累计摊销

累计摊销见表 7-11：

表 7-11　累计摊销

编号	会计科目名称	科目核算内容	明细科目设置	主要账务处理	科目余额反映内容
1702	累计摊销	“累计摊销”科目核算小企业对无形资产计提的累计摊销。	“累计摊销”科目应按照无形资产项目进行明细核算。	小企业按月采用年限平均法计提无形资产的摊销，应当按照无形资产的受益对象，借记“制造费用”“管理费用”等科目，贷记“累计摊销”科目。 处置无形资产还应同时结转累计摊销。	“累计摊销”科目期末借方余额，反映小企业无形资产的累计摊销额。

七、小企业长期待摊费用

（一）小企业长期待摊费用的构成

小企业的长期待摊费用包括：已提足折旧的固定资产的改建支出、经营租入固定资产的改建支出、固定资产的大修理支出和其他长期待摊费用等。所称固定资产的大修理支出，是指同时符合下列条件的支出：一是修理支出达到取得固定资产时的计税基础50%以上，二是修理后固定资产的使用寿命延长2年以上。

小知识

相关比较

（一）《企业会计准则》

《企业会计准则——应用指南》规定："长期待摊费用"科目核算企业已经发生但应由本期和以后各期负担的分摊期限在1年以上的各项费用，如以经营租赁方式租入的固定资产发生的改良支出等。

（二）《企业所得税法》

《企业所得税法》也对长期待摊费用的税务处理作了规定。《企业所得税法》第十三条规定："在计算应纳税所得额时，企业发生的下列支出作为长期待摊费用，按照规定摊销的，准予扣除：1. 已足额提取折旧的固定资产的改建支出；2. 租入固定资产的改建支出；3. 固定资产的大修理支出；4. 其他应当作为长期待摊费用的支出。"《企业所得税法实施条例》第六十八条规定："《企业所得税法》第十三条第1项和第2项所称固定资产的改建支出，是指改变房屋或者建筑物结构、延长使用年限等发生的支出。"

（三）《小企业会计准则》

为了简化核算，便于小企业实务操作，减轻纳税调整负担，满足汇算清缴的需要，《小企业会计准则》有关长期待摊费用的构成和界定标准与《企业所得税法》相一致。与《企业会计准则》存在的主要差异：根据《企业会计准则第4号——固定资产》中关于固定资产后续支出的会计处理原则，企业发生的固定资产大修理费用，有确凿证据表明符合固定资产确认条件的部分，可以计入固定资产成本，不符合固定资产的确认条件的应当费用化，计入当期损益。也就是说，执行《企业会计准则》的企业，不得将大修理支出作待摊处理，并且大修理支出的认定标准也不同。

1. 已提足折旧的固定资产的改建支出的内涵

（1）对于已提足折旧的固定资产来说，其账面价值仅剩下预计净残值。也就是说，该项固定资产除预计净残值外的价值已全部转移至生产成本或各期损益，这时候在这些资产上发生的改建支出，不能计入原固定资产的成本，由于此时固定资产的价值形式已经消失，这些支出也已失去了可以附着的载体。基于这一考虑，《小企业会计准则》应将其作为长期待摊费用，以区别于原来的固定资产和对未提足折旧的固定资产进行的改建支出。

（2）此种情形的改建支出，同《小企业会计准则》第三十三条的规定，仅指改变房屋或者建筑物结构、延长使用年限等发生的支出。否则，发生的相关支出不得作为长期待摊费用，而应直接计入发生当期的损益（管理费用或销售费用）。

2. 经营租入固定资产的改建支出的内涵

（1）小企业作为承租人以经营租赁方式租入的固定资产，仍属于出租人的固定资产，小企业仅拥有在租赁期内对该项固定资产的使用权，因而对以经营租赁方式租入的固定资产发生的改建支出，《小企业会计准则》规定不得计入固定资产成本，作为固定资产核算，否则就会出现同一项固定资产在出租人和承租人双方同作核算的问题。但是，这项改建支出能给承租人带来经济利益，因此，《小企业会计准则》将其单独作为长期待摊费用进行核算，以区别于固定资产。

（2）此种情形的改建支出，同《小企业会计准则》第三十三条的规定，仅指改变房屋或者建筑物结构、延长使用年限等发生的支出。否则，发生的相关支出不得作为长期待摊费用，而应直接计入发生当期的损益（管理费用或销售费用）。

3. 固定资产的大修理支出的内涵

固定资产的大修理支出的认定条件有两个，并且必须同时满足，缺一不可。

（1）修理支出达到取得固定资产时的计税基础 50% 以上。

应当注意把握好以下几个方面：

①固定资产的修理支出，是指在已持有固定资产的过程中由于对该项固定资产的使用而发生的支出，包括日常修理费和其他修理支出。

②发生的日常修理费应当按照《小企业会计准则》第三十二条的规定进行会计处理。

③对于其他修理支出，如果其金额达到了该项固定资产取得的计税基础的 50% 以上，则符合了作为固定资产大修理支出的第一个条件，否则也应当比照日常修理费进行会计处理。

④计税基础是一个企业所得税法概念。《企业所得税法实施条例》第五十六条规

定：企业的各项资产，以历史成本为计税基础。因此，《小企业会计准则》中所称的计税基础实际上就是固定资产成本或原价。

⑤修理支出通常是一次性发生的，而不是多次发生的累计金额，但是分步骤完成的可以视同为一次性发生。

（2）修理后固定资产的使用年限延长 2 年以上。

固定资产的修理支出，往往旨在维持固定资产的使用寿命或延长固定资产的使用寿命，提高其使用价值。作为长期待摊费用的固定资产大修理支出，根据本条件的规定，必须是使固定资产经过修理后，其使用寿命延长 2 年以上，否则就不被当作固定资产大修理支出，而应当比照日常修理费进行会计处理。

4. 其他长期待摊费用的认定

为了便于小企业实务操作，《小企业会计准则》允许小企业根据国务院财政、税务主管部门的相关规定加以具体认定。

需要说明的是，从目前来讲，《小企业会计准则》作为长期待摊费用核算的仅限于已提足折旧的固定资产的改建支出、经营租入固定资产的改建支出、固定资产的大修理支出这三种情况。

（二）小企业长期待摊费用摊销的会计处理

长期待摊费用作为小企业的一项非流动资产，能够在超过 1 年以上的期间为小企业带来经济利益，因此，其价值应在摊销期内进行摊销，并由其受益对象进行承担。

长期待摊费用应当在其摊销期限内采用年限平均法进行摊销，根据其受益对象计入相关资产的成本或者管理费用，并冲减长期待摊费用。

（1）已提足折旧的固定资产的改建支出，按照固定资产预计尚可使用年限分期摊销。

（2）经营租入固定资产的改建支出，按照合同约定的剩余租赁期限分期摊销。

（3）固定资产的大修理支出，按照固定资产尚可使用年限分期摊销。

（4）其他长期待摊费用，自支出发生月份的下月起分期摊销，摊销期不得低于 3 年。

小知识

相关比较

（一）《企业所得税法实施条例》

《企业所得税法实施条例》第六十八条至第七十条规定："《企业所得税法》第十三条第（一）项规定的支出，按照固定资产预计尚可使用年限分期摊销；第（二）项规定的支出，按照合同约定的剩余租赁期限分期摊销。《企业所得税法》第十三条第（三）项规定的支出，按照固定资产尚可使用年限分期摊销。《企业所得税法》第十三条第（四）项所称其他应当作为长期待摊费用的支出，自支出发生月份的次月起，分期摊销，摊销年限不得低于3年。"

（二）《小企业会计准则》

为了简化核算，便于小企业实务操作，减轻纳税调整负担，满足汇算清缴的需要，《小企业会计准则》有关长期待摊费用摊销的会计处理与《企业所得税法实施条例》相一致。

1. 长期待摊费用摊销的基本要求及方法

（1）长期待摊费用的摊销方法只有一种：年限平均法，又称直线法。主要考虑是这种方法计算简便，便于小企业实务操作。

（2）长期待摊费用的摊销额根据长期待摊费用的受益对象计入相关资产成本或者管理费用。具体来讲，可分为两种情况：某项长期待摊费用，如果用于生产产品或自行开发无形资产，则其摊销额应计入该产品的成本或无形资产的成本；否则，为简化核算，其摊销额应计入管理费用。

（3）长期待摊费用的摊销额，为简化核算，直接冲减长期待摊费用，不必像固定资产和无形资产单独设置"累计折旧"和"累计摊销"科目。

2. 长期待摊费用摊销期确定的基本原则

长期待摊费用自支出发生月份的下月起开始进行摊销。其计算方法是"算尾不算头"，与固定资产的折旧起始点相同。

3. 长期待摊费用摊销期的具体确定

《小企业会计准则》为了便于小企业实务操作，区分以下四种情况规定了长期待摊费用的摊销期。

（1）已提足折旧的固定资产的改建支出，按照固定资产预计尚可使用年限分期摊销。这是因为通过改变房屋或者建筑物的结构，延续了其使用价值和年限，又能为小企业带来一定的经济利益流入，所以应按照该被改建的固定资产预计尚可使用的年限分期摊销改建支出。例如，某小企业生产车间的厂房虽然已经提足折旧，但是其基础结构在技术和质量方面还符合要求，该小企业对该厂房的结构进行改造和加固，发生了支出 100 万元，估计该厂房可供企业再使用 10 年，则该厂房的摊销期为 10 年，每年应摊销 10 万元。

（2）经营租入固定资产的改建支出，按照合同约定的剩余租赁期限分期摊销。此类固定资产所有权仍然属于出租人，而不是作为承租人的改建方，因此，其受益期只能局限于合同约定的剩余租赁期限内，其改建支出也只能在剩余租赁期限内摊销。例如，某小企业对经营租入的厂房为适应生产产品的需要进行了改造，发生了支出 100 万元，该厂房的租赁期为 10 年，发生该改建支出的时间为租赁期的第 3 年，因此，该项改建支出的摊销期应为剩余的租赁期 8 年，而不是整个租赁期 10 年。

（3）固定资产的大修理支出，按照固定资产尚可使用年限分期摊销。该固定资产的尚可使用年限通常是指大修理时剩余折旧年限加上由于大修理而延长的折旧年限之和。

（4）其他长期待摊费用，自支出发生月份的下月起分期摊销，摊销期不得低于 3 年。即在这种情况下，摊销期最短为 3 年。但是，如果无合理的技术、法律、经济的理由和确凿的证据，《小企业会计准则》建议对该类无形资产的摊销期选定为 3 年，以提高该类资产的质量，避免虚计资产。

记账小知识

长期待摊费用

长期待摊费用见表 7-12：

表 7-12 长期待摊费

编号	会计科目名称	科目核算内容	明细科目设置	主要账务处理	科目余额反映内容
1801	长期待摊费用	"长期待摊费用"科目核算小企业已提足折旧的固定资产的改建支出、经营租入固定资产的改建支出、固定资产的大修理支出和其他长期待摊费用等。	"长期待摊费用"科目应按照支出项目进行明细核算。	（一）小企业发生的长期待摊费用，借记"长期待摊费用"科目，贷记"银行存款""原材料"等科目。 （二）按月采用年限平均法摊销长期待摊费用，应当按照长期待摊费用的受益对象，借记"制造费用""管理费用"等科目，贷记"长期待摊费用"科目。	"长期待摊费用"科目期末借方余额，反映小企业尚未摊销完毕的长期待摊费用。

第二节　小企业非流动负债方面会计

一、小企业非流动负债

小企业筹集长期资金的方式主要有两种：一种是由投资者投入新的资本（或由股东追加投资）；另一种是举借长期负债，即通常所说的"举债经营"，主要是向银行或其他金融机构举借长期借款。

（一）小企业非流动负债的概念

小企业的非流动负债，是指流动负债以外的负债。

《小企业会计准则》在分类的时候，实际上采用了"二分法"，即一项负债只要不属于流动负债，就是非流动负债，但是前提是先认定是否为流动负债。

非流动负债除具有负债的共同特征外，与流动负债相比，还具有债务金额大，偿还期限长，可以分期偿还等特点。

（二）小企业非流动负债的构成

小企业的非流动负债主要包括长期借款、长期应付款，如存在政府补助，还会涉及递延收益。

（1）长期借款。

（2）长期应付款。是指小企业除长期借款以外的其他各种长期应付款项。包括：小企业由采用融资租赁方式租入固定资产所形成的应付融资租入固定资产的租赁费、以分期付款方式购入固定资产发生的应付款项等。

（3）递延收益。主要是由于小企业收到与资产相关的政府补助所产生的。

（三）小企业非流动负债的计量原则

小企业各项非流动负债应当按照其实际发生额入账，即小企业所发生的非流动负债，不需要考虑时间价值因素和市价因素，只需按照实际发生额入账。小企业的非流动负债一旦入账，在非流动负债的存续期间不允许按照市价或其他公允价值进行调整。

小知识

相关比较 1

（一）《企业会计准则》

《企业会计准则第 30 号——财务报表列报》第十六条规定："流动负债以外的负债应当归类为非流动负债，并应按其性质分类列示。"第十七条规定："对于在资产负债表日起一年内到期的负债，企业预计能够自主地将清偿义务展期至资产负债表日后一年以上的，应当归类为非流动负债；不能自主地将清偿义务展期的，即使在资产负债表日后、财务报告批准报出日前签订了重新安排清偿计划协议，该项负债仍应归类为流动负债。"第十八条规定："企业在资产负债表日或之前违反了长期借款协议，导致贷款人可随时要求清偿的负债，应当归类为流动负债。贷款人在资产负债表日或之前同意提供在资产负债表日后一年以上的宽限期，企业能够在此期限内改正违约行为，且贷款人不能要求随时清偿，该项负债应当归类为非流动负债。其他长期负债存在类似情况的，比照上述第一款和第二款处理。"

（二）《小企业会计准则》

《小企业会计准则》参照企业会计准则的规定，并考虑了小企业的实际情况，规定了非流动负债的概念和构成内容。

小知识

相关比较 2

（一）《企业会计准则》

《企业会计准则第 22 号——金融工具确认和计量》第二十六条规定："金融负

债的现时义务全部或部分已经解除的，才能终止确认该金融负债或其一部分。”第二十八条规定：“金融负债全部或部分终止确认的，企业应当将终止确认部分的账面价值与支付的对价（包括转出的非现金资产或承担的新金融负债）之间的差额，计入当期损益。”第三十条规定：“企业初始确认金融资产或金融负债，应当按照公允价值计量。”

（二）《企业所得税法实施条例》

《企业所得税法实施条例》第三十七条规定：“企业在生产经营活动中发生的合理的不需要资本化的借款费用，准予扣除。企业为购置、建造固定资产、无形资产和经过12个月以上的建造才能达到预定可销售状态的存货发生借款的，在有关资产购置、建造期间发生的合理的借款费用，应当作为资本性支出计入有关资产的成本，并依照本条例的规定扣除。其他借款费用不予资本化。”第三十八条规定：“企业在生产经营活动中发生的下列利息支出，准予扣除：1. 非金融企业向金融企业借款的利息支出、金融企业的各项存款利息支出和同业拆借利息支出、企业经批准发行债券的利息支出；2. 非金融企业向非金融企业借款的利息支出，不超过按照金融企业同期同类贷款利率计算的数额的部分。”同时，第十八条规定：“《企业所得税法》第六条第（五）项所称利息收入，是指企业将资金提供他人使用但不构成权益性投资，或者因他人占用本企业资金取得的收入，包括存款利息、贷款利息、债券利息、欠款利息等收入。利息收入，按照合同约定的债务人应付利息的日期确认收入的实现。”

（三）《小企业会计准则》

为简便小企业会计核算、减轻所得税纳税调整负担，《小企业会计准则》采取了与《企业所得税法实施条例》相一致的规定，即在应付利息日计提利息费用。这一点与企业会计准则的规定有差异，小企业应当予以注意。

记账小知识

递延收益

递延收益见表7-13：

表7-13　递延收益

编号	会计科目名称	科目核算内容	明细科目设置	主要账务处理	科目余额反映内容
2401	递延收益	“递延收益”科目核算小企业已经收到、应在以后期间计入损益的政府补助。	“递延收益”科目应按照相关项目进行明细核算。	（一）小企业收到与资产相关的政府补助，借记“银行存款”等科目，贷记“递延收益”科目。 在相关资产的使用寿命内平均分配递延收益，借记“递延收益”科目，贷记“营业外收入”科目。 （二）收到的其他政府补助，用于补偿本企业以后期间的相关费用或亏损的，应当按照收到的金额，借记“银行存款”等科目，贷记“递延收益”科目。在发生相关费用或亏损的未来期间，应当按照应补偿的金额，借记“递延收益”科目，贷记“营业外收入”科目。 用于补偿本企业已发生的相关费用或亏损的，应当按照收到的金额，借记“银行存款”等科目，贷记“营业外收入”科目。	“递延收益”科目期末贷方余额，反映小企业已经收到、但应在以后期间计入损益的政府补助。

长期应付款

长期应付款见表7-14：

表7-14　长期应付款

编号	会计科目名称	科目核算内容	明细科目设置	主要账务处理	科目余额反映内容
2701	长期应付款	“长期应付款”科目核算小企业除长期借款以外的其他各种长期应付款项。包括：应付融资租入固定资产的租赁费、以分期付款方式购入固定资产发生的应付款项等。	“长期应付款”科目应按照长期应付款的种类和债权人进行明细核算。	（一）小企业融资租入固定资产，在租赁期开始日，按照租赁合同约定的付款总额和在签订租赁合同过程中发生的相关税费等，借记“固定资产”或“在建工程”科目，贷记“长期应付款”科目等科目。 （二）以分期付款方式购入固定资产，应当按照实际支付的购买价款和相关税费（不包括按照税法规定可抵扣的增值税进项税额），借记“固定资产”或“在建工程”科目，按照税法规定可抵扣的增值税进项税额，借记“应交税费——应交增值税（进项税额）”科目，贷记“长期应付款”科目。	“长期应付款”科目期末贷方余额，反映小企业应付未付的长期应付款项。

二、小企业长期借款

（一）小企业长期借款的概念

小企业长期借款，是指小企业向银行或其他金融机构等借入的期限在 1 年以上的各种借款。

专家点拨

小企业长期借款的基本特征：

（1）其债权人不仅包括银行，还包括其他金融机构，如小额贷款公司等。如果在实务中，小企业存在向第三方（如个人）借入的款项并且应负担利息费用，也视同长期借款进行会计处理，但如果期限在 1 年以内，则应视同短期借款进行会计处理。

（2）借款期限较长，为 1 年以上（不含 1 年）。

（3）不仅应偿还借款本金，根据货币时间价值，还应支付相应的利息费用。

（4）长期借款不仅包括人民币借款，还包括外币借款。

（二）小企业长期借款利息费用的会计处理

对于长期借款利息费用的会计处理，关键把握两点：

（1）长期借款利息费用的计提时点：借款合同所约定的应付利息日，既不是实际支付利息日，也不是资产负债表日（如月末、季末、年末），即不需要预提利息费用。

（2）长期借款利息费用要区分两种情况进行会计处理：

①符合资本化条件的，应计入相关资产的成本，如固定资产、无形资产、存货等。

②不符合资本化条件的，应计入财务费用。

记账小知识

长期借款

长期借款见表 7-15：

表 7-15　长期借款

编号	会计科目名称	科目核算内容	明细科目设置	主要账务处理	科目余额反映内容
2501	长期借款	“长期借款”科目核算小企业向银行或其他金融机构借入的期限在 1 年以上的各项借款本金。	“长期借款”科目应按照借款种类、贷款人和币种进行明细核算。	（一）小企业借入长期借款，借记“银行存款”科目，贷记“长期借款”科目。 （二）在应付利息日，应当按照借款本金和借款合同利率计提利息费用，借记“财务费用”“在建工程”等科目，贷记“应付利息”科目。 （三）偿还长期借款本金，借记“长期借款”科目，贷记“银行存款”科目。	“长期借款”科目期末贷方余额，反映小企业尚未偿还的长期借款本金。

第 8 章　小企业所有者权益方面会计

第一节　小企业所有者权益方面会计

小企业所有者权益，是指小企业资产扣除负债后由所有者享有的剩余权益。

小企业为维持其正常的生产经营活动，需要拥有或控制一系列必要的资源，这些资源从来源来看，无外乎两个方面：①投资者提供或小企业经营所得；②债权人提供。对于投资者提供的资源，就形成了小企业的所有者权益。

小知识

相关比较

（一）《企业会计准则》

《企业会计准则》第二十六条规定："所有者权益是指企业资产扣除负债后由所有者享有的剩余权益。公司的所有者权益又称为股东权益。"第二十七条规定："所有者权益的来源包括所有者投入的资本、直接计入所有者权益的利得和损失、留存收益等。"第二十八条规定："所有者权益项目金额取决于资产和负债的计量。"第二十九条规定："所有者权益项目应列入资产负债表。"

（二）《企业所得税法》

《企业所得税法》和《企业所得税法实施条例》则从收入、扣除和资产的税务处理几个方面对应纳税所得额进行了规定，有关所有者权益的规定实质上主要是体现在有关收入上。

（三）《小企业会计准则》

《小企业会计准则》根据基本准则关于所有者权益要素定义以及构成要求的基本原则，并考虑了小企业的实际情况，对小企业的所有者权益定义及构成进行了规定。

一、小企业所有者权益的特征

相对于负债而言，小企业所有者权益具有以下特征：

（1）所有者权益通常不像负债那样需要偿还。除非小企业发生减资、清算，否则小企业不需要将所有者权益返还给其投资者。

（2）小企业清算时，负债将优先偿还，而所有者权益只有在负债得到偿还后，才能得到返还。

（3）所有者权益能够分享利润，而负债通常不能参与利润的分配。因此，所有者权益是所有者对小企业资产的剩余索取权，既可反映所有者投入资本的保值增值情况，又体现了保护债权人权益的理念。

二、小企业所有者权益的构成

小企业的所有者权益包括：实收资本（或股本，下同）、资本公积、盈余公积和未分配利润。

（一）小企业所有者投入的资本

小企业所有者投入的资本是指所有者投入小企业的资本部分，它既包括构成小企业注册资本或者股本部分的金额，即实收资本；也包括投入资本超过注册资本或者股本部分的溢价金额，即资本公积。

（二）小企业留存收益

小企业留存收益是小企业历年实现的净利润留存于小企业的部分，包括盈余公积和未分配利润。

三、小企业所有者权益的确认条件

小企业所有者权益的确认、计量主要取决于资产、负债、收入、费用等其他会计要素的确认和计量。所有者权益即为小企业的净资产，是小企业资产总额中扣除债权人权益后的净额，反映所有者（股东）财富的净增加额。通常小企业收入增加时，会导致资产的增加，相应地会增加所有者权益；小企业发生费用时，会导致负债增加，相应地会减少所有者权益。因此，小企业日常经营的好坏和资产负债的质量直接决定着小企业所有者权益的增减变化和资本的保值增值。

注意事项

对于合伙制小企业，也应当执行《小企业会计准则》，按照《小企业会计准则》的规定进行会计处理。

合伙企业是指自然人、法人和其他组织依照《中华人民共和国合伙企业法》在中国境内设立的普通合伙企业和有限合伙企业。其中，普通合伙企业由普通合伙人组成，合伙人对合伙企业债务承担无限连带责任。合伙企业的规模通常较小。

由于合伙企业与公司制企业在法人资格、投资者责任、投资者与管理者关系、权益设置及转让等方面都有不同，因此，合伙企业在所有者权益的核算上与公司制企业存在不同。合伙企业一般不设置“资本公积”科目和“盈余公积”科目，合伙企业实现的利润一般通过提款或追加投资方式全部分给合伙人。

第二节　小企业实收资本方面会计

小企业实收资本，是指投资者按照合同协议约定或相关规定投入到小企业、构成小企业注册资本的部分。

企业申请开业，必须具备符合国家规定并与其生产经营和服务规模相适应的资金数额。相关法律法规等对此都作了明确规定。《公司法》第二十六条规定：“有限责任公司的注册资本为在公司登记机关登记的全体股东认缴的出资额。公司全体股东的首次出资额不得低于注册资本的百分之二十，也不得低于法定的注册资本最低限额，其余部分由股东自公司成立之日起两年内缴足；其中，投资公司可以在五年内缴足。有限责任公司注册资本的最低限额为人民币三万元。法律、行政法规对有限责任公司注册资本的最低限额有较高规定的，从其规定。”第二十七条规定：“股东可以用货币出资，也可以用实物、知识产权、土地使用权等可以用货币估价并可以依法转让的非货币财产作价出资；但是，法律、行政法规规定不得作为出资的财产除外。对作为出资的非货币财产应当评估作价，核实财产，不得高估或者低估作价。法律、行政法规对评估作价有规定的，从其规定。全体股东的货币出资金额不得低于有限责任公司注册资本的百分之三十。”第二十八条规定：“股东应当按期足额缴纳公司章程中规定的各自所认缴的出资额。股东以货币出资的，应当将货币出资足额存入有限责任公司在银行开设的账户；以非货币财产出资的，应当依法办理其财产权的转移手续。股东不按照前款规定缴纳出资的，除应当向公司足额缴纳外，还应当向已按期足额缴纳出资的股东承担违约责任。”第二十九条规定：“股东缴纳出资后，必须经依法设立的验资机构验资并出具证明。”第七十八条规定：“股份有限公司的设立，可以采取发起设立或者募集设立的方式。发起设立，是指由发起人认购公司应发行的全部股份而设立公司。募集设立，是指由发起人认购公司应发行股份的一部分，其余股份向社会公开募集或者向特定对象募集而设立公司。”第七十九条规定：“设立股份有限公司，应当有二人以上二百人以下为发起人，其中须有半数以上的发起人在中国境内有住所。”第八十条规定：“股份有限公司发起人承担公司筹办事务。发起人应当签订发起人协议，明确各自在公司设立过程中的权利和义务。”第八十一条规定：“股份有限公司采取发起设立方式设立的，注册资本为在公司登记机关登记的全体发起人认购的股本总额。公司全体发起人的首次出资额不得低于注册资本的百分之二十，其余部分由发起人自公司成立之日起两年内缴足；其中，投资公司可以在五年内缴足。在缴足前，不得向他人募集股份。股份有限公司采取募集方式设立的，注册资本为在公司登记机关登记的实收股本总额。股份有限公司注册资本的最低限额为人民币五百万元。法律、行政法规对股份有限公司注册资本的最低限额有较高规定的，从其规定。”

《小企业会计准则》主要依据公司法的规定，对小企业的实收资本作了定义并规定相关的会计处理。

一、小企业实收资本的构成

在我国社会主义市场经济条件下，投资者在设立小企业或对小企业增资扩股通常都应当签订投资合同或协议、制定公司章程，对公司的注册资本、股东的出资方式、出资额和出资时间等作出约定或根据法律的规定进行出资，例如，我国外商投资企业法对外资的出资比例等作了规定，因此，投资者的出资构成小企业实收资本的部分，有两个充分必要条件：第一，必须要符合投资者之间合同协议的约定或相关法律法规的规定；第二，必须是构成小企业在公司登记机关依法登记的注册资本。

二、小企业实收资本的计量

小企业实收资本的计量，取决于投资者的出资方式，应区分以下两种情况分别确定。

（一）小企业以现金方式出资的计量

现金出资方式包括投入的人民币和各种外币。小企业收到投资者以外币投入资本的，应当按收到外币出资额当日的即期汇率折算为人民币。小企业收到投资者的货币出资，应当按照其在小企业注册资本或股本中所占的份额确认实收资本，实际收到或者存入小企业开户银行的金额超过实收资本的差额，确认为资本公积。

（二）小企业以非货币性资产出资的计量

对于投资者以非货币性资产出资，小企业应当区别取得资产的计量和实收资本的计量分别加以确定。其中，取得的非货币性资产的金额根据公司法的要求，应采用评估价值确定；而实收资本的金额应根据投资合同协议或公司章程的约定按照投资者在其中所占份额来确定，超出部分应当计入资本公积。

三、小企业实收资本的增减变动的会计处理

小企业的实收资本应于其在公司登记机关依法登记的注册资本始终保持相一致，因此应当相对固定不变。但在某些情况下，根据相关法律规定或投资者之间的约定，实收资本也可以发生增减变动。例如，根据公司法规定，有限责任公司增加股本，只要股东会议（但必须经过代表2/3以上表决权的股东通过）决议，并修改公司章程即可。

（一）小企业实收资本增加的会计处理

通常，小企业增加资本的途径主要有三种：

1. 将资本公积转为实收资本

在账务处理上，借记“资本公积”科目，贷记“实收资本”科目。

2. 将盈余公积转为实收资本

在账务处理上，借记“盈余公积”科目，贷记“实收资本”科目。资本公积和盈余公积均属所有者权益，转为实收资本时，如为独资小企业，直接结转即可；如为有限责任公司，应按股东原持股份同比例增加各股东的股权，除非股东之间另有约定。

3. 所有者（包括小企业原所有者和新投资者）投入

小企业应在收到投资者投入的出资时，借记“银行存款”“固定资产”“原材料”等科目，贷记“实收资本”“资本公积”等科目。

（二）小企业实收资本减少的会计处理

一般情况下小企业的实收资本不能随意减少，尤其是法律禁止投资者在企业成立后，从企业抽逃出资。但是，个别情况下可以依法减资。小企业实收资本减少的原因主要有两种：一是资本过剩；二是小企业发生重大亏损，短期内无力弥补而需要减少实收资本。资本减少应符合相关条件：

（1）减资应事先通知所有债权人，债权人无异议方允许减资；

（2）经股东会议同意，并经有关部门批准；

（3）公司减资后的注册资本不得低于法定注册资本的最低限额。

其账务处理为：借记“实收资本”“资本公积”科目，贷记“库存现金”“银行存款”等科目。

注意事项

在实务中，中外合作经营的小企业根据合同规定在合作期间归还投资者的投资，实质上是一种减资行为，应当减少实收资本，但又不同时减少注册资本。考虑到我国实行注册资本制并且投资者各方通常都是按照其在注册资本中所占份额享有所有者权益，因此，为了保持小企业的实收资本始终同注册资本相一致，《小企业会计准则》在“实收资本”科目下单独设置了“已归还投资”明细科目进行核算，并且在资产负债表中在“实收资本（或股本）”项目下增加“减：已归还投资”项目单独列示，以清晰地反映小企业的注册资本和已归还投资的情况。在账务处理上，应当按照用利润实际归还投资的金额，借记“实收资本——已归还投资”科目，贷记“银行存款”等科目；同时，借记“利润分配——利润归还投资”科目，贷记“盈余公积——利润归还投资”科目。

记账小知识

实收资本

实收资本见表8-1：

表 8-1　实收资本

编号	会计科目名称	科目核算内容	特殊规定	明细科目设置	主要账务处理	科目余额反映内容
3001	实收资本	"实收资本"科目核算小企业收到投资者按照合同协议约定或相关规定投入的、构成注册资本的部分。	小企业（股份有限公司）应当将"实收资本"科目的名称改为"3001 股本"科目。 小企业收到投资者出资超过其在注册资本中所占份额的部分，作为资本溢价，在"资本公积"科目核算，不在"实收资本"科目核算。	"实收资本"科目应按照投资者进行明细核算。 小企业（中外合作经营）根据合同规定在合作期间归还投资者的投资，应在"实收资本"科目设置"已归还投资"明细科目进行核算。	（一）小企业收到投资者的出资，借记"银行存款""其他应收款""固定资产""无形资产"等科目，按照其在注册资本中所占的份额，贷记"实收资本"科目，按照其差额，贷记"资本公积"科目。 （二）根据有关规定增加注册资本，借记"银行存款""资本公积""盈余公积"等科目，贷记"实收资本"科目。 根据有关规定减少注册资本，借记"实收资本"科目、"资本公积"等科目，贷记"库存现金""银行存款"等科目。 小企业（中外合作经营）根据合同规定在合作期间归还投资者的投资，应当按照实际归还投资的金额，借记"实收资本"科目（已归还投资），贷记"银行存款"等科目；同时，借记"利润分配——利润归还投资"科目，贷记"盈余公积——利润归还投资"科目。	"实收资本"科目期末贷方余额，反映小企业实收资本总额。

第三节　小企业资本公积方面会计

小企业资本公积，是指小企业收到的投资者出资额超过其在注册资本或股本中所占份额的部分。

小企业收到投资者的出资，有时会超过该投资者在注册资本所占的份额，超出部分即构成了资本溢价，《小企业会计准则》将其资本公积进行会计处理。相关法律法规等对此都作了明确规定。《公司法》第一百六十八条规定："股份有限公司以超过股票票面金额的发行价格发行股份所得的溢价款以及国务院财政部门规定列入资本公积金的其他收入，应当列为公司资本公积金。"第一百六十九条规定："公司的公积金用于弥补公司的亏损、扩大公司生产经营或者转为增加公司资本。但是，资本公积金不得用于弥补公司的亏损。法定公积金转为资本时，所留存的该项公积金不得少于转增前公司注册资本的百分之二十五。”

《小企业会计准则》根据有关法律规定，对小企业的资本公积进行了界定并对资本公积转增资本的会计处理进行规定。

一、小企业资本公积的来源

小企业资本公积来源于投资者的投入。资本公积是由投资者投入但不构成实收资本的、所有者享有的资金。资本公积由小企业全体投资者共同享有，其形成有特定来源，仅是小企业投资者的投入，因此，与小企业的生产经营所得（净利润）无关，不是一个利润实现的过程，而是与实收资本共同反映了小企业与其投资者的之间出资和资本投入的关系。

二、小企业资本公积的用途

（1）资本企业用资本公积转增资本，应当冲减资本公积。

即减少资本公积的同时，增加实收资本或股本。其账务处理为：借记“资本公积”科目，贷记“实收资本”科目。

（2）资本公积不得用于弥补亏损。

注意事项

（1）小企业收到投资者以外币投入的资本，应当采用交易发生日的即期汇率折算，不得采用合同约定汇率和交易当期的平均汇率折算。

即外币投入资本与相应的货币性项目的记账本位币之间不产生外币资本折算差额。但是如果折算后金额超出其在注册资本或股本中所占份额，超过部分应当计入资本公积，但是在其他期间不会再产生由汇率不同而导致的折算差额。

（2）资本公积不得出现借方余额的情况，即资本公积的结转至零为止。

记账小知识

资本公积

资本公积见表 8-2：

表8-2　资本公积

编号	会计科目名称	科目核算内容	明细科目设置	主要账务处理	科目余额反映内容
3002	资本公积	“资本公积”科目核算小企业收到投资者出资超出其在注册资本中所占份额的部分。		（一）小企业收到投资者的出资，借记“银行存款”“其他应收款”“固定资产”“无形资产”等科目，按照其在注册资本中所占的份额，贷记“实收资本”科目，按照其差额，贷记“资本公积”科目。 （二）根据有关规定用资本公积转增资本，借记“资本公积”科目，贷记“实收资本”科目。 根据有关规定减少注册资本，借记“实收资本”“资本公积”等科目，贷记“库存现金”“银行存款”等科目。	“资本公积”科目期末贷方余额，反映小企业资本公积总额。

第四节　小企业盈余公积方面会计

小企业盈余公积，是指小企业按照法律规定在税后利润中提取的法定公积金和任意公积金。

以下主要是针对公司制小企业而言的，对于非公司制小企业应根据相关法律法规进行理解。

小企业实现了利润应当根据法律法规、公司章程和投资者之间的协议等进行分配，既满足小企业生产经营的需要，也要向投资者提供合法合理的回报。这是企业生存和发展的应有之义。

《公司法》第一百六十七条规定：“公司分配当年税后利润时，应当提取利润的百分之十列入公司法定公积金。公司法定公积金累计额为公司注册资本的百分之五十以上的，可以不再提取。公司的法定公积金不足以弥补以前年度亏损的，在依照前款规定提取法定公积金之前，应当先用当年利润弥补亏损。公司从税后利润中提取法定公积金后，经股东会或者股东大会决议，还可以从税后利润中提取任意公积金。”第一百六十九条规定：“公司的公积金用于弥补公司的亏损、扩大公司生产经营或者转为增加公司资本。法定公积金转为资本时，所留存的该项公积金不得少于转增前公司注册资本的百分之二十五。”

需要说明的是，小企业利润分配应当遵循有关法律法规的规定。

同时，考虑到《小企业会计准则》所适用的小企业尽管是按照规模来划型的，但是还可分为公司制小企业和非公司制小企业。其中，公司制小企业是我国现代企业制度改革的发展方向，是目前和今后我国小企业的主要形式。《小企业会计准则》以公司制的小企业的交易和事项为基础进行了设计。因此，在《小企业会计准则》还直接引用公司法的规定，主要对公司制小企业的盈余公积进行了界定并对其会计处理进行了规定。

一、小企业盈余公积的来源

小企业盈余公积来源于小企业实现的利润。盈余公积是小企业按照法律规定在税后利润中提取的法定公积金和任意公积金。相对于未分配利润而言，盈余公积可以理解为限定用途的利润，而未分配利润是未限定用途的利润。

（一）小企业法定公积金的提取

《公司法》第一百六十七条对公司制小企业法定公积金提取作了规定，具体包括以下 4 层意思：

（1）提取法定公积金的基础：小企业当年实现的税后利润，即净利润。

（2）提取法定公积金的比例：10%。

（3）提取法定公积金的最低限额：法定公积金累计额达到公司注册资本的 50% 以上时，可以不再提取。

（4）提取法定公积金的顺序：法定公积金不足以弥补以前年度亏损的，应当先用当年净利润弥补亏损后，如有余额，再按照上述规定提取法定公积金。

（二）小企业任意公积金的提取

《公司法》第一百六十七条对公司制小企业任意公积金提取作了规定，具体包括以下意思：

（1）提取任意公积金的基础是小企业当年实现的税后利润，即净利润。

（2）提取任意公积金的比例。《公司法》没有规定提取的具体比例，而是根据公司自治的立法精神，由企业自行确定。

（3）提取任意公积金的最低限额。《公司法》没有规定任意公积金的提取的最低限额。

（4）提取任意公积金的顺序。提取法定公积金后，再提取任意公积金。

（5）有权决定提取任意公积金的机构是由小企业的股东会或股东大会。

二、小企业盈余公积的用途

小企业提取的盈余公积，根据《公司法》等法律的规定，主要用于以下三个方面：

（一）用于弥补亏损

小企业发生亏损时，根据所得税法的规定，企业发生的亏损，准予向以后年度结转，用以后年度的所得弥补，但结转年限最长不得超过 5 年；经过 5 年期间未能足额弥补的，未弥补亏损应由小企业税后利润弥补；此外，由公司制小企业股东会或股东大会批准后，还可以用盈余公积弥补亏损。其账务处理为：借记“盈余公积——盈余公积补亏”科目，贷记“利润分配——盈余公积补亏”科目。

（二）转增资本

小企业将盈余公积转增资本时，必须经股东会或股东大会决议。在实际将盈余公积转增资本时，要按照股东原有持股比例进行结转，股东之间另有约定的除外。其账务处理为：借记“盈余公积——盈余公积转增资本”科目，贷记“实收资本”科目。

需要注意的是，用盈余公积转增资本时，转增后留存的法定公积金不得少于转增前公司注册资本的 25%。

（三）扩大企业生产经营

盈余公积是小企业所有者权益的一个组成部分，也是小企业生产经营的一个重要资金来源。提取盈余公积并不是单独将这部分资金从小企业资金周转过程中抽出，它同小企业其他来源形成的资金一样循环周转，用于小企业的生产经营。在实务中，不需要进行专门的账务处理。

注意事项

（1）外商投资小企业根据有关法律规定，在税后利润中提取的储备基金、企业发展基金也应作为盈余公积进行会计处理，在“盈余公积”科目单独设置“储备基金”和“企业发展基金”明细科目进行核算。其账务处理为：小企业（外商投资）按照规定提取的储备基金、企业发展基金，借记“利润分配——提取储备基金、提取企业发展基金”科目，贷记“盈余公积——储备基金、企业发展基金”科目。

（2）外商投资小企业根据有关法律规定，在税后利润中提取的职工奖励及福利基金不作为盈余公积进行会计处理，而作为应付职工薪酬。应在“应付职工薪酬”科目单独设置“职工奖励及福利基金”明细科目进行核算。其账务处理为：小企业（外商投资）按照规定提取的职工奖励及福利基金，借记“利润分配——提取职工奖励及福利基金”科目，贷记“应付职工薪酬——职工奖励及福利基金”科目。

（3）中外合作经营小企业依据有关法律，根据合同规定在合作期间归还投资者的投资，实质上为了保护外方投资者的权益向外方投资者单方面分配利润，但是根据法律上同股同权的原则，也应同时向中方投资者分配利润，但是并不直接进行支付，因此，同金额增加盈余公积，用于以后期间向投资者分配。应在“盈余公积”科目单独设置“利润归还投资”明细科目进行核算。其账务处理为：小企业（中外合作经营）根据合同规定在合作期间归还投资者的投资，应按照实际归还投资的金额，借记“实收资本——已归还投资”科目，贷记“银行存款”等科目；同时，借记“利润分配——利润归还投资”科目，贷记“盈余公积——利润归还投资”科目。

（4）小企业的盈余公积不得出现借方余额的情况，即盈余公积的结转至零为止。

记账小知识

盈余公积

盈余公积见表8-3：

表8-3 盈余公积

编号	会计科目名称	科目核算内容	特殊规定	明细科目设置	主要账务处理	科目余额反映内容
3101	盈余公积	“盈余公积”科目核算小企业（公司制）按照公司法规定在税后利润中提取的法定公积金和任意公积金。	小企业（外商投资）按照法律规定在税后利润中提取储备基金和企业发展基金也在“盈余公积”科目核算。	“盈余公积”科目应当分别“法定盈余公积”“任意盈余公积”进行明细核算。 小企业（外商投资）还应当分别“储备基金”“企业发展基金”进行明细核算。 小企业（中外合作经营）根据合同规定在合作期间归还投资者的投资，应在“盈余公积”科目设置“利润归还投资”明细科目进行核算。	（一）小企业（公司制）按照公司法规定提取法定公积金和任意公积金，借记“利润分配——提取法定盈余公积、提取任意盈余公积”科目，贷记“盈余公积”科目（法定盈余公积、任意盈余公积）。 小企业（外商投资）按照规定提取储备基金、企业发展基金、职工奖励及福利基金，借记“利润分配——提取储备基金、提取企业发展基金、提取职工奖励及福利基金”科目，贷记“盈余公积”科目（储备基金、企业发展基金）、“应付职工薪酬”科目。 （二）用盈余公积弥补亏损或者转增资本，借记‘盈余公积”科目，贷记“利润分配——盈余公积补亏”或“实收资本”科目。 小企业（中外合作经营）根据合同规定在合作期间归还投资者的投资，应当按照实际归还投资的金额，借记“实收资本——已归还投资”科目，贷记“银行存款”等科目；同时，借记“利润分配——利润归还投资”科目，贷记“盈余公积”科目（利润归还投资）。	“盈余公积”科目期末贷方余额，反映小企业（公司制）的法定公积金和任意公积金总额，小企业（外商投资）的储备基金和企业发展基金总额。

第五节 小企业未分配利润方面会计

小企业未分配利润，是指小企业实现的净利润，经过弥补亏损、提取法定公积金和任意公积金、向投资者分配利润后，留存在本企业的、历年结存的利润。

未分配利润是年初未分配利润，加上本年实现的税后利润和其他转入，减去提取的各种盈余公积和分出利润后的余额。未分配利润有两层含义：一是留待以后年度使用的利润，二是未限定特定用途的利润。

未分配利润与盈余公积共同构成了小企业的留存收益，其实质上都来源于小企业实现的利润，是对实现利润的在企业内部的积累，为企业的生存和发展壮大提供资金和其他资源支持。小企业实现了利润，向投资者进行分配，是维护投资者合法权益的应有之义。但是，小企业应否就利润进行分配，按照什么样的标准进行分配，何时进行分配，这些问题涉及小企业与投资者之间的分配关系的处理问题，应当由国家相关的法律法规作出规定。

《小企业会计准则》根据有关法律的规定，对小企业的未分配利润作了规定。

小企业未分配利润的会计处理，具体包含以下三个方面：

一、未分配利润期末结转的会计处理

小企业期（月）末结转利润时，应将各损益类科目的余额全部转入“本年利润”科目，结平各损益类科目。结转后“本年利润”的贷方余额为当期实现的净利润，借方余额为当期发生的净亏损。年度终了，应将本年收入和支出相抵后结出的本年实现的净利润或净亏损，自“本年利润”科目转入“利润分配——未分配利润”科目。同时，将“利润分配”科目所属的其他明细科目的余额转入“未分配利润”明细科目。结转后，“利润分配”科目所属其他明细科目应无余额，“未分配利润”明细科目的贷方余额就是未分配利润的金额；如出现借方余额，则表示未弥补亏损的金额。

二、分配股利或利润的会计处理

公司制小企业经股东大会或类似机构决议，根据有关规定分配给股东或投资者的现金股利或利润，借记“利润分配——应付利润”科目，贷记“应付股利”科目。公司制小企业经股东大会或类似机构决议，分配给股东的股票股利，应在办理增资手续后，借记“利润分配——转作股本的股利”科目，贷记“股本”科目。

三、未分配利润弥补亏损的会计处理

小企业在生产经营过程中既可能实现盈利，也有可能出现亏损。小企业在当年发生亏损的情况下，与实现利润的情况相同，应当将本年发生的亏损自“本年利润”科目转入“利润分配——未分配利润”科目，借记“利润分配——未分配利润”科目，贷记“本年利润”科目，结转后“利润分配”科目的借方余额，即为未弥补亏损的数额。然后通过“利润分配”科目核算有关亏损的弥补情况。

由于未弥补亏损形成的时间长短不同等原因，以前年度未弥补的亏损有的可以用当年实现的税前利润（即利润总额）弥补，有的则须用税后利润（即净利润）弥补。小企业用当年实现的利润弥补以前年度结转的未弥补亏损，不需要进行专门的账务处理。小企业应将当年实现的利润自“本年利润”科目转入“利润分配——未分配利润”科目的贷方，“利润分配——未分配利润”科目的贷方发生额与“利润分配——

未分配利润”的借方余额自然抵补。无论是以税前利润还是以税后利润弥补亏损，其账务处理方法均相同。但是，两者对计算交纳所得税的处理是不同的。在以税前利润弥补亏损的情况下，其弥补的数额可以抵减企业当年的应纳税所得额，而以税后利润弥补的数额，则不能在计算应纳税所得额时作扣除处理。

记账小知识

本年利润

本年利润见表 8-4：

表 8-4　本年利润

编号	会计科目名称	科目核算内容	明细科目设置	主要账务处理	科目余额反映内容
3103	本年利润	“本年利润”科目核算小企业当期实现的净利润（或发生的净亏损）。		（一）期（月）末结转利润时，小企业可以将“主营业务收入”“其他业务收入”“营业外收入”科目的余额，转入“本年利润”科目，借记“主营业务收入”“其他业务收入”“营业外收入”科目，贷记“本年利润”科目；将“主营业务成本”“其他业务成本”“营业税金及附加”“销售费用”“管理费用”“财务费用”“营业外支出”“所得税费用”科目的余额，转入“本年利润”科目，借记“本年利润”科目，贷记“主营业务成本”“其他业务成本”“营业税金及附加”“销售费用”“管理费用”“财务费用”“营业外支出”“所得税费用”科目。将“投资收益”科目的贷方余额，转入“本年利润”科目，借记“投资收益”科目，贷记“本年利润”科目；如为借方余额，作相反的会计分录。 结转后“本年利润”科目的贷方余额为当期实现的净利润；借方余额为当期发生的净亏损。 （二）年度终了，应当将本年收入和支出相抵后结出的本年实现的净利润，转入“利润分配”科目，借记“本年利润”科目，贷记“利润分配——未分配利润”科目；如为净亏损，作相反的会计分录。	结转后“本年利润”科目应无余额。

利润分配

利润分配见表 8-5：

表 8-5 利润分配

编号	会计科目名称	科目核算内容	明细科目设置	主要账务处理	科目余额反映内容	备注
3104	利润分配	“利润分配”科目核算小企业利润的分配（或亏损的弥补）和历年分配（或弥补）后的余额。	“利润分配”科目应按照“应付利润”“未分配利润”等进行明细核算。	（一）小企业根据有关规定分配给投资者的利润，借记“利润分配”科目（应付利润），贷记“应付利润”科目。 （二）用盈余公积弥补亏损，借记“盈余公积”科目，贷记“利润分配”科目（盈余公积补亏）。 小企业（中外合作经营）根据合同规定在合作期间归还投资者的投资，应按照实际归还投资的金额，借记“实收资本——已归还投资”科目，贷记“银行存款”等科目；同时，借记“利润分配”科目（利润归还投资），贷记“盈余公积——利润归还投资”科目。	“利润分配”科目年末余额，反映小企业的未分配利润（或未弥补亏损）。	年度终了，小企业应当将本年实现的净利润，自“本年利润”科目转入“利润分配”科目，借记“本年利润”科目，贷记“利润分配”科目（未分配利润）；为净亏损的，作相反的会计分录。同时，将“利润分配”科目所属明细科目（应付利润、盈余公积补亏）的余额转入“利润分配”科目明细科目（未分配利润）。结转后，“利润分配”科目除“未分配利润”明细科目外，其他明细科目应无余额。

第9章　小企业财务报表综合知识

第一节　小企业财务会计报告概述

小企业应当编制财务会计报告（又称财务报告，下同）。财务会计报告，是指企业对外提供的反映企业某一特定日期的财务状况和某一会计期间的经营成果、现金流量等会计信息的文件。小企业财务报表，是指对小企业财务状况、经营成果和现金流量的结构性表述。

一、小企业财务会计报告的组成

小企业财务会计报告包括会计报表及其附注和其他应当在财务会计报告中披露的相关信息和资料。会计报表，也叫财务报表，是对企业财务状况、经营成果和现金流量的结构性表述。会计报表至少应当包括资产负债表、利润表、现金流量表、附注等。

小知识

相关比较

（一）《企业会计准则》

《企业会计准则第30号——财务报表列报》第二条规定："财务报表是对企业财务状况、经营成果和现金流量的结构性表述。财务报表至少应当包括下列组成部分：（一）资产负债表；（二）利润表；（三）现金流量表；（四）所有者权益（或股东权益）变动表；（五）附注。"

（二）《小企业会计准则》

《小企业会计准则》对财务报表采用了与企业会计准则相同的概念。但是，在财务报表的组成上，考虑到企业规模较小，股东权益比较简单，不如大中型企业和上市公司那么复杂，因此，《小企业会计准则》没有强制要求小企业对外提供所有者权益变动表。这一点与《企业会计准则》的规定有差异。

专家点拨

小企业在开展生产经营活动的同时，根据《小企业会计准则》的规定，进行日常会计核算，需要定期通过一套完整的结构化的报表体系来科学地列报其生产经营的有关情况。财务报表应当能够较为全面、系统、概括地反映小企业在某一会计期间经营活动和财务收支的全貌。投资者、债权人和税务机关等财务报表的外部使用者则通过全面阅读和综合分析上述报表，可以了解和掌握小企业过去和当前的状况，预测小企业的未来发展趋势，从而作出相关决策。因此，财务报表既是小企业会计核算工作的总结，是通过对日常核算的资料进行整理、分类、计算和汇总编制而成的；同时，也是沟通投资者、债权人、税务部门等财务报表外部使用者与小企业管理层之间信息的桥梁和纽带。

小企业的财务报表至少应当包括资产负债表、利润表、现金流量表以及附注。通俗地讲，财务报表 =3 张会计报表 + 附注。

其中，资产负债表、利润表和现金流量表分别从不同角度反映小企业的财务状况、经营成果和现金流量。附注是财务报表不可或缺的组成部分，是对在资产负债表、利润表和现金流量表等报表中列示项目的文字描述或明细资料，以及对未能在这些报表中列示项目的说明等。

注意事项

（1）今后凡是要求小企业提供“财务报表”，即意味着必须同时提供资产负债表、利润表、现金流量表和附注，而不得只提供资产负债表、利润表和现金流量表。

（2）小企业外部有关方面要求或小企业自愿对外提供所有者权益变动表，《小企业会计准则》予以鼓励。请小企业参照《企业会计准则》规定的所有者权益变动表的格式并结合自身的实际情况进行适当简化后再进行编制和提供。

（3）财务报表中相关项目所反映的交易和事项，小企业没有发生的，不得在该项目中按“0”填列，而应空置。这是因为这两者表示的经济意义不同。以“0”填列，表明该项目所反映的交易或事项当期已经发生但余额为 0。例如，某工业类小企业20××年资产负债表中“生产性生物资产”项目的金额为0，则表明该小企业在20××年曾经持有生产性生物资产，但是在年末时已经出售，而实际情况是这家小企业根本就不存在生产性生物资产，这样就给该小企业财务报表的外部使用者带来误导性信息。对于这种情况，正确的处理是20××年资产负债表中“生产性生物资产”项目不填列任何数字。对于“0”与“空置”的差别来讲，小企业会计人员、小企业财务报表外部使用者和小企业财务软件开发人员都应当引起足够重视。

二、小企业财务会计报告的目标

小企业财务会计报告的目标是向财务会计报告使用者提供与小企业财务状况、经营成果和现金流量等有关的会计信息，反映企业管理层受托责任履行情况，有助于财务会计报告使用者作出经济决策。

三、小企业财务会计报告使用者

小企业财务会计报告使用者，是指那些需要运用小企业财务会计信息进行有关决策的组织或人士。这些组织或人士要作出正确的决策，除了要具备决策技能外，还需要占有充分、可靠的信息，包括会计信息和非会计信息。财务会计报告的目的在于为财务会计报告使用者提供有用的会计信息。

为了向财务会计报告使用者提供有用的信息，首先必须弄清财务会计报告使用者究竟有哪些。按其与企业的关系，可以将财务会计报告使用者分成两大类：外部使用者和内部使用者。会计信息的外部使用者按其与企业经济利益关系的紧密程度，可分为有直接利益关系的使用者和有间接利益关系的使用者。前者如投资者和债权人等，后者如政府监管部门、供应商、客户以及社会公众等。会计信息的内部使用者主要包括企业管理层和企业内部的职工。

这些财务会计报告使用者作出的决策不同，所需要的会计信息也不一样，财务会计不可能按每个使用者提供其所需的特别信息，只能提供通用的会计信息。这些通用的会计信息主要是关于企业财务状况、经营成果和现金流量的信息。

四、小企业财务报表的列报要求

在编制财务报表时，小企业应当遵循下列基本要求：

（一）列报基础

（1）企业管理层应当评价企业的持续经营能力，对持续经营能力产生重大怀疑的，应当在附注中披露导致对持续经营能力产生重大怀疑的影响因素。

（2）企业正式决定或被迫在当期或将在下一个会计期间进行清算或停止营业的，表明其处于非持续经营状态，应当采用其他基础编制财务报表，并在附注中声明财务报表未以持续经营为基础列报、披露未以持续经营为基础的原因和财务报表的编制基础。

（二）重要性的判断

判断项目性质的重要性，应当考虑该项目的性质是否属于企业日常活动等因素；判断项目金额大小的重要性，应当通过单项金额占资产总额、负债总额、所有者权益总额、营业收入总额、营业成本总额、净利润等直接相关项目金额的比重加以确定。

（三）正常营业周期

判断流动资产、流动负债所指的一个正常营业周期，通常是指企业从购买用于加工的资产起至实现现金或现金等价物的期间。正常营业周期通常短于一年，在一年内有几个营业周期。但是，也存在正常营业周期长于一年的情况，如房地产开发企业开发用于出售的房地产开发产品，造船企业制造用于出售的大型船只等，往往超过一年才变现、出售或耗用，仍应划分为流动资产。

正常营业周期不能确定的，应当以一年（12个月）作为正常营业周期。

（四）终止经营

终止经营，是指企业已被处置或被划归为持有待售的、在经营和编制财务报表时能够单独区分的组成部分，该组成部分按照企业计划将整体或部分进行处置。

同时满足下列条件的企业组成部分应当确认为持有待售：

（1）企业已经就处置该组成部分作出决议；

（2）企业已经与受让方签订了不可撤销的转让协议；

（3）该项转让将在一年内完成。

五、小企业财务报表的编制

（一）小企业财务报表的编制依据

小企业应当以实际发生的交易和事项为依据，按照《小企业会计准则》的规定进行确认、计量和报告。

（1）小企业应将实际发生的交易和事项，根据《小企业会计准则》的规定确认为资产、负债、所有者权益、收入、费用和利润，并如实反映在财务报表中。

（2）小企业不得根据虚构的、没有发生的或者尚未发生的交易和事项按照《小企业会计准则》的规定进行确认、计量和报告。

（二）小企业财务报表的编制时间

小企业的财务报表分为年度、季度和月度财务报表。月度、季度财务报表是指在月度和季度终了时小企业编制和提供的财务报表；年度财务报表是指在年度终了时小企业编制和提供的财务报表。小企业编制和提供财务报表应把握以下原则：

（1）一般情况下，在一个会计年度内，小企业应当按月编制财务报表。

（2）如果按月编制财务报表有困难，或者小企业财务报表外部使用者不要求企业按月提供财务报表，则可以按季编制财务报表。

（3）小企业必须按年编制财务报表。

（4）除国家另有规定外，小企业对外提供财务报表的频率（即按月、按季、按年提供财务报表）由财务报表外部使用者确定，如税务机关、银行等债权人、工商登记机关、小企业主管部门等确定。

小知识

相关比较

（一）《会计法》

企业包括小企业对外提供财务报告是一项法定义务。相关法律都对此作了规定。《会计法》第二十条规定："财务会计报告应当根据经过审核的会计账簿记录和有关资料编制，并符合本法和国家统一的会计制度关于财务会计报告的编制要求、提供对象和提供期限的规定；其他法律、行政法规另有规定的，从其规定。"财务会计报告由会计报表、会计报表附注和财务情况说明书组成。向不同的会计资料使用者提供的财务会计报告，其编制依据应当一致。有关法律、行政法规规定会计报表、会计报表附注和财务情况说明书须经注册会计师审计的，注册会计师及其所在的会计师事务所出具的审计报告应当随同财务会计报告一并提供。

（二）《公司法》

《公司法》第一百六十四条规定："公司应当依照法律、行政法规和国务院财政部门的规定建立本公司的财务、会计制度。"第一百六十五条规定："公司应当在每一会计年度终了时编制财务会计报告，并依法经会计师事务所审计。财务会计报告应当依照法律、行政法规和国务院财政部门的规定制作。"第一百六十六条规定："有限责任公司应当依照公司章程规定的期限将财务会计报告送交各股东。股份有限公司的财务会计报告应当在召开股东大会年会的二十日前置备于本公司，供股东查阅；公开发行股票的股份有限公司必须公告其财务会计报告。”

（三）《企业所得税法》

《企业所得税法》对企业纳税申报的时间并要求同时提供财务报表作了规定。《企业所得税法》第五十四条规定：“企业所得税分月或者分季预缴。企业应当自月份或者季度终了之日起十五日内，向税务机关报送预缴企业所得税纳税申报表，预缴税款。企业应当自年度终了之日起五个月内，向税务机关报送年度企业所得税纳税申报表，并汇算清缴，结清应缴应退税款。企业在报送企业所得税纳税申报表时，应当按照规定附送财务会计报告和其他有关资料。”《企业所得税法实施条例》第一百二十八条规定：“企业所得税分月或者分季预缴，由税务机关具体核定。企业根据《企业所得税法》第五十四条规定分月或者分季预缴企业所得税时，应当按照月度或者季度的实际利润额预缴；按照月度或者季度的实际利润额预缴有困难的，可以按照上一纳税年度应纳税所得额的月度或者季度平均额预缴，或者按照经税务机关认可的其他方法预缴。预缴方法一经确定，该纳税年度内不得随意变更。”《企业所得税法实施条例》第一百二十九条规定：“企业在纳税年度内无论盈利或者亏损，都应当依照《企业所得税法》第五十四条规定的期限，向税务机关报送预缴企业所得税纳税申报表、年度企业所得税纳税申报表、财务会计报告和税务机关规定应当报送的其他有关资料。”

（四）《小企业会计准则》

《小企业会计准则》根据小企业的实际情况，并考虑了《会计法》《公司法》《企业所得税法》《税收征管法》等法律法规的规定，要求小企业在一个会计年度中间，既可以按月编制财务报表，也可以按季编制财务报表。

第二节　小企业外币交易及折算

一、小企业外币业务的构成

小企业的外币业务由外币交易和外币财务报表折算构成。

（一）小企业外币交易

小企业外币交易，通俗地讲，就是小企业以外币开展的各种交易活动，如小企业向美国出口商品，按照国际贸易规则，要以美元结算该笔货款。这类交易就属于外币交易。当然，不是以货币来界定外币交易，而是以交易所使用的货币与本企业记账的货币是否相同来界定。

（二）小企业外币财务报表折算

小企业外币财务报表折算，通俗地讲，就是小企业取得了一份以美元、日元、欧元等计价的财务报表，如资产负债表、利润表、现金流量表，这种情况的出现可能有两个原因：

第一个原因是小企业在境外的子公司按照当地的货币记账并编制财务报表，对于这种情况，《小企业会计准则》不涉及，因为《小企业会计准则》第二条规定，如果小企业是企业集团的母公司，应当执行企业会计准则而不是《小企业会计准则》。

第二个原因是小企业在日常记账中采用人民币以外的其他货币记账，但是在年末，按照会计法和企业所得税法的规定，应当以人民币反映小企业的财务报表，以供商业银行、税务机关等方面使用，就涉及外币财务报表的折算问题或转换问题。《小企业会计准则》要解决的是这种情况。

从《小企业会计准则》第七十四条到第七十八条，分别按照外币的概念和选择、外币交易的构成、外币交易的会计处理、外币财务报表的折算进行了规范。其中，第七十四条至第七十七条规定的是小企业外币交易的会计处理，第七十八条规定的是小企业外币财务报表折算的会计处理。

二、小企业记账本位币

小企业记账本位币，是指小企业经营所处的主要经济环境中的货币。

记账本位币通常是小企业主要收、支现金的经济环境中的货币。例如，我国企业一般以人民币作为记账本位币，也就是以人民币记账，包括对资产、负债、所有者权益、收入、费用和利润都按照人民币记账，也以人民币编制财务报表。

（一）小企业记账本位币的确定

小企业记账本位币的确定应当遵循以下两个原则：

1. 基本原则

小企业应当选择人民币作为记账本位币。

本原则体现了《中国人民银行法》《会计法》和《企业所得税法》的要求。

2. 例外原则

业务收支以人民币以外的货币为主的小企业，可以选定其中一种货币作为记账本位币，但编报的财务报表应当折算为人民币财务报表。

本原则体现了会计法的要求，即允许小企业选择非人民币作为记账本位币。

业务收支以人民币以外的货币为主的小企业，可以选定其中一种货币作为记账本位币。其中“业务收支以人民币以外的货币为主”的具体认定，应当主要考虑下列三个因素，这些因素与《企业会计准则第 19 号——外币折算》的规定相一致。

（1）该货币主要影响商品和劳务销售价格，通常以该货币进行商品和劳务销售价格的计价和结算。例如，国内甲公司为从事国际贸易的小企业，90% 以上的商品销售收入以美元计价和结算。美元是主要影响甲公司商品和劳务销售价格的货币。

（2）该货币主要影响商品和劳务所需人工、材料和其他费用，通常以该货币进行上述费用的计价和结算。例如，国内乙公司为小工业企业，所需机器设备、厂房、人工，以及原材料等在欧盟市场采购，以欧元计价和结算。欧元是主要影响商品和劳务所需人工、材料和其他费用的货币。

实务中，小企业选定记账本位币，通常应综合考虑上述两项因素，而不是仅考虑其中一项，因为小企业的经营活动往往是收支并存的。

（3）融资活动获得的资金以及保存从经营活动中收取款项时所使用的货币。

在有些情况下，小企业根据收支情况难以确定记账本位币，需要在收支基础上结合融资活动获得的资金或保存从经营活动中收取款项时所使用的货币，进行综合分析后作出判断。

例如，国内丙公司为外贸自营出口企业，超过 70% 的营业收入来自向欧盟各国的出口，其商品销售价格主要受欧元的影响，以欧元计价，因此，从影响商品和劳务销售价格的角度看，丙公司应选择欧元作为记账本位币。如果丙公司除厂房设施、30% 的人工成本在国内以人民币采购外，生产所需原材料、机器设备及 70% 以上的人工成本以欧元在欧盟市场采购，则可确定丙公司的记账本位币是欧元。但是，如果丙公司的人工成本、原材料及相应的厂房设施、机器设备等 95% 以上在国内采购并以人民币计价，则难以判定丙公司的记账本位币应选择欧元还是人民币，还需要结合第 3 个因素予以确定。如果丙公司取得的欧元营业收入在汇回国内时直接换成了人民币存款，丙公司可以确定其记账本位币为人民币。

又如，丁公司为国内一家配方奶粉加工小企业，其原材料牛奶全部来自澳大利亚，主要加工技术、机器设备及主要技术人员均由澳大利亚方面提供，生产的配方奶粉面向国内出售。小企业依据第（1）、（2）个因素难以确定记账本位币，需要考虑第（3）个因素。假定为满足采购原材料牛奶等所需澳元的需要，丁公司向澳大利亚某银行借款 100 万澳元，期限为 5 年，该借款是丁公司当期流动资金净额的 4 倍。由于原材料采购以澳元结算，且小企业经营所需要的营运资金，即融资获得的资金也使用澳元，因此，丁公司可以澳元作为记账本位币。

需要说明的是，在确定小企业的记账本位币时，上述因素的重要程度因小企业具体情况不同而不同，需要小企业根据实际情况进行判断，但是，这并不能说明小企业层可以根据需要随意选择记账本位币，而是根据实际情况确定的记账本位币只能有一种货币。

（二）小企业记账本位币的变更

小企业记账本位币的变更应当遵循以下两个原则：

（1）基本原则。小企业记账本位币一经确定，不得随意变更。也就是说，小企业的记账本位币应当保持稳定，这样既保证小企业会计账簿记录的稳定性和完整性，又方便小企业执行，减轻小企业会计核算的负担。

（2）例外原则。小企业经营所处的主要经济环境发生重大变化。主要经济环境发生重大变化，通常是指小企业主要产生和支出现金的环境发生重大变化，使用该环境中的货币最能反映小企业的主要交易业务的经济结果。这一例外原则，小企业应当极少会用到。

（三）小企业记账本位币变更的会计处理

小企业因经营所处的主要经济环境发生重大变化，确需变更记账本位币的，应当采用变更当日的即期汇率将所有项目折算为变更后的记账本位币。即期汇率，是指中国人民银行公布的当日人民币外汇牌价的中间价。

也就是说，小企业因经营所处的主要经济环境发生重大变化，确实需要变更记账本位币的；应当采用变更当日的即期汇率将所有项目折算为变更后的记账本位币，折算后的金额作为以新的记账本位币计量的历史成本，由于采用同一即期汇率进行折算，不会产生汇兑差额。

但是，小企业需要提供确凿的证据证明小企业经营所处的主要经济环境确实发生了重大变化，并应当在附注中披露变更的理由。

小知识

相关比较

《中国人民银行法》《会计法》和《企业所得税法》等法律都对企业记账本位币的确定作出了规定。具体如下：

《中国人民银行法》第十六条规定："中华人民共和国的法定货币是人民币，以人民币支付中华人民共和国境内的一切公共的和私人的债务，任何单位和个人不得拒收。”

《会计法》第十二条规定：“会计核算以人民币为记账本位币。业务收支以人民币以外的货币为主的单位，可以选定其中一种货币作为记账本位币，但是编报的财务会计报告应当折算为人民币。”

（一）《企业所得税法》

《企业所得税法》第五十六条规定：“依照本法缴纳的企业所得税，以人民币计算。所得以人民币以外的货币计算的，应当折合成人民币计算并缴纳税款。”

（二）《小企业会计准则》

《小企业会计准则》根据上述法律规定，并参照《企业会计准则第19号——外币折算》对小企业的记账本位币的确定及变更作了规定。

三、小企业外币交易

（一）外币的概念

外币，是指小企业记账本位币以外的货币。

外币是相对于记账本位币而不是一国的货币而言的，例如，我国的法定货币是人民币。

通常来讲，我国小企业日常采用人民币记账，因此，人民币以外的货币，就是外币；如甲小企业选定人民币作为记账本位币，则美元、日元、欧元、港币等就是外币；如果选定美元为记账本位币，则人民币、日元、欧元、港币等就是外币。因此，会计中的“外币”与日常生活中的外币在概念上有很大差别。

（二）小企业外币交易的概念

小企业外币交易，是指小企业以外币计价或者结算的交易。

需要注意的是，《小企业会计准则》所称外币与人民币以外的货币不是同一个概念，但是既有联系又有区别。如果小企业采用人民币记账，则小企业发生的所有以人民币以外的货币计价或结算的交易都是外币交易，在这一点上两者是相同的。

但是，如果小企业采用人民币以外的货币记账，例如，美国企业在我国设立的独资企业可能采用美元记账，那么该企业发生的所有不是以美元计价或结算的交易，包括以人民币计价或结算的交易，对于该小企业来讲，都属于外币交易，在这一点上两者大相径庭。

（三）小企业外币交易的类型

小企业的外币交易的具体形式可能各不相同，但是归纳起来，主要包括三种类型：买入或者卖出以外币计价的商品或者劳务、借入或者借出外币资金和其他以外币计价或者结算的交易。

1. 买入或者卖出以外币计价的商品或者劳务

买入或者卖出以外币计价的商品或者劳务，通常情况下指以外币买卖商品，或者以外币结算劳务合同。需要注意的是，这里所说的商品可以是有实物形态的存货、固定资产等，也可以是无实物形态的无形资产等。例如，以人民币为记账本位币的国内甲小企业向国外乙公司出口商品，以美元结算货款。又如，小企业与银行发生货币兑换业务，包括与银行进行结汇或售汇，是将货币作为商品，以另一种货币等价来表示并以另一种货币结算，因此也属于外币交易。

2. 借入或者借出外币资金

借入或者借出外币资金，是指小企业向银行或非银行金融机构借入以记账本位币以外的货币表示的资金。例如，以人民币为记账本位币的甲小企业从中国银行借入欧元、美元、日元等。

3. 其他以外币计价或者结算的交易

其他以外币计价或结算的交易，是指除上述1和2外，以记账本位币以外的货币计价或结算的其他交易。例如，小企业接受外币现金捐赠、接受投入的外币资本等。

（四）小企业外币交易初始确认和计量

小企业外币交易的会计处理主要涉及两个环节：一是在交易日对外币交易进行初始确认，将外币金额折算为记账本位币金额，即交易日的记账问题；二是在资产负债表日对相关项目进行折算，因汇率变动产生的差额计入当期损益，即期末的记账问题。

《小企业会计准则》解决交易日的记账问题，参照了《企业会计准则第19号——外币折算》有关外币交易在交易日会计处理的规定，并将19号准则中规定的“采用按照系统合理的方法确定的、与交易发生日即期汇率近似的汇率”直接明确为交易当期平均汇率，以简化核算。第七十七条则主要解决期末的记账问题。这两条共同构成了小企业外币交易的会计处理规定。

1. 外币交易会计处理的原则

小企业发生的外币交易，都应当将外币金额折算为记账本位币金额入账，记入相关资产或负债，不得只以外币直接记账。

2. 外币交易进行会计处理的时点：交易发生日

外币交易的交易发生日，是指小企业外币交易的发生日或完成日。例如，取得外币借款的日期、以外币购入原材料、固定资产等的日期或者出口商品实现收入的日期。

3. 外币交易所采用的折算汇率

在外币交易进行折算时涉及折算汇率的选择。《小企业会计准则》规定了两种折算汇率，即交易发生日的即期汇率和交易当期平均汇率。

在对外币交易进行初始确认时，一般应采用交易发生日的即期汇率将外币金额折算为记账本位币金额；当汇率变动不大时，为简化核算，小企业也可以选择交易当期平均汇率进行折算。

（1）交易发生日的即期汇率。汇率，是指两种货币相兑换的比率，是一种货币单位用另一种货币单位所表示的价格。汇率有以下几种主要分类：

①直接汇率与间接汇率。根据表示方式的不同，汇率可以分为直接汇率和间接汇率，直接汇率是一定数量的其他货币单位折算为本国货币的金额，间接汇率是指一定数量的本国货币折算为其他货币的金额。通常情况下，人民币汇率是以直接汇率表示的。

②买入价、卖出价与中间价。在银行的汇率有三种表示方式：买入价、卖出价和中间价。买入价指银行买入其他货币的价格，卖出价指银行出售其他货币的价格，中间价是银行买入价与卖出价的平均价，银行的卖出价一般高于买入价，以获取其中的差价。中间价用公式表示如下：

$$\text{中间价}=\frac{\text{买入价}+\text{卖出价}}{2}$$

③即期汇率与远期汇率。无论买入价还是卖出价，均是立即交付的结算价格，也就是即期汇率，即期汇率是相对于远期汇率而言的，远期汇率是在未来某一日交付时的结算价格。即期汇率，通常是指中国人民银行公布的当日人民币外汇牌价的中间价。

中国人民银行每日仅公布银行间外汇市场人民币兑美元、欧元、日元、港元的中间价。小企业发生的外币交易只涉及人民币与这四种货币之间折算的，可直接采用公布的人民币汇率的中间价作为即期汇率进行折算；小企业发生的外币交易涉及人民币与其他货币之间折算的，应以国家外汇管理局公布的各种货币对美元折算率采用套算的方法进行折算；小企业发生的外币交易涉及人民币以外的货币之间折算的，可直接采用国家外汇管理局公布的各种货币对美元折算率进行折算。

（2）交易当期平均汇率。交易当期平均汇率通常与交易发生日的即期汇率近似。为了简化核算，《小企业会计准则》所称交易当期平均汇率，是指外币交易当期的月初即期汇率与月末即期汇率的平均汇率，即中国人民银行公布的月初人民币汇率的中间价与中国人民银行公布的月末人民币汇率的中间价的平均值。可用公式表示如下：

$$\text{交易当期平均汇率}=\frac{\text{中国人民银行公布的月初人民不汇率的中间价}+\text{中国人民银行公布的月末人民币汇率的中间价}}{2}$$

例如，以美元兑人民币的月平均汇率为例，假定美元兑人民币6月1日的即期汇率为6.60，6月30日的即期汇率为6.50，6月份的平均汇率为（6.60+6.50）÷2=6.55。

无论采用交易日的即期汇率还是采用交易当期的平均汇率，应当前后期保持一致。

4. 小企业收到投资者外币资本的会计处理

小企业收到投资者以外币投入的资本，应当采用交易发生日的即期汇率折算，不得采用合同约定汇率和交易当期平均汇率折算。也就是说，外币投入资本与相应的货币性项目的记账本位币之间不产生外币资本折算差额。

注意事项

小企业发生单纯的货币兑换交易时，仅用中间价不能反映货币买卖的损益，需要使用买入价或卖出价折算。

（五）外币交易在小企业资产负债表日的会计处理

小企业在资产负债表日，应当按照下列规定对外币货币性项目和外币非货币性项目进行会计处理：

（1）外币货币性项目，采用资产负债表日的即期汇率折算。因资产负债表日即期汇率与初始确认时或者前一资产负债表日即期汇率不同而产生的汇兑差额，计入当期损益。

（2）以历史成本计量的外币非货币性项目，仍采用交易发生日的即期汇率折算，不改变其记账本位币金额。

货币性项目，是指小企业持有的货币资金和将以固定或可确定的金额收取的资产或者偿付的负债。货币性项目分为货币性资产和货币性负债。货币性资产包括：库存现金、银行存款、应收账款、其他应收款等；货币性负债包括：短期借款、应付账款、其他应付款、长期借款、长期应付款等。非货币性项目，是指货币性项目以外的项目，包括存货、长期股权投资、固定资产、无形资产等。

《小企业会计准则》解决期末的记账问题，参照了《企业会计准则第19号——外币折算》有关外币交易在资产负债表日会计处理的规定。

专家点拨

（一）《小企业会计准则》规定应用的外币交易在资产负债表日会计处理的时点

资产负债表日，通常是月末。

（二）货币性项目与非货币性项目的内涵

为了便于在资产负债表日对外币交易的结果进行会计处理，《小企业会计准则》将小企业的资产和负债分为外币货币性项目和外币非货币性项目。

1. 货币性项目

货币性项目又分为货币性资产和货币性负债。

（1）货币性资产包括：库存现金、银行存款、应收账款、其他应收款，还包括应收票据和长期债券投资等。

（2）货币性负债包括：短期借款、应付账款、其他应付款、长期借款、长期应付款等。

2. 非货币性项目

非货币性项目，是指货币性项目以外的项目。包括：存货、长期股权投资、固定资产、无形资产等。这些项目有一个共同特点是：都是采用历史成本计量。

（三）货币性项目的会计处理

1. 折算所采用的汇率

资产负债表日的即期汇率。

2. 汇兑差额的处理

汇兑差额，是指对同样数量的外币金额采用不同的汇率折算为记账本位币金额所产生的差额。

因资产负债表日即期汇率与初始确认时的即期汇率（或交易当期平均汇率）或者前一资产负债表日即期汇率不同而产生的汇兑差额，计入当期损益，其中，属于汇兑收益，计入营业外收入；属于汇兑损失，计入财务费用。

对于外币货币性项目的在资产负债表日可能产生的汇兑差额，主要有两种情况：

第一情况是在外币交易发生当年，由于外币交易的交易发生日与资产负债表日通常不是同一天，汇率就可能不同，因此，在资产负债表日对货币性项目的余额进行折算时就可能会产生汇兑差额。即资产负债表日的即期汇率与外币交易初始确认时（即交易发生日）的即期汇率（或交易当期平均汇率）不同而产生的差额，计入当期损益。

例如，甲小企业的记账本位币为人民币。2013年12月1日出口商品实现销售收入的金额为100万美元，假定当日的即期汇率为：1美元=6.20元人民币，该笔美元收入折算为人民币为620万元（100×6.20）。在资产负债表日（2013年12月31日）对该笔银行存款100万美元进行折算时，当日的即期汇率为：1美元=6.10元人民币，该笔美元收入按资产负债表日的即期汇率进行折算为610万美元（100×6.10），与初始确认时的折算金额620万元人民币之间的差额−10万元人民币（610−620），其经济意义为银行存款人民币金额的减少，属于汇兑损失，应当计入2013年的财务费用。

需要注意的是，外币交易初始确认时的即期汇率，如果初始确认当时采用的平均汇率，则在计算汇兑差额时，为简化核算，也可以按照汇率与资产负债表日的即期汇算进行比较。

第二种情况是在外币交易发生后的各个年度，由于外币交易所产生的货币性项目在资产负债表日的即期汇率与前一资产负债表日的即期汇率不同而产生的汇兑差额，计入当期损益。

接上例，假定2014年12月31日，该笔银行存款的余额仍为100万美元，该日的即期汇率为：1美元=6.15元人民币，则折算的人民币金额为615万元（100×6.15），与前一资产负债日（2013年12月31日）即期汇率折算的人民币金额610万元之间存在差额，该差额+5万人民币元（615−610）为汇兑收益，应当计入2014年的营业外收入。

（四）非货币性项目的会计处理

对于外币非货币性项目，仍采用交易发生日的即期汇率折算。即采用历史汇率进行折算。

对于以历史成本计量的外币非货币性项目，已在交易发生日按当日的即期汇率（如果当时采用的是当期平均汇率，则指当期平均汇率）进行了折算，资产负债表日不应改变其原记账本位币金额，不会产生汇兑差额。这是因为，这些项目在取得时已按取得时的汇率进行了折算，从而构成这些项目的历史成本，如果再按资产负债表日的即期汇率进行折算，就会导致这些项目的价值处于不断变动之中，从而使这些项目的折旧费、摊销额随之不断变动。这与这些项目的实际情况不符。

例如，甲小企业的记账本位币为人民币。2013 年 3 月 1 日进口机器 1 台，价款为 100 万美元已经支付，当日的即期汇率为：1 美元 =6.30 人民币元。假定不考虑相关税费，该机器属于小企业的固定资产，在购入时已按当日即期汇率折算为人民币 630 万元。2013 年 3 月 31 日的即期汇率为：1 美元 =6.25 人民币元。由于固定资产属于非货币性项目，因此，2013 年 3 月 31 日，不需要按当日的即期汇率进行调整，不会产生汇兑差额。

四、小企业外币财务报表折算的会计处理

小企业对外币财务报表进行折算时，应当采用资产负债表日的即期汇率对外币资产负债表、利润表和现金流量表的所有项目进行折算。

小知识

相关比较

《会计法》和《企业所得税法》等法律都对企业外币财务报表的折算作出了规定。具体如下：

《会计法》第十二条规定："会计核算以人民币为记账本位币。业务收支以人民币以外的货币为主的单位，可以选定其中一种货币作为记账本位币，但是编报的财务会计报告应当折算为人民币。"

（一）《企业所得税法》

《企业所得税法》第五十六条规定："依照本法缴纳的企业所得税，以人民币计算。所得以人民币以外的货币计算的，应当折合成人民币计算并缴纳税款。"

《企业所得税法实施条例》第一百三十条规定："企业所得以人民币以外的货币计算的，预缴企业所得税时，应当按照月度或者季度最后一日的人民币汇率中间价，折合成人民币计算应纳税所得额。年度终了汇算清缴时，对已经按照月度或者季度预缴税款的，不再重新折合计算，只就该纳税年度内未缴纳企业所得税的部分，按照纳税年度最后一日的人民币汇率中间价，折合成人民币计算应纳税所得额。经税务机关

检查确认，企业少计或者多计前款规定的所得的，应当按照检查确认补税或者退税时的上一个月最后一日的人民币汇率中间价，将少计或者多计的所得折合成人民币计算应纳税所得额，再计算应补缴或者应退的税款。”《小企业会计准则》规定体现了人民币作为法定货币的要求和体现。《小企业会计准则》所称的“月度或者季度最后一日的人民币汇率中间价”，即指《小企业会计准则》月末或季末当日的即期汇率。即对应纳税所得额亦即利润按照资产负债表日的即期汇率进行折算。

（二）《小企业会计准则》

《小企业会计准则》为了简化核算，便于小企业执行，对于外币资产负债表、利润表、现金流量表的折算作了大大简化，全部采用资产负债表日的即期汇率进行折算。这一点与《企业所得税法实施条例》的规定相一致，但与《企业会计准则第19号——外币折算》的规定有很大差异。小企业对这一差异应引起注意。

（一）小企业需要对外币财务报表进行折算的原因

如果小企业在日常记账中采用了人民币以外的其他货币记账，即采用非人民币作为记账本位币，如美元、欧元、日元、港元等，但是在年末，按照会计法和企业所得税法的规定，应当以人民币反映小企业的财务报表，以供商业银行、税务机关等方面使用，就涉及外币财务报表的折算问题或转换问题。

外币财务报表折算主要涉及两个会计问题：首先，选用何种汇率对外币财务报表项目进行折算；其次，对由于外币财务报表各项目采用不同的折算汇率而产生的报表折算差额应如何处理。

（二）小企业外币财务报表的折算

在资产负债表日，按照当日的即期汇率去乘外币资产负债表、利润表和现金流量表中所有项目的外币金额，从而将各项目的外币金额全部折算为人民币金额。即相当于对外币资产负债表、利润表和现金流量表的所有项目同时扩大相同的倍数，三张报表中合计额、总计额和差额也都会扩大相同的倍数，不会由于同一张报表的不同项目采用不同汇率折算和不同报表采用不同汇率折算所带来的报表折算差额问题。《小企业会计准则》作这样的规定，一是考虑到外币财务报表折算对绝大多数小企业来说不是一项普遍业务，比较符合小企业的实际；二是可以大大减轻小企业的工作量；三是不会改变原来外币财务报表各项目之间的钩稽关系和财务指标的相对比例。

第三节　小企业会计政策和估计变更以及差错更正的处理

小企业对会计政策变更、会计估计变更和会计差错更正应当采用未来适用法进行会计处理。

一、小企业会计政策变更的内涵及会计处理

（一）小企业会计政策的内涵

小企业会计政策，是指小企业在会计确认、计量和报告中所采用的原则、基础和会计处理方法。

专家点拨

对会计政策的概念，应注意把握以下几个方面：

1. 原则

是指《小企业会计准则》规定的、适合于小企业会计核算所采用的具体会计原则，如收入确认原则、借款费用资本化原则、自行研发支出资本化原则等。

2. 基础

是指为了将会计原则应用于交易或者事项而采用的基础，主要是计量基础（即计量属性），指历史成本这一计量基础。

3. 会计处理方法

是指小企业按照法律、行政法规或者国家统一的会计制度等规定采用或者选择的、适合于本企业的具体会计处理方法。例如，确定发出存货的计价方法（先进先出法、加权平均法、个别计价法）、长期股权投资采用成本法核算、资产损失采用实际转销法等。需要说明的是，在实务中，对材料核算采用计划成本法，对商品采用售价法，实际上并不构成会计处理方法，而是为了简化核算而采用的会计核算技巧。

（二）小企业常见的会计政策

（1）短期投资、存货、长期债券投资、长期股权投资、固定资产、无形资产、生产性生物资产等资产，取得时按照成本计量。

（2）发出存货的计价方法，如发出存货成本的计量是采用先进先出法、加权平均法还是个别计价法。

（3）将土地使用权与房屋分开核算。

（4）小企业内部研究开发项目开发阶段的支出符合资本化条件确认为无形资产。

（5）债券的折价或者溢价在债券存续期间内于确认相关债券利息收入时进行摊销。

（6）长期股权投资在持有期间采用成本法核算。

（7）投资者投入的非货币性资产按照评估价值计量。

（8）资产损失实际发生时予以确认。

（9）收入确认的原则。

（10）符合资本化条件的借款费用进行资本化。

《小企业会计准则》规定的上述这些会计政策，实际上只有发出存货的计价方法作为会计政策可以发生变更，其他的通常不能发生变更，因为《小企业会计准则》只规定了一种方法，除非《小企业会计准则》作了修订，才可能进行变更。

（三）小企业会计政策变更的内涵

小企业会计政策变更，是指小企业对相同的交易或者事项由原来采用的会计政策改用另一会计政策的行为。

为保证会计信息的可比性，使财务报表使用者在比较小企业一个以上期间的财务报表时，能够正确判断小企业的财务状况、经营成果和现金流量的趋势，一般情况下，小企业采用的会计政策在每一会计期间内和前后各期之间应当保持一致，不得随意变更。否则，势必削弱会计信息的可比性。但是，满足下列条件之一的，可以变更会计政策：

1. 法律、行政法规或者《小企业会计准则》等要求变更

这种情况是指按照法律、行政法规、《小企业会计准则》以及财政部的规定，要求小企业采用新的会计政策，则小企业应当按照法律、行政法规、《小企业会计准则》以及财政部的规定改变原会计政策，按照新的会计政策执行。例如，财政部2011 年 10 月 18 日发布的财会〔2011〕17 号文规定，从 2013 年 1 月 1 日起所有小企业都必须执行《小企业会计准则》，则所有的小企业都从 2013 年 1 月 1 日起由《小企业会计准则》转换为《小企业会计准则》就属于这种情形。

2. 会计政策变更能够提供更可靠、更相关的会计信息

由于经济环境、客观情况的改变，使小企业原采用的会计政策所提供的会计信息，已不能恰当地反映企业的财务状况、经营成果和现金流量情况。在这种情况下，

应改变原有会计政策，按变更后新的会计政策进行会计处理，以便对外提供更可靠、更相关的会计信息。例如，小企业原来采用期末一次加权平均法核算发出存货成本，现在由于采用计算机信息系统进行会计核算，大大提高了会计管理水平，能够对存货实现精细化管理，此时采用个别计价法可以更及时、准确地反映发出存货的价值。这种情况下，该企业可以将发出存货的计价方法变更为个别计价法。

（四）小企业会计政策变更的会计处理

小企业对会计政策变更应当采用未来适用法进行会计处理。

未来适用法，是指将变更后的会计政策和会计估计应用于变更日及以后发生的交易和事项，或者在会计差错发生或发现的当期更正差错的方法。未来适用法，通俗地讲，就是“老业务新办法、新业务新办法”。即在未来适用法下，在变更会计政策时，变更日之前发生的交易和事项按照原会计政策进行会计处理，变更日和变更日之后原先已发生的交易和事项的延续和新发生的交易和事项均按照变更后的会计政策处理。在实务操作上，即意味着在变更日不调整原先的会计账簿记录和财务报表，从变更日开始按照变更后的会计政策对相关交易和事项进行账务处理即可。

例如，从2003年1月1日起，某小企业采用先进先出法计算确定发出A材料的成本。2004年7月1日，由于采用财务软件进行核算，可以对发出材料实现更加精细化的核算，决定将发出A材料（或所有材料）的成本计算方法由先进先出法变更为个别计价法，就属于发生了会计政策变更。在具体进行账务处理时，对于2004年7月1日之前采用先进先出法计算结转的A材料成本不进行调整，从2004年7月1日开始对发出A材料的成本以及新购入B材料的发出成本采用个别计价法计算和结转即可。虽然采用个别计价法计算的A材料成本与采用先进先出法计算的A材料成本有差异，但也不进行调整，就是所讲的未来适用法的具体应用和体现。

二、小企业会计估计变更的内涵及会计处理

（一）小企业会计估计的概念

小企业会计估计，是指小企业对结果不确定的交易或者事项以最近可利用的信息为基础所作的判断。由于小企业日常生产经营活动中内在的不确定因素影响，不少交易和事项不能精确地计量，而只能加以估计。小企业常见的会计估计有：

（1）固定资产的使用寿命、预计净残值的确定，固定资产折旧方法的选择。

（2）生产性生物资产的使用寿命、预计净残值的确定，生产性生物资产折旧方法的选择。

（3）无形资产摊销期的确定、无形资产摊销所采用的年限平均法。

（4）长期待摊费用摊销期的确定、无形资产摊销所采用的年限平均法。

（5）建造合同或劳务合同完工进度的确定。

（6）债券的折价或者溢价，在债券存续期间内于确认相关债券利息收入的摊销时采用直接法。

（7）市场价格或评估价值的确定。

（二）小企业会计估计变更的内涵

小企业会计估计变更，是指由于资产和负债的当前状况及预期经济利益和义务发生了变化，从而对小企业资产或负债的账面价值或者资产的定期消耗金额进行调整。

对于会计估计变更的概念，应注意把握以下几个方面：

（1）会计估计变更的原因是资产和负债的当前状况及预期经济利益和义务发生了变化。会计估计实际上是依据现有的资料对未来所作的判断。随着时间的推移，如果赖以进行估计的基础发生了变化，或者由于取得了新的信息，积累了更多的经验可能不得不对估计进行修订，但会计估计变更的依据应当真实、可靠。其中，经济利益对应于资产而言，义务对应于负债而言。

例如，某小企业的房屋原先按照 50 年计提折旧，相关法律如 2008 开始实施的《企业所得税法实施条例》规定，房屋可以按照 20 年计提折旧，则小企业可以选择将房屋的折旧年限缩短至 20 年。在该例中，“资产”是指该房屋，“资产的当前的状况及预期经济利益发生了变化”是指 2008 年《企业所得税法实施条例》的实施使得房屋给小企业带来的经济利益的年限缩短至 20 年，主要表现为税前可抵扣的折旧费用，但并不是意味着其物理使用年限缩短了。

（2）会计估计变更的结果是对资产或负债的账面价值或者资产的定期消耗金额进行了调整。对于小企业而言，会计估计变更的结果主要体现为对资产的定期消耗金额进行调整。例如，通过改变折旧年限、预计净残值和折旧方法对固定资产的折旧费进行调整。也就是说，我们通常所讲的固定资产的折旧政策实际上并不是会计政策，而是属于会计估计，因为它符合会计估计和会计估计变更的概念。又如，通过改变折旧年限、预计净残值和折旧方法对生产性生物资产的折旧费进行调整。再如，通过改变摊销期和摊销方法对无形资产和长期待摊费用的摊销费进行调整。

（3）会计估计变更，并不意味着以前期间会计估计是错误的，只是由于情况发生变化，或者掌握了新的信息，积累了更多的经验，使得变更会计估计能够更好地反映小企业的财务状况和经营成果。如果以前期间的会计估计是错误的，则属于会计差错。

（三）小企业会计估计变更的会计处理

小企业对会计估计变更应当采用未来适用法进行处理，就是“老业务新办法、新业务新办法”。即在未来适用法下，在变更会计估计时，变更日之前发生的交易和事项按照原会计估计进行会计处理，变更日和变更日之后原先已发生的交易和事项的延续和新发生的交易和事项均按照变更后的会计估计进行处理。在实务操作上，即意味着在变更日不调整原先的会计账簿记录和财务报表，从变更日开始按照变更后的会计估计对相关交易和事项进行账务处理即可。

例如，从 2003 年 1 月 1 日起，某小企业采用直线法对 C 机器设备计提折旧。2004 年 12 月 1 日，由于技术进步，决定对 C 机器设备（或所有机器设备）改用年数总和法计提折旧，就属于发生了会计估计变更。在具体进行账务处理时，对于 2004 年 12 月 1 日之前对 C 机器设备采用直线法计算结转的折旧费不进行调整，从 2004 年 12 月 1 日开始对 C 机器设备和新购入的 D 机器设备采用年数总和法计提折旧即可。这就是所讲的未来适用法的具体应用和体现。

三、小企业会计差错的内涵及会计差错更正的会计处理

（一）小企业会计差错的内涵

小企业会计差错，是指小企业在会计核算时，在确认、计量和报告等方面出现的错误，包括计算错误、应用会计政策错误、应用会计估计错误等。需要说明的是，在实务中，编制会计凭证错误、登记会计账簿错误等账簿记录虽然属于《会计基础工作规范》所规范的范畴，实际上也是一种会计差错。

（二）小企业会计差错更正的会计处理

小企业对会计差错更正应当采用未来适用法进行会计处理。

在具体应用未来适用法时，要区分以下两种情况：

1. 当期发生的会计差错当期发现

当期发生了各种会计差错，在发生的当时（如当日、当月、当季、当年）按照《小企业会计准则》规定的正确会计处理进行更正即可。至于说在当日、当月、当季还是当年来更正，取决于财务报表编制的时间。如果按月编制财务报表，则应当在当日或当月更正；如果按季编制财务报表，则应当在当日或当月或当季更正；如果按年编制财务报表，则应当在编制年度财务报表之前更正。

2. 当期发现以前期间发生的会计差错

如果会计差错发生的当期没有发现，包括被外部相关方面如税务机关发现，当

期才发现了以前期间发生会计差错，则应当在发现的当时（如当日、当月、当季、当年）按照《小企业会计准则》规定的正确会计处理进行更正。至于说在当日、当月、当季还是当年来更正，也是取决于财务报表编制的时间，与上述1相同。

小知识

相关比较

（一）《企业会计准则》

《企业会计准则第28号——会计政策、会计估计变更和差错更正》第三条规定："会计政策，是指企业在会计确认、计量和报告中所采用的原则、基础和会计处理方法。"第四条规定："企业采用的会计政策，在每一会计期间和前后备期应当保持一致，不得随意变更。但是，满足下列条件之一的，可以变更会计政策：（一）法律、行政法规或者国家统一的会计制度等要求变更。（二）会计政策变更能够提供更可靠、更相关的会计信息。"第六条规定："企业根据法律、行政法规或者国家统一的会计制度等要求变更会计政策的，应当按照国家相关会计规定执行。会计政策变更能够提供更可靠、更相关的会计信息的，应当采用追溯调整法处理。"第七条规定："确定会计政策变更对列报前期影响数不切实可行的，应当从可追溯调整的最早期间期初开始应用变更后的会计政策。在当期期初确定会计政策变更对以前各期累积影响数不切实可行的，应当采用未来适用法处理。未来适用法，是指将变更后的会计政策应用于变更日及以后发生的交易或者事项，或者在会计估计变更当期和未来期间确认会计估计变更影响数的方法。"第八条规定："企业据以进行估计的基础发生了变化，或者由于取得新信息、积累更多经验以及后来的发展变化，可能需要对会计估计进行修订。会计估计变更的依据应当真实、可靠。会计估计变更，是指由于资产和负债的当前状况及预期经济利益和义务发生了变化，从而对资产或负债的账面价值或者资产的定期消耗金额进行调整。"第九条规定："企业对会计估计变更应当采用未来适用法处理。"第十一条规定："前期差错，是指由于没有运用或错误运用下列两种信息，而对前期财务报表造成省略漏或错报。（一）编报前期财务报表时预期能够取得并加以考虑的可靠信息。（二）前期财务报告批准报出时能够取得的可靠信息。前期差错通常包括计算错误、应用会计政策错误、疏忽或曲解事实以及舞弊产生的影响以及存货、固定资产盘盈等。"第十二条规定："企业应当采用追溯重述法更正重要的前期差错，但确定前期差错累积影响数不切实可行的除外。追溯重述法，是指在发现前期差错时，视同该项前期差错从未发生过，从而对财务报表相关项目进行更正的方法。”第十三条规定：“确定前期差错影响数不切实可行的，可以从可追溯重述的最早期间开始调整留存收益的期初余额，财务报表其他相关项目的期初余额也应当一并调整，也可以采用未来适用法。”

（二）《小企业会计准则》

《小企业会计准则》根据小企业的实际情况，并考虑了成本效益原则的要求，简化了对会计政策变更、会计估计变更和会计差错更正的会计处理，要求小企业一律采用未来适用法进行相关会计处理，无须考虑相关事项对以前期间的影响，并对未来适用法的概念和应用作了适当简化。

第 10 章　小企业资产负债表的编制和列报

第一节　小企业资产负债表综述

小企业资产负债表，是指反映小企业在某一特定日期的财务状况的报表。

专家点拨

对资产负债表的概念，应注意把握好以下几个方面：

（1）资产负债表是一张反映某一特定时点的会计报表，而不是某一特定期间的会计报表。从会计科目的角度来看，反映的是会计科目在某一时点的结余额。

（2）小企业在某一特定时点的财务状况通常是通过资产、负债和所有者权益及其相互的关系来反映的。

（3）按年度编制的资产负债表，反映的是小企业在每年 12 月 31 日的财务状况。

（4）按月份编制的资产负债表，反映的是小企业在每个月月末最后一天的财务状况。如果按季度编制资产负债表，反映的是小企业在每个季度末最后一天的财务状况。

（5）资产负债表的作用主要体现在三个方面。通过资产负债表，第一，可以提供某一日期资产的总额及其结构，表明小企业拥有或控制的资源及其分布情况，有助于小企业财务报表的外部使用者可以一目了然地从资产负债表上了解小企业在某一特定日期所拥有的资产总量及其结构；第二，可以提供某一日期的负债总额及其结构，表明小企业未来需要用多少资产或劳务来清偿债务以及清偿时间的早晚；第三，可以反映小企业的所有者在小企业所拥有的权益，从而有助于小企业的所有者据以判断资本保值、增值的情况以及其在小企业拥有的权益对小企业负债的保障程度。

一、小企业资产负债表列报的总体要求

（一）分类别列报

小企业资产负债表列报的最根本的目标就是应如实反映小企业在资产负债表日所

拥有的资源、所承担的负债以及所有者所拥有的权益。因此，资产负债表应当按照资产、负债和所有者权益（或股东权益）三大类别分类列报。

（二）资产和负债按流动性列报

资产和负债应当按照流动性分别分为流动资产和非流动资产、流动负债和非流动负债进行列示。资产负债表应先列报流动性强的资产或负债，再列报流动性弱的资产或负债。流动性，通常按资产的变现或耗用时间长短或者负债的偿还时间长短来确定。

（三）列报的汇总金额

根据所反映信息范围大小的不同，在资产负债表中应单独列示的汇总额包括以下4类，按照从小到大的顺序为：

（1）资产类有2个合计额：流动资产合计和非流动资产合计。

（2）负债类有3个合计额：流动负债合计、非流动负债合计和负债合计。

（3）所有者权益（或股东权益）类有1个合计额：所有者权益（或股东权益）合计。

（4）有2个总计额：资产总计、负债和所有者权益总计。

《小企业会计准则》要求上述各项汇总金额，应保证下列各项等式始终成立；

（1）资产总计＝流动资产合计＋非流动资产合计；

（2）流动负债合计＋非流动负债合计＝负债合计；

（3）资产总计＝负债和所有者权益（或股东权益）总计＝负债合计＋所有者权益（或股东权益）合计。

二、小企业资产负债表的格式和组成项目

小企业资产负债表统一格式（见表10-1）：

表10-1 资产负债表

会小企01表

编制单位： 年 月 日 单位：元

资产	行次	期末余额	年初余额	负债和所有者权益	行次	期末余额	年初余额
流动资产：				流动负债：			
货币资金	1			短期借款	31		
短期投资	2			应付票据	32		
应收票据	3			应付账款	33		
应收账款	4			预收账款	34		

续表

预付账款	5			应付职工薪酬	35		
应收股利	6			应交税费	36		
应收利息	7			应付利息	37		
其他应收款	8			应付利润	38		
存货	9			其他应付款	39		
其中：原材料	10			其他流动负债	40		
在产品	11			流动负债合计	41		
库存商品	12			非流动负债：			
周转材料	13			长期借款	42		
其他流动资产	14			长期应付款	43		
流动资产合计	15			递延收益	44		
非流动资产：				其他非流动负债	45		
长期债券投资	16			非流动负债合计	46		
长期股权投资	17			负债合计	47		
固定资产原价	18						
减：累计折旧	19						
固定资产账面价值	20						
在建工程	21						
工程物资	22						
固定资产清理	23						
生产性生物资产	24			所有者权益（或股东权益）：			
无形资产	25			实收资本（或股本）	48		
开发支出	26			资本公积	49		
长期待摊费用	27			盈余公积	50		
其他非流动资产	28			未分配利润	51		
非流动资产合计	29			所有者权益（或股东权益）合计	52		
资产总计	30			负债和所有者权益（或股东权益）总计	53		

小企业（中外合作经营）根据合同规定在合作期间归还投资者的投资，应在“实收资本（或股本）”项目下增加“减：已归还投资”项目单独列示。

（1）本表反映小企业某一特定日期全部资产、负债和所有者权益的情况。

（2）本表“年初余额”栏内各项数字，应根据上年末资产负债表“期末余额”栏内所列数字填列。

（3）本表中各项目之间的勾稽关系为：

行 15= 行 1+ 行 2+ 行 3+ 行 4+ 行 5+ 行 6+ 行 7+ 行 8+ 行 9+ 行 14；

行 9 ≥行 10+ 行 11+ 行 12+ 行 13；

行 29= 行 16+ 行 17+ 行 20+ 行 21+ 行 22+ 行 23+ 行 24+ 行 25+ 行 26+ 行 27+ 行 28

行 20= 行 18– 行 19；

行 30= 行 15+ 行 29；

行 41= 行 31+ 行 32+ 行 33+ 行 34+ 行 35+ 行 36+ 行 37+ 行 38+ 行 39+ 行 40；

行 46= 行 42+ 行 43+ 行 44+ 行 45；

行 47= 行 41+ 行 46；

行 52= 行 48+ 行 49+ 行 50+ 行 51；

行 53= 行 47+ 行 52= 行 30。

小知识

资产负债表的设计理念

资产负债表遵循了“资产 = 负债 + 所有者权益”这一会计恒等式的要求，把小企业在特定时日所拥有的经济资源和与之相对应的小企业所承担的债务及偿债以后属于所有者的权益充分反映出来。因此，《小企业会计准则》对小企业的资产负债表采用了账户式结构。

账户式资产负债表是左右结构，左方列示资产，右方列示负债和所有者权益。左方为资产项目，大体按资产的流动性强弱排列，流动性强的资产如“货币资金”“应收账款”等排在前面，流动性弱的资产如“长期股权投资”“固定资产原价”“无形资产”“长期待摊费用”等排在后面。右方为负债及所有者权益项目，一般按要求清偿时间的先后顺序排列，“短期借款”“应付票据”“应付账款”等需要在 1 年内或超过 1 年的一个正常营业周期内偿还的流动负债排在前面，“长期借款”等在 1 年以上才需偿还的非流动负债排在中间，在小企业清算之前不需要偿还的所有者权益项目排在后面。

账户式资产负债表中的资产各项目的总计等于负债和所有者权益各项目的总计，即资产负债表左方和右方保持平衡。

需要说明的是，资产负债表的列报格式还有报告式结构，报告式资产负债表是上下结构，上半部列示资产，下半部列示负债和所有者权益，其遵循的原理是“资产 – 负债 = 所有者权益”。

三、小企业资产负债表的分析与利用

小企业资产负债表所反映的期初、期末数据，通过计算可以生成反映小企业财务状况的重要指标，这些指标对于了解掌握小企业的发展状况具有重要意义，有助于财务报表外部使用者作出相关决策。

（1）利用流动资产合计和流动负债合计可以计算生成流动比率，利用速动资产与流动负债合计可以计算生成速动比率，利用资产总额和负债总额可以计算生成资产负债率，利用负债合计与所有者权益合计可以计算出产权比率，反映小企业短期和长期偿债能力。

（2）资产负债表的期末、期初数据变动可以反映小企业财务状况的变动趋势。利用期初、期末固定资产金额可以计算分析小企业固定资产投资的扩张程度和固定资产的新旧程度；利用期初、期末所有者权益合计可以计算分析资本保值增值率等。

小知识

相关比较

（一）《企业会计准则》

《企业会计准则——基本准则》第四十五条规定：“资产负债表是反映企业在某一特定日期的财务状况的会计报表。”《企业会计准则第 30 号——财务报表的列报》第十二条规定：“资产和负债应当分别流动资产和非流动资产、流动负债和非流动负债列示。”第十九条至第二十五条规定：“资产负债表中的资产类至少应当单独列示反映下列信息的项目：（一）货币资金；（二）应收及预付款项；（三）交易性投资；（四）存货；（五）持有至到期投资；（六）长期股权投资；（七）投资性房地产；（八）固定资产；（九）生物资产；（十）递延所得税资产；（十一）无形资产。资产负债表中的资产类至少应当包括流动资产和非流动资产的合计项目。资产负债表中的负债类至少应当单独列示反映下列信息的项目：（一）短期借款；（二）应付及预收款项；（三）应交税费；（四）应付职工薪酬；（五）预计负债；（六）长期借款；（七）长期应付款；（八）应付债券；（九）递延所得税负债。资产负债表中的负债类至少应当包括流动负债、非流动负债和负债的合计项目。资产负债表中的所有者权益类至少应当单独列示反映下列信息的项目：（一）实收资本（或股本）；（二）资本公积；（三）盈余公积；（四）未分配利润。资产负债表中的所有者权益类应当包括所有者权益的合计项目。资产负债表应当列示资产总计项目，负债和所有者权益总计项目。”

（二）《小企业会计准则》

《小企业会计准则》在资产负债表的组成项目上根据小企业的实际情况进行了适当简化和调整，但是在资产负债表的概念和汇总金额的要求上与企业会计准则相一致。

第二节　小企业资产负债表编制

一、小企业资产负债表项目的填列方法

小企业资产负债表中一般设有“期末余额”和“年初余额”两栏，其中，“年初余额”栏内各项数字，应根据上年年末资产负债表的“期末余额”栏内所列数字填列。如果上年年末资产负债表的项目名称和内容与本年年末资产负债表不一致，应对上年年末资产负债表项目的名称和数字按本年末资产负债表的规定进行调整，并填入“年初余额”栏。“期末余额”栏主要有以下几种填列方法：

（一）根据总账科目余额填列

如“短期投资”“应收票据”“应收股利”“应收利息”“其他应收款”“其他流动资产”“长期债券投资”“长期股权投资”“固定资产原价”“累计折旧”“在建工程”“工程物资”“固定资产清理”“开发支出”“长期待摊费用”“短期借款”“应付票据”“应付账款”“应付职工薪酬”“应交税费”“应付利息”“应付利润”“其他应付款”“其他流动负债”“长期借款”“长期应付款”“递延收益”“实收资本（或股本）”“资本公积”“盈余公积”等项目，应根据有关总账科目的余额直接填列。有些项目则需根据几个总账科目的期末余额计算填列，如“货币资金”项目，应根据“库存现金”“银行存款”和“其他货币资金”三个总账科目期末余额的合计数填列。

（二）根据明细账科目余额计算填列

如“未分配利润”项目，应根据“利润分配”科目中所属的“未分配利润”明细科目期末余额填列。

（三）根据总账科目和明细账科目余额分析计算填列

如“应收账款”项目，应根据“应收账款”和“预收账款”科目所属的相关明

细科目的期末借方余额合计数填列；“预付账款”项目，应根据“预付账款”总账科目余额扣除“预付账款”科目所属的明细科目中超过 1 年期以上的预付账款余额后的金额计算填列；“应付账款”项目，应根据“应付账款”和“预付账款”科目所属的相关明细科目的期末贷方余额合计数填列；“预收账款”项目，应根据“预收账款”科目的期末余额减去超过 1 年期以上的预收账款余额后的金额填列；“其他非流动资产”和“其他非流动负债”项目，也应根据有关总账科目和明细科目的余额分析计算填列。

（四）根据有关科目余额减去其备抵科目余额后的净额填列

如“生产性生物资产”“无形资产”项目，应根据相关科目的期末余额扣减相关累计折旧或累计摊销后的净额填列。

（五）综合运用上述填列方法分析填列

如“存货”项目，应根据“材料采购”“在途物资”“原材料”“生产成本”“库存商品”“委托加工物资”“周转材料”“消耗性生物资产”等科目的期末余额合计填列，材料采用计划成本核算，以及库存商品采用计划成本核算或售价核算的小企业，还应按加或减“材料成本差异”“商品进销差价”后的金额填列。

（六）根据有关项目的合计额填列

如“流动资产合计”“非流动资产合计”“资产总计”“流动负债合计”“非流动负债合计”“负债合计”“所有者权益（或股东权益）合计”“负债和所有者权益（或股东权益）总计”等项目，应根据表中的相关项目的合计额填列。“固定资产账面价值”项目则需要根据“固定资产原价”项目金额减去“累计折旧”项目金额后的余额填列。

（七）不得填列金额的 5 个特殊项目

分别是“流动资产：”项目、“非流动资产：”项目、“流动负债：”项目、“非流动负债：”项目和“所有者权益（或股东权益）：”项目。

二、小企业资产负债表项目的内容及填列说明

（一）小企业资产类项目信息的列示反映

1. 小企业流动资产

（1）小企业货币资金。

反映小企业库存现金、银行存款、其他货币资金的合计数。本项目应根据“库存现金”“银行存款”和“其他货币资金”科目的期末余额合计填列。

1001 库存现金

①本科目核算小企业的库存现金。

小企业有内部周转使用备用金的，可以单独设置“1004 备用金”科目。

②库存现金的主要账务处理。

小企业增加库存现金，借记本科目，贷记“银行存款”等科目；减少库存现金，做相反的会计分录。

③小企业应当设置“库存现金日记账”，由出纳人员根据收付款凭证，按照业务发生顺序逐笔登记。每日终了，应当计算当日的现金收入合计额、现金支出合计额和结余额，将结余额与实际库存额核对，做到账款相符。

有外币现金的小企业，还应当分别按照人民币和外币进行明细核算。

④每日终了结算现金收支、财产清查等发现的有待查明原因的现金短缺或溢余，应通过“待处理财产损溢”科目核算：属于现金短缺，应按照实际短缺的金额，借记“待处理财产损溢——待处理流动资产损溢”科目，贷记本科目；属于现金溢余，按照实际溢余的金额，借记本科目，贷记“待处理财产损溢——待处理流动资产损溢”科目。

⑤本科目期末借方余额，反映小企业持有的库存现金。

1002 银行存款

①本科目核算小企业存入银行或其他金融机构的各种款项。

②银行存款的主要账务处理。

小企业增加银行存款，借记本科目，贷记“库存现金”“应收账款”等科目；减少银行存款，做相反的会计分录。

③小企业应当按照开户银行和其他金融机构、存款种类等设置“银行存款日记账”，由出纳人员根据收付款凭证，按照业务的发生顺序逐笔登记。每日终了，应结出余额。

“银行存款日记账”应定期与“银行对账单”核对，至少每月核对一次。小企业银行存款账面余额与银行对账单余额之间如有差额，应编制“银行存款余额调节表”调节相符。

有外币银行存款的小企业，还应当分别按照人民币和外币进行明细核算。

④本科目期末借方余额，反映小企业存在银行或其他金融机构的各种款项。

1012 其他货币资金

①本科目核算小企业的银行汇票存款、银行本票存款、信用卡存款、信用证保证

金存款、外埠存款、备用金等其他货币资金。

②本科目应按照银行汇票或本票、信用卡发放银行、信用证的收款单位，外埠存款的开户银行，分别“银行汇票”“银行本票”“信用卡”“信用证保证金”“外埠存款”等进行明细核算。

③其他货币资金的主要账务处理。

小企业增加其他货币资金，借记本科目，贷记“银行存款”科目；减少其他货币资金，做相反的会计分录。

④本科目期末借方余额，反映小企业持有的其他货币资金。

（2）小企业短期投资。

反映小企业购入的能随时变现并且持有时间不准备超过1年的股票、债券和基金投资的余额。本项目应根据“短期投资”科目的期末余额填列。

1101 短期投资

①本科目核算小企业购入的能随时变现并且持有时间不准备超过1年（含1年，下同）的投资。

②本科目应按照股票、债券、基金等短期投资种类进行明细核算。

③短期投资的主要账务处理。

A. 小企业购入各种股票、债券、基金等作为短期投资的，应当按照实际支付的购买价款和相关税费，借记本科目，贷记“银行存款”科目。

小企业购入股票，如果实际支付的购买价款中包含已宣告但尚未发放的现金股利，应当按照实际支付的购买价款和相关税费扣除已宣告但尚未发放的现金股利后的金额，借记本科目，按照应收的现金股利，借记“应收股利”科目，按照实际支付的购买价款和相关税费，贷记“银行存款”科目。

小企业购入债券，如果实际支付的购买价款中包含已到付息期但尚未领取的债券利息，应当按照实际支付的购买价款和相关税费扣除已到付息期但尚未领取的债券利息后的金额，借记本科目，按照应收的债券利息，借记“应收利息”科目，按照实际支付的购买价款和相关税费，贷记“银行存款”科目。

B. 在短期投资持有期间，被投资单位宣告分派的现金股利，借记“应收股利”科目，贷记“投资收益”科目。

在债务人应付利息日，按照分期付息、一次还本债券投资的票面利率计算的利息收入，借记“应收利息”科目，贷记“投资收益”科目。

C. 出售短期投资，应当按照实际收到的出售价款，借记“银行存款”或“库存现金”科目，按照该项短期投资的账面余额，贷记本科目，按照尚未收到的现金股利或债券利息，贷记“应收股利”或“应收利息”科目，按照其差额，贷记或借记“投资收益”科目。

④本科目期末借方余额，反映小企业持有的短期投资成本。

（3）小企业应收票据。

反映小企业收到的未到期收款也未向银行贴现的应收票据（银行承兑汇票和商业承兑汇票）。本项目应根据“应收票据”科目的期末余额填列。

1121 应收票据

①本科目核算小企业因销售商品（产成品或材料，下同）、提供劳务等日常生产经营活动而收到的商业汇票（银行承兑汇票和商业承兑汇票）。

②本科目应按照开出、承兑商业汇票的单位进行明细核算。

③应收票据的主要账务处理。

A. 小企业因销售商品、提供劳务等而收到开出、承兑的商业汇票，按照商业汇票的票面金额，借记本科目，按照确认的营业收入，贷记“主营业务收入”等科目。涉及增值税销项税额的，还应当贷记“应交税费——应交增值税（销项税额）”科目。

B. 持未到期的商业汇票向银行贴现，应按照实际收到的金额（即减去贴现息后的净额），借记“银行存款”科目，按照贴现息，借记“财务费用”科目，按照商业汇票的票面金额，贷记本科目（银行无追索权情况下）或“短期借款”科目（银行有追索权情况下）。

C. 将持有的商业汇票背书转让以取得所需物资，按照应计入取得物资成本的金额，借记“材料采购”或“原材料”“库存商品”等科目，按照商业汇票的票面金额，贷记本科目，如有差额，借记或贷记“银行存款”等科目。涉及按照税法规定可抵扣的增值税进项税额的，还应当借记“应交税费——应交增值税（进项税额）”科目。

D. 商业汇票到期，应按照实际收到的金额，借记“银行存款”科目，贷记本科目。

因付款人无力支付票款，或到期不能收回应收票据，应按照商业汇票的票面金额，借记“应收账款”科目，贷记本科目。

④小企业应当设置“应收票据备查簿”，逐笔登记商业汇票的种类、号数和出票日、票面金额、交易合同号和付款人、承兑人、背书人的姓名或单位名称、到期日、

背书转让日、贴现日、贴现率和贴现净额以及收款日期和收回金额、退票情况等资料。商业汇票到期结清票款或退票后，在备查簿中应予注销。

⑤本科目期末借方余额，反映小企业持有的商业汇票的票面金额。

（4）小企业应收账款。

反映小企业因销售商品、提供劳务等日常生产经营活动应收取的款项。本项目应根据“应收账款”的期末余额分析填列。如“应收账款”科目期末为贷方余额，应当在“预收账款”项目列示。

1122 应收账款

①本科目核算小企业因销售商品、提供劳务等日常生产经营活动应收取的款项。

②本科目应按照对方单位（或个人）进行明细核算。

③应收账款的主要账务处理。

A. 小企业因销售商品或提供劳务形成应收账款，应当按照应收金额，借记本科目，按照税法规定应交纳的增值税销项税额，贷记“应交税费——应交增值税（销项税额）”科目，按照其差额，贷记“主营业务收入”或“其他业务收入”科目。

B. 收回应收账款，借记“银行存款”或“库存现金”科目，贷记本科目。

C. 按照小企业会计准则规定确认应收账款实际发生的坏账损失，应当按照可收回的金额，借记“银行存款”等科目，按照其账面余额，贷记本科目，按照其差额，借记“营业外支出”科目。

④本科目期末借方余额，反映小企业尚未收回的应收账款。

（5）小企业预付账款。

反映小企业按照合同规定预付的款项。包括：根据合同规定预付的购货款、租金、工程款等。本项目应根据“预付账款”科目的期末借方余额填列；如“预付账款”科目期末为贷方余额，应当在“应付账款”项目列示。

属于超过1年期以上的预付账款的借方余额应当在“其他非流动资产”项目列示。

1123 预付账款

①本科目核算小企业按照合同规定预付的款项。包括：根据合同规定预付的购货款、租金、工程款等。

预付款项情况不多的小企业，也可以不设置本科目，将预付的款项直接记入“应付账款”科目借方。

小企业进行在建工程预付的工程价款，也通过本科目核算。

②本科目应按照对方单位（或个人）进行明细核算。

③预付账款的主要账务处理。

A. 小企业因购货而预付的款项，借记本科目，贷记“银行存款”等科目。

收到所购物资，按照应计入购入物资成本的金额，借记“在途物资”或“原材料”“库存商品”等科目，按照税法规定可抵扣的增值税进项税额，借记“应交税费——应交增值税（进项税额）”科目，按照应支付的金额，贷记本科目。补付的款项，借记本科目，贷记“银行存款”等科目；退回多付的款项，做相反的会计分录。

B. 出包工程按照合同规定预付的工程价款，借记本科目，贷记“银行存款”等科目。按照工程进度和合同规定结算的工程价款，借记“在建工程”科目，贷记本科目、“银行存款”等科目。

C. 按照《小企业会计准则》规定确认预付账款实际发生的坏账损失，应当按照可收回的金额，借记“银行存款”等科目，按照其账面余额，贷记本科目，按照其差额，借记“营业外支出”科目。

④本科目期末借方余额，反映小企业预付的各种款项。

（6）小企业应收股利。

反映小企业应收取的现金股利或利润。本项目应根据“应收股利”科目的期末余额填列。

1131 应收股利

①本科目核算小企业应收取的现金股利或利润。

②本科目应按照被投资单位进行明细核算。

③应收股利的主要账务处理。

A. 小企业购入股票，如果实际支付的购买价款中包含已宣告但尚未发放的现金股利，应当按照实际支付的购买价款和相关税费扣除已宣告但尚未发放的现金股利后的金额，借记“短期投资”或“长期股权投资”科目，按照应收的现金股利，借记本科目，按照实际支付的购买价款和相关税费，贷记“银行存款”科目。

B. 在短期投资或长期股权投资持有期间，被投资单位宣告分派现金股利或利润，应当按照本企业应享有的金额，借记本科目，贷记“投资收益”科目。

C. 小企业实际收到现金股利或利润，借记“银行存款”等科目，贷记本科目。

④本科目期末借方余额，反映小企业尚未收到的现金股利或利润。

（7）小企业应收利息。

反映小企业债券投资应收取的利息。小企业购入一次还本付息债券应收的利息，不包括在本项目内。本项目应根据“应收利息”科目的期末余额填列。

1132 应收利息

①本科目核算小企业债券投资应收取的利息。

购入的一次还本付息债券投资持有期间的利息收入，在“长期债券投资”科目核算，不在本科目核算。

②本科目应按照被投资单位进行明细核算。

③应收利息的主要账务处理。

A. 小企业购入债券，如果实际支付的购买价款中包含已到付息期但尚未领取的债券利息，应当按照实际支付的购买价款和相关税费扣除应收的债券利息后的金额，借记“短期投资”或“长期债券投资”科目，按照应收的债券利息，借记本科目，按照实际支付的购买价款和相关税费，贷记“银行存款”科目。

B. 在长期债券投资持有期间，在债务人应付利息日，按照分期付息、一次还本债券投资的票面利率计算的利息收入，借记本科目，贷记“投资收益”科目；按照一次还本付息债券投资的票面利率计算的利息收入，借记“长期债券投资——应计利息”科目，贷记“投资收益”科目。

C. 实际收到债券利息，借记“银行存款”等科目，贷记本科目。

④本科目期末借方余额，反映小企业尚未收到的债券利息。

（8）小企业其他应收款。

反映小企业除应收票据、应收账款、预付账款、应收股利、应收利息等以外的其他各种应收及暂付款项。包括：各种应收的赔款、应向职工收取的各种垫付款项等。本项目应根据“其他应收款”科目的期末余额填列。

1221 其他应收款

①本科目核算小企业除应收票据、应收账款、预付账款、应收股利、应收利息等以外的其他各种应收及暂付款项。包括：各种应收的赔款、应向职工收取的各种垫付款项等。

小企业出口产品或商品按照税法规定应予退回的增值税款，也通过本科目核算。

②本科目应按照对方单位（或个人）进行明细核算。

③其他应收款的主要账务处理。

A. 小企业发生的其他各种应收款项，借记本科目，贷记“库存现金”“银行存款”“固定资产清理”等科目。出口产品或商品按照税法规定应予退回的增值税款，借记本科目，贷记“应交税费——应交增值税（出口退税）”科目。

B. 收回其他各种应收款项，借记“库存现金”“银行存款”“应付职工薪酬”等科目，贷记本科目。

C. 按照《小企业会计准则》规定确认其他应收款实际发生的坏账损失，应当按照可收回的金额，借记“银行存款”等科目，按照其账面余额，贷记本科目，按照其差额，借记“营业外支出”科目。

④本科目期末借方余额，反映小企业尚未收回的其他应收款项。

（9）小企业存货。

反映小企业期末在库、在途和在加工中的各项存货的成本。包括：各种原材料、在产品、半成品、产成品、商品、周转材料（包装物、低值易耗品等）、消耗性生物资产等。本项目应根据“材料采购”“在途物资”“原材料”“材料成本差异”“生产成本”“库存商品”“商品进销差价”“委托加工物资”“周转材料”“消耗性生物资产”等科目的期末余额分析填列。

1401 材料采购

①本科目核算小企业采用计划成本进行材料日常核算、购入材料的采购成本。

采用实际成本进行材料日常核算的，购入材料的采购成本，在“在途物资”科目核算。

委托外单位加工材料、商品的加工成本，在“委托加工物资”科目核算。

②本科目应按照供应单位和材料品种进行明细核算。

③材料采购的主要账务处理。

A. 小企业外购材料，应当按照发票账单所列购买价款、运输费、装卸费、保险费以及在外购材料过程发生的其他直接费用，借记本科目，按照税法规定可抵扣的增值税进项税额，借记“应交税费——应交增值税（进项税额）”科目，按照购买价款、相关税费、运输费、装卸费、保险费以及在外购材料过程发生的其他直接费用，贷记“库存现金”“银行存款”“其他货币资金”“预付账款”“应付账款”等科目。

材料已经收到、但尚未办理结算手续的，可暂不作会计分录；待办理结算手续后，再根据所付全额或发票账单的应付金额，借记本科目，贷记“银行存款”等科目。

应向供应单位、运输机构等收回的材料短缺或其他应冲减材料采购成本的赔偿款项，应根据有关的索赔凭证，借记“应付账款”或“其他应收款”科目，贷记本科目。因自然灾害等发生的损失和尚待查明原因的途中损耗，先记入“待处理财产损溢”科目，查明原因后再作处理。

B. 月末，应将仓库转来的外购收料凭证，分别下列不同情况进行处理：

a. 对于收到发票账单的收料凭证（包括本月付款或开出、承兑商业汇票的上月收料凭证），应按照实际成本和计划成本分别汇总，并按照计划成本，借记“原材料”“周转材料”等科目，贷记本科目；将实际成本大于计划成本的差异，借记“材料成本差异”科目，贷记本科目；实际成本小于计划成本的差异做相反的会计分录。

b. 对于尚未收到发票账单的收料凭证，应按照计划成本暂估入账，借记“原材料”“周转材料”等科目，贷记“应付账款——暂估应付账款”科目，下月初用红字做同样的会计分录予以冲回，以便下月收到发票账单等结算凭证时，按照正常程序进行账务处理。

④本科目期末借方余额，反映小企业已经收到发票账单、但材料尚未到达或尚未验收入库的在途材料的采购成本。

1402 在途物资

①本科目核算小企业采用实际成本进行材料、商品等物资的日常核算、尚未到达或尚未验收入库的各种物资的实际采购成本。

小企业（批发业、零售业）在购买商品过程中发生的费用（包括：运输费、装卸费、包装费、保险费、运输途中的合理损耗和入库前的挑选整理费等），在“销售费用”科目核算，不在本科目核算。

②本科目应按照供应单位和物资品种进行明细核算。

③在途物资的主要账务处理。

A. 小企业外购材料、商品等物资，应当按照发票账单所列购买价款、运输费、装卸费、保险费以及在外购材料过程发生的其他直接费用，借记本科目，按照税法规定可抵扣的增值税进项税额，借记“应交税费——应交增值税（进项税额）”科目，按照购买价款、相关税费、运输费、装卸费、保险费以及在外购物资过程发生的其他直接费用，贷记“库存现金”“银行存款”“其他货币资金”“预付账款”“应付账款”等科目。

材料已经收到、但尚未办理结算手续的，可暂不作会计分录；待办理结算手续后，再根据所付金额或发票账单的应付金额，借记本科目，贷记“银行存款”等科目。

应向供应单位、外部运输机构等收回的材料或商品短缺或其他应冲减材料或商品采购成本的赔偿款项，应根据有关的索赔凭证，借记“应付账款”或“其他应收款”科目，贷记本科目。因自然灾害等发生的损失和尚待查明原因的途中损耗，先记入“待处理财产损溢”科目，查明原因后再作处理。

B. 月末，应将仓库转来的外购材料或商品收料凭证，按照材料或商品并分别下列不同情况进行汇总：

a. 对于收到发票账单的收料凭证（包括本月付款或开出、承兑商业汇票的上月收料凭证），应当按照汇总金额，借记“原材料”“周转材料”“库存商品”等科目，贷记本科目。

b. 对于尚未收到发票账单的收料凭证，应分别材料或商品，并按照估计金额暂估入账，借记“原材料”“周转材料”“库存商品”等科目，贷记“应付账款——暂估应付账款”科目，下月初用红字做同样的会计分录予以冲回，以便下月收到发票账单等结算凭证时，按照正常程序进行账务处理。

④本科目期末借方余额，反映小企业已经收到发票账单、但材料或商品尚未到达或尚未验收入库的在途材料、商品等物资的采购成本。

1403 原材料

①本科目核算小企业库存的各种材料。包括：原料及主要材料、辅助材料、外购半成品（外购件）、修理用备件（备品备件）、包装材料、燃料等的实际成本或计划成本。

购入的工程用材料，在“工程物资”科目核算，不在本科目核算。

②本科目应按照材料的保管地点（仓库）、材料的类别、品种和规格等进行明细核算。

③原材料的主要账务处理。

A. 小企业购入并已验收入库的材料，按照实际成本，借记本科目，贷记“在途物资”“应付账款”等科目。涉及按照税法规定可抵扣的增值税进项税额的，还应当借记“应交税费——应交增值税（进项税额）”科目。

购入的材料已经到达并已验收入库，但在月末尚未办理结算手续的，可按照暂估价值入账，借记本科目、“周转材料”等科目，贷记“应付账款——暂估应付账款”科目；下月初用红字做同样的会计分录予以冲回，以便下月收到发票账单等结算凭证时，按照正常程序进行账务处理。

B. 自制并已验收入库的材料，按照实际成本，借记本科目，贷记“生产成本”科目。

C. 取得投资者投入的原材料，应当按照评估价值，借记本科目，贷记“实收资本”“资本公积”科目。涉及增值税进项税额的，还应进行相应的账务处理。

D. 生产经营领用材料，按照实际成本，借记“生产成本”“制造费用”“销售费用”“管理费用”等科目，贷记本科目。

出售材料结转成本，按照实际成本，借记“其他业务成本”科目，贷记本科目。

发给外单位加工的材料，按照实际成本，借记“委托加工物资”科目，贷记本科目。外单位加工完成并已验收入库的材料，按照加工收回材料的实际成本，借记本科目，贷记“委托加工物资”科目。

E. 清查盘点，发现盘盈、盘亏、毁损的原材料，按照实际成本（或估计价值），借记或贷记本科目，贷记或借记“待处理财产损溢——待处理流动资产损溢”科目。

F. 采用计划成本进行材料日常核算的小企业，日常领用、发出原材料均按照计划成本记账。

月末，按照发出各种原材料的计划成本计算应负担的成本差异，借记“生产成本”“制造费用”“销售费用”“管理费用”“委托加工物资”“其他业务成本”等科目，贷记“材料成本差异”科目；实际成本小于计划成本的差异作相反的会计分录。

④本科目期末借方余额，反映小企业库存材料的实际成本或计划成本。

1404 材料成本差异

①本科目核算小企业采用计划成本进行日常核算的材料计划成本与实际成本的差额。

小企业也可以在“原材料”“周转材料”等科目设置“成本差异”明细科目。

②本科目可以分别“原材料”“周转材料”等，按照类别或品种进行明细核算。

③材料成本差异的主要账务处理。

A. 小企业验收入库材料发生的材料成本差异，实际成本大于计划成本的差异，借记本科目，贷记“材料采购”科目；实际成本小于计划成本的差异做相反的会计分录。

入库材料的计划成本应当尽可能接近实际成本。除特殊情况外，计划成本在年度内不得随意变更。

B. 结转发出材料应负担的材料成本差异，按照实际成本大于计划成本的差异，借记“生产成本”“管理费用”“销售费用”“委托加工物资”“其他业务成本”等科目，贷记本科目；实际成本小于计划成本的差异做相反的会计分录。

发出材料应负担的成本差异应当按月分摊，不得在季末或年末一次计算。发出材料应负担的成本差异，除委托外部加工发出材料可按照月初成本差异率计算外，应使用本月的实际成本差异率；月初成本差异率与本月实际成本差异率相差不大的，也可按照月初成本差异率计算。计算方法一经确定，不得随意变更。

材料成本差异率的计算公式如下：

本月材料成本差异率 =（月初结存材料的成本差异 + 本月验收入库材料的成本差异）÷（月初结存材料的计划成本 + 本月验收入库材料的计划成本）×100%

月初材料成本差异率 = 月初结存材料的成本差异 ÷ 月初结存材料的计划成本 × 100%

发出材料应负担的成本差异 = 发出材料的计划成本 × 材料成本差异率

④本科目期末借方余额，反映小企业库存材料等的实际成本大于计划成本的差异；贷方余额反映小企业库存材料等的实际成本小于计划成本的差异。

1405 库存商品

①本科目核算小企业库存的各种商品的实际成本或售价。包括：库存产成品、外购商品、存放在门市部准备出售的商品、发出展览的商品以及寄存在外的商品等。

接受来料加工制造的代制品和为外单位加工修理的代修品，在制造和修理完成验收入库后，视同小企业的产成品，也通过本科目核算。

可以降价出售的不合格品，也在本科目核算，但应与合格产品分开记账。

已经完成销售手续，但购买单位在月末未提取的库存产成品，应作为代管产品处理，单独设置代管产品备查簿，不再在本科目核算。

小企业（农、林、牧、渔业）可将本科目改为“1405 农产品”科目。

小企业（批发业、零售业）在购买商品过程中发生的费用（包括：运输费、装卸费、包装费、保险费、运输途中的合理损耗和入库前的挑选整理费等），在“销售费用”科目核算，不在本科目核算。

②本科目应按照库存商品的种类、品种和规格等进行明细核算。

③库存商品的主要账务处理。

A. 小企业生产的产成品的入库和出库，平时只记数量不记金额，月末计算入库产成品的实际成本。生产完成验收入库的产成品，按照其实际成本，借记本科目，贷记“生产成本”等科目。

对外销售产成品，借记“主营业务成本”科目，贷记本科目。

B. 购入商品到达验收入库后，按照商品的实际成本或售价，借记本科目，贷记“库存现金”“银行存款”“在途物资”等科目。涉及增值税进项税额的，还应进行相应的处理。按照售价与进价之间的差额，贷记“商品进销差价”科目。

购入的商品已经到达并已验收入库，但尚未办理结算手续的，可按照暂估价值入账，借记本科目，贷记“应付账款——暂估应付账款”科目；下月初用红字做同样的会计分录予以冲回，以便下月收到发票账单等结算凭证时，按照正常程序进行账务处理。

对外销售商品结转销售成本或售价，借记“主营业务成本”科目，贷记本科目。月末，分摊已销商品的进销差价，借记“商品进销差价”科目，贷记“主营业务成本”科目。

④本科目期末借方余额，反映小企业库存商品的实际成本或售价。

1407 商品进销差价

①本科目核算小企业采用售价进行日常核算的商品售价与进价之间的差额。

②本科目应按照库存商品的种类、品种和规格等进行明细核算。

③商品进销差价的主要账务处理。

A. 小企业购入、加工收回以及销售退回等增加的库存商品，按照商品售价，借记“库存商品”科目，按照商品进价，贷记“银行存款”“委托加工物资”等科目，按照售价与进价之间的差额，贷记本科目。

B. 月末，分摊已销商品的进销差价，借记本科目，贷记“主营业务成本”科目。

销售商品应分摊的商品进销差价，按照以下公式计算：

商品进销差价率＝月末分摊前本科目贷方余额÷（“库存商品”科目月末借方余额＋本月“主营业务收入”科目贷方发生额）×100%

本月销售商品应分摊的商品进销差价＝本月“主营业务收入”科目贷方发生额×商品进销差价率

小企业的商品进销差价率各月之间比较均衡的，也可以采用上月商品进销差价率计算分摊本月的商品进销差价。年度终了，应对商品进销差价进行复核调整。

④本科目的期末贷方余额，反映小企业库存商品的商品进销差价。

1408 委托加工物资

①本科目核算小企业委托外单位加工的各种材料、商品等物资的实际成本。

②本科目应按照加工合同、受托加工单位以及加工物资的品种等进行明细核算。

③委托加工物资的主要账务处理。

A. 小企业发给外单位加工的物资，按照实际成本，借记本科目，贷记“原材料”“库存商品”等科目；按照计划成本或售价核算的，还应同时结转材料成本差异或商品进销差价。

B. 支付加工费、运杂费等，借记本科目，贷记“银行存款”等科目；需要交纳消费税的委托加工物资，由受托方代收代缴的消费税，借记本科目（收回后用于直接销售的）或“应交税费——应交消费税”科目（收回后用于继续加工的），贷记“应付账款”“银行存款”等科目。

C. 加工完成验收入库的物资和剩余的物资，按照加工收回物资的实际成本和剩余物资的实际成本，借记“原材料”“库存商品”等科目，贷记本科目。

D. 采用计划成本或售价核算的，按照计划成本或售价，借记“原材料”或“库存商品”科目，按照实际成本，贷记本科目，按照实际成本与计划成本或售价之间的差额，借记或贷记“材料成本差异”或贷记“商品进销差价”科目。

采用计划成本或售价核算的，也可以采用上月材料成本差异率或商品进销差价率计算分摊本月应分摊的材料成本差异或商品进销差价。

④本科目期末借方余额，反映小企业委托外单位加工尚未完成物资的实际成本。

1411 周转材料

①本科目核算小企业库存的周转材料的实际成本或计划成本。包括：包装物、低值易耗品，以及小企业（建筑业）的钢模板、木模板、脚手架等。

各种包装材料，如纸、绳、铁丝、铁皮等，应在“原材料”科目内核算；用于储存和保管产品、材料而不对外出售的包装物，应按照价值大小和使用年限长短，分别在“固定资产”科目或本科目核算。

小企业的包装物、低值易耗品，也可以单独设置“1412 包装物”“1413 低值易耗品”科目。

包装物数量不多的小企业，也可以不设置本科目，将包装物并入“原材料”科目核算。

②本科目应按照周转材料的种类，分别“在库”“在用”和“摊销”进行明细核算。

③周转材料的主要账务处理。

A. 小企业购入、自制、委托外单位加工完成并验收入库的周转材料，以及对周转材料的清查盘点，比照“原材料”科目的相关规定进行账务处理。

B. 生产、施工领用周转材料，通常采用一次转销法，按照其成本，借记“生产成本”“管理费用”“工程施工”等科目，贷记本科目。

随同产品出售但不单独计价的包装物，按照其成本，借记“销售费用”科目，贷记本科目。

随同产品出售并单独计价的包装物，按照其成本，借记“其他业务成本”科目，贷记本科目。

金额较大的周转材料，也可以采用分次摊销法，领用时应按照其成本，借记本科目（在用），贷记本科目（在库）；按照使用次数摊销时，应按照其摊销额，借记“生产成本”“管理费用”“工程施工”等科目，贷记本科目（摊销）。

C. 周转材料采用计划成本进行日常核算的，领用等发出周转材料，还应结转应分摊的成本差异。

④本科目的期末余额，反映小企业在库、出租、出借周转材料的实际成本或计划成本以及在用周转材料的摊余价值。

1421 消耗性生物资产

①本科目核算小企业（农、林、牧、渔业）持有的消耗性生物资产的实际成本。

②本科目应按照消耗性生物资产的种类、群别等进行明细核算。

③消耗性生物资产的主要账务处理。

A. 外购的消耗性生物资产，按照应计入消耗性生物资产成本的金额，借记本科目，贷记“银行存款”“应付账款”等科目。

B. 自行栽培的大田作物和蔬菜，应按照收获前发生的必要支出，借记本科目，贷记“银行存款”等科目。

自行营造的林木类消耗性生物资产，应按照郁闭前发生的必要支出，借记本科目，贷记“银行存款”等科目。

自行繁殖的育肥畜、水产养殖的动植物，应按照出售前发生的必要支出，借记本科目，贷记“银行存款”等科目。

C. 产畜或役畜淘汰转为育肥畜的，应按照转群时的账面价值，借记本科目，按照已计提的累计折旧，借记“生产性生物资产累计折旧”科目，按照其账面余额，贷记“生产性生物资产”科目。

育肥畜转为产畜或役畜的，应按照其账面余额，借记“生产性生物资产”科目，贷记本科目。

D. 择伐、间伐或抚育更新性质采伐而补植林木类消耗性生物资产发生的后续支出，借记本科目，贷记“银行存款”等科目。

林木类消耗性生物资产达到郁闭后发生的管护费用等后续支出，借记“管理费用”科目，贷记“银行存款”等科目。

E.农业生产过程中发生的应归属于消耗性生物资产的费用，按照应分配的金额，借记本科目，贷记“生产成本”科目。

F.消耗性生物资产收获为农产品时，应按照其账面余额，借记“农产品”科目，贷记本科目。

G.出售消耗性生物资产，应按照实际收到的金额，借记“银行存款”等科目，贷记“主营业务收入”等科目。按照其账面余额，借记“主营业务成本”等科目，贷记本科目。

④本科目期末借方余额，反映小企业（农、林、牧、渔业）消耗性生物资产的实际成本。

（10）小企业其他流动资产。

反映小企业除以上流动资产项目外的其他流动资产（含1年内到期的非流动资产）。本项目应根据有关科目的期末余额分析填列。

2.小企业非流动资产

（1）小企业长期债券投资。

反映小企业准备长期持有的债券投资的本息。本项目应根据“长期债券投资”科目的期末余额分析填列。

1501 长期债券投资

①本科目核算小企业准备长期（在1年以上，下同）持有的债券投资。

②本科目应按照债券种类和被投资单位，分别“面值”“溢折价”“应计利息”进行明细核算。

③长期债券投资的主要账务处理。

A.小企业购入债券作为长期投资，应当按照债券票面价值，借记本科目（面值），按照实际支付的购买价款和相关税费，贷记“银行存款”科目，按照其差额，借记或贷记本科目（溢折价）。

如果实际支付的购买价款中包含已到付息期但尚未领取的债券利息，应当按照债券票面价值，借记本科目（面值），按照应收的债券利息，借记“应收利息”科目，按照实际支付的购买价款和相关税费，贷记“银行存款”科目，按照其差额，借记或贷记本科目（溢折价）。

B.在长期债券投资持有期间，在债务人应付利息日，按照分期付息、一次还本的长期债券投资票面利率计算的利息收入，借记“应收利息”科目，贷记“投资收益”科目；按照一次还本付息的长期债券投资票面利率计算的利息收入，借记本科目（应计利息），贷记“投资收益”科目。

在债务人应付利息日，按照应分摊的债券溢折价金额，借记或贷记“投资收益”科目，贷记或借记本科目（溢折价）。

C. 长期债券投资到期，收回长期债券投资，应当按照收回的债券本金或本息，借记“银行存款”等科目，按照其账面余额，贷记本科目（成本、溢折价、应计利息），按照应收未收的利息收入，贷记“应收利息”科目。

处置长期债券投资，应当按照处置收入，借记“银行存款”等科目，按照其账面余额，贷记本科目（成本、溢折价），按照应收未收的利息收入，贷记“应收利息”科目，按照其差额，贷记或借记“投资收益”科目。

D. 按照《小企业会计准则》规定确认实际发生的长期债券投资损失，应当按照可收回的金额，借记“银行存款”等科目，按照其账面余额，贷记本科目（成本、溢折价），按照其差额，借记“营业外支出”科目。

④本科目期末借方余额，反映小企业持有的分期付息、一次还本债券投资的成本和到期一次还本付息债券投资的本息。

（2）小企业长期股权投资。

反映小企业准备长期持有的权益性投资的成本。本项目应根据“长期股权投资”科目的期末余额填列。

1511 长期股权投资

①本科目核算小企业准备长期持有的权益性投资。

②本科目应按照被投资单位进行明细核算。

③长期股权投资的主要账务处理。

A. 小企业以支付现金取得的长期股权投资，如果实际支付的购买价款中包含已宣告但尚未发放的现金股利，应当按照实际支付的购买价款和相关税费扣除已宣告但尚未发放的现金股利后的金额，借记本科目，按照应收的现金股利，借记“应收股利”科目，按照实际支付的购买价款和相关税费，贷记“银行存款”科目。

通过非货币性资产交换取得的长期股权投资，应当按照非货币性资产的评估价值与相关税费之和，借记本科目，按照换出非货币性资产的账面价值，贷记“固定资产清理”“无形资产”等科目，按照支付的相关税费，贷记“应交税费”等科目，按照其差额，贷记“营业外收入”或借记“营业外支出”等科目。

B. 在长期股权投资持有期间，被投资单位宣告分派的现金股利或利润，应当按照应分得的金额，借记“应收股利”科目，贷记“投资收益”科目。

C. 处置长期股权投资，应当按照处置价款，借记“银行存款”等科目，按照其成本，贷记本科目，按照应收未收的现金股利或利润，贷记“应收股利”科目，按照其差额，贷记或借记“投资收益”科目。

D. 根据《小企业会计准则》规定确认实际发生的长期股权投资损失，应当按照可收回的金额，借记“银行存款”等科目，按照其账面余额，贷记本科目，按照其差额，借记“营业外支出”科目。

④本科目期末借方余额，反映小企业持有的长期股权投资的成本。

（3）小企业固定资产。

“固定资产原价”和“累计折旧”项目，反映小企业固定资产的原价（成本）及累计折旧。这两个项目应根据“固定资产”科目和“累计折旧”科目的期末余额填列。

“固定资产账面价值”项目，反映小企业固定资产原价扣除累计折旧后的余额。本项目应根据“固定资产”科目的期末余额减去“累计折旧”科目的期末余额后的金额填列。

1601固定资产

①本科目核算小企业固定资产的原价（成本）。

小企业应当根据小企业会计准则规定的固定资产标准，结合本企业的具体情况，制定固定资产目录，作为核算依据。

小企业购置计算机硬件所附带的、未单独计价的软件，也通过本科目核算。

小企业临时租入的固定资产和以经营租赁租入的固定资产，应另设备查簿进行登记，不在本科目核算。

②本科目应按照固定资产类别和项目进行明细核算。

小企业根据实际情况设置“固定资产登记簿”和“固定资产卡片”。

③固定资产的主要账务处理。

A. 小企业购入（含以分期付款方式购入）不需要安装的固定资产，应当按照实际支付的购买价款、相关税费（不包括按照税法规定可抵扣的增值税进项税额）、运输费、装卸费、保险费等，借记本科目，按照税法规定可抵扣的增值税进项税额，借记“应交税费——应交增值税（进项税额）”科目，贷记“银行存款”“长期应付款”等科目。

购入需要安装的固定资产，先记入“在建工程”科目，安装完成后再转入本科目。

自行建造固定资产完成竣工决算，按照竣工决算前发生相关支出，借记本科目，贷记“在建工程”科目。

取得投资者投入的固定资产，应当按照评估价值和相关税费，借记本科目或“在建工程”科目，贷记“实收资本”“资本公积”科目。

融资租入的固定资产，在租赁期开始日，按照租赁合同约定的付款总额和在签订租赁合同过程中发生的相关税费等，借记本科目或“在建工程”科目，贷记“长期应付款”等科目。

盘盈的固定资产，按照同类或类似固定资产的市场价格或评估价值扣除按照新旧程度估计的折旧后的余额，借记本科目，贷记“待处理财产损益——待处理非流动资产损益”科目。

B. 在固定资产使用过程中发生的修理费，应当按照固定资产的受益对象，借记“制造费用”“管理费用”等科目，贷记“银行存款”等科目。

固定资产的大修理支出，借记“长期待摊费用”科目，贷记“银行存款”等科目。

C. 对固定资产进行改扩建时，应当按照该项固定资产账面价值，借记“在建工程”科目，按照其已计提的累计折旧，借记“累计折旧”科目，按照其原价，贷记本科目。

D. 因出售、报废、毁损、对外投资等原因处置固定资产，应当按照该项固定资产账面价值，借记“固定资产清理”科目，按照其已计提的累计折旧，借记“累计折旧”科目，按照其原价，贷记本科目。

盘亏的固定资产，按照该项固定资产的账面价值，借记“待处理财产损益——待处理非流动资产损益”科目，按照已计提的折旧，借记“累计折旧”科目，按照其原价，贷记本科目。

④本科目期末借方余额，反映小企业固定资产的原价（成本）。

1602 累计折旧

①本科目核算小企业固定资产的累计折旧。

②本科目可以进行总分类核算，也可以进行明细核算。

需要查明某项固定资产的已计提折旧，可以根据“固定资产卡片”上所记载的该项固定资产原价、折旧率和实际使用年数等资料进行计算。

③累计折旧的主要账务处理。

A. 小企业按月计提固定资产的折旧费，应当按照固定资产的受益对象，借记“制造费用”“管理费用”等科目，贷记本科目。

B. 因出售、报废、毁损、对外投资等原因处置固定资产，应当按照该项固定资产账面价值，借记“固定资产清理”科目，按照其已计提的累计折旧，借记本科目，按照其原价，贷记“固定资产”科目。

④本科目期末贷方余额，反映小企业固定资产的累计折旧额。

（4）小企业累计折旧。

反映小企业固定资产的累计折旧。这个项目应根据“累计折旧”科目的期末余额填列。

1602 累计折旧

①本科目核算小企业固定资产的累计折旧。

②本科目可以进行总分类核算，也可以进行明细核算。

需要查明某项固定资产的已计提折旧，可以根据“固定资产卡片”上所记载的该项固定资产原价、折旧率和实际使用年数等资料进行计算。

③累计折旧的主要账务处理。

A. 小企业按月计提固定资产的折旧费，应当按照固定资产的受益对象，借记“制造费用”“管理费用”等科目，贷记本科目。

B. 因出售、报废、毁损、对外投资等原因处置固定资产，应当按照该项固定资产账面价值，借记“固定资产清理”科目，按照其已计提的累计折旧，借记本科目，按照其原价，贷记“固定资产”科目。

④本科目期末贷方余额，反映小企业固定资产的累计折旧额。

（5）小企业在建工程。

反映小企业尚未完工或虽已完工，但尚未办理竣工决算的工程成本。本项目应根据“在建工程”科目的期末余额填列。

1604 在建工程

①本科目核算小企业需要安装的固定资产、固定资产新建工程、改扩建等所发生的成本。

小企业购入不需要安装的固定资产，在“固定资产”科目核算，不在本科目核算。

小企业已提足折旧的固定资产的改建支出和经营租入固定资产的改建支出，在

“长期待摊费用”科目核算，不在本科目核算。

②本科目应按照在建工程项目进行明细核算。

③在建工程的主要账务处理。

A. 小企业购入需要安装的固定资产，应当按照实际支付的购买价款、相关税费（不包括按照税法规定可抵扣的增值税进项税额）、运输费、装卸费、保险费、安装费等，借记本科目，按照税法规定可抵扣的增值税进项税额，借记“应交税费——应交增值税（进项税额）”科目，贷记“银行存款”等科目。

融资租入的固定资产，在租赁期开始日，按照租赁合同约定的付款总额和在签订租赁合同过程中发生的相关税费等，借记本科目或“固定资产”科目，贷记“长期应付款”科目。

固定资产安装完成，借记“固定资产”科目，贷记本科目。

B. 自营工程领用工程物资，借记本科目，贷记“工程物资”科目。

在建工程应负担的职工薪酬，借记本科目，贷记“应付职工薪酬”科目。

在建工程使用本企业的产品或商品，应当按照成本，借记本科目，贷记“库存商品”科目。同时，按照税法规定应交纳的增值税额，借记本科目，贷记“应交税费——应交增值税（销项税额）”科目。

在建工程在竣工决算前发生的借款利息，在应付利息日应当根据借款合同利率计算确定的利息费用，借记本科目，贷记“应付利息”科目。办理竣工决算后发生的利息费用，在应付利息日，借记“财务费用”科目，贷记“应付利息”等科目。

在建工程在试运转过程中发生的支出，借记本科目，贷记“银行存款”等科目；形成的产品或者副产品对外销售或转为库存商品的，借记“银行存款”“库存商品”等科目，贷记本科目。

自营工程办理竣工决算，借记“固定资产”科目，贷记本科目。

C. 出包工程，按照工程进度和合同规定结算的工程价款，借记本科目，贷记“银行存款”“预付账款”等科目。

工程完工收到承包单位提供的账单，借记“固定资产”科目，贷记本科目。

D. 对固定资产进行改扩建时，应当按照该项固定资产账面价值，借记本科目，按照其已计提的累计折旧，借记“累计折旧”科目，按照其原价，贷记“固定资产”科目。

在改扩建过程中发生的相关支出，借记本科目，贷记相关科目。

改扩建完成办理竣工决算，借记“固定资产”科目，贷记本科目。

④本科目期末借方余额，反映小企业尚未完工或虽已完工，但尚未办理竣工决算

的工程成本。

（6）小企业工程物资。

反映小企业为在建工程准备的各种物资的成本。本项目应根据“工程物资”科目的期末余额填列。

1605 工程物资

①本科目核算小企业为在建工程准备的各种物资的成本。包括：工程用材料、尚未安装的设备以及为生产准备的工器具等。

②本科目应按照“专用材料”“专用设备”“工器具”等进行明细核算。

③工程物资的主要账务处理。

A. 小企业购入为工程准备的物资，应当按照实际支付的购买价款和相关税费，借记本科目，贷记“银行存款”等科目。

B. 工程领用工程物资，借记“在建工程”科目，贷记本科目。工程完工后将领出的剩余物资退库时作相反的会计分录。

工程完工后剩余的工程物资转作本企业存货的，借记“原材料”等科目，贷记本科目。

④本科目期末借方余额，反映小企业为在建工程准备的各种物资的成本。

（7）小企业固定资产清理。

反映小企业因出售、报废、毁损、对外投资等原因处置固定资产所转出的固定资产账面价值以及在清理过程中发生的费用等。本项目应根据“固定资产清理”科目的期末借方余额填列；如“固定资产清理”科目期末为贷方余额，以“-”号填列。

1606 固定资产清理

①本科目核算小企业因出售、报废、毁损、对外投资等原因处置固定资产所转出的固定资产账面价值以及在清理过程中发生的费用等。

②本科目应按照被清理的固定资产项目进行明细核算。

③固定资产清理的主要账务处理。

A. 小企业因出售、报废、毁损、对外投资等原因处置固定资产，应当按照该项固定资产的账面价值，借记本科目，按照其已计提的累计折旧，借记“累计折旧”科目，按照其原价，贷记“固定资产”科目。

同时，按照税法规定不得从增值税销项税额中抵扣的进项税额，借记本科目，贷记“应交税费——应交增值税（进项税额转出）”科目。

B. 清理过程中应支付的相关税费及其他费用，借记本科目，贷记“银行存款”“应交税费”等科目。取得出售固定资产的价款、残料价值和变价收入等处置收入，借记“银行存款”“原材料”等科目，贷记本科目。应由保险公司或过失人赔偿的损失，借记“其他应收款”等科目，贷记本科目。

C. 固定资产清理完成后，如为借方余额，借记“营业外支出——非流动资产处置净损失”科目，贷记本科目。如为贷方余额，借记本科目，贷记“营业外收入——非流动资产处置净收益”科目。

④本科目期末借方余额，反映小企业尚未清理完毕的固定资产清理净损失；本科目期末贷方余额，反映小企业尚未清理完毕的固定资产清理净收益。

（8）小企业生产性生物资产。

反映小企业生产性生物资产的账面价值。本项目应根据“生产性生物资产”科目的期末余额减去“生产性生物资产累计折旧”科目的期末余额后的金额填列。

1621 生产性生物资产

①本科目核算小企业（农、林、牧、渔业）持有的生产性生物资产的原价（成本）。

②本科目应按照“未成熟生产性生物资产”和“成熟生产性生物资产”，分别生物资产的种类、群别等进行明细核算。

③生产性生物资产的主要账务处理。

A. 小企业外购的生产性生物资产，按照购买价款和相关税费，借记本科目，贷记“银行存款”等科目。涉及按照税法规定可抵扣的增值税进项税额的，还应当借记“应交税费——应交增值税（进项税额）”科目。

B. 自行营造的林木类生产性生物资产，达到预定生产经营目的前发生的造林费、抚育费、营林设施费、良种试验费、调查设计费和应分摊的间接费用等必要支出，借记本科目（未成熟生产性生物资产），贷记“原材料”“银行存款”“应付利息”等科目。

C. 自行繁殖的产畜和役畜，达到预定生产经营目的前发生的饲料费、人工费和应分摊的间接费用等必要支出，借记本科目（未成熟生产性生物资产），贷记“原材料”“银行存款”“应付利息”等科目。

D. 未成熟生产性生物资产达到预定生产经营目的时，按照其账面余额，借记本科目（成熟生产性生物资产），贷记本科目（未成熟生产性生物资产）。

E. 育肥畜转为产畜或役畜，应当按照其账面余额，借记本科目，贷记“消耗性生物资产”科目。

产畜或役畜淘汰转为育肥畜，应按照转群时其账面价值，借记“消耗性生物资产”科目，按照已计提的累计折旧，借记“生产性生物资产累计折旧”科目，按照其原价，贷记本科目。

F. 择伐、间伐或抚育更新等生产性采伐而补植林木类生产性生物资产发生的后续支出，借记本科目（未成熟生产性生物资产），贷记“银行存款”等科目。

生产性生物资产发生的管护、饲养费用等后续支出，借记“管理费用”科目，贷记“银行存款”等科目。

G. 因出售、报废、毁损、对外投资等原因处置生产性生物资产，应按照取得的出售生产性生物资产的价款、残料价值和变价收入等处置收入，借记“银行存款”等科目，按照已计提的累计折旧，借记“生产性生物资产累计折旧”科目，按照其原价，贷记本科目，按照其差额，借记“营业外支出——非流动资产处置净损失”科目或贷记“营业外收入——处置非流动资产处置净收益”科目。

④本科目期末借方余额，反映小企业（农、林、牧、渔业）生产性生物资产的原价（成本）。

1622 生产性生物资产累计折旧

①本科目核算小企业（农、林、牧、渔业）成熟生产性生物资产的累计折旧。

②本科目应按照生产性生物资产的种类、群别等进行明细核算。

③生产性生物资产累计折旧的主要账务处理。

小企业按月计提成熟生产性生物资产的折旧，借记“生产成本”“管理费用”等科目，贷记本科目。

处置生产性生物资产还应同时结转生产性生物资产累计折旧。

④本科目期末贷方余额，反映小企业成熟生产性生物资产的累计折旧额。

（9）小企业无形资产。

反映小企业无形资产的账面价值。本项目应根据“无形资产”科目的期末余额减去“累计摊销”科目的期末余额后的金额填列。

1701 无形资产

①本科目核算小企业持有的无形资产成本。

②本科目应按照无形资产项目进行明细核算。

③无形资产的主要账务处理。

A. 小企业外购无形资产，应当按照实际支付的购买价款、相关税费和相关的其他支出（含相关的利息费用），借记本科目，贷记“银行存款”“应付利息”等科目。

B. 自行开发建造厂房等建筑物，外购土地及建筑物支付的价款应当在建筑物与土地使用权之间按照合理的方法进行分配，其中属于二地使用权的部分，借记本科目，贷记“银行存款”等科目。

C. 收到投资者投入的无形资产，应当按照评估价值和相关税费，借记本科目，贷记“实收资本”“资本公积”科目。

D. 开发项目达到预定用途形成无形资产的，按照应予资本化的支出，借记本科目，贷记“研发支出”科目。

E. 因出售、报废、对外投资等原因处置无形资产，应当按照取得的出售无形资产的价款等处置收入，借记“银行存款”等科目，按照其已计提的累计摊销，借记“累计摊销”科目，按照应支付的相关税费及其他费用，贷记“应交税费——应交增值税”“银行存款”等科目，按照其成本，贷记本科目，按照其差额，贷记“营业外收入——非流动资产处置净收益”科目或借记“营业外支出——非流动资产处置净损失”科目。

④本科目期末借方余额，反映小企业无形资产的成本。

（10）小企业开发支出。

反映小企业正在进行的无形资产研究开发项目满足资本化条件的支出。本项目应根据“研发支出”科目的期末余额填列。

4301 研发支出

①本科目核算小企业进行研究与开发无形资产过程中发生的各项支出。

②本科目应按照研究开发项目，分别“费用化支出”“资本化支出”进行明细核算。

③研发支出的主要账务处理。

A. 小企业自行研究开发无形资产发生的研发支出，不满足资本化条件的，借记本科目（费用化支出），满足资本化条件的，借记本科目（资本化支出），贷记“原材料”“银行存款”“应付职工薪酬”“应付利息”等科目。

B. 研究开发项目达到预定用途形成无形资产的，应按本科目（资本化支出）的余额，借记“无形资产”科目，贷记本科目（资本化支出）。

月末，应将本科目归集的费用化支出全额转入“管理费用”科目，借记“管理费用”科目，贷记本科目（费用化支出）。

④本科目期末借方余额，反映小企业正在进行的无形资产开发项目满足资本化条件的支出。

（11）小企业其他资产。

小企业的其他资产，是指不能被包括在流动资产、长期投资、固定资产、无形资产等项目之内的资产，主要包括长期待摊费用和其他长期资产。

（1）长期待摊费用。长期待摊费用，是指企业已经发生，但摊销期限在 1 年以上（不含 1 年）的各项费用。包括企业在筹建期间发生的开办费、租入固定资产的改良支出，以及摊销期限在 1 年以上的其他待摊费用。

企业应设置“长期待摊费用”科目核算已经支出、但摊销期限在 1 年以上（不含 1 年）的各项费用的发生、摊销以及结余情况。

企业发生长期待摊费用时，借记“长期待摊费用”科目，贷记“银行存款”等有关科目。在受益期内平均摊销时，借记“管理费用”“制造费用”等科目，贷记“长期待摊费用”科目。

①企业在筹建期间发生的费用。企业在筹建期间发生的费用，包括人员工资、办公费、培训费、差旅费、印刷费、注册登记费以及不计入固定资产价值的借款费用等，应在发生时，借记“长期待摊费用”科目，贷记“银行存款”等有关科目；在开始生产经营的当月转入当期损益，借记“管理费用”科目，贷记“长期待摊费用”科目。

②其他长期待摊费用。企业发生的租入固定资产的改良支出等长期待摊费用，借记“长期待摊费用”科目，贷记“银行存款”等有关科目。摊销时，借记“管理费用”“制造费用”等科目，贷记“长期待摊费用”科目。

《企业所得税法》第十三条规定：“在计算应纳税所得额时，企业发生的下列支出，作为长期待摊费用，按照规定摊销的，准予扣除：

1. 已足额提取折旧的固定资产的改建支出；

2. 租入固定资产的改建支出；

3. 固定资产的大修理支出；

4. 其他应当作为长期待摊费用的支出。”

《企业所得税法实施条例》第七十条规定：《企业所得税法》第十三条第（四）项所称其他应当作为长期待摊费用的支出，自支出发生月份的次月起，分期摊销，摊销年限不得低于三年。

（2）其他长期资产。其他长期资产一般包括国家批准储备的各种物资、银行冻结存款、临时设施及诉讼中财产等。企业可以根据资产的性质及特点单独设置相关科目进行核算。

小知识

长期待摊费用：反映小企业尚未摊销完毕的已提足折旧的固定资产的改建支出、经营租入固定资产的改建支出、固定资产的大修理支出和其他长期待摊费用。本项目应根据“长期待摊费用”科目的期末余额分析填列。

1801 长期待摊费用

①本科目核算小企业已提足折旧的固定资产的改建支出、经营租入固定资产的改建支出、固定资产的大修理支出和其他长期待摊费用等。

②本科目应按照支出项目进行明细核算。

③长期待摊费用的主要账务处理。

A. 小企业发生的长期待摊费用，借记本科目，贷记“银行存款”“原材料”等科目。

B. 按月采用年限平均法摊销长期待摊费用，应当按照长期待摊费用的受益对象，借记“制造费用”“管理费用”等科目，贷记本科目。

④本科目期末借方余额，反映小企业尚未摊销完毕的长期待摊费用。

（12）小企业其他非流动资产。

反映小企业除以上非流动资产以外的其他非流动资产。本项目应根据有关科目的期末余额分析填列。

（二）小企业负债类项目信息的列示反映

1. 小企业流动负债

（1）小企业短期借款。

反映小企业向银行或其他金融机构等借入的期限在 1 年内的、尚未偿还的各种借款本金。本项目应根据“短期借款”科目的期末余额填列。

2001 短期借款

①本科目核算小企业向银行或其他金融机构等借入的期限在 1 年内的各种借款。

②本科目应按照借款种类、贷款人和币种进行明细核算。

③短期借款的主要账务处理。

A. 小企业借入的各种短期借款，借记“银行存款”科目，贷记本科目；偿还借款，作相反的会计分录。

银行承兑汇票到期，小企业无力支付票款的，按照银行承兑汇票的票面金额，借记“应付票据”科目，贷记本科目。

持未到期的商业汇票向银行贴现，应当按照实际收到的金额（即减去贴现息后的净额），借记“银行存款”科目，按照贴现息，借记“财务费用”科目，按照商业汇票的票面金额，贷记“应收票据”科目（银行无追索权情况下）或本科目（银行有追索权情况下）。

B. 在应付利息日，应当按照短期借款合同利率计算确定的利息费用，借记“财务费用”科目，贷记“应付利息”等科目。

④本科目期末贷方余额，反映小企业尚未偿还的短期借款本金。

（2）小企业应付票据。

反映小企业因购买材料、商品和接受劳务等日常生产经营活动开出、承兑的商业汇票（银行承兑汇票和商业承兑汇票）尚未到期的票面金额。本项目应根据“应付票据”科目的期末余额填列。

2201 应付票据

①本科目核算小企业因购买材料、商品和接受劳务等日常生产经营活动开出、承兑的商业汇票（银行承兑汇票和商业承兑汇票）。

②本科目应按照债权人进行明细核算。

③应付票据的主要账务处理。

A. 小企业开出、承兑商业汇票或以承兑商业汇票抵付货款、应付账款等，借记“材料采购”或“在途物资”“库存商品”等科目，贷记本科目。涉及增值税进项税额的，还应进行相应的账务处理。

B. 支付银行承兑汇票的手续费，借记“财务费用”科目，贷记“银行存款”科目。支付票款，借记本科目，贷记“银行存款”科目。

C. 银行承兑汇票到期，小企业无力支付票款的，按照银行承兑汇票的票面金额，借记本科目，贷记“短期借款”科目。

④小企业应当设置“应付票据备查簿”，详细登记商业汇票的种类、号数和出票日期、到期日、票面金额、交易合同号和收款人姓名或单位名称以及付款日期和金额等资料，商业汇票到期结清票款后，在备查簿中应予注销。

⑤本科目期末贷方余额，反映小企业开出、承兑的尚未到期的商业汇票的票面金额。

（3）小企业应付账款。

反映小企业因购买材料、商品和接受劳务等日常生产经营活动尚未支付的款项。本项目应根据“应付账款”科目的期末余额填列。如“应付账款”科目期末为借方余额，应当在“预付账款”项目列示。

2202 应付账款

①本科目核算小企业因购买材料、商品和接受劳务等日常生产经营活动应支付的款项。

②本科目应按照对方单位（或个人）进行明细核算。

③应付账款的主要账务处理。

A. 小企业购入材料、商品等未验收入库，货款尚未支付，应当根据有关凭证（发票账单、随货同行发票上记载的实际价款或暂估价值），借记“在途物资”科目，按照可抵扣的增值税进项税额，借记“应交税费——应交增值税（进项税额）”科目，按照应付的价款，贷记本科目。

接受供应单位提供劳务而发生的应付未付款项，应当根据供应单位的发票账单，借记“生产成本”“管理费用”等科目，贷记本科目。

B. 偿付应付账款，借记本科目，贷记“银行存款”等科目。

小企业确实无法偿付的应付账款，借记本科目，贷记“营业外收入”科目。

④本科目期末贷方余额，反映小企业尚未支付的应付账款。

（4）小企业预收账款。

反映小企业根据合同规定预收的款项。包括：预收的购货款、工程款等。本项目应根据“预收账款”科目的期末贷方余额填列；如“预收账款”科目期末为借方余额，应当在“应收账款”项目列示。

属于超过 1 年期以上的预收账款的贷方余额应当在“其他非流动负债”项目

列示。

2203 预收账款

①本科目核算小企业按照合同规定预收的款项。包括：预收的购货款、工程款等。

预收账款情况不多的，也可以不设置本科目，将预收的款项直接记入“应收账款”科目贷方。

②本科目应按照对方单位（或个人）进行明细核算。

③预收账款的主要账务处理。

A. 小企业向购货单位预收的款项，借记“银行存款”等科目，贷记本科目。

B. 销售收入实现时，按照实现的收入金额，借记本科目，贷记“主营业务收入”科目。涉及增值税销项税额的，还应进行相应的账务处理。

④本科目期末贷方余额，反映小企业预收的款项；期末如为借方余额，反映小企业尚未转销的款项。

（5）小企业应付职工薪酬。

反映小企业应付未付的职工薪酬。本项目应根据“应付职工薪酬”科目期末余额填列。

2211 应付职工薪酬

①本科目核算小企业根据有关规定应付给职工的各种薪酬。

小企业（外商投资）按照规定从净利润中提取的职工奖励及福利基金，也通过本科目核算。

②本科目应按照“职工工资”“奖金、津贴和补贴”“职工福利费”“社会保险费”“住房公积金”“工会经费”“职工教育经费”“非货币性福利”“辞退福利”等进行明细核算。

③应付职工薪酬的主要账务处理。

A. 月末，小企业应当将本月发生的职工薪酬区分以下情况进行分配：

a. 生产部门（提供劳务）人员的职工薪酬，借记“生产成本”“制造费用”等科目，贷记本科目。

b. 应由在建工程、无形资产开发项目负担的职工薪酬，借记“在建工程”“研发支出”等科目，贷记本科目。

c. 管理部门人员的职工薪酬和因解除与职工的劳动关系给予的补偿，借记“管理费用”科目，贷记本科目。

d. 销售人员的职工薪酬，借记“销售费用”科目，贷记本科目。

B. 小企业发放职工薪酬应当区分以下情况进行处理：

a. 向职工支付工资、奖金、津贴、福利费等，从应付职工薪酬中扣还的各种款项（代垫的家属药费、个人所得税等）等，借记本科目，贷记“库存现金”“银行存款”“其他应收款”“应交税费——应交个人所得税”等科目。

b. 支付工会经费和职工教育经费用于工会活动和职工培训，借记本科目，贷记“银行存款”等科目。

c. 按照国家有关规定缴纳的社会保险费和住房公积金，借记本科目，贷记“银行存款”科目。

d. 以其自产产品发放给职工的，按照其销售价格，借记本科目，贷记“主营业务收入”科目；同时，还应结转产成品的成本。涉及增值税销项税额的，还应进行相应的账务处理。

e. 支付的因解除与职工的劳动关系给予职工的补偿，借记本科目，贷记“库存现金”“银行存款”等科目。

④本科目期末贷方余额，反映小企业应付未付的职工薪酬。

（6）小企业应交税费。

反映小企业期末未交、多交或尚未抵扣的各种税费。本项目应根据“应交税费”科目的期末贷方余额填列；如“应交税费”科目期末为借方余额，以“-”号填列。

2221 应交税费

①本科目核算小企业按照税法等规定计算应交纳的各种税费。包括：增值税、消费税、城市维护建设税、企业所得税、资源税、土地增值税、城镇土地使用税、房产税、车船税和教育费附加、矿产资源补偿费、排污费等。

小企业代扣代缴的个人所得税等，也通过本科目核算。

②本科目应按照应交的税费项目进行明细核算。

应交增值税还应当分别“进项税额”“销项税额”“出口退税”“进项税额转出”“已交税金”等设置专栏。

小规模纳税人只需设置“应交增值税”明细科目，不需要在“应交增值税”明细科目中设置上述专栏。

③应交税费的主要账务处理。

A. 应交增值税的主要账务处理。

a. 小企业采购物资等，按照应计入采购成本的金额，借记“材料采购”或“在途物资”“原材料”“库存商品”等科目，按照税法规定可抵扣的增值税进项税额，借记本科目（应交增值税——进项税额），按照应付或实际支付的金额，贷记“应付账款”“银行存款”等科目。购入物资发生退货的，作相反的会计分录。

购进免税农业产品，按照购入农业产品的买价和税法规定的税率计算的增值税进项税额，借记本科目（应交增值税——进项税额），按照买价减去按照税法规定计算的增值税进项税额后的金额，借记“材料采购”或“在途物资”等科目，按照应付或实际支付的价款，贷记“应付账款”“库存现金”“银行存款”等科目。

b. 销售商品（提供劳务），按照收入金额和应收取的增值税销项税额，借记“应收账款”“银行存款”等科目，按照税法规定应交纳的增值税销项税额，贷记本科目（应交增值税——销项税额），按照确认的营业收入金额，贷记“主营业务收入”“其他业务收入”等科目。发生销售退回的，作相反的会计分录。

随同商品出售但单独计价的包装物，应当按照实际收到或应收的金额，借记“银行存款”“应收账款”等科目，按照税法规定应交纳的增值税销项税额，贷记本科目（应交增值税——销项税额），按照确认的其他业务收入金额，贷记“其他业务收入”科目。

c. 有出口产品的小企业，其出口退税的账务处理如下：

（a）实行“免、抵、退”管理办法的小企业，按照税法规定计算的当期出口产品不予免征、抵扣和退税的增值税额，借记“主营业务成本”科目，贷记本科目（应交增值税——进项税额转出）。按照税法规定计算的当期应予抵扣的增值税额，借记本科目（应交增值税——出口抵减内销产品应纳税额），贷记本科目（应交增值税——出口退税）。

出口产品按照税法规定应予退回的增值税款，借记“其他应收款”科目，贷记本科目（应交增值税——出口退税）。

（b）未实行“免、抵、退”管理办法的小企业，出口产品实现销售收入时，应当按照应收的金额，借记“应收账款”等科目，按照税法规定应收的出口退税，借记“其他应收款”科目，按照税法规定不予退回的增值税额，借记“主营业务成本”科目，按照确认的销售商品收入，贷记“主营业务收入”科目，按照税法规定应交纳的增值税额，贷记本科目（应交增值税——销项税额）。

d. 购入材料等按照税法规定不得从增值税销项税额中抵扣的进项税额，其进项税额应计入材料等的成本，借记“材料采购”或“在途物资”等科目，贷记“银行存款”等科目，不通过本科目（应交增值税——进项税额）核算。

e.将自产的产品等用作福利发放给职工，应视同产品销售计算应交增值税的，借记“应付职工酬薪”科目，贷记“主营业务收入”、本科目（应交增值税——销项税额）等科目。

f.购进的物资、在产品、产成品因盘亏、毁损、报废、被盗，以及购进物资改变用途等原因按照税法规定不得从增值税销项税额中抵扣的进项税额，其进项税额应转入有关科目，借记“待处理财产损益”等科目，贷记本科目（应交增值税——进项税额转出）。

由于工程而使用本企业的产品或商品，应当按照成本，借记“在建工程”科目，贷记“库存商品”科目。同时，按照税法规定应交纳的增值税销项税额，借记“在建工程”科目，贷记本科目（应交增值税——销项税额）。

g.交纳的增值税，借记本科目（应交增值税——已交税金），贷记“银行存款”科目。

B.应交消费税的主要账务处理。

a.销售需要交纳消费税的物资应交的消费税，借记“营业税金及附加”等科目，贷记本科目（应交消费税）。

b.以生产的产品用于在建工程、非生产机构等，按照税法规定应交纳的消费税，借记“在建工程”“管理费用”等科目，贷记本科目（应交消费税）。

随同商品出售但单独计价的包装物，按照税法规定应交纳的消费税，借记“营业税金及附加”科目，贷记本科目（应交消费税）。出租、出借包装物逾期未收回没收的押金应交的消费税，借记“营业税金及附加”科目，贷记本科目（应交消费税）。

c.需要交纳消费税的委托加工物资，由受托方代收代缴税款（除受托加工或翻新改制金银首饰按照税法规定由受托方交纳消费税外）。小企业（受托方）按照应交税款金额，借记“应收账款”“银行存款”等科目，贷记本科目（应交消费税）。

委托加工物资收回后，直接用于销售的，小企业（委托方）应将代收代缴的消费税计入委托加工物资的成本，借记“库存商品”等科目，贷记“应付账款”“银行存款”等科目；委托加工物资收回后用于连续生产，按照税法规定准予抵扣的，按照代收代缴的消费税，借记本科目（应交消费税），贷记“应付账款”“银行存款”等科目。

d.有金银首饰零售业务的以及采用以旧换新方式销售金银首饰的小企业，在营业收入实现时，按照应交的消费税，借记“营业税金及附加”科目，贷记本科目（应交消费税）。有金银首饰零售业务的小企业因受托代销金银首饰按照税法规定应交纳的消费税，借记“营业税金及附加”科目，贷记本科目（应交消费税）；以其他方式代销金银首饰的，其交纳的消费税，借记“营业税金及附加”科目，贷记本科目（应交消费税）。

有金银首饰批发、零售业务的小企业将金银首饰用于馈赠、赞助、广告、职工福利、奖励等方面的，应于物资移送时，按照应交的消费税，借记“营业外支出”“销售费用”“应付职工薪酬”等科目，贷记本科目（应交消费税）。

随同金银首饰出售但单独计价的包装物，按照税法规定应交纳的消费税，借记“营业税金及附加”科目，贷记本科目（应交消费税）。

小企业因受托加工或翻新改制金银首饰按照税法规定应交纳的消费税，于向委托方交货时，借记“营业税金及附加”科目，贷记本科目（应交消费税）。

e. 需要交纳消费税的进口物资，其交纳的消费税应计入该项物资的成本，借记“材料采购”或“在途物资”“库存商品”“固定资产”等科目，贷记“银行存款”等科目。

f. 小企业（生产性）直接出口或通过外贸企业出口的物资，按照税法规定直接予以免征消费税的，可不计算应交消费税。

g. 交纳的消费税，借记本科目（应交消费税），贷记“银行存款”科目。

C. 应交城市维护建设税和教育费附加的主要账务处理。

a. 小企业按照税法规定应交的城市维护建设税、教育费附加，借记“营业税金及附加”科目，贷记本科目（应交城市维护建设税、应交教育费附加）。

b. 交纳的城市维护建设税和教育费附加，借记本科目（应交城市维护建设税、应交教育费附加），贷记“银行存款”科目。

D. 应交企业所得税的主要账务处理。

a. 小企业按照税法规定应交的企业所得税，借记“所得税费用”科目，贷记本科目（应交企业所得税）。

b. 交纳的企业所得税，借记本科目（应交企业所得税），贷记“银行存款”科目。

E. 应交资源税的主要账务处理。

a. 小企业销售商品按照税法规定应交纳的资源税，借记“营业税金及附加”科目，贷记本科目（应交资源税）。

b. 自产自用的物资应交纳的资源税，借记“生产成本”科目，贷记本科目（应交资源税）。

c.收购未税矿产品，按照实际支付的价款，借记“材料采购”或“在途物资”等科目，贷记“银行存款”等科目，按照代扣代缴的资源税，借记“材料采购”或“在途物资”等科目，贷记本科目（应交资源税）。

d.外购液体盐加工固体盐：在购入液体盐时，按照税法规定所允许抵扣的资源税，借记本科目（应交资源税），按照购买价款减去允许抵扣的资源税后的金额，借记“材料采购”或“在途物资”“原材料”等科目，按照应支付的购买价款，贷记“银行存款”“应付账款”等科目；加工成固体盐后，在销售时，按照销售固体盐应交纳的资源税，借记“营业税金及附加”科目，贷记本科目（应交资源税）；将销售固体盐应交资源税抵扣液体盐已交资源税后的差额上交时，借记本科目（应交资源税），贷记“银行存款”科目。

e.交纳的资源税，借记本科目（应交资源税），贷记“银行存款”科目。

F.应交土地增值税的主要账务处理。

a.小企业转让土地使用权应交纳的土地增值税，土地使用权与地上建筑物及其附着物一并在“固定资产”科目核算的，借记“固定资产清理”科目，贷记本科目（应交土地增值税）。

土地使用权在“无形资产”科目核算的，按照实际收到的金额，借记“银行存款”科目，按照应交纳的土地增值税，贷记本科目（应交土地增值税），按照已计提的累计摊销，借记“累计摊销”科目，按照其成本，贷记“无形资产”科目，按照其差额，贷记“营业外收入——非流动资产处置净收益”科目或借记“营业外支出——非流动资产处置净损失”科目。

b.小企业（房地产开发经营）销售房地产应交纳的土地增值税，借记“营业税金及附加”科目，贷记本科目（应交土地增值税）。

c.交纳的土地增值税，借记本科目（应交土地增值税），贷记“银行存款”科目。

G.应交城镇土地使用税、房产税、车船税、矿产资源补偿费、排污费的主要账务处理。

a.小企业按照规定应交纳的城镇土地使用税、房产税、车船税、矿产资源补偿费、排污费，借记“营业税金及附加”科目，贷记本科目（应交城镇土地使用税、应交房产税、应交车船税、应交矿产资源补偿费、应交排污费）。

b.交纳的城镇土地使用税、房产税、车船税、矿产资源补偿费、排污费，借记本科目（应交城镇土地使用税、应交房产税、应交车船税、应交矿产资源补偿费、应交排污费），贷记“银行存款”科目。

H. 应交个人所得税的主要账务处理。

a. 小企业按照税法规定应代扣代缴的职工个人所得税，借记“应付职工薪酬”科目，贷记本科目（应交个人所得税）。

b. 交纳的个人所得税，借记本科目（应交个人所得税），贷记“银行存款”科目。

I. 小企业按照规定实行企业所得税、增值税、消费税等先征后返的，应当在实际收到返还的企业所得税、增值税（不含出口退税）、消费税等时，借记“银行存款”科目，贷记“营业外收入”科目。

④本科目期末贷方余额，反映小企业尚未交纳的税费；期末如为借方余额，反映小企业多交或尚未抵扣的税费。

（7）小企业应付利息。

反映小企业尚未支付的利息费用。本项目应根据“应付利息”科目的期末余额填列。

2231 应付利息

①本科目核算小企业按照合同约定应支付的利息费用。

②本科目应按照贷款人等进行明细核算。

③应付利息的主要账务处理。

A. 在应付利息日，小企业应当按照合同利率计算确定的利息费用，借记“财务费用”“在建工程”等科目，贷记本科目。

B. 实际支付的利息，借记本科目，贷记“银行存款”等科目。

④本科目期末贷方余额，反映小企业应付未付的利息费用。

（8）小企业应付利润。

反映小企业尚未向投资者支付的利润。本项目应根据“应付利润”科目的期末余额填列。

2232 应付利润

①本科目核算小企业向投资者分配的利润。

②本科目应按照投资者进行明细核算。

③应付利润的主要账务处理。

A. 小企业根据规定或协议确定的应分配给投资者的利润，借记“利润分配”科目，贷记本科目。

B. 向投资者实际支付利润，借记本科目，贷记“库存现金”“银行存款”科目。

④本科目期末贷方余额，反映小企业应付未付的利润。

（9）小企业其他应付款。

反映小企业除应付账款、预收账款、应付职工薪酬、应交税费、应付利息、应付利润等以外的其他各项应付、暂收的款项。包括：应付租入固定资产和包装物的租金、存入保证金等。本项目应根据“其他应付款”科目的期末余额填列。

2241 其他应付款

①本科目核算小企业除应付账款、预收账款、应付职工薪酬、应交税费、应付利息、应付利润等以外的其他各项应付、暂收的款项，如应付租入固定资产和包装物的租金、存入保证金等。

②本科目应按照其他应付款的项目和对方单位（或个人）进行明细核算。

③其他应付款的主要账务处理。

A. 小企业发生的其他各种应付、暂收款项，借记“管理费用”等科目，贷记本科目。

B. 支付的其他各种应付、暂收款项，借记本科目，贷记“银行存款”等科目。

小企业无法支付的其他应付款，借记本科目，贷记“营业外收入”科目。

④本科目期末贷方余额，反映小企业应付未付的其他应付款项。

（10）小企业其他流动负债。

反映小企业除以上流动负债以外的其他流动负债（含1年内到期的非流动负债）。本项目应根据有关科目的期末余额填列。

2. 小企业非流动负债

（1）小企业长期借款。

反映小企业向银行或其他金融机构借入的期限在1年以上的、尚未偿还的各项借款本金。本项目应根据“长期借款”科目的期末余额分析填列。

2501 长期借款

①本科目核算小企业向银行或其他金融机构借入的期限在1年以上的各项借款本金。

②本科目应按照借款种类、贷款人和币种进行明细核算。

③长期借款的主要账务处理。

A. 小企业借入长期借款，借记“银行存款”科目，贷记本科目。

B. 在应付利息日，应当按照借款本金和借款合同利率计提利息费用，借记“财务费用”“在建工程”等科目，贷记“应付利息”科目。

C. 偿还长期借款本金，借记本科目，贷记“银行存款”科目。

④本科目期末贷方余额，反映小企业尚未偿还的长期借款本金。

（2）小企业长期应付款。

反映小企业除长期借款以外的其他各种应付未付的长期应付款项。包括：应付融资租入固定资产的租赁费、以分期付款方式购入固定资产发生的应付款项等。本项目应根据“长期应付款”科目的期末余额分析填列。

2701 长期应付款

①本科目核算小企业除长期借款以外的其他各种长期应付款项。包括：应付融资租入固定资产的租赁费、以分期付款方式购入固定资产发生的应付款项等。

②本科目应按照长期应付款的种类和债权人进行明细核算。

③长期应付款的主要账务处理。

A. 小企业融资租入固定资产，在租赁期开始日，按照租赁合同约定的付款总额和在签订租赁合同过程中发生的相关税费等，借记“固定资产”或“在建工程”科目，贷记本科目等科目。

B. 以分期付款方式购入固定资产，应当按照实际支付的购买价款和相关税费（不包括按照税法规定可抵扣的增值税进项税额），借记“固定资产”或“在建工程”科目，按照税法规定可抵扣的增值税进项税额，借记“应交税费——应交增值税（进项税额）”科目，贷记本科目。

④本科目期末贷方余额，反映小企业应付未付的长期应付款项。

（3）小企业递延收益。

反映小企业收到的、应在以后期间计入损益的政府补助。本项目应根据“递延收益”科目的期末余额分析填列。

2401 递延收益

①本科目核算小企业已经收到、应在以后期间计入损益的政府补助。

②本科目应按照相关项目进行明细核算。

③递延收益的主要账务处理。

A. 小企业收到与资产相关的政府补助，借记“银行存款”等科目，贷记本科目。

在相关资产的使用寿命内平均分配递延收益，借记本科目，贷记“营业外收入”科目。

B. 收到的其他政府补助，用于补偿本企业以后期间的相关费用或亏损的，应当按照收到的金额，借记“银行存款”等科目，贷记本科目。在发生相关费用或亏损的未来期间，应当按照应补偿的金额，借记本科目，贷记“营业外收入”科目。

用于补偿本企业已发生的相关费用或亏损的，应当按照收到的金额，借记“银行存款”等科目，贷记“营业外收入”科目。

④本科目期末贷方余额，反映小企业已经收到、但应在以后期间计入损益的政府补助。

（4）小企业其他非流动负债。

反映小企业除以上非流动负债项目以外的其他非流动负债。本项目应根据有关科目的期末余额分析填列。

（三）小企业所有者权益类项目信息的列示反映

1. 小企业实收资本（或股本）

反映小企业收到投资者按照合同协议约定或相关规定投入的、构成小企业注册资本的部分。本项目应根据“实收资本（或股本）”科目的期末余额分析填列。

3001 实收资本

①本科目核算小企业收到投资者按照合同协议约定或相关规定投入的、构成注册资本的部分。

小企业（股份有限公司）应当将本科目的名称改为“3001 股本”科目。

小企业收到投资者出资超过其在注册资本中所占份额的部分，作为资本溢价，在“资本公积”科目核算，不在本科目核算。

②本科目应按照投资者进行明细核算。

小企业（中外合作经营）根据合同规定在合作期间归还投资者的投资，应在本科目设置“已归还投资”明细科目进行核算。

③实收资本的主要账务处理。

A. 小企业收到投资者的出资，借记“银行存款”“其他应收款”“固定资产”“无形资产”等科目，按照其在注册资本中所占的份额，贷记本科目，按照其差额，贷记“资本公积”科目。

B.根据有关规定增加注册资本，借记“银行存款”“资本公积”“盈余公积”等科目，贷记本科目。

根据有关规定减少注册资本，借记本科目、“资本公积”等科目，贷记“库存现金”“银行存款”等科目。

小企业（中外合作经营）根据合同规定在合作期间归还投资者的投资，应当按照实际归还投资的金额，借记本科目（已归还投资），贷记“银行存款”等科目；同时，借记“利润分配——利润归还投资”科目，贷记“盈余公积——利润归还投资”科目。

④本科目期末贷方余额，反映小企业实收资本总额。

2. 小企业资本公积

反映小企业收到投资者投入资本超出其在注册资本中所占份额的部分。本项目应根据“资本公积”科目的期末余额填列。

3002 资本公积

①本科目核算小企业收到投资者出资超出其在注册资本中所占份额的部分。

②资本公积的主要账务处理。

A.小企业收到投资者的出资，借记“银行存款”“其他应收款”“固定资产”“无形资产”等科目，按照其在注册资本中所占的份额，贷记“实收资本”科目，按照其差额，贷记本科目。

B.根据有关规定用资本公积转增资本，借记本科目，贷记“实收资本”科目。

根据有关规定减少注册资本，借记“实收资本”科目、本科目等科目，贷记“库存现金”“银行存款”等科目。

③本科目期末贷方余额，反映小企业资本公积总额。

3. 小企业盈余公积

反映小企业（公司制）的法定公积金和任意公积金，小企业（外商投资）的储备基金和企业发展基金。本项目应根据“盈余公积”科目的期末余额填列。

3101 盈余公积

①本科目核算小企业（公司制）按照公司法规定在税后利润中提取的法定公积金

和任意公积金。

小企业（外商投资）按照法律规定在税后利润中提取储备基金和企业发展基金也在本科目核算。

②本科目应当分别“法定盈余公积”“任意盈余公积”进行明细核算。

小企业（外商投资）还应当分别“储备基金”“企业发展基金”进行明细核算。

小企业（中外合作经营）根据合同规定在合作期间归还投资者的投资，应在本科目设置“利润归还投资”明细科目进行核算。

③盈余公积的主要账务处理。

A. 小企业（公司制）按照公司法规定提取法定公积金和任意公积金，借记“利润分配——提取法定盈余公积、提取任意盈余公积”科目，贷记本科目（法定盈余公积、任意盈余公积）。

小企业（外商投资）按照规定提取储备基金、企业发展基金、职工奖励及福利基金，借记“利润分配——提取储备基金、提取企业发展基金、提取职工奖励及福利基金”科目，贷记本科目（储备基金、企业发展基金）、“应付职工薪酬”科目。

B. 用盈余公积弥补亏损或者转增资本，借记本科目，贷记“利润分配——盈余公积补亏”或“实收资本”科目。

小企业（中外合作经营）根据合同规定在合作期间归还投资者的投资，应当按照实际归还投资的金额，借记“实收资本——已归还投资”科目，贷记“银行存款”等科目；同时，借记“利润分配——利润归还投资”科目，贷记本科目（利润归还投资）。

④本科目期末贷方余额，反映小企业（公司制）的法定公积金和任意公积金总额，小企业（外商投资）的储备基金和企业发展基金总额。

4. 小企业未分配利润

反映小企业尚未分配的历年结存的利润。本项目应根据“利润分配”科目的期余额填列。未弥补的亏损，在本项目内以“-”号填列。

3104 利润分配

①本科目核算小企业利润的分配（或亏损的弥补）和历年分配（或弥补）后的余额。

②本科目应按照“应付利润”“未分配利润”等进行明细核算。

③利润分配的主要账务处理。

A. 小企业根据有关规定分配给投资者的利润，借记本科目（应付利润），贷记“应付利润”科目。

B. 用盈余公积弥补亏损，借记“盈余公积”科目，贷记本科目（盈余公积补亏）。

小企业（中外合作经营）根据合同规定在合作期间归还投资者的投资，应按照实际归还投资的金额，借记“实收资本——已归还投资”科目，贷记“银行存款”等科目；同时，借记本科目（利润归还投资），贷记“盈余公积——利润归还投资”科目。

④年度终了，小企业应当将本年实现的净利润，自“本年利润”科目转入本科目，借记“本年利润”科目，贷记本科目（未分配利润）；为净亏损的，作相反的会计分录。同时，将“利润分配”科目所属明细科目（应付利润、盈余公积补亏）的余额转入本科目明细科目（未分配利润）。结转后，本科目除“未分配利润”明细科目外，其他明细科目应无余额。

⑤本科目年末余额，反映小企业的未分配利润（或未弥补亏损）。

第 11 章　小企业利润表的编制和列报

第一节　小企业利润表综述

小企业利润表，是指反映小企业在一定会计期间的经营成果的报表。

专家点拨

对利润表的概念，应注意把握好以下几个方面：

（1）利润表是一张反映某一特定会计期间而不是某一特定时点的会计报表。从会计科目的角度来看，反映的是会计科目在某一会计期间的发生额。

（2）小企业在某一特定会计期间的经营成果通常是通过收入、费用和利润及其相互的关系来反映的。

（3）按年度编制的利润表，反映的是小企业每年从 1 月 1 日起至 12 月 31 日止整个会计年度这一会计期间累计实现的经营成果。

（4）按月份编制的利润表，反映的是小企业在每个月月初第一天起至月末最后一天止这一会计期间实现的经营成果，有时也包括小企业从当年 1 月 1 日起至报告月份月末最后一天止这一会计期间累计实现的经营成果。按季度编制利润表时，反映的是小企业在每个季度第一天起至本季度末最后一天止这一会计期间实现的经营成果。

（5）利润表的作用主要体现为：通过利润表，可以反映小企业在一定会计期间的收入、费用、利润（或亏损）的金额和构成情况，帮助财务报表的外部使用者全面了解小企业的经营成果，分析小企业的获利能力及盈利增长趋势，从而为其作出经济决策提供依据。

一、小企业利润表中费用的分类标准

在利润表中，费用按照不同的分类标准进行分类，可以产生不同格式的利润表。

通常，费用有两种分类标准：一是费用按照功能分类，即按照费用在小企业所发挥的经济功能进行分类列报，分为营业成本、营业税金及附加、销售费用、管理费用和财务费用等。二是费用按照性质分类，即按照费用在小企业所反映的经济性质进行分类列报，分为材料费、人工费、折旧费、融资费等。

专家点拨

《小企业会计准则》对费用采用了功能分类标准，主要考虑有四个方面：

一是对于小企业而言，其日常生产经营活动通常可以划分为生产、销售、管理、融资等，每一种活动上发生的费用所发挥的功能并不相同，因此，按照费用功能法将其分开列报，有助于财务报表的外部使用者了解费用发生的活动领域。例如，小企业为销售产品发生了多少费用、为一般行政管理发生了多少费用、为筹措资金发生了多少费用，等等。这种方法通常能向财务报表的外部使用者提供具有结构性的信息，能更清楚地揭示小企业经营业绩的主要来源和构成。

二是与企业会计准则的规定相一致。

三是与《企业所得税法》的规定相衔接，便于小企业进行纳税申报。

四是符合我国企业长期以来形成的按费用功能报告利润的惯例和会计人员的习惯。

二、小企业利润表的格式和组成项目

小企业利润表统一格式（见表 11-1）：

表 11-1　利润表

会小企 02 表

编制单位：　　　　年　　月　　　　单位：元

项　目	行次	本年累计金额	本月金额
一、营业收入	1		
减：营业成本	2		
营业税金及附加	3		
其中：消费税	4		
城市维护建设税	5		

续表

项　目	行次	本年累计金额	本月金额
资源税	6		
土地增值税	7		
城镇土地使用税、房产税、车船税、印花税	8		
教育费附加、矿产资源补偿费、排污费	9		
销售费用	10		
其中：商品维修费	11		
广告费和业务宣传费	12		
管理费用	13		
其中：开办费	14		
业务招待费	15		
研究费用	16		
财务费用	17		
其中：利息费用（收入以“-”号填列）	18		
加：投资收益（损失以“-”号填列）	19		
二、营业利润（亏损以“-”号填列）	20		
加：营业外收入	21		
其中：政府补助	22		
减：营业外支出	23		
其中：坏账损失	24		
无法收回的长期债券投资损失	25		
无法收回的长期股权投资损失	26		
自然灾害等不可抗力因素造成的损失	27		
税收滞纳金	28		
三、利润总额（亏损总额以“-”号填列）	29		
减：所得税费用	30		
四、净利润（净亏损以“-”号填列）	31		

（1）本表反映小企业在一定会计期间内利润（亏损）的实现情况。

（2）本表“本年累计金额”栏反映各项目自年初起至报告期末止的累计实际发生额。

本表“本月金额”栏反映各项目的本月实际发生额；在编报年度财务报表时，应将“本月金额”栏改为“上年金额”栏，填列上年全年实际发生额。

（3）本表中各项目之间的钩稽关系为：

行 21= 行 1- 行 2- 行 3- 行 11- 行 14- 行 18+ 行 20；

行 3 ≥行 4+ 行 5+ 行 6+ 行 7+ 行 8+ 行 9+ 行 10；

行 11 ≥行 12+ 行 13；

行 14 ≥行 15+ 行 16+ 行 17；

行 18 ≥行 19；

行 30= 行 21+ 行 22– 行 24；

行 22 ≥行 23；

行 24 ≥行 25+ 行 26+ 行 27+ 行 28+ 行 29；

行 32= 行 30– 行 31。

小知识

利润表的设计理念

利润表遵循了“收入 – 费用 = 利润”这一会计恒等式的要求，把小企业在某一特定会计期间完成的收入、发生的费用和实现的利润充分反映出来。因此，《小企业会计准则》对小企业的利润表采用了多步式利润表，即通过对当期的收入和费用项目加以归类，按利润形成的主要环节列示一些中间性利润指标，分步计算当期净利润，目的是便于财务报表的外部使用者理解小企业经营成果的不同来源和盈利能力。小企业可以分如下三个步骤编制利润表：

第一步，以营业收入为基础，减去营业成本、营业税金及附加、销售费用、管理费用和财务费用，加上投资收益（减去投资损失），计算出营业利润；

第二步，以营业利润为基础，加上营业外收入，减去营业外支出，计算出利润总额；

第三步，以利润总额为基础，减去所得税费用，计算出净利润（或净亏损）。

利润表通常按照各项收入、费用以及构成利润的各个项目分类分项列示。

需要说明的是，利润表的列报格式还有单步式利润表。单步式利润表是将当期所有的收入列在一起，然后将所有的费用列在一起，两者相减得出当期净利润。

三、小企业利润表的分析与使用

（1）利用利润表本期和上期净利润可以计算生成净利润增长率，反映小企业获利能力的增长情况和长期的盈利能力趋势。利用净利润和营业收入可以计算生成销售利润率，反映小企业经营的获利能力。利用净利润、营业成本、销售费用、管理费用和财务费用可以计算生成成本费用利润率，反映小企业投入产出的情况。

（2）利用利润表数据与其他报表或有关资料，可以生成反映小企业投资回报等有关情况的指标。例如，利用净利润和净资产可以计算净资产收益率，反映小企业自有资金投资收益水平。

小知识

相关比较

（一）《企业会计准则》

《企业会计准则》也对利润表作了规定。《企业会计准则——基本准则》第四十六条规定："利润表是反映企业在一定会计期间的经营成果的会计报表。"《企业会计准则第 30 号——财务报表列报》第二十六条规定："费用应当按照功能分类，分为从事经营业务发生的成本、管理费用、销售费用和财务费用等。"第二十七条规定："利润表至少应当单独列示反映下列信息的项目：（一）营业收入；（二）营业成本；（三）营业税金；（四）管理费用；（五）销售费用；（六）财务费用；（七）投资收益；（八）公允价值变动损益；（九）资产减值损失；（十）非流动资产处置损益；（十一）所得税费用；（十二）净利润。"

（二）《小企业会计准则》

《小企业会计准则》在利润表的组成项目上根据小企业的实际情况进行了适当简化和调整，但是在利润表的概念和费用的分类标准上与《企业会计准则》相一致。

第二节　小企业利润表编制

一、小企业利润表项目的填列方法

小企业利润表中一般设有"本年累计金额"和"本月金额"两栏，其填列方法如下：

"本年累计金额"栏反映各项目自年初起至报告期末（月末、季末、年末）止的累计实际发生额。

"本月金额"栏反映各项目的本月实际发生额。不编制月度利润表的小企业，在编制季度利润表时，应将“本月金额”栏改为“本季度金额”栏，反映各项目的本季度实际发生额。小企业编制年度利润表时，应将“本月金额”栏改为“上年金额”栏，填列上年全年实际发生额。如果上年度利润表的项目名称和内容与本年度利润表不一致，应对上年度利润表项目的名称和数字按本年度的规定进行调整，填入报表的“上年金额”栏。

二、小企业利润表项目的内容及填列说明

（一）收入类项目的内容及填列说明

“营业收入”项目。反映小企业销售商品和提供劳务所实现的收入总额。本项目应根据“主营业务收入”科目和“其他业务收入”科目的发生额合计填列。

5001 主营业务收入

（1）本科目核算小企业确认的销售商品或提供劳务等主营业务的收入。

（2）本科目应按照主营业务的种类进行明细核算。

（3）主营业务收入的主要账务处理。

小企业销售商品或提供劳务实现的收入，应当按照实际收到或应收的金额，借记“银行存款”“应收账款”等科目，按照税法规定应交纳的增值税额，贷记“应交税费——应交增值税（销项税额）”科目，按照确认的销售商品收入，贷记本科目。

发生销货退回（不论属于本年度还是属于以前年度的销售），按照应冲减销售商品收入的金额，借记本科目，按照实际支付或应退还的金额，贷记“银行存款”“应收账款”等科目。涉及增值税销项税额的，还应进行相应的账务处理。

（4）月末，可将本科目的余额转入“本年利润”科目，结转后本科目应无余额。

5051 其他业务收入

（1）本科目核算小企业确认的除主营业务活动以外的其他日常生产经营活动实现的收入。包括：出租固定资产、出租无形资产、销售材料等实现的收入。

（2）本科目应按照其他业务收入种类进行明细核算。

（3）其他业务收入的主要账务处理。

小企业确认的其他业务收入，借记“银行存款”“其他应收款”等科目，贷记本科目。涉及增值税销项税额的，还应进行相应的账务处理。

（4）月末，可将本科目余额转入“本年利润”科目，结转后本科目应无余额。

（二）费用类项目的内容及填列说明

1.“营业成本”项目

反映小企业所销售商品的成本和所提供劳务的成本。本项目应根据“主营业务成本”科目和“其他业务成本”科目的发生额合计填列。

5401 主营业务成本

（1）本科目核算小企业确认销售商品或提供劳务等主营业务收入应结转的成本。

（2）本科目应按照主营业务的种类进行明细核算。

（3）主营业务成本的主要账务处理。

①月末，小企业可根据本月销售各种商品或提供各种劳务实际成本，计算应结转的主营业务成本，借记本科目，贷记“库存商品”“生产成本”“工程施工”等科目。

②本月发生的销售退回，可以直接从本月的销售数量中减去，得出本月销售的净数量，然后计算应结转的主营业务成本，也可以单独计算本月销售退回成本，借记“库存商品”等科目，贷记本科目。

（4）月末，可将本科目的余额转入“本年利润”科目，结转后本科目应无余额。

5402 其他业务成本

（1）本科目核算小企业确认的除主营业务活动以外的其他日常生产经营活动所发生的支出。包括：销售材料的成本、出租固定资产的折旧费、出租无形资产的摊销额等。

（2）本科目应按照其他业务成本的种类进行明细核算。

（3）其他业务成本的主要账务处理。

小企业发生的其他业务成本，借记本科目，贷记“原材料”“周转材料”“累计折旧”“累计摊销”“银行存款”等科目。

（4）月末，可将本科目余额转入“本年利润”科目，结转后本科目应无余额。

2.“营业税金及附加”项目

反映小企业开展日常生产活动应负担的消费税、城市维护建设税、资源税、土地增值税、城镇土地使用税、房产税、车船税、印花税和教育费附加、矿产资源补偿费、排污费等。本项目应根据“营业税金及附加”科目的发生额填列。

5403 营业税金及附加

（1）本科目核算小企业开展日常生产经营活动应负担的消费税、城市维护建设税、资源税、土地增值税、城镇土地使用税、房产税、车船税、印花税和教育费附加、矿产资源补偿费、排污费等相关税费。

与最终确认营业外收入或营业外支出相关的税费，在“固定资产清理”“无形资产”等科目核算，不在本科目核算。

（2）本科目应按照税费种类进行明细核算。

（3）营业税金及附加的主要账务处理。

小企业按照规定计算确定的与其日常生产经营活动相关的税费，借记本科目，贷记“应交税费”等科目。

（4）月末，可将本科目余额转入“本年利润”科目，结转后本科目应无余额。

3.“销售费用”项目

反映小企业销售商品或提供劳务过程中发生的费用。本项目应根据“销售费用”科目的发生额填列。

5601 销售费用

（1）本科目核算小企业在销售商品或提供劳务过程中发生的各种费用。包括：销售人员的职工薪酬、商品维修费、运输费、装卸费、包装费、保险费、广告费和业务宣传费、展览费等费用。

小企业（批发业、零售业）在购买商品过程中发生的费用（包括：运输费、装卸费、包装费、保险费、运输途中的合理损耗和入库前的挑选整理费等），也在本科目核算。

（2）本科目应按照费用项目进行明细核算。

（3）销售费用的主要账务处理。

小企业在销售商品或提供劳务过程中发生的销售人员的职工薪酬、商品维修费、运输费、装卸费、包装费、保险费、广告费、业务宣传费、展览费等费用，借记本科目，贷记“库存现金”“银行存款”等科目。

小企业（批发业、零售业）在购买商品过程中发生的运输费、装卸费、包装费、保险费、运输途中的合理损耗和入库前的挑选整理费等，借记本科目，贷记“库存现金”“银行存款”“应付账款”等科目。

（4）月末，可将本科目余额转入“本年利润”科目，结转后本科目应无余额。

4.“管理费用”项目

反映小企业为组织和管理生产经营发生的其他费用。本项目应根据“管理费用”科目的发生额填列。

5602管理费用

（1）本科目核算小企业为组织和管理生产经营发生的其他费用。包括：小企业在筹建期间内发生的开办费、行政管理部门发生的费用（包括：固定资产折旧费、修理费、办公费、水电费、差旅费、管理人员的职工薪酬等）、业务招待费、研究费用、技术转让费、相关长期待摊费用摊销、财产保险费、聘请中介机构费、咨询费（含顾问费）、诉讼费等费用。

小企业（批发业、零售业）管理费用不多的，可不设置本科目，本科目的核算内容可并入“销售费用”科目核算。

（2）本科目应按照费用项目进行明细核算。

（3）管理费用的主要账务处理。

①小企业在筹建期间内发生的开办费（包括：相关人员的职工薪酬、办公费、培训费、差旅费、印刷费、注册登记费以及不计入固定资产成本的借款费用等费用），在实际发生时，借记本科目，贷记“银行存款”等科目。

②行政管理部门人员的职工薪酬，借记本科目，贷记“应付职工薪酬”科目。

③行政管理部门计提的固定资产折旧费和发生的修理费，借记本科目，贷记“累计折旧”“银行存款”等科目。

④行政管理部门发生的办公费、水电费、差旅费，借记本科目，贷记“银行存款”等科目。

⑤小企业发生的业务招待费、相关长期待摊费用摊销、技术转让费、财产保险费、聘请中介机构费、咨询费（含顾问费）、诉讼费等，借记本科目，贷记“银行存款”“长期待摊费月”等科目。

⑥小企业自行研究无形资产发生的研究费用，借记本科目，贷记“研发支出”科目。

（4）月末，可将本科目的余额转入“本年利润”科目，结转后本科目应无余额。

5.“财务费用”项目

反映小企业为筹集生产经营所需资金发生的筹资费用。本项目应根据“财务费用”科目的发生额填列。

5603 财务费用

（1）本科目核算小企业为筹集生产经营所需资金发生的筹资费用。包括：利息费用（减利息收入）、汇兑损失、银行相关手续费、小企业给予的现金折扣（减享受的现金折扣）等费用。

小企业为购建固定资产、无形资产和经过 1 年期以上的制造才能达到预定可销售状态的存货发生的借款费用，在“在建工程”“研发支出”“制造费用”等科目核算，不在本科目核算。

小企业发生的汇兑收益，在“营业外收入”科目核算，不在本科目核算。

（2）本科目应按照费用项目进行明细核算。

（3）财务费用的主要账务处理。

①小企业发生的利息费用、汇兑损失、银行相关手续费、给予的现金折扣等，借记本科目，贷记“应付利息”“银行存款”等科目。

②持未到期的商业汇票向银行贴现，应当按照实际收到的金额（即减去贴现息后的净额），借记“银行存款”科目，按照贴现息，借记本科目，按照商业汇票的票面金额，贷记“应收票据”科目（银行无追索权情况下）或“短期借款”科目（银行有追索权情况下）。

③发生的应冲减财务费用的利息收入、享受的现金折扣等，借记“银行存款”等科目，贷记本科目。

（4）月末，可将本科目余额转入“本年利润”科目，结转后本科目应无余额。

6.“投资收益”项目

反映小企业股权投资取得的现金股利（或利润）、债券投资取得的利息收入和处置股权投资和债券投资取得的处置价款扣除成本或账面余额、相关税费后的净额。本项目应根据“投资收益”科目的发生额填列；如为投资损失，以“-”号填列。

5111 投资收益

（1）本科目核算小企业确认的投资收益或投资损失。

（2）本科目应按照投资项目进行明细核算。

（3）投资收益的主要账务处理。

①对于短期股票投资、短期基金投资和长期股权投资，小企业应当按照被投资单位宣告分派的现金股利或利润中属于本企业的部分，借记“应收股利”科目，贷记本科目。

②在长期债券投资或短期债券投资持有期间，在债务人应付利息日，按照分期付息、一次还本的长期债券投资或短期债券投资的票面利率计算的利息收入，借记“应收利息”科目，贷记本科目；按照一次还本付息的长期债券投资票面利率计算的利息收入，借记“长期债券投资——应计利息”科目，贷记本科目。

在债务人应付利息日，按照应分摊的债券溢折价金额，借记或贷记本科目，贷记或借记“长期债券投资——溢折价”科目。

③出售短期投资、处置长期股权投资和长期债券投资，应当按照实际收到的价款或收回的金额，借记“银行存款”或“库存现金”科目，按照其账面余额，贷记“短期投资”“长期股权投资”“长期债券投资”科目，按照尚未领取的现金股利或利润、债券利息收入，贷记“应收股利”“应收利息”科目，按照其差额，贷记或借记本科目。

（4）月末，可将本科目余额转入“本年利润”科目，本科目结转后应无余额。

（三）利润类项目的内容及填列说明

1.“营业利润”项目

反映小企业当期开展日常生产经营活动实现的利润。本项目应根据营业收入扣除营业成本、营业税金及附加、销售费用、管理费用和财务费用，加上投资收益后的金额填列。如为亏损，以“-”号填列。

2.“营业外收入”项目

反映小企业实现的各项营业外收入金额。包括：非流动资产处置净收益、政府补助、捐赠收益、盘盈收益、汇兑收益、出租包装物和商品的租金收入、逾期未退包装物押金收益、确实无法偿付的应付款项、已作坏账损失处理后又收回的应收款项、违约金收益等。本项目应根据“营业外收入”科目的发生额填列。

5301 营业外收入

（1）本科目核算小企业实现的各项营业外收入。包括：非流动资产处置净收益、政府补助、捐赠收益、盘盈收益、汇兑收益、出租包装物和商品的租金收入、逾期未退包装物押金收益、确实无法偿付的应付款项、已作坏账损失处理后又收回的应收款项、违约金收益等。

小企业收到出口产品或商品按照规定退回的增值税款，在“其他应收款”科目核算，不在本科目核算。

（2）本科目应按照营业外收入项目进行明细核算。

（3）营业外收入的主要账务处理。

①小企业确认非流动资产处置净收益，比照“固定资产清理”“无形资产”等科目的相关规定进行账务处理。

②确认的政府补助收入，借记“银行存款”或“递延收益”科目，贷记本科目。

③小企业按照规定实行企业所得税、增值税（不含出口退税）、消费税等先征后返的，应当在实际收到返还的企业所得税、增值税、消费税等时，借记“银行存款”科目，贷记本科目。

④确认的捐赠收益，借记“银行存款”“固定资产”等科目，贷记本科目。

⑤确认的盘盈收益，借记“待处理财产损益——待处理流动资产损益、待处理非流动资产损益”科目，贷记本科目。

⑥确认的汇兑收益，借记有关科目，贷记本科目。

⑦确认的出租包装物和商品的租金收入、逾期未退包装物押金收益、确实无法偿付的应付款项、违约金收益等，借记“其他应收款”“应付账款”“其他应付款”等科目，贷记本科目。

⑧确认的已作坏账损失处理后又收回的应收款项，借记“银行存款”等科目，贷记本科目。

（4）月末，可将本科目余额转入“本年利润”科目，结转后本科目应无余额。

3.“营业外支出”项目

反映小企业发生的各项营业外支出金额。包括：存货的盘亏、毁损、报废损失，非流动资产处置净损失，坏账损失，无法收回的长期债券投资损失，无法收回的长期股权投资损失，自然灾害等不可抗力因素造成的损失，税收滞纳金，罚金，罚款，被没收财物的损失，捐赠支出，赞助支出等。本项目应根据“营业外支出”科目的发生额填列。

5711 营业外支出

（1）本科目核算小企业发生的各项营业外支出。包括：存货的盘亏、毁损、报废损失，非流动资产处置净损失，坏账损失，无法收回的长期债券投资损失，无法收回的长期股权投资损失，自然灾害等不可抗力因素造成的损失，税收滞纳金，罚金，罚款，被没收财物的损失，捐赠支出，赞助支出等。

（2）本科目应按照支出项目进行明细核算。

（3）营业外支出的主要账务处理。

①小企业确认存货的盘亏、毁损、报废损失，非流动资产处置净损失，自然灾害等不可抗力因素造成的损失，借记本科目、“生产性生物资产累计折旧”“累计摊销”等科目，贷记“待处理财产损益——待处理流动资产损益、待处理非流动资产损益”“固定资产清理”“生产性生物资产”“无形资产”等科目。

②根据《小企业会计准则》规定确认实际发生的坏账损失、长期债券投资损失，应当按照可收回的金额，借记“银行存款”等科目，按照应收账款、预付账款、其他应收款、长期债券投资的账面余额，贷记“应收账款”“预付账款”“其他应收款”“长期债券投资”等科目，按照其差额，借记本科目。

③根据《小企业会计准则》规定确认实际发生的长期股权投资损失，按照可收回的金额，借记“银行存款”等科目，按照长期股权投资的账面余额，贷记“长期股权投资”科目，按照其差额，借记本科目。

④支付的税收滞纳金、罚金、罚款，借记本科目，贷记“银行存款”等科目。

⑤确认被没收财物的损失、捐赠支出、赞助支出，借记本科目，贷记“银行存款”等科目。

（4）月末，可将本科目余额转入“本年利润”科目，结转后本科目应无余额。

4.“利润总额”项目

反映小企业当期实现的利润总额。本项目应根据营业利润加上营业外收入减去营业外支出后的金额填列。如为亏损总额，以“-”号填列。

5.“所得税费用”项目

反映小企业根据《企业所得税法》确定的应从当期利润总额中扣除的所得税费用。本项目应根据“所得税费用”科目的发生额填列。

5801 所得税费用

（1）本科目核算小企业根据《企业所得税法》确定的应从当期利润总额中扣除的所得税费用。

小企业根据《企业所得税法》规定补交的所得税，也通过本科目核算。

小企业按照规定实行企业所得税先征后返的，实际收到返还的企业所得税，在“营业外收入”科目核算，不在本科目核算。

（2）所得税费用的主要账务处理。

年度终了，小企业按照《企业所得税法》规定计算确定的当期应纳税税额，借记本科目，贷记“应交税费——应交企业所得税”科目。

（3）年度终了，应将本科目的余额转入“本年利润”科目，结转后本科目应无余额。

6.“净利润”项目

反映小企业当期实现的净利润。本项目应根据利润总额扣除所得税费用后的金额填列。如为净亏损，以“-”号填列。

第12章 小企业现金流量表的编制和列报

第一节 综合知识

小企业现金流量表，是指反映小企业在一定会计期间现金流入和流出情况的报表。

现金流量表是小企业财务报表的重要组成部分。可以说，现金流量表是从收付实现制的角度来反映小企业的盈利能力的，利润表是从权责发生制的角度来反映小企业的盈利能力的。从小企业长远发展来看，企业都必须重视现金管理，既要保持一定的存量，又要保持合理的流量，现金流量表可以发挥重要的不可替代的作用。企业和财务报表的外部使用者应将利润表和现金流量结合起来使用，从而更加科学合理地评价企业的盈利能力和发展潜力。因此，小企业应当重视现金流量表的编制和使用。

小知识

现金的概念

现金，是指小企业的库存现金以及可以随时用于支付的存款和其他货币资金。

作为现金流量表中反映的现金，必须是可以随时用于支付的，不能随时用于支付的不属于现金。“可以随时用于支付”意味着该现金的使用不受第三方的限制，小企业有支配权可以使用和支付。据此，小企业的现金主要包括：

（1）库存现金，是指小企业持有可随时用于支付的现金，与“库存现金”科目的核算内容一致；

（2）银行存款，是指小企业存入银行或其他金融机构、可以随时用于支取的存款，与“银行存款”科目核算内容一致；

（3）其他货币资金，是指存放在银行或其他金融机构的银行汇票存款、银行本票存款、信用卡存款、信用证保证金存款、外埠存款和存出投资款等，与“其他货币资金”科目核算内容一致。

专家点拨

对现金流量表的概念，应注意把握好以下几个方面：

（1）现金流量表是一张反映某一特定会计期间而不是某一特定时点的会计报表。从会计科目的角度来看，反映的是会计科目在某一会计期间的发生额。

（2）小企业在某一特定会计期间的现金流量的情况通常是通过现金流入、现金流出及其相互的关系来反映的。

（3）按年度编制的现金流量表，反映的是小企业每年从1月1日起至12月31日止整个会计年度这一会计期间累计发生的现金流量情况。

（4）按月份编制的现金流量表，反映的是小企业在每个月月初第一天起至月末最后一天止这一会计期间发生的现金流量情况。按季度编制现金流量表时，反映的是小企业在每个季度第一天起至本季度末最后一天止这一会计期间发生的现金流量情况。

（5）现金流量表的作用主要体现在三个方面：通过现金流量表，可以为财务报表使用者提供小企业一定会计期间内现金流入和流出的信息，便于使用者了解和评价企业获取现金的能力，据以预测企业未来现金流量。具体来讲，一是有助于评价小企业支付能力、偿债能力和周转能力；二是有助于预测小企业未来现金流量；三是有助于分析小企业利润质量及影响现金净流量的因素，掌握小企业经营活动、投资活动和筹资活动的现金流量，可以从现金流量的角度了解净利润的质量，为分析和判断企业的财务前景提供有用的会计信息。

小知识

相关比较

（一）《企业会计准则》

《企业会计准则——基本准则》第四十七条规定：“现金流量表是反映企业在一定会计期间的现金和现金等价物流入和流出的会计报表。”《企业会计准则第31号——现金流量表》第二条规定：“现金流量表，是指反映企业在一定会计期间现金和现金等价物流入和流出的报表。现金，是指企业库存现金以及可以随时用于支付的存款。现金等价物，是指企业持有的期限短、流动性强、易于转换为已知金额现金、价值变动风险很小的投资。”第四条规定：“现金流量表应当分别经营活动、投资活动和筹资活动列报现金流量。”第五条规定：“现金流量应当分别按照现金流入和现金流出总额列报。但是，下列各项可以按照净额列报：（一）代客户收取或支付的现金。（二）周转快、金额大、期限短项目的现金流入和现金流出。（三）金融企业的有关项目，包括短期贷款发放与收回的贷款本金、活期存款的吸收与支付、同业存款和存放同业款项的存取、向其他金融企业拆借资金、以及证券的买入与卖出等。”

（二）《小企业会计准则》

《小企业会计准则》根据小企业的实际情况对现金流量表的列报要求、组成项目和现金的概念进行了适当简化，但是在现金流量表的概念上与企业会计准则相一致。

一、小企业现金流量表的列报要求

（一）现金流量表应当分别经营活动、投资活动和筹资活动列报现金流量

小企业现金流量，是指小企业现金流入（即收到现金）和现金流出（即支付现金）。需要说明的是，现金流量是指小企业与外部第三方之间发生的现金收付，外部第三方主要包括：原材料供应商、销售客户、职工、投资者、债权人、政府部门等。因此，在现金流量表中，库存现金、银行存款和其他货币资金被视为一个整体，小企业现金形式的转换不会产生现金的流入和流出。例如，小企业从银行提取现金，是小企业现金存放形式的转换，现金并未流出企业，不构成现金流量。

根据小企业日常经营活动的性质和现金流量的来源，现金流量表将小企业一定期间产生的现金流量分为三类：经营活动现金流量、投资活动现金流量和筹资活动现金流量。其中，经营活动是指小企业投资活动和筹资活动以外的所有交易和事项；投资活动是指小企业固定资产、无形资产、其他非流动资产的购建和短期投资、长期债券投资、长期股权投资及其处置活动；筹资活动是指导致小企业资本及债务规模和构成发生变化的活动。

（二）现金流量应当分别按照现金流入和现金流出总额列报

即实现“收支两条线”原则，现金流量表中的三种活动涉及现金流量时，应分别现金流入和现金支出列示，不得以相互抵销后的净额进行列示，以全面揭示小企业现金流量的方向、规模和结构。

需要说明的是，处置固定资产、无形资产和其他长期资产所收到的现金，与处置

活动支付的现金，两者在时间上比较接近，也紧密相关，以净额更能准确反映处置活动对小企业现金流量的影响。因此，“处置固定资产、无形资产和其他非流动资产收回的现金净额”以净额进行反映。

二、小企业现金流量表的格式和组成项目

小企业现金流量表的项目主要有：经营活动产生的现金流量、投资活动产生的现金流量、筹资活动产生的现金流量、现金净增加额、期初现金余额和期末现金余额等项目。

小企业现金流量表的统一格式（见表 12–1）：

表 12–1　现金流量表

会小企 03 表

编制单位：　　　　　　　　　　年　　月　　　　　　　　　　单位：元

项　目	行次	本年累计金额	本月金额
一、经营活动产生的现金流量：			
销售产成品、商品、提供劳务收到的现金	1		
收到其他与经营活动有关的现金	2		
购买原材料、商品、接受劳务支付的现金	3		
支付的职工薪酬	4		
支付的税费	5		
支付其他与经营活动有关的现金	6		
经营活动产生的现金流量净额	7		
二、投资活动产生的现金流量：			
收回短期投资、长期债券投资和长期股权投资收到的现金	8		
取得投资收益收到的现金	9		
处置固定资产、无形资产和其他非流动资产收回的现金净额	10		
短期投资、长期债券投资和长期股权投资支付的现金	11		
购建固定资产、无形资产和其他非流动资产支付的现金	12		
投资活动产生的现金流量净额	13		
三、筹资活动产生的现金流量：			
取得借款收到的现金	14		
吸收投资者投资收到的现金	15		
偿还借款本金支付的现金	16		
偿还借款利息支付的现金	17		
分配利润支付的现金	18		

续表

项　目	行次	本年累计金额	本月金额
筹资活动产生的现金流量净额	19		
四、现金净增加额	20		
加：期初现金余额	21		
五、期末现金余额	22		

（1）本表反映小企业一定会计期间内有关现金流入和流出的信息。

（2）本表“本年累计金额”栏反映各项目自年初起至报告期末止的累计实际发生额。

本表“本月金额”栏反映各项目的本月实际发生额；在编报年度财务报表时，应将“本月金额”栏改为“上年金额”栏，填列上年全年实际发生额。

（3）本表中各项目之间的钩稽关系为：

行 7= 行 1+ 行 2– 行 3– 行 4– 行 5– 行 6；

行 13= 行 8+ 行 9+ 行 10– 行 11– 行 12；

行 19= 行 14+ 行 15– 行 16– 行 17– 行 18；

行 20= 行 7+ 行 13+ 行 19；

行 22= 行 20+ 行 21。

三、小企业现金流量表的编制

（一）小企业现金流量表的编制方法

在具体编制现金流量表时，小企业可以采用工作底稿法或 T 型账户法，也可以根据有关科目记录分析填列。

1. 工作底稿法

采用工作底稿法编制现金流量表，是以工作底稿为手段，以资产负债表和利润表数据为基础，对每一项目进行分析并编制调整分录，从而编制现金流量表。工作底稿法的程序是：

第一步，将资产负债表的期初数和期末数过入工作底稿的期初数栏和期末数栏。

第二步，对当期业务进行分析并编制调整分录。编制调整分录时，要以利润表项目为基础从“营业收入”开始，结合资产负债表项目逐一进行分析。在调整分录中，有关现金的事项，并不直接借记或贷记现金，而是分别计入“经营活动产生的现金流量”“投资活动产生的现金流量”“筹资活动产生的现金流量”有关项目。借记表示现金流入，贷记表示现金流出。

第三步，将调整分录过入工作底稿中的相应部分。

第四步，核对调整分录，借方、贷方合计数均已经相等，资产负债表项目期初数加减调整分录中的借贷金额以后，也等于期末数。

第五步，根据工作底稿中的现金流量表项目部分编制正式的现金流量表。

2. T 形账户法

采用 T 型账户法编制现金流量表，是以 T 型账户为手段，以资产负债表和利润表数据为基础，对每一项目进行分析并编制调整分录，从而编制现金流量表。T 型账户法的程序是：

第一步，为所有的非现金项目（包括资产负债表项目和利润表项目）分别开设 T 型账户，并将各自的期末期初变动数过入各相关账户。如果项目的期末数大于期初数，则将差额过入和项目余额相同的方向；反之，过入相反的方向。

第二步，开设一个大的“库存现金”T 型账户，每边分为经营活动、投资活动和筹资活动三个部分，左边记现金流入，右边记现金流出。与其他账户一样，过入期末期初变动数。

第三步，以利润表项目为基础，结合资产负债表分析每一个非现金项目的增减变动，并据此编制调整分录。

第四步，将调整分录过入各 T 型账户，并进行核对，该账户借贷相抵后的余额与原先过入的期末期初变动数应当一致。

第五步，根据大的“库存现金”T 型账户编制正式的现金流量表。

以上两种方法实际上是服务于手工记账和编表的情况。在实务中，大多数小企业已经采用财务软件进行日常会计核算，在财务软件中已经按照《小企业会计准则》的规定固化好现金流量表的编制程序，小企业只需根据自身的实际情况进行适当调整即可，因此，小企业现金流量表的编制实际上是由电脑完成的，并不会增加小企业和会计人员过多的工作量。借助财务信息系统编制现金流量表，既快捷又准确，还减轻了会计人员的工作负担。

（二）小企业现金流量表项目的填列方法

（1）现金流量表中一般设有“本年累计金额”和“本月金额”两栏，其填列方法如下：

“本年累计金额”栏反映各项目自年初起至报告期末（月末、季末、年末）止的累计实际发生额。

“本月金额”栏反映各项目的本月实际发生额。不编制月度现金流量表的小企业，在编制季度现金流量表时，应将“本月金额”栏改为“本季度金额”栏，反映各项目的本季度实际发生额。小企业编制年度现金流量表时，应将“本月金额”栏改为“上年金额”栏，填列上年全年实际发生额。如果上年度现金流量表的项目名称和内容与本年度现金流量表不一致，应对上年度现金流量表项目的名称和数字按本年度的规定进行调整，填入报表的“上年金额”栏。

（2）现金流量表中“一、经营活动产生的现金流量：”项目、“二、投资活动产生的现金流量：”项目和“三、筹资活动产生的现金流量：”项目这 3 个项目不得填列金额。

（三）小企业现金流量表项目的填列说明

1. 经营活动产生的现金流量

（1）“销售产成品、商品、提供劳务收到的现金”项目。

反映小企业本期销售产成品、商品、提供劳务收到的现金。本项目可以根据“库存现金”“银行存款”和“主营业务收入”等科目的本期发生额分析填列。

（2）“收到其他与经营活动有关的现金”项目。

反映小企业本期收到的其他与经营活动有关的现金。本项目可以根据“库存现金”和“银行存款”等科目的本期发生额分析填列。

（3）“购买原材料、商品、接受劳务支付的现金”项目。

反映小企业本期购买原材料、商品、接受劳务支付的现金。本项目可以根据“库存现金”“银行存款”“其他货币资金”“原材料”“库存商品”等科目的本期发生额分析填列。

（4）“支付的职工薪酬”项目。

反映小企业本期向职工支付的薪酬。本项目可以根据“库存现金”“银行存款”“应付职工薪酬”科目的本期发生额填列。

（5）“支付的税费”项目。

反映小企业本期支付的税费。本项目可以根据“库存现金”“银行存款”“应交税费”等科目的本期发生额填列。

（6）“支付其他与经营活动有关的现金”项目。

反映小企业本期支付的其他与经营活动有关的现金。本项目可以根据“库存现金”“银行存款”等科目的本期发生额分析填列。

2. 投资活动产生的现金流量

（1）“收回短期投资、长期债券投资和长期股权投资收到的现金”项目。

反映小企业出售、转让或到期收回短期投资、长期股权投资而收到的现金，以及收回长期债券投资本金而收到的现金，不包括长期债券投资收回的利息。本项目可以根据“库存现金”“银行存款”“短期投资”“长期股权投资”“长期债券投资”等科目的本期发生额分析填列。

（2）“取得投资收益收到的现金”项目。

反映小企业因权益性投资和债权性投资取得的现金股利或利润和利息收入。本项目可以根据“库存现金”“银行存款”“投资收益”等科目的本期发生额分析填列。

（3）“处置固定资产、无形资产和其他非流动资产收回的现金净额”项目。

反映小企业处置固定资产、无形资产和其他非流动资产取得的现金，减去为处置这些资产而支付的有关税费等后的净额。本项目可以根据“库存现金”“银行存款”“固定资产清理”“无形资产”“生产性生物资产”等科目的本期发生额分析填列。

（4）“短期投资、长期债券投资和长期股权投资支付的现金”项目。

反映小企业进行权益性投资和债权性投资支付的现金。包括：企业取得短期股票投资、短期债券投资、短期基金投资、长期债券投资、长期股权投资支付的现金。本项目可以根据“库存现金”“银行存款”“短期投资”“长期债券投资”“长期股权投资”等科目的本期发生额分析填列。

（5）“购建固定资产、无形资产和其他非流动资产支付的现金”项目。

反映小企业购建固定资产、无形资产和其他非流动资产支付的现金。包括：购买机器设备、无形资产、生产性生物资产支付的现金、建造工程支付的现金等现金支出，不包括为购建固定资产、无形资产和其他非流动资产而发生的借款费用资本化部分和支付给在建工程和无形资产开发项目人员的薪酬。为购建固定资产、无形资产和其他非流动资产而发生借款费用资本化部分，在“偿还借款利息支付的现金”项目反映；支付给在建工程和无形资产开发项目人员的薪酬，在“支付的职工薪酬”项目反映。本项目可以根据“库存现金”“银行存款”“固定资产”“在建工程”“无形资产”“研发支出”“生产性生物资产”“应付职工薪酬”等科目的本期发生额分析填列。

3. 筹资活动产生的现金流量

（1）“取得借款收到的现金”项目。

反映小企业举借各种短期、长期借款收到的现金。本项目可以根据“库存现金”“银行存款”“短期借款”“长期借款”等科目的本期发生额分析填列。

（2）“吸收投资者投资收到的现金”项目。

反映小企业收到的投资者作为资本投入的现金。本项目可以根据“库存现金”“银行存款”“实收资本”“资本公积”等科目的本期发生额分析填列。

（3）“偿还借款本金支付的现金”项目。

反映小企业以现金偿还各种短期、长期借款的本金。本项目可以根据“库存现金”“银行存款”“短期借款”“长期借款”等科目的本期发生额分析填列。

（4）“偿还借款利息支付的现金”项目。

反映小企业以现金偿还各种短期、长期借款的利息。本项目可以根据“库存现金”“银行存款”“应付利息”等科目的本期发生额分析填列。

（5）“分配利润支付的现金”项目。

反映小企业向投资者实际支付的利润。本项目可以根据“库存现金”“银行存款”“应付利润”等科目的本期发生额分析填列。

第二节　小企业经营活动现金流量

小知识

相关比较

（一）《企业会计准则》

《企业会计准则第31号——现金流量表》第八条和第十条规定：“经营活动，是指企业投资活动和筹资活动以外的所有交易和事项。经营活动产生的现金流量至少应当单独列示反映下列信息的项目：（一）销售商品、提供劳务收到的现金；（二）收到的税费返还；（三）收到其他与经营活动有关的现金；（四）购买商品、接受劳务支付的现金；（五）支付给职工以及为职工支付的现金；（六）支付的各项税费；（七）支付其他与经营活动有关的现金。”

（二）《小企业会计准则》

《小企业会计准则》根据小企业的实际情况对经营活动现金流量的组成项目进行了适当简化，但在经营活动的认定上与《企业会计准则》相一致。

一、小企业经营活动的概念

小企业经营活动，是指小企业投资活动和筹资活动以外的所有交易和事项。

各类小企业由于行业特点不同，对经营活动的认定存在一定差异。对于工业和批发业、零售业的小企业而言，经营活动主要包括销售商品、提供劳务、购买商品、接受劳务、支付职工薪酬和交纳税费等。

需要说明的是，现金流量表中的经营活动有其特定的含义，不同于我们大家通常所讲的某企业的日常经营活动的概念，是相对于投资活动和筹资活动而言的，实际上是一个兜底的概念，即小企业日常发生的各种活动（体现为交易和事项）在对其发生的现金流量进行认定时，只要不属于投资活动和筹资活动，则应全部认定为经营活动。也可理解为，小企业的投资活动、筹资活动和经营活动共同构成了其日常生产经营活动。

二、小企业经营活动现金流量的列报方法

小企业经营活动现金流量的列报方法通常有两种：一是直接法，二是间接法。

所谓直接法，是指按照现金收入和现金支出的主要类别直接反映小企业经营活动产生的现金流量，如销售产成品、商品、提供劳务收到的现金；购买原材料、商品、接受劳务支付的现金等就是按现金收入和支出的类别直接反映的。在直接法下，一般是以利润表中的营业收入为起算点，调节与经营活动有关的项目的增减变动，然后计算出经营活动产生的现金流量。

所谓间接法，是指以净利润为起算点，调整不涉及现金的收入、费用、营业外收支等有关项目，剔除投资活动、筹资活动对现金流量的影响，据此计算出经营活动产生的现金流量。由于净利润是按照权责发生制原则确定的，且包括了与投资活动和筹资活动相关的收益和费用，将净利润调节为经营活动现金流量，实际上就是将按权责发生制原则确定的净利润调整为现金净流入，并剔除投资活动和筹资活动对现金流量的影响。

采用直接法编报的现金流量表，便于分析小企业经营活动产生的现金流量的来源和用途，预测小企业现金流量的未来前景；采用间接法编报现金流量表，便于将净利润与经营活动产生的现金流量净额进行比较，了解净利润与经营活动产生的现金流量差异的原因，从现金流量的角度分析净利润的质量。

因此，为了更直观地反映小企业经营活动产生的现金流量，增强现金流量相关信息的可理解性，同时也减轻小企业信息披露的负担，《小企业会计准则》在经营活动现金流量的列报上采用了直接法，而没有采用间接法。

三、小企业经营活动现金流量的组成项目及其构成内容

小企业经营活动产生的现金流量包括以下项目：

（一）“销售产成品、商品、提供劳务收到的现金”项目

反映小企业本期（月或季、年，下同）销售产成品、商品、提供劳务收到的体现销售收入的现金。该项目的金额主要由以下 5 部分构成：

（1）本期销售产成品收到的现金，主要是针对工业类小企业而言的，包括销售产成品、半成品收到的现金。

（2）本期销售商品收到的现金，主要是针对批发业类和零售业类小企业而言的。

（3）本期提供劳务收到的现金。

（4）本期收到前期销售产成品、商品、提供劳务的现金。

（5）本期预收的货款等。

但是，需要说明的有 4 点，一是销售材料收到的现金也构成该项目的内容。二是代购代销业务收到的现金也构成该项目的内容。三是销售产成品、商品、提供劳务收到的增值税销项税额不构成该项目的内容，而应属于“收到其他与经营活动有关的现金”项目的构成内容。四是如果在本期因退回销售（包括本期销售和前期销售）的产成品和商品而支付的现金，应从该项目中扣除。

（二）“收到其他与经营活动有关的现金”项目

反映小企业除“销售产成品、商品、提供劳务收到的现金”项目以外，收到的其他与经营活动有关的现金。该项目的金额主要由以下 6 部分构成：

（1）收到的增值税销项税额。

（2）收到的各种税费返还及政府补助的其他现金。

（3）经营租赁收到的现金（体现为租金收入）。

（4）由个人赔偿的现金收入和保险理赔的现金收入。

（5）收到捐赠的现金。

（6）收取的押金、保证金、违约金等。

（三）“购买原材料、商品、接受劳务支付的现金”项目

反映小企业本期购买原材料、商品、接受劳务支付的体现购货款的现金。该项目的金额主要由以下 5 部分构成：

（1）本期购买原材料支付的现金，主要是针对工业类小企业而言的，包括购买原材料、周转材料支付的现金以及委托加工材料等支付的现金。

（2）本期购买商品支付的现金，主要是针对批发业类和零售业类的小企业而言

的，包括购买商品支付的现金以及委托加工商品等支付的现金。

（3）本期接受劳务支付的现金。

（4）本期支付前期购买原材料、商品、接受劳务的未付款项。

（5）本期支付的预付款项等。

但是，需要说明的有4点，一是购买原材料、商品、接受劳务支付的增值税进项税额不构成该项目的内容，而应属于“支付的税费”项目的构成内容。二是如果在本期因发生购货退回收到的现金，应从该项目中扣除。三是支付的已资本化在存货中的借款费用不构成该项目的内容，而应属于“偿还借款利息支付的现金”项目的构成内容。四是代购代销业务支付的现金也构成该项目的内容。

（四）“支付的职工薪酬”项目

反映小企业本期向职工支付的薪酬。该项目的金额主要由以下7部分构成：

（1）支付给职工的职工工资、奖金、津贴和补贴。

（2）支付给职工或用于职工的职工福利费。

（3）支付给社会保险机构的医疗保险费、养老保险费、失业保险费、工伤保险费和生育保险费等社会保险费。

（4）支付给住房公积金管理机构的住房公积金。

（5）支付的或用于职工的工会经费和职工教育经费。

（6）因解除与职工的劳动关系给予的现金补偿。

（7）其他与获得职工提供的服务相关而支付的现金等。

需要说明的是，这里的职工包括小企业中从事在建工程的人员和从事无形资产开发项目的人员。

（五）“支付的税费”项目

反映小企业本期支付的税费，包括增值税、消费税、城市维护建设税、企业所得税、资源税、土地增值税、城镇土地使用税、房产税、车船税和教育费附加、印花税、矿产资源补偿费、排污费等。该项目的金额主要由以下3部分构成：

（1）本期发生并支付的税费。

（2）本期支付以前各期发生的税费。

（3）本期预交的税金等。

但是，需要说明的有3点，一是支付的税收滞纳金也构成该项目的内容。二是代扣代缴的个人所得税也构成该项目的内容。三是本期退回的增值税、所得税等税费不构成该项目的内容，而应属于“收到其他与经营活动有关的现金”项目的构成内容。

（六）“支付其他与经营活动有关的现金”项目

反映小企业除“购买原材料、商品、接受劳务支付的现金”项目、“支付的职工薪酬”项目和“支付的税费”项目以外，本期支付的其他与经营活动有关的现金。该项目的金额主要由以下10部分构成：

（1）支付的商品维修费。

（2）在销售商品过程中支付的运输费、装卸费、包装费、保险费。

（3）支付的广告费和业务宣传费、展览费。

（4）支付的开办费。

（5）支付的行政管理部门发生的费用。

（6）支付的业务招待费、研究费用、技术转让费、财产保险费、聘请中介机构费、咨询费（含顾问费）、诉讼费。

（7）支付的罚金、罚款。

（8）经营租赁支付的现金（体现为租金费用）。

（9）对外捐赠的现金。

（10）对外赞助的现金等。

但是，需要说明的是，小企业（批发业、零售业）在购买商品过程中支付的运输费、装卸费、包装费、保险费等，也构成该项目的内容。

第三节 小企业投资活动现金流量

小知识

相关比较

（一）《企业会计准则》

《企业会计准则第31号——现金流量表》第十二条和第十三条规定：“投资活动，是指企业长期资产的购建和不包括在现金等价物范围的投资及其处置活动。投资活动产生的现金流量至少应当单独列示反映下列信息的项目：（一）收回投资收到的现金；（二）取得投资收益收到的现金；（三）处置固定资产、无形资产和其他长期资产收回的现金净额；（四）处置子公司及其他营业单位收到的现金净额；（五）收到其他与投资活动有关的现金；（六）购建固定资产、无形资产和其他长期资产支付的现金；（七）投资支付的现金；（八）取得子公司及其他营业单位支付的现金净额；（九）支付其他与投资活动有关的现金。”

（二）《小企业会计准则》

《小企业会计准则》根据小企业的实际情况对投资活动现金流量的组成项目进行了适当简化，但是在投资活动的认定上与《企业会计准则》相一致。

一、小企业投资活动的概念

小企业投资活动，是指小企业固定资产、无形资产、其他非流动资产的购建和短期投资、长期债券投资、长期股权投资及其处置活动。

专家点拨

对投资活动的概念需要把握以下几点：

（1）投资活动实质上主要是针对非流动资产的购建和处置活动，当然也包括对外短期投资。

（2）投资活动既包括实物资产投资，也包括非实物资产投资。

①实物资产投资，主要包括外购和自行建造固定资产、外购和自行营造或繁殖生产性生物资产等。

②非实物资产投资，主要包括外购无形资产、自行开发无形资产以及短期投资、长期债券投资、长期股权投资。

（3）投资活动既包括对外投资也包括对内投资。

①对外投资，主要包括短期投资、长期债券投资、长期股权投资等。

②对内投资，主要包括外购和自行建造固定资产、外购和自行营造或繁殖生产性生物资产、外购无形资产和自行开发无形资产等。

二、小企业投资活动现金流量的组成项目及其构成内容

小企业投资活动产生的现金流量包括以下项目：

（一）“收回短期投资、长期债券投资和长期股权投资收到的现金”项目

反映小企业出售、转让或到期收回短期投资、长期股权投资而收到的现金，以及收回长期债券投资本金而收到的现金。该项目的金额主要由以下 4 部分构成：

（1）本期出售短期权益性投资收到的现金。

（2）本期出售或到期收回短期债权性投资收到的现金。

（3）本期转让长期股权投资收到的现金

（4）本期转让或到期收回长期债券投资本金收到的现金等。

需要说明的是，到期收回的短期债权性投资和长期债券投资的利息收入不构成该项目的内容，而应属于“取得投资收益收到的现金”项目的构成内容。

（二）“取得投资收益收到的现金”项目

反映小企业因权益性投资和债权性投资取得的现金股利或利润和利息收入。该项目的金额主要由以下 3 部分构成：

（1）本期取得被投资单位发放的现金股利收到的现金。

（2）本期取得被投资分配的利润收到的现金。

（3）本期取得短期债权性投资和长期债券投资的利息收入收到的现金等。

需要说明的是，取得的股票股利由于不产生现金流量，不构成该项目的内容。

（三）“处置固定资产、无形资产和其他非流动资产收回的现金净额”项目

反映小企业处置固定资产、无形资产和其他非流动资产取得的现金，减去为处置这些资产而支付的有关税费等后的净额。该项目的金额主要由以下 4 部分组成：

（1）本期处置固定资产收到的现金。

（2）本期处置无形资产收到的现金。

（3）本期处置其他非流动资产收到的现金，如处置生产性生物资产收到的现金等。

（4）本期处置固定资产、无形资产和其他非流动资产支付的有关税费等，如支付的契税、运输费等。

但是，需要说明的有两点：一是由于自然灾害等原因所造成的固定资产等非流动资产报废、毁损而收到的保险理赔收入不构成该项目的内容，而应属于“收到其他与经营活动有关的现金”项目的构成内容。二是处置固定资产、无形资产和其他长期资产所收回的现金净额如为负数，仍构成该项目的内容。

（四）“短期投资、长期债券投资和长期股权投资支付的现金”项目

反映小企业进行权益性投资和债权性投资支付的现金。包括：小企业取得短期股票投资、短期债券投资、短期基金投资、长期债券投资、长期股权投资支付的现金。该项目的金额主要由以下 6 部分组成：

（1）本期取得短期股票投资支付的现金。

（2）本期取得短期债券投资支付的现金。

（3）本期取得短期基金投资支付的现金。

（4）本期取得长期债券投资支付的现金。

（5）本期取得股权投资支付的现金。

（6）本期取得短期投资、长期债券投资和长期股权投资支付的相关税费等，如支付的印花税、佣金、手续费等。

但是，需要说明的是，小企业购买股票和债券时，实际支付的价款中包含的已宣告但尚未领取的现金股利或已到付息期但尚未领取的债券利息，不构成该项目的内容，而应属于“支付其他与经营活动有关的现金”项目的构成内容。

（五）“购建固定资产、无形资产和其他非流动资产支付的现金”项目

反映小企业购建固定资产、无形资产和其他非流动资产支付的现金。包括：购买机器设备、无形资产、生产性生物资产支付的现金、建造工程支付的现金等现金支出，不包括为购建固定资产、无形资产和其他非流动资产而发生的借款利息资本化部分和支付给在建工程和无形资产开发人员的薪酬。该项目的金额主要由以下6部分组成：

（1）本期外购机器设备等固定资产支付的现金，包括融资租入固定资产支付的各期租赁费。

（2）本期外购无形资产支付的现金。

（3）本期外购生产性生物资产支付的现金。

（4）本期建造工程支付的现金。

（5）本期自行开发无形资产支付的现金。

（6）本期自行营造和繁殖生产性生物资产支付的现金等。

但是，需要说明的有两点，一是为购建固定资产、无形资产和其他非流动资产而发生的借款费用资本化部分的现金不构成该项目的内容，而应属于“偿还借款利息支付的现金”项目的构成内容。二是支付给在建工程和无形资产开发人员的薪酬不构成该项目的内容，而应属于“支付的职工薪酬”项目的构成内容。

第四节　小企业筹资活动现金流量

一、小企业筹资活动的概念

小企业筹资活动，是指导致小企业资本及债务规模和构成发生变化的活动。

小企业的经营需要外部资源（如资金、技术、机器设备、厂房等）的支持，表现为向外部筹资，不外乎借款和吸收投资。借款通常是向银行等金融机构借款，有固定的期限并要承担利息费用；吸收投资通常向其他企业或个人吸收资本，没有固定的期限但应向其分配利润，以使其得到投资回报。因此，在实务中，小企业的筹资活动主要包括吸收投资、取得借款、分配利润、偿还借款本息等。

需要说明的是，应付账款、应付票据等是由信用购买所产生的，实质上也是一种筹资，但其主要是产生于购买原材料和商品，将作为经营活动而不是筹资活动来处理。

二、小企业筹资活动现金流量的组成项目及其构成内容

（一）"取得借款收到的现金"项目

反映小企业举借各种短期、长期借款而收到的现金。该项目的金额主要由以下两部分构成：

（1）本期取得短期借款收到的现金。

（2）本期取得长期借款收到的现金。

（二）"吸收投资者投资收到的现金"项目

反映小企业收到的投资者作为资本投入的现金。该资本既可以体现为实收资本，也可以体现为资本公积，但必须是以现金形式投入小企业的。

（三）"偿还借款本金支付的现金"项目

反映小企业以现金偿还各种短期、长期借款的本金。该项目的金额主要由以下两部分构成：

（1）本期偿还短期借款本金支付的现金。

（2）本期偿还长期借款本金支付的现金。

需要说明的有两点，一是该项目所指的借款本金不需要考虑借款的用途。二是本期无论偿还的是本期到期的借款本金还是前期到期的借款本金，只要是以现金偿还的即属于该项目的构成内容。

（四）"偿还借款利息支付的现金"项目

反映小企业以现金偿还各种短期、长期借款的利息。该项目的金额主要由以下两部分构成：

（1）本期偿还短期借款利息支付的现金。

（2）本期偿还长期借款利息支付的现金。

需要说明的有 3 点：一是该项目所指的借款利息不需要考虑借款的用途及借款利息是否予以资本化。二是本期无论偿还的是本期到期的借款利息还是前期到期的借款利息，只要是以现金进行的偿还即属于该项目的构成的内容。三是以现金偿还的除利息费用以外的辅助费用等借款费用也构成该项目的内容。

（五）“分配利润支付的现金”项目

反映小企业向投资者实际支付的利润。该项目的金额主要由以下两部分构成：

（1）本期以现金向投资者支付本期分配的利润。

（2）本期以现金向投资者支付前期分配的利润。

小知识

相关比较

（一）《企业会计准则》

《企业会计准则第 31 号——现金流量表》第十四条和第十五条规定：“筹资活动，是指导致企业资本及债务规模和构成发生变化的活动。筹资活动产生的现金流量至少应当单独列示反映下列信息的项目：（一）吸收投资收到的现金；（二）取得借款收到的现金；（三）收到其他与筹资活动有关的现金；（四）偿还债务支付的现金；（五）分配股利、利润或偿付利息支付的现金；（六）支付其他与筹资活动有关的现金。”

（二）《小企业会计准则》

《小企业会计准则》根据小企业的实际情况对筹资活动现金流量的组成项目进行了适当简化，但是在筹资活动的认定上与《企业会计准则》相一致。

第 13 章　小企业财务报表附注的编制和列报

第一节　小企业财务报表附注综述

附注是小企业财务报表不可或缺的组成部分，是对在小企业资产负债表、利润表和现金流量表等报表中列示项目的文字描述或明细资料，以及对未能在这些报表中列示项目的说明等。

一、小企业财务报表附注的概念

小企业财务报表附注，是指对在小企业资产负债表、利润表和现金流量表等报表中列示项目的文字描述或明细资料，以及对未能在这些报表中列示项目的说明等。

二、小企业财务报表附注的重要性

小企业资产负债表、利润表和现金流量表等报表中的数字是经过分类与汇总后的结果，是对小企业发生的经济业务的高度简化和浓缩的数字。对于一些小企业财务报表的外部使用者而言，仅仅阅读上述报表，而没有理解这些数字所披露的信息，财务报表就不可能充分发挥效用。因此，附注与资产负债表、利润表、现金流量表等报表具有同等的重要性，是财务报表的重要组成部分。财务报表的外部使用者要了解小企业的财务状况、经营成果和现金流量，应当全面阅读附注。

《小企业会计准则》根据小企业的实际情况并考虑了成本效益原则的要求，一方面要减轻小企业会计核算的工作量，降低小企业财务报表包括附注的编制成本；另一方面也要兼顾各方面对小企业会计信息的需求情况，对小企业附注披露的内容相对于企业会计准则进行了大幅度简化，但是小企业执行《小企业会计准则》必须要树立起附注是财务报表完整的组成部分的准则意识，并且必须重视和加强附注的披露工作；小企业财务报表外部使用者也应当树立起附注是财务报表完整组成的准则意识，并且重视和加强对附注的使用和评价工作。

第二节　小企业财务报表附注内容

小企业报表附注应当按照下列顺序和内容进行披露：

一、遵循小企业会计准则的声明

小企业应当声明编制的财务报表符合《小企业会计准则》的要求，真实、完整地反映了小企业的财务状况、经营成果和现金流量等有关信息，以此明确小企业编制财务报表所依据的制度基础。

执行《小企业会计准则》的小企业，如发生的交易或者事项因《小企业会计准则》未作规范而执行了《企业会计准则》的相关规定，应当在此部分如实披露如下信息：

（1）发生交易的情况。

（2）参照执行企业会计准则的原因。

（3）所依据的企业会计准则的相关规定。

（4）该交易的处理结果对企业带来的影响，包括对财务状况和经营成果的影响。

二、短期投资、应收账款、存货、固定资产项目的说明

为简化小企业会计核算并尽可能减少纳税调整，《小企业会计准则》要求小企业的资产按照成本计量，不计提资产减值准备。同时，考虑到小企业资产的质量，尤其是其可变现能力对债权人影响较大，因此，《小企业会计准则》要求小企业应在附注中对几项重要资产的市场价格信息、持有时间的长短和新旧程度进行明细说明，以在一定程度上缓解对资产不计提减值准备可能产生的影响。有关短期投资、应收账款、存货、固定资产项目的详细说明，见下列给定的披露格式。

（一）短期投资

短期投资的披露格式如表 13-1 所示：

表 13-1　短期投资明细表

项　目	期末账面余额	期末市价	期末账面余额与市价的差额
（一）股票			
（二）债券			
（三）基金			

续表

项　目	期末账面余额	期末市价	期末账面余额与市价的差额
（四）其他			
合计			

需要说明的有以下 4 点：

（1）期末，是指财务报表对外报告的当期期末，包括月末、季末和年末。具体视报告时间而言，按月对外报告的，期末指月末；按季对外报告的，期末指季末；按年对外报告的，期末指年末。

（2）期末账面余额，是指各项目在“短期投资”明细账的期末借方余额，但其合计额必须与资产负债表中“短期投资”项目的金额相一致，不得出现差异。

（3）期末市价，是指各项目在期末的市场价格，通常是收盘价。

（4）以下其他项目按照上述 3 项内容理解。

（二）应收款项

应收款项按账龄结构披露的格式如表 13-2 所示：

表 13-2　应收账款明细表

账龄结构	期末账面余额	年初账面余额
1 年以内（含 1 年）		
1 年至 2 年（含 2 年）		
2 年至 3 年（含 3 年）		
3 年以上		
合计		

（三）存货

存货的披露格式如表 13-3 所示：

表 13-3　存货明细表

存货种类	期末账面余额	期末市价	期末账面余额与市价的差额
（一）原材料			
（二）在产品			
（三）库存商品			
（四）周转材料			
（五）消耗性生物资产			
合计			

（四）固定资产

固定资产的披露格式如表 13-4 所示：

表 13-4 固定资产明细表

项 目	原 价	累计折旧	期末账面价值
（一）房屋、建筑物			
（二）机器			
（三）机械			
（四）运输工具			
（五）设备			
（六）器具			
（七）工具			
合计			

三、应付职工薪酬、应交税费项目的说明

应付职工薪酬和应交税费是职工、债权人、税务部门和政府其他部门等相关方面重点关注的内容，因此，《小企业会计准则》要求进行“明细表”形式的披露，这两张明细表构成了资产负债表的附表。有关披露格式如下：

（一）应付职工薪酬的披露

格式如表 13-5 所示：

表 13-5 应付职工薪酬明细表

会小企 01 表附表 1

编制单位： 年 月 单位：元

项 目	期末账面余额	年初账面余额
（一）职工工资		
（二）奖金、津贴和补贴		
（三）职工福利费		
（四）社会保险费		
（五）住房公积金		
（六）工会经费		
（七）职工教育经费		
（八）非货币性福利		

续表

项　目	期末账面余额	年初账面余额
（九）辞退福利		
（十）其他		
合计		

（二）应交税费的披露

格式如表 13-6 所示：

表 13-6　应交税费明细表

会小企 01 表附表 2

编制单位：　　　　　　　　　　　年　　月　　　　　　　　　　单位：元

项　目	期末账面余额	年初账面余额
（一）增值税		
（二）消费税		
（三）营业税		
（四）城市维护建设税		
（五）企业所得税		
（六）资源税		
（七）土地增值税		
（八）城镇土地使用税		
（九）房产税		
（十）车船税		
（十一）教育费附加		
（十二）矿产资源补偿费		
（十三）排污费		
（十四）代扣代缴的个人所得税		
合计		

四、利润分配的说明

小企业的利润分配应当遵循相关法律法规的规定。《小企业会计准则》提供的利润分配表综合考虑了《公司法》《外商投资企业法》等相关法律的要求，但是小企业在具体应用时应根据其适用的法律进行编制，如果其中有些项目不适用，则不应填列任何数字，空置即可。利润分配表的格式如表 13-7 所示：

表 13-7 利润分配表

会小企 01 表附表 3

编制单位： 年度 单位：元

项 目	行 次	本年金额	上年金额
i-1-1 净利润	1		
加：年初未分配利润	2		
其他转入	3		
1-1-2 可供分配的利润	4		
减：提取法定盈余公积	5		
提取任意盈余公积	6		
提取职工奖励及福利基金①	7		
提取储备基金①	8		
提取企业发展基金①	9		
利润归还投资②	10		
1-1-3 可供投资者分配的利润	11		
减：应付利润	12		
1-1-4 未分配利润	13		

注：①提取职工奖励及福利基金、提取储备基金、提取企业发展基金这 3 个项目仅适用于小企业（外商投资）按照相关法律规定提取的 3 项基金。

②利润归还投资这个项目仅适用于小企业（中外合作经营）根据合同规定在合作期间归还投资者的投资。

由于《小企业会计准则》不强制要求小企业编制所有者权益变动表，并考虑到利润分配表主要是要解决三个问题，一是按照相关法律进行利润分配情况，二是向投资者提供的投资回报情况，三是确定未分配利润的余额，因此，《小企业会计准则》将利润分配表作为资产负债表的附表看待，反映小企业利润分配的情况和未分配利润结余的情况。该表"本年金额"栏，根据当年"利润分配"总账及其所属各明细账的记录分析填列。"上年金额"栏根据上一年"利润分配表"中的"本年金额"栏数字填列，利润分配表各项目的填列方法：

（1）"净利润"项目，反映小企业当年实现的净利润，如为净亏损，以"-"号填列。本项目的数字应与"利润表"中"本年累计金额"栏的"净利润"项目相一致。

（2）“年初未分配利润”项目，反映小企业年初未分配的利润。如为未弥补的亏损，以“-”号填列。

（3）“其他转入”项目，反映小企业按规定用盈余公积弥补亏损等转入的数额。

（4）“提取法定盈余公积”和“提取任意盈余公积”项目，反映小企业按照公司法规定当年提取的法定公积金和任意公积金。

（5）“提取职工奖励及福利基金”“提取储备基金”“提取企业发展基金”项目，仅反映小企业（外商投资）按照外商投资企业法规定提取的职工奖励及福利基金、储备基金和企业发展基金。

（6）“利润归还投资”项目，仅反映小企业（中外合作经营）按外商投资企业法规定和合同约定在合作期间以利润归还投资者的投资。

（7）“应付利润”项目，反映小企业当年分配给投资者的利润。

（8）“未分配利润”项目，反映小企业年末尚未分配的利润。如为未弥补的亏损，以“-”号填列。本项目的数字应与“资产负债表”中“期末余额”栏的“未分配利润”项目相一致。

五、用于对外担保的资产名称、账面余额及形成的原因；未决诉讼、未决仲裁以及对外提供担保所涉及的金额

（一）用于对外担保的资产名称、账面余额及形成的原因

小企业在日常生产经营中会遇到资金短缺的问题，需要向银行等金融机构申请贷款或向第三方借入资金，有些情况资金提供者要求小企业以自身的资产作出担保，这些资产虽然其所有权未发生改变，但其使用权、处置权、收益权等受到债权人的一定限制，与其他未作为担保物使用的资产不同。因此，《小企业会计准则》要求对这类资产作出专门披露。具体披露内容和要求如下：

（1）用于对外担保的资产名称，指其具体名称，而不是资产性质或类别，目的是使财务报表外部使用者能够直接认定该项资产。如用于向工商银行贷款 100 万元的担保物是位于 × 街 × 号的某房产，而不是泛泛地讲某项固定资产。

（2）用于对外担保的资产的账面余额，通常是指其科目余额，但是，对于固定资产、无形资产和生产性生物资产类的资产，还要披露其累计折旧和累计摊销。例如，用于担保的某房产，成本为 200 万元，已提折旧 50 万元，账面价值为 150 万元。

（3）用资产进行担保的原因。例如，某年某月某日从某银行借入 3 年期贷款 100 万元，年利率 5.6%，银行要求本企业用资产进行担保。

实务中，有时小企业的出资人或业主会以个人财产代小企业向债权作出担保。在这种情况下，尽管这些财产不属于小企业的资产，但是也会给小企业带来不利影响，因此，针对这种情况，也应比照《小企业会计准则》的规定进行披露。

（二）未决诉讼、未决仲裁所涉及的金额

小企业在日常生产经营活动中有时产生一些法律纠纷、合同争议，需要诉诸于法律和仲裁机构进行审理和裁决。这类事项的发生，虽然当期不会马上给小企业带来损失，但是最终的结果可能会给企业造成损失，当然，也可能会带来收益。因此，《小企业会计准则》要求小企业对这类事项也应当作出披露，具体包括事由、目前进展情况和所涉及的金额。

（三）对外提供担保所涉及的金额

小企业在日常生产经营活动中需要向银行等金融机构申请贷款或向第三方借入资金，有些情况下，资金提供者要求小企业以自身的资产作出担保；个别情况下，小企业也有为业主或其他第三方提供担保。这些情况的存在也可能会给企业带来损失，因此，《小企业会计准则》要求小企业对这类事项也应当作出披露，具体包括事由、目前进展情况、所涉及的金额和以及用于担保的资产名称、账面余额。即应与“用于对外担保的资产名称、账面余额及形成的原因”结合起来进行披露。

六、发生严重亏损的，应当披露持续经营的计划、未来经营的方案。

小企业在日常生产经营活动中是存在风险的，由于规模较小，抗市场风险能力较弱，可能会出现严重亏损的情况，如资不抵债。这种情况的发生，可能会导致小企业破产清算。如果一旦出现破产清算的情况，就会对职工、税务机关、债权人、投资者等相关方面产生不利影响。因此，《小企业会计准则》要求小企业对这种情况下的持续经营计划、未来经营方案等补救和改进措施作出披露。

七、对已在资产负债表和利润表中列示项目与《企业所得税法》规定存在差异的纳税调整过程

《小企业会计准则》尽可能地与《企业所得税法》实现了一致，但也不可避免地还会存在个别差异。因此，小企业应按照《中华人民共和国企业所得税年度纳税申报表》（见表 13-8）的要求进行纳税调整。

小企业常见的纳税调整事项通常包括以下 4 项：

（1）国债利息收入。

（2）无形资产研究开发费用。

（3）业务招待费。

（4）广告费和业务宣传费。

表13-8 中华人民共和国企业所得税年度纳税申报表

中华人民共和国企业所得税年度纳税申报表（A类）			
税款所属期间： 年 月 日至 年 月 日			
纳税人名称：			
纳税人识别号：□□□□□□□□□□□□□□□□□			金额单位：元（列至角分）
类别	行次	项 目	金 额
利润总额计算	1	一、营业收入（填附表一）	
	2	减：营业成本（填附表二）	
	3	营业税金及附加	
	4	销售费用（填附表二）	
	5	管理费用（填附表二）	
	6	财务费用（填附表二）	
	7	资产减值损失	
	8	加：公允价值变动收益	
	9	投资收益	
	10	二、营业利润	
	11	加：营业外收入（填附表一）	
	12	减：营业外支出（填附表二）	
	13	三、利润总额（10+11-12）	
应纳税所得额计算	14	加：纳税调整增加额（填附表三）	
	15	减：纳税调整减少额（填附表三）	
	16	其中：不征税收入	
	17	免税收入	
	18	减计收入	
	19	减：免税项目所得	
	20	加计扣除	
	21	抵扣应纳税所得额	
	22	加：境外应税所得弥补境内亏损	
	23	纳税调整后所得（13+14-15+22）	
	24	减：弥补以前年度亏损（填附表四）	
	25	应纳税所得额（23-24）	

续表

应纳税额计算	26	税率（25%）	
	27	应纳所得税额（25×26）	
	28	减：减免所得税额（填附表五）	
	29	减：抵免所得税额（填附表五）	
	30	应纳税额（27-28-29）	
	31	加：境外所得应纳所得税额（填附表六）	
	32	减：境外所得抵免所得税额（填附表六）	
	33	实际应纳所得税额（30+31-32）	
	34	减：本年累计实际已预缴的所得税额	
	35	其中：汇总纳税的总机构分摊预缴的税额	
	36	汇总纳税的总机构财政调库预缴的税额	
	37	汇总纳税的总机构所属分支机构分摊的预缴税额	
	38	合并纳税（母子体制）成员企业就地预缴比例	
	39	合并纳税企业就地预缴的所得税额	
	40	本年应补（退）的所得税额（33-34）	
附列资料	41	以前年度多缴的所得税额在本年抵减额	
	42	以前年度应缴未缴在本年入库所得税额	
纳税人公章：		代理申报中介机构公章：	主管税务机关受理专用章：
经办人：		经办人及执业证件号码：	受理人：
申报日期： 年 月 日		代理申报日期： 年 月 日	受理日期： 年 月 日

有关《中华人民共和国企业所得税年度纳税申报表》的具体编制，参见《中华人民共和国企业所得税年度纳税申报表（A类）》填报说明。

八、其他需要说明的事项

这是一个兜底条款，也是一个鼓励性条款。《小企业会计准则》鼓励小企业在上述七项要求外，增加披露信息。例如，如果小企业有应收票据、预付账款、长期应收款、其他应收款，比照应收账款按照账龄结构进行披露。

注意事项

附注是小企业财务报表的重要组成部分，《小企业会计准则》对附注的规定和要求与对资产、负债、所有者权益、收入、费用和利润的会计处理以及资产负债表、利润表和现金流量表编制的规定和要求是同等重要的，仅是披露的事项上进行了适当简化，但简化并不意味着降低要求。因此，小企业在日常会计核算工作中必须要重视附注的编制工作。根据会计法的要求，对附注信息的编制同样需要有相关凭证和证据作为依据，因此，在对附注信息进行编制时，应做好相关资料的收集和使用工作。具体来讲，包括以下几种情形：

（1）直接使用会计账簿记录资料。例如，应收账款的账龄结构、固定资产的原价、累计折旧、应付职工薪酬的明细资料、应交税费的明细资料等。

（2）需要单独建立有关资产市场价格信息的备查簿，并进行连续、完整记录。例如，短期投资的市场价格、存货的市场价格等。

（3）使用会计报表和会计账簿记录相结合编制。例如，利润分配表的编制、企业所得税纳税申报表的编制。

（4）需要使用相关合同或经营计划进行编制。例如，对外担保合同、未决诉讼和未决仲裁文书、发生严重亏损后的持续经营计划、未来经营方案等。

小企业应当按照《小企业会计准则》所规定的顺序披露附注内容。